财政部"十三五"规划教材

U0541898

Introduction to International Economy and Trade

国际经贸概论

王云凤　郭天宝　主编

中国财经出版传媒集团

经济科学出版社
Economic Science Press

图书在版编目（CIP）数据

国际经贸概论/王云凤，郭天宝主编．—北京：
经济科学出版社，2017.3
财政部“十三五”规划教材
ISBN 978-7-5141-7833-3

Ⅰ.①国… Ⅱ.①王…②郭… Ⅲ.①国际贸易-
高等学校-教材 Ⅳ.①F74

中国版本图书馆 CIP 数据核字（2017）第 045985 号

责任编辑：杜　鹏
责任校对：郑淑艳
责任印制：邱　天

国际经贸概论
王云凤　郭天宝　主编
经济科学出版社出版、发行　新华书店经销
社址：北京市海淀区阜成路甲 28 号　邮编：100142
总编部电话：010-88191217　发行部电话：010-88191522
网址：www.esp.com.cn
电子邮件：esp_bj@163.com
天猫网店：经济科学出版社旗舰店
网址：http://jjkxcbs.tmall.com
北京万友印刷有限公司印装
787×1092　16 开　26 印张　620000 字
2017 年 3 月第 1 版　2017 年 3 月第 1 次印刷
ISBN 978-7-5141-7833-3　定价：42.00 元
（图书出现印装问题，本社负责调换。电话：010-88191510）

前 言

INTRODUCTION

进入21世纪以来，高新技术及生产力迅猛发展，全球经济一体化进程加速。国际贸易、国际金融、国际经济合作作为联结世界经济的三大纽带，得到了快速发展，并相互融合，推动国际“大经贸”格局凸显。加之我国逐步兑现“入世”承诺，经济开放度提高，导致我国对两种人才的需求增加：一是国际经贸专业人才；二是拥有国际经贸知识的经济与管理人才。鉴于此，我们编写了《国际经贸概论》，系统地介绍相关知识和基本操作方法。本书具有以下特点：

1. 结构设计简明，易于学习。国际经贸活动的内容比较庞杂，对初学者来说，不易把握学科体系。为解决这一难题，本书以研究联结世界经济纽带的国际贸易活动、国际货币流通与国际资金融通活动、生产要素跨国移动为主线，化繁为简。为了帮助读者准确掌握相关知识，每章之前设有教学目的，同时每章之后附有一定数量的练习与思考题、案例研究。

2. 综合性强。20世纪80~90年代，企业进行跨国经贸活动主要体现在有形商品的国际流动上。而现在，企业进行的跨国经贸活动越来越多地涉及商品、资金、技术、劳务等多种因素相融合的国际经贸活动，因此，本书涵盖了国际贸易和国际投资方面的理论以及国际间的货物贸易、服务贸易、技术贸易、国际货币流通与国际资金融通、工程承包方面的相关业务知识，以满足人才培养的新要求。

3. 突出实务性。根据财经类高等院校培养目标和特点，本书强调实际操作。在结构上，首先，将原理定位为实际操作的基础，讲述原理的目的是使学生懂得实际操作的依据；其次，通过案例分析与情景教学，保证学生掌握实际操作程序与方法。

4. 资料新。本书引用了最新的研究成果，使用了能够反映21世纪以来国际经贸活动新发展及动向的资料。

本书共分十章，第一至四章为国际贸易部分；第五章为国际金融部分；第六至十章为国际经济合作部分。教师在使用时可以根据需要使用。

本书主要适用于高等院校经济类和管理类专业的课程教学，也可作为以双语教学为主的国际商务、国际经济与贸易专业学生对国际经贸知识掌握的课程教学，还可作为经济管理干部、工商企业人员了解国际经贸知识的参考读物。

本书由吉林财经大学王云凤和郭天宝主编。具体编写分工如下：第一章第一节，第二章第四节，第三章第一、二、四节，第四章第一、二、三、五、六节，第六章，第八章，第十章，王云凤撰写；第一章第二、三节，第三章第三节，第四章第四节，第七章，第九章，郭天宝撰写；第二章第一至三节，第五章，杨立国撰写。

本书编写过程中吉林财经大学研究生吴笛、张卜元、魏同协助收集了大量的案例与资料，在此表示感谢。

由于编者水平有限，难免有不足之处，敬请批评指正。

编　者

2017 年 2 月

目　录
CONTENTS

第一章　国际贸易概述

【本章教学目的】 通过本章的学习，使学生了解国际分工与国际贸易的产生和发展，熟悉国际分工的类型、影响国际分工产生的因素，掌握国际贸易的基本概念、国际分工对国际贸易的影响和当代国际贸易发展的特点。

第二次世界大战以后，随着科学技术的发展和国际分工的深化，作为国际间经济交往最古老和最主要的方式，国际贸易取得了迅速的发展。积极参与国际贸易活动，不仅是各国对外经济的核心，也是各国经济发展的重要内容。本章从学习国际贸易的基本概念入手，分析国际贸易产生的基础——国际分工，具体包括国际分工的含义、产生与发展、影响因素及对国际贸易的影响，阐述了当代国际贸易发展的特点。借此为学习国际贸易理论与政策奠定良好的基础。

第一节　国际贸易的基本概念

一、国际贸易与对外贸易

国际贸易（International Trade）是指世界各国（或地区）之间所进行的商品和服务的交换活动，是各国之间分工的表现形式，反映了世界各国在经济上的相互依靠。由于国际贸易是一种世界性的商品和服务的交换活动，因而又被称为世界贸易（World Trade）或全球贸易（Global Trade）。

对外贸易（Foreign Trade）是指一国（或地区）与其他国家（或地区）之间所进行的商品和服务的交换活动。这是站在一个国家（或地区）的立场上去看待同其他国家（或地区）之间商品和服务的贸易活动。对外贸易有时也被称为国外贸易（External Trade），或称为进出口贸易。某些海岛国家如英国、日本等，或某些海岛地区如中国台湾等，其对外贸易则称为海外贸易（Oversea Trade）。

二、货物贸易与服务贸易

国际贸易依据商品存在的形式和内容的不同可分为货物贸易（Goods Trade）

和服务贸易（Service Trade）。货物贸易又可称为有形商品贸易；服务贸易又可称为无形商品贸易。

（一）国际货物贸易

国际货物贸易是指有形的、看得见的、摸得着的实际商品的贸易。关于这部分贸易的统计都会显示在海关的进出口统计中，从而构成了一个国家一定时期的对外贸易额。在各国统计中，国际货物贸易的分类体系主要有三种。

第一种是由联合国秘书处起草的1950年版的《联合国国际贸易标准分类》(SITC)，并经过1960年和1974年两次修订。现将国际贸易中的货物分为10大类、63章、233组、786个分组和1 924个基本项目，几乎包括了国际贸易交易的所有种类。这10大类商品具体如下。

0类：食品及主要供食用的活动物。

1类：饮料及烟类。

2类：燃料以外的非食用粗原料。

3类：矿物燃料、润滑油及有关原料。

4类：动植物油脂及油脂。

5类：化学品及有关产品。

6类：主要按原料分类的制成品。

7类：机械及运输设备。

8类：杂项制品。

9类：没有分类的其他商品。

上述分类中，0~4类为初级产品；5~8类为工业制成品。

第二种是1950年有关国家签署的《海关税则商品分类目录公约》，使用《海关合作理事会税则商品分类目录》（Customs Cooperation Council Nomenclature，CCCN），原称为《布鲁塞尔税则目录》（Brussels Tariff Nomenclature，BTN）。该目录的分类原则是按商品的原料组成为主，结合商品的加工程度、制造阶段和商品的最终用途来划分。它把全部商品分为21类（Section）、99章（Chapter）、1015项税目号（Heading No.）。前4类（1~24章）为农畜产品，其余17类(25~99章）为工业制成品。《海关合作理事会税则商品分类目录》在世界各国海关税则中得到了普遍使用。

第三种是《商品名称及编码协调制度》。由于以上两种商品分类目录在国际上同时并存给很多工作带来了不便，于是，1983年海关合作理事会协调制度委员会主持制定了《商品名称及编码协调制度》，简称《协调制度》（Harmonized System，H. S）。它的生效，提供了一套完整、系统、准确、通用的国际贸易商品分类体系。截至1991年10月，已有88个国家（或地区）在其税则中正式采用了《协调制度》目录。关税与贸易总协定也是按《协调制度》目录统计的数据作为关税减让谈判的基础。中国自1992年1月1日起正式实施了以《协调制度》为基础编制的新的《海关进出口税则》和《海关统计商品目录》。

《协调制度》基本上按商品的生产部类、自然属性、成分、用途、加工程度及制造阶段进行编制，共有21类（Section）、97章（Chapter）。其中，第1～24章为农副产品；第25～97章为加工制成品；第77章金属材料为空缺，是为新型材料的出现而留空。在章下设有四位数编码的项目（Heading）1 241个，其中有311个没有细分目录，其余930个项目被分为3 246个一级子目（One-Dash subheading），这些子目中又有796个被进一步分出2 258个二级子目（Two-Dash subheading），因此，在《协调制度》中共有5 019个税目。

（二）国际服务贸易

第二次世界大战后，服务贸易在各国经济中的地位不断提升，国际服务贸易也随之迅速发展起来。但由于国际服务贸易本身的复杂性，国际服务贸易的界定也就各不相同。

1. 联合国贸发会议的定义。联合国贸发会议用实际过境现象来定义服务贸易：货物的加工、装配、维修以及货币、人员、信息等生产要素为非本国居民提供服务并取得收入的活动，是一国与他国进行服务交换的行为。这里所指的国际服务贸易，既包括有形的服务输入和输出，也包括在服务提供者和使用者没有实体接触的情况下发生的无形的国际服务交换。包括四种过境方式：（1）商品贸易中服务的过境，如许多国家通过修理、加工、装配货物参与国际货物贸易；（2）货币（资本）的过境，如银行和金融服务；（3）人员的过境，如咨询人员、工程师、医生等到国外提供服务；（4）信息的过境，如通过电信系统或以文件报告的形式提供信息服务。

2. 世界贸易组织的定义。关税与贸易总协定乌拉圭回合谈判于1994年4月15日成功地结束了。此轮谈判的重大成果之一就是达成了《服务贸易总协定》，并对服务贸易给出了较为准确的定义。服务贸易被定义为：（1）过境交付（Cross-border Supply），从一成员境内向任何其他成员境内提供服务。这类服务贸易是指服务的提供者与消费者都不移动。如通过电讯、邮电、计算机网络实现的视听、金融、信息等服务。（2）境外消费（Consumption Abroad），在一成员境内向任何其他成员的服务消费者提供服务。如接待外国游客、提供旅游服务、为国外病人提供医疗服务、接受外国留学生。（3）商业存在（Commercial Presence），一成员的服务提供者在任何其他成员境内通过商业存在提供服务。商业存在是服务贸易活动中最主要的形式，这一类与市场准入和直接投资有关，即服务提供者将自己的生产要素（人员、资金、服务工具）移动到一缔约国内，通过设立机构并提供服务而取得收入。如外国公司在中国开办商店，设立金融机构、会计师事务所、律师事务所等。（4）自然人流动（Movement of Personnel），一成员的服务提供者在任何其他成员境内通过自然人提供服务。这一类服务贸易是指服务提供者（自然人）的过境移动在其他缔约方境内提供服务而展开的贸易。如一国教师、医生、艺术家到另一国从事个体服务。该定义已成为有一定权威性和指导性的定义，并为各国普遍接受。

三、总贸易体系与专门贸易体系

总贸易体系与专门贸易体系是贸易各国用来登记进出口货物贸易的统计方法。

（一）总贸易体系

总贸易体系（General Trade System）也称一般贸易体系，是以过境为标准划分而统计的进出口贸易。只要是进入本国国境的商品，不管是否结关，一律计入进口，称为总进口；只要是离开本国国境的商品一律计入出口，称为总出口。两者的总和，即总进口和总出口相加，称为总贸易额。这个指标说明了一国在国际贸易流通中的地位和作用。目前有 90 多个国家和地区采用这种划分方法，如英国、日本、加拿大、澳大利亚和中国等。

（二）专门贸易体系

专门贸易体系（Special Trade System）也称特殊贸易体系，是以关境为标准划分而统计的进出口贸易。只要是通过海关输入的货物均记为进口贸易，只要是通过海关输出的货物均记为出口贸易。专门贸易体系表明了一国作为生产者和消费者在国际贸易中的地位和意义。目前有近 80 个国家和地区采用专门贸易体系。如法国、意大利、德国、瑞士等，采用专门贸易方式来统计。

由于统计标准的差异，总贸易与专门贸易的数额通常是不等的。原因是过境贸易计入总贸易而不计入专门贸易，另外，关境与国境有时并不一致。因此，联合国公布的各国和地区的贸易额一般都注明是总贸易还是专门贸易。

最后需要指出的是，世界各国服务贸易额在统计上计入国际收支，但不计入海关统计，故总贸易与专门贸易体系只适用于货物贸易统计。

四、对外贸易额、国际贸易额及对外贸易量

对外贸易额（Value of Foreign Trade）、国际贸易额（Value of International Trade）和对外贸易量（Quantum of Foreign Trade）、国际贸易量（Quantum of International Trade）是衡量一个国家（或地区）和世界贸易规模的重要指标。

1. 对外贸易额。对外贸易额也称对外贸易值或进出口贸易总额，是以货币表示的按现行价格计算的一国一定时期的对外贸易总额，即是一个国家在一定时期内（如一年）出口贸易额和进口贸易额的总和。联合国及世界贸易组织编制和发表的世界各国对外贸易额的资料一般以美元表示。

2. 国际贸易额。国际贸易额是指世界各国（或地区）出口贸易额的总和，它也称世界贸易额。按照正常思维，国际贸易额应该是世界各国（或地区）对外贸易额相加而成，但从整个世界来考察，一国的出口就是另一国的进口，如果

把各国的对外贸易额相加就会造成重复计算。由于世界上大多数国家根据装运港船上交货价（FOB）计算出口额，用成本加运费再加保险费（CIF）计算进口额，因此，采用不包括运费和保险费统计的各国出口额相加更能反映世界货物贸易的总体情况。

3. 对外贸易量和国际贸易量。由于进出口商品价格经常变动，对外贸易额难以反映该国贸易的实际规模和发展变化，为了剔除价格变动的影响，并能准确反映一国对外贸易的实际数量变化而制定了对外贸易量这个指标。具体计算是以固定年份为基期而确定的价格指数去除报告期出口或进口总额，得到的是相当于按不变价格计算的进口额和出口额，称为报告期的对外贸易量。国际贸易量则是以一定时期的不变价格为标准计算的国际贸易额。

五、贸易差额

贸易差额（Balance of Trade）是指一国（或地区）在一定时期内出口总额与进口总额之间的差额。若一国出口总额大于进口总额时，称为贸易顺差（Surplus of Trade），或称为贸易出超（Favorable of Trade）；若进口贸易总额超过出口贸易总额时，称为贸易逆差（Deficit Balance of Trade），或称为贸易入超（Unfavorable Balance of Trade）。通常贸易顺差以正数表示，贸易逆差以负数表示。如出口贸易总额与进口贸易总额相等，则称为贸易平衡。

六、贸易条件

在国际贸易中，贸易条件（Terms of Trade）包括净贸易条件、收入贸易条件、单项因素贸易条件等。

（一）净贸易条件

净贸易条件是出口价格指数与进口价格指数之比。其计算公式为：

$$N = (Px/Pm) \times 100$$

其中，N 为净贸易条件；Px 为出口价格指数；Pm 为进口价格指数。

计算出的结果，如果指数上升（大于 100），表示净贸易条件改善，换句话说，表明出口价格较进口价格相对上涨，意味着每出口 1 单位商品能换回的进口商品数量比原来增多，即贸易条件比基期有利，贸易利益亦增大；如果指数下降（小于 100），则表示贸易条件恶化，换言之，表明出口价格较进口价格相对下降，意味着每出口 1 单位商品能换回的进口商品数量比原来减少，即贸易条件比基期不利，贸易利益亦减少；如果指数等于 100，即贸易条件不变。必须注意，这种改善与恶化只考虑了价格的变化，没有考虑出口量，将这个因素考虑进去贸易条件又将如何衡量？下面要讲的收入贸易条件即可解决这一问题。

（二）收入贸易条件

收入贸易条件是在净贸易条件的基础上引入贸易量。其计算公式为：

$$I = (Px/Pm) \times Qx$$

其中，I 为收入贸易条件；Qx 为出口数量指数。

举例说明：假定某国净贸易条件 2000 年为基期是 100。2010 年时出口价格指数上涨了 5%，为 105；进口价格指数上涨了 10%，指数为 110。该国的出口数量指数从 2000 年的 100 提高到 2010 年的 120。这种情况下，该国 2010 年的收入贸易条件为：

$I = 105/110 \times 120 = 114.5$

上例说明，尽管净贸易条件恶化，但由于出口量上升，本身的进口能力 2010 年比 2000 年增加了 14.5，也就是说，收入贸易条件好转了。

（三）单项因素贸易条件

单项因素贸易条件是在净贸易条件的基础上考虑出口商品的劳动生产率发生变化后的贸易条件。其计算公式为：

$$S = (Px/Pm) \times Zx$$

其中，S 为单项因素贸易条件；Zx 为出口商品的劳动生产率指数。

举例说明：假定进出口商品价格指数与上面例子相同，而该国出口商品的劳动生产率指数由 2000 年的 100 提高到 2010 年的 130，则该国的单项因素贸易条件指数为：

$S = (105/110) \times 130 = 124.1$

这说明，2000～2010 年间，尽管净贸易条件恶化，但此期间出口商品劳动生产率提高，不仅弥补了净贸易条件的恶化，而且使单项因素贸易条件好转。它说明了出口商品劳动生产率提高在贸易条件改善中的作用。但这种改善与恶化只考虑了出口商品劳动生产率提高的变化，没有考虑进口商品劳动生产率提高的因素，将这个因素考虑进去贸易条件又将如何衡量？下面的双项因素贸易条件将会解决这一问题。

（四）双项因素贸易条件

双项因素贸易条件指数是在考虑出口商品劳动生产率及进口商品劳动生产率的双方变化的基础上计算出来的贸易条件。其计算公式为：

$$D = (Px/Pm) \times (Zx/Zm) \times 100$$

其中，D 为双项因素贸易条件；Zm 为进口商品的劳动生产率指数。

假定上例中进出口商品价格指数不变，出口商品的劳动生产率指数不变，而进口商品的劳动生产率指数从 2000 年的 100 提高到 2010 年的 110，则双项因素贸易条件为：

$D = (105/110) \times (130/110) \times 100 = 112.8$

这说明，如果出口商品的劳动生产率指数在同期内高于进口商品的劳动生产率指数，则贸易条件仍会改善。

七、对外贸易依存度

对外贸易依存度（Ratio of Dependence on Foreign Trade）是反映一国（或地区）的国民经济对对外贸易依赖程度的指标。它是指一国（或地区）在一定时期内进出口贸易值与该国（或地区）国民经济生产总值的对比关系。其计算公式为：

$$对外贸易依存度 = (M + X)/Y \times 100$$

其中，M 为进口贸易额；X 为出口贸易额；Y 为国内生产总值。

八、直接贸易、间接贸易和转口贸易

国际贸易如果依据是否有第三者参加可以分为直接贸易、间接贸易和转口贸易。

（一）直接贸易

直接贸易（Direct Trade）是指商品生产国与商品消费国不通过第三国进行买卖商品的行为。货物从生产国直接卖给消费国，对生产国来说是直接出口，对消费国来说是直接进口。

（二）间接贸易

间接贸易（Indirect Trade）是指商品生产国与商品消费国通过第三国进行买卖商品的行为。交易的货物既可从出口国经由第三国转运到进口国，也可从出口国直接运到进口国。间接贸易，对消费国和生产国来说是间接的进口和出口，对第三国来说是转口贸易。

（三）转口贸易

转口贸易（Entrepot Trade）是指商品生产国与商品消费国通过第三国进行的贸易，对第三国来说，则是转口贸易。转口贸易可以从出口国直接运到消费国，也可通过第三国间接运往消费国，但只要两者之间未直接发生交易关系，而是由第三国转口商分别同生产国与消费国发生交易关系，就属于转口贸易。

九、对外贸易货物结构和国际贸易货物结构

关于对外贸易结构和国际贸易结构的定义有广义和狭义之分。广义的对外贸易结构和国际贸易结构是指货物和服务在一国进出口贸易或世界贸易中所占

的比重；狭义的对外贸易结构和国际贸易结构，仅指货物贸易在一国进出口贸易或世界贸易中所占的比重。下面分别介绍对外贸易货物结构和国际贸易货物结构。

（一）对外贸易货物结构

对外贸易货物结构（Composition of Foreign Trade）是指一国（或地区）在一定时期内各类货物的进出口额占整个进出口额的比重。一国（或地区）对外贸易构成是由该国民经济发展状况、自然资源禀赋、产业结构和对外贸易政策等因素所决定。另外，通过分析一国（或地区）的对外贸易构成，可以看出该国（或地区）的经济技术发展水平及其在国际分工中的地位。

通常，发达国家的对外贸易货物结构中，工业制成品及高科技产品在出口中所占的比重大于初级产品所占的比重，而初级产品在进口中所占比重大于工业制成品及高科技产品所占的比重。发展中国家的对外贸易货物结构则恰好与此相反。但自20世纪80年代以来，一些发展中国家通过发展本国经济，实现了优化与升级，成为新兴的工业化国家，其对外贸易货物结构也得到了改善。

（二）国际贸易货物结构

国际贸易货物结构（Composition of International Trade）是指各类货物在整个国际贸易额中的比重。

从国际贸易货物结构可看出整个世界经济发展水平和产业结构状况等情况。例如，20世纪50年代以前，初级产品在国际贸易货物结构中所占的比重一直高于工业制成品所占的比重，但随着生产技术的进步和劳动生产率的提高，国际贸易中的产品结构也发生了巨大的变化。自1953年起，国际贸易货物结构中工业制成品所占的比重开始超过初级产品所占的比重，且两者的差距逐渐拉大，时至今日，工业制成品在国际贸易货物结构中所占的比重已经超过了2/3。

十、对外贸易地理方向与国际贸易地理方向

（一）对外贸易地理方向

对外贸易地理方向（Direction of Foreign Trade）也称为对外贸易地理分布，是指一定时期内一国（或地区）对外贸易中各个国家（或地区）或国家集团所占份额。一般用各个国家（或地区）或国家集团在该国（或地区）对外贸易额中所占的比重来表示。对外贸易地理方向表明了一国（或地区）同世界各国或地区经济贸易联系的程度。

（二）国际贸易地理方向

国际贸易地理方向（Direction of International Trade）也称国际贸易地区分布，是指一定时期内世界各洲、各国或各个国家集团的对外商品贸易在整个国际贸易中所占的比重。它是用来表明世界各洲、各国或各个国家集团在国际贸易中的地位的指标。

第二节 国际分工与国际贸易的产生和发展

一、国际分工是产生国际贸易的基础

（一）国际分工的概念、形成与发展

国际分工（International Division of Labor）是指世界各国之间的劳动分工。它是社会分工发展到一定阶段、国民经济内部分工超越国家界限发展的结果，是国际贸易和世界市场的基础。各国货物、服务等的交换和世界市场的发展变化是其表现形式。

国际分工的产生和发展不是一蹴而就的，它经历了漫长的历史发展过程。国际分工的产生和发展大致可以分为以下几个阶段。

1. 国际分工的萌芽阶段（16 世纪初至 18 世纪中叶）。在资本主义以前的各个社会经济形态中，由于自然经济占主导地位，生产力水平低，商品经济不发达，各个民族、各个国家的生产方式和生活方式差距不大，因此，只存在着不发达的社会分工和不发达的地域分工。

随着生产力的发展，11 世纪欧洲城市兴起，手工业与农业逐步分离，商品经济有了较快的发展。特别是在 15 世纪末至 16 世纪上半期的“地理大发现”之后，世界市场的产生和世界贸易的迅速扩大促进了生产力的发展和手工业生产向工场手工业生产的过渡，也促进了在工场手工业生产基础上的国际分工的产生和发展。从此，资本主义进入了资本原始积累时期。在这个时期，西欧殖民主义者一方面加强了对本国人民的剥削；另一方面，用暴力的超经济的强制手段在拉丁美洲、亚洲和非洲进行掠夺。他们开矿山、建立种植园，发展了以奴隶劳动为基础的、为世界市场而生产的农场主制度，从而建立了早期的资本主义国际专业化生产和最初形式的分工——宗主国和殖民地之间的分工。

当时盛行的三角贸易是宗主国与殖民地之间分工的典型表现形式。

2. 国际分工的形成阶段（18 世纪 60 年代至 19 世纪 60 年代）。第一次工业革命使国际分工进入形成阶段。所谓工业革命，又叫产业革命，是以大机器工业代替工场手工业的革命。工业革命首先发生在英国，接着迅速扩展到法国、德

国、美国、日本等国家。工业革命的完成，标志着资本主义经济体系的确立。它加快了商品经济的发展和社会分工的形成，也促进了国际分工的形成。

这个时期国际分工的主要特点是：

（1）大机器工业的建立为国际分工的发展奠定了物质基础。大机器工业的建立、交通运输事业的发展、电报及海底电缆的铺设对于国际分工、国际贸易和世界市场的发展具有十分重要的意义。在产业革命以前，一个国家的工业主要是加工本国的原料。英国纺织工业加工的是本国所生产的羊毛；德国加工本国的麻；法国加工自己的丝和麻；印度加工本土所生产的棉花。但是，技术的进步使机器工业越来越摆脱其所需原料的地方局限性，使工业加工所需的原料大部分来自海外。过去集合在一个家庭里的织布工人和纺纱工人，这时被机器分开了。由于有了机器，现在纺纱工人可能住在英国，而织布工人可能住在其他国家。大机器工业生产的产品不仅供应本国的消费，而且同时供应世界各地的消费，靠本国产品来满足的旧的需要，被要靠遥远的国家和地区的产品来满足的新的需要所代替了。大机器工业生产形成的低廉价格与变革了的运输方法，既是征服国外市场的武器，也是破坏外国的手工业生产从而迫使外国变成自己的原料产地的武器。例如，这时的印度已成为英国生产棉花、羊毛、亚麻、黄麻、蓝靛的地方，澳大利亚变为英国的羊毛殖民地。正如资产阶级使乡村屈服于城市的统治一样，它也使亚洲、非洲和拉丁美洲国家从属于西方。这样，原来一国范围内的城市与农村的分工、工业部门与农业部门之间的分工，就逐渐演变成世界城市与世界农村的分离和对立，演变成以先进技术为基础的工业国和以自然条件为基础的农业国之间的对立。

（2）英国成为国际分工的中心。由于英国首先完成了工业革命，它的生产力和经济迅速发展，竞争力大大加强，是“世界的工厂”并且垄断了世界贸易，在国际竞争中处于绝对优势地位。英国的资产阶级放弃了长期推行的重商主义政策，开始转向自由贸易政策。通过强大的经济力量和贸易实力，将亚、非、拉国家落后的农业经济逐步纳入国际分工和世界市场的旋涡中。对当时英国在国际分工中的地位，马克思描述道：“英国是农业世界伟大的中心，是工业太阳，日益增多的生产谷物和棉花的卫星都围着它运转。”

（3）世界市场上交换的商品的种类发生了变化。随着国际分工的变化，世界市场上交换的商品的种类也发生了改变。那些满足地主贵族阶级和商人阶级需要的奢侈品，已不再是国际贸易中的主要商品了。它们几经被国际贸易中的大宗商品所替代。这些商品包括小麦、棉花、羊毛、咖啡、铜、木材等。

这个时期建立的国际分工体系是一种垂直型的国际分工体系。一侧是以英国为首的国家；一侧是沦为世界农村的广大的亚、非、拉国家和殖民地。

3. 国际分工的发展阶段（19 世纪中叶至第二次世界大战）。这个时期，资本主义世界中爆发了第二次产业革命，机械、电气工业发展迅速，石油、汽车、电力、电器工业的建立，交通运输工具的发展，特别是苏伊士运河（1869 年）和巴拿马运河（1913 年）的建成，电报、海底电缆的出现，都极大地促进了资本主义生产的迅速发展，促进了新的国际分工体系的形成。在这个时期，垄断代替了自由竞争，资本输出成为主要的经济特征之一。过去，亚、非、拉国家只被卷入国际商品流通，而现在则被纳入世界资本主义生产，从而使宗主国同殖民地、工业品生产国同初级产品生产国之间的分工日益加深，形成了国际分工新体系。在这个阶段，国际分工的特点主要有：

（1）亚、非、拉国家变为畸形地、片面地发展单一作物的国家。亚、非、拉国家经济殖民地化的一个突出表现就是种植单一作物、发展单一经济。殖民主义者通过人为的强制手段和市场力量，最后通过资本输出，逐渐地把亚、非、拉国家变为畸形地、片面地发展种植单一作物的国家。让它们的主要作物和出口货物只限于一两种或两三种产品，而这些产品又大部分销售到工业发达国家的市场上去。因此，造成了亚、非、拉国家的两种依赖性：一是经济生活对少数几种产品的依赖性；二是消费市场对世界市场特别是对工业发达国家市场的高度依赖。

（2）分工的中心从英国变为一组发达国家。发达国家之间也形成了互为市场的在经济部门之间的国际分工关系。例如，挪威专门生产铝，比利时专门生产铁和钢，芬兰专门生产木材和木材加工品，芬兰和丹麦专门生产农产品（主要是肉类和乳品），美国成为谷物的生产大国。

（3）生产和消费变成世界性。随着国际分工体系的形成，参加国际分工的每个国家都有许多生产部门，首先是为世界市场而生产的，而每一个国家所消费的生产资料和生活资料都全部或部分地包括许多国家劳动者的劳动。其结果是，加强了世界各国间的相互依赖关系，加强了对国际分工的依存性。国际贸易在各国经济中的地位越来越重要了，不管是工业国，还是农业国和地区，都依赖于国际贸易和国际分工。

4. 国际分工的深化发展阶段（第二次世界大战以后）。第二次世界大战以后，兴起了第三次科技革命。这是迄今人类历史上规模最大、影响最深远的一次科技革命。它以原子能、电子计算机、空间技术等的发展为主要标志，引起一系列新兴工业部门的出现，使世界生产力获得了前所未有的巨大发展，国际分工在这种形势下显示出一些新的特点。

（1）发达国家之间的国际分工发展迅速，并在现代国际分工中居主导地位。在第二次世界大战前的国际分工中，发达国家在与发展中国家的垂直分工中居主导地位，在与发达国家之间的水平分工中居次要地位。在 1938 年，发达国家之间的贸易额占资本主义世界国际贸易总值的 39. 5%，发达国家与发展中国家的贸易额占 49%，发展中国家之间的贸易额占 12. 5%。而在 1980 年，上述几种类型的国际贸易额占资本主义世界国际贸易总值的比重分别为 53%、39% 和 8%。可见，发达国家之间的国际分工在第二次世界大战后已成为国际分工的主流。

（2）第二次世界大战后发达国家之间除了工业部门之间的分工，还发展了工业部门内部的分工。由于技术的发展，一个工业部门的内部分工变得更为精细，因而发达国家的某一工业部门的生产也需要通过国际分工来进行。某国生产的工业品，如汽车、轮船、机械等安装外国生产的零部件是十分普遍的现象。部门内部的分工还表现在一个国家既进口又出口同类产品，例如，一个国家可能既出口汽车、电器、服装又进口这些产品。这是因为技术的发展使产品的差异化得到发展。例如，汽车刚发明时其规格型号是比较简单的，但现在已有无数种规格型号，同一档次的汽车还有外观、商标上的差别，因此，一个国家不可能满足国内市场所有类型的汽车需求。同时，这些产品生产上的规模经济效应也会使一些国家着重发展某些型号的汽车，而另一些国家发展其他型号的汽车，以较大的规模去生产，取得规模经济的效果。

(3) 发达国家与发展中国家的分工也有了变化。第二次世界大战后大批殖民地国家独立，它们要求在经济上摆脱对单一经济的依赖，发展民族工业，因此，传统的垂直分工开始削弱。发展中国家开始发展自己的民族制造业，逐步完成本国的工业化过程，最终使本国与发达国家在国际分工中取得平等的地位。第二次世界大战后的世界经济表明，有一部分发展中国家在推行工业化过程中取得了成功，如韩国、墨西哥、巴西等。但是，从总体上看，广大亚、非、拉发展中国家尚未完成工业化过程。

(4) 参与国际分工国家的类型和经济制度有显著变化。当代国际分工是由各种经济制度不同和经济发展阶段不同的民族及国家参与的综合性分工，参与国际分工的既有资本主义国家也有社会主义国家，既有发达国家也有发展中国家，从而结束了资本主义生产关系一统国际分工的时代。但是，由于发达资本主义国家拥有大部分的世界生产力和先进的技术，从而使其在国际分工中仍然处于有利地位，发展中国家和社会主义国家的地位随着自身力量的日益增长而逐步改善。

(二) 影响国际分工形成与发展的主要因素

1. 社会生产力是国际分工形成和发展的决定性因素。

(1) 国际分工是生产力发展的结果。生产力的增长是社会分工的前提条件，一切分工，其中包括国际分工，都是社会生产力发展的结果。它突出表现在科学技术的发展对于国际分工推动的作用上。迄今为止出现的三次科技革命，不断地改善生产技术、工艺过程和生产过程，推动了社会分工和国际分工的发展。

(2) 各国生产力水平决定其在世界分工中的地位。历史上英国最先完成产业革命，生产力得到巨大发展，使其成为“世界工厂”，并在国际分工中占据了主导地位。继英国之后，欧美其他资本主义国家也相继完成了产业革命，生产力得到迅速发展，与英国一起成为国际分工的中心力量。第二次世界大战后，原来殖民地半殖民地国家在取得政治上的独立后，努力发展民族经济，生产力得到较快的发展，一些新兴的工业化国家经济迅速发展。改革开放后，中国的经济快速增长，在国际分工中的地位逐步改善。

(3) 生产力的发展决定国际分工的广度、深度和形式。随着生产力的发展，各种经济类型的国家和经济集团都加入国际分工的行列，国际分工已把各个国家、地区和集团紧密地结合在一起，形成了世界性的分工。各国参加分工的形式从“垂直型”向“水平型”过渡，出现了多类型、多层次的分工形式。

（4）生产力的发展决定了国际分工的产品内容。随着生产力的发展，特别是科学技术的发展，一部分天然原料被人工合成原料所代替，例如，人造纤维代替棉、麻、丝等天然纤维；人造橡胶代替天然橡胶；塑料代替木材、钢铁；光导纤维代替铜线；等等。新科学技术成果应用于生产而形成的新产业、新产品，其科技含量不断提高，而原材料含量则不断降低，如目前生产的芯片，其价值的98%是科学技术，原材料只占2%；生产工艺日益改进，国际贸易中的工业制成品、高精尖产品不断增多。中间产品、技术贸易大量出现，服务部门分工也出现在国际分工中。

2. 自然条件是国际分工产生和发展的基础。自然条件是一切经济活动的基础，没有一定的自然条件，进行任何经济活动都是困难的，如矿产品只能在拥有大量矿藏的国家生产和出口。自然条件是多方面的，如地理条件、地质条件、资源状况、气候、国土面积等，它们都对国际分工起着十分重要的作用。

如巴西生产咖啡、古巴生产甘蔗、加纳生产可可等。同样，只有拥有某种矿藏的国家才能开采这些矿物，如南非是世界最大的黄金生产国，中东地区和墨西哥、委内瑞拉、印度尼西亚是主要石油生产国，而智利和赞比亚则是铜的重要产地。

但应注意的一点是，随着生产力的发展，自然条件对国际分工的作用正在逐渐减弱。因此，自然条件只提供国际分工的可能性，不提供现实性，要把可能性变成现实性，需要一定的生产力条件。

3. 人口、劳动规模和市场规模影响着国际分工的发展。

（1）人口分布的不均衡会使分工和贸易成为一种需要。人口稀少、土地广阔的国家往往偏重发展农业、牧业、矿业等产业，而人口多、资源贫乏的国家往往大力发展劳动密集型产业。于是，在国家间就有交换产品、进行国际分工和国际贸易的必要。

（2）劳动规模或生产规模也制约和影响着国际分工。现在大规模的生产使分工成为必要的条件，这种分工跨越了国界，就产生了国际分工。随着劳动规模越来越大，分工就越来越细。任何一个国家都不可能包揽所有的生产，必须参与国际分工。

（3）国际分工的实现还受制于国际商品市场的规模。在一个国家或地区，人口越稠密、运输条件越好、交换距离越近、市场规模越大，该国参与国际分工的可能性就越大。

4. 资本国际化是国际分工深入发展的重要条件。资本国际化促进了国际分工的迅速发展。自19世纪末以来，资本输出成为资本主义国家重要的经济现象。第二次世界大战后，跨国公司的迅速发展及其在国际经济中地位的提高，发展中国家对外资政策的变化，都大大加速了资本的国际化进程。跨国公司的内部分工是国际分工的重要形式，并且跨国公司的发展带动了其他相关部门的发展。

5. 国际生产关系决定国际分工的性质。国际生产关系主要包括：生产资料所有制的形式，各个国家、各个民族在世界物质生产和劳务活动中的地位以及它们在国际分配、交换和消费中的各种关系。生产资料的所有制形式是最重要的国际生产关系，也是国际生产关系的基础，它决定着国际商品的生产、分配、交换和消费。在当代国际分工中，资本主义的生产关系居支配地位。

6. 经济贸易政策可以推进或延缓国际分工的形成和发展。

经济贸易政策对国际分工的促进作用主要表现在：（1）建立国际性的经济组织，如世界贸易组织、国际货币基金组织和世界银行等，调节相互的经济贸易政策，促进国际分工的发展；（2）实行对外开放政策，制定自由贸易政策、法令，推行自由贸易，加快国际分工的步伐。

经济贸易政策对国际分工也可起延缓作用，如制定保护贸易政策、闭关锁国等，会阻碍国际分工的发展。另外，通过建立关税同盟、共同市场、经济联盟等经济集团，加强内部分工的做法，也在不同程度上会延缓世界性国际分工的发展。

（三）国际分工的类型

国际分工的类型是指各类国家和地区参加国际分工的基本形态。按照参与国际分工各国的经济发展水平，国际分工可分为以下三种类型。

1. 垂直型国际分工（Vertical International Division of Labour）。即经济发展水平不同的国家之间的纵向分工。主要指发达国家与发展中国家之间制造业与农、矿业的分工。19 世纪形成的传统国际分工就属于垂直型分工。当时少数欧美国家是工业国，而绝大多数亚、非、拉国家则沦为殖民地、半殖民地，成为农矿业国。第二次世界大战后，这种类型的分工有所削弱，但仍然是发达国家与发展中国家之间的一种重要分工类型。

2. 水平型国际分工（Horizontal International Division of Labour）。即经济发展水平基本相同或相似的国家之间的分工，主要指发达国家与发达国家之间的工业部门间的分工。从历史上看，这些国家的工业发展有先有后，技术水平存在着差异，工业部门发展不平衡，因而形成了这种类型的分工。美国与日本之间、欧盟与美国之间的生产专业化和协作就是这种类型分工的典型。第二次世界大战以后，这一类型的国际分工得到了进一步发展。

3. 混合型国际分工（Mixed International Division of Labour）。这是指垂直型国际分工与水平型国际分工混合而成的国际分工。从一个国家来看，它在国际分工中既参加垂直型分工也参加水平型分工。当前，一般都把发达国家的分工归于这种类型，其中以德国最为典型。德国同发展中国家之间的分工是垂直型，而同其他发达国家之间的分工则呈水平型。

第二次世界大战以后，随着发展中国家经济水平的提高和产业竞争力的增强，发达国家与发展中国家的垂直型国际分工比例在逐步减少，水平型和混合型的国际分工比例在不断提高。

（四）国际分工对国际贸易的影响

国际分工是各国对外贸易的基础，各国参与国际分工的形式和格局决定了该国的对外贸易发展速度、贸易结构、对外贸易地理方向和贸易政策的制定。

1. 国际分工影响国际贸易的发展速度。从国际贸易的发展来看，在国际分工发展迅速的时期，国际贸易也发展迅速；相反，在国际分工发展缓慢的时期，国际贸易也发展缓慢或处于停滞状态。因此，国际分工是当代国际贸易发展的主动力。在资本主义自由竞争时期，由于形成了以英国为中心的国际分工体系，国际贸易得到了迅速发展。从贸易量来看，世界贸易年均增长率，从1780～1800年的0.27%增加到1860～1870年的5.53%。相反，1913～1938年间，世界生产发展缓慢，国际分工处于停滞状态，国际贸易在这个时期年平均增长率只有0.7%。第二次世界大战后，国际分工又有了飞速的发展，国际贸易的发展速度也相应加快，并快于以前各个时期。1950～1991年，世界贸易年均增长率为11.3%。1990～2000年，世界货物出口贸易量年均增长率为6.8%。2006年世界货物出口贸易量增长率为8.5%。据世界贸易组织统计，2010年全球货物贸易出口增长率达14.5%，为自1950年开始此项统计以来的最高增速。但由于世界经济复苏乏力，自2012年以来，世界贸易处于持续低迷状态。2014～2016年，世界货物贸易量伴随着世界经济连年放缓，世界经济增速从3.4%下降到了3.1%，世界货物贸易量增长率也从2.8%下降到了1.7%。这既反映了当前各国结构调整措施的短期影响，也反映了世界经济发展中长期存在的结构性失调。

2. 国际分工影响国际贸易的地区分布。国际分工发展的过程表明，在国际分工中处于中心地位的国家，在国际贸易中也占据主要地位。从18世纪到19世纪末，英国一直处于国际分工中心国家的地位，它在世界对外贸易中一直独占鳌头。英国在世界对外贸易总额中所占比重，1820年为18%，1870年上升到22%。随着其他国家在国际分工中地位的提高，英国的地位逐步下降，但直到1925年它在国际贸易中仍占15%。从19世纪末以来，发达国家成为国际分工的中心国家，它们在国际贸易中的地位一直居于支配地位。发达国家在世界出口中所占比重，1950年为60.8%，1985年为69.9%，1991年上升到72.4%，2002年为63.6%，2011年下降至52.5%，2016年发达国家经济体在世界出口中的比例回升，但仅为55.6%。

3. 国际分工影响对外贸易的地理方向。各个国家的对外贸易地理方向与它们的经济发展及其在国际分工中所处的地位是分不开的。第一次科技革命后，形成了以英国为核心的国际分工，这种国际分工的结果是英国对世界贸易的垄断。这次科技革命在欧美各国完成后，英、法、德、美四国在国际贸易中的地位显著提高，它们的对外贸易在国际贸易中所占的比重从1750年的34%提高到1860年的54%。第二次世界大战后，由于第三次科技革命的影响，发达国家之间工业部门内部分工成为国际分工的主导形式。因此，西方工业发达国家的对外贸易得到了迅速发展，它们的对外贸易增长速度超过了发展中国家，在世界贸易中占主导地位。

4. 国际分工影响国际贸易商品结构。国际贸易商品结构是指各类商品在国际贸易中的构成及其在总的商品贸易中所占的比重。由于国际分工发展的作用，国际贸易商品结构不断发生变化。尤其是第二次世界大战后，国际分工的深化发展使国际贸易商品结构发生了显著变化，主要表现在以下四个方面。

（1）国际贸易中工业制成品比重超过了初级产品比重。第二次世界大战之前，由于国际分工主要是以宗主国与殖民地落后国家的垂直型国际分工为主，所以初级产品在国际贸易中占据很大的比重。随着水平型国际分工的发展，20 世纪 50 年代中后期，工业制成品在国际贸易中所占的比重已超过初级产品在国际贸易中所占的比重。

（2）发展中国家出口中的工业制成品不断增加。第二次世界大战前，发展中国家处于垂直型国际分工的下游，主要出口农产品、矿产品等初级产品。第二次世界大战后，随着发展中国家经济水平的提高，发达国家与发展中国家分工形式发生了变化，发展中国家出口产品中制成品的比重不断上升，初级产品的比重不断下降。

（3）中间性机械产品的比重提高。随着国际分工的深化和跨国公司在国际分工中地位的提高和作用的加强，产业内部、公司内部的贸易增加，中间性机械产品在整个机械工业制成品贸易中的比重不断提高，在各主要发达国家制成品贸易中约占 70% 以上。

（4）随着全球服务业的迅猛发展和服务型经济的到来，服务贸易开始加速增长，它在全球贸易中的比重不断上升。1980 ~ 2015 年全球服务贸易出口从 3 650 亿美元上升至 46 850 亿美元，占全球出口的份额也从 1980 年的 15.7% 上升至 2015 年的 22.2%。相对于货物贸易而言，服务贸易成为全球贸易中增长更快、更富有扩展空间的部分，它是全球贸易的新增长点。

5. 国际分工影响各个国家对外贸易政策的制定。一个国家对外贸易政策的制定，不仅取决于它的工业发展水平及其在世界市场上的竞争地位，而且还取决于它在国际分工中所处的地位。第一次科技革命后，英国首先完成了产业革命，建立了大机器工业，形成了以英国为核心的国际分工。在资本主义自由竞争时期，在国际分工的基础上，产生了适应工业资产阶级利益的对外贸易政策。各国由于工业发展水平不同，在世界市场上和国际分工中所处的地位不同，因而采取了不同的对外贸易政策。当时，英国工业水平最高，它的商品不怕其他国家的竞争，它需要以工业制成品的出口换取原料和粮食的进口，所以实行自由贸易政策。美国和西欧的其他国家工业发展水平落后于英国，它们为了保护本国的幼稚工业，避免遭到英国竞争的冲击，便采取了保护贸易政策。第二次科技革命后，资本主义从自由竞争阶段过渡到垄断阶段，垄断代替了自由竞争。帝国主义通过资本输出，把殖民地半殖民地卷入资本主义生产中去，使后者成为前者的商品销售市场、投资场所和原料来源地，使国际分工进一步深化。在对外贸易政策上，便由自由贸易政策和保护贸易政策过渡到帝国主义的超保护贸易政策，这种政策具有更大的侵略性和扩张性。第二次世界大战后西方工业国家虽然继续实行超保护贸易政策，但其表现形式却发生了变化，即从20世纪70年代中期以前的贸易自由化到70年代中期以后的贸易保护主义抬头。西方国家之所以采取这种形式的贸易政策，原因是多方面的。其中一个重要原因是第二次世界大战后国际分工进一步向纵深和广阔发展。

二、国际贸易的产生和发展

（一）对外贸易的产生

对外贸易或国际贸易是个历史范畴，是人类社会发展到一定历史阶段的产物。

对外贸易的产生，必须具备以下两个条件：一是有剩余的产品可以作为商品进行交换；二是出现了政治实体，商品交换要在各政治实体之间进行。因此，社会生产力的发展和社会分工的扩大，是对外贸易产生和发展的基础。

在原始社会初期，人类处于自然分工状态，生产力水平很低，人们在共同劳动的基础上获取有限的生活资料，仅能维持本身生存的需要。因此，没有剩余产品，没有私有制，没有阶级和国家，也就没有对外贸易。

对外贸易的产生与人类历史上的三次社会大分工是密切相关的。

第一次社会大分工是畜牧部落从其他部落中分离出来，牲畜的驯养和繁殖使生产力得到了发展，产品开始有了少量剩余，于是在氏族公社之间、部落之间出现了剩余产品的交换，这是最早发生的交换，这种交换是极其原始的、偶然的物物交换。

随着生产力的继续发展，手工业从农业中分离出来，出现了人类社会第二次大分工。随着手工业的出现，便产生了直接以交换为目的的商品生产。商品生产和商品交换的不断扩大，产生了货币，商品交换逐渐变成了以货币为媒介的商品流通。随着商品货币关系的发展，产生了专门从事贸易的商人，于是，出现了第三次社会大分工。

生产力的发展，交换关系的扩大，加速了私有制的产生，从而使原始社会日趋瓦解，这就为过渡到奴隶社会打下了基础。在奴隶社会初期，由于阶级矛盾形成了国家。国家出现后，商品交换超出国界，对外贸易产生了。

（二）资本主义生产方式前的对外贸易

1. 奴隶社会的对外贸易。奴隶社会的对外贸易是在奴隶占有制生产方式的基础上发展起来的。在这种生产方式下，自然经济占统治地位，生产的目的主要是为了消费。商品生产在整个社会中是微不足道的，因而进入交换领域中的商品是有限的。同时，由于生产技术落后、交通运输工具简陋，对外贸易的范围受到了很大限制。在奴隶社会，对外贸易的主要商品是奴隶和奢侈品，如宝石、装饰品、各种织物、香料等。前者为奴隶主阶级提供劳动力，后者为满足奴隶主的享乐欲望。当时欧洲兴起的主要贸易国家有腓尼基、希腊、罗马等。中国在夏商时代已进入奴隶社会，贸易集中在黄河流域，主要在夏王与诸侯国诸侯之间及各诸侯国诸侯之间进行。奴隶社会的对外贸易促进了手工业的发展，在一定程度上推动了社会生产的进步。

2. 封建社会的对外贸易。封建社会的经济仍然是自然经济，农业在各国经济中占据主导地位，商品生产仍处于从属地位，因而当时对外贸易的规模仍十分有限，但比奴隶社会有了进一步发展。在封建社会早期，封建地租采取劳役和实物形式，进入流通领域的商品不多。到了封建社会中期，随着商品生产的发展，封建地租转变为货币地租的形式，对外贸易得到了发展。在封建社会晚期，随着城市手工业的发展，商品经济和对外贸易都有了较大的发展。在封建社会，奢侈品仍然是国际贸易中的主要商品。西方国家以呢绒和酒等换取东方国家的丝绸、香料、珠宝等。

在封建社会时期，西方的贸易中心曾发生多次转移。起初，全球贸易中心在地中海东部。到了公元 7 ~ 8 世纪，阿拉伯成为主要的贸易民族。11 世纪以后，随着意大利北部和波罗的海沿岸城市的兴起，贸易的范围便扩大到地中海、北海、波罗的海和黑海的沿岸。

在封建社会，贸易范围不断扩大，中国、埃及、印度、伊朗等亚、非国家的对外贸易发展比较突出。中国早在秦、汉以前，便与外国发生了贸易关系。到公元前 2 世纪的西汉时代，中国就开辟了从新疆经中亚通往中东和欧洲的“丝绸之路”，中国的丝绸经“丝绸之路”输往西方。明朝郑和 7 次下“西洋”，向亚洲等许多国家传播了中国的火药、指南针和手工艺等技术，同时，也把这些国家的土特产、优良种子等输入中国，促进了中国人民与各国人民的友好往来和文化技术交流。

不过，在奴隶社会和封建社会，由于自然经济占统治地位和交通条件的限制，各国的对外贸易在当时的社会经济中不占主要地位，贸易的范围和商品都很有限，贸易活动也不频繁。直到资本主义社会，大规模机器工业建立以后，全球性的贸易才获得了广泛的发展。

（三）资本主义方式下的国际贸易

1. 殖民时期的国际贸易。18 世纪中叶以前，源于地理大发现所带来的欧洲各国的殖民扩张，使对外贸易获得了巨大发展。长达两个世纪的殖民扩张和殖民贸易客观上极大地推动并发展了洲与洲之间的贸易，从而开始了真正意义上的“世界贸易”。在资本主义生产方式下，各国间贸易的交换范围遍及全球，生产的主要目的是为了交换，并形成了以西欧为中心的世界市场。这个时期的对外贸易属于资本原始积累阶段，主要表现为欧洲国家通过暴力和掠夺的方式，不断扩大对殖民地的贸易。但受通信、交通等客观因素的限制，这一时期的贸易范围和规模仍较为有限。

2. 自由竞争时期的国际贸易。从18世纪60年代开始的工业革命，至19世纪中期，建立了资本主义的机器大工业，确立了资本主义的生产方式。大批量运用生产技术、大量新的发明创造促成了新工业的产生。新技术的应用不仅强化了专业化分工，同时大大提高了劳动生产率，生产规模迅速扩大。劳动生产率的提高，在促进生产的同时，极大地丰富了社会产品，繁荣了交换。

3. 垄断时期的国际贸易。20世纪初，生产力迅速发展，国际贸易的地位进一步提升。同时，生产和资本高度集中，形成了国际上大型的垄断组织，这些组织在社会经济生活中控制了国内贸易，同时也控制了国际贸易，并通过垄断价格不断获得最大限度的利润。这个时期的国际贸易形成了以发达国家为主的格局，国家之间的竞争更加激烈，关税壁垒与非关税壁垒等贸易限制措施进一步加深，并由此引发了两次世界大战。第一次世界大战爆发时，欧洲、北美、日本和澳大利亚都先后完成了工业化过程，从自然的农业手工业经济过渡到资本主义工业经济。整个世界形成了以欧美国家为主的现代工业经济为一方和以其他国家组成的农业手工业等传统经济为另一方的格局。总而言之，这个阶段国家之间对外贸易的矛盾在加剧，国际分工不合理的现状使得这个时期贸易中的斗争更加激烈。但科学技术的发展推动了贸易在世界经济中的地位进一步加强。

第三节　当代国际贸易发展的特点

一、国际贸易发展迅速但不稳定

第二次世界大战后，在第三次科技革命的作用下，在经济全球化和贸易自由化的推动下，国际贸易发展迅速。但由于受经济危机、能源危机、货币制度危机的影响，美国“9·11”恐怖事件的冲击，由美国次贷危机引发的金融危机的影响，以及全球主要经济体经济增长放慢的影响，国际贸易的发展也不稳定。对此，大体上可以划分为三个阶段。

（一）第一阶段

从第二次世界大战结束初期到1973年，是国际贸易迅速发展阶段。这一阶段国际贸易增速之快在历史上是空前的。它主要表现在以下三个方面。

其一，第二次世界大战后世界出口贸易量的增长速度大大超过第二次世界大战前。1948～1973年，世界出口贸易量的年均增长率为7.8%。而1913～1938年世界出口贸易量的年均增长率仅为0.7%。

其二，第二次世界大战后世界出口贸易量的增长速度超过工业生产的增长速度。1948～1973年，世界工业生产的年均增长率为6.1%，低于同期世界出口贸易量的增长速度。

其三，工业制成品在国际贸易中所占的比重从1953年起一直超过初级产品所占的比重。

本阶段国际贸易的迅速发展是与科技革命、生产增长、国际分工和国际金融及贸易组织的建立以及经济一体化等因素所发生的作用密切相关的。

（二）第二阶段

1973～1985年，是国际贸易由迅速发展转向缓慢发展甚至停滞的阶段。它主要表现在以下三个方面。

其一，世界出口贸易量的增长速度放慢，甚至停滞。1973～1985年，世界出口贸易量的年均增长率为2.4%，较1948～1973年世界出口贸易量的年均增长率下降2/3以上。其中，有的年份表现得更为突出。1981年世界出口贸易量增长停滞；1982年世界出口贸易量不仅没有增长，据关税与贸易总协定估计，反而下降2%。

其二，出口贸易量的增长速度低于工业生产的增长速度。1973～1985年世界工业生产的平均增长率为2.9%，高于同期世界出口贸易量的增长率。

其三，出口贸易值增长起伏较大。世界出口贸易值在1973年以后仍有较大的增长，并于1980年达到最高点20 014亿美元。但在该年以后世界出口贸易值便逐年下降，1983年降到最低点为18 066亿美元。1983年以后，随着工业发达国家的经济复苏，世界出口贸易值又开始回升，但一直到1985年仍然没有恢复到1980年的水平。

本阶段国际贸易增长速度放慢甚至停滞的主要原因是：

第一，经济危机的爆发。1974～1975年资本主义世界爆发的经济危机标志着第二次世界大战后资本主义世界经济迅速增长阶段已经结束，进入“滞涨”时期。其表现是两高（高失业率、高通货膨胀率）一低（低经济增长率）。在这次经济危机之后，许多国家的经济一直回升无力，大量工人失业已成为普遍现象。与此同时，严重的通货膨胀也一直困扰着这些国家。20世纪80年代初，资本主义世界又爆发了第二次世界大战后最严重的经济危机。由于经济危机的爆发，投资和生产长期不振，市场萎缩，贸易保护主义抬头，各资本主义国家为了转嫁危机、缓和国内的失业都高筑关税和非关税壁垒，限制外国商品的进口，这样，就直接影响了对外贸易的发展。

第二，能源危机的爆发。所谓能源危机，是指1973年以来的石油供应短缺和价格猛涨，1973年开始的第一次石油冲击使油价猛增3倍多，1979年油价又提高1倍。能源危机使贸易条件和国际收支状况大大恶化。石油价格的上涨促使了原料和其他产品成本的提高，因而使制成品价格上涨，从而不利于产品在国外市场的竞争和销售，影响了贸易的发展。与此同时，发达国家又加快了对能源的开源节流和能源转化运动，大大节省了对传统能源的消耗和进口。

第三，货币制度危机的爆发。以美元为中心和以固定汇率制度为基础的资本主义国际货币体制，在20世纪70年代初宣告彻底瓦解，美元已不是等同于黄金的货币。但是，浮动汇率制取代固定汇率制并没有改变资本主义货币金融市场上日益加剧的不稳定状况。实行浮动汇率制后，美元虽已不是中心货币，但仍是国际结算中的主要支付手段和许多国家的主要储备货币。美元一有变动，就会影响国际货币金融市场的稳定。这对20世纪70年代以来国际贸易的发展是很不利的。

（三）第三阶段

20世纪80年代后半期至今，是国际贸易发展速度从回升转为下降的阶段。它主要表现在以下三个方面。

其一，世界出口贸易量的增长速度缓慢回升。发达国家的商品和服务贸易的出口贸易量年均增长率从1983～1992年的5.8%提高到1993～2002年的6.3%。2004年世界商品出口贸易量进一步增长，达到10%。2005年世界商品出口贸易量有所下降，为6.5%；2006年世界商品出口贸易量回升为8.5%。据世界贸易组织的统计，2007年世界贸易量（包括货物贸易和服务贸易）从2006年增长8.5%放缓至5.5%，下降3个百分点；2008年世界货物贸易出口贸易量仅增长2%。根据世界贸易组织2011年4月7日发布的《2010年全球贸易报告》和《2011年贸易展望》的数据得知，2010年全球贸易额比2009年增长了14.5%，为该组织自1950年开始此项统计以来的最高增速。

其二，出口贸易值增长从迅速转慢。世界货物出口贸易值在1986年便超过1980年的水平，之后继续增长，1995年高达50 200亿美元。2000年世界贸易值达76 000亿美元，其中，货物贸易值为62 000亿美元，服务贸易值为14 000亿美元。2001年世界货物贸易和服务贸易因受美国“9·11”恐怖事件的冲击，均呈滑坡态势，全球货物和服务出口额分别下降4%和1%。但2002年又开始回升。据世界贸易组织统计，2002年世界贸易值为79 640亿美元，其中，货物贸易出口值为64 240亿美元，增长2.5%；服务贸易出口值为15 400亿美元，增长6.5%。2003年和2004年世界出口贸易额继续增长。2005年世界出口贸易值为125 350亿美元，其中，货物贸易出口值为101 200亿美元，增长13%；服务贸易出口值为24 150亿美元，增长11%。2006年世界货物出口值为120 000亿美元，增长15%；世界商业服务出口值为27 100亿美元，增长11%。2007年世界货物贸易出口值为135 700亿美元，增长15%；服务贸易出口值为32 600亿美元，增长18%。据世界贸易组织初步统计，2008年世界货物贸易出口值为157 750亿美元，较2007年增长15%；服务贸易出口额为37 300亿美元，较2007年增长11%。

自2008年第四季度开始，绝大多数国家货物贸易出口受全球经济衰退的影响出现下跌。由于出口增速放缓，日本连续多个月出现贸易逆差。新兴市场和发展中国家出口下降更为明显，特别是最后两个月，俄罗斯、阿根廷、土耳其和南非等国的出口降幅均超过20%。

其三，世界出口贸易量的增长速度从超过世界经济增长速度转为出口贸易量降幅高于世界经济跌幅。

据世界贸易组织《2001年度报告》，1990~2000年间世界货物出口贸易量年均增长率为6.8%，而世界国内生产总值年均增长率为2.3%。2004年以来世界出口贸易量的增长速度均超过世界经济的增长速度。2006年世界货物出口贸易量增长8.5%，而世界GDP仅增长3.7%。据国际货币基金组织统计，2007年世界贸易量增长6.8%，而世界经济仅增长4.9%。据国际货币基金组织统计，2007年世界贸易量增长6.8%，而世界经济仅增长4.9%。据世界贸易组织统计，2010年全球货物贸易出口增长14.5%，是全球GDP增速3.6%的4倍之多，贸易对经济增长的带动效应明显，对全球经济复苏功不可没。据统计，2015年世界贸易增长为-13.2%，世界经济增长为3%。

本阶段国际贸易发展速度回升的主要原因是：

第一，科技革命成为促进国际贸易发展的关键因素。科技革命提高了劳动生产率，优化了产业结构，使国际贸易商品结构向高级、优化方向发展，并促进了国际服务贸易和技术贸易的发展。

第二，经济全球化和区域经济一体化的迅猛发展。尤其是自由贸易区的大量建立促进贸易增长。

第三，资本的国际化，跨国公司的大量出现，使国际间相互投资加强。

第四，贸易方式多样化，贸易手段现代化，国际电子商务的作用加强。石油价格高位徘徊，农产品价格高涨。

第五，西方主要国家货币汇率的大幅度升降，特别是美元大幅度贬值和日元、欧元大幅度升值，直接影响贸易的回升。

第六，关税与贸易总协定乌拉圭回合多边贸易谈判达成协议和世界贸易组织的建立，进一步促进了国际贸易自由化。

第七，中国对外贸易的迅速发展，贸易大国地位的崛起和提高。

二、发达国家在世界贸易中的主体地位有所下降

发达国家在世界贸易中的主体地位有所下降，发展中国家、地区在世界贸易中的地位上升，世界贸易呈现均衡发展态势，发展的不平衡特征越来越不明显（见表1-1）。

表1-1　各类国家、地区在世界出口贸易中所占的比重　单位：%

分类	出口									
	1950年	1960年	1970年	1980年	1991年	1996年	2003年	2005年	2006年	2015年
世界	100.0	100.0	100.0	100.0	100.0	100.0	100.0	100.0	100.0	100.0
发达国家	60.8	65.9	70.9	62.6	72.4	67.4	64.5	60.4	58.6	52.2

续表

分类	出口									
	1950 年	1960 年	1970 年	1980 年	1991 年	1996 年	2003 年	2005 年	2006 年	2015 年
发展中国家、地区	31.1	21.9	18.4	28.7	22.8	28.8	32.4	36.2	37.3	44.6
转型国家	6.8	10.1	9.8	7.7	2.6	3.8	3.1	3.4	4.1	3.2

资料来源：联合国贸易与发展会议，《国际贸易与发展统计手册》（1993 年、1995 年、1996 ~ 1997 年、2002 年、2004 年、2007 年及 2016 年）。

发达国家在世界贸易中占主体地位，这是当时世界贸易的主要特征之一。这种特征是在 19 世纪形成的，并在 20 世纪上半叶保持下来，在当代仍然未变。第二次世界大战前，1938 年，发达国家在世界出口总额中所占的比重为 65.9%，在世界进口总额中所占的比重为 76.5%。第二次世界大战后，这两个比重经短期的下降后即逐步上升。在 20 世纪 70 年代初期，这两个数字均达到最高峰，1970 年发达国家在世界出口中所占的比重为 70.9%，在世界进口中所占的比重为 71.6%。1973 年以后，世界贸易的格局发生了与 20 世纪 70 年代初以前不同的变化。发达国家在世界贸易中所占的比重逐渐下降，直到 1983 年才见回升。1991 年发达国家在世界出口中所占的比重为 72.4%，在世界进口中所占的比重为 72.9%，2003 年发达国家在世界出口中所占的比重为 64.5%，在世界货物出口中所占比重为 67.3%，均占世界货物进出口总额的 2/3 左右。自 2006 年以来发达国家经济呈现回落，其在世界出口贸易中所占比重出现下降，但截至 2015 年又出现降中有升的局面。从整体上看，发达国家在世界贸易中的主体地位下降趋势明显，正逐渐被新兴的发展中国家所取代。发展中国家、地区在世界贸易中的地位上升，世界贸易呈现均衡发展的良好态势（见表 1 – 1）。

在发达国家中，对外贸易的发展也是不平衡的。一方面表现为日本和德国等欧盟成员国贸易实力的迅速增长，近几年随着新兴国家的发展，呈现回落态势；另一方面表现为英国和美国世界贸易地位的逐渐衰落和不稳定，美国的世界最大对外贸易国地位于 2013 年被中国取代（见表 1 – 2、表 1 – 3、表 1 – 4）。

表 1 – 2　　1950 ~ 2015 年主要市场经济国家在世界出口中所占比重　　单位：%

年份	世界出口额（亿美元）	美国	英国	德国	法国	意大利	日本
1950	607.00	16.7	10.0	3.3	5.0	2.0	1.4
1960	1 278.70	11.6	8.0	8.9	5.4	2.0	3.0
1970	3 120.70	12.5	6.2	10.3	5.7	4.2	4.9
1980	19 942.87	10.7	5.6	9.4	5.4	3.8	6.3
1989	31 000.00	11.8	4.9	11.0	5.8	4.6	3.9
1992	37 000.00	12.1	5.2	11.6	6.4	4.7	9.2

续表

年份	世界出口额（亿美元）	美国	英国	德国	法国	意大利	日本
1995	50 200.00	11.6	4.8	10.1	5.7	4.7	8.8
1996	53 296.57	11.7	4.8	9.7	5.4	4.7	7.7
2001	61 624.00	11.9	4.4	9.2	5.2	3.9	6.6
2003	74 822.00	9.7	4.1	10.0	5.1	3.9	6.3
2004	91 235.00	9.0	3.8	10.0	4.9	3.8	6.2
2005	103 021.00	8.7	3.6	9.3	4.4	3.5	5.7
2006	120 620.00	8.6	3.7	9.2	4.1	3.4	5.4
2007	135 700.00	8.4	3.1	9.5	4.0	3.5	5.1
2008	157 750.00	8.1	2.8	9.1	3.8	3.3	4.9
2009	160 886.40	9.6	3.8	8.3	4.2	3.1	4.3
2010	191 430.10	9.5	3.6	7.7	3.8	2.9	4.7
2011	226 875.10	9.2	3.5	7.5	3.6	2.8	4.2
2012	229 639.60	9.5	3.4	7.2	3.5	2.6	4.1
2013	236 952.70	9.5	3.7	7.2	3.5	2.6	3.6
2014	240 588.20	9.6	3.6	7.3	3.6	2.7	3.5
2015	212 360.10	10.3	3.8	7.4	3.5	2.6	3.7

资料来源：联合国贸易与发展会议，《国际贸易与发展统计手册》（1993 年，1996～1997 年第 2 页）；关税与贸易总协定 1988 年、1989 年、1992 年度报告；世界贸易组织 2016 年 3 月 23 日公布的统计报告。

表 1－3　2015 年世界货物出口前 10 位国家　单位：亿美元

出口	2015 年排名	出口额	增长（%）	占世界出口总额比重（%）	2014 年排名
世界总计 其中：	—	164 820	－13	100	—
中国	1	22 749	－3	13.8	1
美国	2	15 049	－7	9.1	2
德国	3	13 295	－11	8	3
日本	4	6 249	－9	3.8	4
荷兰	5	5 672	－16	3.4	5
韩国	6	5 268	－8	3.2	7
法国	7	5 059	－13	3.1	6
英国	8	4 604	－9	2.8	9
意大利	9	4 591	－13	2.7	8
加拿大	10	4 085	－14	2.5	11

资料来源：世界贸易组织 2016 年 3 月公布的贸易数据。

表 1-4　　2015 年世界货物进口前 10 位国家　　单位：亿美元

进口	2015 年排名	进口额	增长（%）	占世界进口总额比重（%）	2014 年排名
世界总计 其中：	—	167 250	-12	100	—
美国	1	23 079	-4	13.8	1
中国	2	16 819	-14	10.1	2
德国	3	10 500	-13	6.3	3
日本	4	6 485	-20	3.8	4
英国	5	6 258	-9	3.7	5
法国	6	5 727	-15	3.4	6
荷兰	7	5 058	-14	3.0	7
韩国	8	4 365	-17	2.6	8
加拿大	9	4 363	-9	2.6	9
意大利	10	4 089	-14	2.4	10

资料来源：世界贸易组织 2016 年 3 月公布的贸易数据。

（一）美国位居世界第二大对外贸易国

除货物贸易出口总额外，美国的货物贸易进口总额和服务贸易进出口总额均为全球最高。

1. 美国在世界商品贸易中的比重虽呈下降趋势，但当前仍是世界第二大贸易国。2007 年美国商品进出口总额为 31 800 亿美元，而居第二位的德国进出口总额为 23 860 亿美元。美国在世界商品出口总额中的比重在第二次世界大战后初期占 32.5%，1970 年降到 13.7%，之后，时降时升。自 20 世纪 80 年代中期开始，有的年份被德国超过。2008 年美国商品出口额为 13 010 亿美元，占世界商品出口总额的 8.1%，居德国、中国之后列世界第 3 位；2015 年美国商品出口额为 15 049 亿美元，占世界商品出口总额的 9.1%，居中国之后居世界第 2 位。

2. 美国的货物进口贸易在世界贸易中的比重高于货物出口所占的比重。2008 年美国货物进口额为 21 660 亿美元，占世界货物进口额的 13.2%，而出口额为 13 010 亿美元，仅占世界货物出口额的 8.1%，出现了 8 650 亿美元的货物贸易逆差。2015 年美国货物进口额为 23 079 亿美元，而出口额为 15 049 亿美元，占世界货物出口额的 9.1%，出现了 8 030 亿美元的货物贸易逆差。货物贸易逆差比 2008 年少 620 亿美元，国际贸易收支得到改善。

3. 美国货物贸易由顺差转为逆差并大量增加。在 1946～1970 年这 25 年间，美国的对外贸易一直是顺差。1971 年美国出现了自 1893 年来的第一次贸易逆差。1974～1976 年美国的贸易逆差为 71 亿美元，1987 年高达 1 736 亿美元。自 1988 年起，美国的贸易逆差不断下降，1990 年降为 1 010 亿美元，1991 年进一步降至 662 亿美元，这是 1983 年以来首次低于 1 000 亿美元。但 1993 年美国贸易逆差剧增 37%而达到 1 157. 8 亿美元。2008 年美国的货物贸易逆差高达 8 650 亿美元，2015 年美国的货物贸易逆差也稳定在 8 030 亿美元左右。

4. 服务贸易居世界首位。美国是世界服务贸易的最大出口国和进口国。2007 年美国服务贸易出口额为 4 540 亿美元，占世界服务贸易出口总额的 13. 9%，同年，美国服务贸易进口额为 3 360 亿美元，占世界服务贸易进口总额的 10. 9%，服务贸易顺差为 1 180 亿美元。美国服务贸易的出口额和进口额均居世界第 1 位。

5. 美国拥有世界跨国公司的 70%，而在世界出口贸易额中，与美国跨国公司及其海外子公司有关的出口约占 1/4。

6. 美国是世界高科技产品和农产品出口最多的国家。1999 ~ 2000 年美国下述产品在世界产品出口贸易额中所占比重分别是：飞机为 40. 74%，衡量与控制仪器为 28. 61%，发动机为 30. 90%，半导体为 17. 11%，油料为 50. 13%，玉米为 61. 43%，小麦为 30. 61%。

7. 美国对外贸易政策的制定与实施对第二次世界大战后国际经济贸易组织的建立和世界贸易的发展有巨大影响。

（二）日本对外贸易由迅速增长转向缓慢增长

第二次世界大战后日本的对外贸易额增长十分迅速，其中出口贸易额的增长尤为突出。日本出口贸易额由 1950 年的 8. 2 亿美元增长到 1995 年的 4 430 亿美元。出口贸易的平均增长率在 1950 ~ 1995 年为 15. 8%，超过世界和各类国家的出口年均增长率。日本在世界出口贸易中所占的比重从 1950 年的 1. 4% 提高到 1980 年的 6. 3%，成为仅次于美国和德国的第三大贸易国家。1995 年，这一比重更提高到 8. 8%。但自 1996 年起，日本的对外贸易由升转降。2001 年日本的出口贸易值为 4 047 亿美元，在世界出口贸易中的比重降至 6. 6%。1992 ~ 2001 年日本的商品与服务贸易出口量年均增长率为 4. 4%，低于世界和各类国家出口年均增长率。2002 年日本的商品出口贸易额为 4 160 亿美元，在世界出口贸易中的比重为 6. 5%，增长 3%，低于当年世界年均增长 4. 4% 的水平，仍保持为世界第三大贸易国家的地位。2003 年日本商品出口额为 4 719 亿美元，在世界商品出口贸易中的比重为 6. 3%，仍居世界第三位。2004 年日本商品出口额为 5 655 亿美元，增长 19. 8%，低于当年世界年均增长 21. 9% 的水平，占世界出口总额的比重为 6. 2%，名列美国、德国和中国之后，是世界第四大贸易国。2008 年日本商品出口额为 7 820 亿美元，增长 10%，占世界出口总额的 4. 9%，仍低于世界年均 15% 的增长水平，名列德国、中国、美国之后，仍是世界第四大贸易国。2015 年日本商品出口额为 6 249 亿美元，下降 9%，占世界出口总额的 3. 8%，位列中国、美国、德国之后，仍居世界第四大贸易国之位。

改革开放以来，中国对外贸易增长十分迅速，贸易规模日益扩大，对外贸易大国的地位迅速崛起并不断提高，货物贸易总额位居世界第一，目前已成为名副其实的贸易大国。

三、国际贸易结构向高科技产品、服务业发展

（一）在世界货物出口贸易中工业制成品所占比重超过初级产品

第二次世界大战前，初级产品在世界贸易中所占比重超过工业制成品。第二次世界大战后，工业制成品在世界贸易中所占比重逐步上升并于20世纪50年代中后期超过初级产品，而初级产品所占比重逐步下降（见表1－5）。

表1－5　初级产品和工业制成品在世界出口贸易中的比重　单位：%

分类＼年份	1937	1955	1960	1970	1990	1995	2001	2006	2015
总计	100.0	100.0	100.0	100.0	100.0	100.0	100.0	100.0	100.0
初级产品	63.3	51.0	45.0	42.6	26.0	22.5	18.9	25.2	21.2
工业制成品	36.7	49.0	55.0	55.1	71.1	74.7	78.0	71.5	75.4
其他	—	—	—	1.0	2.9	2.8	3.1	3.3	3.3

资料来源：P. L. 耶茨，《对外贸易四十年》；联合国贸易和发展会议，《国际贸易和发展统计手册》（1992年、1995年、2007年、2016年）。

造成上述现象的原因主要有：（1）科学技术的发展、产业结构的变化使制造业的发展速度高于世界农业、矿业的发展速度；（2）国际分工的深化，使国际贸易中中间产品大大增加；（3）发达国家推行农业保护政策，使农产品贸易受到限制；（4）合成代用品的大量出现；（5）原料使用率的提高与肥料回收和利用能力的加强。

（二）在制成品贸易中，机械产品在各大类商品中增长最快，在世界出口贸易中所占比重不断提高

1953年机械产品（包括运输设备）在世界出口总值中的比重为17.4%，1975年上升到27.9%。1994年世界机械产品贸易额已突破1.5亿美元，约占世界出口贸易总额的37%，是世界贸易的第一大类商品。汽车、计算机、半导体和电信设备4种产品的出口额约占世界机械产品出口总额的50%以上。据中国海关统计，2010年中国机电产品出口额9 334.3亿美元，同比增长30.9%，占当年中国出口总额的59.2%。2015年以来，我国机电产品出口增速明显回落，进口持续负增长。我国机电产品进出口总额为2.11万亿美元，同比（下同）下降2.1%，占全商品进出口比重为53.4%，但中国仍继续保持第一大机电贸易国地位。

（三）制成品在发展中国家和地区货物出口贸易中所占比重迅速上升

制成品在发展中国家和地区出口中所占的比重，1980年为19.5%，1990年

上升到53.6%，2000年达到69.2%。中国在货物出口贸易中，制成品所占的比重占绝对主导地位，1980年为46.6%，1990年上升到74.4%，2014年以来维持在90%以上。

（四）高新技术产品在国际贸易商品结构中发展迅速

目前，以信息技术为中心的科技革命蓬勃发展，使得国际货物贸易的传统产品结构发生转变，高新技术产品包括自动数据处理设备、办公用机器、电讯设备、半导体和电子元件等的出口迅速增长。经济合作与发展组织国家高新技术产品在制成品出口中的比重，从1992年的30%提高到2000年的40%。2007年中国高新技术产品出口3 478.3亿美元，增长23.6%，占中国当年出口总值的29%。2015年我国高新技术产品出口22 800亿美元，较2014年增长0.5%，占出口总值的33.5%；机电产品出口增长了1.2%，占出口总值的57.7%。

（五）服务贸易在国际贸易中的地位不断提高

国际服务贸易在整个世界贸易中的比重日益增大。1980～2015年世界服务贸易出口额从3 650亿美元扩大到92 450亿美元，35年间增长了25倍，进出口规模前五位国家分别为美国、中国、英国、德国、法国。据悉，中国服务进出口额于2012年首次进入世界前三位，2014年上升至第2位。

四、跨国公司成为世界贸易的主要力量

（一）跨国公司数量剧增

全世界跨国公司的数量平均每年以29%的速度递增，目前，跨国公司的生产总值已占全世界生产总值的1/3，并且控制了全世界2/3的国家贸易和技术转让业务。跨国公司总数从1993年的3.5万家增加到2014年的10.2万家，在全球拥有的外国分支机构达到110万个。

（二）跨国公司在世界生产、贸易和投资中占主要地位

跨国公司国外子公司生产总值2001年达到34 950亿美元，占当年世界国内生产总值的1/10；国外子公司的销售额为185 170亿美元，相当于当年世界出口贸易额的2倍多。2001年跨国公司子公司出口额为26 000亿美元，相当于当年世界出口贸易额的1/3。跨国公司对外直接投资从1990年的17 000亿美元增加到2001年的65 820亿美元。

（三）技术贸易所占比重大

20世纪90年代末期，包括跨国公司外部和公司内部贸易在内，涉及跨国公司的贸易大约占全球贸易总额的2/3。跨国公司一般具有技术优势，在跨国公司

的内部贸易中，技术贸易所占比重很大。据统计，世界上最大的422家跨国公司掌握和控制了资本主义国家技术生产的90%和技术贸易的3/4。

五、贸易集团化的趋势加强

第二次世界大战后贸易集团化就已出现，20世纪50年代和60年代形成一批经济贸易集团，70年代到80年代初期处于停顿状态，自80年代后半期又掀起世界范围经济贸易集团化的高潮。

（一）贸易集团化的进程加快

1. 欧洲联盟成立。1985年6月欧共体委员会发表白皮书，建议欧洲共同体于1992年建立一个完全统一的欧洲大市场，实现共同体内部商品、劳务、资本和人员自由流动的计划。1986年2月欧洲经济共同体各成员国签署了《欧洲一体化文件》。该文件规定在1992年12月31日正式实现12个成员国之间以商品、资本、劳务和人员的自由流动为主要内容的统一大市场。白皮书的发表和《欧洲一体化文件》的签署大大加快了欧洲一体化的进程。白皮书规定，消除一切有形的、技术的和税务的边界障碍，真正实现四大要素在共同体内自由流动。这项工作在1992年年底已基本完成。统一大市场的目标已基本实现。自1993年1月1日起，欧洲统一大市场正式运转。《马斯特里赫特条约》于1993年11月1日正式生效，并将欧洲共同体易名为欧盟。这标志着作为经济一体化组织的欧共体已向政治、经济一体化组织欧盟过渡。

2. 北美自由贸易区于1994年1月1日正式建立。1988年美国和加拿大两国签署《美加自由贸易协定》，1989年该协定正式生效。该协定规定，10年内逐步取消两国间的关税，实现自由贸易。自《美加自由贸易协定》生效以来，自由贸易区建设进展迅速。1991年6月，美国、加拿大和墨西哥三国开始就北美自由贸易区协议进行谈判，经过14个月的磋商，三国于1992年8月就建立北美自由贸易区达成协议。同年12月，美、加、墨三国首脑分别签署了《北美自由贸易区协议》。经三国国会审批通过，《北美自由贸易区协议》于1994年1月1日正式生效。该协议规定，美国、加拿大和墨西哥三国从协议生效之日起在15年内逐步取消货物和服务贸易以及资本流动的所有关税和非关税壁垒。

3. 亚太地区经济合作方兴未艾。1989年，在澳大利亚前总理霍克的倡议下，组建起一个由18个国家（或地区）参加的“亚太地区经济合作组织”（APEC）部长会议。1994年11月15日，亚太经合组织成员首脑会议通过《茂物宣言》，一致同意在未来25年内消除本地区的一切贸易壁垒，以实现区域内的贸易和投资的自由化。1995年11月，该组织通过《大阪宣言》和《行动议程》，把长远的目标推入了行动阶段。1996年11月，又通过《亚太经济合作组织加强经济合作和发展框架宣言》等文件，进一步加快了亚太经济合作的步伐。

（二）贸易集团化的规模日益扩大

1. 集团的成员不断增加。尚未加入贸易集团的国家纷纷要求加入贸易集团。如《美加自由贸易协定》生效后，美国和加拿大又同墨西哥谈判签署了建立北美自由贸易区的协议，使集团规模进一步扩大。在欧洲，出现了一个申请加入欧盟的热潮。奥地利、芬兰和瑞典自1995年1月1日起成为欧盟新成员国。

2002年12月，欧盟首脑哥本哈根会议就欧盟扩大问题与10个候选国达成了全面协议。波兰、匈牙利、斯洛伐克、立陶宛、拉脱维亚、爱沙尼亚、捷克、斯洛文尼亚、塞浦路斯和马耳他已于2004年5月1日成为欧盟正式成员国。2007年年初，保加利亚和罗马尼亚加入欧盟，使欧盟成员从25个扩大为27个。

2. 集团联合形成更大规模的一体化市场。欧共体与欧洲自由贸易联盟于1991年10月达成了建立欧洲经济区的协议。该协议规定，欧共体12国和欧洲自由贸易联盟7国从1993年1月1日起，经过5年的过渡，实现商品、人员、资本和劳务的自由流通，从而形成一个占世界贸易量42%的自由贸易市场。经过艰苦的谈判，该协议推迟自1994年1月1日起付诸实施。

（三）经贸集团数量增加

经贸集团已从20世纪80年代的80多个增加到21世纪初的150多个。截至2008年12月底向世界贸易组织通报的正在生效的各种区域贸易安排有230个，其中2008年就通报32个，占总数的14%，较2007年通报的17个增长近1倍。

（四）经贸集团的主要形式是自由贸易区

目前在已经生效的或正在谈判的区域经济一体化形式中，自由贸易区是主要形式。据世界贸易组织统计，截至2006年10月，向世界贸易组织通报并且仍在生效的区域经济一体化组织达214个，其中，自由贸易区为197个，占区域经济一体化组织总数的92%。

（五）经贸集团形成的基础发生变化

由相邻国家组成的经贸集团走向由跨洲和地区的国家组成的经贸集团；由社会制度相同的国家组成经贸集团到由社会制度不同的国家组成经贸集团；由经济发展水平相近的国家组成经贸集团到由经济发展水平相差很大的国家之间组成经贸集团。

（六）经贸集团内部贸易不断扩大

经贸集团内部通过贸易和投资等方面的自由化，统一市场，使内部贸易不断扩大，经贸集团内部贸易占整个对外贸易的比重均在提高。1980～2000年，经贸集团内部贸易占整个集团对外贸易的比重：亚太经合组织从57.6%提高到72.6%；北美自由贸易区从33.6%提高到54.9%；东盟从17.4%提高到22.7%；

欧盟从1980年的60.8%提高到1999年的62.6%。

六、世界贸易组织的多边贸易体制加强

第二次世界大战以后，为了促进世界经济的恢复与发展，1947年建立了关税与贸易总协定，成为多边贸易体制的组织和法律基础。通过关税与贸易总协定主持的多边贸易谈判，关税不断削减，非关税壁垒受到约束，推动了关税与贸易总协定缔约方的贸易自由化。经济全球化的发展，要求多边贸易体制加强，1995年建立的世界贸易组织，取代了1947年关税与贸易总协定，使多边贸易体制更加稳定和完善，使贸易自由化向纵深发展。表现在：（1）世界贸易组织成员到2009年1月达到153个，其贸易额已占世界贸易额的90%以上；（2）世界贸易组织是个永久性的正式国际组织，具有国际法人地位；（3）世界贸易组织负责实施管理的贸易协定与协议，从货物延伸到投资、服务贸易和知识产权，把货物、服务、投资和知识产权有机地结合起来；（4）世界贸易组织对其成员的约束力和贸易争端解决能力均超过关税与贸易总协定；（5）世界贸易组织更关注世界可持续发展和发展中国家尤其是最不发达国家的贸易发展问题。

七、国家电子商务在世界经济和贸易中发挥着重要作用

根据世界贸易组织电子商务专题报告的定义，电子商务是指通过电信网络进行的生产、营销和流通等活动，它不仅指以国际互联网为基础进行的交易，而且指所有利用电子信息技术来解决降低成本、增加价值和创造商机问题的商务活动。

电子商务在世界经济和贸易中正发挥着越来越重要的作用。它一方面改变了企业传统的生产、管理和营销模式，以及人们的消费方式；另一方面，也促进了世界产业结构的调整，推动了国际分工的深化和国际合作的开展，扩大并丰富了国际贸易的内容，促使国际贸易更加便利和快捷，并由此形成一套全新的贸易活动框架。

【案例研究】

中国对外贸易现状：2016年外贸行业发展现状分析

2016年即将过去，中国对外贸易现状备受关注，11月2日中国商务部发布中国对外贸易形势报告（2016年秋季）。报告预计，2016年中国进出口有望实现回稳向好，外贸结构进一步优化，发展质量和效益不断提升。

2016年外贸行业发展现状分析情况显示：2016年前三季度，面对错综复杂的国内外经济形势，中国经济运行总体平稳、稳中有进、稳中提质，好于预期。

具体来看，前三季度，中国GDP同比增长6.7%，国民经济运行处于合理区间。

据海关统计，2016年前三季度，我国货物贸易进出口总值17.53万亿元人民币，比2015年同期（下同）下降1.9%。其中，出口10.06万亿元，下降1.6%；进口7.47万亿元，下降2.3%；贸易顺差2.59万亿元，扩大0.6%。

9月份，我国进出口总值2.17万亿元人民币，下降2.4%。其中，出口1.22万亿元，下降5.6%；进口9 447.9亿元，增长2.2%；贸易顺差2 783.5亿元，收窄25%。

据最新2016～2021年中国外贸行业市场供需前景预测深度研究报告显示，2016年前三季度，我国外贸进出口的主要特点如下：

一是进出口逐季回稳，第三季度进、出口实现同步正增长。前三季度，我国进出口、出口和进口值同比虽仍然下降，但从季度情况看，呈现逐季回稳向好态势。其中，第一季度，我国进出口、出口和进口值分别下降7.2%、6.3%和8.3%；第二季度，进出口、进口值分别下降0.2%和1.3%，出口值增长0.6%；第三季度，进出口、出口和进口值分别增长1.1%、0.4%和2.1%，底部企稳的迹象初步显现。

二是一般贸易进出口增长，比重提升。前三季度，我国一般贸易进出口9.82万亿元，增长0.1%，占同期我国进出口总值的56%，比2015年同期提升1.1个百分点，贸易方式结构有所优化。

三是对部分“一带一路”沿线国家出口增长。前三季度，我国对巴基斯坦、俄罗斯、波兰、孟加拉国和印度出口分别增长14.9%、14%、11.7%、9.6%和7.8%。同期，我国对欧盟出口增长1.8%，对美国出口下降1.9%，对东盟出口下降1.9%，三者合计占同期我国出口总值的46.7%。

四是民营企业出口占比继续保持首位。前三季度，我国民营企业进出口6.76万亿元，增长4.1%，占我国外贸总值的38.6%。其中，出口4.68万亿元，增长2.3%，占出口总值的46.5%，超过外商投资企业和国有企业出口比重，继续保持出口份额居首的地位；进口增长8.5%，延续增长态势。

五是机电产品、传统劳动密集型产品仍为出口主力。前三季度，我国机电产品出口5.73万亿元，下降1.8%，占同期我国出口总值的57%。其中，医疗仪器及器械出口增长6.3%，蓄电池出口增长5.2%，太阳能电池出口增长2.7%。同期，传统劳动密集型产品合计出口2.15万亿元，下降0.6%，占出口总值的21.3%。其中，纺织品、玩具和塑料制品出口增长，部分传统产品依然保持良好的竞争优势。

六是铁矿石、原油、铜等大宗商品进口量保持增长，主要进口商品价格保持低位但跌幅较上半年收窄。前三季度，我国进口铁矿石7.63亿吨，增长9.1%；原油2.84亿吨，增长14%；煤1.8亿吨，增长15.2%；铜379万吨，增长11.8%。同期，进口成品油2 150万吨，下降7.1%；钢材983万吨，增长1%。同期，我国进口价格总体下跌5.3%。其中，铁矿石进口均价同比下跌8.6%，原油下跌25.9%，成品油下跌16.9%，煤下跌14.8%，铜下跌11.9%，钢材下跌7.4%，跌幅较上半年均有所收窄。

此外，前三季度我国出口价格总体下跌2.7%，由此测算，前三季度我国贸易价格条件指数为102.8，意味着我国出口一定数量的商品可以多换回2.8%的进口商品，表明我国贸易价格条件继续改善。

七是9月中国外贸出口先导指数继续回升。自2016年7月起，中国外贸出口先导指数已经连续三个月环比回升，到9月份为35.8，这表明四季度出口压力有望减轻。其中，根据网络问卷调查数据显示，9月份，我国出口经理人指数为39.9，回升1.2；新增出口订单指数为40.3，回升1.9；经理人信心指数为45.5，回升1。

当前中国外贸发展面临的形势依然复杂严峻，再考虑到2015年9月以后的月度进出口基数普遍较高，四季度进出口下行的压力依然较大。

出口方面，四季度是外贸旺季，圣诞、元旦都将集中出货，四季度出口有望继续保持回稳向好。

进口方面，主要进口产品整体价格回升，对进口形成一定支撑。但受加工贸易进口持续下降等因素影响，四季度进口增速总体仍将在低位运行。

报告称，综合考虑，经过不懈努力，预计2016年中国进出口有望实现回稳向好，外贸结构进一步优化，发展质量和效益不断提升。

（资料来源：http：//www.chinabgao.com/freereport/74486.html）

分析与思考

1. 上述案例阐述了2016年前三个季度中国对外贸易的基本情况，在阐述过程中使用了哪几个国际贸易的基本术语？每个基本术语都是用来说明什么的？

2. 分析一国对外贸易发展变化情况应该从哪几方面入手。

3. 在本案例资料的基础上，再查找2015年、2014年、2013年、2012年中国对外贸易的基本情况，分析中国对外贸易近五年发展的特点。

［本章思考与练习］

1. 反映一国对外贸易及国际贸易规模的指标有哪几个？都是什么？
2. 反映一国对外贸易在全球贸易中地位的指标是什么？
3. 试述国际贸易与对外贸易的含义及区别。
4. 什么是总贸易体系和专门贸易体系？
5. 世界贸易组织对服务贸易是怎样定义的？
6. 什么是《商品编码协调制度》？
7. 反映贸易条件转化的指标有哪些？都是什么？
8. 试述国际分工的含义及种类。
9. 影响国际分工产生与发展的因素有哪些？
10. 试述国际分工对国际贸易的影响。
11. 试述当代国际贸易的特点。

第二章 国际经贸基本理论

【本章教学目的】本章阐述了国际贸易、国际间生产要素跨国移动的原因和动机。通过本章的学习，要求学生掌握绝对成本理论、比较成本理论、要素禀赋论及生产要素跨国移动的基本理论的主要内容；了解重商主义、“里昂惕夫之谜”；理解新贸易理论与传统国际贸易理论的异同。

第一节 古典贸易理论

一、重商主义学说（Mercantilism）

对国际贸易的系统研究，开始出现于重商主义经济学时代。这个时期从 14 世纪末到 18 世纪末期。

综观历史，这一时期正是资本主义经济的资本原始积累阶段。除了在国内对农民的剥夺之外，国际贸易和海外掠夺是西欧国家资本原始积累的重要手段之一。在 15 世纪，随着西欧各国生产力的发展，商品经济日益发达，交换的目的已从以互通有无为主变成了以积累货币财富为主。当时积累货币财富的主要手段是获取黄金，而当时西欧本身黄金的开采和储备已很有限，迫切需要通过国际贸易和对外掠夺来满足当时在西欧国家中出现的“黄金渴望”。而 15 世纪末 16 世纪初的一系列地理新发现则给西欧人通过扩大国际贸易和掠夺海外殖民地来积累资本（黄金）提供了机会。恩格斯在《论封建制度的解体及资产阶级的兴起》一文中描述当时的情景：“葡萄牙人在非洲海岸、印度及整个远东地区搜寻着黄金；黄金这两个字变成了驱使西班牙人远渡大西洋的符咒；黄金也是白种人刚踏上新发现的海岸时所追求的头一项重要的东西。”重商主义正是在这样一个时代背景下产生和发展的。

重商主义的发展可分为两个阶段。从 15 世纪到 16 世纪中叶为早期重商主义，16 世纪下半期到 18 世纪为晚期重商主义。无论是早期重商主义还是晚期重商主义，都把货币看做财富的唯一形态，都把货币的多寡作为衡量一国财富的标准。在他们看来，国内市场上的贸易是由一部分人支付货币给另一部分人，从而使一部分人获利，另一部分人受损。国内贸易的结果只是社会财富在国内不同集团之间的再分配，整个社会财富的总量并没有增加，而对外贸易可以改变一国的货币总量。重商主义认为，一国可以通过出口本国产品从国外获取货币从而使国家变富，但同时也会由于进口外国产品造成货币输出从而使国家丧失财富。因此，重商主义对贸易的研究主要集中在如何进行贸易，具体来说，就是怎样通过鼓励商品输出、限制商品进口以增加货币的流入从而增加社会财富。重商主义者的这些思想实际上只是反映了商人的目标，或者说只是从商人眼光来看待国际贸易的利益，因此，这种经济思想被称为“商人主义”（Mercantilism）或“重商主义”。

对怎样能够做到多输出少进口，晚期的重商主义与早期的观点有所不同。早期重商主义强调绝对的贸易顺差（有时也称为“出超”），即出口值超过进口值，他们主张多卖少买或不买，并主张采取行政手段控制商品进口、禁止货币输出以积累货币财富。恩格斯曾形象地指出，这个时期的重商主义者“就像守财奴一样，双手抱住他心爱的钱袋，用嫉妒和猜疑的目光打量着自己的邻居”。早期重商主义者的这种思想被称为货币平衡论。

与早期重商主义不同，晚期重商主义重视的是长期的贸易顺差和总体的贸易顺差。从长远的观点看，认为在一定时期内的外贸逆差是允许的，只要最终的贸易结果能保证顺差，保证货币最终流回国内就可以。

从总体的观点看，他们认为不一定要求对所有国家都保持贸易顺差，允许对某些地区的贸易逆差，只要对外贸易的总额保持出口大于进口（顺差）即可。因此，晚期重商主义的思想被称为贸易平衡论。

晚期重商主义者为了鼓励输出实现顺差，积极主张国家干预贸易。重商主义者提出了一系列政策以鼓励本国商品出口、限制外国商品进口。其中不少政策迄今仍被许多国家使用。例如，“出口退税”，即当商品出口时，国家全部或部分地退还商人原先缴纳的税款；当进口商品经过本国加工后重新输出时，国家则退还这些商品在进口时所交付的关税。“奖励出口”，即国家颁发奖金，奖励出口本国商品的商人。这实际上也是一种出口补贴。晚期重商主义者还积极鼓励扩大出口商品的生产，扶植和保护本国工场手工业的发展。“关税与非关税壁垒”，即对输入本国的外国商品课以高额关税或者禁止进口本国不需要的商品，以达到保护本国工业和保持贸易顺差的目的。“进口替代”，通过扩大国内耕地面积来生产自己原来需要进口的作物，等等。

晚期重商主义的杰出代表之一是英国的托马斯·孟（Thomas Mun，1571～1641年）。他在1621年写成但在他死后20多年才得以出版的著作《英国得自对外贸易的财富》中，全面系统地阐述了重商主义的思想。通过重商主义的各种政策主张，我们可以看到，重商主义者的基本错误在于认为国际贸易是一种“零和游戏”，一方得益必定使另一方受损，出口者从贸易中获得财富，而进口则减少财富。这种思想的根源是他们只把货币当作财富而没有把交换所获得的产品包括在财富之内，从而把双方的等价交换看做一得一失。

尽管重商主义的贸易思想有不少错误和局限性，但他们提出的许多重要概念为后人研究国际贸易理论与政策打下了基础，尤其是关于贸易的顺差、逆差进一步发展到后来的“贸易平衡”、“收支平衡”概念。重商主义关于进出口对国家财富的影响，对后来凯恩斯的国民收入决定模型亦有启发。更重要的是，重商主义已经开始把整个经济作为一个系统，而把对外贸易看成这一系统非常重要的一个组成部分。经济学家熊彼特（J. A. Schumpeter）对重商主义的评价是，为18世纪末和19世纪初形成国际贸易一般理论奠定了基础。

二、绝对成本论

亚当·斯密（Adam Smith，1723～1790年）是西方古典经济学的主要奠基人之一，也是国际贸易理论的创始者，是倡导自由贸易的带头人。亚当·斯密花了将近10年的时间，于1776年写出了一部奠定古典政治经济学理论体系的著作《国民财富的性质和原因的研究》（Inquiry into the Nature and Causes of the Wealth of Nations），简称《国富论》（The Wealth of Nations）。在这部著作中，斯密第一次把经济科学所有主要领域的知识归结成一个统一和完整的体系，而贯穿这一体系的基本思想就是自由的市场经济思想。

1776年正是英国资本主义的成长时期，英国手工制造业正在开始向大工业过渡，英国产业的发展在很大程度上受到了残余的封建制度和流行一时的重商主义的限制政策的束缚。处在青年时期的英国资产阶级为了清除它前进道路上的障碍，正迫切要求一个自由的经济学说体系为它鸣锣开道。《国富论》就是在这个历史时期负有这样的历史任务而问世的，此书出版以后，不但对英国资本主义的发展直接产生了重大的促进作用，而且对世界资本主义的发展也产生了重要影响，没有任何其他一部资产阶级的经济著作曾产生那么广泛的影响，有些资产阶级学者把它奉为至宝。可是，历史很快就把它的局限性和缺点、错误显示出来。在这部书出版后一百年左右的19世纪七八十年代，资本主义经济已开始逐渐由自由竞争阶段进入垄断阶段，从此，亚当·斯密强调的自由而又自然的体制就失灵了，再往后不到半个世纪的时间，第一个社会主义国家登上了历史舞台，被斯密所强调的资本主义的永恒性遭到彻底否定。

在《国富论》中，亚当·斯密通过对国家和家庭进行对比来描述国际贸易的必要性。他认为，既然每个家庭都认为只生产一部分它自己需要的产品而用那些它能出售的产品来购买其他产品是合算的，同样的道理应该适用于每个国家。

亚当·斯密首先从劳动分工开始论述国际贸易问题，他认为，国民财富的增长有两条途径：一是提高劳动生产率；二是增加劳动数量。其中，前者的作用尤其大，而劳动生产率的提高则主要取决于分工。以制针为例，每个工人单独劳动时，一日绝对制不成20枚，说不定连1枚也造不出来。但经过较精细的分工后，一人一日竟可制成4 800枚针，劳动效率提高了百余倍。这表明，劳动生产率的极大提高正是来自分工的作用。同样，一国内部的劳动分工原则也应适用于各国之间。据此，他得出结论：国际贸易应该遵循国际分工的原则，使各国都能从中获得更大的好处。

一国内部的劳动分工原则也适用于各国之间，那么，国际分工如何进行呢？亚当·斯密强调，国际分工的基础是各自占有优势的自然禀赋及后天获得的有利条件。前者是指导致自然赋予的有关气候、土壤、矿产、地理环境等方面的优势。一个国家在生产某些特定商品时，或许有非常巨大的自然优势，使得其他国家无法与之竞争。后者是指通过自身努力而掌握的特殊技艺，或称之为技术。各国应当按照各自的优势进行分工，然后交换各自的商品，从而使得各国的资源、劳力、资本都得到最有效的利用。相反，不注意发挥优势进行生产，只能导致国民财富的减少。比如，苏格兰可以用暖房栽培葡萄，然后酿出上等美酒，但成本要比国外高30倍。如果苏格兰禁止一切外国酒进口而自己来生产，那就十分荒唐可笑。

亚当·斯密所讲的优势实际上是绝对优势或绝对利益，意在说明，为了更多地增加国民财富，一国应该专业化生产和出口那些本国具有绝对优势的商品，进口那些本国具有绝对劣势即外国具有绝对优势的商品。所以通常称之为“绝对优势理论”（Absolute Advantage Doctrine）。一国的自然优势和后天获得的优势又总是体现为生产某产品的成本优势，即该国生产特定商品的实际成本绝对地低于其他国家所花费的成本，因此，这个理论又称“绝对成本说”（Absolute Cost Doctrine）。

根据绝对优势贸易理论，各国应该专门生产并出口其具有“绝对优势”的产品，不生产但进口其不具有“绝对优势”的产品。那么，怎样确定一国在哪种产品上具有绝对优势呢？绝对优势的衡量有两种方法。

（1）用劳动生产率来衡量，即用单位要素投入的产出率来衡量。产品 j 的劳动生产率可用$\frac{Q_j}{L}$来表示，其中，Q_j 是 j 产品的产量，L 是劳动投入。一国如果在某种产品上具有比别国高的劳动生产率，该国在这一产品上就具有绝对优势。

（2）用生产成本来衡量，即用生产 1 单位产品所需的要素投入数量来衡量。单位产品 j 的生产成本（劳动使用量）可用 $a_{Li}=\frac{L}{Q_j}$表示。例如，在某种产品的生产中，一国单位产量所需的要素投入低于另一国，则该国在这一产品上就具有绝对优势。

为了进一步理解“绝对优势”贸易理论，我们用一个例子来说明。

假设有两个国家英国和法国，两国都生产两种产品小麦和布，但生产技术不同，劳动是唯一的生产要素。在国际分工发生前，英、法两国各自生产小麦和布两种产品，所消耗的劳动力数量如表 2－1 所示。

表 2-1　　国际分工前

	小麦		布	
	劳动力（人）	产量（吨）	劳动力（人）	产量（匹）
法国	100	50	100	20
英国	150	50	50	20
合计	250	100	150	40

按照判断绝对优势的方法，我们判断两国各自具有绝对优势的产品。

从劳动生产率的角度来说，法国生产小麦的劳动生产率即每人生产小麦的数量是0.5吨，英国生产小麦的劳动生产率即每人生产小麦的数量是0.33吨，法国生产小麦的劳动生产率高于英国，所以法国在小麦的生产上具有绝对优势。法国生产布的劳动生产率是0.2匹，英国生产布的劳动生产率是0.4匹，英国生产布的劳动生产率高于法国，所以英国在布的生产上具有绝对优势（见表2-2）。

表 2-2　　两国的劳动生产率（Q_j/L）

	小麦（人均产量）	布（人均产量）
法国	0.5	0.2
英国	0.33	0.4

从生产成本的角度来说，法国生产小麦的成本即生产1吨小麦所需投入的劳动力数量是2人，英国生产小麦的成本即生产1吨小麦所需投入的劳动力数量是3人，法国生产1单位小麦的生产成本低于英国，所以法国在小麦的生产上具有绝对优势。法国生产布的成本即生产1匹布所需投入的劳动力数量是5人，英国生产布的成本即生产1匹布所需投入的劳动力数量是2.5人，英国生产1单位布的生产成本低于法国，所以英国在布的生产上具有绝对优势（见表2-3）。

表 2-3　　两国的生产成本（a_{Li}）

	小麦	布
法国	2	5
英国	3	2.5

通过两种方法确定两国各自具有的绝对优势的产品是一致的，所以按照绝对优势贸易理论，法国应该专业化生产小麦，英国应该专业化生产布。进行国际分工后，两国各自生产的商品数量如表2-4所示。

表 2-4　　国际分工后

	小麦		布	
	劳动力（人）	产量（吨）	劳动力（人）	产量（匹）
法国	200	100		
英国			200	80
合计	200	100	200	80

两国进行专业化分工后，法国专门生产小麦，英国专门生产布。法国将其所有的劳动力资源200人用于生产小麦，可生产100吨小麦；英国将其所有的劳动力资源200人用于生产布，可生产80匹布。所以，在同样的劳动投入情况下，小麦的生产总量并没有变化，但布的生产总量由原来的40匹增加到80匹。因此，从世界范围来看，虽然技术条件等并没有变化，而仅仅是由于开展了国际分工，两国都专业化生产其具有绝对优势的产品，使世界范围内的总产量增加了。现假定国际市场上按照1吨小麦换1匹布的交换比例开展国际贸易，则交换后两国各自可供消费的两种商品的数量如表2-5所示。

表 2-5　　开展国际贸易后

	小麦（吨）	布（匹）
法国	50	50
英国	50	30
合计	100	80

按照1小麦∶1布的交换比例开展国际贸易后，虽然两国小麦的消费数量没有发生变化，但布的消费数量都增加了。这说明，两国按照绝对优势理论进行专业化生产并开展国际贸易，对英、法两国都有好处，使两国可供消费商品的数量都增加了。

亚当·斯密还论述了自由贸易所带来的好处，概括来说，大致有三个方面：第一，互通有无，交换多余的使用价值。也就是说，把本国多余的商品输出国外，换回本国无法生产或生产不足的商品，满足了双方需要。第二，增加社会价值，获取更大利益。由于各国的劳动生产率参差不齐，商品价值的货币表现自然不尽相同，这样，通过对外贸易得到的某些商品的数量会超过本国所可能生产的数量，从而节省了本国的劳动力或增加了使用价值。第三，互惠互利，共同富裕。一国从对外贸易中得到的主要利益在于输出了本国消费不了的剩余货物，因此，即使两国贸易平衡，由于都为对方的剩余货物提供了市场，双方还是都获得了利益。所以对外贸易具有共同利益，而不是一方得到、一方受损。不难看出，亚当·斯密关于国际分工和国际贸易利益的分析基本上是正确的。他对国际贸易的产生原因首先作了理论探讨，同样应予肯定。同时，他指出，国际贸易可以是一个“双赢”的局面，而不是一个“零和游戏”。可以说，斯密把国际贸易理论纳入了市场经济的理论体系，开创了对国际贸易的经济分析。但绝对优势贸易理论的局限性很大，因为，在现实社会中，有些国家比较发达，有可能在各种产品的生产上都具有绝对优势，而另一些国家可能不具有任何生产技术上的绝对优势，但是贸易仍然在两类国家之间发生，而斯密的理论无法解释这种绝对先进和绝对落后国家之间的贸易，从而暴露出他的理论具有明显的缺陷和不足。

三、比较成本论

亚当·斯密之后的另一位著名的古典经济学家是大卫·李嘉图（David Ricardo，1772～1823 年）。其贸易学说是他整个经济理论中的一个重要组成部分。大卫·李嘉图所创立的著名的“比较优势贸易理论”（Comparative Advantage Doctrine）奠定了国际贸易理论演进的重大基础，以后一个多世纪的有关研究很大程度上都是对其理论的补充、发展和修正。李嘉图在其代表作《政治经济学及赋税原理》（1817 年）一书中论证了以“比较优势贸易理论”为中心的国际贸易理论。

作为英国古典经济学的完成者，李嘉图考察国际贸易产生的原因同亚当·斯密一样，也是从论述个人的分工和专业化开始，而且也明确指出，国际分工和国际交换活动应该根据各国的自然优势及后天获得的优势来进行。所不同的是，斯密讲的优势是指绝对优势即生产成本绝对低于别国，而李嘉图心目中的优势则是一种相对的优势，也就是比较优势。李嘉图反对把国际贸易产生的原因和基础建立在各国绝对优势的差别上，认为这种理论无法解释所有产品都不具有绝对优势的国家同样要参与国际交换的现实。

那么，什么是比较优势呢？某种商品所具有的比较优势可以用相对劳动生产率、相对生产成本或者机会成本三种方法来确定。

（1）用产品的相对劳动生产率来衡量。相对劳动生产率是不同产品劳动生产率的比率，或两种不同产品的人均产量之比。用公式表示则可写成：

$$\begin{array}{c}\text{产品 A 的相对劳动生产率}\\\text{（相对于产品 B）}\end{array}=\frac{\text{产品 A 的劳动生产率（人均产量：}Q_A/L\text{）}}{\text{产品 B 的劳动生产率（人均产量：}Q_B/L\text{）}}$$

如果一个国家某种产品的相对劳动生产率高于其他国家同样产品的相对劳动生产率，该国在这一产品上就拥有比较优势；反之，则只有比较劣势。

（2）用相对成本来衡量。所谓“相对成本”，指的是一种产品的单位要素投入与另一产品单位要素投入的比率。用公式表示为：

$$\text{产品 A 的相对成本（相对于产品 B）}=\frac{\text{单位产品 A 的要素投放量}(aL_A)}{\text{单位产品 B 的要素投放量}(aL_B)}$$

如果一国生产某种产品的相对成本低于别国生产同样产品的相对成本，该国就具有生产该产品的比较优势。

（3）一种产品是否具有生产上的比较优势还可用该产品的机会成本来衡量。

用公式表示为：

$$产品\ A\ 的机会成本 = \frac{减少的\ B\ 产量\ (\Delta Q_B)}{增加的\ A\ 产量\ (\Delta Q_A)}$$

李嘉图指出，从个人之间的分工来看，每个人都可以拥有生产某种产品的比较优势。例如，在制鞋和帽两方面甲都比乙强，不过制帽只比乙强1/5，而制鞋要比乙强1/3，甲的更大优势在制鞋，乙的更小劣势是制帽。所以，甲专门制鞋而乙专门制帽，然后双方通过交换都能得到更多的鞋和帽。这就是说，尽管乙在两方面都具有绝对劣势，但那种绝对劣势较小的商品生产（制帽）实际上就是他能得到“比较利益”的相对优势。因此，贸易活动中的相对优势即是指更大的绝对优势或较小的绝对劣势。这种优势是由生产商品所耗费的劳动的相对差异带来的，反映了它在生产成本上的相对差异，所以又称为“比较成本说”（Comparative Cost Doctrine）。李嘉图进一步强调，这种优势标准其实更加适用于国际贸易。这是因为，劳动、资本、资源等生产要素不可能轻易地在国与国之间随意流动，经济处于绝对劣势的国家既不会也不可能把它们的居民全部移送到富国，它们唯有正视本国实情，通过国际分工与贸易来增加本国财富，所以发挥相对优势是至关重要的。对此，他举了一个有名的例子。

假设英国和葡萄牙都生产毛呢和葡萄酒，但两国生产两种产品的劳动生产率不同，每单位产品所耗费的劳动量如表2－6所示。

表2－6　　国际分工前

	1单位毛呢	1单位酒
葡萄牙	90人/年	80人/年
英国	100人/年	120人/年

如果按照斯密的绝对优势贸易理论，两国似乎没有进行国际贸易的可能性。现在，让我们按照上述方法来确定两国各自所具有比较优势的商品。

（1）用相对劳动生产率来衡量。葡萄牙毛呢的相对劳动生产率是0.89，酒的相对劳动生产率是1.125；英国毛呢的相对劳动生产率是1.2，酒的相对劳动生产率是0.83。由此可见，英国毛呢的相对劳动生产率较高，所以英国在毛呢的生产上具有比较优势；葡萄牙酒的相对劳动生产率较高，所以葡萄牙在酒的生产上具有比较优势，如表2－7所示。

表2－7　　两国生产商品的相对劳动生产率

	毛呢	酒
葡萄牙	0.89	1.125
英国	1.2	0.83

（2）用相对成本来衡量。葡萄牙毛呢的相对成本是1.125，酒的相对成本是0.89；英国毛呢的相对成本是0.83，酒的相对成本是1.2。由此可见，葡萄牙酒的相对成本较低，所以葡萄牙在酒的生产上具有比较优势；英国毛呢的相对成本较低，所以英国在毛呢的生产上具有比较优势。具体如表2-8所示。

表2-8　两国生产商品的相对成本

	毛呢	酒
葡萄牙	1.125	0.89
英国	0.83	1.2

（3）用机会成本来衡量。葡萄牙生产毛呢的机会成本是1.125，生产酒的机会成本是0.89；英国生产毛呢的机会成本是0.83，生产酒的机会成本是1.2。由此可见，葡萄牙生产酒的机会成本低于英国，所以葡萄牙在酒的生产上具有比较优势；英国生产毛呢的机会成本低于葡萄牙，所以英国在毛呢的生产上具有比较优势。具体如表2-9所示。

表2-9　两国生产商品的机会成本

	毛呢	酒
葡萄牙	1.125	0.89
英国	0.83	1.2

由此可见，三种方法的结论是相同的，都能确定两国各自具有的比较优势的产品。然后，两国开展国际分工，专门生产其具有比较优势的产品，即葡萄牙专门生产酒，英国专门生产毛呢，其结果如表2-10所示。

表2-10　国际分工后

	毛呢	酒
葡萄牙	—	（90+80）÷80=2.125
英国	（100+120）÷100=2.2	—

在葡萄牙专门酿酒而英国专门生产毛呢的情况下，两国的一年劳动总量，即葡萄牙的（90+80）人/年和英国的（100+120）人/年，就能生产比分工前更多的产量。具体地说，正如表2-10所示，葡萄牙生产出2.125单位酒，比原先总共的2单位多出0.125单位酒（2.125-2），英国生产出2.2单位毛呢，比原先的2单位增加0.2单位毛呢（2.2-2）。显然，按照比较优势进行国际分工，一定的劳动总量就能创造出更多的财富或使用价值。现在假定国际市场上按照1单位毛呢换1单位酒的交换比例进行交换，则交换后两国各自消费的两种商品的

数量如表2－11所示。

表2－11　　分工后贸易利益

	毛呢	酒
葡萄牙	1.1单位	1.025单位
英国	1.1单位	1.1单位

至于两国从贸易中获得利益的多寡，则取决于这两种商品的国际市场交换比率。李嘉图假定这里的交换比率为1单位毛呢与1单位酒相交换。按照这一贸易条件，如果葡萄牙用1.1单位酒与英国1.1单位毛呢相交换，两国所得的贸易利益可用表2－11说明，即：葡萄牙增加0.1单位毛呢（1.1－1）和0.025单位酒（1.025－1），英国增加0.1单位毛呢（1.1－1）和0.1单位酒（1.1－1）。

可以看到，李嘉图的"比较优势贸易理论"不仅论述了国际贸易能够互惠互利，而且阐明这种国际贸易利益具有适用于所有国家的普遍意义。更重要的是，他指明了取得国际贸易利益的关键所在，那就是在自由贸易条件下扬长避短，发挥自己的相对优势。这是其国际贸易理论的核心思想，它准确地概括出国际贸易的基本原则，极具启迪意义。

必须指出，李嘉图的"比较利益说"是个简化了的理论模式，有着许多重要的假定作为前提条件。大致说来，主要有如下八条：

（1）世界上只有两个国家，它们只生产两种产品。此即所谓的两个国家、两种产品模型或2×2模型；

（2）两种产品的生产都只有一种要素投入即劳动；

（3）两国在不同产品上的生产技术不同，存在着劳动生产率上的差异；

（4）给定生产要素的供给量，要素可以在国内不同部门流动但不能在国家之间流动；

（5）规模报酬不变；

（6）完全竞争市场；

（7）无运输成本；

（8）两国之间的贸易是平衡的。

以上八个假设条件对正确理解"比较优势说"十分重要。

李嘉图实际上还提出了国际价值论问题。他是一个比较彻底的劳动价值论者，但又认为价值规律的国际作用与国内交换不同，依他所见，国内商品的价值是由社会必要劳动时间所决定的，但国际贸易中两种商品的交换比率取决于两种产品的比较优势即比较成本。因此，国际商品交换虽然对交换双方都有利益，却可能是不等量劳动的交换，它反映出两国生产力发展水平的差异。他的这些论述对后人如何正确决定国际交换比例和建立科学的国际价值论留下了经久不衰的讨论话题。

李嘉图的“比较优势贸易理论”不仅在历史上起着重要的进步作用，而且对西方贸易理论产生了广泛、深远的影响。进行国际贸易要扬长避短、将劣势转为优势的思想，也显然具有很重大的现实意义。不过，单纯强调取得比较利益主要是一种静态的微观的分析，而出于整体利益和长远发展的考虑，有些外贸活动（如进口生活必需品、对外援助等）并不能把经济利益放在首位，因此，不加分析地对待比较成本说，也是不恰当的。

第二节　新古典国际贸易理论

一、要素禀赋论

要素禀赋论（Factor Endowment Theory）又称要素比例说（Factor Proportion Theory），或赫克歇尔—俄林理论（Hechscher-Ohlin Theory），它是由著名的瑞典经济学家伊·菲·赫克歇尔（Eli F Heckscher，1879～1952 年）和贝蒂尔·戈特哈得·俄林（Bertil Gotthard Ohlin，1899～1979 年）提出的。1919 年，赫克歇尔在纪念经济学家戴维的文集中发表了题为《对外贸易对收入分配的影响》的著名论文，提出了要素禀赋论的基本论点，这些论点为俄林所接受。1929～1933 年，由于资本主义世界经历了历史上最严重的经济危机，贸易保护主义抬头，各国都力图加强对外倾销商品，同时提高进口关税，限制商品进口。对此，瑞典人民深感不安，因为瑞典国内市场狭小，一向对国外市场依赖很大。在此背景下，俄林继承其师赫克歇尔的论点，于 1933 年出版了《域际贸易和国际贸易》一书，深入探讨了国际贸易产生的深层原因，创立了要素禀赋论。

要素禀赋论突破了单纯从技术差异的角度解释国际贸易的原因、结构和结果的局限，从比较接近现实的要素禀赋差异来说明国际贸易的原因、结构和结果。

（一）与赫克歇尔—俄林理论有关的几个概念

要理解赫克歇尔—俄林理论，就必须了解该理论中涉及的生产要素、要素密集度、要素密集型产品、要素禀赋、要素丰裕程度等概念。

1. 生产要素和要素价格。生产要素（Factor of Production）是指生产活动必须具备的主要因素或在生产中必须投入或使用的主要手段。通常指土地、劳动和资本三要素，加上企业家的管理才能为四要素，也有人把技术知识、经济信息当作生产要素。要素价格（Factor Price）则是指生产要素的使用费用或要素的报酬。例如，土地的租金、劳动的工资、资本的利息、管理的利润等。

2. 要素密集度和要素密集型产品。要素密集度（Factor Intensity）指产品生产中某种要素投入比例的大小，如果某要素投入比例大，称为该要素密集程度高。根据产品生产所投入的生产要素中所占比例最大的生产要素种类不同，可把产品划分为不同种类的要素密集型产品（Factor Intensity Commodity）。例如，生产小麦投入的土地占的比例最大，便称小麦为土地密集型产品；生产纺织品劳动所占的比例最大，则称之为劳动密集型产品；生产电子计算机资本所占的比例最大，于是称为资本密集型产品，以此类推。在只有两种商品（X 和 Y）、两种要素（劳动和资本）的情况下，如果 Y 商品生产中使用的资本和劳动的比例大于 X 商品生产中使用的资本和劳动的比例，则称 Y 商品为资本密集型产品，而称 X 为劳动密集型产品。

3. 要素禀赋和要素丰裕。要素禀赋（Factor Endowment）是指一国拥有各种生产要素的数量。要素丰裕（Factor Abundance）则是指在一国的生产要素禀赋中某要素供给所占比例大于别国同种要素的供给比例而相对价格低于别国同种要素的相对价格。

衡量要素的丰裕程度有两种方法：一是以生产要素供给总量衡量，若一国某要素的供给比例大于别国的同种要素供给比例，则该国相对于别国而言，该要素丰裕；二是以要素相对价格衡量，若一国某要素的相对价格——某要素的价格和别的要素价格的比率低于别国同种要素相对价格，则该国该要素相对于别国丰裕。以总量法衡量的要素丰裕只考虑要素的供给，而以价格法衡量的要素丰裕考虑了要素的供给和需求两方面，因而较为科学。

（二）要素禀赋论的基本假设条件

要素禀赋论基于一系列简单的假设前提，主要包括以下九个方面。

1. 假定只有两个国家、两种商品、两种生产要素（劳动和资本）。这一假设目的是为了便于用平面图说明理论。

2. 假定两国的技术水平相同，即同种产品的生产函数相同。这一假设主要是为了便于考察要素禀赋，从而考察要素价格在两国相对商品价格决定中的作用。

3. 假定 X 产品是劳动密集型产品，Y 产品是资本密集型产品。

4. 假定两国在两种产品的生产上规模经济利益不变。即增加某产品的资本和劳动使用量，将会使该产品产量以相同比例增加，意即单位生产成本不随着生产的增减而变化，因而没有规模经济利益。

5. 假定两国进行的是不完全专业化生产，即尽管是自由贸易，两国仍然继续生产两种产品，亦即无一国是小国。

6. 假定两国的消费偏好相同，若用社会无差异曲线反映，则两国的社会无差异曲线的位置和形状相同。

7. 在两国的两种商品、两种生产要素市场上，竞争是完全的。这是指市场上无人能够购买或出售大量商品或生产要素而影响市场价格，也指买卖双方都能掌握相等的交易资料。

8. 假定在各国内部生产诸要素是能够自由转移的，但在各国间生产要素是不能自由转移的。这是指，在一国内部，劳动和资本能够自由地从某些低收入地区、行业流向高收入地区、行业，直至各地区、各行业的同种要素报酬相同，这种流动才会停止。而在国际间却缺乏这种流动性。所以，在没有贸易时，国际间的要素报酬差异始终存在。

9. 假定没有运输费用，没有关税或其他贸易限制。这意味着生产专业化过程可持续到两国商品相对价格相等为止。

（三）生产要素供给比例理论

俄林的要素供给比例理论有着严密的逻辑分析，可归纳为以下五个要点。

1. 商品价格的国际绝对差异是国际贸易产生的直接原因。所谓商品价格的国际绝对差异是指同种商品在不同国家中的价格差异。价值规律引导着各种商品从价格低的地方流向价格高的地方，商品经营者便会从中获利。

进出口国都会在这种国际贸易中获利。

2. 各国商品价格比例不同是国际贸易产生的必要条件。商品价格的国际差异是国际贸易产生的直接原因，但并不是凡存在商品价格的国际差异国际贸易就一定能够发生，还必须具备一个必要条件，即交易双方必须是国内商品价格比例不同。也就是说，必须符合比较优势的原则。

为什么各国商品价格比例不同是国际贸易产生的必要条件？下面从两个方面论证：一是证明各国商品价格比例不同，国际贸易能够发生；二是证明如果价格比例相同，国际贸易不能发生。

（1）两国商品价格比例不同，国际贸易能够发生。两国商品价格比例不同符合古典学派所提出的比较优势原则（比较优势理论包括绝对优势理论和相对优势理论，下面的例子中美、英两国都有绝对优势），因此，国际贸易能够发生。

举例分析：假设两个国家如美国和英国，生产两种产品如小麦和纺织品，1美元兑换1英镑，国内的价格比例如表2－12所示。

表2－12　美、英两国商品价格比例不同

	美国（美元）	英国（英镑）
小麦	1.00	3.00
纺织品	2.00	1.00

美、英两国国内的商品价格比例是不相同的。美国国内小麦与纺织品的价格比例为1∶2，英国国内小麦与纺织品的价格比例为3∶1。这说明，在美国的国内贸易中，可以用1单位的小麦交换1/2单位的纺织品；在英国的国内贸易中，1单位的小麦则可以换回3单位的纺织品。可见，在美国国内小麦价格便宜而纺织品较贵，在英国国内纺织品价格便宜而小麦较贵。因此，美、英两国商品价格的绝对差异使国际贸易有了可能，而两国商品价格比例的不同又使国际贸易能够成为现实。这个交换比例上的差距决定了双方若按照差距之内的交换比例进行交易

都可获得利益，从而使两国间的贸易能够发生。也就是说，小麦和纺织品的交换比例在1/2～3之间，对参加交易的两国都是有利的。比如，1单位小麦交换1单位纺织品。对美国来说，每单位小麦比国内交换多得1/2单位纺织品。对英国来说，每单位纺织品能比国内交换多得2/3单位小麦。这是因为，在英国国内1单位纺织品只能交换1/3单位小麦，而与美国的贸易中1单位纺织品则可换回1单位的小麦。从这种分析中可以看到，在两国商品价格比例不同的条件下，国际贸易能使交易双方同时获利，从而使这种贸易有了发生的现实基础。

（2）两国商品价格比例相同，国际贸易不能发生。当两个国家国内的商品价格比例相同时，国际贸易不会给双方带来实际利益，因而也不会发生。下面的例子可以证明这一结论。

在表2－13中，美国在两种商品中都处于优势，但优势一样大，“两优无其重”，贸易难以发生。

表2－13　　美、英两国商品价格比例相同

	美国（美元）	英国（英镑）
小麦	1.00	2.00
纺织品	2.00	4.00

从表2－13中可见，美国国内小麦和纺织品的价格比例为1∶2，英国国内小麦和纺织品的价格比例也是1∶2，两国商品的价格比例完全相同。这就意味着，在美国国内1单位小麦能交换1/2单位的纺织品，在英国国内也是1单位小麦交换1/2单位的纺织品。这种相同的交换比例使两国都不能在国际贸易中获利。

在上例中，对美国来说，国内1单位小麦能换1/2单位的纺织品，如果与英国交换纺织品，也仍然只能按这一比例进行，不会比在国内交换得更多；对英国来说，国内1单位纺织品交换2单位小麦，如果与美国交换小麦，也仍然只能按这一比例进行，并不比在国内交换得更多。这种不会带来更多利益的交换，两个国家都不会接受，因而国际贸易不会发生。

通过以上正反两个方面的分析，可以得出以下结论：两国商品价格比例相同，国际贸易不能发生；两国商品价格比例不同，国际贸易能够发生。所以，各国商品价格比例不同是产生国际贸易的必要条件。

3. 各国商品价格比例不同是由要素价格比例不同决定的。所谓要素价格，就是指劳动、土地和资本这些生产要素的使用费用，或称为要素的报酬，比如劳动的工资、土地的地租、资本的利息等。各国要素价格比例则是指这些生产要素用本国货币表示的单位价格比例。所谓生产函数，是指生产某种产品所投入的各种生产要素的比例关系。比如，生产1单位小麦需要投入5个单位的土地和1个单位的劳动。戈特哈德·贝蒂·俄林（Gotthard Bertil Ohlin，1899～1979年）假设：各国生产同一类商品的生产函数是相同的。

举例说明：两个国家、两种商品、两种要素（土地和劳动）。

现将两国的要素价格、生产函数以及小麦和纺织品的国内价格比例列表，如表2－14所示。

表2－14　两国的要素价格、生产函数以及小麦和纺织品的国内价格

（1）两国的要素价格比例不同（美国是1∶2；英国是4∶1）	美国： 土地1美元 劳动2美元	英国： 土地4英镑 劳动1英镑
（2）两国的生产函数相同	美国： 生产1单位小麦需要投入5单位土地和1单位劳动 生产1单位纺织品需要投入1单位土地和10单位劳动	英国： 生产1单位小麦需要投入5单位土地和1单位劳动 生产1单位纺织品需要投入1单位土地和10单位劳动
（3）两国的国内商品价格比例不同	美国： 小麦：5单位土地×1美元＋1单位劳动×2美元＝7美元 纺织品：1单位土地×1美元＋10单位劳动×2美元＝21美元	英国： 小麦：5单位土地×4英镑＋1单位劳动×1英镑＝21英镑 纺织品：1单位土地×4英镑＋10单位劳动×1英镑＝14英镑
两国国内的商品价格比例不同，美国为1∶3，英国为3∶2		

结论：美、英两国的两种商品价格比例不同是由两国生产要素价格比例不同决定的。

4. 要素价格比例不同是由要素供给比例不同决定的。各种生产要素在不同国家中的丰缺程度是很不相同的。供给丰富的生产要素价格便宜；相反，供给稀缺的生产要素价格就昂贵。比如，澳大利亚地广人稀、资本较少，因此，地租较便宜而资本和劳动力的价格较贵。所以，要素价格比例不同是由要素供给比例不同决定的。俄林通过以上分析得出了一个著名结论：一国出口的是本国丰富的要素所生产的商品，进口的是本国稀缺的要素所生产的商品。

5. 要素供给比例理论小结。这一理论还可进一步简化为：各国生产要素禀赋（供给）的差异→生产要素价格的差异→商品生产成本的差异→商品价格的差异→国际贸易产生。

二、生产要素价格均等化定理（Factor Price Equalization Theory）

在美国经济由中盛走向极盛、再走向衰落的时代背景下，1941年萨缪尔森与斯托尔珀（W. F. Stolper）合著并发表了《实际工资和保护主义》一文，提出了生产要素价格日趋均等化的观点。萨缪尔森还在1948年前后发表的《国际贸易和要素价格均衡》、《国际要素价格均衡》及《论国际要素价格的均衡》等文

中对上述观点作了进一步的论证，建立了要素价格均等化学说，发展了要素禀赋论。

要素价格均等化理论有两点寓意：

第一，它证明了在各国要素价格存在差异以及生产要素不能通过在国际间自由流动来直接实现最佳配置的情况下，国际贸易可替代要素国际流动，“间接”实现世界范围内资源的最佳配置；

第二，它说明了贸易利益在一国内部的分配问题，即说明国际贸易如何影响贸易国的收入分配格局。

（一）商品价格与要素价格

以下我们以X商品相对价格的上升为例，考察一下商品相对价格变动是如何影响要素价格的。总的来说，X商品（资本密集型商品）相对价格上升会导致它所密集使用的生产要素——资本的名义价格上升，以及另一种生产要素——劳动的名义价格下降。

1. 从要素的实际报酬角度讲，要素价格等于其边际生产力。由于在规模收益不变的条件下，生产要素的边际生产力只取决于两个要素的使用比例，与两个要素投入的绝对量没关系，因此，商品相对价格的变化对要素实际收入的影响只取决于两种商品所使用的要素比例的变化。

2. 根据边际收益递减规律，当商品价格变动导致资本—劳动比例下降时，由于资本相对于劳动的投入减少，所以资本的边际生产力上升，相反，劳动的边际生产力下降。随着X商品相对价格上升，资本的实际价格或报酬上升，劳动的实际价格或报酬下降。

斯托珀—萨缪尔森定理（The Stolper-Samuelson Theorem）：某一商品相对价格的上升，将导致该商品密集使用的生产要素的实际价格或报酬提高，而另一种生产要素的实际价格或报酬则下降。

斯托珀—萨缪尔森定理推论：国际贸易会提高该国丰富要素所有者的实际收入，降低稀缺要素所有者的实际收入。

（二）国际贸易与要素价格均等化

要素价格均等化定理：贸易前，由于两国要素禀赋的差异，所以两国要素价格的不一致导致了同种商品价格的不同。但贸易开始后，两国商品的相对价格的差异会不断缩小，并最终达到均等，不仅如此，要素的价格和生产中的要素密集度也会达到均等。

在图2-1中，XX′、YY′分别是价值均为1美元的X、Y商品的等产量曲线。但图2-1中的两条等产量曲线的含义与往常有所不同，XX′、YY′曲线所分别代表的X、Y的产出水平X_0和Y_0满足以下条件：

$$P_x \cdot X_0 = P_y \cdot Y_0 = 1 \quad (2.1)$$

这里我们将这两条特殊的等产量曲线称为X、Y的单位价值等产量曲线

(Unit-Value Isoquant)。单位价值等产量曲线的形状与位置完全取决于生产技术条件和商品价格。

图2－1中还有一条单位等成本直线（Unit Isocost），其方程为：

$$1 = w \cdot L + r \cdot K \tag{2.2}$$

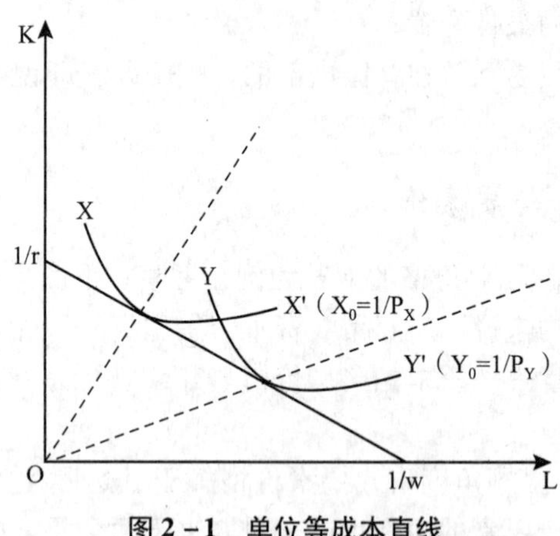

图2－1　单位等成本直线

这条等成本直线在横坐标轴上的截距等于劳动价格的倒数，即1/w，在纵坐标上的截距等于资本价格的倒数，即1/r。

在图2－1中，我们可以这样来确定均衡条件下的要素价格水平：画一条与X和Y的单位价值等产量曲线都相切的切线，那么该切线就是单位等成本直线，它在横坐标轴与纵坐标轴上的截距的倒数分别对应于劳动、资本的均衡价格。

在自由贸易下，X、Y两种产品无论在A国还是B国价格都是相同的，另外，两国的生产技术条件也完全相同，所以两国相应产品的单位价值等产量曲线的形状和位置也完全相同，从而两国在均衡时的单位成本曲线也完全相当。实际上，A、B两国在贸易后要素价格的决定如图2－1所示，于是，贸易后两国的要素价格自然也就相同。

要素价格的均等是以商品价格的均等为先决条件的。现实中，方程（2.1）由于运输成本和一些贸易壁垒的存在，方程（2.2）由于存在生产技术条件的不一致，因此，国际间要素价格均等化在现实中一般难以实现。

三、“里昂惕夫之谜”（Leontief Paradox）

自从20世纪初赫克歇尔与俄林提出资源禀赋贸易模型后，在很长一段时间，H－O模型成为解释工业革命后贸易产生原因的主要理论。人们普遍认为，各国资源禀赋和生产中要素使用比例的不同是产生国际贸易的主要原因，但是，这一理论在实证检验中遇到了挑战。

20世纪50年代初，瓦西里·里昂惕夫（Wassily Leontief，1906～1999年）

运用他首创的投入产出分析法，试图验证赫—俄学说。他根据 1947 年美国 200 种产业部门的出口产品和进口产品的资料，编制了美国的投入产出表。他假设美国减少出口品生产和进口品的数值都为 100 万美元，然后考察它们各自对资本与劳动的比率有何影响，即当出口减少时，将有多少数量的资本和劳动会多余，而当进口替代商品生产增加时，资本和劳动的需求量会如何增加。按照赫—俄学说，一国出口的是密集使用本国丰裕的生产要素所生产的商品，进口的是密集使用本国稀少的生产要素所生产的商品。一般认为，美国是个资本丰裕的国家，它应该出口资本密集型商品，进口劳动密集型商品。因此，里昂惕夫期望他的验证表明，出口产业部门将有相对多的资本量被释放出来，而进口替代产业部门会需求较多的劳动量。可是，他所发现的恰好是完全相反的结果（见表 2 – 15）。

表 2 – 15　　美国进出口商品的人均资本量

	1947 年		1951 年	
	出口品	进口替代品	出口品	进口替代品
资本（美元）	2 550 780	3 091 339	2 256 800	2 303 400
劳动（人/年）	181. 31	170. 00	173. 91	167. 81
人均资本量	14 015	18 184	12 977	13 726

从表 2 – 15 中可以看到，在 1947 年，美国出口每 100 万美元的商品，在国内使用资本 2 550 780 美元，劳动力 182 个，即每个工人耗用的资本量为 14 015 美元。同时，美国每进口 100 万美元商品的国内替代品，则用 3 091 339 美元资本和 170 个劳动力，即每个工人耗用的资本量为 18 184 美元。这样，在每 100 万美元的商品中，进口品与出口品之间人均资本量的比值为 1. 30（18 184 ÷ 14 015）。这意味着，美国出口的是劳动密集型商品，进口的则为资本密集型商品。里昂惕夫后来又用 1951 年的有关资料再次验证，所得结果［进口品与出口品之间的人均资本量比值是 1. 06（13 726 ÷ 12 977）］，仍然同生产要素禀赋说的推论相矛盾。于是，里昂惕夫所得的验证结果被称为“里昂惕夫之谜”（Leontief Paradox）。

第三节　国际贸易新理论

一、对“里昂惕夫之谜”的解释及有关学说

为解开里昂惕夫反论，西方学术界提出了一些解释，如劳动效率说、消费偏向说、贸易壁垒干扰说、人力资本说和美国经济延伸说等，力图从不同角度来解释这一反常现象，但截至 20 世纪 90 年代初仍未找到一个能为经济学界共同接受

的解释。

（一）劳动熟练说（Skilled Labor Theory）

劳动熟练说又称人类技能说（Human Skill Theory）或劳动效率说，最先是里昂惕夫自己提出，后来由美国经济学家基辛（D. B. Keesing）加以发展，用劳动效率和劳动熟练或技能的差异来解释里昂惕夫之谜以及影响进出口商品结构的理论。

里昂惕夫认为，“谜”的产生可能是由于美国工人的劳动效率比其他国家工人高所造成的。他认为，美国工人的劳动生产率大约是其他国家工人的 3 倍。因此，在劳动以效率单位衡量的条件下，美国就成为劳动要素相对丰富、资本要素相对稀缺的国家。这是他本人对这个“谜”的解释。为什么美国工人的劳动效率比其他国家高呢？他说这是由于美国企业管理水平较高，工人所受的教育和培训较多、较好，以及美国工人进取精神较强的结果。这些论点可以看做是熟练劳动或人类技能说的雏形。但是，一些人士认为里昂惕夫的解释过于武断，一些研究表明实际情况并非如此。例如，美国经济学家克雷宁（Krelnin）经过验证，认为美国工人的效率和欧洲工人相比，最多高出 1. 2 ~ 1. 5 倍，因此，他的这个论断通常不为人们所接受。

后来，美国经济学家基辛对这个问题进一步加以研究。他利用美国 1960 年时人口普查资料，将美国企业职工区分为熟练劳动和非熟练劳动两大类。熟练劳动包括科学家、工程师、厂长或经理、技术员、制图员、机械工人、电工、办事员、推销员、其他专业人员和熟练的手工操作工人等。非熟练劳动指不熟练和半熟练工人。他还根据这两大分类对 14 个国家的进出口商品结构进行分析，得出了资本较丰富的国家倾向于出口熟练劳动密集型商品、资本较缺乏的国家倾向于出口非熟练劳动密集型商品的结论。例如，在这 14 个国家的出口商品中，美国的熟练劳动比重最高，非熟练劳动比重最低；印度的熟练劳动比重最低，非熟练劳动比重最高。在进口商品方面，正好相反，美国的熟练劳动比重最低，非熟练劳动比重最高；印度的熟练劳动比重最高，非熟练劳动比重最低。这表明，发达国家在生产含有较多熟练劳动的商品方面具有比较优势，而发展中国家在生产含有较少熟练劳动的商品方面具有比较优势。因此，熟练劳动程度的不同是国际贸易发生和发展的重要因素之一。

（二）人力资本说（Human Capital Theory）

人力资本说是美国经济学者凯南（P. B. Kenen）等人提出的，用对人力投资的差异来解释美国对外贸易商品结构符合赫—俄原理学说。他们认为，劳动是不同质的，这种不同质表现在劳动效率的差异，这种差异主要是由劳动熟练程度所决定，而劳动熟练程度的高低又取决于对劳动者进行培训、教育和其他有关的开支，即决定智力开支的投资，因此，高的熟练效率和熟练劳动归根结底是一种投资的结果，是一种资本支出的产物。凯南认为，国际贸易商品生产所需的资本应包括有形资本和无形资本即人力资本。人力资本主要是指一国在职业教育、技术培训等方面投入的资本。人力资本投入可提高劳动技能和专门知识水平，促进劳动生产率的提高。由于美国投入了较多的人力资本，从而拥有更多的熟练技术劳动力，因此，美国出口产品含有较多的熟练技术劳动。如果把熟练技术劳动的收入高出简单劳动的部分算作资本并同有形资本相加，经过这样处理之后，美国仍然是出口资本密集型产品。这个结论是符合赫—俄原理的，从而把里昂惕夫之谜颠倒过来，这就是所谓的人力资本说。

但是，这种解释的困难在于难以具体衡量人力资本的真正价值，因此，并非人人都同意。但凯南将里昂惕夫和基辛的观点进行深化，对熟练劳动说起到了一定的补充解释的作用。

（三）技术差距说（Theory of Technological Gap）

技术差距说又称技术间隔说，是美国经济学家 M. V. 波斯纳（Michael V. Posner）提出的。格鲁伯（W. Gruber）和弗农（R. Vernon）等人进一步论证了关于技术领先的国家具有较强开发新产品和新工艺的能力，形成或扩大了国际间的技术差距，而有可能暂时享有生产和出口某类高技术产品的比较优势的理论。

波斯纳认为，人力资本是过去对教育和培训进行投资的结果，因而可以将其作为一种资本或独立的生产要素，而技术是过去对研究与发展进行投资的结果，也可以作为一种资本或独立的生产要素。但是，由于各国对技术的投资和技术革新的进展不一致，因而存在着一定的技术差距。这样就使得技术资源相对丰裕的或者在技术发展中处于领先的国家有可能享有生产和出口技术密集型产品的比较优势。

为了论证这个理论，格鲁伯和弗农等人根据 1962 年美国 19 个产业的有关资料进行统计分析。其中，5 个具有高度技术水平的产业（运输、电器、工具、化学、机器制造）的科研和发展经费占 19 个产业全部科研和发展经费总数的 89.4%；5 个产业中的技术人员占 19 个产业总数的 85.3%；5 个产业的销售额占 19 个产业总销售额的 39.1%；5 个产业的出口量占 19 个产业总出口量的 72%。这种实证研究表明，美国在上述 5 个技术密集型产品的生产和出口方面确实处于比较优势。因此，可以认为，出口科研和技术密集型产品的国家也就是资本要素相对丰裕的国家。根据上述统计分析，美国就是这种国家。从这个意义上说，技术差距论是完全可以与赫—俄原理相衔接的。

（四）产品周期说（Theory of Product Cycle）

产品周期说又称产品生命周期说（Theory of Product Life Cycle），由美国经济学家弗农提出，并由威尔士（L. T. Wells）等人加以发展。它是关于产品生命不同阶段决定生产与出口该产品的国家转移的理论。

弗农在论述技术差距说的基础上，将市场营销学的概念引入国际贸易理论，认为许多新产品的生命周期经历三个时期。

（1）产品创新时期。少数在技术上领先的创新国家的创新企业首先开发新产品，新产品开发出来后便在国内投入生产，这是因为国内拥有开发新产品的技术条件和吸纳新产品的国内市场。该创新企业在生产和销售方面享有垄断权。新产品不仅满足了国内市场需求，而且出口到与创新国家收入水平相近的国家和地区。在这一时期，创新企业几乎没有竞争对手，企业竞争的关键也不是生产成本，同时，国外还没有生产该产品，当地对该新产品需求完全靠该创新国家企业的出口来满足。

（2）产品成熟时期。随着技术的成熟，生产企业不断增加，企业之间的竞争性增强了，对企业来说，产品的成本和价格变得日益重要。与此同时，随着国外该产品的市场不断扩展，出现了大量仿制者。这样一来，创新国家企业的生产不仅面临着国内原材料供应相对或绝对紧张的局面，而且还面临着产品出口运输能力和费用的制约、进口国家的种种限制以及进口国家企业仿制品的取代。在这种情况下，企业若想保持和扩大对国外市场的占领就必须选择对外直接投资，即到国外建立子公司，当地生产，当地销售，在不大量增加其他费用的同时，由于利用了当地各种廉价资源，减少了关税、运费、保险费用的支出，因而大大降低了产品成本，增强了企业产品的竞争力，巩固和扩大了市场。

（3）产品标准化时期。在这一时期，技术和产品都已实现标准化，参与此类产品生产的企业日益增多，竞争更加激烈，产品成本与价格在竞争中的作用十分突出。在这种情况下，企业通过对各国市场、资源、劳动力价格进行比较，选择生产成本最低的地区建立子公司或分公司从事产品的生产活动。此时，往往由于发达国家劳动力价格较高，生产的最佳地点从发达国家转向发展中国家，创新国的技术优势已不复存在，国内对此类产品的需求转向从国外进口，对于创新企业来说，若想继续保持优势，选择只有一个，即进行新的发明创新。

如果从产品的要素密集性上看，不同时期产品存在不同的特征。在产品创新时期，需要投入大量的科研与开发费用，这一时期的产品要素密集性表现为技术密集型；在产品成熟时期，知识技术的投入减少，资本和管理要素的投入增加，高级的熟练劳动投入越来越重要，这一时期的产品要素密集性表现为资本密集型；在产品标准化时期，产品的技术趋于稳定，技术投入更是微乎其微，资本要素投入虽然仍很重要，但非熟练劳动投入大幅度的增加，产品要素密集性也将随之改变。在产品生命周期的各个时期，由于要素密集性不同、产品所属类型不同、技术先进程度不同以及产品价格不同，因而各种不同类型的国家在产品处于不同时期时所具有的比较利益不同，从而“比较利益也就从一个拥有大量熟练劳动力的国家转移到一个拥有大量非熟练劳动力的国家”。产品的出口国也随之转移（见图2-2）。

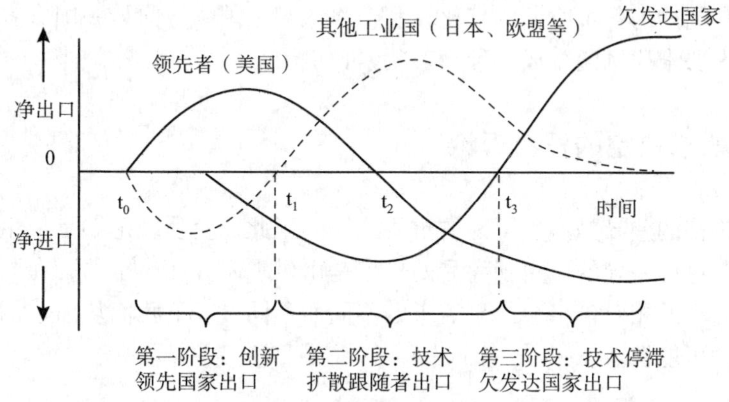

图 2－2　在一种新商品的产品周期中贸易平衡的演进方式

这种产品生命周期理论目前已在产品开发和市场营销方面得到广泛的应用，但当初弗农等人提出这种理论主要是用于解释美国的工业制成品生产和出口变化情况。因此，他们把产品周期分为四个阶段，建立了一个产品周期四阶段模式。

（1）美国垄断新产品的生产和出口阶段。新产品的生产技术为美国所垄断，美国生产全部的新产品，随着生产规模的扩大，新产品的供应增加，该种产品不仅在国内市场销售，而且出口到欧洲、日本等发达国家和地区。

（2）外国厂商开始生产并部分取代该产品进口阶段。欧洲、日本等发达国家和地区开始生产该种新产品，美国仍控制新产品市场，并开始向发展中国家出口新产品。在这个阶段，该种新产品的技术差距在美国与欧、日等发达国家和地区之间逐步缩短，欧、日等发达国家和地区不断扩大该产品的自给率，因此，美国对这些发达国家和地区出口会有所下降，但对世界市场的其他大部分国家即发展中国家的出口仍在增多。

（3）美国以外的国家参与新产品出口市场的竞争阶段。随着新产品的技术差距进一步缩小，美国在该产品生产中的技术优势完全丧失，欧、日等发达国家和地区开始成为新产品的主要出口国，在一部分第三国市场上与美国产品进行竞争，并逐渐取代美国货占领这些市场。

（4）外国产品在美国市场上与美国产品竞争阶段。在这个阶段，欧洲、日本等发达国家和地区生产规模急剧扩大，竞争优势明显，成为新产品的主要供应者，发展中国家也逐渐掌握新产品生产技术，开始生产和销售，欧、日等国家和地区对美国大量出口该种产品，美国成为该种产品的净进口国。这一产品在美国的整个生命周期也就宣告终结。

事实上，在该种新产品处于第二、第三阶段时，美国又开始其他新产品的创新和生产了。也就是说，另一新产品周期又开始了。因此，制成品的生产和贸易表现为周期性运动。

总之，产品生命周期说是一种动态经济理论。从产品要素的密集性上，在产品生命周期的不同时期，其生产要素比例会发生规律性变化。从不同国家来说，在产品生命周期的各个时期，其比较利益将从某一国家转向另一国家，这就使得赫—俄静态要素比例说变成一种动态要素比例说。

二、需求决定的贸易理论

商品价格的差异是产生贸易的重要原因。至此，贸易理论都是从生产或供给方面来分析这种差异的。由于商品的价格是由供求两方面决定的，在同样的生产条件下，商品的相对价格会由于需求的不同而不同。以下我们从需求的角度来看产生贸易的可能性。

（一）决定需求的因素

在以前的分析中，我们都假定需求是给定的，而没有探讨过各国的需求有什么差别，以及这种差别是怎样决定的。事实上，各国对各种商品的需求是很不同的。亚洲人喜欢吃米饭，欧美人主要吃面包；中国人过年要放鞭炮，美国人过圣诞则要点彩灯，装饰圣诞树；俄国人一年中有将近一半的时间戴皮帽、穿大衣，越南人却整年一件无领衫。因此，各国对大米、面包、鞭炮、圣诞树、皮帽子和无领衫的需求肯定不会相同。即：在同样的价格下各国消费者愿意并且有能力购买的数量会很不同。

那么，造成各国对同一商品的不同需求的原因是什么呢？决定需求的因素主要包括以下三个方面。

1. 实际需求。所谓实际需求指的是地理气候等环境的差别造成的需求不同。越南人当然不会有对皮衣皮帽的需求，因为他们一年四季不冷；蒙古人大概不会需要很多船，因为他们基本上没有江河湖海。皮毛衣服对位于寒冷地区的国家来说，船对于沿海或有江河的国家来说，则是必不可少的商品。

2. 喜爱偏好。对商品的不同喜爱偏好主要是由不同的历史文化、宗教信仰和风俗习惯造成的。中东大部分国家信奉伊斯兰教，当然没有对猪肉的需求，而猪肉是中国人的主要肉食之一。日本人爱吃生鱼片，别的国家大概不会太习惯那个味道。欧美人过圣诞节买圣诞树，中国人恐怕暂时还不会有这个需求。可见，各国消费者喜爱偏好的差异会造成对同一商品需求的不同。不过与实际需要不同，偏好改变的可能性比较大。随着各国经济文化的交流，喜爱偏好也会互相影响。现实中，美国人喜欢吃中餐的越来越多，中国人穿西装的越来越普遍，日本、中国台湾的欧美化倾向则更加浓厚。随着喜爱偏好的转移，对商品的需求也会发生变动。

3. 收入水平。实际上，各国对同一商品的需求不同，很大程度上是因为收入水平不同。中国人对汽车的需求量不如美国和日本，不是因为中国人不能开汽车，也不是中国人不爱开汽车，而是因为收入水平所限许多人还买不起汽车。同样，对耐用消费品、医疗保健、旅游度假、高档住宅等商品的需求，发达国家都远远高于发展中国家，而对粮食尤其是基本谷物的需求，发展中国家则相对比较高。这种需求上的差别是由收入水平不同造成的。

（二）需求偏好不同而产生的贸易

现在我们来考察由于需求差别而产生的贸易。

我们首先分析由于偏好不同而引起的贸易。为了集中说明需求偏好方面的原因，我们假定各国在生产方面的能力是完全一致的，即同样的生产技术、同样的资源比例、同样的生产规模等。因此，各国的生产可能性曲线假设是相同的。

在图 2－3 中，我们假设中国与美国在小麦和水稻上有相同的生产能力（用同一条生产可能性曲线表示），但有不同的需求偏好。中国人喜欢吃米饭，美国人喜欢吃面食。在双方没有贸易的情况下，中国人根据需求不得不多种水稻，甚至不惜在不适合种水田的土地上种水稻，生产和消费都在点 A^C 上（70 吨小麦和 280 吨水稻）。美国人不得不多种小麦，也可能把本来应该用于种水稻的土地改种小麦，其生产和消费点在点 A^A（270 吨小麦和 80 吨水稻）。中国的水稻机会成本和相对价格（用 P^C 表示）比较高，小麦的相对价格低；而美国正好相反，水稻相对便宜（用 P^A 表示），而小麦的成本价格高。

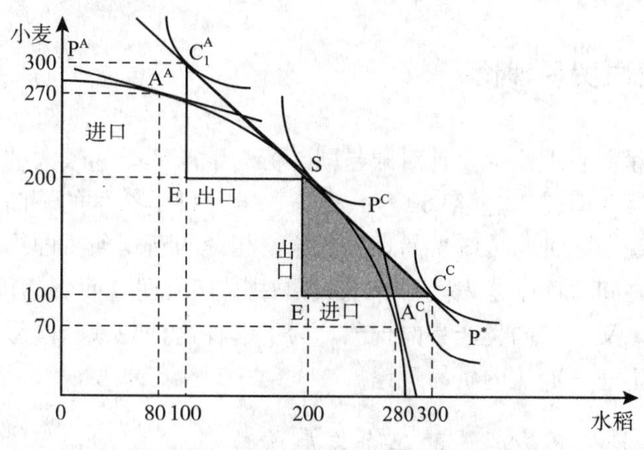

图 2－3　需求偏好不同所产生的贸易

两国水稻和小麦市场价格的差异会立即引起商人对利润的兴趣，从而产生贸易的可能性。如果贸易发生的话，美国会增加成本较低的水稻生产并向中国出口以换取小麦；中国也不必人为地将旱地改种水稻，而将这些土地有效地用来多生产小麦然后跟美国换水稻。贸易和分工的结果使两国的生产都移向 S 点，各自生产 200 吨水稻和 200 吨小麦。在新的国际市场价格（P^*）下，中国向美国出口 100 吨小麦，换回 100 吨水稻；美国则进口 100 吨小麦，出口 100 吨水稻。C_1^CES 和 C_1^AES 分别是两国的贸易三角。在贸易平衡的情况下，两国的贸易三角相等。两国新的消费点分别为 C_1^C 和 C_1^A，通过分工和贸易，中美两国的小麦和水稻的消费量都增加了，达到了超出自己生产能力的新水平。

（三）收入变动产生的贸易

我们再来看收入变动引起需求变动下的贸易。说明这一贸易模式的主要是瑞典经济学家斯戴芬·伯伦斯坦·林德（Staffan Burenstam Linder）。

林德假设一国的需求由其“代表性消费者”的需求倾向决定。这一倾向会随着该国人均收入的提高逐渐转向奢侈品并造成社会需求的转移。当人们收入提高而对工业消费品特别是奢侈品的需求增加时，本国的工业品和奢侈品生产也会增加。为了满足市场需求，生产者不断地扩大生产、改进技术。结果是，产量增加的速度超过需求增长的速度，从而使该国有能力向别国出口。对于该国出口的工业产品，只有与之收入相近的国家才会有需求。因此，进口工业产品的主要国家也是收入较高的国家。根据林德的理论，工业制成品在发达国家之间的贸易会随着收入的不断提高占越来越重要的地位。

与克鲁格曼不同，林德实际上是从需求的角度来分析说明当代工业国家之间的贸易和同一工业行业的双向贸易。根据林德的理论，需求是引起生产变动和产生贸易的基础，收入变动又是引起需求变动的主要因素。收入增加的结果使工业制成品的贸易在人均收入较高的国家之间得到大发展。

三、产业内贸易理论

传统的国际贸易理论主要针对国与国、劳动生产率差别较大的产业以及不同产业之间的贸易，但自20世纪60年代以来，随着科学技术的不断发展，国际贸易实践中又出现了一种与传统贸易理论的结论相悖的新现象，即国际贸易大多发生在发达国家之间，而不是发达国家与发展中国家之间；而发达国家间的贸易，又出现了既进口又出口同类产品的现象。为了解释这种现象，国际经济学界产生了一种新的理论——产业内贸易理论。

（一）产业内贸易理论的三个发展阶段

产业内贸易（Intra-Industry Trade）是当代最新国际贸易理论之一，它突破了传统国际贸易理论的一些不切实际的假定（如完全竞争的市场结构、规模收益不变等），从规模经济、产品差异性、国际投资等方面考察贸易形成机制，从而解决了传统贸易理论所不能解释的贸易现象：产业内贸易日益占据国际贸易的主要地位。产业内贸易理论的发展历程大约可以分为三个阶段。

第一阶段是经验分析阶段。主要包括：1960年佛得恩（Verdoom，P. J.）对“荷比卢经济同盟”集团内贸易格局的研究；巴拉萨（Balassa，B.）对欧共体成员制成品贸易情况的分析；小岛清（Kojima，K.）对发达国家间横向制成品贸易的关注。

第二阶段是理论研究阶段。里程碑是格鲁贝尔（H. G. Grubel）和劳埃德（P. J. Loyd）于1975年编写的《产业内贸易：差别化产品国际贸易的理论与度量》，这是最早的关于产业内贸易理论的专著。在这本书中作者修正了赫—俄模型中的某些前提条件，把贸易中有关的费用引入模型，解释了部分产业内贸易现象。

第三阶段是丰富发展阶段。主要理论模型有：20 世纪 70 年代末，迪克西特（Dixlt，A. K）、斯蒂格利茨（Stiglitz，J. E.）、克鲁格曼（Krugman，P.）等创立了新张伯伦模型，把张伯伦的垄断竞争理论运用到产业内贸易领域；20 世纪 80 年代初，布兰德（Brander，J.）和克鲁格曼（Krugman，P.）为解释标准化产品的产业内贸易现象建立的差别模型。

（二）产业内贸易概述

1. 产业内贸易的含义。所谓产业内贸易，是指一国同时存在着进口和出口同类产品的贸易活动，或者说贸易两国彼此买卖着同一产业所生产的产品。它又叫双向贸易或贸易重叠。

2. 产品的同质性和异质性。产业内贸易理论认为，同一产业部门的产品可以区分为同质产品和异质产品两种类型。同质产品也称相同产品，是指那些价格、品质、效用都相同的产品，产品之间可以完全相互替代，即商品需求的交叉弹性极高，消费者对这类产品的消费偏好完全一样。这类产品在一般情况下属于产业间贸易的对象，但由于市场区位不同、市场时间不同等原因，也在相同产业中进行贸易。异质产品也称差异产品，是指企业生产的产品具有区别于其他同类产品的主观上或客观上的特点，该种产品间不能完全替代（尚可替代），要素投入具有相似性，大多数产业内贸易的产品都属于这类产品。

3. 产业内贸易的测度。可以用产业内贸易指数来衡量。X 表示一个产业或产品的出口额，M 表示一个产业的进口额，T 表示产业内贸易指数。则有：

$$T=1-|X-M|/(X+M)$$

当一个国家的某一产业或某类产品只有进口或出口时，即不存在产业内贸易时，$T=0$。

当一个国家的某一产业或某类产品进口等于出口时，即产业内贸易达到最大，$T=1$。

一般来说，$0 \leqslant T \leqslant 1$，T 越接近 1 说明产业内贸易程度越高；越接近 0 说明产业内贸易程度越低。

有哪些因素影响 T 的大小呢？（1）经济发达程度，经济越发达，T 越大，否则反之；（2）经济的外向程度；（3）产业或产品品种范围大小。

（三）产业内贸易的理论分析

1. 产品差异论。

（1）同质产品的产业内贸易。国际贸易中出现同质产品的买卖，往往来自以下原因：

第一，许多原材料（如黄沙、水泥等）单位价值低而运输成本相对很高，消费者应该尽可能靠近原料供应地来获得它们。所以一国可能同时进口和出口大宗原材料。例如，中国在东北出口水泥而在华南进口水泥便属于这种情况。

第二，一些国家和地区（如新加坡、中国香港）大量开展转口贸易和再出口贸易，其许多进出口商品的形式自然基本不变。这时同类产品将同时反映在转口国的进口项目与出口项目中，便会形成统计上的产业内贸易。

第三，由于一些产品（如水果、蔬菜）具有季节性特点，一个国家会有时进口而有时出口这类商品。如欧洲一些国家之间为了“削峰填谷”而形成的电力进出口。

第四，政府干预产生的价格扭曲，尤其是相互倾销，会使一国在进口的同时，为了占领其他国家的市场而出口同种产品，从而形成产业内贸易。另外，在存在出口退税、进口优惠时，国内企业为了与进口货物竞争，就不得不出口以得到退税，再进口以享受进口优惠，造成产业内贸易。

第五，出于经济合作或特殊技术条件的需要，有些国家也进行某些同质产品的交易。如各国银行业、保险业走出去和引进来的情况。例如，中国吸引外国银行在华投资，却又在世界其他国家投资建立分行。

第六，跨国公司的内部贸易也会形成产业内贸易，因为同种商品的产品与中间产品和零部件大都归入同组产品，因而形成产业内贸易。

这些同质产品贸易只要加入运输成本等一类因素的分析，都仍然能用赫—俄学说加以说明。因此，差异产品贸易分析是产业内贸易理论的主要内容。

（2）差异产品的产业内贸易。资料表明，大多数的产业内贸易发生在差异化产品之间。在制造业中，产业内贸易商品明显偏高的是机械、药品和运输工具。属于同一产品大类的差异化产品在现代经济中有着很高的占有率。在汽车产业，福特不同于本田、丰田或是雪佛兰。因此，在同一大类的不同品种的产品之间，也会发生双向的贸易流动。

国际产品差异性是产业内贸易发生的基础，这体现在产品的水平差异、技术差异和垂直差异三方面。

第一，水平差异是指产品特征组合方式的差异。在一组产品中，所有的产品都具有某些共同的本质性特征，即核心特征，这些特征不同的组合方式决定了产品的差异性，同差异内部一系列不同规格的产品中可以看出水平差异的存在。如烟草、香水、化妆品、服装等。这类产品的产业内贸易大多与消费者偏好的差异有关。差异产品在牌号、规格、服务等特点上有所不同，也正是由于差异产品的这种不完全可替代性使得人们对同类产品产生了不同需求。在人们日益追求生活质量的时代，在科技进步的作用下，厂商能够提供的差异产品日益繁多，但一国国内厂商很难满足国内消费者的所有需求。如果一国消费者对外国产品的某种特色产生了需求，它就可能出口和进口同类产品。

第二，技术差异是指新产品出现带来的差异。处于产品生命周期不同阶段的同类产品（如不同档次的家用电器）在不同类型国家进行生产，继而进行进出口贸易，便会产生产业内贸易。

第三，垂直差异是指产品质量方面的差异。为了占领市场，人们需要不断提高产品质量，而一个国家的消费者不能全部都追求昂贵的高质量产品，因此，在出口高质量产品的同时往往也会从其他国家进口一些中低质量的同类产品，从而产生产业内贸易。

以上三类情况，都有着从供给看存在规模经济、从需求看存在需求偏好方面的重叠。当然，我们也注意到，基于产品差异的产业内贸易是建立在不完全竞争的基础上的（传统贸易理论一般都假设市场是完全竞争的）。

2. 规模经济论。大规模的生产可以充分利用自然资源、交通运输及通信设施等良好环境，提高厂房、设备的利用率和劳动生产率，从而达到降低成本的目的。

20 世纪 70 年代，格雷和戴维斯等人对发达国家之间的产业内贸易进行了实证研究，从中发现，产业内贸易主要发生在要素禀赋相似的国家，产生的原因是规模经济和产品差异之间的相互作用。

这是因为，一方面，规模经济导致了各国产业内专业化的产生，从而使得以产业内专业化为基础的产业内贸易得以迅速发展；另一方面，规模经济和产品差异之间有着密切的联系，正是由于规模经济的作用，使得生产同类产品的众多企业优胜劣汰，最后由一个或少数几个大型厂家垄断了某种产品的生产，这些企业逐渐成为出口商。

（1）内部规模经济与国际贸易。一般情况下，内部规模经济的实现依赖于一个产业或行业内的厂商自身规模的扩大和产出的增加。一个国家享有规模经济的优势，它的成本就是随着产量增加而减少，从而得到了生产的优势。这样它的产品在贸易活动中的竞争能力必然大大提高，占据贸易优势，取得贸易利益。具体来说，我们假设在参与国际贸易以前，垄断竞争企业面对的只是国内的需求，需求量有限。参与国际贸易后，外国需求增加，从而总需求增加，企业的生产相应扩张。在短期内，需求的突然扩张使得企业的平均成本比产品价格下降得更快，形成超额利润。超额利润会吸引更多的国内企业进入该行业。新进入的企业生产的产品对原有企业的产品具有很大的替代性，使得市场对原有企业的需求下降，所以长期内超额利润消失。不过，由于企业在贸易后面对更富有弹性的需求，使其获得了更低的长期平均成本，从而获得了比较优势，形成贸易发生的基础。可见，规模经济是贸易形成的基础，同时贸易也推动规模经济的实现。

在规模经济较为重要的产业，国际贸易可以使消费者享受到比封闭经济条件下更多种类的产品。因为规模经济意味着在一国范围内企业只能生产有限的产品种类，如果允许进口，则在国内市场上就可以购买到更多种类的产品，这也是福利增加的表现。

对于研究和开发费用等成本支出较大的产业来说，规模经济更显得重要；如果没有国际贸易，这类产业就可能无法生存。研究和开发费用可以说是一种固定的成本费用，随着产量的增加，单位产品的固定成本降低。如果这种产品仅局限在国内市场上销售，则由于产量有限，单位产品的固定成本就较高，因而平均成本较高，厂商难以实现规模经济甚至无法收回投入的研究和开发费用。如果允许国际贸易，使产品在世界市场上销售，产量就会增加，厂商能够实现规模经济下的生产。

（2）外部规模经济与国际贸易。外部规模经济主要来源于行业内企业数量的增加所引起的产业规模的扩大。外部规模经济同样会带来该产业成本的降低。在外部规模经济下，由外部经济所带来的成本优势能使该国成为商品出口国。或许出口产业的建立是偶然性的，但一国一旦建立起大于别国的生产规模，该国就会获得更多的成本优势。这样，即使其他国家更具有比较优势，如果该国已先行将产业发展到一定的规模，那么其他国家就不可能成为该产品的出口国。在外部规模经济存在的情形下，贸易模式并不能根据比较优势而加以确定，强烈的外部经济会巩固现有的贸易模式，可能导致一国被“锁定”在某种无比较优势的专业化分工模式中，甚至可能导致该国因国际贸易而遭受损失。

3. 需求偏好相似（或重叠）。瑞典经济学家林德（S. B. Linder）提出了偏好相似理论。偏好相似理论主要从需求的角度分析国际贸易的原因，认为产业内贸易是由需求偏好相似导致的。基本观点包括：国际贸易是国内贸易的延伸，在本国消费或投资生产的产品才能够成为潜在的出口产品；两个国家的消费者需求偏好越相似，一国的产品也就越容易打入另一个国家的市场，因而这两个国家之间的贸易量就越大。

举例说明。在图 2－4 中，横轴表示一国的人均收入水平；纵轴表示消费者所需的各种商品的品质等级。Yc 表示中国的人均收入水平，Yus 表示美国的人均收入水平。所需的商品越高档，则其品质等级就越高；人均收入水平越高，则消费者所需商品的品质等级就越高。OP 线表示人均收入水平和商品品质等级之间的关系。

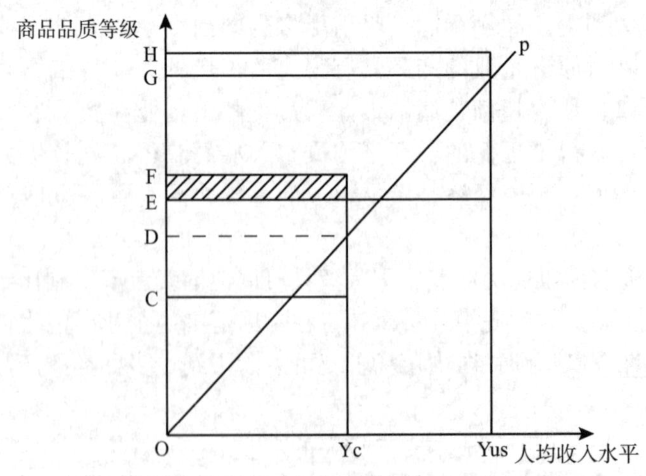

图 2－4　偏好相似模型

中国的消费品级处于C和F之间，美国的消费品级处于E和H之间。中国的品质等级处于C和E之间的商品以及美国的品质等级处于F和H之间的商品均只有国内需求，没有来自国外的需求，不可能成为贸易品。但E和F之间的商品在两国都有需求，即存在所谓重叠需求。这种重叠需求是两国开展贸易的基础，品质处于这一范围内的商品，中、美两国均可进口或出口。

4. 经济发展水平是产业内贸易的重要制约因素。西方经济学家认为，经济发展水平越高，产业部门内差异产品的生产规模越大，产业部门内部分工就越发达，从而形成差异产品的供给市场。同时，经济发展水平越高，人均收入水平也就越高，较高人均收入层的消费者的需求会变得更加复杂、更加多样化，呈现出对差异产品的强烈需求，从而形成差异产品的消费市场。两国之间收入水平趋于相等的过程中，两个国家之间的需求结构也趋于接近，最终导致产业内贸易的发生。林德在其提出的需求偏好相似理论中就指出，贸易国之间收入水平和国内需求结构越相似，相互贸易的倾向就越强。

四、国家竞争优势论

20世纪70年代以来，随着西欧共同市场的形成和势力壮大、日本的崛起，美国在国际贸易中的地位受到严重挑战，在国际市场上的竞争优势严重削弱，连新兴工业化国家都在夺取美国商品在世界市场上的份额；到80年代，世界经济贸易领域的竞争进一步加剧，美国的对外贸易逆差和国际收支赤字不断增大，美国不得不乞灵贸易保护主义。在这种背景下，怎样才能保持美国昔日的竞争优势，成为美国政府和民众共同关注的问题，美国哈佛商学院著名的战略管理学家迈克尔·波特（Michael Porter）的理论正是适应这一客观要求应运而生的。

20世纪80~90年代，美国哈佛商学院著名的战略管理学家迈克尔·波特（Michael Porter）出版的《竞争战略》、《竞争优势》、《国家竞争优势》三部著作，引起了西方经济学界和企业界的高度重视。前两本著作主要研究产业竞争优势的创造，而《国家竞争优势》则主要从宏观角度论述一国如何确立和提高本国产业的国家竞争优势。

国家竞争优势是指一国帮助其产业和企业持续地以较低价格向国际市场提供高质量产品、占有较高市场份额并获取利润的能力。一个国家的竞争优势是由什么决定的？这是过去的国际贸易理论一直未能很好解答的问题。鉴于此，迈克尔·波特提出了解释国家竞争优势的决定因素的钻石模型（Diamonds Model）。波特认为，决定一个国家某种产业竞争力的因素有四个：生产要素；需求条件；相关产业和支持产业；企业的战略、结构与竞争。

波特认为，这四个要素具有双向作用，形成钻石体系（如图2-5所示）。

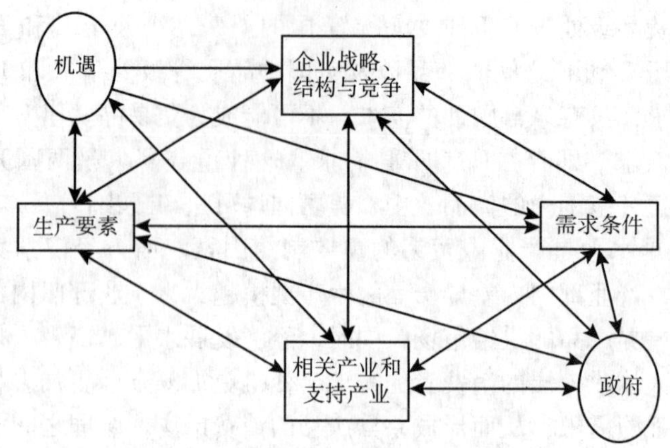

图2-5　迈克尔·波特的“钻石模型”

在四大要素之外还存在两大变数：政府与机会。机会是无法控制的，政府政策的影响是不可漠视的。

（一）影响国家竞争优势的因素

1. 决定因素。

（1）生产要素。波特将生产要素划分为初级生产要素和高级生产要素。初级生产要素是指天然资源、气候、地理位置、非技术工人、资金等；高级生产要素则是指现代通信、信息、交通等基础设施以及受过高等教育的人力、研究机构等。波特认为，初级生产要素重要性越来越低，因为对它的需求在减少，而跨国公司可以通过全球的市场网络来取得（当然，初级生产因素对农业和以天然产品为主的产业还是非常重要的）。高级生产要素对获得竞争优势具有不容置疑的重要性。高级生产要素需要先在人力和资本上大量、持续地投资，而作为培养高级生产要素的研究所和教育计划，本身就需要高级的人才。高级生产要素很难从外部获得，必须自己来投资创造。

从另一个角度，生产要素被分为一般生产要素和专业生产要素。高级专业人才、专业研究机构以及专用的软、硬件设施等被归入专业生产要素。越是精致的产业越需要专业生产要素，而拥有专业生产要素的企业也会产生更加精致的竞争优势。

一个国家如果想通过生产要素建立起产业强大而又持久的优势，就必须发展高级生产要素和专业生产要素，这两类生产要素的可获得性与精致程度决定了竞争优势的质量。如果国家把竞争优势建立在初级与一般生产要素的基础上，通常是不稳定的。

波特同时指出，在实际竞争中，丰富的资源或廉价的成本因素往往造成没有效率的资源配置，另外，人工短缺、资源不足、地理气候条件恶劣等不利因素，反而会形成一股刺激产业创新的压力，促进企业竞争优势的持久升级。一个国家的竞争优势其实可以从不利的生产要素中形成。

根据推测，资源丰富和劳动力便宜的国家应该发展劳动力密集的产业，但是，这类产业对大幅度提高国民收入不会有大的突破，同时，仅仅依赖初级生产要素是无法获得全球竞争力的。

（2）需求条件。国内需求市场是产业发展的动力。国内市场与国际市场的不同之处在于企业可以及时发现国内市场的客户需求，这是国外竞争对手所不及的，因此，波特认为全球性的竞争并没有减少国内市场的重要性。

波特指出，内行而挑剔的客户非常重要。假如本地客户对产品、服务的要求或挑剔程度在国际间数一数二，就会激发该国企业的竞争优势，这个道理很简单，如果能满足最难缠的顾客，其他顾客的要求就不在话下。例如，日本消费者在汽车消费上的挑剔是全球出名的，欧洲严格的环保要求也使许多欧洲公司的汽车环保性能、节能性能全球一流。美国人大大咧咧的消费作风惯坏了汽车工业，致使美国汽车工业在石油危机的打击下久久缓不过神来。

另一个重要方面是预期性需求。如果本地的顾客需求领先于其他国家，这也可以成为本地企业的一种优势，因为先进的产品需要前卫的需求来支持。德国高速公路没有限速，当地汽车工业就非常卖力地满足驾驶人对高速的狂热追求，而超过200公里乃至300公里的时速，在其他国家毫无实际意义。有时国家政策会影响预期性需求，如汽车的环保和安全法规、节能法规、税费政策等。

（3）相关产业和支持产业。对形成国家竞争优势而言，相关产业和支持产业与优势产业是一种休戚与共的关系。波特的研究提醒人们注意“产业集群”这种现象，就是一个优势产业不是单独存在的，它一定是同国内相关强势产业一同崛起。以德国印刷机行业为例，德国印刷机雄霸全球，离不开德国造纸业、油墨业、制版业、机械制造业的强势。美国、德国、日本汽车工业的竞争优势也离不开钢铁、机械、化工、零部件等行业的支持。有的经济学家指出，发展中国家往往采用集中资源配置、优先发展某一产业的政策，孤军深入的结果就是牺牲了其他行业，钟爱的产业也无法一枝独秀。

本国供应商是产业创新和升级过程中不可缺少的一环，这也是它最大的优点所在，因为产业要形成竞争优势，就不能缺少世界一流的供应商，也不能缺少上下游产业的密切合作关系。另外，有竞争力的本国产业通常会带动相关产业的竞争力。

波特指出，即使下游产业不在国际上竞争，但只要上游供应商具有国际竞争优势，对整个产业的影响仍然是正面的。

（4）企业的战略、结构与竞争。波特指出，推进企业走向国际化竞争的动力很重要。这种动力可能来自国际需求的拉力，也可能来自本地竞争者的压力或市场的推力。创造与持续产业竞争优势的最大关联因素是国内市场强有力的竞争对手。波特认为，这一点与许多传统的观念相矛盾。例如，一般认为，国内竞争太激烈，资源会过度消耗，妨碍规模经济的建立；最佳的国内市场状态是有2～3家企业独大，用规模经济和外商抗衡，并促进内部运作的效率化；还有的观念认为，国际型产业并不需要国内市场的对手。波特指出，在其研究的10个国家中，强有力的国内竞争对手普遍存在于具有国际竞争力的产业中。在国际竞争中，成功的产业必然先经过国内市场的搏斗，迫使其进行改进和创新，海外市场则是竞争力的延伸。而在政府的保护和补贴下，放眼国内没有竞争对手的“超级明星企业”通常并不具有国际竞争能力。

2. 辅助因素。

（1）机会。机会是可遇而不可求的，机会可以影响四大要素发生变化。波特指出，对企业发展而言，形成机会的可能情况大致有：基础科技的发明创造；传统技术出现断层；外因导致生产成本突然提高（如石油危机）；金融市场或汇率的重大变化；市场需求的剧增；政府的重大决策；战争。机会其实是双向的，它往往在新的竞争者获得优势的同时，使原有的竞争者丧失优势，只有能满足新需求的厂商才有发展“机遇”。

（2）政府。波特指出，从事产业竞争的是企业，而非政府，竞争优势的创造最终必然要反映到企业。即使拥有最优秀的公务员，也无从决定应该发展哪项产业，以及如何达到最适当的竞争优势。政府能做的只是提供企业所需要的资源，创造产业发展的环境。

政府只有扮演好自己的角色，才能成为扩大钻石体系的力量。政府可以创造新的机会和压力，政府直接投入的应该是企业无法行动的领域，也就是外部成本，如发展基础设施、开放资本渠道、培养信息整合能力等。

从政府对四大要素的影响看，政府对需求的影响主要是政府采购，但是，政府采购必须要有严格的标准，扮演挑剔型的顾客（在美国，汽车安全法规就是从政府采购开始的）；采购程序要有利于竞争和创新。在形成产业集群方面，政府并不能无中生有，但是可以强化它。政府在产业发展中最重要的角色莫过于保证国内市场处于活跃的竞争状态，制定竞争规范，避免托拉斯状态。

波特认为，保护会延缓产业竞争优势的形成，使企业停留在缺乏竞争的状态。

（二）国家竞争优势的发展阶段

波特认为，国家经济发展可分为四个阶段，即生产要素导向阶段、投资导向阶段、创新导向阶段和富裕导向阶段。其中，前三个阶段是国家竞争优势发展的主要力量，通常会带来经济上的繁荣；第四个阶段则是经济上的转折点，有可能因此而走下坡。

1. 生产要素导向阶段。在经济发展的最初阶段，几乎所有的成功产业都是依赖基本生产要素。这些基本生产要素可能是天然资源，或是适合作物生长的自然环境，或是不匮乏且又廉价的一般劳工。这个阶段中的钻石体系，只有生产要素具有优势。在这种条件下，只有具备相关资源的企业才有资格进军国际市场。

2. 投资导向阶段。在这一阶段，国家竞争优势的确立以国家和企业的投资意愿及投资能力为基础，并且越来越多的产业开始拥有不同程度的国际竞争力。

企业有能力对引进的技术实行消化、吸收和升级，是一国达到投资导向阶段的关键所在，也是区别生产要素导向阶段与投资导向阶段的标志。

3. 创新导向阶段。在这一阶段，企业在应用并改进技术的基础上，开始具备独立的技术开发能力。技术创新成为提高国家竞争力的主要因素。处于创新导向阶段的产业，在生产技术、营销能力等方面居领先地位。有利的需求条件、供给基础及本国相关产业的发展，使企业有能力进行不断的技术创新。在重要的产业群中开始出现世界水平的辅助行业，相关产业的竞争力也不断提高。

4. 富裕导向阶段。在这一阶段，国家竞争优势的基础是已有的财富。企业进行实业投资的动机逐渐减弱，金融投资的比重开始上升。部分企业试图通过影响和操纵国家政策来维持原有的地位。大量的企业兼并和收购现象是进入富裕导向阶段的重要迹象，反映了各行业希望减少内部竞争以增强稳定性的愿望。

总之，迈克尔·波特的国家竞争优势理论不仅对当今世界经济和贸易格局进行了理论上的归纳与总结，而且对国家未来贸易地位的变化提供了具有前瞻性的预测。

第四节 生产要素的国际移动理论

一、生产要素的概念、分类及流动性分析

（一）生产要素的概念

从某种角度上讲，生产要素的分析是经济学的核心和基础。对于生产要素的概念及其分类问题，中外经济学界一直存在着不同的见解。

古典经济学家认为，劳动是创造价值的源泉，劳动是唯一的生产投入，因此，只有劳动才是生产要素。后来，经过进一步的研究，又出现“两要素论”即劳动和资本。随之，西方理论界又提出了“三要素论”，认为产品的生产只有一种生产要素是不够的，还应有其他生产要素的投入。他们认为，生产要素就是用于商品和劳务生产的经济资源，通常分为三种类型，即劳动、资本、土地。第二次世界大战以后，随着科学技术的发展以及生产组织管理水平的提高和要素理论研究的深入，技术、管理、信息等要素在商品生产中的作用越来越重要，因此，技术、管理和信息也被纳入生产要素的范畴，即“六要素论”。

中国经济学家根据马克思主义对生产力、生产关系的分析，从社会生产力的构成出发，认为劳动者、劳动资料和劳动对象是构成生产力的基本因素，因而生产要素就是指劳动者、劳动资料和劳动对象。后来，随着科学技术是第一生产力理论的出现，科学技术、教育等也被作为生产要素来进行分析。伴随着经济的迅速发展和科学技术的进步，国内外经济学界对生产要素的解释又增加了新的内

容，出现了“七要素论”、“九要素论”等新观点。“七要素论”者认为生产要素包括劳动力、劳动对象、劳动资料、科学技术、生产管理、经济信息和现代教育。“九要素论”者认为生产要素包括劳动者、生产工具、能源设施、基础设施、材料、科学技术、生产信息、现代教育和生产管理九种。

根据上述理论，我们认为生产要素是指直接作用于生产过程而且使生产过程得以正常运转所不可缺少的各种物质条件和非物质条件，它是人类为满足自己的物质需求、精神需求而从事产品和服务生产过程中所必备的一切投入，即构成生产力系统的诸多因素。

（二）生产要素的分类

在国际经济合作中，对于生产要素类型的划分可以依照不同的研究目的和研究范围从不同角度去划分。

1. 从生产要素存在的形态来看，可划分为有形要素、无形要素以及综合要素三类。

有形要素或称“硬要素”，指的是劳动力、资金、机器设备、各种原材料等具有可感觉外观特征的生产性投入物。

无形要素，或称“软要素”，是指专有技术、专利、管理和信息、研究与开发等无直接可感觉外观特征的生产性投入物。

综合要素是指有形和无形的生产要素相结合而形成的生产性投入物，例如一台具有专利技术发明的机器设备等。

2. 从要素在生产过程中所发挥的功能来看，可划分为劳动力要素、资本要素、技术要素、土地要素、经济信息要素和经济管理要素等。

劳动力要素是指可用于生产过程中的一切人力资源，它包括劳动力在再生产过程中所消耗和支出的体力与智力。他们所提供的劳动有简单劳动和复杂劳动，有体力劳动和脑力劳动，有熟练劳动和非熟练劳动。

资本要素是指用于生产的一切资本品，它为生产者提供了必备的生产工具。其形式分为货币资本和实物资本两大类。货币资本是指用于生产过程中购买劳动手段的货币；实物资本则是指以机器设备、厂房等形式存在的生产手段。资本的本质是能够生产剩余价值的价值。

技术要素是指劳动者在长期的生产实践中所掌握、使用的技能，反映了人类在征服自然、改造自然过程中的知识积累。其表现形式为专利、商标、专有技术等。

土地要素是人类从事生产所不可缺少的空间环境。这里的土地是一个立体的概念，既包括作为占有一定面积的土地本身，也包括地上天空资源、地下自然资源、海洋资源等。

经济信息要素一般是指与产品生产、销售和消费直接相关的信息、情报、数据和知识等。其作用在于，为生产者制定有关生产要素移动和配置的时间、场所的决策提供参考和指导。

经济管理要素又称生产组织要素或企业者才能要素，它是指人们为了生产和生活的需要而采取的对经济活动过程的一种自觉地控制，即通过计划、组织、监督和控制等手段，使生产过程中的各种要素在时间、空间和数量上组成更为合理的结构，实现最佳效益生产。

（三）生产要素的流动性分析

不同类型的生产要素，在流动性特别是国际流动性上的差异是极其明显的。以下将对根据要素在生产过程中所发挥功能划分的六种生产要素的流动性问题进行分析和比较。

1. 劳动力的流动性分析。在传统的经济理论分析中，一般假定劳动力生产要素在国内是完全流动的，而在国家间则是完全不流动的。但在现实中，劳动力在国内并没有完全自由地流动，在国际间也并不是完全不流动的。

劳动力在国内的流动受到很多限制，这些限制主要表现在以下三个方面：第一，劳动力具有特殊的质的规定性。只有在同一的简单劳动的前提下，劳动力的完全流动才会实现，而当今科技高度发达，生产高度专业化，不同的部门需要不同质的劳动力。劳动力本身在质上的差异是很大的，因此，劳动力的完全流动不可能实现。第二，从经济发展规律来看，劳动力的流动有大致的方向性，即从农村流向城市、从劳动密集型产业流到资本密集型产业。第三，劳动力跨地区流动受到一定的制约。主要是受到时间、家庭迁移和生活习惯变化等因素的限制。

劳动力在国际间的流动不是完全不存在的，根据实际情况，劳动力在国际间的流动有两种表现形式：（1）直接意义上的流动。直接意义上的国际间流动还可以细分为两种：第一，劳动力跨国迁移。这种形式上的劳动力国际流动已经具有很长的历史，并且随着各地区乃至全球经济一体化的实现和深入已经成为当代国际经济生活中的重要现象，也是劳动力国际直接流动最常见的形式。国际移民无论是在历史上还是在第二次世界大战后的今天，都相当普遍。第二，劳动力到国外去就业。中国就有很大数量的沿海城市的居民选择到国外去就业、工作。国际工程承包和国际劳务合作是第二次世界大战后新型的劳动力国际流动方式。全世界每年国际工程承包合同总额超过千亿美元，从事国际工程项目建设的人员超过千万。（2）间接意义上的流动。间接意义上的流动主要包括：第一，劳动密集型产品的输入和输出，如家电、纺织品的输入和输出。根据萨缪尔森的要素价格均等化原理，即通过生产要素产品在国际间的流动改变各国生产要素的供求关系，从而缩小或消除生产要素价格的差距。第二，要素产品的流动实质上是要素的流动，在这种方式下，尽管劳动力本身没有发生流动，但其生产的产品进入国际市场，从某种意义上来说也是一种劳动力的流动。除此之外，劳动力间接流动还包括无形贸易劳务输出，如专利和专有技术贸易、咨询、专门设计、计算机软件，以及旅游等新兴的具有特殊意义上的劳务输出（劳动力间接输出）。

通过上述分析，我们可以得出劳动力在国际间是基本流动的。但是，它所面临的阻碍也远大于劳动力的国内流动所受的限制，例如，各国的保护政策和限制措施的影响，语言、文化、生活习惯等方面的差异，各国对移民成本的承受能力等，都将影响劳动力在国际间的流动。

2. 资本的流动性分析。在当今的世界经济生活中，资本的国内和国际间流动程度是相当高的，所以，在研究相关问题时一般都假定资本在国内或国际间是完全流动的。虽然大多数国家都鼓励和支持资本的流动，但是，与劳动力的流动一样，资本的流动不是绝对的，还是存在很多问题和阻碍。其中，最大的阻碍是投资风险的存在。投资风险主要包括政治风险和汇率风险。政治风险是指由于东道国政治的不稳定而导致的投资环境的变化给外国投资者的投资活动造成损失的可能性。汇率风险是指由于汇率的变化而导致投资者在国外投资的资产价值发生变化的不确定性。以上风险会直接或间接地影响资本自由流动的程度。

此外，部门进入障碍和退出障碍在很大程度上阻碍了资本的自由流动。部门进入障碍是由产品差别、大规模生产的经济效果、与新竞争者相比较而存在的绝对成本优势以及竞争所必需的大额初始投资等因素构成的。进入障碍使某些部门的利润较高，是新资本进入的阻力。而当生产停滞和需求下降时，部门进入障碍就会转化为退出障碍，由于大规模生产的较大资本投入量和较高的资本产出比使固定成本比重较高，资本很难从部门中撤出。

3. 技术的流动性分析。不同形式的技术或者从不同角度分析的技术的国际流动性是不同的。技术主要可以分为以下三种：第一种，使技术作为专利形式，应该看做像商品一样在国际间是完全流通的；第二种，把技术看做是劳动者的一种附属能力，那么它的流动性就会受到很大的阻碍；第三种，技术是包含在资本中的，资本的流动就会伴随着技术的流动，这种情况下技术基本上是流动的。

4. 土地相对的流动性分析。显而易见，土地这种生产要素是绝对不具有流动性的。然而，运用要素价格均等说看待土地却是“流动的”，具有相对国际移动。这一理论的分析是有假设前提的，即资本、劳动力要素在国际间是不流动的。但事实证明生产要素在国际间是流动的，在这种情况下，大量的资本、劳动力和技术等要素往往会直接流向土地资源丰富、价格低廉的地区进行组合与配置。这样，土地要素的不流动性反而成为资本和劳动力要素流动的“推动力”，也就是土地要素的相对国际移动。

5. 经济信息的流动性分析。在这个信息技术高速发展的时代，信息在国际间的流动是不言而喻的。但是，信息作为一种生产要素在国际间流动也要受到某些限制，而且不同性质的信息在国际流动中所受的限制程度也不尽相同。

6. 经济管理的流动性分析。经济管理作为一种知识或者作为国际投资的附属物是完全流动的。但是，经济管理又往往与一国的国情、人员的素质等密切相连，因此，同样的管理方式在不同的国家会产生不同的效果，这样，经济管理要素的流动在一定程度上会受到阻碍。

通过以上不同要素的流动性的分析可以看出，不同要素的流动性是不同的。不同要素几乎都会受到不同程度上的限制，但是其流动性是客观存在的。

二、生产要素国际移动的原因

制约和影响生产要素国际移动的因素有很多，从输出方和输入方角度进行分析所得出的原因是不同的，对于同一个国家（地区）不同时期进行的分析所得出的原因也是不同的。然而，一般而言，导致生产要素国际直接移动的具体原因主要有：生产要素禀赋在各国（地区）间的差异、各国（地区）经济发展水平的不平衡性、各国（地区）政府的干预以及跨国公司的发展和扩大。

（一）生产要素禀赋在各国（地区）间的差异

生产要素禀赋是指一国（地区）内各种生产要素的持有量和控制状况。由于受到自然地理条件、经济发展水平和科学技术发展速度等因素的影响，各国（地区）间的生产要素存在着较大的差异。这种差异主要表现在以下四个方面。

1. 各国（地区）间自然资源的差异。各国（地区）间自然资源的差异主要是由各国（地区）的地理条件和特殊的气候以及国土面积所决定的。一国自然资源的丰裕对该国产品生产带来了独特的生产条件。国土面积大，土地肥沃，气候适宜，农、林、牧、副、渔产品的生产就有优势。大多数农作物都需要独特的气候，许多金属和非金属矿产资源也需要由该国的自然蕴藏量决定。目前，广大的发展中国家在自然资源方面具有很大的优势。

2. 各国（地区）间资本要素的差异。各国（地区）间资本的差异主要是由历史的原因和经济发展水平以及科学技术发展速度不同等因素所决定的。资本丰裕的国家对于资本密集型产品的生产具有巨大的优势。

在历史上，当今发达国家曾经通过原始积累获取了大量建立大机器工业所需要的资本。第二次世界大战后，随着科学技术的发展，发达国家又从大规模的工业再生产中获取了大量的资本。科学技术的发展促进了社会劳动生产率的提高，从而推动了当今发达国家的资本积累。与发展中国家相比，发达国家更具有资本优势。因此，发达国家与发展中国家资本要素方面具有显著的差别。不仅如此，即使发展中国家之间和发达国家之间在发展经济所需的资本方面也存在着很多差异。

3. 各国（地区）间劳动力要素的差异。各国（地区）劳动力的差异对于发展经济也是一个重要的因素，人口稠密的国家在劳动密集型产品的生产方面具有优势。发展中国家的劳动力比较丰裕，因此，第二次世界大战后劳动密集型产品主要集中在发展中国家。对于劳动力市场的分析，不仅要考虑劳动者的数量，还要考虑劳动者的能力。

劳动者的能力取决于人的天然素质、接受教育的程度和长期从事的职业等。首先，从某项工作而言，某些人的天然素质优于其他人，不同的天然素质使不同的人适合不同的工作。其次，一个人接受教育的程度取决于该国的教育水平。接受教育多的劳动者比接受教育少的劳动者能生产出更多的产品。第二次世界大战后，西方经济学中的人力资本就是指这一情况。最后，即使每个人的天然素质和接受教育水平一样，长期从事一种职业或少数几种职业仍然会使人与人之间的能力产生差别。劳动者的技巧因专业而日益增进。

综上所述，由于劳动者的数量和劳动者的能力存在差别，各国间的劳动力市场不可能是完全相同的。

4. 各国（地区）间技术要素的差异。该差异目前的总体表现依然是发达国家在技术上占绝对的优势。由于一个国家在技术上的优势决定了其在技术密集型产品生产方面的有利条件，所以，发达国家在技术密集型产品的生产方面大大优于发展中国家。与技术要素的差异相对应，发展中国家在基础研究和应用研究方面也存在着劣势。因此，通过国际经济技术合作，形成发展中国家的后发优势，也促成了生产要素的国际移动。

（二）各国（地区）经济发展水平的不平衡性

制约和影响生产要素在各国间进行移动的第二个重要因素是各国经济发展水平的不平衡性。各国（地区）经济发展水平的不平衡性对生产要素国际移动的影响要从各国经济结构的角度、世界经济发展不平衡的角度进行分析。

由于历史发展长短、社会文化背景和经济发展水平的不同，世界各国都拥有适合本国社会发展需要的经济结构，这就使各产业之间、各部门之间、各类产品之间的比例在经济发展水平悬殊的国家间产生不一致，即使在经济发展水平相近的国家也不完全相同。这种经济结构的不同，从生产要素的需求和供给两个方面促进了生产要素跨国界的移动。首先，各国在生产能力、生产结构上的不一致导致了对于要素需求在种类、数量、质量上的不一致；其次，从要素供给的角度看，各国在诸如超乎人力范围之外的气候、土壤、矿产等土地要素之类的要素禀赋，以及在经济发展过程中逐步形成的特殊技术或技巧等后天创造的技术要素的不一致，使得各国在各类要素的可供量上也存在种类、数量和质量上的差异。这种来自供给和需求两个方面的促进因素将直接造成要素在各国市场上的供求状况的差异，进而造成它们的价格差异。有了价格差异，如果各国又不对要素移动施加限制，生产要素就将会因获取报酬而开始在各国间移动。

世界经济发展不平衡是造成国际间发生生产要素移动的宏观因素。在这种宏观背景下，对于经济发展水平差距较大的国家之间以及经济水平相近的国家之间来说，国际间生产要素移动都是必要的。原因是：就发展水平比较低的发展中国家而言，尽快摆脱不发达的经济状态的关键在于，如何输出其相对充裕的生产要素（如劳动力、土地等）而输入其相对稀缺的要素（如资本、技术、管理等），从而使国内外资源得到合理配置。由此可见，发展中国家和发达国家经济发展的阶段性差异导致了生产要素的国际移动。对于发展水平比较的高的发达国家而言，由于技术水平的差异、生活水平的差异以及部分分工的差异造成经济不平衡发展，因而生产要素的相互移动也是必然的。

（三）各国（地区）政府的干预

从其干预的目的来看，分为鼓励性和限制性两大类；从其干预手段来看，主要有行政手段、法律手段和经济手段；就其干预的范围来看，则涉及各种要素的移动。尽管政府干预具体措施和手段多种多样，如果仅从经济动机考察，政府的一切干预措施和手段都着眼于鼓励本国充裕要素的流出和本国稀缺要素的流入，限制本国充裕要素的流入和本国稀缺要素的流出，从而缓解本国在生产要素的数量、质量和结构方面的不平衡，直接或间接地提高本国生产要素的收益率。

（四）跨国公司的发展和扩大

随着全球经济一体化程度的提高，跨国公司作为其一体化的载体，其发展和扩大既对生产要素的国际移动起到很大的促进作用，同时又构成了当代生产要素国际移动的重要原因。由于跨国公司所具备的国际垄断、全球战略和公司内部一体化的三大特征，加之跨国公司的不断发展和扩大，在国际经济合作中有很大一部分生产要素的移动与跨国公司内部经营活动密切相关。具体可以从一体化和多样化两个角度来说明。首先，跨国公司采用的是垂直一体化、横向一体化以及混合一体化的经营战略。为了使公司利益最大化，它在全世界范围内进行生产要素在不同国家的子公司或分支机构间移动。这就极大地促进了生产要素的国际移动。其次，大多数跨国公司为了保证其稳定的利润率、分散投资风险，在保证投资项目能够具备规模经济的同时，把自己所拥有的生产要素投入更多的国家或地区、产业或部门，这有利于减少或避免由单一国家或地区、单一产业或部门的不确定事件所造成的意外投资损失，以保证利润率的相对稳定，这也是一种比较常见的利用要素配置地方多元化来归避风险的方式。这在客观上推动了生产要素在国际间的移动。

三、生产要素国际移动的机制与主体

（一）生产要素国际移动的机制

1. 生产要素国际移动的主要机制。生产要素国际移动与重新组合配置有两种主要机制：市场机制和非市场机制。市场机制是一种自发的过程，它主要通过价格杠杆来进行调节；非市场机制主要指政府和有关国际经济组织的调节，它是一种自觉的过程，主要通过法律、行政、计划等手段和政策协调来实现调节。非市场机制不仅可以保证一国从国际生产要素移动中获得最佳效益，同时也在某种程度上影响和制约着生产要素移动的方向以及生产要素移动与重新组合配置的规模。市场机制和非市场机制的有机结合，有效地促进了生产要素在国际间的移动与重组配置。

生产要素的国际移动是通过生产要素市场进行的。生产要素的国际市场为要素的跨国界移动提供了条件和动力。与商品的国际市场一样，它也是由买卖双方构成的。在国际市场中，买方力图以较低的价格购买所需要素，而卖方却试图以较高的价格出售自己所拥有的要素。买卖双方的行为形成了两个相对的反作用力，都对最终的成交价格、成交数量起着极大的作用。要素价格属于使用价格。买方在支付了要素价格之后得到的仅是要素的使用权，要素所有权仍归卖方所有。因此，利息是资本要素的使用价格，利润是管理要素的使用价格（其中不包括超额利润），工资是劳动力要素的使用价格，而地租则是土地要素的使用价格。由于生产者对于要素需求的大小与消费者对其产品的需求量密切相关，因此，生产者对要素的需求为“间接需求”。通过加总所有生产者对某一特定要素的需求量，可以得出对这种要素的总需求；而加总所有的供给就等于某一特定要素的供给量，则可获得这种要素的总供给量。显然，随着价格水平和市场规模的变动，总需求和总供给也会发生变动。因此，要素的移动规模也会发生变动。

2. 生产要素市场的主要类型。从市场理论角度来划分，国际生产要素市场分别属于以下三种类型：完全竞争市场、完全垄断市场、垄断性竞争市场。在不同类型的市场中，由于买卖双方的行为方式不同，要素移动的特点也不相同。

(1) 完全竞争的要素市场。完全竞争的要素市场具有以下特征：

第一，供给或者需求的要素完全同质，供给者对于需求者或者需求者对于供给者双方都是在平等的地位上进行交易决策，一视同仁，互不歧视；

第二，要素的供给者或需求者的数目无限多，个人的销售量或购买量仅占总供给或总需求的极小部分，从而个人无法影响成交量和价格；

第三，要素的供给者和需求者拥有关于市场的充分信息；

第四，要素的供给者和需求者皆可自由出入市场，因此，在这类市场中，任何单个的买者或者卖者都无法通过操纵要素成交量和价格得到额外的利益。

(2) 完全垄断的要素市场。从买卖双方两个角度进行分析，要素市场垄断存在着买方垄断和卖方垄断两种形式。卖方垄断市场指的是一个卖者面临着许多相互竞争的买者；反之，则是买方垄断市场。完全垄断市场有以下特征：

第一，市场上仅有一个要素的供给者（需求者），因而要素供给量（需求量）的大小完全取决于他的行为，其个人的供给量（需求量）就是整个市场上的总供给量（总需求量）；

第二，某类要素具有特殊的、难以被其他要素所代替的性质；

第三，垄断性供给者（需求者）可独自决定要素的价格；

第四，根据自己利益的需要，供给者（需求者）会在不同的市场中制定不同的价格，以求获得整体利益的最大化。

(3) 垄断性竞争的要素市场。这一类市场介于上述两类极端市场之间，并且同时具备上述两类市场的某些特征。买（卖）方垄断性竞争市场具有两个主要特征：

第一，买（卖）方数目非常多以致无法对各自的竞争者产生影响，这一点与完全竞争市场相似；

第二，每一个卖（买）者所供给（需求）的要素在性质上很相似但又不完全相同，其他要素可部分地而非完全地替代，这一点显然与垄断市场相近。

这类市场的垄断性（竞争性）与要素的不可替代性（可替代性）呈正向关系。在现实的国际经济环境中，大多数要素市场属于这种类型。

（二）生产要素国际移动的主体

生产要素国际移动的主体是指直接参与组织或从事生产要素国际移动的个人、企业、组织或机构。生产要素国际移动的行为主体可以分为四个层次：

（1）不同国家的个人，即不同国家的自然人；

（2）不同国家的企业或公司，即不同国家的法人；

（3）不同国家的各级政府机构；

（4）国际经济组织。

从国际经济合作的角度看，前两个层次多为微观国际经济合作，后两个层次多为宏观国际经济合作。不同国家的企业或公司是生产要素国际移动的主要行为主体，是国际经济合作的基础，绝大部分微观国际经济合作活动都是由企业或公司承担完成的，而且，宏观国际经济合作的落脚点也往往是企业或公司。其中，跨国公司所起到的促进作用是极其重要的。在宏观国际经济合作中，各有关国家的政府都在不同程度上对生产要素的国际移动实行了干预。同时，国际经济组织在生产要素国际移动与重新组合配置中也起了十分重要的作用。

四、生产要素国际移动的经济效应

生产要素的国际移动，无论是对世界经济还是对国别经济都会产生积极的经济效应，我们从生产要素国际移动与国际贸易的相互关系以及生产要素国际移动的收益变化两个方面进行分析。

（一）生产要素国际移动与国际贸易的相互关系分析

由于生产要素的国际移动与国际贸易具有相似的经济后果，因而前者对后者将不可避免地产生替代作用，但是，替代作用只是两者关系的一个方面，实际上，要素移动同样也有促进贸易发展的一面。

1. 生产要素国际间移动对国际贸易的替代作用。国际间生产要素移动均具有改善国际资源配置的作用。在赫克歇尔—俄林模型中，国际贸易是通过国际专业化，从而使各国能够出口用其相对丰富的要素生产的产品，换取使用其相对缺乏的要素所生产的产品来实现国际间资源重新配置的。也就是说，国际贸易就是一国出口其机会成本较低的产品而进口其机会成本较高的产品。

国际间的要素移动则可以直接改变生产要素和生产者在各国的配置。国际间的要素移动可以使一国相对丰富的要素（如管理和资本）流向相对缺乏这些要素的另一国，并与另一国相对丰富的要素结合。

从前面的分析已经看出，国际贸易和国际间要素移动都是由要素禀赋的相对差异造成的，而贸易与要素移动又都能减轻要素禀赋的相对差异。因此，生产要素的国际移动和国际贸易在一定范围内可以相互替代。

从理论上说，生产要素国际间移动和国际贸易的替代性甚至存在极端的情形，即生产要素国际间移动完全替代了贸易，或者贸易完全替代了要素移动。但从实际来看，不论是生产要素的国际移动还是国际贸易，都不能完全消除各国之间要素禀赋的相对差异，所以也不可能完全消除另一方的存在和作用。原因有以下两点：（1）有些资源天生就是不能移动的，如土地，包括气候、矿产资源、水力发电及地理位置等；（2）即使是能移动的资本和劳动者，由于制度和心理上的原因，也并不能达到自由流动的程度，如在移出资本时，移入国的股权比例限制和各种风险都值得考虑，在移民时，移入国的移民法案、排外法案、工作许可证以及无数其他手段都能大大抑制移民的动机和降低移民的成功率。

由于生产要素的国际移动并不能消除各国要素禀赋的根本差异，所以国际贸易仍将得到进一步发展并对要素移动起补充作用。

2. 生产要素国际间移动对国际贸易的促进作用。国际间要素移动主要是由跨国公司推动的，跨国公司由一国向另一国输送的是管理、资本和技术的组合。这些要素和当地的要素相互结合起来，生产出各种产品，而这些产品中的大部分对当地来说是新产品。这一过程直接或间接地促进了当地的以及全世界的经济增长。通过促进经济增长，要素的移动增加了各国进行相互贸易的能力，扩大了国际贸易产品的种类和国际市场的容量。

一般认为，生产要素的移动比产品贸易更能促进各国生产要素价格趋同。因此，生产要素在国际间移动的增加，比国际间的产品贸易更能促进和发展各国间经济联系。国际间的产品贸易和生产要素移动同时促进着全球范围内的一体化过程。过去，产品贸易创造了世界市场；现在，生产要素的移动创造着世界经济。而经济的一体化必然反过来促进产品贸易的发展。

虽然就某些产品来说，要素移动具有替代产品贸易的作用，但从总体上看，统计资料却表明其促进产品贸易增长的作用大于使其产品贸易缩减的作用。就整个世界来说，要素移动与国际间产品贸易是同时扩大的。

（二）生产要素国际移动的经济效应分析

生产要素从价格低的国家流向价格高的国家肯定会提高生产要素的使用效率。下面我们从定性与定量两方面分析。

1. 定性分析。生产要素国际移动提高使用效率主要表现在以下三个方面。

（1）生产要素国际移动促进了生产要素在国际间的互通有无。生产要素从要素禀赋丰裕的国家流向稀缺的国家获得较高的收益是生产要素移动的一般经济规律。在当今世界经济发展过程中，任何国家都不可能具有其经济发展所需要的一切资源和所需要的生产结构，只有通过发展和其他国家间的经济合作，才有可能获得自己所不具备的或短缺的生产要素，才有可能将自己多余的、闲置的生产要素转移到这种要素缺乏的国家中。如此这般，才能逐步形成所需的生产结构。

（2）生产要素国际移动推动了生产要素在全球的合理配置。通过生产要素的国际移动，一个国家可以从其他地区获得本国稀缺而且价格昂贵的生产资料，解决各自经济发展中急需的生产要素。例如，一个国家由于资金与技术的缺乏影响经济发展水平和发展速度，现实中很大一部分发展中国家就存在着这样的问题，这些国家通过举办合资企业、外资企业、合作开发、国际融资租赁等合作方式，缓解这一“双缺口”问题。而与发展中国家相比，发达国家具有资本和技术优势。通过生产要素的跨国移动，可以获取较好的盈利，弥补各国在要素禀赋和后天创造要素的差异性。不仅如此，生产要素的国际移动还促进了产品生产过程中要素组合的最合理配置，使原来由于缺少某种要素而闲置的生产要素得到合理、高效的利用。

（3）生产要素国际移动带来了规模经济效益。首先，现代化工业生产要实现规模经济需要一定的条件，如生产要素的种类多、数量大以及产品的销售市场广阔等。而生产要素的国际流动促使生产要素从丰裕国家向稀缺国家移动，增加了各国生产要素的种类和数量，产生市场协同效应，为各国产品生产规模的扩大提供了必要的条件。其次，国际经济合作使不同国家具有优势的生产要素结合在一起，产生较大的规模经济效益。

2. 定量分析。我们使用局部均衡分析法分析生产要素国际移动前后收益的变化。

假设世界上有两个国家 A 与 B，使用一种生产要素生产产品，且生产要素可以在国际间自由移动。我们使用局部均衡分析法分析两国之间在生产要素跨国移动之前与之后收益的变化，说明生产要素国际移动的经济效应。

在图 2-6 中，横轴代表生产要素的数量（Q），纵轴代表生产要素的价格（P），曲线 Sa、Da、Sb、Db 分别代表 A 国和 B 国的生产要素的国内供给和需求曲线；P_1 表示生产要素没有进行跨国移动之前 A 国国内的均衡价格，P_2 表示生产要素没有进行跨国移动之前 B 国国内的均衡价格。Sa、Da 交点用 Ea 表示，Sb、Db 交点用 Eb 表示，价格线 P_1 与纵轴交点为 Fa，价格线 P_2 与纵轴交点为 F_b。此时，A 国的生产者剩余为 OaFaEa，消费者剩余为 FaP_2Ea，整个利益即为 OaP_2Ea。B 国的生产者剩余为 ObFbEb，消费者剩余为 FbIEa，整个利益即为 ObIEb。

当生产要素在国际间自由移动时，从价格低的国家流向价格高的国家，因为我们假设世界上只有两个国家，A 国的生产要素国内价格比 B 国低，因此，A 国的生产要素就会移向 B 国，结果 A 国的生产要素价格会上升，B 国的生产要素价格会下降。当 A 国愿意售出的生产要素数量和 B 国愿意购买的数量相等时，此时，形成了国际市场上的生产要素的均衡价格 P_0。价格线 P_0 与 Sa、Da 的交点分别为 Ca 和 Ha，价格线 P_0 与 Sb、Db 的交点分别为 Cb 和 Hb。这种情况下，A 国的生产者剩余为 OaP_0Ha，消费者剩余为 P_0P_2Ca，两者利益比没有进行生产要素

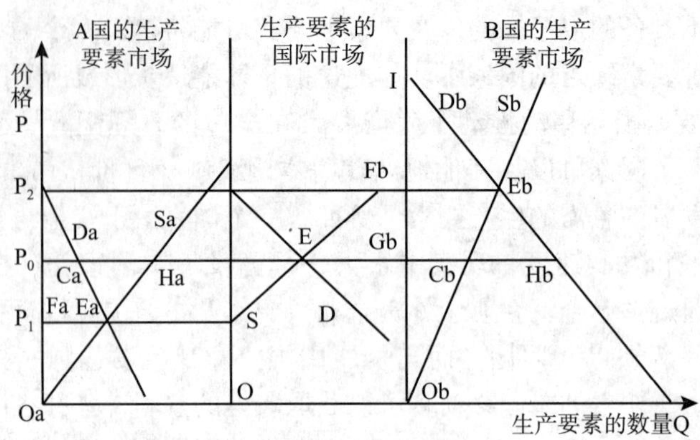

图 2-6　生产要素国际间移动经济效应分析

的跨国移动之前多出 EaCaHa。B 国的生产者剩余为 ObGbCb，消费者剩余为 GbIHa，两者利益比没有进行生产要素的跨国移动之前多出 EbCbHb。可见，两国经济利益都得到增加。

总之，生产要素的国际移动能使各种生产要素在生产过程中得到合理的使用和最佳的配置，从而发挥最大的生产潜力，产生最佳的经济效益，促进本国经济乃至全球经济的发展。

【案例研究】

案例1　从美中贸易摩擦看“比较优势”

近一段时间以来，由美国单方面挑起的中美贸易摩擦呈现出愈演愈烈之势。从对中国彩电征收高额反倾销税，到突然提出对中国的几类纺织品实行新配额；从对来自中国的可锻铸铁管件征收反倾销税，到对中国产的木制卧室家具进行反倾销诉讼。这些在短时期内密集推出、专门针对中国产品的种种贸易歧视政策，凸显了美国贸易保护主义思潮的日渐抬头。

美国针对中国产品堆砌的贸易壁垒，不仅因其严重影响了中美正常贸易往来而受到中国社会各界的强烈抵制，同时也因其轻率践踏了 WTO 框架下的国际自由贸易规则从而受到全球经济界的广泛批评。就连美国联邦储备委员会主席格林斯潘也发出警告，认为这种贸易保护主义做法将使全球经济的灵活性受到侵蚀。

尽管经济界和理论界人士排除了现阶段在两国之间发生大规模贸易战的可能性，但大家还是共同认为，一些发达国家出于遏制中国经济和对外贸易发展的目的，以及一些发展中国家对本国产业安全的过激性防卫和对本国企业的过度呵护，中国企业今后将会面临越来越复杂的国际贸易环境。如果我们不能正确看待贸易摩擦的根源，并从中找到一些应对之策，今后将会遭遇到更多的类似摩擦。

综观近年来中国曾经遭遇和正在经历的贸易歧视，绝大部分都集中于劳动密集型产品。不管是中日、中韩之间围绕农产品引发的贸易纠纷，还是中美、中欧之间围绕制造业产品所引发的贸易摩擦，其发端都是贸易摩擦的发起国以种种证据和理由指责中国产品因为“低价倾销”或者质量问题严重影响了该国同类产业的正常市场竞争，进而导致相关企业的利益受损和产业工人的失业。

从全球范围来看，多数贸易保护的对象，也大都集中于劳动密集型和资本密集型产品。之所以出现这种格局，是因为这两类产品往往属于制造业的范畴，一般不具备较高的技术含量，而且往往具有极强的替代性，其对生产国经济的贡献主要是吸纳大量的就业工人，这就使得这些贸易保护国敢视国际贸易规则不顾而单方面设置进口壁垒。相反，如果进口产品属于该国难以生产的高技术产品，或者是该国不屑生产的重污染型产品，它们往往就会具有极强的进口依赖，而此时，它们恐惧的是出口国的出口限制。由于贸易歧视政策维护了该国一些特定产业和相关阶层群体的利益，因此，在一定范围内受到了热烈吹捧。

尽管绝大多数贸易摩擦最终都会在当事双方的沟通磋商或是在有关国际贸易仲裁机构的公允裁决下得以消弭，但事后反观这些影响面极大的贸易摩擦，不管每一个回合的周期长短，莫不使牵涉其中的众多企业受到一定程度的利益伤害乃至巨大的机会损失。基于这个认识，为了争取一个持久稳定的出口贸易环境，尽可能减少不必要的贸易摩擦成本，确有必要重新思考我们基于“比较优势”理论的出口战略取向。

长期以来，我们一直把“劳动力成本优势”视为对外贸易中的“比较优势”，并相应地大力发展起了诸如纺织企业等众多以出口为导向的劳动密集型企业。但是，随着高新技术产品日益成为世界贸易的主要品种，再加之国际市场上劳动密集型产品严重供过于求，中国的劳动密集型产品在国际市场上的竞争力正日渐下降，它们赖以生存的低成本“比较优势”越来越不成为“优势”。更何况，如今在国际市场上即便是劳动密集型产品，其市场竞争优势也不再像过去那样仅仅简单地局限于“成本价格”，而是涵括了价格、质地、工艺、原料、科技嫁接等多方面的综合竞争因素。

“比较优势不等于竞争优势”，由此来看，跳出过度依赖劳动密集型产品出口结构的惯性思维已势在必行。这种战略调整，不但有助于我们避免陷入“比较优势陷阱”——过于强调劳动力成本优势而忽略出口结构中的非价格因素，同时也将使更多的企业因此而减少不必要的贸易摩擦损失。

（资料来源：http：//nhjy. hzau. edu. cn）

分析与思考

1. 比较优势和竞争优势有何异同？
2. 中国是劳动力成本优势的国家吗？

案例2　行业内贸易实例：1964年北美汽车贸易协定

20世纪60年代后半期，美国和加拿大之间汽车贸易的发展是一个特别明显的行业内贸易的例子，它清晰地展现了规模经济在促进国际贸易、提高双方利益中的作用。虽然本案例与中国的不完全匹配，但它显示了中国提出的基本概念在现实生活中是有用的。

1965年以前，加拿大和美国的关税保护使加拿大成为一个汽车基本自给自足的国家，进口不多，出口也少得可怜。加拿大的汽车工业被美国汽车工业的几个厂商所控制。厂商发现，在加拿大大量建立分散的生产体系比支付关税要划算。因此，加拿大的汽车工业实质上是美国汽车工业的缩版，大约为其规模的1/10。

但是，这些美国厂商在加拿大的子公司也发现小规模带来的种种不利。一部分原因是加拿大的分厂比其在美国的分厂要小；但重要的原因可能是美国的工厂更加“专一”——集中精力生产单一型号的汽车或配件。而加拿大的工厂则不得不生产各种各样不同的产品，以致工厂不得不经常停产以实现从一个产品项目转换到另一个产品项目，不得不保持较多的库存，不得不少采用专业化的机器设备等。这样，加拿大汽车工业的劳动生产率比美国的要低大约30%。

为了消除这些问题，美国和加拿大政府通过努力在1964年同意建立一个汽车自由贸易区（附有一些限制条件）。这一举措使汽车厂商得以重组生产：这些厂商在加拿大各子公司大力削减其产品种类。例如，通用汽车削减了其在加拿大生产的汽车型号的1/2。但是，加拿大的总体生产及就业水平并没改变。加拿大一方面从美国进口自己不再生产的汽车型号；另一方面向美国出口加拿大仍生产的型号。在自由贸易前的1962年，加拿大出口价值1 600万美元的汽车产品，然而却进口了5.19亿美元的汽车产品。但是，到1968年，这两个数字已分别成为24亿美元和29亿美元。换而言之，加拿大的进口和出口均大幅度增长。

贸易所得是惊人的。到20世纪70年代初，加拿大汽车工业的生产效果已可与美国的同行相媲美。

（资料来源：徐桂英主编，《国际贸易理论与政策》，经济科学出版社2010年版，第71页）

分析与思考

1. 什么原因导致了加拿大汽车生产效率的提高？
2. 通用汽车为什么取消部分原来在加拿大生产的车型的生产？

案例3　海尔集团发展海外投资历程

一、海尔集团的简介

海尔集团成立于1991年，其前身是青岛电冰箱厂，1984年引进德国利勃海尔电冰箱制造技术后开始使用海尔品牌。产品从创立初的单一冰箱发展到拥有白色家电、黑色家电、米色家电在内的96大门类、15 100多个规格的产品群，并出口到世界160多个国家和地区。海尔旗下拥有240多家法人单位，在全球30多个国家和地区建立本土化的设计中心、制造基地和贸易公司，全球员工总数超过5万人，已发展成全球营业额超过1 000亿元人民币规模的大型国际化企业集团。

海尔集团在首席执行官张瑞敏确立的名牌战略指导下，先后实施名牌战略、多元化战略、国际化战略和全球化品牌战略，海尔品牌在世界范围的美誉度大幅提升。1993年，海尔品牌成为首批中国驰名商标。自2002年以来，海尔品牌价值连续5年蝉联中国最有价值品牌榜，2006年海尔品牌价值高达749亿元人民币。海尔品牌旗下冰箱、空调、洗衣机、电视机、热水器被国家质检总局评为首批中国世界名牌。海尔集团的业绩也获得了国际上各媒体及同行业的认可：美国《家电》杂志统计显示，海尔集团是全球增长最快的家电企业；美国科尔尼管理顾问公司也将海尔集团评为“全球最佳运营企业”。由世界品牌实验室独家编制的2005年度“世界品牌500强”排行榜于2006年4月18日揭晓，海尔再次入闱世界品牌百强，荣居第89位。2005年8月，海尔被英国《金融时报》评为“中国十大世界级品牌”之首。2006年，在《亚洲华尔街日报》组织评选的“亚洲企业200强”中，海尔集团连续第4年荣登“中国内地企业综合领导力”排行榜榜首。海尔已跻身世界级品牌行列，其影响力正随着全球市场的扩张而快速上升。

海尔集团的主营业务为白色家用电器，其中包括电冰箱、洗衣机、空调、展示柜、热水器。除此之外，海尔集团的业务还涉及手机制造、计算机、金融保险、物流配送、商流销售、家居集成、生物工程、饮食服务业及海外工厂。在国内市场，据中怡康公司统计，海尔是名副其实的中国第一品牌，海尔集团在中国家电市场的整体份额已达21%，大大领先于竞争对手；海尔集团在白色家电市场上处于垄断地位，海尔集团白色家电市场份额为34%，已经大大超过国际公认的垄断线；海尔在小家电市场上后来居上，海尔小家电市场份额为14%，已经超越小家电传统强势品牌而居第1位。在国际市场，海尔小冰箱、酒柜在美国市场，海尔洗衣机在伊朗，海尔双缸洗衣机在日本，海尔空调在塞浦路斯，分别占据当地第一的市场份额。海尔产品已进入欧洲15家大连锁店的12家、美国10家大连锁店的9家。海尔集团坚持全面实施海外投资战略，已建立起一个具有国际竞争力的全球设计网络、采购网络、制造网络、营销与服务网络。2006年，海尔海外收入占总营业额的1/4左右。海尔白色家电已率先打入世界级品牌俱乐部，其中海尔冰箱、洗衣机的产量分别占据全球同行业的第1位和第2位。海尔经过20多年的艰苦奋斗和卓越创新，从一个亏损147万元、濒临倒闭的集体小厂发展壮大成为在国内外享有较高美誉的跨国企业。

二、海尔集团发展海外投资的状况

海尔集团在海外投资的发展过程中采取循序渐进的方式，由国内到国外，由一般出口到海外投资建厂、尝试跨国并购；由一国到多国，由产品的单一化到多样化，由产业的一元化到多元化，不断扩大其市场空间，这种一步步的扩张符合跨国企业线性发展的一般规律。海尔集团海外投资的发展可以划分为三个阶段。

1. 海外投资准备阶段。企业发展初期，张瑞敏作为一位具有超前意识的企业家，就为企业向国际市场发展进行着准备工作。他来到青岛电冰箱总厂仅4

年，就将企业发展的视野扩大到了海外。他认为，出口创汇是必要的，但这只是目的之一，另一个目的就是要在国际上创造著名品牌。

由于出口面临的政治风险最小，它常被企业作为进入国际市场的初始方式。

当国外的市场潜量尚未准确探知时，出口方式可起到投石问路的作用，可以利用出口为将来直接投资积累经验。从1986年青岛电冰箱总厂第一次出口产品并取得300万美元出口额这一不俗战绩算起，海尔集团的出口额逐年增加。1990年，海尔产品通过美国UL认证，这标志着海尔走向国际市场的思路已经开始付诸实践；同年，第一批出口的冰箱进入德国市场，吹响了向欧洲家电市场进军的号角，出口欧洲的无氟节能冰箱、冷柜等产品已达到欧洲A级（最高级）标准。

海尔产品一扫中国货在外国人心目中质次价低的形象，以全新面目挺进国际市场。1993年，海尔空调器进入法国市场，次年，在巴黎设立了海尔贸易公司，直接面向法国和欧洲市场。在欧洲家电市场，海尔凭借高质量、个性化和速度优势，在市场条件成熟之后，开始进行海外投资，在全球范围内整合资源。海尔集团从1995年起就着手在海外投资建厂。经过洽谈和协商，1996年2月，海尔在印度尼西亚雅加达建立了海外第一家以生产电冰箱为主的合资生产企业——海尔莎保罗有限公司，它是海尔的首次跨国经营，标志着海尔集团的国际化迈出重要一步。

1997年2月，海尔参加了在德国科隆举行的世界家电博览会，海尔向洋人颁发产品经销证书的消息，不仅使中国人在国际市场上扬眉吐气，更标志着海尔品牌已在国际市场崭露头角。同年6月，菲律宾海尔LKG电器有限公司成立，并于下半年开工生产电冰箱。由于产品深受当地消费者欢迎，海尔很快就打破了该国市场一直被日、美产品垄断的局面，并在该区域获得了良好的声誉。同年8月，以生产海尔洗衣机等综合性高科技家电产品为主的马来西亚海尔工业（亚细安）有限公司成立，海尔电器产品成功占领了马来西亚17%的家用电器市场。同年11月，海尔与当时的南斯拉夫工业联盟总公司合资在贝尔格莱德建立空调生产厂，生产以第一代智能变频一拖多系列为主的空调器产品。这是中国家电企业首次在欧洲本土建立家电生产基地，为海尔产品打破欧共体各成员的关税壁垒、抢占欧洲市场夯实了基础。1999年2月，海尔中东有限公司在阿联酋的迪拜成立，同年9月与伊朗赛彼得公司联合成立海尔赛彼得有限公司，进一步扩大了在伊朗及中东市场的销售网络与份额。在此阶段，海尔主要是在东南亚、西亚、东欧等发展中国家进行投资，为后期向发达国家投资积累了宝贵经验。

2. 海外投资发展阶段。从1986年产品第一次出口开始，海尔进军国际市场已经蓄势十多年，1999年海尔开始加大其海外投资的步伐，在发达国家和地区的投资力度开始增强。1999年2月海尔欧洲分部成立标志着海尔在欧洲的投资和营销事业进入系统化阶段。4月，海尔在美国南卡州建设在北美的第一个生产基地，实现了美国海尔设计、制造、营销三位一体，即设计中心在洛杉矶、营销中心在纽约、生产中心在南卡州。至此，东南亚海尔、欧洲海尔、中东海尔、北美海尔组成的海外营销网络基本形成，海尔也进入它的第三个发展战略阶段——国际化战略阶段。

2001 年 6 月，海尔并购意大利迈尼盖蒂公司所属的一家电冰箱制造工厂，这是中国白色家电企业首次实现跨国并购，海尔成为中国第一家到欧洲家电制造腹地收购工厂的企业。2002 年 3 月，海尔在美国纽约中城百老汇购买原格林尼治银行大厦这座标志性建筑作为北美的总部，海尔的“三位一体”本土化战略又上升到新的阶段。

随着海尔国际化战略的推进，海尔与国际著名大公司之间也从竞争向多边竞合关系发展。2002 年 1 月，海尔通过与日本三洋公司竞合的方式成功进入日本市场。日本是公认的家电王国，连欧美的家电名牌都难以在日本市场立足，通过渠道互换的办法，三洋海尔株式会社经销的海尔品牌家电全面进入日本家电市场，并以与日本名牌家电相当的价格初步树立起海尔品牌的美誉度，日本业界权威认为，海尔是第一个真正被日本消费者接受的非日本品牌。2 月海尔又和台湾地区最大的家电集团声宝集团建立竞合关系，这是大陆加入 WTO 后两岸首次重量级企业合作。海尔与声宝利用各自的销售渠道互相代理并销售对方的产品。此外，双方还将在家电产品、IT 资讯电子产品与通信产品、电子零件与技术等方面，开展互补性合作，并结成战略联盟，合作开展投资。这种合作不仅可以提升海尔与声宝两大集团在两岸乃至全球家电市场的地位，而且可以带动两岸产业合作向更深入的层次发展，实现互换市场、资源共享、优势互补、双赢发展。

3. 海外投资扩张阶段。这一阶段，海尔海外投资开始由冰箱、洗衣机等传统家电生产领域向其他领域延伸，海尔电脑、海尔手机也开始走向世界。2004 年 3 月，首批标有“海尔”品牌标志的 5 500 台笔记本和台式电脑登陆法国市场，这是中国企业首次大批量利用自有品牌出口电脑，开创了国内品牌电脑走向国际市场的先河，海尔电脑正式拉开了“跨国作战”的帷幕。同年 9 月，海尔集团在印度首都新德里与印度 Scope 集团合资建立公司，开始向印度市场输送由中国出口的 GSM 和 CDMA 手机产品。2005 年 6 月，印度最大的电信运营商塔塔电信主动找到海尔，与其一次性签下 50 万台的订单，此后订单一再追加，直到总数超过 200 万台，海尔成为塔塔电信的主要手机供应商。2007 年，海尔电信（印度）有限公司获得印度财政部批准，成为当时唯一获批的中国电信企业，海尔手机自 2006 年在印度按法律手续成立合资公司并开展的营销业务已得到印度最高政府部门认可。

海尔又逐步加大了对中东地区的投资，2004 年 10 月，巴基斯坦海尔顺利通过了 ISO 9001：2000 国际质量管理体系认证，成为巴基斯坦家电行业国外品牌中第一个通过该认证的企业。次年 3 月，约旦撒哈布的海尔中东工业园举行了开业仪式。海尔中东工业园总占地面积 14 万平方米，建筑面积 5 万平方米，设计生产能力超过 100 万台，是中东地区规模最大的家电工业园，它成为海尔集团在中东运作的一个枢纽。2006 年 11 月，巴基斯坦海尔—鲁巴经济贸易区合作区揭牌，该经济区由海尔集团与巴基斯坦合资建设，它是首个中国海外经济贸易合作区，经济区的建立引起了国内外经济界的广泛关注，它的建立有利于树立中国制造业在海外市场的名牌形象，实现产品产地多元化，增强企业自主创新能力，促进国内生产能力和资本的对外输出，形成中国在海外首批名牌产业集群。2007 年 6 月，海尔又与日本三洋电机签署协议，收购三洋全球最大的冰箱工厂泰国工厂，海尔除获得为三洋代工三洋品牌冰箱外，还可以以泰国工厂为桥头堡，大举进军东南亚市场，其在冰箱市场的实力也将晋身国际一流巨头。

在此阶段，海尔集团在美国的运作也异彩纷呈。2005 年 6 月，海尔联合美国风险投资公司 Bain Capital 和 Blackstone 集团向美国家电企业美泰克提交了初步收购意向，即以每股约合 16 美元共 12.8 亿美元的现金收购，并承诺承担美泰克 9.7 亿美元的债务。7 月 17 日，美国第二大家电巨头惠而浦参加到竞购中来，它提出了 13.3 亿美元的更高报价。短短 2 天之后，美泰克宣布海尔及其合作伙伴退出了对它的竞购。虽然海尔并购美泰克以退出告终，但是海尔对收购国外知名品牌也进行了勇敢尝试。2006 年 4 月，海尔与 NBA 举行全球性战略合作签约仪式，海尔集团成为第一个赞助 NBA 的全球家电品牌，牵手美国文化的象征性赛事，海尔集团加快成为美国主流品牌的步伐，海尔在美国的跨国经营已经站稳了脚跟。

分析与思考

1. 海尔集团对外直接投资中涉及哪几种生产要素的国际移动和重新组合配置？指出生产要素跨国移动的原因。

2. 海尔集团对外直接投资具有优势的生产要素是什么？

案例 4　富士康的“世界工厂”迁址印度

富士康科技集团是台湾鸿海精密集团在大陆投资兴办的高新科技企业，始建于 1988 年，是专业从事电脑、通信、消费电子、数字内容、汽车零组件、通路等 6C 产业的高新科技企业。富士康科技集团从珠三角到长三角到环渤海、从西南到中南到东北建立了 30 余个科技工业园区，在亚洲、美洲、欧洲等地拥有 200 余家子公司和派驻机构，现拥有 120 余万名员工及全球顶尖客户群。富士康作为华为、联想、苹果、小米、vivo 等企业的产品制造厂商，随着中国制造产能过剩、人力成本的上升，2015 年规划在未来 5 年间，在印度开设 10～20 个工厂，印度远超中国的智能手机增速，以及更丰富、低价的劳动力资源。

据美国波士顿咨询集团发布的调研数据显示，“中国制造”成本已接近美国，同样一件产品，在美国制造成本是 1 美元，在中国需要 0.96 美元，双方的差距已经极大地缩小了。报告指出，中国的制造成本水涨船高，主要原因有三：一是中国工人的薪资提高了，中国从 2004 年的 4.35 美元时薪涨到 2014 年的 12.47 美元，涨幅达 187%；二是汇率，2004～2014 年，人民币对美元的汇率上升了 35%；三是能源成本，中国的电力消耗从 2004 年的 7 美元/千瓦时上升至

2014年的11美元/千瓦时，而天然气成本则从5.8美元/百万英热单位上升到13.7美元/百分英热单位，涨幅138%。2014年，全球手机出货量18.9亿部，其中16亿部在中国制造，占到全球产量的85%。可以预测，随着印度手机制造业的崛起，超过20%的手机制造订单会从中国转移至印度。

（资料来源：搜狐公众平台财经栏目，http：//mt. sohu. com/20150810/n418513816. shtml）

分析与思考

1. 本案例中涉及哪几种生产要素的国际移动与重新配置？

2. 请结合本案例中的数据，运用所学知识，进一步说明这一生产要素的国际移动产生了什么样的经济效应。

[本章思考与练习]

1. 早期的重商主义和晚期的重商主义有何区别？
2. 简述亚当·斯密的国际贸易理论。
3. 李嘉图的比较成本说有什么重大意义？试联系实际加以说明。
4. 为什么说赫克歇尔—俄林学说是西方国际贸易理论的又一个里程碑？
5. 什么是里昂惕夫之谜？西方学者是如何解释它的？
6. 国际贸易新理论的内容主要有哪些？
7. 论述生产要素国际移动的原因。
8. 简述生产要素国际移动的机制与主体。
9. 试分析生产要素国际移动的经济效应。

第三章　国际贸易政策与措施

【本章教学目的】通过本章节的学习，要求熟悉对外贸易政策及其演变，非关税壁垒的含义及特点，关税的概念、性质及特点，关税的种类、非关税壁垒的种类、鼓励出口的一般措施。并运用上述知识分析国际贸易中的相关问题。

国际贸易政策是指世界上不同国家（或地区）政府、国际经济组织、区域性和跨区域性的经济协调组织，制定或作出的有关进行国际间贸易的基本原则和各种措施。其中，不同国家（或地区）政府的对外贸易政策是最基本的。国际贸易政策是各国对外贸易政策的综合反映。为此，有必要着重研究各国（或地区）的对外贸易政策。本章首先阐述了对外贸易政策的概念、类型、演变及依据等对外贸易政策中的概述性问题，指出对外贸易政策类型包括自由贸易政策与保护贸易政策。自由贸易政策即贸易的自由化，换言之，对于一国的对外贸易不要加以干预，保护贸易政策的实质即采取限制进口、鼓励出口的措施。在本章第二节、第三节、第四节将阐述保护贸易政策执行的具体措施——关税措施、非关税壁垒及鼓励出口措施的含义、类型及对国际贸易的影响。

第一节　对外贸易政策的概念、演变及依据

一、对外贸易政策的目的和类型

对外贸易政策是一国在一定时期为实现其制定的社会经济发展的总体目标而对本国进出口贸易所制定与实施的政策。各国对外贸易政策的制定与实施都是为了保护本国的国内市场、扩大出口市场、促进国内产业结构改造、积累资本或资金以及维护本国对外的经济、政治关系。

从具体内容来看，对外贸易政策主要由对外贸易总政策、进出口商品政策、国别地区政策三部分构成。

对外贸易总政策是一国依据本国在世界中的政治经济地位及本国的资源禀赋、产业结构、经济发展水平等情况，从有利于本国国民经济总体发展出发，制定的较长时期内实施的对外贸易的原则、方针。即一国在总体上采纳的是相对自

由的贸易政策还是保护贸易政策。

进出口商品政策是根据对外贸易总政策和进出口商品的生产、销售等分别制定的商品进口政策和商品出口政策。

国别地区政策是指根据对外贸易总政策以及同有关国家或地区的政治经济关系分别制定不同国家或地区的政策。

从一国对外贸易政策的内容、结果和实施情况看，各国对外贸易政策可以分为两大类，即自由贸易政策与保护贸易政策。

自由贸易政策是指一国取消对进出口贸易的限制和障碍，取消对本国进出口商品的各种特权和优待，商品可以自由进出口，在国内外市场上能自由竞争。

保护贸易政策是指国家广泛利用各种限制进口和控制经营领域与范围的措施，保护本国产品在本国市场免受外国商品的竞争，并对本国的商品给予优待和补贴。

一国对外贸易政策并不是一成不变的，在不同时期，一国政府往往根据世界政治经济形势的变化和国际政治经济关系，随时调整或改变对外贸易政策。

二、对外贸易政策演变

在国际贸易形成和发展的不同阶段，西方发达国家的对外贸易政策有明显的不同。

（一）资本主义生产方式准备时期实行的是强制性的贸易保护政策

资本主义生产方式准备时期（16 世纪至 18 世纪中叶），为了促进资本的原始积累，西欧各国在重商主义的影响下实行强制性的贸易保护政策，通过限制货币（贵金属）的输出和扩大贸易顺差的办法来积累财富。重商主义最早出现在意大利，西班牙、葡萄牙和荷兰随后实行，最后英国、法国和德国也先后实施，其中以英国实行得最彻底（具体内容见第二章第一节）。

（二）资本主义自由竞争时期对外贸易政策的基调是自由贸易

资本主义自由竞争时期（18 世纪后期至 19 世纪中叶），是资本主义生产方式占统治地位的时期，世界经济进入商品资本国际化的阶段。这个时期对外贸易政策的基调是自由贸易。英国带头实行自由贸易政策。

19 世纪 20 年代，随着英国工业资本阶层的实力不断增加，要求废除在 1815 年为保护土地贵族利益而通过的《谷物法》，进行了以废除《谷物法》为中心内容的一场大规模的自由贸易运动。工业资产阶级经过不断地斗争，最后终于战胜了地主和贵族阶级，取消了重商主义的保护贸易政策，使自由贸易政策逐渐占据上风。具体表现在：（1）废除《谷物法》；（2）降低关税税率，减少纳税商品数目；（3）废除《航海法》；（4）取消特权公司；（5）改变殖民地贸易政策；（6）与外国签订自由贸易条约。

与此同时，一些发展水平比较低的资本主义国家，如美国和德国等，由于经济发展起步晚，则先实行一段时间保护贸易政策，待本国经济有了较大的发展之后，才转向自由贸易政策。

（三）资本主义垄断时期的前期实行的是超保护贸易政策

资本主义垄断时期的前期，即19世纪90年代到第二次世界大战前，垄断代替了自由竞争，垄断资本在政治经济生活中占据统治地位。世界经济进入了金融资本国际化阶段，其特征是资本输出。各国垄断资本通过各种手段，夺取和独占商品销售市场、原料产地和投资场所。与此情况相适应，便产生了维护资本利益的侵略性保护贸易政策。

从19世纪70年代末到20世纪30年代，资本主义世界出现了两次保护主义浪潮。

第一次保护主义浪潮从19世纪70年代和80年代开始，除比利时、荷兰和美国外，西欧各工业发达国家都较大幅度地提高了关税。到了19世纪90年代以后，包括美国在内，也都提高了关税税率。英国于1931～1932年在保护贸易浪潮的冲击下也不得不逐步扩大关税的征收范围。

第二次保护主义浪潮于1929年大危机后开始，1929～1933年是西方经济危机时期，因为危机严重、市场争夺尖锐，导致许多国家大幅度提高关税税率，并广泛使用外汇限制、数量限制等进口限制手段，限制商品进口。另外，英国和德国等又加强了出口商品的鼓励政策，如奖励出口，倾销、外汇战争等措施不断出笼。如1931年美国进口关税平均税率高达53.2%，而1914年只有37.6%。不久之后，有45个国家相继提高了关税，爆发了一场世界关税战。

这一时期的超保护贸易政策与第一次世界大战前的保护贸易政策相比，具有以下特点：（1）扩大了保护的对象。不但保护幼稚工业，而且更多地保护高度发达或出现衰落的工业。（2）改变了保护的目的。在资本主义自由竞争时期保护贸易政策的保护目的是保护幼稚工业、培养竞争能力，超保护贸易政策的实施是为了巩固和加强对内外市场的垄断。（3）由防御转入进攻。超保护贸易政策改变了以往防御性限制进口的做法，代之以在垄断国内外市场的基础上对国内外市场进行进攻性的扩张。（4）从保护一般资产阶级转向注重保护垄断资产阶级的利益。（5）保护的措施多样化。超保护贸易政策的保护措施不仅有关税，还有其他各种各样的鼓励出口和限制进口的措施。

（四）第二次世界大战后至20世纪70年代中期的贸易自由化倾向

第二次世界大战结束后，从战争中走出的世界各国经济得到了普遍且迅速的发展，国际贸易出现了自由化倾向。

1. 贸易自由化的表现。具体表现在以下两方面。

（1）大幅削减关税。首先，在关税与贸易总协定的框架下，缔约国的关税都有了大幅度降低。1947～1986年的七轮多边贸易谈判中，各缔约国的平均进口最惠国待遇税率从50%降至5%，目前世界贸易组织成员间的正常贸易税率已降至3%。其次，当时的欧洲共同体实行关税同盟，欧洲经济共同体的六个成员之间工农产品关税全部取消，该类商品可以自由输出输入，带动关税水平的整体下降。最后，普惠制的实施带动整个关税水平的下降。普惠制是发达国家对来自发展中国家或地区的制成品和半制成品的进口给予普遍的、非歧视和非互惠的关税优惠待遇。

（2）撤除或削减非关税壁垒。第二次世界大战后初期，各个发达国家尤其是西欧各国、日本等国家对许多商品进口实行了进口限制、进口许可证和外汇管制等措施。随着经济的恢复和发展，这些国家都不同程度地放宽进口限制、扩大进口贸易自由化，放宽或取消外汇管制，实行货币自由兑换，促进贸易自由化。

2. 第二次世界大战后贸易自由化的主要特点。主要表现在以下五个方面。

（1）以美国为推行者及倡导者的贸易自由化。第二次世界大战后，美国实力远远超过英国、德国及日本的实力，作为世界政治和经济的新领袖，美国积极推进和提倡贸易自由化。

（2）第二次世界大战后的贸易自由化经济基础雄厚。主要表现为：经济生活国际化的发展，如生产的国际化、资本的国际化、流通领域的国际化等要求在贸易中减少阻碍；跨国公司大量出现，在当代，它的触角已伸展到世界经济的各个领域，包括生产、流通及与之相关的服务部门，在世界工业生产和贸易中占有十分重要的地位。

（3）反映了垄断资本的利益。第二次世界大战后贸易自由化是在国家垄断资本主义日益加强的条件下发展起来的，主要反映了垄断资本的利益。

（4）第二次世界大战后贸易自由化是凭借关税与贸易总协定的多边贸易体制规范，在世界范围内进行的。

（5）贸易自由化不平衡。第二次世界大战后社会主义国家和发展中国家迅速成长，加之经济发展不平衡规律的作用，使得以发达国家为主的贸易自由化发展很不平衡。主要表现在：第一，发达国家之间贸易自由化超过它们对发展中国家和社会主义国家贸易自由化。发达国家根据关税与贸易总协定等国际多边协定的规定，较大幅度地降低彼此之间的关税和放宽相互之间的进口数量限制。但对于发展中国家和社会主义国家的一些商品，特别是劳动密集型商品却征收较高的关税，并实施非关税壁垒等其他限制措施；对于社会主义国家还实行出口管制措施。第二，区域性经济集团内部的贸易自由化超过集团对外贸易自由化。第三，商品贸易自由化程度不一致。工业制成品的贸易自由化超过农产品的贸易自由化；机器设备的贸易自由化超过工业消费品的贸易自由化。

（五）20世纪70年代中期以来的新保护主义倾向

20世纪70年代初期开始的贸易自由化发展使资本主义国家保护关税达到了第二次世界大战后新的低点。1974～1975年的世界经济危机使资本主义世界的贸易自由化倾向趋于停顿，贸易保护主义又重新抬头。新保护主义绕开关税与贸易总协定的约束，采取了诸如供应国的“自动”出口限制、“有秩序的销售安排”和“有组织的自由贸易”等非关税措施。从1977年起保护主义浪潮再度兴起。这是帝国主义时期的第三次保护贸易浪潮。

1. 新贸易保护主义的主要特点。主要表现在以下五个方面。

(1) 被保护的商品不断增加。从传统产品、农产品转向高级工业品和劳务部门。如1978年美国对进口钢铁采取“起动价格”政策；1977～1979年，美国、法国、意大利和英国相继限制彩电进口；进入20世纪80年代，美国对日本汽车实行进口限制；1982年，美国与当时的欧洲经济共同体签订钢铁产品的“自愿”出口限额协议等。

(2) 限制贸易的措施，重点由过去的关税壁垒转为非关税壁垒。主要体现在非关税壁垒的项目日益复杂化和使用范围扩大化及使用歧视性增强。据统计，在20世纪60年代末经济发达国家实行的非关税壁垒共计850多项，到80年代末已达到3 000多项，如进口配额制、进口许可证制、有秩序的销售安排、歧视性政府采购政策。其利用范围从手套到针织内衣、从钢材到汽车等大量商品。另外，许多经济发达国家往往根据与不同国家的政治经济关系采取不同的非关税壁垒。

(3) 贸易政策措施朝制度化、系统化和综合化的方向发展。贸易保护制度越来越转向于管理贸易制度，不少发达国家越来越把贸易领域的问题与其他经济领域的问题甚至包括某些非经济领域的问题联系起来，进而推动许多国家的贸易政策明显向综合性方向发展。

(4)“奖出限入”措施的重点由限制进口转向鼓励出口。各经济发达国家通过加强使用出口信贷、出口信贷国家担保制、出口补贴、外汇倾销等手段向出口厂商提供各种财政上的优惠待遇，以鼓励出口。

(5) 西欧国家的贸易壁垒由国家贸易壁垒转向区域性贸易壁垒。即实行区域内的共同开放和区域外的共同保护。最为典型的例子就是当时的欧洲经济共同体。它推行的一体化战略是，对内实行商品自由流通，对外共同建立贸易壁垒以排挤集团以外商品的进入，从而导致了这些国家贸易壁垒转向区域性贸易壁垒。

2. 新贸易保护主义对国际贸易发展的影响。新贸易保护主义的采用不仅对发展中国家造成很大的负面影响，而且给发达国家自身也造成了不小的冲击。

(1) 对发展中国家造成很大的危害。由于新贸易保护政策是对传统工业的保护，事实上是保护落后；新贸易保护的出现，原本是发达国家之间相互矛盾加剧的表现，但却对发展中国家的危害最大。由于其保护的是传统工业，使发展中国家的工业制成品难以发展，出口商品结构始终得不到改善，贸易条件恶化。各种严格的技术壁垒也使发展中国家的出口收入下降，国际收支长期不能平衡，债务问题更加严重。

(2) 发达国家也付出了相当大的代价。以农产品为例，发达国家对农业生产的支持和贸易政策不仅限制外国供应者，扭转贸易流向，而且造成了诸如糖、肉类、谷物、奶制品等产品的大量剩余，为了削减日益增加的储存成本，防止变质和浪费，发达国家采取了出口价格补贴，进行销售援助，按加工程度提高农产品进口壁垒，为此，发达国家付出了巨大的代价。美国、当时的欧洲经济共同体和日本在农业援助方案和出口补贴方面共支付了420亿美元。

（3）保护的程度不断提高。在整个发达国家工业制成品的消费中，受各种贸易壁垒限制的商品由1980年的20%上升到了1983年的30%。

（4）保护措施改变了正常情况下的贸易流向。这是因为，数量限制影响了产品贸易的性质，改变了进口的地理方向。

（5）贸易限制推动了价格的上涨，也就是说，歧视性的数量限制使被保护市场产生了价格提高的压力。

（六）20世纪90年代以来贸易自由化的深化

进入20世纪90年代以后，世界经济全球化趋势不断加强，贸易自由化在原有的基础上向纵深发展，成为世界各国对外贸易政策的主流。其主要特点如下。

1. 作为具有法人地位的正式国际经济组织——世界贸易组织的建立为全球贸易自由化搭建了良好的平台。以世界贸易组织为基础的世界多边贸易体制同以关税与贸易总协定为基础的多边贸易体制相比，其目标更为远大和明确，组织机构更具完整性和权威性，其组织的权利与义务更统一，争端解决机制更为有效，管辖的范围具有更为广泛性等。世界贸易组织对世界经济与贸易的贡献首先在于它提供了一个统一的规则，使不同体制、不同国家的企业能够在共同的规则之下进行竞争。经济全球化发展的一个必然要求是各国经济体制和制度的趋同，从而为经济体的全球化行动提供适宜的制度环境。世界贸易组织成立之后，大量贸易争端的顺利解决体现了贸易争端解决机制的效力，促进了世界贸易的发展，避免了各国使用自己的标准强加于贸易伙伴，减少了贸易争端。并在吸收更多的国家和地区加入世界贸易组织方面做了大量的工作，而且取得了显著的效果，从而推动了贸易自由化的深入发展。

2. 区域经济一体化发展进程的加快也进一步推动了全球贸易自由化向纵深方向发展。根据世界贸易组织的统计，1990年以前在关税与贸易总协定缔约方中参加区域贸易安排的不足100个，到目前已经超过300个；根据世界贸易组织的统计，截至2008年12月底向世界贸易组织通报的正在生效的各种区域贸易安排有230个，从数量上远远超过了20世纪80年代。此外，各个组织也走内涵发展的道路，如欧盟从贸易一体化逐渐向经货一体化和政治一体化过渡。到目前为止，基本实现了除人员和农产品以外的所有商品、生产要素服务的自由化，并发行统一货币——欧元。

3. 发展中国家和地区以及转型国家也融入了贸易自由化深化的浪潮之中。具体表现在：（1）20世纪80年代到90年代初，在72个关税与贸易总协定的发展中国家缔约方中，有58个实施了单方面的贸易自由化改革。（2）1969年，玻利维亚、智利、厄瓜多尔、哥伦比亚和秘鲁签署《卡塔赫纳协定》，由此建立了安第斯条约组织。在1990年之前没有任何实质行动，到了1990年，玻利维亚、厄瓜多尔、秘鲁、哥伦比亚和委内瑞拉签署的《加拉帕哥斯宣言》，《安第斯条约》真正启动。各国在宣言中称在1995年建立共同市场。1994年中期建成了关税同盟。(3) 1991年，阿根廷、巴西、乌拉圭和巴拉圭提出了建立南美共同市场的目标，现已建成了关税同盟。(4) 1995年6月，在34个西半球国家的贸易部长会议上，发起了创立美洲自由贸易区的有关工作。(5) 2005年，美国、中美洲五国及多米尼哥共和国在华盛顿签订自由贸易协定，承诺增加贸易与投资，促进中美洲的经济增加，减少贫困。(6) 原实行计划经济体制、国家垄断对外贸易的国家，如中国、俄罗斯、越南等国，相继转向市场经济体制，改革贸易体制，主动对外开放，并积极申请和加入世界贸易组织，加大贸易自由步伐。

三、自由贸易政策的理论依据

自由贸易政策是以自由贸易理论为基础的。自由贸易政策理论起始于法国的重农主义，其理论主张是自由放任，完成于英国古典派政治经济学时期。自由贸易理论的代表人物是亚当·斯密（Adam Smith）和大卫·李嘉图（David Ricardo）。后来的赫克歇尔（Heckscher）、俄林（Ohlin）又从不同角度作了阐述，自由贸易理论主要包括以下内容。

(1) 自由贸易可形成互为有利的国际分工。由亚当·斯密提出的绝对优势理论、大卫·李嘉图提出的比较优势理论、俄林和赫克歇尔提出的生产要素禀赋理论中可得知，每个国家根据自己绝对优势、相对优势或生产要素禀赋优势组织生产产品形成各国的专业化分工，然后自由地进行贸易将会带来如下利益：可增进各国专门化生产技能；促使生产要素优化配置；提高劳动生产率。

(2) 自由贸易可以提高国民消费水平。自由贸易的实施，可促使各国凭借自己的比较优势参加国际分工，使资本、劳动力、技术等生产要素得到有效的利用，从而增加国民生产总量，提高国民收入。同时，又可从国外进口价廉物美的商品而减少国民支出。因此，可以提高国民消费水平。

(3) 自由贸易可加强竞争，打破垄断，促使企业积极进取，不断提高经济效益，进而促进国民经济的发展。

(4) 自由贸易有利于提高利润率、促进资本积累。

四、保护贸易政策的理论依据

保护贸易政策是以保护贸易理论为支撑的。保护贸易理论最早被称为重商主义（前面已经讲述），以后经过汉密尔顿（A. Hanmilton，1757～1840年）、李斯特（F. List，1789～1846年）、凯恩斯（John Maynard Keynes，1883～1946年）等人的发展，形成了一个和自由贸易理论相并存的保护贸易理论。下面重点介绍汉密尔顿的关税保护论、李斯特的幼稚产业保护论和凯恩斯的保护贸易理论。

（一）汉密尔顿的关税保护论

汉密尔顿是美国独立后的第一任财政部长，是美国保护主义的第一人。美国当时刚从英国殖民统治下获得独立，加之长期受殖民统治的影响及独立战争中的破坏，工业发展相当落后，当时贸易格局是：以出口本国的农、林等初级产品为主，进口本国所需工业制成品。这种格局有利于南方种植园主的利益，但北方工业资产阶级所经营的制造业长期难以发展。汉密尔顿正是代表独立发展美国经济的资产阶级的利益，在1791年12月提出的《制造业报告》中认为，为使美国经济自立，应当保护美国的幼稚工业，其主要的方式是提高进口商品的关税。汉密尔顿指出，美国的经济情况不同于欧洲先进国家，其工业基础薄弱，技术水平落后，工业生产成本相对较高，如果推行自由贸易政策，必将断送美国的工业，进而威胁美国经济和政治上的独立地位。因此，必须采取关税措施保护美国新建的工业，使之生存、发展和壮大。

（二）李斯特的幼稚产业保护论

德国经济学家李斯特是保护贸易学说的代表人物。李斯特（F. List，1789～1846年）是德国历史学派的先驱者，早年在德国提倡自由主义。自1825年作为外交官出使美国后，受到汉密尔顿的影响，并亲眼见到美国实施保护贸易政策的成效，乃转而提倡贸易保护主义。他在1841年出版了《政治经济学的国民体系》，系统地提出了他的保护幼稚工业的学说。

1. 采取保护贸易政策的理由。李斯特对古典学派自由贸易理论提出批评。

（1）李斯特认为，“比较成本说”不利于德国生产力的发展。他指出，财富的生产力比财富本身重要很多倍。如果向外国购买廉价的商品，表面上看起来是要合算一些，但是，这样做的结果是，德国的工业不可能得到发展，会长期处于落后和从属于外国的地位。而如果德国采取保护关税政策，一开始会使工业品的价格提高，但经过一段时期，德国的工业得到充分发展，生产力将会提高，商品生产费用将会下降，商品价格甚至会低于外国进口商品的价格。

（2）李斯特批评古典学派自由贸易学说忽视了各国历史和经济上的特点。古典学派自由贸易理论认为，按比较成本进行合理的国际分工后，进行自由竞争和自由贸易可提高国民生产总量。这种世界主义经济学，抹杀了各国的经济发展与历史特点，错误地以“将来才能实现”的世界联盟作为研究的出发点。李斯特根据国民经济发展程度把经济的发展分为五个阶段，即“原始未开化时期、畜牧时期、农业时期、农工业时期，农工商业时期”。各国经济发展阶段不同，所采取的贸易政策也应不同。处于农业阶段的国家应实行自由贸易政策，以利于农产品的自由输出，并自由输入外国的工业产品，以促进本国农业的发展，培育工业化的基础。处于农工业阶段的国家，由于本国已有工业发展，但并未发展到能与外国产品相竞争的地步，故必须实施保护关税制度，使它不受外国产品的打击。而处于农工商业阶段的国家，由于国内工业产品已具备国际竞争能力，国外产品的竞争威胁已不存在，故应实行自由贸易政策，以享受自由贸易的最大利益，刺激国内产业进一步发展。他认为，德国正处于农工业时期，要过渡到农工商业时期，必须依靠国家采取保护关税政策，扶持德国工商业的发展。因此，不能在现阶段采取什么世界主义经济学，而只能采取所谓的国家经济政策。

（3）强调发展国家生产力的重要性，主张国家干预对外贸易。李斯特认为，要想发展生产力，必须借助于国家的力量，而不能听任经济自发地实现其转变和增长。他指出，英国的工商业已有相当发展，固然可以提倡自由贸易政策，但英国之所以能够发展，是由当初政府的扶植政策造成的，法国情况也类似。因此，李斯特积极主张德国应该在国家干预下实行保护贸易政策。

2. 幼稚产业保护理论的主要内容。主要由以下四个方面构成。

（1）保护政策的目的与对象。李斯特认为，要通过实行保护关税政策发展生产力，保护的对象是幼稚工业。农业不需要保护，对尚处于建立和发展时期且还不具备自由竞争能力的工业进行保护。

（2）关税是建立和保护国内幼稚产业的重要手段。李斯特认为，应以关税保护为主，可以起到抵御外国竞争、促进国内生产力成长的必要手段。当本国工业具有竞争力后，则应逐步降低关税保护程度，通过竞争来刺激本国工业的进一步发展。

（3）对不同的工业实行不同程度的保护。李斯特并不主张对所有的工业品都采取高度保护措施，而是要区别对待，重点保护重要工业部门、经发展能与外国产品竞争的部门以及技术部门，以带动一国生产力的巨大进步，加强与世界上其他国家的外贸关系，并保持国际收支平衡。但是，对生产高档奢侈品的工业，只需要最低限度的照顾与保护。

（4）保护期限，应以 30 年为限。保护是有时间限制的，当被保护的工业部门生产的产品价格低于进口产品时便不需要保护了，或者经过一段时间被保护的工业仍然不能自立，不具备与外国产品竞争的能力，也应放弃保护，时间应以 30 年为限。

3. 对李斯特保护幼稚工业学说的评价。李斯特的保护幼稚工业学说的历史与现实意义：对当时德国工业资本主义的发展起了积极的推动作用；其保护的对象以将来有前途的幼稚工业为限，对国际分工和自由贸易的利益也予以承认。从这点来看，这一理论是积极的，对经济不发达国家具有重大参考价值。

（三）凯恩斯的保护贸易理论

凯恩斯（John Maynard Keynes，1883 ~ 1946 年）是英国资产阶级经济学家，是凯恩斯主义的创始人，其代表作是《就业、利息和货币通论》。

在资本主义 1929 ~ 1933 年大危机以前，凯恩斯是一个自由贸易论者。当时，他否认保护贸易政策会有利于国内经济繁荣与就业。在大危机以后，凯恩斯改变立场，转向推崇重商主义。他认为重商主义保护贸易的政策确实能够保证经济繁荣、扩大就业。

1. 超保护贸易主义产生的背景。超保护贸易主义在第一次世界大战与第二次世界大战之间盛行。在这个阶段资本主义经济具有以下特点：（1）垄断代替了自由竞争；（2）国际经济制度发生了巨大变化；（3）1929～1933年资本主义世界发生空前严重的经济危机，使市场问题进一步尖锐化，使超保护贸易政策发展到空前的规模。

2. 采取保护贸易政策的理由。主要由以下三方面内容构成。

（1）认为古典学派的国际贸易理论已经过时。古典学派的自由贸易学说的理论假定国内是充分就业的，国家间贸易以出口抵偿进口，进出口能够平衡，偶尔出现差额，也会由于黄金的移动和由此产生的物价变动得到调整，进出口自动回复平衡。因此，古典学派的贸易理论主张自由贸易政策，反对人为干预。

凯恩斯认为，古典贸易理论已经过时。原因之一，古典自由贸易学说的前提条件“充分就业”实际上是不存在的。通常存在的是大量失业现象。所以古典贸易理论不适用于现代资本主义。原因之二，传统贸易理论忽视了国际市场在调节国民经济过程中对一国国民收入和就业产生的影响，认为应仔细分析贸易顺差、逆差对国民收入的作用和对就业的影响。

（2）强调贸易顺差有益、贸易逆差有害。凯恩斯认为，总投资包括国内投资和国外投资，国内投资额由“资本边际收益”和利息决定，国外投资则由贸易顺差大小决定。贸易顺差可为一国带来黄金，也可扩大支付手段、压低利息率、刺激物价上涨、扩大投资，这有利于国内危机的缓和与扩大就业率；贸易逆差会造成黄金外流，使物价下降，招致国内经济趋于萧条和增加失业人数。

（3）扩大有效需求的目的在于救治危机和失业。凯恩斯认为，在西方社会中，由于上述心理因素的作用，产生了失业危机。针对这种情况，他提出解救危机、提高就业的办法是提高“资本边际效率”，使资本家对未来乐观；或降低利息率，使资本家愿意借款来扩大对资本的“有效需求”。他认为，只要社会能提供以保证“充分就业”水平的“有效需求量”，危机就可以避免，失业问题也可以解决。实现上述目的的最好办法是国家积极干预经济生活，制定一系列政策来刺激“有效需求”。而贸易顺差可以提高国内的有效需求，缓和危机和增加就业。

3. 对外贸易乘数论。从以下三方面进行探讨。

（1）乘数理论的主要内容。新增加的投资引起对生产资料需求的增加，从而引起从事生产资料生产的人们收入的增加；这些人们收入的增加又引起他们对消费品需求的增加，从而又引起从事消费品生产的人们收入增加；如此推演下去，结果由此增加的国民收入会等于原增加投资量的若干倍。倍数（即乘数）的大小取决于人们增加的收入中有多大比例用于消费，有多大比例用于储蓄。

（2）定量方法证明。首先，了解封闭条件下的乘数；其次，推导出在开放条件下的对外贸易乘数。

第一，封闭条件下的乘数。在开放条件国民收入账户的支出为 $C+I+G+X-M$，总收入为 $C+S+T$，国民收入的均衡条件是总支出等于总收入。用公式表示为：

$$C+I+G+X-M=C+S+T$$

$$X-M=(S-I)+(T-G) \tag{3.1}$$

其中，C 为个人消费支出；I 为投资支出；G 为政府支出；X 为出口；M 为进口；S 为储蓄；T 为税收收入。

在封闭条件下，一国没有对外贸易，现假设 D 为政府财政赤字，即政府的财政支出大于财政收入，用公式表示为 $-D=T-G$，因此，式（3.1）可写成：

$$S=I+D \tag{3.2}$$

由式（3.2）我们有：

$$\Delta S=\Delta I+\Delta D \tag{3.3}$$

假设 c 为边际消费倾向，即在增加的收入中增加的消费所占比例，用公式表示为：$c=\Delta C/\Delta Y$，$s=\Delta S/\Delta Y$。s 为边际储蓄倾向，即增加收入中储蓄所占比例。

由于居民收入一般分为两部分，即消费和储蓄，所以边际消费倾向加边际储蓄倾向等于 1，即 $c+s=1$。我们将 $s=\Delta S/\Delta Y$ 代入（3.3）式得：

$$s\Delta Y=(\Delta I+\Delta D) \tag{3.4}$$

或

$$\Delta Y=(\Delta I+\Delta D)/(1-c) \tag{3.5}$$

这里的 $1/s$ 或 $1/(1-c)$ 就是收入乘数。

第二，开放条件下的对外贸易乘数。为了分析方便，我们假定实施开放经济国家是一个小国。在开放经济中，进口水平取决于本国的国民收入水平。一般而言，收入水平提高时，该国对进口商品和劳务的需求也增加，因而进口额也会上升。进口额与国民收入水平之间存在如下函数关系：

$$M=M_0+mY \tag{3.6}$$

上述公式为一国进口函数。M_0 为自发进口，即它与国民收入的水平无关。m 为边际进口倾向，即收入的增减变动对进口增减变动影响，或进口变量占收入变量的比例。有公式：

$$\Delta(X-M)=\Delta(S-I)-\Delta D \tag{3.7}$$

将 $\Delta M=m\Delta Y$，$\Delta S=s\Delta Y$ 代入上式，得：

$$\Delta Y=(\Delta I+\Delta X+\Delta D)/(s+m) \tag{3.8}$$

这里的 $1/(s+m)$ 就是外贸乘数。它表明，在开放经济条件下，私人投资、政府支出、出口每增加 1 个单位或减少 1 个单位，这些将导致国民收入增加或减少 $1/(s+m)$。

在开放经济条件下，一国民民收入由四个部分构成，即 $Y=C+S+T+M$。如果我们不考虑政府的财政收入部分，一国国民收入的增加为 $\Delta Y=\Delta C+\Delta S+\Delta M$，将该等式变形，得到：

$$1=\Delta C/\Delta Y+\Delta S/\Delta Y+\Delta M/\Delta Y$$

$$c+s+m=1$$

因此，$1/s$ 大于 $1/(s+m)$。

（3）对外贸易乘数理论的内容。一国出口和国内投资一样，有增加国民收入的作用；一国进口与国内储蓄一样，有减少国民收入的作用。只有当贸易出超时，对外贸易才能增加一国的就业量，提高一国国民收入量，此时，国民收入的增加量将大于贸易顺差增加量，并为后者的若干倍。这就是对外贸易乘数理论的含义。

4. 对凯恩斯学说的评价。凯恩斯实际主张的超保护贸易理论与政策，是为发达国家保护其在国际贸易中的优势地位而采取贸易保护政策寻找理论依据的。

（1）该理论主张，可使一国在一定程度内缓和国内经济危机，从而起到保护本国市场的作用。

（2）根据该理论主张从政策入手，通过超保护贸易政策可以保护国内先进的行业及增强发达的工业国家在国际市场上的垄断地位。

（3）该理论使用局限性表现在，如果各国都采用此项政策会使各个国家都无法扩大出口，使世界贸易量减少或停滞不前，从长远和全球来看对各个国家都有害。

此外，第二次世界大战后出现了支持保护贸易政策的各种主张，如国家安全论、不公平竞争论、贸易条件论等。

第二节　关税措施

关税最早是一种增加国家财政收入的税收措施，与国内其他税收的作用一样。后来，国家在实行不同的外贸政策时发现关税还具有另一作用，它是贯彻不同的外贸政策的一种有效的具体措施。与关税以外的外贸政策措施相比较，关税是一种历史悠久的传统外贸政策措施。第二次世界大战后，虽然在关税与贸易总协定主持下经过多次关税的多边谈判，不少国家对许多工业制成品进口关税税率作了较大幅度下调，使关税的保护作用有所降低，但目前关税措施仍然有一定的贸易保护作用。特别是对一些尚未列入关税之列的农产品和某些敏感性制成品，贸易保护作用仍然十分明显。因此，关税又被称为关税壁垒（Tariff Barrier），是各国常用的传统贸易政策工具，是市场经济条件下政府调节对外经济关系的有效手段。

一、关税的概述

（一）关税的概念

关税（Customs Duties 或 Tariff）是指进出口商品经过一国关境（Customs Frontier）时，由该国政府所设置的海关（Customs House）代表国家向进出口商征收的一种赋税。

关税由海关来征收。海关实施海关制度，征收关税的领域即关境，亦称税境或收取关税的领域。

一般情况下，一国关境与国境是一致的，但也有不一致的情况。一些国家设立的自由港、出口加工区、保税区等免税区域在国境之内，但却在关境之外，因此，设有经济特区的国家关境小于国境；另一种情况是，当几个国家结成关税同盟（如加勒比海共同市场）时，参加关税同盟的国家的领土就形成统一的关境，对内免除相互间的关税并取消一切贸易限制，对外则实施统一的关税制度，这时一国的关境大于国境；此外，有的国家在其国境内实施不同的关税制度，则某区域形成了单独的关境，如中国的香港特别行政区。

（二）关税的性质和特点

关税是税收的一种，是一国财政收入的重要组成部分。从关税设置的目的看，各国征收关税，一是作为政府获得财政收入的渠道，即所谓的财政关税；二是随着贸易保护主义的推行，各国为了保护各自的国内市场，开始重视关税的保护作用，即保护关税；三是外交的需要，对不同国家征收不同的关税，即外交关税。

无论出于何种目的，关税与一般的其他税收一样，都具有强制性、无偿性和预定性。强制性是指关税是按照国家法律形式规定，由代表国家的管理部门——海关强制地、无条件地执行，而非自愿行为。纳税人必须按照法律规定无条件履行自己的纳税义务，否则会受到法律制裁。无偿性是指海关依法征收的税赋由国家全部纳为国家财政收入，国家不必付给纳税人任何补偿，也不必再将税款偿还给纳税人。预定性是指国家对税收项目、种类、税率、征税数额及征收方法等内容均做出明确具体的规定，在一定时期内相对固定，海关与纳税人共同遵守、执行，不能随意更改。

关税除了具有一般税收的性质以外，还具有其自身的特点。

（1）关税是一种间接税。按照纳税人的税赋是否能够转嫁的标准，可将税收分为直接税和间接税。直接税是指纳税人所承担的税负只能由其本身直接承担而不能转嫁于他人，如消费税；间接税是指纳税人所承担的税负可部分或全部转嫁给他人。关税之所以属于后者，是因为，进出口商缴纳关税以后，可以把税款作为商品成本的一部分加在商品价格上，并在商品售出后收回这部分成本，因此，将税负转嫁给了买方或消费者。

（2）关税的税收主体是进出口商，税收客体是进出口货物。税收主体也称课税主体，是指依法具有纳税义务的自然人或法人，也称纳税人；税收客体是指课税的对象。当商品通过一国的国境或关境时，进出口商要根据海关税则的有关规定向当地海关办理相关手续并交纳关税，因此，进出口商作为关税的纳税人是税收主体；而根据海关税则的有关规定，对不同的进出口商品依相应税目和税率征收不同的关税，因此，进出口商品为税收客体。

（3）关税可以调节进出口贸易，是一国对外贸易政策的重要手段。各国政府可以通过制定、调整关税税率来调节进出口贸易。通过抵税、退税和免税来鼓励商品的出口；通过制定不同的税率来限制对他国同类产品的进口或鼓励进口国内必需品进口，从而调节商品的进口。

（4）关税是一国实施对外交往政策的重要手段。关税措施是一国对外贸易政策的具体体现。关税税率的高低对一国经济和对外贸易的发展有着很大的影响。一国政府可以通过调整关税税率来达到其某种政治或经济目的。关税税率的高低可以成为国家间保持良好贸易关系的重要手段，也可能引发国家间的贸易争夺战。因此，可以用此项措施增进与某些国家的友谊，或者成为制裁一些国家的重要措施。

（三）关税的功效

关税的功效即指关税的功能和作用。从不同层次来看，关税的功效是不同的。

1. 从全球范围内来看，一国使用关税，将导致资源配置效率降低。当一国征收进口关税时，就相当于在自由贸易价格基础上的加价，这对于征税国家的生产者来说起到了保护作用，但对于出口国家的生产者来说等于设立了屏障。这可能使生产由高效率的国家转向低效率的国家。因此，从世界范围内看，必将导致资源使用效率的下降。

2. 从征收关税国家宏观层面上看，它产生积极功效。主要包括以下四个方面。

（1）增加国家财政收入。关税是国家财政收入的一个组成部分，它与其他国内税收一样，具有强制性、无偿性和预定性等性质，但与其他国内税收相比，它又具有特定的作用。

（2）保护和调节国内经济。关税是执行对外贸易政策的重要手段之一，它能够起到调节进出口贸易的作用。在出口方面，可以通过低税、免税来鼓励商品出口；在进口方面，通过对不同的商品制定不同的关税税率，可以对不同商品的国内市场实施不同程度的保护以满足国内的需求，协调国内市场供需矛盾。

（3）调节进出口平衡。通过关税可以调节贸易差额。当贸易逆差过大时，提高关税以限制商品进口，达到缩小贸易逆差的目的；当贸易顺差过大时，可通过减免关税来扩大进口，缩小贸易顺差，减缓与有关国家的贸易摩擦和矛盾。

（4）配合和维护对外关系。各国可以利用关税税率的高低和不同的减免手段来对待不同类型国家商品的进口，以此开展其对外经贸关系：利用优惠待遇，可以改善国际关系，争取友好贸易往来；利用关税壁垒，可以限制对方商品进口甚至作为惩罚或报复手段。

当然，关税设置过高，比如，进口关税设置过高，对国内各领域的发展也会带来负面影响，如刺激走私，使被保护的产业受到冲击，还会造成关税流失；如关税太高，保护过分，也会使被保护的产业和企业产生依赖性，影响竞争力的培育和提高。

3. 从征收进口关税国家微观层面看，对进口国的生产者有利，但对进口国的消费者不利。如果一国征收进口关税，该种产品的价格上升，会导致生产者生产数量增加，生产利益亦增加；而对进口国的消费者而言，用同样数量货币就买不到征收关税前同等数量的商品，少于征收关税前的消费数量，意味着消费者消费水平的下降。

4. 从被征收进口关税国家微观层面看，对出口国的生产者不利，但有利于出口国的消费者。当一国征收关税后，该产品的价格上升，会导致进口品需求的减少，这种进口规模的缩减意味着出口国的出口商品不得不减少。如果出口国生产规模保持不变，该国的国内市场上在原有价格水平上的供应就会大于需求，从而迫使厂商降低商品的市场售价。这种价格的降低显然对消费者有利，而对生产者不利。出口国生产者的出口难度加大（与进口国的生产者处于不同起跑线上），这样，在国内市场上该种产品将会供过于求，产品价格下降，国内消费者可以购买比以前价格便宜的商品。

二、关税的种类

关税的种类繁多，按照不同的标准主要可分为以下几类。

（一）按征收的对象或商品的流向划分

按照征收的对象和课税商品的流向可将关税划分为进口税、出口税和过境税三种。

1. 进口税。进口税（Import Duty）是指进口国的海关在外国商品输入时根据海关税则对本国的进口商所征收的关税。进口税是关税的主要种类，它是在外国商品直接进入本国关境或国境时，或者外国商品从自由港、自由贸易区或海关保税仓库等地提出运往进口国国内市场销售而办理海关手续时，按照海关税则征收的一种税。

各国征收进口关税的目的是为了保护国内的市场，限制外国商品的流入。通过征收进口税提高进口商品的成本从而使其销售价格上升以削弱进口商品的竞争力。大多数国家为了限制进口、促进本国工业的发展，对工业制成品的进口征收的关税较高，对半制成品征收较低的关税，对原材料的进口征税最低甚至免税。这种税率上的差别使进口国的同类加工产品得到了更大程度的保护。

进口税可以分为最惠国税和普通税两种。对于与进口国签订带有最惠国待遇条款的贸易协定的出口国家或地区的商品适用于最惠国税。否则，即没有与进口国签订最惠国待遇条款的贸易协定的出口国家或地区的商品征收普通税。一般而言，最惠国税税率比普通税税率要低，而且两者的差距很大。最惠国税税率一般仅相当于普通税税率的1/6～1/2，少数商品甚至仅相当于1/10或1/20。例如，美国对进口玩具征税的普通税税率为70%，而最惠国税税率仅为6.8%。目前，仅有个别国家对极少数国家（一般是非建交国家）的出口商品实行普通税税率，大多数国家只是将其作为其他优惠税率减税的基础。由于第二次世界大战后世界上大多数国家都加入了关税与贸易总协定，相互提供最惠国待遇，享受最惠国税，因此，最惠国税被称为正常关税。但最惠国税税率并非是最低税率。在最惠国待遇中往往规定有例外条款，如在缔结关税同盟、自由贸易区或有特殊关系的国家之间规定更优惠的减税待遇时，最惠国待遇并不适用。

由于一些国家出于保护的需要对某些商品征收高额的进口税，就形成了国际贸易中所谓的“关税壁垒”，有些国家甚至利用它作为在谈判时迫使对方让步的手段。

2. 出口税。出口税（Export Duty）是指出口国的海关在本国商品经由关境或国境输往国外时对本国出口商所征收的关税。由于出口税提高了本国商品在国外市场的价格，削弱了其竞争力，限制了本国商品的出口，世界上除了少数发展中国家以外都取消了出口税。

那么，征收出口税目的是为何？

（1）增加本国财政收入。以此为目的而征收的出口税税率一般不高，否则会影响该商品在国外市场上的销售，因此，一般对该出口国资源丰富、竞争力强的商品征收1% ~5%的出口关税。

（2）保护本国生产和市场供应。以此为目的的出口税，一般是针对某些出口原料而征收的，目的是保障国内相关产品生产的原料供给，增加国外产品的生产成本，防止国外跨国公司在出口国所在地低价收购初级产品，从而维护本国的经济利益。

（3）稳定国内市场。通过征收出口税限制了某些产品的出口，从而抑制了通货膨胀的发生，稳定了国内市场的价格及国内经济。此外，如果一国贸易顺差过大，可以通过征收出口税来实现国际收支的平衡。

3. 过境税。过境税（Transit Duty）也称通过税，是一国对于通过其关境（或国境）的外国货物所征收的关税。过境税产生于中世纪，流行于欧洲各国，在重商主义时期作为一种制度确立起来。只在拥有特殊交通地理位置的国家和地区才有条件征收过境税。但是，由于其税率很低，对本国的生产和市场没有影响，而且随着交通运输业的发展和竞争的日趋激烈，各国从19世纪后半期开始就相继废除了过境税。第二次世界大战后，关税与贸易总协定规定了“自由过境”的原则。目前，大多数国家对过境货物只征收少量的准许费、登记费、印花税、签证费和统计费等。

（二）根据征收的差别待遇划分

1. 进口附加税。进口附加税（Import Surtax）又称特别关税，是指一国对于进口商品，除了征收正常的一般进口税外，出于某种目的额外加征的关税。进口附加税通常是一种限制进口的临时措施。

征收进口附加税的主要目的是：预防和应对国际收支危机，维持进出口平衡；防止国外商品低价倾销，限制该商品进口；对某个国家实行歧视或报复等。一国除了对所有商品征收附加税外，有时也只针对某个国家的某项商品征收，以限制该国某特定产品的出口。以美国为例，1971年，美国出现了自1893年以来的首次贸易逆差，国际收支恶化，为了脱离国际收支危机，维持进出口平衡，美国总统尼克松宣布自1971年8月15日起实行新经济政策，对外国商品的进口在一般进口税上再加征10%的进口附加税，以限制进口。

从目前来看，进口附加税往往针对个别国家或个别商品征收，主要有反倾销税、反补贴税、紧急关税、处罚关税和报复关税五种。

(1) 反倾销税。反倾销税（Anti-dumping Duty）是对于实施倾销的进口商品征收的进口附加税。所谓“倾销”是指一国出口以低于国内市场的价格，甚至低于商品生产成本的价格，向国外抛售商品，从而打击竞争对手，占领国外市场。征收反倾销税的目的在于抵制外国倾销，保护国内相关产业。

(2) 反补贴税。反补贴税（Counter-veiling Duty）又称抵消税或补偿税，是指进口国为了抵销某种进口商品接受了来自出口国政府、公共机构或者是同业协会在生产、制造、加工、买卖、输出进口产品过程中的直接或间接的奖金或其他形式补贴而征收的一种进口附加税。征收反补贴税的目的在于增加进口商品的价格，抵销其所享受的补贴金额，削弱其竞争能力，使其不能在进口国的国内市场上进行低价竞争或倾销。

(3) 紧急关税。紧急关税（Emergency Tariff）是为消除外国商品在短期内大量进口对国内同类产品生产造成重大损害或产生重大威胁而征收的一种进口附加税。当短期内外国商品大量涌入时，正常关税已难以起到有效保护作用，因此，需借助税率较高的特别关税来限制进口，保护国内生产。例如，澳大利亚曾在受到国外涤纶和棉纶涤纶进口的冲击时，为保护国内生产，决定征收紧急关税，在每磅20澳分的正税外另加每磅48澳分的进口附加税。

由于紧急关税是在紧急情况下征收的，是一种临时性关税，因此，当紧急情况缓解后，紧急关税必须撤除，否则会受到别国的关税报复。

(4) 惩罚关税。惩罚关税（Penalty Tariff）是指出口国某商品违反了与进口国之间的协议，或者未按进口国海关规定办理进口手续时，由进口国海关向该进口商品征收的一种临时性的进口附加税。这种特别关税具有惩罚或罚款性质。例如，1988年日本半导体元件出口商因违反了日本与美国达成的自动出口限制协定，被美国征收了100%的惩罚关税。又比如，某进口商虚报成交价格，以低价假报进口手续，一经发现，进口国海关将对该进口商品征收特别关税作为罚款。

另外，惩罚关税有时还被用做贸易谈判手段。例如，美国与别国进行贸易谈判时，就经常扬言若谈判破裂要向对方课征高额惩罚关税，以此逼迫对方让步。这一手段在美国经济、政治实力鼎盛时期是非常有效的，然而，随着世界经济多极化、国际化趋势的加强，这一手段日渐乏力，且越来越容易招致别国的报复。

(5) 报复关税。报复关税（Retaliatory Duty）是指一国为报复他国对本国商品、船舶、企业、投资或知识产权等方面的不公正待遇，对从该国进口的商品所课征的进口附加税。通常在取消不公正待遇时报复关税也会相应取消。然而，报复关税也像惩罚性关税一样，易引起他国的反报复，最终导致关税战。

2. 差价税。差价税（Variable Levy）又称差额税，是指当某种产品的国内价格高于同类进口商品价格时，为了削弱进口商品在市场上的竞争能力，保护国内生产和市场，按照国内价格和进口价格之间的差额所征收的关税。由于差价税随着国内外价格的差额变动而变动，因而是一种滑动关税（Sliding Duty）。差价税可以直接按照价格差额征收，也可以在征收正常关税以外另行征收（相当于进口附加税），无论采用哪种方法，征收差价税的目的都是要使商品的销售价格保持在一定的价格水平上。

欧盟对成员国之间的差价产品征收差价税使同类产品实现统一的价格；同时也对从非成员国进口的农产品征收差价税，目的是抑制欧盟成员国以外的商品低价大量地进入欧盟市场。总之，征收差价税是欧盟实施共同农业政策的一项主要措施，主要目的是为了保护和促进欧盟内部的农业生产。所征差价税款作为农业发展资金，用于资助和扶持内部农业生产的发展。

以对谷物的进口征收差价税为例，欧盟对差价税的征收主要分为三个步骤：（1）由欧盟委员会按季节给谷物分别制定统一的“目标价格”（Target Price），即境内谷物的最高价格，一般高于世界市场价格。为了维持这种价格水平，欧盟制定了干预价格，当内地中心市场的价格下跌至低于目标价格的水平时，相关机构会从市场上购进谷物，防止价格进一步下跌。（2）确定“门槛价格”（Threshold Price）。即从目标价格中减去把谷物运到内地市场所需的运费、保险费、劳务等一切费用后的余额。门槛价格是计算差价税的基础价格。（3）确定差价税额。通过进口产品的价格与门槛价格差额的大小来最终确定差价税额的高低。

3. 特惠税。特惠税（Preferential Duty）又称优惠税，是指一国对从某个国家或地区进口的全部或部分商品给予低税或免税的特别优惠待遇。特惠税不适用于从非优惠国家或地区进口的商品，它可分为互惠和非互惠两种。

（1）宗主国与殖民地附属国之间的特惠税。宗主国与殖民地附属国之间的特惠税目前仍然在起作用。特惠税最早始于宗主国与殖民地附属国之间的贸易交往中，是殖民主义的产物，目的是为了保证宗主国在殖民地附属国市场上所占据的优势。宗主国迫使殖民地附属国对其输出的商品按低税率征收关税，即片面的特惠税。后来由于殖民地附属国的斗争，特惠税表现为宗主国与殖民地附属国相互之间提供的关税优惠待遇，即相互特惠关税。

最典型的特惠税是1932年在加拿大渥太华签订的英帝国特惠制。规定英国对附属国输入的商品给予免税或减税优待，并以高额关税限制从附属国以外输入农产品；附属国对自英国进口的工业品给予减税优待，并提高自英国以外国家进口货物的关税税率。它是英国保证自己在附属国销售工业产品、垄断殖民地市场的强有力武器。第二次世界大战后，改为英联邦特惠制。1973年1月，英国正式加入欧洲共同体关税同盟，英联邦特惠制逐步取消。

（2）《洛美协定》国家之间的特惠税。国际上最有影响的特惠关税是1975年2月在多哥首都洛美签订的《洛美协定》缔约国之间的特惠关税。即欧盟（当时称欧共体，或欧洲共同市场）向参加协定的非洲、加勒比和太平洋地区的发展中国家单方面提供的特惠关税，旨在促进和加速非洲、加勒比海和太平洋国家的经济、文化和社会发展。该协定于1976年4月生效，有效期5年。当时的受惠国有46个。其主要内容是非洲、加勒比海和太平洋地区签字国的全部工业品和94.2%的农产品可免税不限量进入欧洲共同体市场；而欧共体向上述国家出口时不要求互惠，只享受最惠国待遇等。1979年10月签订了第二个《洛美协定》，1980年4月生效。其主要内容有：第一，欧洲共同市场各国在免税、不限量的条件下，接受受惠国生产的全部工业品和96%的农产品进口，并不要求这些国家给予“反向优惠”。第二，欧洲共同市场对从受惠国进口的牛肉、甜酒、香蕉等产品，每年给予一定数量的免税进口配额，超过配额的进口部分则要征收关税。第三，来源于受惠国中的发展中国家或欧洲共同市场内部各国的产品，在参加协定的发展中国家进行加工制作以后，仍可被当作原产国的产品享受特惠关税待遇。《洛美协定》的签订对促进发展中国家的经济发展产生了积极的影响。《洛美协定》的特惠关税是目前世界上免税程度最大的一种特别优惠的关税，还包括放宽部分非关税壁垒。

4. 普遍优惠制。普遍优惠制（Generalized System of Preference），简称普惠制（G. S. P.）。普惠制是发达国家给予发展中国家或地区出口的制成品和半制成品（包括某些初级产品）普遍的、非歧视的、非互惠的一种关税优惠制度。

普遍性、非歧视性和非互惠性是普惠制的三个主要原则。普遍性是指发达国家对所有发展中国家或地区出口的制成品和半制成品给予普遍的关税优惠待遇；非歧视性是指应使所有发展中国家或地区都不受歧视、无例外地享受普惠制的待遇；非互惠性是指发达国家应单方面给予发展中国家或地区关税优惠，而不要求发展中国家或地区提供对等待遇。

实行普惠制的目的是，扩大发展中国家和地区的制成品和半制成品的出口从而增加其外汇收入，加速发展中国家和地区的经济发展促进其工业化。迄今已有40多个国家实行了普惠制，接受普惠制关税优惠的发展中国家或地区达到170多个（美国仍迟迟未给予中国普惠制待遇）。

各给惠国通过制定具体的普惠制方案来实施普惠制。各发达国家（即给惠国）分别制定了各自的普惠制实施方案，而欧盟作为一个国家集团给出共同的普惠制方案。全世界共有15个普惠制方案，主要内容如下。

（1）给惠产品范围。一般地，工业制成品或半制成品只有列入普惠制方案的给惠产品清单，才能享受普惠制待遇。农产品的受惠产品较少，工业品的受惠商品较多。一些敏感性商品如纺织品、服装、石油制品等常被排除在给惠商品之外而列入排除产品清单中或受到一定限额的限制。欧盟1994年12月31日颁布的对工业产品的新普惠制法规（该法规于1995年1月1日开始执行），将工业品按敏感程度分为五类，并分别给予不同的优惠关税。具体来说，对第一类最敏感产品，即所有的纺织品，普惠制关税为正常关税的85%；对第二类敏感产品，征正常关税的70%；对第三类半敏感产品，征正常关税的35%；对第四类不敏感产品，关税全免；而对第五类部分初级工业产品，将不给优惠税率，征正常关税。自1988年起，各给惠国都采用商品名称及编码协调制度列出给惠商品清单。

（2）受惠国家和地区。普惠制在原则上应对所有发展中国家或地区都是非歧视的，但是，发展中国家能否成为普惠制方案的受惠国是由给惠国单方面确定的。各给惠国从各自的政治、经济利益出发，制定了不同的标准要求，将一些受惠国或地区排除在名单之外。例如，美国公布的受惠国名单中就不包括石油输出国组织、非市场经济的社会主义国家以及在贸易中与之有矛盾的国家。

（3）受惠商品的关税削减幅度。受惠商品的减税幅度又称普惠制优惠幅度，它取决于最惠国税率与普惠制税率之间的差额，即：普惠制减税幅度 = 最惠国税率 - 普惠制税率。最惠国税率越高，普惠制税率越低，则差幅越大；反之，差幅越小。一般来说，工业品的差幅较大甚至免税，农产品差幅较小。

（4）保护措施。普惠制是一种单向的优惠，因此，各给惠国为了保护本国生产和国内市场，从自身利益出发，在实施普惠制时采取了程度不同的保护措施，主要包括免责条款、预定限额、毕业条款及竞争需要标准四个方面。

①免责条款（Escape Clause），也称例外条款，是指当给惠国认为从受惠国优惠进口的某项产品的数量增加到对其本国同类产品或有竞争关系的产品的生产者造成或将造成严重损害时，给惠国保留对该产品完全取消或部分取消关税优惠待遇的权利。由此可见，发达国家给予发展中国家普惠待遇是以其国内市场不会因给惠而受到干扰为前提条件的。给惠国常常引用此条款对农产品进行保护。

②预定限额（Prior Limitation），是指给惠国根据本国和受惠国的经济发展水平及贸易状况，预先规定一定时期内（通常为一年）某项受惠产品的关税优惠进口限额，达到这个额度后，就停止或取消给予的关税优惠待遇，对超过限额的进口按最惠国税率征税。欧盟、日本实行预定限额这种方法，给惠国通常引用预定限额对工业产品的进口进行控制。

③毕业条款（Graduation Clause），是指当某些受惠国家或地区由于经济发展其产品已能适应国际竞争而不再需要给予优惠待遇时，给惠国会单方面取消这些国家或地区某种产品或全部产品的普惠制待遇，该国家或地区即已“毕业”。毕业标准按其适用范围不同可分为国家毕业和产品毕业两种，由各给惠国自行确定。美国自1981年1月1日开始启用毕业条款，至1988年年底，终止了16个国家的受惠国地位，免除了来自141个发展中国家或地区3 000多种进口商品的普惠制待遇。2005年6月27日，欧盟理事会通过了对欧盟新的普惠制方案有关条例作了重大修正的内容，并于2006年1月1日起开始实施，直到2008年年底。新条例根据国际经济形势的发展变化，在原有的普惠制基础上作了重大调整。如在欧盟新的普惠制方案中，取消了以前的多重毕业标准，而代之以单一的优惠产品份额毕业标准，即受惠国任何一种产品在欧盟的市场份额超过了其他所有受惠国出口到欧盟同类产品总量的15%，就将丧失普惠制待遇，对发展中国家占有成本优势的纺织品和服装业毕业门槛就更低了，只有12.5%。可以看出，欧盟新的毕业制方案与以前相比更严格了。虽然这种单一的毕业标准相比以前的多重毕业标准来说更加透明、简洁明了，但根本不考虑受惠国的整体经济发展水平和行业专业化程度，似乎有显失公平之嫌。毫无疑问，该条例的出台将对发展中国家的贸易利益产生相当大的影响。以中国为例，在欧盟新的普惠制方案中，中国出口到欧盟80%的产品将从普惠制中“毕业”。有专家指出，这条规则意味着一个

发展中国家刚刚站稳脚跟就被从普惠制中毕业了；而且，15%的份额是指受惠国任何一种产品在欧盟市场上占所有受惠的发展中国家出口同类产品的比率，而不是占所有的欧盟进口同类产品的比率，这也是不合理的。可见，欧盟新普惠制方案的毕业条款会对中国向欧盟出口产生负面影响。中国的出口商应该对此做好准备，并应考虑多元化的出口渠道，尽量减少对欧盟市场过多的依赖。

④竞争需要标准（Competitive Need Criteria），是指给惠国对来自受惠国的某项进口产品如超过竞争需要限额或当年所规定的限额，则取消下一年度对该受惠国或地区该项产品的关税优惠待遇。若该产品在以后的年进口额下降到规定限额内，那么下一年度仍可恢复其关税优惠待遇。美国就采用这种标准。

（5）原产地规则。原产地规则是衡量受惠国出口产品能否享受给惠国给予减免关税待遇的标准。一般包括原产地标准、直接运输原则和书面证明书三个部分。

所谓原产地标准（Origin Criteria），是指只有完全由受惠国生产或制造不含有任何进口原料和部件的产品（完全原产产品），或者进口原料或部件在受惠国经过实质性改变而成为另一种不同性质的商品（非完全原产产品），才能作为受惠国的原产品享受普惠制待遇。

所谓直接运输规则（Rule of Direct Consignment），是指受惠产品必须从出口受惠国直接运至进口给惠国，中间不得转卖或进行实质性加工。目的是为了避免在运输途中可能进行的再加工或换包。但由于地理或运输等原因不可能直接运输时，货物可以通过他国领土转运至进口给惠国，但是货物必须始终处于过境国海关的监管下。

所谓书面证明书（Documentary Evidence），是指要求受惠产品向给惠国提交能证明其原产地资格的原产地证明书，即《普惠制原产地证明书（与证明联合）格式A》（表格A，FORM A）和直接运输证明文件作为官方凭证。FORM A的有效期一般为10个月，给惠国的海关一旦对证书内容产生怀疑，可向给惠国签证机关或出口商退证查询，并要求在半年内答复核实结果。如核实结果表明不符合普惠制原产地的规定，证书完全失效，则可取消该产品的受惠资格，征收正常关税。

（6）普惠制的有效期。普惠制的实施期限为10年，经联合国贸易发展会议全面审议后可延长。如欧盟自1971年7月1日起，以欧洲“统一市场”的身份开始对发展中国家实施普惠制待遇，目前已经有接近180个国家和单独关税地区受惠。进入21世纪后，欧盟针对十年计划公布每两年的规划方案：NO 2820/1998、NO 2501/2001、NO 980/2005、NO 732/2008、NO 1063/2010，但随着欧债危机的影响，欧盟逐渐对一些发展中国家进行普惠制“毕业”，即一些发展中国家的产品不能在欧盟中享受普惠制待遇，欧盟NO 978/2012号条例开始对中国的部分产品进行“毕业”，毕业产品种类涉及27种，新的NO 1421/2013号条例对中国的所有产品进行“毕业”，已于2015年1月1日开始正式实施，这标志着中国的出口产品进入欧盟后将不能享受原来的普惠制待遇。

（三）根据征收目的划分

1. 财政关税。财政关税（Revenue Tariff）是指以增加国家财政收入为主要目的而征收的关税，因而又称收入关税。对进口商品征收财政关税须具备以下三个条件：（1）征税的进口商品必须是国内不能生产且没有替代品而必须依靠从国外进口的商品。（2）征税的进口商品在国内必须有大量的消费需求。（3）征收的关税税率必须适中，以达到收入最大化。若税率过低，进口数量可能增加但是财政收入未必最大；若税率过高，必定会限制进口数量，总收入也不一定达到最高。

2. 保护关税。保护关税（Protective Tariff）是指以保护本国产业为主要目的而征收的关税。保护关税的税率远远高于财政关税，而且越高越能达到保护的目的，若达到100%则相当于禁止进口，就成为禁止关税（Prohibited Duty）。

保护关税通常可以分为工业保护关税和农业保护关税。前者是指为了保护国内工业发展所征收的关税，以保护幼稚工业和垄断工业为主要目的。后者是指为保护国内农业发展而征收的关税。美国自19世纪中叶大量输出农产品后，许多国家开始征收农业保护关税以保护本国农业的发展。

（四）根据保护程度划分

1. 名义关税。名义关税（Nominal Tariff）是指当某种进口商品进入该国关境时，海关根据海关税则所征收的关税税率。名义关税只考虑进口商品尤其是制成品因征收关税而提高了在市场上的价格，从而减少进口商品的消费需求，对本国同类商品生产起保护作用。一般而言，名义关税税率越高，在其他条件不变的情况下，对本国同类产品和市场的保护程度就越高。

2. 有效关税。有效关税（Effective Tariff）也称实际关税，是指对某个工业每单位产品“增值”部分的从价税率，它代表着对本国同类产品真正有效的保护程度。通过有效关税税率（有效保护率）的计算，研究对哪些产品生产应给予保护，并如何确定税率，衡量对不同加工层次的产品由于名义保护率而得到的保护和受益的分配比例，可以指导确定保护关税的结构。如果在某个行业本国提供原料，那么有效关税保护率的计算公式为：

$$E = T/V$$

其中，E为有效关税保护率；T为进口最终产品的名义关税税率；V为该行业的最终产品的增值比率。

若进口国本国原材料不足，必须进口原材料进行加工，则进口的原材料名义关税税率的高低和其最终产品中所占比重也影响有效关税保护率，计算公式为：

$$E = (T - Pt)/(1 - P)$$

其中，E为有效关税保护率；T为进口最终产品的名义关税税率；P为原材料在最终产品中所占比重；t为进口原材料的名义关税税率。

由以上公式可见：当 $T > t$ 时，$E > T$；当 $T = t$ 时，$E = T$；当 $T < t$ 时，$E < T$。

当 $T<t$ 时，最终产品的有效保护率小于对其征收的名义税率，甚至会出现负保护，即：由于关税制度的作用，对原料征收的名义税率过高，使原料价格上涨的幅度超过最终产品征税后附加价值增加的部分，从而使国内加工增值低于国外加工增值。这意味着生产者虽然创造了价值，但由于不加区别地对进口成品和原材料征收关税，使这种价值减低，生产者无利可图，而鼓励了成品的进口，没有对国内加工制造业起到保护作用。

例如，现假设中国进口棉纱在国内加工成布，自由贸易时，棉纱的单价为16元，棉布的单价为20元。现对棉布征收进口从价税18%，对棉纱征收进口从价税12%，试计算棉布的有效关税率。根据公式 $E=(T-Pt)/(1-P)$，其中，$T=18\%$，$P=16/20=0.8$，$t=12\%$，从而有：$E=(18\%-0.8\times12\%)/(1-0.8)=42\%$ 或 $=0.42$，这说明，对由棉纱加工成布环节的有效保护税率是42%，而不是18%。如果其他条件不变，当对棉纱征收进口从价税由12%上升至18%时，有效保护税率 $E=(18\%-0.8\times18\%)/(1-0.8)=18\%$，这说明，对由棉纱加工成布的环节的有效保护税率是18%。如果其他条件不变，当对棉纱征收进口从价税由12%上升至24%时，有效保护税率 $E=(18\%-0.8\times24\%)/(1-0.8)=-1.2\%$。

三、征收关税的方法

按照征税的一般方法或征税标准分类，可划分为从量税、从价税、混合税和选择税四种。

（一）从量税

从量税（Specific Duty）是按照重量、数量、容量、长度和面积等商品的物理属性征收的关税。从量税的征收多数按重量计，分为：毛重（Gross Weight），即包括商品内外包装的总重量；半毛重（Semi-Gross Weight），即毛重减去外包装的重量；净重（Net Weight），即商品的总重量减去内外包装后的纯重量。

从量税额的计算公式为：

$$从量税额=商品数量\times每单位从量税$$

各国征收从量税，大部分以商品的重量为单位来征收，但各国对应纳税的商品重量计算方法各有不同，一般采用毛重、半毛重和净重。

采用从量税计征关税有以下特点：（1）手续简便。无须考虑货物的规格、价格差异，可以节约征税成本；（2）在进口商品价格下降时，可以保证税收收入，不影响国家财政收入和保护作用；（3）可防止进口商谎报进口价格而逃避关税；（4）对质劣价廉进口物品的进口有抵制作用；（5）税负不公平，同一税目的货物，不管质量好坏、价格高低，均按照同一税率征税，税负相同；（6）当国内物价上涨时，税额不能随之变动，使税收相对减少，保护作用削弱；（7）难以普遍采用，征收对象一般是谷物、棉花等大宗产品，对某些商品如艺术品及贵重商品（如古玩、字画、宝石等）不便使用。

在第二次世界大战前使用从量税的国家较多，现在单纯使用从量税的国家已经很少，许多国家开始普遍采用从价税征收关税。

（二）从价税

从价税（Ad Valorem Duty）是按照进口商品的价格征收的关税，其税率表现为货物价格的百分比。例如，美国规定对羽毛制品的进口，普通税率为60%，最惠国税率为4.7%。

从价税的计算公式为：

从价税额＝商品总值×从价税率

征收从价税有以下特点：（1）从价税征收简单，对于同种商品可以不必因其品质的不同再详加分类；（2）税率明确，便于比较各国税率；（3）税收负担公平，因从价税是以价格为基础征税，是按货物的价格高低来确定税额，价高税高，价低的税亦低，符合税收中性化原则，从价税还可以使税负随着价格变动而增减；（4）各种商品均可使用；（5）物价上涨时，税款相应增加，财政收入和保护作用均不受影响；（6）征税成本高，因为对进口应税商品需要专门人才进行估价；（7）在进口商品价格下降时，无法保证税收收入，影响国家财政收入和保护作用的发挥。

征收从价税的关键在于确定进口商品的完税价格。完税价格是经海关审定作为计征关税标准的货物价格，它对税额的高低起着决定作用。完税价格的标准主要有三种：（1）以C. I. F（到岸价格）为标准，即成本（Cost）、保险费（Insurance）及运费（Freight）之和。（2）以F. O. B（Free On Board）即装运港船上交货价格为标准。（3）以法定价格或进口国官方定价为标准。但是，各国海关为了多征收关税或保护市场，有意抬高海关估价，成为危害国际贸易发展的非关税壁垒。为了减少由此给国际贸易带来的障碍，使海关估价规范化，在乌拉圭回合谈判中达成了多边贸易协定《海关估价协议》，确定了海关估价的通用方法。

世界贸易组织的《海关估价协议》对完税价格标准作出了具体规定。

1. 成交价格的确定。该协议的基本规则是，海关估价应是货物出口到进口方时实付或应付价格，实付或应付价格是指买方为进口货物向卖方或为卖方利益而已付或应付的支付总额。该协议的第8条规定，如果构成海关估价部分的某些费用由买方支付而未被包括在进口货物或应付的价格中，则应对实付或应付价格进行调整，下列费用应调整加到进口货物实付或应付价格之中：（1）由买方支付但未包括在货物实付或应付价格中的佣金和经纪费用，购货（进口国内购货）佣金除外；（2）包装和集装箱的成本和收费；（3）各种辅助工作，如由买方以免费或减价形式提供用于进口货物生产的商品（材料、部件、工具、燃料等）及服务（设计、计划等）；（4）专利费和许可证由于转售或使用进口商品给卖方带来的收益；（5）假如以到岸价进行海关估价，运输、保险以及与进口地点有关的收费。该条款进一步明确，在确定成交价格时，除了在上述情况下的收费之外，不得对实付或应付价格增加任何额外的费用。此外，该条款明确规定，能够从实付或应付价格中区分出来的费用或成本不得加入海关估价之中，这些费用为：(1) 进入进口国关境后产生的运费；(2) 进口之后产生的建设、装配、安装、维护或技术援助方面的费用；(3) 进口国的关税和税收。该条款还规定，在计算货物完税价格时，由独家代理商和经纪人获得的买货佣金和特别折扣应排除在外。为了确保海关拒绝成交价格的依据是建立在客观的基础上，新协议规定，各国的国内立法应当为进口商提供一定的权利。首先，如果海关对所申报价值的真实性和准确性表示怀疑，进口商应当有权提供解释，包括出示单据或其他证据，以此证明其申报价格反映进口货物的真实价值。其次，如果海关对所提供的解释仍不满意，进口商应有权要求海关以书面形式向其解释海关为何对所申报价值的真实性和准确性表示怀疑。这一条款的目的在于通过给予进口商对海关做出的决定向更高一级主管部门申诉，包括必要时向海关管理部门内的法庭或其他独立诉讼机构申诉的权利，以保障进口商的利益。关于由进口商申报的成交价格作为对货物估价基础的原则，不仅适用于正常的买卖交易，而且也适用于有关系的买卖双方之间的交易。在后一种情况下，由于买卖是在跨国公司与其子公司或分公司之间进行的，价格建立在转移价格的基础上，并不总是反映进口货物的正确或真实的价格。即使在这种情况下，该协议仍然要求海关与进口商进行磋商，以便查明买卖双方的关系、交易的环境和背景以及双方的关系是否对价格产生影响。如果海关在审查后发现，买卖双方之间的关系对交易没有影响，成交价格便可以在这些价格的基础上加以确定。此外，为了避免在实践中仅凭买卖双方有关系而拒绝成交价格的做法，该协议还规定，进口商有权要求海关接受申报价格，条件与在下列基础上推算的价格相近似：(1) 在没有关联的买卖双方之间，就相同或类似货物，在大致相同的时间内，在已进行的进口交易中确定的海关价格；(2) 对相同或类似货物计算得出的扣除价格或推算价格。

2. 其他标准的成交价格。在海关拒绝进口商申报成交价格之后海关将如何确定进口货物的完税价格呢？为了维护进口商的利益，并确保估价在这些情况下是公平和中性的，该协议把海关可以使用的估价方式限定在所列的其他五种标准之内。该协议进一步强调，这些标准应当按照协议案文中出现的顺序加以使用，只有在海关认定第一种标准无法使用的情况下，方可按顺序根据其他标准进行海关估价。

(1) 相同货物的成交价格。如果不能按照成交价格确定进口货物的完税价格，则应以相同货物的成交价格作为完税价格。

(2) 相似货物的成交价格。如果无法按照上述方法确定完税价格，则应以类似货物的成交价格来确定完税价格。在上述两种方法中，所选择的交易必须是向进口方输出的进口货物，货物出口的时间应大致相同。《海关估价协议》第15条2款确立了“判定相同货物或相似货物的规则”。内容如下。某产品是否与待估价交易中的产品相同或类似，可根据以下特点确定：①相同货物，在所有方面包括相同的物理特点、质量和信誉都一样的货物，被认为是相同货物。②相似货物，在构成、材料和特点方面与被估价货物极其相似的货物；与被估价货物具备同样效用、在商业上可以互换的货物，被认为是相似货物。③某货物若要被认为是被估价货物的相同产品或相似产品，该货物必须与被估价货物一样，在同一国家生产，而且由同一生产商生产。但是，在进口交易中会出现这样的情况，当在同一国家由同一生产商生产的、与被估价货物相同或相似的货物并不存在时，则应对在同一国家但由不同生产商生产的货物加以考虑。

（3）扣除价格。扣除价格是在以下基础上确定的：应税的进口商品在其国内市场的单位销售价格。或其相同或类似商品在其国内市场的单位销售价格，扣除相关的利润、关税和国内税、运输费和保险费以及在进口时产生的其他费用。

（4）推算价格。推算价格的确定：被估价货物的生产成本，加上"利润和相当于反映在由该出口国生产者向进口方出口与被估价货物同等级和同品种货物的销售环节中的大致费用"。

（5）合理确定。如果上述四种方法均不能确定价格，那么，在符合 1994 年《关税与贸易总协定》第 7 条规定的情况下，可以灵活地使用上述任何一种方法来确定价格。但是，价格无论如何也不得依据下述方法加以确定：①出口到第三国市场的货物价格；②海关最低限价；③武断的或虚假的价格。作为一般原则，该协议要求，在成交价格未被接受的情况下，则应当在进口方可能获得的信息基础上使用上述海关估价方法。但是，该协议同时承认，为了确定推算价格，有必要对被估货物的生产成本和从进口方以外的渠道获得的其他信息进行核对。该协议进一步建议，为了免除进口商不必要的负担，推算价格只能在买卖双方有关联以及生产者可以向进口方海关当局提供生产成本方面的数据并愿协助后续的核对工作时使用。

（三）混合税

混合税（Mixed Duty）又称复合税（Compound Duty），是对某种进口商品按照其价格采用从量税和从价税同时征收关税。如日本对 6 000 日元以下手表的进口，征收 15% 的从价税，同时征收 150 日元的从量税。

混合税的计算公式为：

$$混合税 = 从量税额 + 从价税额$$

混合税分为两种：一种是从量税为主加收从价税；另一种是从价税为主加收从量税。各国海关在征收时一般采用以征收从价税为主的征收方法。

由于从价税、从量税两种计税标准各有优缺点，两者混合使用可以取长补短，有利于关税作用的发挥。例如，当物价上涨时，所征收税额比单一的从量税多；当物价下降时，所征税额比单一从价税要高，增加了关税的保护程度。不过由于是两种征收方法混合使用，因此，征税成本高，手续复杂。

（四）选择税

选择税（Alternative Duty）是指对于同一种商品同时给定从价税和从量税两

种税率时，由海关选择税额较高的一种计征关税。使用选择税通常是为了克服从价税和从量税各自的缺点，根据需要选择其中一个有利的税率计征。比如，日本对进口坯布规定的关税为：基本税率10%，或7.5%加每平方米2.6日元，征收其高者；协定税率7%，或5.5%加每平方米1.9日元，征收其中的高者。但有时为鼓励某种商品的进口，也选择其中税额较低的征收。

四、海关税则与通关手续

（一）海关税则

海关税则（Customs Tariff）又称关税税则，是一国根据其关税政策对进出口商品计征关税的规章和对进出口应税与免税商品加以系统分类的一览表。海关税则是各国海关征收关税的依据，是关税制度的重要内容，是国家关税政策的具体表现。

海关税则一般包括两个部分：一部分是海关课征关税的规章条例及说明；另一部分是关税税率一览表。其中，关税税率表主要包括税则序列（Tariff No. 或 Tariff Item）、商品分类目录（Description of Goods）以及税率（Rate of Duty）三部分内容。

1. 海关税则的种类。海关税则主要分为单式税则和复式税则两种。除此之外还有自主税则和协定税则。

（1）单式税则。单式税则又称一栏税则。这种税则，一个税目只有一个税率，适用于来自任何国家的商品，没有差别待遇。目前，只有少数发展中国家如乌干达、巴拿马、委内瑞拉等实行单式税则。而主要发达国家为了在国际竞争中取得优势，在关税上搞差别和歧视待遇，或争取关税上的互惠，都放弃单式税则而转为复式税则。

（2）复式税则。复式税则（Complex Tariff）又称多栏税则，在一个税目下设有两个或两个以上的税率，对来自不同国家或地区的进口商品采取不同的税率。复式税则具有歧视性，使用复式税则是为了竞争的需要，对不同国家实行差别或歧视待遇，或为获取关税上的互惠，以保证其商品销售市场和原料来源。许多发展中国家为保护民族经济，也使用复式税则。复式税则有二、三、四、五栏不等，设有普通税率、最惠国税率、协定税率、特惠税率等，一般是普通税率最高，特惠税率最低。

（3）自主税则。自主税则（Autonomous Tariff）又称国定税则（National Tariff System），是指一国立法机构根据关税自主原则单独制定而不受对外签订的贸易条约或协定约束的一种税率。

自主税则又可分为自主单式税则和自主复式税则。自主单式税则是指一国自主制定一个税率，对输入该国的商品一律以制定的单一税率征收。自主复式税则是指一国自主地制定两种或两种以上税率的复式税则，分别适用于来自不同国家和地区的同一种商品。

（4）协定税则。协定税则（Conventional Tariff）是指一国与其他国家或地区通过贸易与关税谈判，以贸易条约或协定的方式确定的关税税率。这种税则是在本国原有的固定税则基础上通过国家间的关税减让协商而另行规定的一种税率，受协定或条约的制约，对缔约各方都具有约束力，不能单方面修改或撤销。它不仅适用于该贸易条约或协定的签字国，某些税率也适用于享有最惠国待遇的国家。

协定税则制可分为以下两种：（1）自主协定税则制。它一般采用复式税则，其中，税率较高的一栏为国定税率或法定税率，另一栏为协定税率。协定税率是协定双方或各方在平等互利基础上对与双方或各方贸易有利害关系的若干税目进行协商制定的较低税率。（2）不自主协定税则制，或称片面协定税则制。在殖民主义时代，一些强国凭借武力胁迫弱小国家与其签订不平等条约，以协定关税的名义侵犯别国的关税自主权。所订税则使强国单方面享受低税进口的特权，低价倾销其商品。这种不自主协定已随着殖民体系的瓦解而逐渐消失。

2. 关税税率。税率指应征税额与课税对象之间的比例。税率的高低通常根据进口国对该商品的需求程度制定，或以低税率鼓励进口，或以高税率限制进口。税率是关税税率表的组成部分，是主体。税率表对按商品分类目录编号列名的各种商品分别制定不同的征免税待遇和从价或从量计征的不同税率，对来自不同国家和地区的进口商品适用不同的税率，其目的在于实行贸易歧视政策。如前所述，一般有普通税率、最惠国税率、普惠制税率、特惠制税率等。

3. 货物分类目录。税则中的商品分类方法不尽相同，大体上有以下几种：（1）按照货物的自然属性分类，例如动物、植物、矿物等。（2）按照货物的加工程度或制造阶段分类。例如原料、半制成品和制成品等。（3）按照货物的成分分类或工业部门的产品分类。例如钢铁制品、塑料制品、化工产品等。（4）按照货物的用途分类。例如食品、药品、染料、仪器、乐器等。（5）按照货物的自然属性分成大类，再按加工程度分成小类。最初各个国家根据自身需要和习惯编制税则商品分类目录。由于分类方法不同，口径各异，使各国海关统计资料缺乏可比性，并给多边贸易谈判带来不便。为此，一些国际经济组织开始制定国际通用的商品分类目录，以解决这一矛盾。

（二）通关手续

通关手续又称报关手续，是指进出口商向海关申请办理货物的进出口手续，履行海关规定的手续，并依法接受海关对其提交的单证等进行监督、审核、查验等全过程。以进口为例，通关手续包括申报、审核、查验、征税和放行四个基本程序。

1. 货物的申报。这是指货物运至进口国港口时，进口商按海关规定的格式填写《进口货物报关单》并提交海关规定的有关单证，向海关申报进口，以便海关依据这些单证和证件进行查验，征税或减征、免征，并给予放行。需提交的单据有进口报关单、提单、商业发票或海关发票、原产地证明书、进口许可证书或进口配额证书、品质证书、卫生检疫证书等有关单证。

申报的方式一般有口头申报和书面申报两种。

2. 单证的审核。海关依据海关法令与法规，审核进口商填写和提交的有关单证。具体要求：（1）报关单填报的内容全面、准确；（2）应交验的单证齐全、有效；（3）所报货物符合有关政策与法规的规定。

海关对申报的审核有预审、初审和复核等环节。对不符合申报要求的报关单可作退单处理，由报关人填好后或补齐手续后再行申报。

3. 货物的查验。货物的查验是海关对已接受申报的进出境货物、运输工具和物品，根据法定的单证，进行实际的检查，以检查申报的内容是否属实，申报的“单”、“证”是否相符，“单”、“货”是否一致。通过查验，可以发现审单环节中不能发现的问题，如是否夹藏违禁品或走私物品、毒品等，以制止非法进出口，维护贸易秩序。货物的查验一般在码头、车站、机场的仓库、场院等海关监管场所进行。

4. 货物的征税和放行。所谓放行是指海关对进出境的货物、运输工具、物品，经过审核单证、查验货物后，在有关的单证上签印放行，以示海关监管的结束。货物、物品需经海关放行后方可提取或装运出境，有关运输工具经海关放行后方可驶离海关。对于无税货物，一般只要单据齐全，原则上经查验后即可放行。对于应税货物、物品和应征吨位的船舶，必须由海关征收有关税费以后才能放行。

海关对进出境的货物、运输工具和物品的放行原则，根据不同的性质和情况，可分别采取正常放行、担保放行和信任放行等方式。正常放行是对货物先征税后放行，这是最基本的放行方式。担保放行是海关暂不征收关税，而是以接受担保的形式给予放行，包括缴纳保证金和提交保函两种形式。信任放行是指海关对一些资信好的企业的进出口货物，允许其先放行、后定期或分批申报和缴纳关税的一种新型的放行形式。采取信任放行，海关应对企业的信用状况进行跟踪监测，定期评估，发现问题时海关可随时作出处理，直至取消信任放行。

5. 几种特殊情况的处理。具体包括：

（1）提前办理报关手续。对于某些特殊商品，如水果、蔬菜等，如果进口商要求提前办理手续以便货到即从海关提出，则可允许其先行提货，日后再正式结算。

（2）延期提货。如果进口商要求延期提货，可在办理完报关手续后将货物存入保税仓库，存放期间货物可以再次出口并且可以不必缴纳进口税；一旦货物要销往国内市场，则在提货之前办理相关手续。

（3）规定期限内无人提货。若货物到达后进口商未能在规定时间内办理通关手续，海关有权力将货物存入候领仓库，由此而产生的费用和风险均由进口商负责。若在规定日期内仍无人办理通关手续，海关即有权处理该批货物。

第三节 非关税壁垒措施

随着世界范围内进口关税税率的大幅下降，关税的保护作用越来越弱，各国不得不采取各种非关税措施来限制进口。

一、非关税壁垒的含义及特点

非关税壁垒（Non-tariff Barriers，NTBs）是指除关税以外的各种限制进口的贸易政策和措施。非关税壁垒可以通过国家法律、法令以及各种行政措施的形式来实现。

非关税壁垒与关税壁垒都有限制进口的作用，但是，与关税壁垒相比，非关税壁垒具有以下特点。

1. 非关税壁垒比关税壁垒具有更强的灵活性与针对性。各国关税措施是国家海关法的组成部分，其制定和调整均须通过较为烦琐的法律程序，此外，还要受各种国际条约或协定的制约。因此，一国的关税税率在一定时间会保持相对的稳定。这使关税措施常常不能及时起到限制进口的作用。而非关税措施作为政府的行政措施，其制定与实施采用较简单的行政程序，可随时修改，能迅速发挥限制进口的作用。而且进口国还可以根据具体的出口国或进口商品采取限制进口的特殊措施。另外，非关税措施通常不像关税措施那样以法律形式公布于众，而是由行政机关在具体业务中执行，具有一定的隐蔽性，同时，这种隐蔽性也增强了使用的灵活性。

2. 非关税壁垒比关税壁垒更能直接达到限制进口的目的。关税壁垒是通过征收高额关税，提高进口商品的成本和价格，削弱其竞争能力，间接达到限制进口的目的。如果出口国采用出口补贴、商品倾销等办法降低出口商品成本和价格，关税往往难以起到限制商品进口的作用。但一些非关税措施，如进口配额等，预先规定进口的数量和金额，超过限额就禁止进口，这样就能把超额的商品拒之门外，达到关税未能达到的目的。而一些技术性贸易壁垒，如美国的《食品、药品和化妆品法》、欧盟的《化学品注册、评估、许可与限制规则》和日本的《肯定列表制度》等，对进口的限制作用则更为明显。

3. 非关税壁垒比关税壁垒更具有隐蔽性和歧视性。一般来说，关税税率确定后，往往以法律形式公布于众，依法执行，出口商通常比较容易掌握限制程度，但是，一些非关税壁垒措施往往不公开，或者规定极为烦琐的标准和手续，使出口商难以对付和适应。以技术标准而论，一些国家对某些商品质量、规格、性能和安全等规定了极为严格、烦琐和特殊的标准，检验手续烦琐复杂，而且经常变化，使外国商品难以对付和适应，因而往往由于某一个规定不符，使商品不能进入对方的市场销售。同时，一些国家往往针对某个国家（或地区）采取相应的限制性非关税壁垒措施，其结果是大大加强了非关税壁垒的差别性和歧视性。

4. 非关税壁垒具有双重性和争议性。一些非关税措施具有其合理、合法的成分，如通过技术措施保护环境和消费者利益。但在实行过程中会客观地阻碍某些国家产品的进口，形成对本国市场的保护，这是其不合法和不合理的一面。由于这些内容复杂的非关税壁垒介于合理和不合理之间，不同国家和地区间难以达成一致的标准，极易引起争议。因此，一些非关税壁垒已成为国际贸易争端的主要内容。

二、非关税壁垒的种类

非关税壁垒名目繁多，内容复杂，除了自20世纪30年代以来就被使用的配额、许可证等措施以外，随着经济、社会和科技的不断发展，还出现了技术壁垒、社会壁垒等更加复杂的非关税措施，并且被发达国家越来越多地采用。

（一）传统的非关税壁垒措施

传统的非关税壁垒可以分为直接的非关税壁垒和间接的非关税壁垒两大类。直接的非关税壁垒也称直接数量限制，如石油进口国直接对进口商品的数量或金额加以限制，或迫使出口国直接限制商品的出口。这类措施包括进口配额制、许可证制、“自动”出口限制等。间接的非关税壁垒是对进口商品制定严格的条例或规定，间接限制商品进口，如进口押金制、最低进口限价、苛刻复杂的技术标准等。下面介绍最常见的传统的非关税壁垒措施。

1. 进口配额制。进口配额制（Import Quotas System）又称进口限额制，是指一国政府在一定时期（如一季度、半年或一年）之内对某些商品的数量或金额直接加以限制。在规定的期限内，配额以内的货物可以进口，超过配额不准进口，或者征收更高的关税或罚款后才能进口。发达国家运用这种配额制度的范围比较广，主要针对纺织品、服装、某些轻工及化工产品、钢材、小轿车、家用电器、部分工艺品及农产品等。进口配额制主要有以下两种。

（1）绝对配额（Absolute Quotas），是指在一定时期内对某些商品的进口数量或金额规定一个最高额数，达到这个额数后，便不准进口。这种进口配额在实施中主要采用全球配额和国别配额两种方式。

全球配额（Global Quotas）是世界范围的绝对配额，是指不限定进口国别或地区，对于来自任何国家或地区的进口商品一律适用的配额。在实施这种配额时，进口国主管当局通常按照进口商的申请先后发放某一时期的进口额度，直至总额发放完为止，超过总额就不准进口。由于全球配额不限定进口国别或地区，在配额公布后，进口商竞相争夺配额，邻近国家或地区因地理位置接近、到货迅速，比较有利，而较远的国家或地区就会处于不利地位。因此，全球配额在配额的分配和利用上难以贯彻国别地区政策。为了减少或避免这些不足，一些国家采用了国别配额。

国别配额（Country Quotas）是在总配额内按国别或地区分配的固定的配额，超过规定的配额便不准进口。为了区分来自不同国家和地区的商品，在进口商品时进口商必须提交原产地证明书。实行国别配额可以使进口国家根据它与有关国家或地区的政治经济关系分配给予不同的额度。一般来说，国别配额可以分为自主配额和协议配额。自主配额（Autonomous Quotas）又称单方面配额，是由进口国家完全自主地、单方面强制规定在一定时期内从某个国家或地区进口某种商品的配额。这种配额不需征得输出国家的同意。自主配额由进口国家自行制定，往往由于分配额度差异容易引起某些出口国家或地区的不满或报复。因此，有些国家便采用协议配额，以缓和彼此之间的矛盾。协议配额（Agreement Quotas）又称双边配额，是由进口国家和出口国家政府或民间团体之间协商确定的配额。如果协议配额是通过双方政府的协议订立的，一般需在进口商或出口商中进行分配；如果配额是双边的民间团体达成的，应事先获得政府许可方可执行。协议配额是由双方协调确定的，通常不会引起出口方的反感与报复，并可使出口国对于配额的实施有所谅解与配合，较易执行。

一般来说，绝对配额用完后，就不准进口，但有些国家由于某种特殊的需要和规定，往往通过协议另行规定额外的特殊配额或补充配额。如进口某种半制成品加工后再出口的特殊配额、展览会配额或博览会配额等。

（2）关税配额（Tariff Quotas）是指在一定时期内对进口商品的绝对数额不加限制，但对配额以内的进口商品给予低税、减税或免税的待遇，对超过配额的进口商品则征收较高的关税或附加税。关税配额按进口商品的来源可分为全球性关税配额和国别性关税配额；按征收关税的目的可分为优惠性关税配额和非优惠性关税配额。优惠性关税配额是对关税配额内进口的商品给予较大幅度的关税减免，而对超过配额的进口商品征收原来规定的最惠国税率。

发达国家通常利用进口配额作为实行贸易歧视政策的手段。最初进口配额是作为防御手段而被采用的，到后来便发展成为进攻性的保护贸易措施，在举行贸易谈判时，配额制曾被广泛地用来作为迫使其他国家让步的武器，如用提供配额、扩大配额或缩小配额等方式作为向对方施加压力的手段。

近年来，一些发展中国家随着对外经贸关系的发展和实行对外开放政策，对某些商品的进口配额已有所放宽或取消。2005 年 1 月 1 日，在全球实行了 50 年之久的纺织品配额全面取消。

2. “自动”出口配额制。“自动”出口配额制（Voluntary Export Quotas）又称“自动”出口限制（Voluntary Export Restriction，VER），也是一种限制进口的手段。它是指商品出口国家或地区在进口国的要求或压力下，被迫“自动”规定在一定时期内（一般为 3 ~ 5 年）某些商品对该国出口限制，在限定的配额内自行控制出口，超过配额即禁止出口。

“自动”出口配额制与绝对进口配额制在形式上略有不同。绝对进口配额制是由进口国家直接控制进口配额来限制商品的进口，而“自动”出口配额制则是由出口国家直接控制这些商品对进口国家的出口。但是，就进口国家来说，“自动”出口配额和绝对进口配额一样，都起到了限制商品进口的作用。

“自动”出口配额制带有明显的强制性。进口国家往往以商品大量进口使其有关工业部门受到严重损害，以所谓“市场混乱”为由，要求有关国家的出口实行“有秩序地增长”，“自动”限制商品出口，否则就单方面强制限制进口。在这种情况下，一些出口国家不得不实行“自动”出口限制。

3. 进口许可证制。进口许可证制（Import Licence System）是指进口国家规定某些商品进口必须事先领取许可证才可进口，否则一律不准进口。在大多数情况下，进口许可证与进口配额结合使用。如英国对大部分纺织品、部分鞋类、陶瓷、电子产品等都实行进口配额许可证管理。

按照进口许可证与配额的关系分为两种。（1）有定额的进口许可证，即国家相关机构预先规定有关商品的进口配额，然后在配额的限度内根据进口商的申请对于每一笔进口货物发给进口商一定数量或金额的进口许可证。一般来说，进口许可证是由进口国有关当局向提出申请的进口商颁发的，但也有将这种权限交给出口国自行分配使用的。（2）无定额的进口许可证。即进口许可证不与进口配额相结合。发达国家相关政府机构预先不公布进口配额，颁发有关商品的进口许可证时，只是在个别考虑的基础上进行。由于是个别考虑的，没有公开的标准，因而就给正常贸易的进行造成更大的困难，起到更大的限制进口的作用。

按照进口商品的许可程度分为两种。（1）一般公开许可证（Open General Licence）。它对进口国别或地区没有限制，凡是列明属于公开许可证许可范围的商品，只要填写申请，即可获准进口。通常任何个人、公司、机构只要满足进口国的法律要求，均有同等资格进行申请，并获得进口许可证；许可证申请可在货物结关前任何一工作日提交；只要申请的内容适当和完整，收到的申请即应批准，最多也不超过 10 个工作日。它的目的不是限制进口，而是管理进口。（2）特种进口许可证。该许可证又称非自动进口许可证。特种许可证管理的商品进口必须向有关当局提出申请，经过逐笔审批后才能进口。这种许可证制适用于某些特殊商品，如烟、酒、军火及其他禁运商品等，且通常都指定进口国别或地区。

4. 外汇管制。外汇管制（Foreign Exchange Control）是指一国政府通过法令对国际结算和外汇买卖实行限制，以平衡国际收支和维持本国货币的汇价稳定的一种制度。

在外汇管制条件下，出口商必须把出口所得到的外汇收入按官定汇率卖给外汇管制机关；进口商也必须在外汇管制机关按官定汇价申请购买外汇，携带本国货币出入国境受到严格的限制等。这样，国家的有关政府机构就可以通过确定官定汇价、集中外汇收入和批汇的办法控制外汇供应数量，以达到限制进口商品品种、数量和原产国别的目的。外汇管制的方式较为复杂，一般可分为以下三种。

（1）数量性外汇管制。这是指国家外汇管理机构对外汇买卖的数量直接进行限制和分配，旨在集中外汇收入，控制外汇支出，实行外汇分配，以达到限制进口商品品种、数量和国别的目的。一些国家实行数量性外汇管制时，往往规定进口商必须获得进口许可证后方可得到所需的外汇。

（2）成本性外汇管制。这是指国家外汇管理机构对外汇买卖实行复汇率制，利用外汇买卖成本的差价间接影响不同商品的进出口。所谓复汇率制，是指一国货币对外有两个或两个以上汇率，分别适用于不同的进出口商品，主要目的是通过汇率的差别达到限制或鼓励某些商品进出口的目的。

（3）混合性外汇管制。这是指同时采用数量性和成本性的外汇管制，对外汇实行更为严格的控制，以控制商品进出口。

5. 进口押金制。进口押金制（Advanced Deposit）又称进口存款制，是指进口商在进口商品时必须预先按进口金额的一定比率和规定的时间在指定的银行无息存入一笔款项才能进口。这无形中加重了进口商的资金负担，影响了资金周转，增加了进口成本，从而起到限制进口的作用。例如，意大利政府曾规定，某些进口商品无论从任何一国进口，必须先向中央银行缴纳相当于进口货值半数的现款押金，无息冻结 6 个月。这相当于征收 5% 以上的进口附加税。芬兰、新西兰、巴西也都曾实行这种措施。巴西的进口押金制规定，进口商必须按进口商品船上交货价缴纳与合同金额相等的为期 360 天的存款方能进口。

6. 进口最低限价制和禁止进口。进口最低限价（Minimum Price）是指一国政府规定某种进口商品的最低价格，如果进口商品低于规定的最低价格，则征收进口附加税或禁止进口。通过采用这种政策，一国可以有效地抵制低价商品的进口或以此削弱进口商品的竞争力，保护本国产业。例如，欧共体曾对谷物和奶制品实行门槛价格，高于门槛价格的可以进口，低于门槛价格的拒绝进口。20 世纪 70 年代，美国对从日本进口的钢材，按其生产成本、运费等因素的变化，逐季公布钢材进口的启动价格，只有超过这一价格的钢材才能进口。

禁止进口（Prohibitive Import）是限制进口的一种极端措施。当一国政府认为一般的限价已不足以解救国内市场受冲击的困难时，就会颁布法令，公开禁止某些商品进口。但这种措施很容易引起对方国家的报复，引发贸易战，最终损害双方利益，因此，不宜贸然使用。

7. 歧视性政府采购政策。歧视性政府采购政策（Discriminatory Government Procurement Policy）是指国家制定法令，规定政府机构在采购商品时必须优先购买本国的产品。各国庞大的政府机构是商品销售的主要对象之一，各国政府每年在国际市场上采购的商品价值多达数万亿美元，占世界贸易总额的 10% 以上，因此，通过对政府采购制定有利于本国产品、不利于进口产品的差别待遇措施，可以起到缩小进口商品市场的作用。

许多发达国家都有类似的制度。英国限定通信设备和电子计算机要向本国公司采购。日本有几个省规定，政府机构需要的办公设备、汽车、计算机、电缆、导线、机床等不得采购外国产品。

在关税与贸易总协定东京回合谈判中，由发展中国家或地区缔约方动议，在各缔约方的共同努力下，达成了《政府采购协议》，1988 年 2 月 14 日生效。到 1993 年年底，参加该协议的有 12 个缔约方，欧共体作为一个缔约方参加。它们分别是奥地利、加拿大、欧盟、芬兰、中国香港、以色列、日本、挪威、新加坡、瑞典、瑞士和美国。

1994 年 4 月 15 日在摩洛哥马拉喀什会议上，《政府采购协议》以诸边协议方式为乌拉圭回合谈判各方签署，成为世界贸易组织负责管辖协议的一部分。该协议的宗旨是确认政府采购在一定金额的基础上实现贸易自由化。

8. 进口和出口国家垄断。进口和出口国家垄断（State Monopoly）是指在对外贸易中，对某些或全部商品的进口、出口规定由国家机构直接经营，或者把某些商品的进口或出口的专营权给予某些垄断组织。

发达国家的进口和出口的国家垄断主要集中在三类商品：第一类是烟和酒。这些国家的政府机构从烟和酒的进出口垄断中可以取得巨大的财政收入。第二类是农产品。这些国家把对农产品的对外垄断销售作为国内农业政策措施的一部分，美国的农产品信贷公司就是发达国家最大的农产品贸易垄断企业，它高价收购国内的“剩余”农产品，然后以低价向国外倾销，或按照所谓“外援”计划向缺粮国家主要是发展中国家大量出口。第三类是武器。发达国家的武器进出口多数由国家垄断。

9. 专断的海关估价制。专断的海关估价制（Customs Valuation System）是指海关为征收关税，确定进口商品价格的制度。有些国家根据某些特殊规定，提高某些进口货的海关估价，来增加进口货的关税负担，阻碍商品的进口，就成为专断的海关估价。用专断的海关估价来限制商品的进口，以美国最为突出。

长期以来，美国海关是按照进口商品的外国价格（进口货在出口国国内销售市场的批发价）或出口价格（进口货在来源国市场供出口用的售价）两者之中较高的一种进行征税，这实际上提高了缴纳关税的税额。

（二）新型非关税壁垒措施

随着经济全球化的不断推进和贸易自由化的发展，关税已大幅度下降，传统的非关税壁垒措施使用也得到了控制，各国贸易壁垒的种类和形式发生了变化。以技术壁垒为核心的各种新贸易壁垒应运而生，且门槛日益提高，成为贸易保护主义的新形式。

1. 技术性贸易壁垒。技术性贸易壁垒（Technical Barrier to Trade，TBT）是指一国以技术为支撑条件，以维护国家安全或保护人类健康和安全，保护动植物的生命和健康，保护生态环境，或防止欺诈行为，保证产品质量为由，采取一些强制性或非强制性的技术性措施，如技术标准与法规、合格评定程序、包装和标签要求、产品检疫、检验制度、绿色贸易壁垒和信息技术壁垒等，这些措施成为其他国家商品自由进入该国市场的障碍。简言之，技术性贸易壁垒是对进口产品适用不合理的技术法规、标准，设置复杂的认证、认可程序。

技术性贸易壁垒有狭义和广义之分。狭义的技术性贸易壁垒是指世界贸易组织《技术性贸易壁垒协议》中规定的那些强制性或非强制性确定商品某些特征的技术法规或技术标准，以及在检验商品是否符合这些技术法规或技术标准的认证、审批程序中所形成的不合理的贸易障碍。广义的技术性贸易壁垒是指所有影响贸易的技术性措施，不仅包括《技术性贸易壁垒协议》的内容，还包括世界贸易组织《实施卫生与植物卫生措施协议》、《知识产权协议》、《服务贸易总协定》中的有关动植物卫生检疫规定、绿色壁垒和信息技术壁垒等内容。另外，它还涉及由国际社会签署的与环境和资源等问题有关的国际条约中与贸易有关的内容。现在我们所讲的技术性贸易壁垒主要是指广义的技术性贸易壁垒。其主要内容有以下几点。

（1）技术标准，是指经公认机构批准的、非强制执行的、供通用或重复使用的产品或其相关工艺和生产方法的规则、指南或特性的文件。有关专门术语、符号、包装、标志或标签要求也是标准的组成部分。目前存在大量的技术标准，有产品标准、国家标准，也有许多国际标准。

发达国家对于许多制成品规定了极为严格烦琐的技术标准，既有产品标准，也有试验检验方法标准和安全卫生标准；既有工业品标准，也有农产品标准。例如，欧盟各国都有各自的工业产品技术标准，某些产品如玩具、电冰箱、仪表等必须符合该国生产销售的标准才允许在市场上出售。又如农业拖拉机，各国规定的技术标准也不相同，并有严格限制，使农业拖拉机出口极为困难。这些发达国家的技术标准大多数要求非常苛刻，使发展中国家很难适应。

（2）技术法规，是指必须强制执行的有关产品特性或其相关工艺和生产方法的规定。包括：法律和法规；政府部门颁布的命令、决定、条例；技术规范、指南、准则、指示；专门术语、符号、包装、标志或标签要求。

国际标准化组织（ISO）在1983年颁布的一项指导性文件中指出："技术法规是指包含或引用有关标准或技术规范的法规。"技术法规所包含的内容主要涉及劳动安全、环境保护、卫生与保健、交通规则、无线电干扰、节约能源与材料等。

当前，工业发达国家颁发的技术法规种类繁多。对于一个企业来说，向国外出口产品要考虑进口国的技术法规。

发达国家颁布的技术法规名目繁多，而且不像技术标准那样可以互相协调，一经颁布就强制执行，在国际贸易中构成了比技术标准更难逾越的技术性贸易壁垒。因此，了解有关国家的技术法规，在出口贸易中力求避免与其相抵触，是十分必要的。

（3）合格评定程序，又称质量认证，是直接或者间接用于确定是否达到了技术性法规或者标准中相关要求的程序。

合格评定程序一般由认证、认可和相互承认组成，影响较大的是第三方认证。认证是指由授权机构出具的证明，一般由第三方对某一事物、行为或活动的本质或特征就当事人提出的文件或实物审核后给予的证明，通常被称为第三方认证。

认证可分为产品认证和体系认证。产品认证是指由授权机构出具证明，认可和证明产品符合技术规定或标准的规定。发达国家和地区都设有各种各样的认证制度，对进口商品尤其是对产品的安全性直接关系到消费者的生命健康的产品提出强制性的认证要求，否则不准进入市场。如进入美国市场的机电产品必须获得美国保险商试验所（Underwriter Laboratories Inc，UL）的认证，药品必须获得美国食品和药物管理局（Food and Drug Administration.，FDA）的认证；进入加拿大的大部分商品必须通过加拿大标准协会（Canadian Standards Association，CSA）认证；日本的很多商品必须获反映商品质量的G标志（商品标准）、SG标志或ST标志；进入欧盟的产品不仅要通过ISO 9000质量管理体系认证，而且还要通过CE［代表欧洲统一的认证标准（CONFORMITE EUROPEENNE）］、GS［是德语“Geprufte Sicherheit”（安全性已认证）］等产品质量认证。体系认证是指确认生产或管理体系符合相应的规定。目前最为流行的国际体系认证有ISO 9000质量管理体系认证和ISO 14000环境管理体系认证；行业体系认证有QS 9000汽车行业质量管理体系认证和TL 9000电信产品质量管理体系认证等。

2. 绿色贸易壁垒。绿色贸易壁垒是指以保护人类和动植物的生命、健康或安全，保护生态或环境为由而采取的直接或间接限制甚至禁止贸易的法律、法规、政策和措施。绿色贸易壁垒的产生和发展主要是出于保护生态环境的要求。生态破坏和环境污染威胁着人类的生存和发展，国际社会采取了许多措施，特别是制定了许多多边环境协议，各国政府和一些团体也制定了部分法律、法规、政策和措施。在这些协议、法规和政策措施中，限制甚至禁止某些产品的贸易成为实现环境保护目的的重要手段，这对贸易来说就形成了市场准入的壁垒。以环境保护为目的的绿色贸易壁垒从总体上来说是合理的，符合国际环境保护潮流，但它仅仅从环境保护的角度出发，没有或很少考虑对贸易的影响，没有很好地协调贸易与环境的关系。

在具体的实施过程中，绿色贸易壁垒很容易被贸易保护主义所利用。尤其是在很多情况下很难辨别一种绿色贸易壁垒是处于环境保护的目的还是处于贸易保护的目的，因此，将不可避免地影响贸易的发展。

绿色贸易壁垒主要有以下几种形式：

（1）环境技术法规与标准。1996年4月，国际标准化组织（ISO）正式公布了ISO 14000《环境管理体系》国际标准，对企业的清洁生产、产品生命周期评价、环境标志产品、企业环境管理体系加以审核，要求企业建立环境管理体系，这是一种自愿性标准。目前，ISO 14000正成为企业进入国际市场的绿色技术壁垒。

主要发达国家还先后分别在空气、噪声、电磁波、废弃物等污染防治、化学品和农药管理、自然资源和动植物保护等方面制定了多项法律法规和许多产品的环境标准。如汽车尾气排放标准，纺织品有毒有害物质、偶氮燃料标准，陶瓷铅镉含量标准，皮革的 PCP 残留量标准等。

（2）产品检疫、检验制度和措施。为了保护环境和生态资源，确保人类和动植物健康，许多国家特别是发达国家制定了严格的产品检疫、检验制度。这些制度包括：检疫和检验的法规、法律、法令、规定、要求、程序，特别包括最终的产品标准；有关的加工和生产方法；所有检测、检验、出证和批准程序；检疫处理，包括与动物或植物运输有关或与在运输途中为维持动植物生存所需物质有关的要求在内的检疫处理；有关统计方法、抽样程序和风险评估方法的规定。受此影响最大的产品是食品和药品。食品方面主要有：农药、兽药残留量的规定；加工过程添加剂的规定；对动植物病虫害的规定；其他污染物的规定；生产、加工卫生和安全的规定等。

由于各国环境和技术标准的指标水平与检验方法不同以及对检验指标设计的任意性，从而使环境和技术标准可能成为技术性贸易壁垒。

（3）绿色标志，又名环境标志，是一种贴在产品或其包装上的图形，表明该产品不但质量符合标准，而且在生产、使用、消费、处理等全过程中也符合环保要求，对生态环境、人体健康无损害。绿色标志由政府管理部门根据有关标准向某些产品颁发。德国有“蓝色天使”标志，日本有“生态标志”，加拿大有“环境选择”标志，美国有“绿色标志”，欧盟有“环境标志”，全球通行的有 ISO 14000 环境管理体系认证标志。

目前，美国、德国、日本、加拿大、挪威、瑞典、瑞士、法国、芬兰和澳大利亚等发达国家都已建立环境标志制度并朝着协调一致、相互承认的方向发展。环境标志已成为进入这些国家市场的通行证，没有环境标志的产品将受到数量和价格方面的限制。环境标志为发达国家市场形成了巨大的保护网，使发展中国家出口受到阻碍。发展中国家环保行动晚，环保水平低，不可能在短时期内提高环保水平，发达国家则以环保手段限制或禁止进口发展中国家的产品。

（4）绿色包装和标签要求。近十几年来，发达国家相继采取措施，大力发展绿色包装，主要有：以立法的形式规定禁止使用某些包装材料，如含有铅、汞和镉等成分的包装材料，没有达到特定的再循环比例的包装材料，不能再利用的容器等；建立存储返还制度，许多国家规定啤酒、软性饮料和矿泉水一律使用可循环使用的容器，消费者在购买这些物品时，向商店缴存一定的保证金，以后退还容器时由商店退还保证金；税收优惠或处罚，对生产和使用包装材料的厂家，根据其生产包装的原材料或使用的包装中是否全部或部分使用可以再循环的包装材料而给予免税、低税优惠或征收较高的税赋，以鼓励使用可再生的资源。

许多发达国家对于在国内市场上销售的商品规定了各种标签条例。这些规定内容复杂，手续麻烦，进口商品必须符合这些规定，否则不准进口或禁止在其市场上销售。许多外国产品为了符合有关国家的这些规定，不得不重新标签，因而费时费工，增加了商品成本，削弱了商品竞争能力，影响了商品销路。

第四节 鼓励出口和出口管制措施

一、鼓励出口的一般措施

在国际市场竞争日益激烈的压力之下，各国干预和调节商品进口的政策措施越来越受到制约，由于限制进口和扩大出口在国际贸易中是相辅相成的，于是当今世界的许多国家除了利用关税和非关税措施限制、调节进口商品外，还采取了种种鼓励出口的措施，从而扩大商品的出口。鼓励出口的措施是指出口国政府通过运用财政、金融等经济手段和政策工具，促进本国商品的出口，开拓和扩大国外市场。各国鼓励出口的措施很多，涉及经济、政治、法律等许多方面，其中主要有以下几种。

（一）出口补贴

出口补贴（Export Subsidies）又称出口津贴，是一国政府在出口某商品时给予出口商的现金补贴或财政上的优惠待遇以降低出口商品的价格，增强其在国际市场的竞争力。获得出口补贴的商品往往具有“双重价格”——在国内市场销售的价格以及在国外市场销售的价格，后者低于前者。

出口补贴是一种积极鼓励本国出口商向国外销售的措施。政府对出口商品可以提供补贴的范围非常广泛，通常采用直接补贴和间接补贴两种。

1. 直接补贴。直接补贴是指政府在商品出口时直接付给出口商的现金补贴。这种补贴主要来自财政拨款，主要用于初级产品特别是农产品出口。第二次世界大战以后，美国和一些西方发达国家对农产品的出口就采用这种补贴。农产品在这些国家的价格比在国际市场上销售的价格高。按国际市场价格向国外销售产品出现的亏损就由政府给予补贴以弥补出口商品国内价格高于国际市场价格给出口商所带来的亏损，或者补偿出口商所获利润率低于国内利润率所造成的损失。这种补贴的幅度和时间的长短一般随着国内市场与世界市场之间差价的变化而变化，有时候，补贴金额还可能大大超过实际的差价或利差。根据世界贸易组织的相关规定，除农产品之外，其他货物贸易的出口直接补贴属于“红灯补贴”，是不允许的，因此，又称这种补贴为禁止性补贴。最近10年，欧盟、美国都开始实行对农民的直接补贴，以保障农民收入和提高农产品竞争力。

2. 间接补贴。间接补贴是指政府对某些商品的出口给予财政上的优惠。如退还或减免出口商品所缴纳的销售税、消费税、所得税等国内税；对进口原料或半制成品加工再出口给予暂时免税或退还已缴纳的进口税；免征出口税；提供比在国内销售货物更优惠的运费等。由于直接补贴与世界贸易组织的规定相悖，所以，现在各国不得不缩小其直接补贴的范围，而改为更隐蔽的间接补贴办法，因此，间接补贴又被称为隐蔽性补贴。

一个国家的出口补贴一般不超过其出口总额的1%，虽然从总体上看数额不大，但是对于某些特定的产品和公司来说相当可观，这种补贴不仅鼓励了本国厂商对产品的出口，同时也可能对进口国同类产品生产者和销售者构成了威胁，因此，世界贸易组织视其为“不公平的竞争”。

为了推行“奖出限入”的外贸政策，好多国家纷纷采取各种补贴措施以促进本国产品的出口，而进口国政府往往采取反补贴措施以抵制和消除补贴这种行为对本国有关产业的不利影响。因此，补贴和反补贴已成为当今国际贸易领域的一个热点问题。

（二）出口信贷

出口信贷（Export Credit）是指一个国家的政府为了鼓励商品出口，增强本国出口商品在国际市场上的竞争能力，通过银行对本国出口商、外国进口商或进口方银行提供的低息的优惠贷款。出口信贷是一国的出口厂商利用本国银行的贷款扩大商品出口，主要是金额较大、期限较长如成套设备、船舶等出口的一种重要手段。出口信贷利率一般低于相同条件资金贷放的市场利率，利差由国家补贴，并与国家信贷担保相结合。

1. 按照信贷时间长短，出口信贷可划分为：

（1）短期信贷（Short-term Credit）。通常在180天以内，主要适用于原料、消费品以及小型机器设备的出口。

（2）中期信贷（Medium-term Credit）。通常为1～5年，多用于中型机器设备的出口。

（3）长期信贷（Long-term Credit）。通常为5～10年甚至更长，用于重型机器、成套设备以及船舶等的出口。

2. 按照借贷关系，出口信贷可划分为：

（1）卖方信贷。卖方信贷（Supplier's Credit）是出口方银行向本国的出口厂商（卖方）提供的信贷。出口商与银行之间签订贷款协议，由银行直接给予卖方资助，向国外进口商提供延期付款，以促进商品的出口。

在出口成套机器设备和船舶等运输工具的时候，由于这些产品成交金额大，交货时间较长，进口方一般都要求延期付款，卖方要几年时间才能全部收回货款，因此，出口厂商为了加速资金周转往往需要取得银行的贷款。卖方信贷一般由专门银行提供，其资金由政府预算拨付，因此，贷款条件比较优惠，利率较低，期限较长，它实际上是出口厂商从供款银行取得贷款后再向进口厂商提供延期付款的一种商业信用。

（2）买方信贷。买方信贷（Buyer's Credit）是指出口方银行直接向国外的进口厂商（买方）或其进口方银行提供的贷款。买方信贷帮助进口方解决其资金不足等困难，作为附加条件，进口商所取得的贷款必须用来购买债权国的商品，从而起到促进债权国商品出口的作用，即所谓的约束性贷款（Tied Loan）。

当出口方银行直接贷款给国外进口商时，进口商须以即期付款的方式向出口厂商缴纳买卖合同规定金额的15% ~20%的定金，其余货款以即期付款的方式将银行提供的贷款交付给出口厂商，然后按照贷款协议向供款银行还付贷款并支付利息。当出口方银行直接贷款给进口方银行时，进口方银行以即期付款的方式代替进口厂商支付应付货款，并按贷款协议向供款银行还款付息。

近20多年来，国际上金额大、期限长的大型项目及成套设备交易增加，而商业信贷本身存在的局限使出口商筹措周转资金困难。因此，由银行直接贷款给进口商或进口方银行的买方信贷迅速发展起来。

由于出口信贷能有力扩大和促进出口，因此，西方国家一般都设立专门银行来办理此项业务，如美国进出口银行、日本输出入银行、法国对外贸易银行、加拿大出口开发公司等。这些专门银行除对成套设备、大型交通工具的出口提供出口信贷外，还向本国私人商业银行提供低利率贷款或给予贷款补贴，以资助这些商业银行的出口信贷业务。中国于1993年设立了国家进出口信贷银行。

（三）出口信贷国家担保制

出口信贷国家担保制（Export Credit Guarantee System）是指一国政府为了扩大本国产品的出口，设置专门的机构或专业银行，当外国的债务人拒绝付款时，对提供出口信贷的本国出口厂商或商业银行按照承保的数额进行担保的一种方式。这是国家代替出口厂商承担风险、扩大出口和争夺国际市场的一个重要手段。美国的进出口银行、法国的对外贸易银行等都不同程度上为本国的供款银行承担保险责任以减少贷款银行的风险。

国家担保制承担保险的范围主要包括政治风险和经济风险，对于政治风险的承保金额一般为合同金额的85% ~95%，对经济风险的担保金额一般为合同金额的70% ~80%，有时甚至达到100%。

出口信贷国家担保制的担保对象主要有两种。

1. 对出口厂商的担保。出口厂商在输出商品时向进口厂商所提供的短期或中、长期信贷可向国家担保机构申请担保。有些国家的担保机构本身不向出口厂商提供出口信贷，但它可以为出口厂商取得出口信贷提供有利条件。如采用保险金额的抵押方式，允许出口厂商所获得的承保权利以“授权书”的方式转移给供款银行而取得出口信贷。这使银行提供的贷款得到安全保障，一旦债务人不能按时付款或拒绝付款时，银行可从担保机构得到补偿。

2. 对银行的直接担保。银行所提供的出口信贷通常均可申请担保，这种担保是担保机构直接对供款银行承担的一种责任。为了鼓励开展出口信贷业务并保障贷款安全，有些国家往往给银行更加优厚的待遇。

对出口信贷进行担保往往要承担很大的风险。由于该措施旨在为扩大出口提供服务，收费并不高，以免加重出口商的成本负担，因此，往往会因保险费收入总额不抵偿付总额而发生亏损。如英国出口信贷担保署亏损11.99亿美元，美国进出口银行亏损3.33亿美元，这样，私人保险公司不愿也无力经营，对出口信贷进行担保只能由政府来经营和承担经济责任。目前，世界上有的发达国家和许多发展中国家都设立了国家担保机构，专门办理出口信贷保险业务，如英国的出口信贷担保署、法国的对外贸易保险公司等。中国的国家进出口银行除了办理出口信贷业务外，也办理出口信用保险和信贷担保业务。

根据出口信贷的期限不同，担保期限有短期与中长期之分。短期信贷担保为6个月左右，为简化手续，有些国家对短期信贷采用综合担保（Comprehensive Guarantee）的方式，即出口厂商只要1年办理一次投保，就可承保在该期间对海外的一切短期信贷交易。一旦外国债务人拒付或无能力支付时，即可得到补偿；中长期担保时间通常为2～15年，一般采用逐笔审批的特殊担保（Specific Guarantee）的方式。由于担保机构的主要目的在于担保出口厂商与供款银行在海外的风险，以扩大商品出口，因此，所收的费用一般不高，以减轻出口厂商和银行的负担。保险费率因担保项目、金额、期限和输往国外地区的不同而有所差别。此外，各国的保险费率也有高低，如英国一般为0.25%～0.75%。

（四）商品倾销

商品倾销（Dumping）是指出口商在已控制国内市场的条件下，为达到向外扩张以低于国内市场的价格，甚至以低于生产成本的价格，在国外市场上大量抛售商品，打击同类产品竞争对手以占领或巩固市场。商品倾销是鼓励和扩大出口的一种有力措施，通常由私营垄断大企业进行，但随着国家垄断的加剧，一些国家设立专门机构直接对外倾销商品。

按照倾销的具体目的或时间的不同，商品倾销可分为以下三种。

1. 偶然性倾销。偶然性倾销（Sporadic Dumping）常常是因为销售旺季已过，或因公司经营其他业务，在国内市场上无法售出“剩余货物”，为解决生产过剩而在国内市场无法容纳的商品，而以倾销的方式采用低价在国外市场抛售。由于时间较短，销售的数量不多，尽管对进口国的同类产品生产会造成一定的不利影响，进口国通常很少采用反倾销措施。

2. 间歇性或掠夺性倾销。间歇性或掠夺性倾销（Intermittent or Predatory Dumping）是为了击败对手独占市场，以低于国内市场的价格甚至低于成本的价格，在国外市场上倾销商品，在打垮了全部或大部分竞争对手后再提高价格，目的是占领、垄断和掠夺国外市场，获取高额利润。它严重地损害了进口国的利益，因此，许多国家都采取反倾销税等措施进行抵制。它是20世纪初几十年间美国反倾销立法的最初原则，美国担心外国企业（或卡特尔）可能会故意使产品价格低得足以把现有的美国企业赶出市场而形成垄断。从实践来看，20世纪20～30年代国际经济秩序比较混乱期间，工业制成品的掠夺性倾销曾较普遍存在，但在第二次世界大战后一直没有关于掠夺性倾销的成功案例记载，最主要的原因是，当消灭所有的竞争者而暂时降低价格的厂商会发现，一旦它再度提高价格，许多跨国企业就会作为竞争者以有效的大规模生产重新进入市场。

3. 长期性倾销。长期性倾销（Long-run Dumping）又称持续性倾销（Persis-

tent Dumping)，这种倾销长期地以低于国内市场的价格在国外市场出售商品。由于这种倾销具有长期性，其出口价格至少应不低于边际成本。出口商可以通过获取出口补贴来进行这种倾销。这种倾销有长期目标，但从经济利益来考虑，长期的亏本必须要有足够的经济承受力。资本主义国家的垄断组织一般在作倾销计划以前已作好弥补的打算，它们一般通过如下方法获取补偿：（1）采用关税壁垒和非关税壁垒措施控制外国商品进口，维持国内市场上的垄断高价；（2）由出口国政府对倾销商品的出口商给予出口补贴，以补偿其在对外倾销商品中的经济损失；（3）垄断组织在抢占国外市场后再提高价格。采取如上措施，不仅能够弥补损失，而且还会带来较高利润。

（五）外汇倾销

外汇倾销（Exchange Dumping)，是指一国降低本国货币对外国货币的汇价，使本国货币对外贬值，并借此机会达到提高本国商品出口竞争力的目的。外汇倾销是向外倾销商品和争夺国外市场的一种特殊手段。出口国的货币贬值后，用外国货币表示的本国出口商品的价格降低，从而提高了本国出口商品的竞争力，有利于扩大出口。同时，本币贬值后，会引起进入该国的外国商品价格的上涨，从而削弱了进口商品的竞争力，起到限制进口的作用。

从 1985 年 2 月 26 日至 1987 年 3 月 20 日，美元与日元的比价由原来 1 美元汇兑 264 日元跌到 151.46 日元，美元贬值 43%。假定过去日本市场维持稳定，现在该商品在日本市场上的价格仍为 2 640 日元。由于美元的贬值，在外汇市场上 2 640 日元可折算成 17.43 美元（2 640/151.46)。美国的出口商将因美元贬值而获得额外利润，这对美国的出口商十分有利。

不仅如此，一国货币对外贬值，还会使外国商品处于相反的情况，使之在本国市场上的价格上涨，从而限制了其进口。仍按上例，原来的汇率是 1 美元汇兑 264 日元，那么，日本价值 2 640 日元的商品在美国市场上为 10 美元。当美元贬值，1 美元兑换 151.4 日元时，2 640 日元的商品在美国市场上用美元的标价将达到 17.43 美元，比原来上涨 47%，这将限制该商品在美国市场上的消费，从而限制美国对日本的进口。

但是，外汇倾销不能无限制和无条件地使用，必须具备一定的条件才能起到扩大出口和限制进口的作用。

（1）本国货币对外贬值的幅度大于国内物价上涨的幅度。

（2）其他国家不同时实行同等程度的货币贬值和采取其他报复性措施。换言之，外汇倾销措施必须在国际社会认可或不反对的情况下方能奏效。

（3）出口商品供给和进口需求都应该富于弹性。如果外汇倾销创造了外国的进口需求，但本国厂商生产能力有限，不能相应地增加供给，外汇倾销就达不到目的。如果“倾销”的商品外国需求收入弹性及需求价格弹性低，降低价格并不能大量增加需求，则外汇倾销也难以成功。

（4）应该在满足一定的出口生产结构的条件下使用。如果出口生产中使用的进口原材料、中间部件比例较高，则外汇贬值会提高进口成本，会抵消外汇倾销的促进作用。

（5）不宜在国内通货膨胀严重的背景下贸然采用。一国货币的对内价值与对外价值是互为联系、彼此影响的。一国货币汇价下跌迟早会推动其对内价值的下降，从而给已经严重的通货膨胀局面火上浇油。

货币贬值既可促进出口又能限制进口，是西方发达国家惯常使用的方法。但是，该措施所起的扩大出口、限制进口的作用不会一直有效，因为进口商品的价格上涨会引起国内同类商品的物价上涨，进口原料价格上涨也会引起一些出口商品价格的上涨。因此，外汇倾销实际上使同量出口商品换回的进口商品数量减少，贸易条件趋于恶化，不久货币贬值带来的好处会逐渐消失，有时甚至会引起国内经济的混乱，出现得不偿失的结果。

（六）促进出口的组织措施

为了扩大本国商品的出口，许多国家在组织方面采取了许多措施，主要有以下五个方面。

1. 成立专门组织，研究与制定出口战略。例如，美国成立了“扩大出口全国委员会”，向美国总统和商务部长提供有关改进与鼓励出口的各项措施的建议和资料。后又成立了“出口委员会”和“跨部门的出口扩张委员会”，附属于总统国际政策委员会。1992 年成立了国会的“贸易促进协调委员会”；1994 年 1 月又成立了第一批“美国出口援助中心”等。日本、欧盟国家也有类似的组织。

2. 建立商业情报网，加强国外市场情报工作。为了加强商业情报服务工作，从而及时向出口商提供所需的商业信息和资料，许多国家设立了官方商业情报机构。如英国设立的出口情报服务处，向有关出口厂商提供信息，以促进商品出口。又如日本政府出资设立的日本贸易振兴会（前身是“海外市场调查部”），也是一家从事海外市场调查并向企业提供信息服务的机构。

3. 设立贸易中心和贸易博览会，向国外推销本国产品。贸易中心是永久性设施，可提供商品陈列展览场所、办公地点和咨询服务等；而贸易博览会是流动性的展出，法国的巴黎博览会、中国的广州出口商品交易会等展览会都使外国进口商更好地了解本国商品，从而起到推销本国产品的作用。

4. 组织贸易代表团出访和接待来访，加强对国外市场的了解和外商对中国市场的把握。许多国家为了推动和发展对外贸易，加强国际间经贸联系，经常组织贸易代表团出访，其费用大部分由政府津贴支付。此外，许多国家还设立专门机构接待来访团体。例如，英国海外贸易委员会设立接待处，专门接待官方代表团，以促进贸易。

5. 组织出口厂商的评奖活动。通过对扩大出口成绩显著者给予奖励，推广其扩大出口的经验，以形成出口光荣的社会风气。例如，英国从 1919 年开始实行“女王陛下表彰出口有功企业的制度”，并规定受表彰的企业在 5 年之内可使用带有女王名字的奖状来对自己的产品进行宣传。

（七）鼓励出口的其他措施

鼓励出口还有许多其他措施，如采用外汇留成方式，即政府允许出口商从其所得的外汇收入中提取一定百分比自由支配，鼓励出口商的出口积极性；采取进出口相挂钩的制度，将进口与出口紧密联系在一起，较为普遍的做法是将进口许可证的分配与出口联系起来，用进口配额的额外收入促进出口的发展，以进带出，达到扩大出口的目的。另外，我们需要注意到，通过资本输出带动本国商品输出也已成为鼓励商品出口的重要手段之一。

二、促进对外贸易发展的经济特区措施

为了促进经济和对外贸易的发展，许多国家或地区建立了经济特区。所谓"经济特区"（Special Economic Zone），是指一个国家或地区在其境内划出一定的区域，在此区域内新建或扩建码头、仓库、厂房等基础设施并实行各种开放和优惠的政策，以吸引外商投资企业发展出口加工贸易等业务活动。建立经济特区的目的是发展和鼓励出口加工贸易与转口贸易，增加财政收入和外汇收入，推动本地区和邻近地区经济贸易的发展。建立经济特区是一个国家或地区实行对外开放政策的一项重要内容，是鼓励出口，促进国际贸易发展的一项重要政策，在当代国际贸易中占有越来越重要的地位。目前，各国设置的经济特区主要分为以下六种。

（一）自由港和自由贸易区

自由港（Free Port）和自由贸易区（Free Trade Zone）是经济特区最为常见的两种形式。

自由港又称自由口岸，在自由港内全部或大多数的进出口商品可以免征关税或只对少数特殊产品征税（如烟、酒等），并且准予在港口内对商品自由进行存储、整理、展览、装卸、加工、制造、改装或销毁等活动，以吸引外国货物或船只过境，发展过境贸易，通过赚取运费、加工费等增加该地区财政和外汇收入。从上述含义中可以得出自由港必须是港口或港口的一部分，其开发目标和劳动功能与港口本身的集散作用密切结合。如新加坡、丹麦的哥本哈根以及中国的香港等都是著名的自由港，绝大多数商品都可免征关税在自由港自由进出，也允许外国投资者在那里建立企业。

自由贸易区又称对外贸易区（Foreign Trade Zone）、自由区或免税贸易区等，是在自由港的基础上发展起来的，划分在关境以外，允许进出口商品免税自由进出的地区。如汉堡自由贸易区。自由贸易区一般与该国其他受海关管辖的区域分隔开来，允许在自由贸易区内从事贸易、劳务等活动。

具体来讲，对自由港和自由贸易区主要有以下三点政策上的规定。

1. 关税方面的规定。各国对进出自由港或自由贸易区的商品，除少数特殊

商品外，一般允许自由进出，并且免征关税。部分已经征收进口税的商品，如烟、酒等，当其再出口时可退还进口税。但是，凡经过自由港或自由贸易区进入其所在国销售的外国商品必须办理报关手续并缴纳进口税。

2. 贸易活动的规定。进入自由港或自由贸易区的外国商品，一般允许在其内自由拆散、分类、展览、储存、改装、修理、重新包装、重新整贴标签、清洗、整理、加工、制造以及与外国或国内的原材料混合再出口或向所在国国内市场销售。

3. 对特殊产品禁止或限制的规定。大多数国家禁止武器、毒品等危险品的输入，而对于烟草、酒、盐等国家专卖的特殊商品则规定凭进口许可证才能输入。有些国家对少数消费品的进口征收较高的关税；也有的国家对自由港或自由贸易区内某些生产资料的使用征收关税。

（二）保税区

保税区（Bonded Area）又称保税仓库区（Bonded Warehouse），是由一国海关设置或批准设置并受海关监督的特定地区或仓库。除某些特殊商品外，各国一般都规定商品可以自由进入保税区，进入保税区的外国商品可以进行存储、改装、分类、混合、展览、加工与制造等，并且可以暂时不缴纳进口税；如再出口，也不必缴纳出口税。但如进入所在国国内市场，则需办理海关手续和缴纳关税。保税区制度是一些资本主义国家（如日本、荷兰）在没有设立自由港或自由贸易区的情况下设立的，因此，它的功能类似于自由港或自由贸易区。

（三）出口加工区

出口加工区（Export Processing Zone）是指一个国家或地区在其港口、机场或其邻近的交通便利的地区划出一定区域，新建和扩建码头、车站、道路、仓库和厂房等基础设施，并提供减免关税等优惠待遇，鼓励外国企业在区内进行投资设厂，生产以出口为主的制成品的加工区域。其目的在于吸引外国投资，引进发达国家的先进技术、设备及管理方法，利用本国的劳动力资源和国际市场，扩大本国的出口贸易，促进经济和生产技术的发展，提高就业率，增加财政及外汇收入。

出口加工区源于自由港和自由贸易区，是在其基础上发展起来的，但又与后两者有所区别。自由港和自由贸易区是以发展转口贸易、取得商业收益为主；而出口加工区是以发展出口加工工业、取得工业收益为主。

出口加工区一般分为两种：一种是综合性的出口加工区，即在区内可以经营多种产品的出口加工；另一种是专业性出口加工区，即在区内只准经营某种特定产品的出口加工。目前，世界各国的出口加工区大部分是综合性的。

为了充分发挥出口加工区的作用，许多国家制定了一系列吸引外商投资建厂的优惠政策措施。首先，对外商给予财政上的优惠和补贴。凡是投资设厂所需的各种设备、原材料、零配件等，一律免征进口税；加工产品的出口，一律免征出口税。其次，在区内外商投资比率不受任何限制，可达100%。再次，外商企业经营所得的各种收入不受外汇管制的限制，保证外商的投资利益，包括利息等全部可以自由汇回本国。最后，对于报关手续、土地和厂房等都给予一定的优惠待遇，提供稳定的政策和投资的法律保护。

许多国家在提供种种优惠待遇鼓励和吸引外国投资的同时，也采取了一些限制性的措施，如对投资项目的限制、对外国投资审批的规定、对产品销售市场的规定以及对雇用人员和工资待遇的规定等。

（四）自由边境区

自由边境区（Free Perimeter）也称自由贸易区（Free Trade Area），是指设在一国的一个省或几个省的陆路边境地区，按照自由贸易区或出口加工区的优惠措施，对区内使用的生产设备、原料和消费品的进口可以减税或免税，以吸引国内外厂商投资，开发边区经济。

与出口加工区不同的是，外国商品在自由边境区内加工制造后主要用于区内使用，只有少数用于再出口。由于自由边境区的目的是发展边境经济，因此，对其优惠待遇有一定的期限限制。当边境地区生产能力发展到一定的程度后，就会逐渐取消对某些商品的优惠待遇，直至废除自由边境区。自由边境区主要设置于少数美洲国家，并不常用。

（五）过境区

过境区（Transit Zone）又称中转贸易区，是指某些沿海国家为了便于邻近国家进出口货物的运输，在某些海港、河港或边境城市开辟的作为货物过境的自由中转地区的特殊区域。在过境区内过境的货物可简化海关手续、免征关税，或只收取小额的过境费用。过境区与自由港的明显区别在于：过境货物可在过境区内短期储存、重新包装，但不得加工制造。过境区一般都提供保税仓库设施。

（六）综合型经济特区

随着国际经济关系特别是国际贸易和金融的发展，经济特区以各种不同形式发展起来，并出现向综合化发展的趋势。综合性经济特区是在出口加工区的基础上形成和发展起来的，其规模大、经营范围广，具有多行业、多功能的特点。它不仅重视出口工业和对外贸易，同时也经营农牧种植业、旅游业、金融服务业、交通运输业以及一些其他行业，是世界经济特区发展的新阶段和新趋势。

三、出口管制措施

出口管制措施（Measurement for Export Control）是指出口国政府从其本身的政治、军事和经济利益出发，通过各种经济的、行政的办法和措施，对本国出口贸易实行管制行为。许多国家往往对某些商品特别是战略物资实行出口管制，限制或禁止这些商品的出口。出口管制是一国对外贸易政策的组成部分，是实行贸易歧视的重要手段。

（一）出口管制的商品

需要实行出口管制的商品一般有以下五类。

1. 战略物资及其有关的先进技术资料的出口，如军事设备、武器、军舰、飞机、先进的电子计算机和通信设备及先进的机器设备等。

2. 国内生产所需的原材料、半成品及国内市场紧缺的必需品。如西方各国往往对石油、煤炭等能源商品实行出口管制。

3. 受“自动”出口限制的产品。

4. 一国的文化艺术遗产、历史文物和弘扬民族精神的艺术品等。

5. 本国在国际市场上占主导地位的重要商品和出口额大的商品。例如，欧佩克（OPEC）对成员的石油产量和出口量进行控制，以稳定石油价格。

（二）出口管制的目的

1. 出口管制的政治目的。为了干涉和控制进口国的政治经济局势，在外交活动中保持主动地位，遏制敌对国或臆想中的敌对国家的经济发展，维护本国或国家集团的政治利益和安全等目标，通过出口管制手段，限制或禁止某些可能增加其他国家军事实力的物资特别是战略物资和可用于军事的高技术产品的出口。或通过出口管制手段对进口国施加经济制裁压力等手段，迫使其在政治上妥协就范。

2. 出口管制的经济目的。为了保护国内稀缺资源或再生资源；维护国内市场的正常供应；促进国内有关产业部门或加工工业的发展；防止国内出现严重的通货膨胀；保持国际收支平衡；稳定国际市场商品价格，避免本国贸易条件的恶化等。

（三）出口管制的形式

出口管制的形式主要有两种。

1. 单方面出口管制。单方面出口管制指一国根据本国的出口管制法案，出于本国的需要和外交关系的考虑，设立专门机构对本国某些商品出口进行审批和颁发出口许可证，实行出口管制。以美国为例，美国政府根据国会通过的有关出口管制方案，在美国商务部设立外贸管制局，专门办理出口管制的具体事务，美国绝大部分受出口管制的商品的出口许可证都由这个机构办理。

2. 多边出口管制。多边出口管制指两个或两个以上国家的政府，通过一定的方式建立国际性的多边出口管制机构，商订和编制多边出口管制清单，规定出口管制办法等，以协调彼此的出口管制政策和措施，达到共同的政治和经济目的。

【案例研究】

案例1　后危机时代新贸易保护主义的特征及发展趋势

作为经济发展的必经选择，自由主义和保护主义作为一对并存的矛盾是任何一个国家或地区在面对自身经济发展和对外竞争时必须要考虑的核心因素。一方面，如何选择经济发展的原则往往取决于多个因素，如一个国家或地区自身的发展水平、自身与外界的相互关系等；另一方面，政策的选择往往又是一个动态的过程，在实践中不断调整、修正，在竞争中不断升级、完善。

相对于经济自由主义而言，贸易保护主义更关注外界因素对自身的消极影响，其主要是通过关税和各种非关税壁垒限制进口，以保护国内产业免受外国商品竞争。作为传统贸易保护主义的延续和升级，20世纪末期，新贸易保护主义方兴未艾，保护的范围已经远远超出了商品经济的范畴，通过绿色壁垒、社会责任壁垒及知识产权保护等措施达到规避多边贸易制度的约束，进而保护本国就业，维持本国在国际分工和交换中的支配地位。新贸易保护主义的出现和发展，既有竞争加剧、经济理论发展的推动，也有多边贸易体制自身的原因，但根本原因依然是各国、各地区经济发展的不平衡，因此，自由和保护的相互交织必然贯穿于世界经济发展的各个阶段。而后危机时代的新贸易保护主义作为自20世纪90年代新贸易保护主义的延续和升级，一方面保留了新贸易保护主义的全部特征；另一方面又呈现出自身的独特性。

所谓后危机时代，一方面是区别于暂时已经过去的全球金融危机；另一方面，由于现阶段世界经济并没有明显脱离经济危机的负面影响，经济的反复随时可能出现，因此，此阶段的新贸易保护主义更多的是对之前新贸易保护方式的延续和精细化。具体而言，有如下特征。

1. 实施主体的全球性和区域性。一方面，当今的世界经济格局有所变化，世界各国和地区由于经济全球化与区域经济一体化而紧密地联系在一起。美国次贷危机引起的金融危机影响着世界各国和地区，通常一国对他国采取保护贸易措施会引起他国“报复”，这样一来会引发贸易保护“多米诺骨牌”效应，导致全球性的贸易保护主义。另一方面，新贸易保护向双边化、集团化和区域化方向发展。为了缓解金融危机所带来的影响，世界各国纷纷利用双边协调、构建FTA、建立共同市场等形式，对区域一体化组织内实行自由贸易，对外构筑贸易壁垒，以此保护成员国的市场，提高整体竞争力，共同应对外部国家的报复行为。当今区域经济一体化的快速发展，使新贸易保护主义呈现出区域化的趋势。对于中国而言，迄今共加入了9个自由贸易协定，同时，官方和民间机构也在不断推动更多FTA的构建。

2. 保护措施更加复杂和隐蔽。一方面，新贸易保护主义措施层出不穷，日趋复杂，其超出世界贸易组织现有协定与协议的约束范围。新贸易保护主义政策开始由贸易政策延伸到对方国家的经济甚至社会政策，主要表现为：要求对方国限制国内商业行为、管制对方国家政府利用行政权力妨碍竞争的行为和干预对方国家经济政策等。此外，新贸易保护主义的保护对象从传统工业品和农产品转向高级工业制成品和劳务，并且开始进入高技术产品领域。以上这些方面也使得中国应对和解决其的难度加大。另一方面，新旧贸易保护主义区别的根本点在于旧贸易保护主义主要采用关税壁垒，而新贸易保护主义的保护手段以非关税措施为主。其中，新贸易保护主义所采取的明显性的非关税措施主要是进口许可证制度、自动出口配额、出口补贴和进口配额等，而世界贸易组织规则对以上这些非关税措施的约束越来越严。在这种情况下，新贸易保护主义国家更多地采用更为实用的隐蔽性的技术壁垒，如技术标准、质量认证、检验程序、环境保护与国民健康等。

3. 保护措施表面日趋合法化。如今世界大多数国家在WTO规则的约束下，经济发展都在向自由贸易的方向迈进，可现在的多边贸易体制还是存在一些漏洞，这样贸易保护主义总是设法从中寻找“合法”的生存土壤。WTO允许成员利用其有关协议反击遭到的不公平待遇以保护本国的利益，这就为各国以“公平贸易”为由实行贸易保护主义腾出了余地。另外，当前，WTO规则保留各成员的经济自主性，不仅包括发达国家，而且还包括发展中国家。因此，采取与WTO不直接冲突的各种保护措施，已成为经济全球化过程中贸易保护主义的普遍形式。此外，各国同样通过自身立法来绕开WTO规则的规制，如美国337条款，337条款是美国《1930年关税法》第337节的简称，它主要规范的是美国国际贸易委员会（ITC）对进口贸易中的不公平竞争方法和不公平行为进行调查的行为，337条款并不要求以实际损害为前提。若ITC裁决原告胜诉，ITC可向美国公司提供有限排除令、普遍排除令和停止令等救济措施，但实践中，337条款更多起到的是一种敲山震虎的作用，往往程序一经启动，未等裁决，出口国方面即会规范自身行为以达到相应的标准。此外，还有以SA8000为代表的社会责任壁垒，它是一种以保护劳动环境和劳工权利为主要内容的管理标准体系，以劳动者劳动环境和生存权利为借口采取的贸易保护措施，是全球首个道德规范国际标准，其宗旨是确保供应商的产品符合社会责任标准。目前，全球的一些大采购集团都非常青睐有SA8000认证企业的产品，这促使很多企业去申请与维护这一认证体系，从而削弱发展中国家在劳动力成本方面的比较优势。中国目前也正在从事这方面的研究，并积极争取参与如ISO 26000等相关规则的制定，以保护本国权利。总之，新贸易保护主义措施表面日趋合法化，可其实质并没有改变。

（资料来源：http：//www. studa. net/guojimaoyi/101122/14332993 –2. html）

分析与思考

1. 试述危机前新贸易保护的特点及对国际贸易影响。
2. 试述危机后新贸易保护的特征及对中国进出口贸易的影响。
3. 在后危机时代背景下，中国应对新贸易保护主义有哪些对策？

案例2 从“加澳鲑鱼案”看技术性贸易壁垒措施

鲑鱼作为溯河洄游性的淡水鱼类，从入海到顺利成活需要跳跃瀑布和堤坝到达产卵地区，且其对产卵场地的要求也极为严格，主要分布于大西洋和太平洋的北部，营养价值和价格都极高。加拿大是世界上鲑鱼出产丰富的国家，鲑鱼作为加拿大向全球出口产品中比重较大的水产品，每年接近28%的水产品是鲜冷鲑鱼。澳大利亚作为鲑鱼需求较大的国家，从20世纪末就大量进口鲑鱼，对鲑鱼的食用和作为原材料加工食品的数量明显加大，国内需求接近50%，为了限制国内对澳大利亚鲑鱼的大量需求，从1975年开始向外宣称为了保护本国人类和动植物的健康，对有可能携带病菌的鲜冷冻鲑鱼进行禁止并颁布第八十六号免疫条例，规定禁止其他国家以任何形式向澳大利亚出口带有传染病菌的鲑鱼及其制成品。

两国进行了近二十年的磋商后，仍然没有形成有效的解决措施。从1997年开始，DBS组成专家组，对该案件进行争端解决，结论为：（1）澳大利亚采取的措施是具有差别对待的，因为至今也不能证明从加拿大进口的鲑鱼含有病菌（虽然也不能证明从加拿大进口的鲑鱼不含有病菌）；（2）认为在此案件中澳大利亚所采取的进口风险分析指标是不正确的，因为澳大利亚禁止进口加拿大的鲜冷鲑鱼，却允许进口加拿大的鲱鱼和活观赏鱼类，这两类鱼种与鲑鱼生态结构和活性都相似，如果按照澳大利亚规定的条例解读，那么这是不合理的。

最后，专家组做出评判，认为澳大利亚对不同的产品采取不同的对待，以变相的风险水平标准差别对待进而限制国际贸易的发展。DBS要求澳大利亚在一定期限内取消差别对待规定和放开鲑鱼的自由贸易，从21世纪开始，澳大利亚政府最终取消了禁止鲑鱼进口的一系列规定措施。

（资料来源：Ray August. International Business Law［M］. 北京：机械工业出版社，2014：283）

分析与思考

1. 上述案例中，涉及了哪种新型非关税壁垒？它的主要内容是什么？
2. 新型非关税壁垒与传统非关税壁垒的区别及其对国际贸易产生哪些影响？

［本章思考与练习］

1. 什么是关税？它有哪些主要特点？
2. 进口附加税的种类及征收目的有哪些？
3. 什么是反补贴税？什么是反倾销税？
4. 什么是普惠制及其三原则？
5. 什么是海关税则？主要有哪些种类？
6. 什么是非关税壁垒？
7. 试分析非关税壁垒兴起的原因。
8. 简述技术性贸易壁垒的含义及特点。
9. 简述绿色贸易壁垒的形式。

10. 鼓励出口的措施主要有哪些？对国际贸易产生了怎样的作用？
11. 什么是出口信贷？出口信贷有哪些种类？
12. 外汇倾销在什么条件下才能起到扩大出口和限制进口的作用？
13. 需要实行出口管制的商品一般有哪几类？
14. 促进对外贸易发展的经济特区形式有哪几种？
15. 简述商品倾销的含义及种类。
16. 对外贸易政策包括哪几个组成部分？
17. 简述新贸易保护主义的特点及影响。
18. 试述第二次世界大战后贸易自由化的主要表现。
19. 各国制定对外贸易政策的目的何在？

第四章　国际技术贸易

【本章教学目的】通过本章的学习，熟悉：国际技术贸易的含义及特点；许可贸易的概念及方式；国际许可合同的定义与特征；商标权及其特征。了解：专利的含义、种类和特征；商标的含义和种类；专有技术的含义及其特征；专利与专有技术的联系和区别；国际技术贸易转让方式。掌握知识产权的概念、特点及其保护的国际公约、中国对外技术贸易的管理等。

第一节　国际技术贸易概述

一、技术的含义及其特点

（一）技术的含义

技术（Technology）是一种人类经验的总结和智慧的结晶。它是指人们在生产活动中制造某种产品、应用某种工艺方法制造产品或提供服务的系统知识。目前，由于人们研究领域、角度等不同，对“技术”的认识亦不同。但比较权威的国际组织给出了技术的定义。国际工业产权组织认为：“技术是指一种制造产品或提供服务的系统知识。”世界知识产权组织在1977年出版的《供发展中国家使用的许可证贸易手册》中，给技术下的定义是：“技术是指制造一种产品的系列知识，所采用的一种工艺，或提供一项服务，不论这种知识是否反映在一项发明、一项外形设计、一项实用新型或者一种植物的新品种，或者反映在技术情况或技能中，或者反映在专家为设计、安装、开办、维修、管理一个工商企业而提供的服务或协助等方面。”这是迄今为止国际上给技术所下的最为全面和完整的定义。实际上，世界知识产权组织把世界上所有能带来经济效益的科学知识都定义为技术。

技术可以存在于书面上，也可以存在于人的头脑中。表现形态可以是文字、图纸、软件、数据、配方等有形形态，也可以是实际生产经验或个人的专门技能等无形形态。

（二）技术的特点

1. 技术是无形的知识。技术知识，相对于有形资产而言，是非物质的、无形的。有时技术也依附在一定的物质载体上，如产品、机器设备等，但我们不能把技术与反映技术的载体相混淆。技术也是人们在实践中发明创造出来的，而且经过实践证明是正确的、科学的、可传授的知识，并随时付诸实践活动中。

2. 技术具有系统性。技术是关于产品的生产原理、设计、生产操作，设备安装调试，管理、销售等各个环节的知识、经验和记忆的综合。

3. 技术是一种特殊的商品。技术是商品，它具有价值和使用价值。技术的价值反映在技术商品生产和研发过程中所耗费的物化劳动上；技术的使用价值反映在技术商品中的技术知识对社会生产的实用性，通过使用技术可以解决具体难题、提高劳动生产率、增加社会效益。用于技术贸易的技术还具有交换价值，表现为技术的供方在传授和转让技术的过程中可以获取相应的报酬。

二、国际技术转让与国际技术贸易

技术转让是指技术的供方通过一定形式将技术出让给另一方的行为。联合国在《国际技术转让行动守则草案》中把技术转让定义为："关于制造产品、应用生产方法或提供服务的系统知识的转让，单纯的货物买卖或只涉及租赁的交易都不包括在技术转让的范围之内。"

技术转让有国际技术转让和国内技术转让之分。按绝大多数国家的法律的规定，所谓国际技术转让是指技术的跨国界的出让行为，所谓的跨国界包括两层含义：一是技术转让双方当事人不在同一国内；二是被转让的技术必须是跨越国界而传递的。但也有少数国家规定，除上述跨国界的技术转让外，在同一国家内两个有母子公司关系的当事人之间的技术转让也属于国际技术转让。具体而言，国际技术转让是指一国的技术拥有方把生产所需的技术和有关权利通过贸易合作、交换等方式提供给另一国的技术需求方。在国际经济技术合作中，国际技术转让主要有商业性的国际技术转让和非商业性的国际技术转让两种形式。

商业性的国际技术转让是有偿性技术转让，主要指不同国家的政府机构、企业、经济组织或个人之间，按照一定的商业条件，授予、出售或购买技术使用权的一种贸易行为。技术的供需双方需按商业条件，通过签订协议或合同而进行技术转让，实际上是一种贸易活动。因此，有偿的技术转让也被称为国际技术贸易。

非商业性的国际技术转让是无偿的技术转让，主要是以政府资助、交换技术情报、学术交流、技术考察等方式进行的技术转让活动，包括国际科学技术交流和国际技术援助两种形式。国际技术交流不仅包括实用技术的国际交流，而且还包括非完善的初步科研成果的国际交流，主要包括进行科技信息情报交流，召开技术专题研讨会，举办科技专题讲座和建立联合的科技研究与开发机构等。国际技术援助主要是联合国或不同国家政府机构间以技术援助方式进行的无偿技术转让。

三、国际技术贸易的产生与发展

技术在国际间的转让历史十分悠久。公元6世纪，中国的养蚕和丝绸技术就曾通过“丝绸之路”传到中亚、西亚和欧洲各国。10～15世纪，中国的造纸、火药、印刷术相继传到西方。16世纪初，德国的机械表制造技术和意大利的眼镜技术也先后传到中国和日本。再如英国的工业是在引进欧洲大陆先进的工匠技术的基础上发展起来的。但18世纪以前的技术转让还不属于现代意义上的技术转让，一方面是因为转让的手段落后，国际间的技术转让主要是工匠技能的传播，而不是许可权的转让；另一方面，这个时期技术转让的时间较长，如中国的养蚕和丝绸技术用了1 800多年才传到欧洲，造纸、火药、印刷术传到欧洲也用了600多年。

现代意义上的技术转让是通过技术的商品化并伴随着资本主义商品经济的发展而逐步发展起来的，就是本章提出的国际技术贸易。进入18世纪以后，随着工业革命的开始，资本主义的大机器生产逐步代替了封建社会的小农经济，这为科学技术提供了广阔的场所，并出现了以许可合同形式进行交易的技术贸易。19世纪以来，随着西方各国技术发展速度的加快和技术发明数量的不断增多，绝大多数国家都建立了以鼓励发明创造为宗旨的保护发明者权利的专利制度，这就促使以许可合同形式出现的国际技术贸易的迅速发展。第二次世界大战以后，科学技术在经济发展中所起的作用日益重要，国际间经济上的竞争实际上表现为技术的竞争。为此，技术已作为一种特殊的商品成为贸易的主要对象，这就使第二次世界大战后以来的技术贸易额不断增加。据有关资料显示，1965年国际技术贸易额仅为27亿美元左右；1975年达到110亿美元；1985年激增到500亿美元左右；1996年猛增到4 000亿美元；而进入21世纪以后，国际技术贸易年成交额达到5 000亿美元。自20世纪60年代以来，国际技术贸易年均增长速度在15%以上，远远超过了国际商品贸易的增长速度。国际技术贸易在国际贸易中所占比重迅速上升，由1965年的1%上升至20世纪90年代末的10%。

近年来，国际技术贸易发展出现新的趋势。在国际技术贸易发展速度加快的同时，高新技术所占比重不断提高，国际技术贸易结构呈现不断升级趋势。以信息为主导的新技术革命突飞猛进，全球经济进入了一个全新的发展时期，各国之间的经济竞争归根结底是技术水平、科技竞争力的较量。只有科技进步才能推动经济以最快的速度发展。因此，许多国家大力发展高新技术产业，增加科技投资，积极扩大高新技术及其产品的出口，高新技术产业发展促进了当代国际技术贸易发展。

四、国际技术贸易的特点

科学技术是生产力已成为世界各国的共识，技术贸易活动也在各国竞相展开。以技术作为交易对象的国际技术贸易，其特点主要表现在以下九方面。

1. 贸易的标的多数为技术使用权。技术转让交易在一般情况下转让的不是技术所有权，而只是使用权。技术转让交易的供方将技术转让给接受方，或协助解决某个技术问题，并不因此失去对技术的所有权，自己继续使用，或再转让给任何第三方。技术接受方通过技术转让交易只是取得一定时间内对技术的使用权，并且除非另有规定，接受方只能自己使用引进的技术知识，而不能将它转让或赠送给任何第三方。

买卖技术所有权的交易也是有的，这多是由于专利权人无力实施投产，或某企业为了垄断该项发明，防止别人竞争，出高价收买专利所有权据为已有，原专利权人不能再出售和再转让，也不能自己使用，不过这样的技术交易极少。

2. 贸易双方是长期合作关系。一般商品贸易当事双方之间的关系是商品等价交换的关系，这种关系的后果是实现等价交换条件下的商品所有权的转换。技术贸易当事双方之间的关系并非是这种简单的等价交换关系。一般情况下，它不产生技术所有权的转换。一项技术从供应方转到接受方仅凭简单的买卖是实现不了的。因为技术贸易本身是知识和经验的传授，其目的是使技术的接受方消化和掌握技术并能够运用其进行生产。达成国际技术贸易协议后，一般要经过提供技术资料、对技术人员进行培训、实施技术、产品检验乃至继续提供改进技术等步骤，这些步骤的完成，需要一定时间的合作，有时甚至需要较长时间的合作，所以，国际技术贸易是双方较长期的密切合作关系。

3. 交易的双方既是合作伙伴又是竞争对手。这是国际技术贸易的突出特点。由于技术贸易双方往往是同行，技术输出方既想通过输出技术获取收益，同时又担心引进方获得技术后生产或经营同一类产品，成为自己的竞争对手。因此，技术输出方一般不愿意将最先进的技术转让出来，或者对转让时期加以限制以约束技术引进方。

4. 贸易标的物的作价难度较大。在国际技术贸易中，技术价格的制定与一般商品不同。在商品贸易中，标的物价格的制定主要取决于其成本。它通常是在成本的基础上加一定数量的利润，其价格的高低与利润高低并不一定成正比。而在技术贸易中，技术转让方进行技术转让后，仍可享有该项技术的所有权，仍然可以使用该技术并进行多次转让。因此，决定技术价格的主要因素是引进方使用该项技术后所能获得的利润，但技术引进方能够获得的经济效益在谈判和签订合同时往往难以准确预测，这使得技术转让的价格难以确定。

5. 技术输出方对技术输出的管制比较严格。由于国际技术贸易不仅涉及有关企业的利益，而且与国家的发展战略、国民经济乃至国家安全都有着密切的联系。各国对技术输出的干预和管制比一般商品交易更加严格，许多国家为了控制尖端、保密和军事技术的外流，对技术输出项目都实行严格的审批制度。

6. 软件技术在国际技术贸易中的比重日益提高。20 世纪 80 年代以前，国际技术贸易主要是通过引进和出口先进设备来进行的。80 年代以后，随着高新技术的迅猛发展，软件技术特别是计算机技术交易在国际技术贸易中的比重日益提高。一些发展中国家在注重技术引进效益的同时，软件技术正逐渐成为其技术引进的主要标的。

7. 贸易发展不平衡。据统计，目前发达国家之间的技术贸易额约占世界技术贸易总额的 80% 以上，而发展中国家与发达国家之间的技术贸易额仅占 10% 左右，余下的不足 10% 是发展中国家之间的技术贸易额。在现代技术贸易市场上，美国占据主要地位，欧盟与日本技术贸易相对地位也有提升，因此，目前已基本形成了美、欧、日三足鼎立的局面。

8. 跨国公司是国际技术贸易的主体。第二次世界大战结束后，跨国公司得到了空前发展，为了维持和加强其在某一行业的垄断地位，跨国公司投入巨资研制新技术，并控制了技术的使用和转让。据相关资料统计，发达国家的 500 强企业垄断了世界上约 90% 的生产技术和约 75% 的国际技术转让。

9. 竞争日趋激烈。在当今世界，谁拥有先进技术，谁就能在世界经济中处于领先地位。无论是发达国家还是发展中国家，都在不断进行新技术的开发和转让。各技术输出国或企业为了保持其原有的技术市场或扩大其技术市场份额，都在不断地进行新技术开发和参与市场竞争，这就使得国际技术贸易市场上的竞争日趋激烈。

第二节　国际技术贸易的标的

一、专利

（一）专利的定义

专利（Patent）是指国家主管当局依法授予发明者在一定时期内对其发明拥有的一种专有权或独占权。专利即专利权，专利权所有者即专利权人（Patenter）。中国《专利法》规定，专利保护的对象是发明、实用新型和外观设计。

专利就其内容来说包括三个方面：一是独占的实施权，即在一定期限内发明人对其发明所享有的独占实施权；二是受法律保护的发明创造，包括发明专利、实用新型专利和外观设计专利；三是专利文献，包括说明书、权利要求等。

（二）专利的种类

1. 发明专利。发明不同于发现，发明（Invention）是对产品、方法或其改进所提出的新的技术方案，而发现则是揭示自然界已存在的但尚未被人们所认识的事物。

发明具有三个特征：一是发明必须是一种技术方案，即用来解决某一具体问题的方案，如果不能在生产中利用，则不能取得法律保护；二是发明是对自然规律的利用，即它是在对自然规律认识的基础上的革新或创造；三是发明是具有最高水平的创造性技术方案，即比已有技术先进。

发明具有三种表现形态：一是表现为产品发明，它是经过人们智力劳动创造出来的新产品，产品发明可以是一个独立的新产品，也可以是一个产品中的某一部件；二是表现为方法发明，即制造某物品或解决某一问题前所未有的方法；三是表现为改进发明，即发明人对已有产品发明和方法发明所提出的具有实质性改革及创造的技术方案。

2. 实用新型专利。实用新型（Utility Model）是指对产品的形状、构造或两者的结合所提出的适用于实用的新的技术方案。

实用新型具有三个特点：一是它必须是一种产品，如仪器、设备、日用品等；二是实用新型是一种具有形状的物品，如气体、液体或粉状的物质；三是实用新型必须适用于实用。

从本质上讲，实用新型也是一种发明，只是其创造性比发明低，其技术价值较发明低，但其经济效益则不一定低于发明，所以通常把实用新型称为“小发明”。

3. 外观设计专利。外观设计专利是指对物的形状、图案、色彩或其结合所做出的富有美感并能应用于工业的新设计。

形状是指平面或立体轮廓，即所占空间形状，无固体形状的气体、液体及粉末状的固体不属于外观设计的范围。图案是指作为装饰而加于产品表面的花色图样、线条等。色彩是指产品表面的颜色。美感是指其形状、图案、色彩等所具有的特点，很多国家对外观设计不要求其具有美感。外观设计往往是外形、图案和色彩三者相结合后所产生的富有美感的外表或形态，而不涉及产品的制造和设计技术。

（三）专利的特征

专利是一种无形的财产权，具有与其他财产权不同的特征，即具有专有性、地域性、时间性和实施性四个特征。

1. 专有性。专有性也称独占性或排他性，这是专利权最重要、最本质的特征。专利权是一项独占权，对于同一发明权只能授予一个专利，而不能授予几个专利。其专有性还表现在只有专利权人才有权享用该项专利，其他人如欲使用，必须事先获得专利权人的同意，否则就构成侵权行为。

2. 地域性。专利权是一种有地域范围限制的权利，除特殊情况外，技术发明在哪个国家申请专利，就由那个国家授予专利权，而且只在专利授予国的范围内有效，对其他国家不具有法律约束力，即其他国家不承担任何保护义务，其他人可以在其他国家使用该发明。但同一发明可以同时在两个或两个以上的国家申请专利，获得批准后其发明便可在该国受到法律保护。

3. 时间性。专利权是一种有时间性的权利，各国专利法均对专利的保护期限做出了明确规定，一般规定为10~20年。保护期限届满，原则上不得要求延长，超过保护期，该项专利即成为社会公共财产，任何国家、任何人都可以使用，原专利人不得干预。中国的专利法对发明专利的保护期限规定为20年，对实用新型专利和外观设计专利的保护期限规定为10年。

4. 实施性。对发明者所得到的专利权，除美国等少数几个国家以外，大多数国家都要求专利权人在给予保护的国家内实施其专利，即利用专利技术制造产品或转让其专利。

（四）授予专利权的条件

1. 授予发明专利和实用新型专利的条件。根据世界各国专利法的规定，授予专利权的发明和实用新型必须具有新颖性、创造性和实用性。

（1）新颖性。这是指在提出专利申请以前尚未有过的发明或实用新型。判断发明和实用新型是否具有新颖性一般依据以下三个标准。

第一，时间标准。多数国家在时间标准上采用申请日原则，即发明和实用新型在申请日以前没有公开过，也就是说，没有其他人向专利的授予机构就相同内容的专利或实用新型提出过专利申请。也有少数国家以发明的时间为准，即专利权授予技术的最先发明者，而不是最先提出申请的人。

第二，地域标准。目前，世界各国所采用的地域标准有三种：第一种是世界新颖，即发明或实用新型必须在全世界任何地方未被公开或未被使用过，英国、法国、德国等国均采用世界新颖；第二种是国内新颖，即发明或实用新型在本国范围内未被公开和使用过，澳大利亚、新西兰、希腊等国采用；第三种是混合新颖，即发明或实用新型从未在国内外出版物上发表过，并从未在国内公开使用过，中国、美国、日本等国采用。

第三，公开的形式标准。世界各国专利法都规定，一项发明或实用新型必须是从未以任何形式为公众所知，否则将失去新颖。

（2）创造性。这是指申请专利的发明和实用新型与已有的技术相比具有实质性特点和显著的进步。已有的技术在这里是指专利申请日之前已公开的技术；实质性特点是指申请专利的发明和实用新型与已有的技术相比有本质性的突破；显著的进步则是指发明或实用新型克服了已有技术的某些缺陷和不足，并取得了较大的进步，如提高了劳动生产率。

（3）实用性。这是指发明或实用新型能够在生产上制造或使用，并且能产生积极的效果。这里的生产不仅包括工业、农业、矿业、林业、渔业和牧业，还包括运输和金融等服务性行业。在生产上能够制造或使用是指在生产过程中制造或使用，并能多次和反复地进行制造或使用。能够产生积极的效果是指能提高劳动生产率，节省劳动力，改进产品的质量。

2. 授予外观设计专利的条件。外观设计应在申请日以前没在国内外出版物上公开发表过或没在国内公开使用过，即出版公开应以世界新颖为准，使用公开则以国内新颖为准。此外，外观设计也必须具备创造性和实用性，而且有些国家还要求外观设计富有美感。

3. 不授予专利的发明创造。为促进社会经济的发展，维护良好的社会秩序和公共道德，各国都对一些阻碍社会进步、有损社会公德的发明制造不授予专利。目前，世界上大多数国家都不对以下发明授予专利：（1）科学发现；（2）智力活动的规则与方法；（3）疾病的诊断与治疗方法；（4）化学物质；（5）饮食品和药品；（6）动植物品种；（7）用原子核变化方法获得的物质。

二、商标

（一）商标定义

商标（Trademark）是指生产者或经营者用于标明自己所生产或经营的商品，与其他人生产或经营的同一商品有所区别的标记。商标可以是用文字、图形、字母、线条、数字或颜色单独组成，或组合而成。

（二）商标的种类

1. 按商标的构成要素可分为文字商标、图形商标和组合商标。

（1）文字商标，是指由文字组成的商标。包括中文、外文、汉语拼音、字母或数字等。如“可口可乐”、“娃哈哈”、“NIKE”、“PEPSI”、“555”、“SAMSUNG”。

（2）图形商标，是指由几何图形、符号、记号、山川、建筑图案、日用品、动物图案等组成的商标。

（3）组合商标，是指由文字和图形两部分组合而成的商标。

2. 按商标的使用者可分为制造商标、商业商标和服务商标。

（1）制造商标，是商品的制造者使用的商标。这类商标代表着企业的商誉和产品的质量。如“SONY”。

（2）商业商标，是商品的销售者使用的商标。这类商标往往是享有盛誉的商业企业使用。如“日本三越百货”。

（3）服务商标，是旅游、民航、运输、保险、金融、银行、建筑、维修等服务性企业使用的商标，如中国民航使用的“CAAC”和中国人民保险公司使用的“PICC”等。

3. 按商标的用途可分为营业商标、等级商标和证明商标。

（1）营业商标，指的是以生产或经营企业的名字作为商标，如“狗不理”包子铺。

（2）等级商标，是同一企业根据同一类商品的不同质量、规格等而使用的系列商标。如瑞士手表，“劳力士”为最高档次，“浪琴”为二级，“梅花”为三级，“英纳格”为四级。

(3) 证明商标，是指用于证明商品原料、制造方式、质量精密度或其特征的商标，如绿色食品标志、真皮标志、纯羊毛标志、电工标志等。

(三) 商标的作用

商标是商品经济的产物，在当代经济生活中它具有以下作用。

1. 区别商品的生产者、经营者、服务者、进货来源及档次。消费者可以通过商标来辨别商品的产地、经营者或生产者，以便于消费者精心选购心目中的名牌产品及有良好信誉的生产者或经营者的产品。此外，商标往往还能说明产品的档次，如汽车中的“奔驰”和“宝马”代表德国产的高档车，而丰田则代表日本产的中档车。

2. 代表商品质量和服务质量。消费者总是把商标和产品质量联系在一起，消费者心目中的著名商标是逐渐树立起来的，并以长期保持高质量和周全的售后服务赢得的。因此，商标一般是产品质量的象征和生产企业的商誉。

3. 有助于商品和服务的广告宣传。一个好的商标设计往往图形醒目、文字简练，便于消费者识别和记忆。用商标做广告，其效果远比冗长的文字说明要好，可使消费者对商品的质量、性能、用途、式样、耐用程度等有一个完整而又美好的印象，从而加深消费者对该商品的印象，增加消费者对该商品的购买欲望。

(四) 商标权及特征

商标权（Trademark Right）又称为商标专用权，是商标所有者向国家有关主管部门申请，经过主管部门核准，按照有关法律授予其商标所拥有的排他性的独占权。商标权是一种工业产权，经注册的商标是其所有人的财产，受到有关法律的保护。商标权是一个集合概念，它包含以下四个方面的内容。

(1) 使用权。即只有商标的注册人才是该注册商标的合法使用者。

(2) 禁止权。商标所有人有权向有关部门提起诉讼，请求停止他人的侵权行为，可要求侵权人赔偿其经济损失，并追究侵权人的刑事责任。

(3) 转让权。商标所有人可以将商标的所有权有偿或无偿转让给他人，并放弃一切权利。

(4) 许可使用权。商标所有人可以以有偿或无偿的方式许可他人使用自己注册的商标。

商标权作为一种知识产权，一般具有以下四个特征。

(1) 独占性。独占性指商标是其所有人的财产，所有人对其享有排他的使用权，并受到法律保护，其他人不得使用。商标权只能授予一次，其他人在一种或类似商品上再提出相同或近似商标的使用申请，则得不到国家主管机关的授权。

（2）时间性。商标权的保护有时间限制，各国法律对商标专用权的保护都规定有一定的期限，最短5年，最长20年，一般多为10～15年，中国为10年。但商标保护期满时可以申请续展，而且对续展的次数不加以限制。

（3）地域性。商标的所有人只有在授予该商标权国家的境内受到保护。如果商标权想在其他国家得到同样的保护，商标的所有人必须依法在其他国家也申请注册。

（4）可转让性。在技术贸易中，商标作为贸易对象有两种做法：一种是商标使用权的许可；另一种是商标专用权转让。

（五）商标权的确立

各国法律对商标的确立大致采用三种原则：第一种，先使用原则。这是指商标的所有权归属于首先使用商标的申请人，无论其是否办理商标注册手续，只要存在首先使用的事实，法律就予以承认和保护。第二种，先注册原则。这是指商标归属权属于首先注册申请的人。第三种，无异议注册原则，即商标权原则上授予先注册人，但先使用人可以在规定期限内提出异议，如异议成立，已经授予先注册人的商标权被撤销，而重新授予先使用人。如果超过规定的期限无人提出异议，则商标权属于先注册人所有。目前大多数国家采用先注册原则，中国的《商标法》也采用这一原则。

三、专有技术

（一）专有技术的定义

“专有技术”一词来自英语中的“Know-how”，其意为“知道怎么干吗?”在20世纪五六十年代首先出现于英国和美国，目前在世界上已被广泛承认和使用。一般来说，专有技术亦称秘密技术，是指生产所必需的，且有使用价值，能够在经济活动中获得经济利益，没公开过其全部内容，不受专利法保护的技术知识、经验或方法。专有技术实际上是在生产过程中经过长期实践积累出的一种成熟技术、经验或配方。专有技术虽然不受法律保护，但却能用于工业生产和服务等行业，它对社会经济的发展有着重要的实用价值。

（二）专有技术的表现形式

专有技术属于知识形态，本身是无形的，但其往往是通过一定的有形物体表现出来的。专有技术通常的表现形式主要有三种：第一种是以文字图形形式表现的专有技术，如图纸、资料、照片、磁带、软盘等；第二种是以实物形式表现的专有技术，如尚未公开技术的关键设备、产品的样品和模型等；第三种是以口头或操作演示形式表现的专有技术，主要存在于少数专家头脑中或个人笔记本中的有关生产管理和操作的经验、技巧以及一些关键的数据、配方等。

（三）专有技术的特征

1. 知识性。专有技术是一种不受专利法保护的技术知识，是人类智力劳动的产物，具有非物质属性。

2. 实用性。这是指专有技术是可应用于生产实践并能够产生经济利益的技术知识。

3. 保密性。专有技术是不公开的，熟悉其技术内容的人是相当有限的。

4. 可转让性和可传授性。凡是专有技术必须能以言传身教或以图纸、配方、资料等形式传授给他人。正因为专有技术具有这一特征，它才能成为技术贸易的标的。

5. 历史性。专有技术是研究人员经过多年的经验积累总结出来的，往往需要很长的时间。

（四）专利权与专有技术的区别

1. 法律地位不同。专利是一种工业产权，是经过法律程序得以授权并受工业产权法和国家专利法等法律保护的技术。而专有技术则是没有取得专利的技术知识，或是由于某种原因没申请专利或不能取得专利的技术，它是不受法律保护而靠自身的保护来维持其所有权的技术。其主要受民法、刑法、不公平竞争法以及有关工商秘密立法的保护。

2. 内容和范围不同。从技术内容的范围看，专有技术的内容包含着专利技术。专有技术的内容不仅包括各种能授予专利权的生产和服务等行业的技术，而且还包括不能授予专利权的管理、经营等方面的技术。

3. 表现形式不同。专有技术既可通过文字、图纸等体现，也可能表现为人们头脑中掌握的知识技能；而专利技术必须通过书面说明以法律条文的形式来体现。

4. 存在的时间不同。专利的期限受到法律规定的限制，一般在 10～20 年之间，而且不能续展。而专有技术则不受时间的限制，即在技术不过时的情况下，只要专有技术所有人能够保密，就可以永远作为技术而存在，享受专有，如可口可乐的配方作为专有技术已保密 100 多年了。

四、其他国际技术贸易标的

（一）计算机软件

计算机软件是指计算机程序及其有关文档。计算机程序是指为了得到某种结果而可以由计算机等具有信息处理能力的装置执行的代码化指令序列，或者可被自动转换成代码化指令序列的符号化指令序列或者符号化语句序列。计算机程序包括源程序和目标程序。文档是指用自然语言或者形式语言所编写的文字资料和图表，用来描述程序的内容、组成、设计、功能规格、开发情况、测试结果及使用方法，如程序设计说明书、流程图、用户手册等。

依据中国《计算机软件保护条例》的规定，下列行为属侵权行为：

（1）未经软件著作权人同意发表其软件作品；

（2）将他人开发的软件当作自己的作品发表；

（3）未经合作者同意，将与他人合作开发的软件当作自己单独完成的作品发表；

（4）在他人开发的软件上署名或者涂改他人开发的软件上的署名；

（5）未经软件著作权人或者其合法受让人的同意，修改、翻译、注释、合成其软件作品；

（6）未经软件著作权人或者其合法受让人的同意，复制或者部分复制其软件作品；

（7）未经软件著作权人或者其合法受让人的同意，向公众发行、展示其软件的复制品；

（8）未经软件著作权人或者其合法受让人的同意，向任何第三方办理其软件的许可使用或者转让事宜。

根据《计算机软件保护条例》的规定，侵犯软件版权的行为，视其侵权程度可能承担的法律责任包括民事责任和行政责任两种。需承担的民事责任有停止侵权、消除影响、公开赔礼道歉、赔偿损失。行政处罚有没收非法所得、罚款等。

（二）商业秘密

商业秘密指不为公众所知悉、能为权利人带来经济利益、具有实用性并经权利人采取保密措施的技术信息和经营信息。商业秘密包括技术信息和经营信息。

商业秘密具有以下四个特点。

1. 秘密性。秘密性是构成商业秘密的重要条件之一，是其财产价值和商业价值的保证，否则其财产价值和商业价值将不复存在。

2. 实用性。一项商业秘密的使用能给其拥有者带来经济利益。

3. 可复制性。商业秘密应该体现在某种有形物上，其载体可以是书面报告、计划、录音带、录像带等，而非空洞的口头概念。

4. 合法性。商业秘密只能通过合法途径取得，如研究、分析等，不能通过非法途径取得。

第三节　国际技术贸易的基本方式

国际技术贸易的基本方式可分为国际直接贸易方式和国际间接贸易方式。国际直接贸易方式是技术贸易的主要方式，主要包括许可贸易、技术服务与技术咨询等。国际间接贸易方式是相对于国际直接贸易方式而言的，主要包括国际合作生产、国际合资经营、补偿贸易等。

一、许可贸易

（一）许可贸易的概念

许可贸易是目前国际间进行技术转让的最主要的方式。许可贸易亦称许可证贸易，是指技术的提供方与接受方之间签订的、允许接受方对提供方所拥有的技术享有使用权及产品的制造权和销售权。其核心内容是转让技术的使用权以及产品的制造权和销售权，而不是技术的所有权。

许可贸易中的卖方可称为许可方、出让方、输出方、售证人；买方可称为受许可方、受让方、引进方、受证人。

（二）许可贸易的交易方式

许可贸易交易方式的分类如图 4－1 所示。

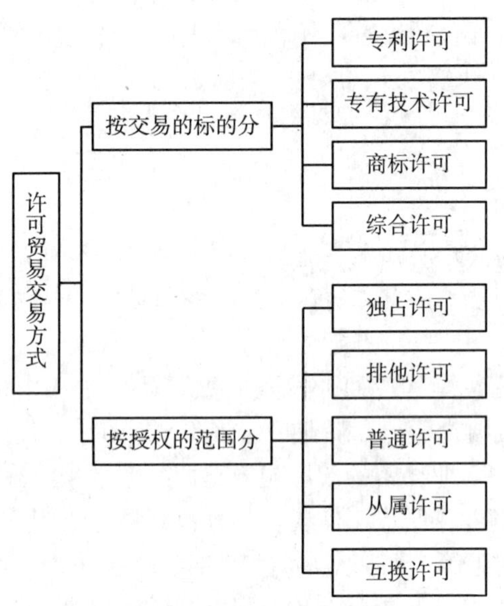

图 4－1　许可贸易交易方式的分类

1. 按交易的标的分，包括专利许可、专有技术许可、商标许可、综合许可。

（1）专利许可，是指将在某些国家获准的专利使用权许可他人在一定期限内使用。专利许可是许可贸易的最主要方式。

（2）专有技术许可，是指专有技术的所有人在受让人承担技术保密义务的前提下，将专有技术有偿转让给他人使用。保密条款是专有技术许可合同的主要条款，双方应在该条款中就保密的范围与期限做出规定。在转让专有技术时，许可方有义务帮助受让方掌握受让的技术。

（3）商标许可，是指商标所有者授予受让人在一定的期限内使用其商标的权利。由于商标涉及企业的信誉，因此，许可方对受让人使用该商标的商品质量有严格的要求，并对使用该商标的商品质量有核准和监督权。

（4）综合许可。即技术的所有者将专利、专有技术和商标的使用权结合起来转让给他人使用。在许可贸易交易中，有很多都是综合许可，单纯以专利、专有技术或商标为标的的许可交易比较少。

2. 按授权的范围分，包括独占许可、排他许可、普通许可、从属许可、互换许可。

（1）独占许可，指在合同规定的期限和地域范围内被许可方对引进的技术具有独占使用权。所谓独占使用权，即指合同签订后，许可方非但要放弃向任何第三方转让此项技术的权利，而且自己在该地域内也不得再利用此项技术制造和销售产品。所以在这种方式下被许可方几乎获得了与权利所有人相同的权利，近于所有权的转让，因而这种许可的转让费最高。

（2）排他许可，又称全权许可，指在合同规定的期限和地域范围内许可方允许被许可方使用该项技术，许可方不得再将此项技术转让给第三方，但许可方自己保留对此项技术的使用权。所以，排他许可的特点是排除第三方，而不排除许可方自己。转让费仅低于独占许可。

（3）普通许可，指在合同规定的有效期限和地域内，被许可方可以使用转让的技术制造和销售产品，但许可方不仅保留自己使用该项技术的权利，而且可将此项技术转让给第三方。普通许可是许可方授予被许可方权限最小的一种，因此，转让费最低。

（4）从属许可，又称分售许可、可转让许可，指引进方可将引进的技术再分售给第三方。在这种情况下，第三方与原许可方并无合同关系，但是引进方仍要对原许可方负责，例如要承担保密义务、要保证正确地使用原许可方的技术生产出合格的产品。

（5）互换许可，又称交叉许可，指合同双方或各方以其所拥有的技术按照合同约定的条件相互交换技术的使用权。由于是相互交换，一般不相互收费，但有时要收取差价。互换许可交易既可以是普通许可，也可以是排他许可或独占许可。

许可贸易不同种类买卖双方的权利如表 4－1 所示。

表 4－1　　许可贸易不同种类买卖双方的权利

许可证种类	买卖双方权利		
	被许可方享有使用权	许可方可否保留使用权	第三方可否获得使用权
独占许可	有使用权	无使用权	不能获得使用权
排他许可	有使用权	保留使用权	不能获得使用权
普通许可	有使用权	保留使用权和转让权	可获得使用权
从属许可	有使用权、转让权	保留使用权和转让权	可获得使用权
交叉许可	有使用权、无转让权	保留使用权、无转让权	不能获得使用权

二、技术服务与技术咨询

技术服务是指受托方应委托方的要求，针对某一特定技术课题，运用所掌握的专业技术技能和经验、信息、情报等向委托方提供的知识性服务。所谓技术课题，是指有关改进产品结构、改良工艺流程、提高产品质量、降低产品生产成本、减少原材料和能源消耗、安全生产操作、治理污染等特定的技术问题。

技术咨询是指受托方应委托方的要求，针对解决重大技术课题或特定的技术项目，运用所掌握的理论知识、实践知识和信息，通过调查研究，运用科学的方法和先进手段，进行分析、评价、预测，为委托方提供建议或者几种可供选择的方案。技术咨询课题或项目一般包括科技与经济、重大技术工程项目、专题技术项目的可行性论证、软科学研究课题、促进科技进步和管理现代化、提高经济效益和社会效益的课题等。

三、合作生产与合资经营

合作生产指的是两个不同国家的企业之间根据协议在某一项或几项产品的生产和销售上采取联合行动并进行合作的过程。而合资经营则是两个或两个以上国家的企业组成的共同出资、共同管理、共担风险的企业。合作生产和合资经营的区别在于，前者强调的是合作伙伴在某一领域合作中的相互关系，后者主要强调企业的所有权及其利益的分享和分担问题。不管是合作生产还是合资经营，技术在合作生产或合资经营过程中实现了转让。在合资经营过程中，一方一般以技术为股本来换取效益和利益，而另一方无论以什么形式的资产为股本，却成了技术的受让者。合作生产的内容比合资经营更为广泛，既可以是项目合作、开发合作、生产合作，也可以是销售合作。在生产合作的过程中，其中的一方实际上是以获取技术要素为宗旨，以提高其产品质量及增强企业实力为目的。利用合作生产或合资企业经营来引进国外先进技术，已成为世界各国的普遍做法。

四、补偿贸易

补偿贸易是指在信贷的基础上，一国企业先从国外厂商那里进口技术或设备，然后以回销产品或劳务所得的价款，分期偿还外商提供的技术或设备的价款。

补偿的具体方法大致可分为五种。

1. 直接补偿。直接补偿指以引进技术或设备所生产出的产品返销给对方，以返销所得的价款补偿进口技术或设备的价款。

2. 间接补偿。间接补偿指技术或设备的进口方不是以进口的技术或设备产出的产品去补偿，而是以双方约定的其他产品补偿进口技术或设备的价款。

3. 收入补偿。收入补偿是指通过销售进口的技术或设备产出的产品所获取的收入补偿进口技术或设备的价款。

4. 劳务补偿。劳务补偿指以提供劳务的形式来补偿，即技术或设备的进口方以向出口方提供一定量的劳务来补偿其进口技术或设备的价款。

5. 混合补偿。混合补偿指技术或设备的进口方一部分以直接产品，另一部分以其他产品、现汇或劳务来抵偿进口技术或设备的价款。

补偿贸易也是发展中国家引进技术的一种途径，因为在补偿贸易方式下，技术或设备的出口方向进口方提供信贷，这正好解决了急需技术或设备的发展中国家的资金问题。通过补偿贸易，一些老企业得以进行技术改造，填补了进口国的某些技术空白，增强了进口国的出口创汇能力，进而推动进口国技术的进步和经济的发展。

第四节　国际许可合同

一、国际许可合同的含义

国际许可合同（International License Contract）亦称国际许可协议，是指出让方将其技术使用权在一定条件下让渡给受让方，而由受让方支付使用费的合同。国际许可证合同又称“国际许可证协议”，是指位于不同国家境内的当事人之间以让渡技术使用权为目的签订的合同。“许可证合同”一词中的“许可证”不同于政府行政机关出于管理目的而颁发的商品进出口许可证等证照。许可证合同的客体主要是技术使用权，具体来讲，即专利使用权、商标使用权和专用技术使用权。

二、国际许可合同的特点

1. 许可证合同的主体即出让方和受让方分处不同国家。他们可以是自然人，也可以是法人，但法人是常见主体。

2. 许可证合同的客体是知识产权的使用权，并且作跨越国境的移动，即从一个国家转移到另一个国家。

3. 许可证合同具有较强的时间性和地域性。许可证合同转让的是知识产权等无形财产权，由于知识产权的时间性和地域性，使得许可证合同也具有这两种特性。

4. 许可证合同不仅时间性较强，而且内容复杂。很多属于混合性协议，或以一种标的为主兼有其他标的转让，或与机器设备的买卖、工程承包、合资经营、补偿贸易、合作生产、咨询服务等方式结合在一起。

5. 许可证合同是有偿合同。政府与政府之间或者企业与企业之间出于某种特定目的，将其知识产权等无形财产的使用权无偿让渡所签订的协议，不属于国际许可证协议的范围。

三、国际许可合同的主要内容

国际许可合同与其他国际贸易合同一样，其结构形式也分为首部条款、主体条款和尾部条款。

（一）国际许可合同首部条款

1. 合同名称条款。合同名称条款主要是表明该合同的名称、类型和特征。

2. 双方当事人名称和地址条款。双方当事人的名称应写清楚，其意义在于，不同的公司承担的债务责任不同，如股份有限公司只能就其注册资本对外承担债务，无限责任公司对债务承担无限责任。双方当事人的法定地址也非常重要，它不仅是寄交技术资料和文件的地址，而且也是在发生合同争议时确定仲裁或诉讼地点的根据。

3. 签订合同的日期和地点条款。明确签订合同日期和地点有重要意义。如果合同规定从合同签订之日起若干时间内交付技术资料，那么合同签订日期的明确就具有不可忽视的意义。签订合同的地点在确定法律适用上也具有重要作用。

4. 鉴于条款。鉴于条款是指双方当事人在合同开头表明订约意图、目的和签约原则的条款。因在写法上通常用“鉴于”开头，所以称为鉴于条款。鉴于条款对解释合同中具体条款的精神有指导作用。虽然具体合同条款的解释应根据法律和国际惯例，但合同规定的原则的指导作用也是不能忽视的。

5. 定义条款。定义条款是指对合同中反复使用、容易混淆或关键性的名词、术语的含义做出明确、具体的规定的条款。由于在国际技术贸易中双方当事人分处在不同的国家和地区，彼此间不仅存在语言上的障碍，也存在法律制度上的差异，各国对一些技术上和法律上的用语往往没有统一的解释。为了减少分歧，定义条款是很有必要的。一般在定义条款中需要定义的词语有：（1）与合同标的有关的重要名词和术语，如专利、专有技术、商标等；（2）各国法律或惯例有不同理解或容易产生歧义的重要名词和术语，如净销售价、滑动公式、提成率等；（3）重要的专业性技术术语；（4）合同中多次出现、需要加以简化的名词和术语。

（二）国际许可合同主体条款

1. 合同项目条款。合同项目条款包括合同的对象、权利范围、区域及其性质等。合同对象即国际许可合同的标的。如果该标的是某项专利技术，则应写明该项专利技术取得的依据，并且提供必要的资料。如果是某项专有技术许可，则应写明该项专有技术的有关文件和资料。如果是某一商标许可，则应附有商标的缩样。权利范围是国际许可合同技术使用权的范围。一项技术可能有多种使用范围，包括技术使用权、制造权、销售权三方面内容以及使用这些权限的时间范围和地域范围。

使用权是指转让方授予受让方为某一特定目的利用其所转让技术的权利，它是一项最基本的授权；制造权是指转让方授予受让方利用其技术制造某种技术产品的权利，它是受让方所要求的最主要的一项权利；销售权是指转让方授予受让方在特定范围内销售其所生产的技术产品的权利。地域范围是指转让方允许受让方利用其技术的特定区域范围。使用权的地域范围一般较窄，通常只限于合同工厂。使用权要解决的一个重要问题是技术使用的范围。一种技术有时可以有几种不同用途或可以生产一系列产品。如果限制其技术使用的范围，就会限制受让方充分利用该技术的使用价值，所以一些发展中国家将这种对生产品种进行限制的条款视为限制性商业行为，不允许订入合同条款。制造权的地域范围通常也仅限于合同工厂。一般允许在受让方所在国引进技术的工厂制造合同产品。销售权的地域范围较宽，涉及产品的内销和外销。受让方有权在其所在国地域范围内进行销售。销售权地域范围关键的问题是合同产品的出口权和出口地区问题。同时，在合同中应明确规定利用该项技术制造和生产何种技术产品条款。时间范围是指转让方允许受让方在多长时间内利用其技术或权利。一般来说，专利和商标授权的时间范围与合同的有效期一致，但不能超过其权利的有效期。授权的性质，即转让的性质，是指转让方授予受让方的权利是独占的还是排他的，是可转让的还是不可转让的。国际许可合同对此应做出明确规定。

2. 合同价格和支付条款。价格与支付条款是国际许可合同的重要内容（本章第五节详述）。

3. 技术改进与技术服务条款。由于国际许可合同的履行期限较长，而科学技术又是不断向前发展的，在国际许可合同有效期间，不论转让方还是受让方对技术都有可能改进或发展。对于新的改进和发展的技术必须在合同中予以规定。在国际许可合同中，对技术的改进和发展主要明确以下两方面内容：一方面是改进和发展技术的所有权归属；另一方面应明确转让方和受让方交流改进或发展技术的条件。根据国际惯例，关于改进或发展技术所有权归属，一般按照“谁改进，归属谁”原则，即改进或发展技术归属于改进或发展技术的一方。在交流和使用改进或发展技术的条件上，一般应遵循“对等互惠”原则，相互交换或有偿交付使用。

另外，在国际许可合同中，还可以规定各种技术服务的内容，如技术培训、设计和工程服务、销售和商业服务、管理服务、研究与发展服务等。这些服务可以是有偿的，也可以是无偿的，应视需要在合同中做出明确、详细的规定。

4. 保证与担保条款。保证与担保有两方面的内容：一是对技术的保证与担保；二是对权利的保证与担保。

对技术的保证与担保，包括对技术资料的保证与担保和对技术效益的保证与担保。转让方应按合同规定及时将有关的技术资料提供给受让方，并保证所提供的资料是完整的、可靠的和正确的，并且是转让方正在使用的最新资料；担保其所提供的技术经过正确使用且达到合同规定的技术指标和经济效益。为了适应受让方的生产条件，转让方有义务协助受让方对技术资料进行必要的修订和改进，并保证制造的技术产品具有与转让方提供的样品相同的质量。

对权利的保证与担保也包括两方面内容：一是转让方应保证所提供的专利技术是在专利权的有效期内，而不是过期的；保证所提供的专有技术是没有公开的，是一般公众所不易掌握的。二是转让方应担保对其所提供的技术有完整的所有权，不受任何第三方的指控，如果第三方指控使用该技术为侵权行为，转让方应承担全部法律责任。

5. 违约救济条款。违约救济条款一般包括转让方的违约救济与受让方的违约救济两方面。

（1）关于受让方救济方法。对于转让方拒不提供合同所规定的技术资料、技术服务或技术培训的根本违约行为，受让方有权解除合同，要求转让方退还已付的技术转让费，并按合同规定支付违约金或赔偿实际损失。如果转让方未能按照合同规定的时间提供技术资料，受让方可要求转让方支付一定比例的迟交罚款。如果转让方违反技术保证义务，提供的技术未能达到合同规定的技术标准，则根据所转让技术或合同产品的具体情况确定不同的赔偿办法。如果转让方违反权利担保责任，使受让方遭到第三方的侵权指控或受到第三方侵权行为的干扰，转让方有义务采取措施排除干扰。如果侵权指控成立，转让方应承担由此而产生的法律责任，受让方有权解除合同。

（2）关于转让方救济方法。受让方不付款，转让方有权停止履行其义务或终止许可合同。受让方迟延付款，转让方可主张一定比例的迟付罚金，并可要求推迟转让方履行义务的期限。受让方违反授权条款，扩大技术的使用范围，转让方有权要求受让方停止侵害行为，并支付一定金额的赔偿金，直到解除合同。受让方违反合同的保密义务，致使转让方的技术秘密泄露，转让方有权要求受让方立即停止违约行为，并根据合同赔偿转让方的实际损失。

（三）国际许可合同尾部条款

1. 仲裁条款。国际许可合同一般要求，合同双方在履行合同的过程中如果发生争议，应首先通过友好协商解决。在友好协商仍不能解决时，可以通过仲裁解决。因此，在合同中应载有仲裁条款，就仲裁机构、仲裁地点、仲裁规则以及仲裁裁决的效力做出明确规定，并就法律适用问题亦在仲裁条款中做出规定。

2. 不可抗力条款。合同双方当事人在履行合同的过程中可能发生不可抗力事件，使合同不能履行或不能按时全部履行，因此，在合同中应载有不可抗力条款。该条款应就不可抗力事件的范围以及发生不可抗力事件时当事人应采取的重要措施做出明确规定。

3. 合同的生效、期限和终止条款。合同的生效日期应做出明确规定。合同的期限也需要由双方当事人协商确定。有些国家的法律对合同的期限有所限制，但多数国家的法律没有期限限制，在合同期限届满前，经合同双方申请，可以延长合同的期限。

有关合同终止情况应在合同中予以明确，即在合同中应对合同终止的原因、条件做出明确规定。

第五节　国际技术贸易的价格与税费

一、技术的价格

（一）技术价格的概念及其影响因素

技术贸易中的技术价格，是指技术引进方为获得技术而向技术许可方支付费用的货币表现，这种货币表现称为技术价格，也可称为酬金、使用费或补偿费等。技术价格一般受以下因素的影响。

1. 直接费用的高低。直接费用是指技术的许可方在完成技术转让交易过程中实际支出的费用，包括合同签订前进行准备工作的费用，派遣谈判人员的费用，以及有关资料、通信、接待的费用等。直接费用往往由技术的许可方垫付，然后转移表现在技术使用费中，因此，技术的许可方花费的直接费用越多，技术使用费价格越高。

2. 许可方期望得到利润的大小。技术许可方将自己的技术转让给受许可一方，允许受许可方使用自己的技术生产销售产品，实际上等于失去了特定地区的市场和培养了竞争者，因此而失去了在特定地销售产品的利润，供给方产品销售利润的损失应当在技术转让价格中得到补偿。技术许可方的期望得到的利润越大，技术转让的价格越高。

3. 技术所处生命周期的不同。不同的技术生命周期长短不同，从理论上讲，技术生命周期越长，年平均分摊的开发费用越少，因此，技术转让费用相对较低。在技术生命周期内，技术一般经过开发、成熟和衰老三个阶段，处于不同发展阶段的技术价值不同。一般来讲，处于成熟阶段的技术进入了商业化使用，其经济效益日益明显，技术价值相对较高，因此，成熟阶段的技术使用费相对高于其他阶段的技术使用费。

4. 技术许可方提供协助的多寡。技术专利等转让后，往往还需要大量与该技术有关的知识和技能才能使许可技术充分发挥作用，因而需要技术许可方给予协助。许可方提供的这类技术协助越多，技术的转让价格越高。

5. 技术使用独占性程度的高低。独占许可、排他许可和普通许可要求的技术使用独占程度不同，这都会在技术转让价格上表现出来。独占程度越高，其技术的转让价格也越高。

6. 许可方承担义务和责任的大小。一般来讲，在国际技术转让过程中，许可方承担的义务和责任越大，技术转让费用就越高。

7. 受许可方对技术吸收能力的强弱。受许可方对技术的吸收能力强，可以较快地形成生产能力和增加生产与销售，技术许可方可以较快地回收许可使用费，在此情况下，许可方承担的风险相对小些，因而其所索取的技术使用费可能会低一些。

8. 技术供求之间的竞争。技术像有形商品一样，也存在供给与需求的竞争。当市场上同类技术的供给方较少，而技术的需求方又相对较多时，技术的转让价格会较高。

9. 技术使用可以带来的经济效益的大小。在国际技术转让中，由于技术的价格不能准确确定，所以技术的许可方经常依靠技术在实际生产中给技术的受许可方带来的经济效益确定其转让价格。如果给技术的受许可方带来的经济效益较好，技术的转让价格就相对较高。

10. 其他各种因素的影响。除以上因素影响技术转让价格的高低外，还有其他方面的因素。如合同期限的长短、技术使用范围的大小、交易双方国家的法律规定和政治条件，以及价格、支付方式、采用货币的不同等，都会影响技术的转让价格。

（二）技术价格的构成

1. 基础费用。基础费用又称技术开发费用，包括被转让技术的基本设计、生产流程、维护保养办法、质量控制程序、产品测试检验方法等基础资料和项目的编制预算等费用。

2. 技术服务费用。技术服务费用主要指许可方向受许可方派遣技术服务人员所需要的费用，一般包括技术服务人员的旅费、出差津贴、工资、食宿、医疗与保险费等。

3. 项目设计费用。许可方在收到受许可方的项目询价后，要根据引进方询价书中提出的要求进行项目设计。项目设计的内容包括工艺流程的配套、专用设备的选择、土建施工的要求与进度等。

4. 技术资料费用。技术资料费用指许可方为受许可方准备有关技术说明书、操作维修手册、报价解释资料以及与项目有关的法律、条例、参考资料等所花费的费用。

5. 项目联络费用。项目联络费用指在合同谈判、开箱检验、索赔处理中人员往返、食宿、工资等费用。

6. 技术培训费用。技术培训费用指许可方为受许可方培训技术人员所需的费用，包括师资、行政管理、学习资料及必要的试验器械等费用。

7. 创造利润的功能。创造利润的功能指使用技术所能获得的实际经济效益。这是技术价格中确定技术使用费高低的最主要因素。影响技术创造利润功能的因素很多，主要有：(1) 技术的水平和成熟程度。(2) 许可产品的市场、销售量、销售价。(3) 技术所处生命周期的阶段。(4) 专利技术的范围、期限、有效性以及专有技术的保密情况。(5) 许可使用权的独占程度。(6) 其他合同条件。

二、技术价格的支付方式

(一) 技术价格的计价方法

1. 统包计价法。许可方一般都希望采用这种计价方法，即在合同中双方经协商明确规定合同的总金额（即技术价格）。为了说明价格的合理性，许可方在报价时常常将技术使用费、设计费、资料费、技术服务费和培训费等分别列出，将总价化整为零。

2. 提成计价法。即交易双方在合同中规定一个利润分成比率，就是许可方所得费用与引进方的销售利润之比。其计算公式为：

$$R = P/S$$

其中，R 为提成率；P 为提成总额（即技术价格）；S 为受许可方销售利润总额。

3. 固定与提成相结合的计价法。这种计价方法将合同价格分成两部分：一部分为固定价格，用统包计价法计算，这部分费用在合同生效后就要支付，因而人们通常将它称为入门费或初付费；另一部分为滑动价格，用提成计价方法进行计算，这部分按产品的销售情况逐年提成支付。两部分的比例一般是固定部分占合同总价的10%～20%，提成部分占合同总价的80%～90%。这是目前国际技术转让中应用最为普遍的一种计价方法。

(二) 技术价格的支付方式

技术贸易的支付方式与商品贸易有所不同，目前国际上通行的技术价格的支付方式大致有以下三种。

1. 一次总付。一次总付（Lump-Sum Payment）是根据转让方转让的技术、协议的内容和承担的责任、义务，对转让费用以及接受方能获得的经济收益（输出方应得的利润部分）进行估算，从而商定一笔技术转让费总额，由接受方一次支付或分期支付。

一次总付方式的价格谈判比较简单，双方往往可按自己内定的、可以接受的价格进行讨价还价。而且，对接受方来讲，也不无可取之处，所以在一定情况下技术接受方也可同意采用这一方式。但是，采用这种方式时应符合以下三点要求：(1) 在短期内能一揽子转让技术，且技术接受方有能力加以全部吸收利用。(2) 技术的转让所涉及的技术服务或协助数量有限，或不需要技术转让方不断提供有关技术改进方面的指导和建议。(3) 技术接受方资金雄厚，可一次或分期付清，不会给自己造成财政上的困难，并力求尽早在技术上摆脱对供方的依赖。

一次总付方式对接受方弊多利少。对接受方有利之处表现为，接受方可以较快摆脱对许可方的依赖，避免货币汇率的变化对支付使用费产生的各种风险。而不利之处则表现在，接受方在实际生产前就要付出大笔资金，承担筹资、投资的各种经济风险，同时还要承担因引进技术吸收、消化不良所导致的全部风险，因此，不少发展中国家对一次总付方式加以限制运用。有些国家甚至通过法律规定不得采用一次总付方式签约。

中国签订的许可证协议，有不少是采用一次总付的方法。其主要原因是，许可方对中国引进企业在引进技术后能否正常生产、大量销售产品信心不足，害怕承担采用提成支付的风险。

2. 提成支付。提成支付（Royalty）是进行技术贸易的双方在签订技术转让协议时，对所转让的技术并不具体商定一个固定的转让费总额，而是规定技术接受方根据使用技术投产后的实际经济收益，在一定的偿付期限内按一定的比例分期支付提成费给技术转让方作为技术转让价格。实质上，提成支付是技术输入方以应用引进技术的经济效益作为函数来确定技术转让价格的一种报酬方式。这是目前国际技术转让中普遍使用的一种支付方法。

提成基价（Basic Price）是计算提成许可费所依据的产品的基本价格，其计算公式是：

提成基价=提成费/提成率

提成基价主要有以下几种表示方法：（1）净销售价。这是指生产成本加合理利润，但不包括运费、包装费、保险费、税金以及其他各种与引进技术无关的商业费用。以净销售价为提成基价是国际上公认的比较合理的方法，因为在其他价格构成中都包含着上述与技术无关的费用。（2）实际销售价。单纯从技术贸易角度看，这种方法在基价中计入了许多不合理因素，是不妥当的。但是，它便于计算和核查，减少了核对各项费用给双方带来的麻烦。只要通过检查技术接受方的销售发票或销售账册即可确定应付提成费金额，所以在实践中经常被采用。(3）市场公平价。这是指技术输入方与没有特殊关系的第三方所成交的销售价格，或国际市场上同等或同类产品的销售价格。按这种方法计价，即使接受方以低于市场公平价的价格销售产品，也必须按市场公平价计算并支付提成费，这样就避免了输入方压价销售可能给技术转让方带来的损失。（4）利润。这是按技术输入方应用引进技术投产后获得的净利润为提成基价进行计算。在实践中，由于利润的计算十分困难，输出方还要担负输入方消化投产和销售的风险，所以输出方一般不愿接受以利润为提成基价。在国际技术贸易中，一般只是在公司集团内部各企业间，或母公司与子公司间，或输出方直接负责经营管理并且对利润收益前景很有把握及其他特殊情况下，输出方才会同意采用利润作为提成基价。(5）双方协商的固定基价。有时技术转让费的提成基价是贸易双方协议确定的一个固定基价。由于协议提成基价是在谈判时商定的，如果提成支付期限较长，为避免在合同期限内通货膨胀造成的损失，转让方往往要求支付时按物价指数调整基价，即以滑动基价计算。

提成率（Royalty Rate）是指接受方支付给许可方的提成费用与提成基价的比率，用公式表示为：

提成率=支付给许可方的使用费/提成基价×100%

不同行业的提成率水平是不相同的。根据联合国贸发组织的大量材料可以看出，目前在技术贸易中提成率大致为产品净销售价的0.5%~10%，其中绝大部分产品均在2%~6%。

提成年限是指许可方提取提成费的期限。在提成基价和提成率确定以后，提成期限的长短直接影响提成费的多少。在实践中，通常是提成期限较长合同期限短。因为技术接受方引进技术后一般有一个消化过程，即引进技术最初的产量和销售利润都较低，所以提成费的起始支付时间要迟于合同的生效时间，这是国际上认可的做法。总之，提成年限与合同有效期以及专利有效期与产品的投产期密切相关。

目前使用的提成方法主要有：（1）固定提成（Fixed Royalty）。固定提成有两种做法：一种是固定提成率；另一种是固定提成费。前者指在整个合同有效期内提成率不变，提成费可随着提成基价的变化而变化。后者指提成费不受通货膨胀等因素的影响，始终保持不变的提成费数额。（2）滑动提成（Sliding Royalty），又称递减提成（Graduated Scale Royalty），它与固定提成相对而言。滑动提成是按合同产品销售量的增加而逐步降低提成率的一种做法，这种提成方法如果用于许可方是联合企业的国外合伙人，可能好处不大，会使合伙人一方在销售和产量达成一定水平后不再努力扩大销售和生产。（3）最低提成（Minimum Royalty）。最低提成是不管接受方的销售量有多少，都必须支付一笔最低限度的提成费。如果接受方按每年实际销售量支付的提成费达不到最低提成费要求时，应补足差额；超过部分，则照付提成费。这种提成方法对许可方较为有利，以此可防止接受方不能充分使用技术正常生产给自己带来的损失或避免市场风险。国际上对于最低提成做法持有不同意见，发达国家认为这种做法有利于促进接受方最大限度地生产与销售，导致更大程度地吸引许可方转让技术，但许多发展中国家都在有关的法律中限制接受最低提成的做法，只有在协议中相应规定最高提成时才能接受此种做法。（4）最高提成（Maximum Royalty）。最高提成是不管接受方生产销售额有多大，只支付一笔约定的最高限度的提成，如果以生产销售额或利润为依据的提成费超过规定金额时，不必支付超额部分。因此，超过最高金额的部分就成为接受方的收入。所以，许可方在同意最高提成时常常要求接受方接受最低提成作为条件。有时，市场扩大与许可方的销售无直接关系时，或从长期来看销售量或销售价稳步上升而接受方要求递减提成时，许可方也可接受这种提成方法。

3. 入门费与提成费结合支付。入门费与提成费结合支付的一般做法是签约后若干天内或收到第一批资料若干天内先支付一笔约定金额，以后再按规定办法支付提成费。入门费的数额大小没有统一规定，一般与接受的技术消化能力、销售能力、提成率及提成年限等因素有关。

三、国际技术贸易中的税费

（一）对技术使用费征税的特点和一般原则

技术使用费所得税的征收，涉及双重管理权，涉及国家间税收利益的分配。国际上征收所得税一般遵循以下原则。

1. 对在收入来源地设有营业机构的纳税人，其技术使用费所得一般并入营业利润，计征企业所得税。美国称为公司所得税，日本则称为法人所得税。

2. 在收入来源地未设营业机构的纳税人，则采取“从源”控制，即在被许可方向许可方支付使用费时，由被许可方代为扣缴，这种税被称为“预付所得税”，代税务部门扣缴的被许可方称为扣缴义务人。

3. 以预提方式扣缴使用费所得税，税率一般低于公司所得税。这是因为，预提所得税的纳税义务人是在来源地未设营业机构的外国自然人或法人，很难按正常征税程序和税率计算应纳税所得额，只能采取按使用费金额全额计征。但按使用费全额计征，纳税人的税负过重，因此，税率上有所降低，使纳税人的实际应纳税额与一般企业扣减费用后的应纳税额保持平衡。

（二）双重征税对国际技术贸易的影响及解决途径

双重征税对国际技术贸易存在下述影响：双重征税直接恶化了国际技术贸易的宏观环境；双重征税迫使许可方提高转让技术的报价，加重了被许可方的经济负担；双重征税导致许可方市场竞争力下降；双重征税导致被许可方利用引进技术期望得到的利益减少；双重征税将给许可方和被许可方国家的国际收支带来消极影响。

为了解决双重征税问题，有关国家政府通过国内立法确定了一种减免税原则，规定使用费来源国先行行使征税权，根据居民所在国依据纳税义务人在所得来源国纳税的实际情况，采取免税、减税和扣除等措施。此外，还可以通过政府间避免双重征税协定，签约国适当限制税收管辖权的实施范围，确认共同采取措施，由所得来源国优先行使管辖权，但承担降低所得税税率的义务，居民所在国政府将纳税人在所得来源国已纳税费予以抵免，使税收利益在有关国家间均衡分配。解决双重征税的具体方法如下。

1. 自然抵免，又称全额抵免。在技术输出国和技术输入国的所得税税率完全相同的情况下，技术输出国允许该进行跨国经营的居民把已经向输入国政府缴纳的所得税全额抵免，不再向技术输出国缴纳所得税。

2. 申请抵免。当技术输出国所得税税率高于技术输入国所得税税率时，可申请抵免。居民首先向本国税务部门提交申请税收抵免书，并须附上该居民在外国（技术输入国）纳税证明，经本国税务部门核准后可办理一次性抵免，一般一年一次。

3. 最高限额抵免。当技术输出国的所得税税率比技术输入国的所得税税率低时，向本国政府申请抵免的最高限额只能是其外国所得按本国税率计算的那一部分税款。

4. 费用扣除法。所谓费用扣除法，是指跨国纳税人将其国外已缴纳的所得税作为已开支费用，从其总所得收入中扣除，汇回本国，按本国所得税税率进行纳税。

（三）拟订技术引进合同税费条款应注意的问题

根据中国税收的有关规定，拟订技术引进合同税费条款应遵循以下原则：被许可方政府依据中国税法，对许可方征收的与执行合同有关的一切税收，由许可方支付；被许可方政府依据中国税法，对被许可方所征收的与执行合同有关的一切税收，由被许可方支付；在中国境外，有关国家政府课税的与执行合同有关的一切税收，由许可方支付。另外，技术引进合同中，不得规定违反中国税法的条款；对外商在中国境内所得给予减、免税优惠待遇，必须依法履行必要的手续；对外经营单位必须履行扣缴义务人的职责，并提醒国内用户及时办理税收减免手续。

第六节　知识产权及保护知识产权的国际公约

一、知识产权的概念及特点

（一）知识产权的概念

知识产权（Intellectual Property Right，IPR）也称智力成果权，是指对科学、文化、艺术等领域从事智力活动创造的智力成果依法享有的权利。知识产权是一种私权，是特定智力创造成果依法享有的专有权利。

由于不同的国家、地区及国际组织对实施产权的理解和界定范围不尽相同，因而产生了对知识产权的不同解释。

世界知识产权组织（World Intellectual Property Organization，WIPO）在《建立世界知识产权组织公约》中采取了较为广义的知识产权定义法，根据该《公约》第2条第7款的规定，知识产权应包括下列权利：（1）关于文学、艺术及科学作品的权利；（2）关于表演艺术家的演出、录音和广播的权利；（3）关于在一切领域中因人的努力而产生的发明；（4）关于科学发现的权利；（5）关于工业品式样的权利；（6）关于商品商标、服务商标、厂商名称和标记的权利；（7）关于制止不正当竞争的权利；（8）在工业、科学及文学艺术领域的智力创作活动所产生的权利。

另外，作为世界贸易组织重要组成部分的《与贸易有关的知识产权协议》在其第一部分第1条中列明了其所管辖的知识产权范围，它们是：(1) 版权及邻接权；(2) 商标权；(3) 地理标志权；(4) 工业品外观设计权；(5) 专利权；(6) 集成电路的布图设计权；(7) 未披露信息的保护权；(8) 许可协议中反竞争行为的控制权。其中，"未披露信息的保护"主要指对"商业秘密"的保护，也包括对"技术秘密"的保护。对商业秘密的保护问题，各国学术界及司法界争论颇多，焦点集中在商业秘密是否能作为一种财产权加以保护。

(二) 知识产权的特点

知识产权作为一种财产权，与人们所拥有的普遍意义上的财产权不同，具有以下基本特征。

1. 无形性。无形性是知识产权同其他有形财产权的最大不同之处。这是由于知识产权的权利人通常只有在其主张自己权利的诉讼中才表现出自己是权利人。为此，英美法国家把知识产权称为"诉讼中的准物权"，一些大陆法国家则把知识产权称为"以权利为标的的物权"。

2. 专有性。知识产权作为智力劳动的成果，其无形性决定了它在每一次被利用后会引起全部或部分消失或损失、损耗，但却不可能全部被消灭。即只能通过对智力劳动成果的所有人授予专有权才能有效地加以保护，这就决定了知识产权专有性的特点。

知识产权的专有性表现为其独占性和排他性。知识产权的所有人对自己所创造的智力劳动成果享有权利，任何人非经权利人许可，都不得享有或使用其劳动成果，否则属于侵犯权利人的专有权，而且，权利人在法律允许的范围内，可用合适的方式使用自己的智力劳动成果，并获得一定利益。此外，知识产权的专有性还决定了某项知识产权的权利人只能是一个，不可能是两个或两个以上的自然人或法人拥有相同的某项知识产权的专利权。当然，这种专有性还决定了知识产权只能授予一次，而不能两次或两次以上地授予权利人。

3. 时间和地域的有限性。知识产权的所有权人拥有的权利不是无限期地存在，也就是说，知识产权仅仅在一个法定的期限内受到保护，法律对知识产权的有效期作了限制，权利人只能在一定的期限内对其智力劳动成果享有专利权，超过这一期限，权利便终止，其智力劳动成果便进入公有领域，成为人类均可共享的公共知识、成果，任何人都能以任何方式使用。

知识产权的时间性是相对的，这是指知识产权价值的有效期，否则我们难以理解各国虽然规定了商标的有效期，但又允许商标所有权人到期后可申请续展，并对续展次数没有限制。知识产权的时间性在商标方面可能表现为商标所有权人在一个相对较长的时期内都有专利权。但即使这样，也不能否定知识产权的时间性的特征。因为时间性正是说明了知识产权本身具有的价值，当一种知识产权不具有使用价值和价值后，权利人想通过法律保护其专有权已没有多大意义了。

与知识产权时间性相伴而生的是知识产权的地域性，即知识产权是依一个国家的法律确认和保护的，一般只在该国领域内具有法律效力，在其他国家原则上不发生效力。这种地域性的特征从根本上说是知识产权的本性所决定的。因为知识产权是由国家法律直接确认，权利的获得不是自然而然、天然地拥有，必须以法律对这些权利直接而具体的规定为前提，且要通过履行特定的申请、审查、批准等手续才能获得。但是，也有一些国家对某些知识产权的获得并不完全都要求通过申请、审查、批准等手续。

随着经济生活全球化的深入发展，国家之间、区域之间、全球范围内知识产权国际保护的合作日益扩大。区域性、全球性知识产权协议的签署及实施使传统意义上的知识产权的地域性特征得以改变。某项知识产权经过一定的国际间合作方式可以在更多国家与地区范围内得到保护。随着经济全球化的深入发展和世界贸易组织的积极推动，可以预见，全球性的知识产权协议与地区性的知识产权协议会不断拓展知识产权保护的地域空间。

4. 可复制性。知识产权作为智力劳动的成果，必然通过一定的有形物、通过一定的载体表现出来，无论是专利、商标、专有技术，还是著作权、商业秘密，都必然要通过产品、作品或其他有形物加以体现，这样才能将知识产权作为财产权的性质表现出来。例如，一位作家构思了一个美好的故事情节，可以通过录音、图书的形式向人们展示，录音带及书籍这种物质形式的载体可以反映作家的思想及创作过程。这种性质决定了知识产权具有可复制的特性，并通过这种可复制性进一步表现知识产权的财产和价值。

二、保护专利的国际公约

（一）《巴黎公约》

《巴黎公约》是《保护工业产权的巴黎公约》（Paris Convention on the Protection of Industrial Property）的简称，1883 年签订于法国巴黎，1884 年生效，先后 6 次修订，最后一次修订是 1967 年的斯德哥尔摩文本。中国于 1985 年 3 月 19 日成为该公约第 95 个成员。截至 2014 年 12 月 31 日，成员总数为 176 个。《巴黎公约》是迄今为止世界上参加国最多、影响最大的一个保护知识产权的国际公约，它为世界各国在工业产权保护方面提供了一个基本准则。其中，保护专利的内容主要体现在以下四大原则中。

1. 国民待遇原则。国民待遇原则指的是各成员国在保护工业产权方面必须给予其他成员国的国民平等地享受该国国民能够获得保护的待遇。即使是非成员国国民，只要其在公约某一成员国内有住所，或有真实有效的工商营业场所，也应给予与本国国民相同的待遇。

2. 优先权原则。《巴黎公约》规定，发明、实用新型和工业品外观设计的专利申请人从首次向成员国之一提出申请之日起，可以在一定期限内（发明和实用新型为 12 个月，工业品外观设计为 6 个月）以同一发明向其他成员国提出申请，而以第一次申请的日期为以后提出申请的日期。其条件是，申请人必须在成员国之一完成了第一次合格的申请，而且第一次申请的内容与日后向其他成员国所提出的专利申请的内容必须完全相同。

3. 独立性原则。同一发明在不同国家所获得的专利权彼此无关，即各成员国独立地按本国的法律规定给予或拒绝、或撤销、或终止某项发明专利权，不受其他成员国对该专利权处理的影响。这就是说，已经在一成员国取得专利权的发明，在另一成员国不一定能获得；反之，在一成员国遭到拒绝的专利申请，在另一成员国则不一定遭到拒绝。

4. 强制许可专利原则。《巴黎公约》规定，各成员国可以采取立法措施，规定在一定条件下可以核准强制许可，以防止专利权人可能对专利权的滥用。某一项专利自申请日起的4年期间，或者自批准专利日起3年期内（两者以期限较长者为准），专利权人未予实施或未充分实施，有关成员国有权采取立法措施核准强制许可证，允许第三者实施此项专利。如在第一次核准强制许可特许满2年后仍不能防止赋予专利权而产生的流弊，可以提出撤销专利的程序。《巴黎公约》还规定强制许可，不得专有，不得转让；但如果连同使用这种许可的那部分企业或牌号一起转让，则是允许的。

除以上内容外，《巴黎公约》中还有：展览产品的专利权临时保护；建立管理工业产权的主管机关；发明人有权在专利书上署名；各成员国不准以国内法规不同为理由拒绝给某些够批准条件的发明授予专利权或宣布专利权无效等。这些是《巴黎公约》对成员国的最低要求。

（二）《专利合作条约》

《专利合作条约》（Patent Cooperation Treaty，PCT）是在美国的倡议下，经过多次国际会议商讨后，于1970年6月19日在华盛顿召开的有78个国家和22个国际组织的代表参加的外交会议上签订的。《专利合作条约》于1978年1月24日生效，自该年6月1日起受理申请，1979年和1984年进行了修订。截至2013年7月31日，共有148个成员。中国于1994年1月1日加入该条约。

缔结《专利合作条约》的主要原因是，《保护工业产权巴黎公约》虽然解决了专利权的国际保护问题，但并没有就专利权的国际申请及审查程序做出国际性的统一规定，因此，如果一项专利需要在若干个成员方获得保护，申请人仍然要分别到这些成员国去申请，由这些受理申请的各成员国分别进行审查，然后决定是否授予专利权。而这种做法既不利于专利申请人也不利于各有关国家的专利管理机构，为了减少专利申请人和有关国家专利管理机构的重复劳动，减少专利申请人的专利申请费用，简化专利申请手续和审批手续，加快国际间科学技术的交流，一些国家经反复磋商后共同缔结了《专利合作条约》，并根据该条约成立了国际专利合作联盟。

（三）《海牙协定》

《工业品外观设计国际备案海牙协定》（The Hague Agreement Concerning the International Deposit of Industrial Designs），简称《海牙协定》，是《巴黎公约》成员国缔结的专门协定之一。1925 年 11 月 6 日在海牙缔结，于 1928 年生效，并成立了“海牙联盟”。该协定自签订后做过多次修订。截至 2005 年 12 月 31 日，《海牙协定》（海牙文本）缔约方总数为 31 个。

《海牙协定》的主要内容为：具有任何一个海牙联盟成员国国籍或在该国有住所或经营场所的个人或单位都可以申请“国际备案”。申请人只要向世界知识产权组织国际局进行一次申请，就可以在想得到保护的成员国内获得工业品设计专利保护。申请国际保存时，不需要先在一个国家的专利局得到外观设计的专利的批准，只通过一次保存可以同时在几个国家取得保护。国际保存的期限为 5 年，期满后可以延长 5 年。

（四）《欧洲专利公约》

《欧洲专利公约》（European Patent Convention，EPC）签订于 1973 年，1977 年 10 月 7 日生效，其成员国到 2015 年 12 月 31 日为止共有 41 个。该《公约》规定：“一切个人、法人、依法成立的相当于法人的一切团体均能申请欧洲专利。”欧洲专利权并不是一种在一切缔约国统一发生效力的专利权，而是在申请人所指定的一个或几个缔约国发生效力的专利权。根据《欧洲专利公约》建立的欧洲专利局总局设在慕尼黑，在海牙和柏林分别设了两个分局。分局负责欧洲专利申请的初审，而总局则负责实质性审查和专利权的授予。该公约实际上是地区性的跨国“专利授予”公约。

三、保护商标权的国际公约

（一）《巴黎公约》

《巴黎公约》不仅涉及专利权的保护，也涉及商标权的保护，它为世界各国包括专利权和商标权在内的整个工业产权制度的建立奠定了基础。《巴黎公约》涉及商标权保护的主要内容有以下六方面。

1. 国民待遇原则。见本节“保护专利的国际公约”中《巴黎公约》的相同条款。

2. 优先权原则。《巴黎公约》规定，凡在一个缔约国申请注册的商标，可以享受自初次申请之日起为期 6 个月的优先权，即在这 6 个月的优先权期限内，如申请人再向其他成员国提出同样的申请，其后来申请的日期可视同首次申请的日期。优先权的作用在于保护首次申请人，使其在向其他成员国提出同样的注册申请时不致由于两次申请日期的差异而被第三者钻空子抢先申请注册。

3. 独立性原则。申请和注册商标的条件由每个成员国的本国法律决定，各自独立。对成员国国民所提出的商标注册申请，不能以申请人未在其本国申请、注册或续展为由而加以拒绝或使其注册失效。在一个成员国正式注册的商标与在其他成员国（包括申请人所在国）注册的商标无关。这就是说，商标在一成员国取得注册之后，就独立于原商标，即使原注册国已将该商标予以撤销，或因其未办理续展手续而无效，但都不影响它在其他成员国所受到的保护。

4. 商标的使用。《巴黎公约》规定，某一成员国已经注册的商标必须加以使用，只有经过一定的合理期限而且当事人不能提出其不使用的正当理由时，才可撤销其注册。凡是已在某成员国注册的商标，在其他成员国注册时，对于商标的附属部分图样加以变更，而未变更原商标重要部分，不影响商标显著特征时，不得拒绝注册。如果某一商标为几个工商业公司共有，不影响它在其他成员国申请注册和取得法律保护，但是这一共同使用的商标以不欺骗公众和不造成违反公共利益为前提。

5. 驰名商标的保护。无论驰名商标本身是否取得商标注册，《巴黎公约》各成员国都应禁止他人使用相同或类似于驰名商标的商标，拒绝注册与驰名商标相同或类似的商标。对于以欺骗手段取得注册的人，驰名商标的所有人的请求期限不受限制。

6. 商标权的转让。如果其成员国的法律规定，商标权的转让应与其营业一并转让方为有效，则只需转让该国的营业就足以认可其有效，不必将所有国内外营业全部转让。但这种转让应以不会引起公众对贴有该商标的商品来源、性质或重要品质发生误解为条件。

除以上内容外，《巴黎公约》中还有：建立管理工业产权的主管机关；展览产品商标权的临时保护；对未经商标权人同意而注册的商标等问题做出规定。

（二）《商标国际注册马德里协定》

《商标国际注册马德里协定》（Madrid Agreement for International Registration of Trade Marks），简称《马德里协定》，是关于简化商标在其他国家注册手续的国际协定。1891 年 4 月 14 日在马德里签订，1892 年 7 月生效。《马德里协定》自生效以来共修改过多次，与 1989 年签署的《商标国际注册马德里协定有关议定书》（简称《马德里议定书》）统称为商标国际注册马德里体系。截至 2005 年 12 月 31 日，《马德里协定》的缔约方总数为 56 个；《马德里议定书》的缔约方总数为 67 个。1989 年 10 月 4 日中国成为该协定成员国。

《马德里协定》的基本宗旨就是为商标所有人简化行政程序，使其能在最短时间内，以最低成本、最方便快捷的方法，在所需要的国家获得商标保护。

《马德里协定》保护的对象是商标和服务标志。主要内容包括商标国际注册的申请、效力、续展、收费等。该协定规定，商标的国际注册程序是协定的成员国国民，或在成员国有住所或有真实、有效营业场所的非成员国国民，首先在其所属国或居住或没有营业场所的成员国取得商标注册，然后通过该国商标主管机构向设在日内瓦的世界知识产权组织国际局提出商标的国际注册申请。如果申请得到核准，由国际局公布，并通知申请人要求给予保护的有关成员国。这些成员国可以在一年内声明对该项商标不予保护，但需要说明理由；申请人可以向该国主管机关或法院提出申诉。凡在一年内未向国际局提出驳回注册声明的，可以视为已同意了商标注册。经国际局注册的商标享有20年有效期，并且可以不限次数地续展。协定便利了其成员国国民在协定的其他成员国取得商标注册。

此外，根据该协定，如果取得了国际注册的商标在其取得国际注册之日起5年内被本国商标主管机关撤销了其本国注册或宣告本国注册无效，则该商标在协定其他成员国的商标注册也将随之被撤销。只有当取得国际商标注册届满5年之后，该商标在协定其他成员国的注册才能独立于其本国注册。

《马德里协定》是对《保护工业产权巴黎公约》关于商标注册部分的一个补充，根据协定规定，须先参加《保护工业产权巴黎公约》才能参加《马德里协定》。

（三）《尼斯协定》

《商标注册用商品与服务国际分类尼斯协定》（Nice Agreement Concerning the International Classification of Goods and Services for the Purpose of the Registration of Marks），简称《尼斯协定》，是《巴黎公约》成员国间签订的商标国际分类协定之一。1957年6月15日在法国尼斯签订，1961年4月8日生效，后经多次修订，现行的是1994年5月5日修订生效的《尼斯协定》。截至2005年12月31日《尼斯协定》缔约方总数为78个。中国于1988年正式使用尼斯国际商品分类，于1994年5月5日加入该协定，并于同年8月9日生效。

1994年《尼斯协定》共14条，该协定建立了统一的商品和服务的国际分类。分类是由一个类目清单组成（建立在商品和服务类别基础之上）。商品和服务分类表将商品分为34大类，服务项目分为11大类，并包括按字母顺序排列的商品与服务表。该协定的适用为许多国家提供了统一分类的标准，既便于商标检索，又有利于对商标的管理。

（四）《维也纳协定》

《建立商标图形要素国际分类维也纳协定》（Vienna Agreement for Establishing an International Classification of the Figurative Elements of Marks），简称《维也纳协定》，1973年6月12日在维也纳外交会议上通过，1977年5月1日生效。截至2005年12月31日《维也纳协定》缔约方总数为21个国家。

《维也纳协定》共17条，将商标图形要素分为29个大类、144个小类和约1 887个细目。它要求每一缔约国的商标主管机关必须在其有关商标注册，或续展的官方文件，或出版物里，指明所使用的国际分类符号，以便于商标的内部审查和外部查询。

四、《与贸易有关的知识产权协议》

《与贸易有关的知识产权协议》（以下简称《知识产权协议》）作为 WTO 的组成部分，其规定，所有成员国应遵守《巴黎公约》、《专利合作条约》、《商标国际注册马德里协定》，并继续承担对《伯尔尼公约》、《罗马公约》、《有关保护集成电路知识产权的华盛顿公约》的义务。成员方如果发生争执，应按 WTO 规定的途径解决。其有关知识产权的规定包括以下八个方面内容。

1. 版权和相关权利。版权是指作者对其文字、艺术和科学作品依法所享有的权利。狭义的版权包括著作人身权与著作财产权。著作人身权又称“精神权利”，是指作者使其著作权为人们所承认并防止其作品被扭曲或损毁性篡改的权利。

《知识产权协议》中版权及相关权利保护的范围是：（1）《伯尔尼公约》所指的“文学艺术”，包括文学、科学和艺术领域内的一切作品（不论其表现形式或方式），如书籍、演讲、戏剧、舞蹈、配词、电影、地图等。（2）计算机程序及数据的汇编。（3）表演者、录音制品制作者和传播媒体。

版权的保护期为自该作品经授权出版（或完成）当年年底起算不得少于 50 年；表演者和录音制品制作者的权利应至少保护 50 年；传媒的权利应至少保护 20 年。

2. 商标。《知识产权协议》规定，注册商标的所有权人享有专有权，以阻止所有第三方未经该所有权人同意，在贸易过程中使用与注册商标相同或类似的标记来标示相同或类似的商品。驰名商标应受到特别保护。在认定驰名商标时应考虑公众对该商标的了解程度，包括在该成员领土内因促销而获得知名度。商标所有权人可以转让或许可该商标，并有权将商标与该商标所属业务同时或不同时转让。

《知识产权协议》还规定，商标的首次注册及每次续展期限都不得少于 7 年。商标注册应可以无限续展。如果以没有使用商标为由撤销商标注册，条件是该商标连续 3 年未使用。

3. 地理标记。地理标记用于标示某商品来源于某成员领土内，或来源于该成员领土内的某地区或某地点，该货物的特定质量、信誉或其他特征实质上归因于地理来源。

《知识产权协议》规定，各成员方应对地理标记提供保护，包括对含有虚假地理标记的商标拒绝注册或宣布注册无效，防止公众对商品的真正来源产生误解或出现不公平竞争。《知识产权协议》对葡萄酒和烈酒地理标记提供了更为严格的保护。该协定规定，成员方应采取措施防止将葡萄酒和烈酒的专用地理标记用于来源于其他地方的葡萄酒和烈酒。

4. 工业设计。《知识产权协议》中的工业设计是指工业外观设计。受保护的工业设计的所有人有权制止未经许可的第三方出于商业目的制造、销售或进口带有受保护设计的仿织品。工业设计的保护期应不少于10年。

由于纺织品设计具有周期短、数量大、容易复制的特点，所以得到了特别重视。《知识产权协议》规定，对纺织品工业设计保护设置的条件，特别是费用、审查和公布方面的条件，不得影响这些设计获得保护。

5. 专利。《知识产权协议》中所涉及的专利仅指发明专利。《知识产权协议》规定，一切技术领域中的任何发明，不论是产品发明还是方法发明，只要其具有新颖性、创造性并适合于工业应用，均可获得专利。专利的保护期限应不少于20年。专利所有人对该专利享用专有权。对于产品，专利所有人应有权制止未经许可的第三方制造、使用、销售，或为上述目的而进口该产品；对于方法，专利所有人应有权制止未经许可的第三方使用该方法的行为，以及使用、销售或为上述目的进口依该方法直接获得的产品。

各成员的法律可以规定，在特殊情况下，允许未经专利持有人授权即可使用（包括政府使用或授权他人使用）某项专利，即强制许可或非自愿许可。但这种使用必须有严格的条件和限制，如以合理商业条件要求授权而没有获得成功，并且要支付合理报酬。

6. 集成电路布图设计。集成电路是指以半导体材料为基片，将两个以上元件（至少有一个是有源元件）的部分或全部互连集成在基片之中或之上，以执行某种电子功能的中间产品或最终产品。

布图设计是指集成电路中的两个以上元件（至少有一个是有源元件）的部分或全部互连的三维配置，或者为集成电路的制造而准备的上述三维配置。

《知识产权协议》规定，成员方应禁止未经权利所有人许可的下列行为：为商业目的进口、销售或以其他方式发行受保护的布图设计；为商业目的进口、销售或以其他方式发行含有受保护的布图设计的集成电路；为商业目的进口、销售或以其他方式发行含有上述集成电路的物品。此外，如果当事人不知道或不应知道商品中含有非法复制的布图设计，其行为不得被视为非法。但如果当事人在被告知侵权后出售了剩余货物，则有责任向权利人支付一笔合理费用。集成电路布图设计的保护期至少是10年。

7. 未披露信息的保护。未披露信息包括商业秘密和未公开的实验数据。把商业秘密列为知识产权的一种，这在以往的国际公约中从没出现过。

《知识产权协议》规定，合法拥有该信息的人，有权防止他人未经许可而以"违背诚实商业行为"的方式披露、获得或使用该信息。"违背诚实商业行为"是指违反合同，或违背信任。为获得药品或农药的营销许可而向政府提交的机密信息也受到保护，以防止不公平的商业利用。

8. 对许可合同中限制竞争行为的控制。国际技术许可合同中限制竞争的行为可能对贸易具有消极影响，并可能阻碍技术的转让与传播，例如强迫性一揽子许可。成员方可以采取适当措施防止或控制这些行为，有关成员还可就正在进行的限制竞争行为和诉讼进行磋商，并在控制这些行为方面进行有效合作。

【案例研究】

忽视优先权，痛失专利权

中国某研究所经过多年的努力，1992 年 10 月终于研制出一种名为“轻松健身仪”的技术成果。这种健身仪与其他健身仪不同，它能够使人们在家中休息时就可以健身，特别适合长期伏案就读的学者。

该研究所了解到美国某大学也一直在研究该项技术，但是据说还没有研制出来，陶醉在成功喜悦中的该研究所一直不急于申请专利，直到 1993 年 5 月 7 日才整理好资料，向中国专利局提交专利申请。

两个月后，美国该大学也于 1993 年 7 月 12 日向中国专利局提交了一份名为“防疲劳健身仪”的发明专利申请。该健身仪与中国该研究所的健身仪在结构上、技术上、功能上完全相同。中国该研究所为抢先一步申请暗暗庆幸，谁知，美国该大学还同时提交了一份要求优先权的书面声明，表明该大学已于 1993 年 4 月 12 日就相同的内容在美国提出了专利申请。

1994 年 6 月 21 日中国专利局依法授予该美国大学“防疲劳健身仪”发明专利权。

（资料来源：李萍，《国际经济合作实务》，对外经济贸易大学出版社 2003 年版）

分析与思考

1. 案例中所提到的优先权是哪个国际公约中的内容？该公约的基本内容包括哪些？

2. 从这个案例中你得到哪些启示？

[本章思考与练习]

1. 简述国际技术贸易的含义及特点。
2. 简述专利的含义、特点及授予条件。
3. 试述商标及其特征。
4. 试述专利与专有技术的联系和区别。
5. 国际技术交易的基本方式有哪些？
6. 简述《巴黎公约》的主要内容。
7. 《与贸易有关的知识产权协议》包括哪些内容？
8. 简述知识产权的概念及特点。
9. 简述国际技术许可合同的含义及特点。
10. 简述国际技术许可合同的主要内容。

第五章　国际金融

【本章教学目的】 本章主要阐述了国际金融的基础知识。通过本章的学习，要求学生掌握国际收支、国际收支平衡表、外汇、汇率和国际金融市场等方面的基本概念、基础知识和基础理论。

第一节　国际收支

一、国际收支的概念

国际收支（Balance of Payments）是一个国家或地区在一定时期内（通常为一年）对外政治、经济、文化往来所产生的全部经济交易的系统记录。

国际收支的概念经历了由狭义向广义发展的过程。它最早出现于17世纪初，当时，重商主义从货币是贵金属的角度出发，认为对外贸易顺差是增加国家财富的主要途径，只有在一国的出口超过其进口时才能获得金银财富。这样，当时国际收支只是简单地被解释为一个国家的对外贸易收支。后来，古典经济学派的理论在欧洲盛行起来。他们主张自由贸易，反对国家干预，认为国际收支（实际就是贸易收支）可以由“物价和现金流动机制”（Price-specie-flow Mechanism）来自动调节达到平衡。此外，由于当时自由贸易的发展和国际金本位制的确立，主要资本主义国家的国际收支始终处于顺差状态，国际收支的变化并未造成不利影响，因此，这一时期，国际收支从理论到实践均未被人们所重视。

第一次世界大战后，随着金本位制度的崩溃，各国禁止黄金外流，国际间经济交往产生的差额再也不能用黄金来清偿，而主要通过外汇的收付来进行。因此，这时国际收支主要是指一个国家的外汇收支（Balance of Foreign Exchange）。各种国际经济交易，凡涉及外汇收支的，都属于国际收支范畴。这就是人们所指的狭义的国际收支概念。这一概念是建立在有外汇收支的商品贸易基础上的。由于在这一时期还出现了大量战争赔款的转移，扩大了国际间资本流动规模，国际收支增加了新的内容，各国开始关注国际收支问题。

第二次世界大战后，由于国际经济的发展，国际收支包罗了更多的内容，不仅有政府无偿援助、赠与，还有补偿贸易、支付清算协定下的易货贸易的系统记录。这个概念包括了有外汇收支的经济交易，也包括了无外汇收支的经济交易。与此同时，各国更加重视国际收支的理论与实践，将国际收支视为宏观经济的有机组成部分。

经过数百年的演化与发展，人们对国际收支的基本概念已达成共识。国际收支被普遍认为是指在一定时期内一国居民与非居民之间所发生的全部经济交易的货币价值总和。国际收支概念的内涵非常丰富，我们应从以下三个方面理解和把握这一概念。

1. 国际收支是一个流量概念。当人们提及国际收支时，总是需要指明是属于哪一段时期的。这一报告期可以是一年，也可以是一个季度或一个月，但通常以一年作为报告期。与国际收支相对应的一个概念是国际借贷，国际借贷是指一国在一定时点上对外债权与对外债务的汇总。国际借贷与国际收支既相互联系又相互区别：一方面，这两个概念之间具有密切关系，国际收支是因，国际借贷是果，国际借贷的变化主要是由于国际收支中的各种国际经济交易所引起的；另一方面，这两个概念又是有区别的，国际收支是一个流量概念，描述在一定时期的发生额，而国际借贷则是一个存量概念，描述一国在一定时点上的对外债权、债务余额。正确区分这两个概念，避免把它们混淆，对理解国际收支概念的基本内涵是十分重要的。

2. 正确理解国际收支概念中居民与非居民的含义。居民是指在一个国家（或地区）的经济领土内具有经济利益的经济单位，包括自然人、法人和政府机构三类。自然人一般是根据其居住地点和居住时间来判断，凡是在一国居住时间长达一年以上的自然人，不论其国籍如何，都是该国的居民。据此，移民属于其工作所在国的居民；逗留时间在一年以上的留学生、旅游者也属所在国的居民。但身在国外且代表本国政府的个人（包括官方外交使节、驻外军事人员等）一般被认为是该国的居民，是所在国的非居民。就法人组织而言，一个企业或者非营利性团体在哪个国家成立注册，就是那个国家的居民。据此，跨国公司的母公司和子公司应该分别属于所在国的居民，母公司与子公司或者子公司与子公司之间的公司内贸易应该被计入国际收支。政府机构，包括在其境内的各级政府机构以及设在境外的大使馆、领事馆和军事机构等都是本国居民，凡设在该国的外国使领馆和国际组织机构都是该国的非居民。联合国、国际货币基金组织以及世界银行等是任何国家的非居民。

3. 国际收支是以交易为基础的，它是居民与非居民之间所发生经济交易的货币记录。交易包含四种类型：（1）交换，即指一个经济体向另外一个经济体提供一种经济价值（包括货物、服务、收入等实际资源和金融资产）并从对方得到等值的回报。（2）转移，即指一个经济体向另外一个经济体提供了经济价值，但没有得到任何补偿。（3）移居，是指一个人把住所从一个经济体搬迁到另一个经济体的行为。移居后，该个人原有的资产负债关系的转移会使两个经济体的对外资产、债务关系均发生变化，这一变化应记录在国际收支中。（4）其他根据推论而存在的交易。在一些情况下，可以根据推论确定交易的存在，即使实际流动并没有发生，也需要在国际收支中予以记录。国外直接投资者收益的再投资就是一个例子。投资者的海外子公司所获得的收益中，一部分是属于投资者本人的，如果这部分收益用于再投资，则必须在国际收支中反映出来，尽管这一行为并不涉及两国间资金与服务的流动。

二、国际收支平衡表

国际收支平衡表（Balance of Payments Statement）是一国根据交易内容和范围设置项目和账户，并按照复式记账法对一定时期内的国际经济交易进行系统的记录，对各笔交易进行分类、汇总而编制出的分析性报表。各国编制国际收支平衡表的主要目的是为了有利于全面了解本国的对外经济情况，并以此进行经济分析、制定合理的对外经济政策。

（一）国际收支平衡表的格式

国际货币基金组织曾在1948年、1950年、1961年、1977年、1993年和2008年先后六次修订出版《国际收支手册》，对国际收支平衡表的标准进行统一规定。过去常用的是1993年公布的第五版的格式，新版即2008年第六版现正在各国推广使用。为加强对比和了解，将这两种版本的基本格式分列如下，分别见表5－1和表5－2。

表5－1　　国际收支平衡表（1993年第五版）

<table>
<tr><th colspan="4">项目</th><th>借方</th><th>贷方</th></tr>
<tr><td rowspan="4">经常账户（current account）</td><td colspan="3">货物（goods）</td><td></td><td></td></tr>
<tr><td colspan="3">服务（services）</td><td></td><td></td></tr>
<tr><td colspan="3">收入（income）</td><td></td><td></td></tr>
<tr><td colspan="3">经常转移（current transfers）</td><td></td><td></td></tr>
<tr><td rowspan="10">资本和金融账户（capital and financial account）</td><td colspan="3">资本项目（capital account）</td><td></td><td></td></tr>
<tr><td rowspan="9">金融项目（financial account）</td><td colspan="2">直接投资（direct investment）</td><td></td><td></td></tr>
<tr><td colspan="2">证券投资（portfolio investment）</td><td></td><td></td></tr>
<tr><td colspan="2">其他投资（other investment）</td><td></td><td></td></tr>
<tr><td rowspan="5">储备资产（reserve assets）</td><td>外汇储备（foreign currency reserve）</td><td></td><td></td></tr>
<tr><td>黄金储备（gold reserve）</td><td></td><td></td></tr>
<tr><td>特别提款权（SDRs）</td><td></td><td></td></tr>
<tr><td>储备头寸（reserve position in IMF）</td><td></td><td></td></tr>
<tr><td>其他资产（other assets）</td><td></td><td></td></tr>
<tr><td colspan="4">错误与遗漏（errors and omission account）</td><td></td><td></td></tr>
</table>

表 5-2　　国际收支平衡表（2008 年第六版）

项目		借方	贷方
经常账户（current account）	货物和服务（goods and services）		
	初次收入（primary income）		
	二次收入（secondary income）		
资本账户（capital account）	非生产非金融资产的取得（借记）/处置（贷记）总额（gross acquisitions of nonproduced，nonfinancial assets，debit/gross disposals of nonproduced，nonfinancial assets，credit）		
	资本转移（capital transfers）		
金融账户（financial account）	直接投资（direct investment）		
	证券投资（portfolio investment）		
	金融衍生工具（储备除外）和雇员认股权［financial derivatives（other than reserves）and employee stock options］		
	其他投资（other investment）		
	储备资产（reserve assets）		
误差与遗漏净额（net errors and omissions）			

（二）国际收支平衡表的主要内容

国际收支平衡表所包含的内容十分繁杂，各国大都根据各自不同需要和具体情况来编制。其内容的详简有很大差异，但其主要项目还是一致的，大体上可分为四大类，即经常账户、资本账户、金融账户以及误差与遗漏净额。

1. 经常账户。经常账户（Current Account）是本国与外国交往中经常发生的国际收支项目，它反映了一国与他国之间真实资源的转移状况，在整个国际收支中占有主要地位，往往会影响和制约国际收支的其他账户。它包括货物和服务、初次收入和二次收入三个子账户。

（1）货物和服务账户（Goods and Services Account）。货物包括一般商品、转手买卖下的货物及非货币黄金。国际收支统计口径的一般商品包括经济所有权在居民与非居民之间发生变更并且不包括在以下特殊类别中的货物：转手买卖货物、非货币黄金，以及部分旅行、建设和别处未涵盖的政府货物和服务。转手买卖指（编报经济体）居民从非居民处购买货物，随后便向另一非居民转售同一货物，而货物未经过编报经济体；非货币黄金包括除货币黄金之外的所有黄金，非货币黄金可以为金条（即货币金条的形式为铸币、金锭或金块，纯度为至少99.5‰，包括已分配黄金账户持有的此类黄金）、金粉和其他未加工或半加工形式的黄金。含有黄金的珠宝、手表等计入一般商品，而不是非货币黄金。

在国际收支平衡表中，货物收支统计数据的来源及商品价格计算的方式在各国不尽相同。按国际货币基金组织的规定，货物进出口统计一律以海关统计为准，商品价格一律按离岸价格（FOB）计算。但实际上许多国家对出口商品按离岸价格计算，而对进口商品则按到岸价格（CIF）计算。这两种不同的价格条件，在计算进出口总值时会产生一定的差额。例如，进口商品以CIF计价，其中运费和保险费属于劳务方面的支出，这样就会产生重复入账的项目，结果影响了国际收支平衡表的精确性。

服务包括对他人拥有的实物投入的制造服务，别处未涵盖的维护和修理服务，运输、旅游、建筑、保险和养老金服务，金融服务，别处未涵盖的知识产权使用费、电信、计算机和信息服务，其他商业服务，个人、文化和娱乐服务，别处未涵盖的政府货物和服务。

（2）初次收入（Primary Income）。初次收入账户显示的是居民与非居民机构单位之间的初次收入流量。初次收入反映的是机构单位因其对生产过程所做的贡献或向其他机构单位提供金融资产和出租自然资源而获得的回报，可以分为两类。

第一，与生产过程相关的收入。雇员报酬是向生产过程投入劳务的收入。对产品和生产的税收与补贴也是有关生产的收入。

第二，与金融资产和其他非生产资产所有权相关的收入。财产收入是提供金融资产和出租自然资源所得的回报。投资收益是提供金融资产所得的回报，包括股息和准公司收益提取、再投资收益和利息。

（3）二次收入（Secondary Income）。二次收入账户表示居民与非居民之间的经常转移。各种不同类型的经常转移记入本账户，表明其在经济体间收入分配过程中的作用。转移可以为现金或实物。初次收入影响国民收入；二次收入与初次收入共同影响国民可支配总收入。资本转移不影响可支配收入，因此，记入资本账户。

2. 资本账户（Capital Account）。国际账户中的资本账户包括两类：

（1）居民与非居民之间的应收和应付资本转移。资本转移是资产（非现金或存货）的所有权从一方向另一方变化的转移；或者是使一方或双方获得或处置非现金或存货的转移；或者为债权人减免负债的转移。

（2）居民与非居民之间非生产非金融资产的取得和处置。非生产非金融资产包括：自然资源；契约、租约和许可；营销资产（和商誉）。非生产非金融资产和应收应付资本转移的取得和处置，按全值分别记录，而不是轧差记录。总额数据在跨境分析时比较重要，而且可以在需要时从中得出净流量。

3. 金融账户（Financial Account）。金融账户包括直接投资、证券投资、金融衍生工具（储备除外）和雇员认股权、其他投资和储备资产五个部分。

（1）直接投资（Direct Investment）。直接投资是跨境投资的一种，特点是，一经济体的居民企业对另一经济体的居民企业实施了管理上的控制或重要影响。除了带来控制或影响的股权外，直接投资还包括与这种关系有关的投资，包括投资于其间接影响或控制的企业、联属企业、债务和逆向投资。

（2）证券投资（Portfolio Investment）。证券投资指没有被列入直接投资或储备资产的有关债务或股本证券的跨境交易和头寸。证券的可流通性是方便交易的一种方式，在其有效期内，证券可由不同当事人持有。这种可流通性使投资者能够持有多元化的投资组合，并方便他们撤回投资。投资基金份额或单位（即由投资基金发行的份额或单位）如果有证券作为证明，并且不是储备资产或直接投资，应列入证券投资。

（3）金融衍生工具（储备除外）和雇员认股权［Financial Derivatives（Other than Reserves）and Employee Stock Options］。金融衍生产品和雇员认股权是具有类似特征的（例如，履约价格、某些相同的风险因素）金融资产和负债。但是，尽管两者都是为了转移风险，可雇员认股权还旨在提供一种报酬形式。与储备资产管理有关的金融衍生产品要从职能类别中剔除，而列入储备资产。

（4）其他投资（Other Investment）。其他投资为剩余类别，包括没有列入直接投资、证券投资、金融衍生产品和雇员认股权以及储备资产的头寸和交易。

（5）储备资产（Reserve Assets）。储备资产是由货币当局控制，并随时可供货币当局用来满足国际收支资金需求，用于干预汇兑市场影响货币汇率，以及用于其他相关目的（例如，维护人们对货币和经济的信心，作为向外国借款的基础）的对外资产。储备资产必须是外币资产和实际存在的资产，不包括潜在的资产。储备资产包括货币黄金、特别提款权持有、在基金组织的储备头寸、货币和存款、证券（包括债务和股本证券）、金融衍生产品和其他债权（贷款和其他金融工具）。

4. 误差与遗漏净额（Net Errors and Omissions）。按照复式记账原则，国际收支账户的借方总额和贷方总额应该相等，借贷双方的净差额应为零，但实际上并非如此。由于不同账户的统计资料来源不一、记录时间不同以及一些人为因素（如虚报出口）等原因，会造成国际收支账户出现净的借方或贷方余额，这就需要人为设立一个平衡账户——误差与遗漏净额，在数量上与该余额相等而方向相反与之相抵消。当经常账户、资本账户和金融账户总计贷方总额大于借方总额，从而出现贷方余额时，则在误差与遗漏净额的借方记入与该余额相同的数额；反之，当出现借方余额时，则在误差与遗漏净额的贷方记入相同数额。

（三）国际收支平衡表的编制原则

1. 居民原则。即国际收支平衡表主要记载的是居民与非居民之间的交易。

2. 计价原则。即国际收支原则上按成交的市场价格来计价。由于国际经济交流是用多种货币进行的，因此，为了使各种交易间具有记录和比较的基础，需要在记账时将其折算成同一种货币，这种货币就称作记账货币（Recording Currency）或记账本位币。大多数国家都把美元作为记账货币。在国际收支平衡表中计账时，以不同货币结算的对外交易需要按记账货币和具体交易货币之间的比价（即汇率）折算为记账货币。

3. 权责发生制原则。一旦经济价值产生、改变、交换、转移或消失，交易就被记录下来，一旦所有权发生变更，债权债务就随之出现。

4. 复式计账原则。任何一笔交易要求同时作借方记录和贷方记录；一切收入项目或负债增加、资产减少的项目，都列入贷方；一切支出项目或资产增加、负债减少的项目都列入借方。借贷两方金额相等。如果交易属于单向转移，记账的项目只有一方，不能自动成双匹配，就要使用某个特种项目记账以符合复式记账的要求。

三、国际收支失衡的原因与影响

（一）国际收支失衡的原因

国际收支均衡是一国政府所要着力实现的外部均衡目标，但在绝大部分情况下，国际收支均衡往往是一种特例或者偶然现象，而国际收支失衡则是一种常态或必然现象。导致国际收支失衡的原因是多种多样的，有经济的因素，也有非经济的因素；有来自内部的因素，也有来自外部的因素；有实物方面的因素，也有货币方面的因素；等等。

1. 季节性和偶然性失衡。由于生产和消费存在季节性变化的规律，进口和出口也会随之发生变化。生产和消费的季节性变化对进口和出口的影响是不一样的，这就使得一国国际收支也会发生季节性变化，从而产生季节性失衡。对于那些以农产品为主要出口商品的发展中国家，国际收支失衡就常常表现为季节性失衡。这是因为，在农产品收获的季节，这些国家可以通过农产品的出口形成贸易顺差。但在农产品收获之前，由于需要进口化肥、机械设备以及满足人们日常需要的必需品，往往又会出现贸易逆差，这种贸易差额的季节性变化是十分明显的。

无规律的短期灾变也会引起国际收支的失衡，这被称为偶然性失衡。例如，在出现洪水、地震等自然灾害以后，在短期内往往会引起出口下降。但由于需要进口食品、药品以及其他生活必需品以应付自然灾害，往往又会导致进口增加，从而出现国际收支失衡。一般来说，偶然性失衡对国际收支的影响是一次性的，且引起的失衡也是暂时性的，因此，一国往往采取动用储备的方法加以解决。

2. 结构性失衡。当国际分工格局或国际需求结构等国际经济结构发生变化时，一国的产业结构及相应的生产要素配置不能完全适应这种变化，由此发生的国际收支失衡称为结构性失衡。世界各国由于自然资源和其他生产要素禀赋的差异而形成了一定的国际分工格局，这种国际分工格局随着要素禀赋和其他条件的变化将会发生变化，任何国家都不能永远保持既定不变的比较利益。如果一个国家的产业结构不能随国际分工格局的变化而得到及时调整，便会出现结构性失衡。此外，从需求角度看，消费者偏好的改变、代替天然原料的合成材料的发明、出口市场收入的变化、产品来源及价格变化等都会使国际需求结构发生变化，一国的产业结构如不能很好地适应这种变化而得到及时调整，也会出现结构性失衡。

3. 周期性失衡。市场经济国家由于受商业周期的影响，会周而复始地出现繁荣、衰退、萧条、复苏四个阶段。在周期的不同阶段，无论是价格水平的变化，还是生产和就业的变化，或两者的共同变化，都会对国际收支状况产生不同的影响。这种因景气循环使经济条件变动而发生的盈余和赤字交互出现的国际收支失衡，被称为周期性失衡。例如，在经济繁荣时期，由于进口的快速增长，往往会使一国经常账户出现赤字；而在经济萧条时期，国内市场需求的疲软往往会引起出口的增加和进口的减少，使一国经常账户出现盈余。对于资本和金融账户，经济繁荣时期投资前景看好，大量资本流入，将会使该账户出现顺差；反之，在经济萧条时期，则会出现逆差。第二次世界大战以来，由于各国经济关系的日益密切，各国的生产活动和经济增长受世界经济的影响日益加强，致使主要工业国的商业景气循环极易传播至其他国家，从而引起世界性的经济景气循环，导致各国出现国际收支周期性失衡。

4. 货币性失衡。一国货币价值变动（通货膨胀或通货紧缩）引起国内物价水平发生变化，从而使该国物价水平与其他国家比较发生相对变动，由此引起的国际收支失衡称为货币性失衡。当一国的生产成本与物价水平普遍上升，使其相对高于其他国家，则该国的出口会受到抑制，而进口则会受到刺激，其经常账户收支便会恶化。另外，货币供应量的增加，还会引起本国利率下降和资本流出增加，从而造成资本和金融账户的逆差。两者结合在一起，会造成一国国际收支逆差。反之，如果一国货币供应量的增长相对较少，则会发生与上述情况相反的结果，即国际收支盈余。第二次世界大战后，工业化国家虽然避免了像 20 世纪 30 年代那样的严重经济危机，却远远没有能够抑制由于需求大于供给而造成的物价上涨。物价上涨在发展中国家更加严重，年率达 50% 或更高的奔驰型通货膨胀并非少见。西方国际金融学者一般认为，通货膨胀是造成第二次世界大战后国际收支失衡的最重要原因之一。

5. 不稳定投机和资本外逃造成的失衡。在短期资本流动中，不稳定投机和资本外逃是造成国际收支失衡的另一个原因，它们还会激化业已存在的失衡。投机性资本流动是指利用利率差别和预期的汇率变动来牟利的资本流动。投机可能是稳定的，也可能是不稳定的。稳定性投机与市场力量相反，当某种货币的需求下降，投机者就买进该货币，从而有助于稳定汇率。而不稳定的投机会使汇率累进恶化，投机造成贬值，贬值又进一步刺激投机，从而使外汇市场变得更加混乱。资本外逃与投机不同，它不是追求获利，而是害怕损失。当一个国家面临货币贬值、外汇管制、政治动荡或战争威胁时，在这个国家拥有资产的居民与非居民就要把其资金转移到其认为稳定的国家，造成该国资本的大量外流。不稳定投机和资本外逃具有突发性、规模大的特点，在国际资本流动迅速的今天，往往成为一国国际收支失衡的重要原因。

（二）国际收支失衡对经济的影响

一国国际收支持续失衡时，无论是顺差还是逆差，都会给该国经济带来危害。

持续的、大规模的国际收支逆差对一国经济的影响表现在以下三个方面：(1) 使本国经济增长受阻。由于长期逆差的存在，大量减少了本国的外汇储备，外汇的枯竭会影响经济发展所必需的生产资料和原料的进口，从而阻碍国民经济的发展，使国民收入的增长速度放慢。(2) 不利于对外经济交往。存在持续逆差的国家会增加对外汇的需求，从而促使外汇汇率上升，本币不断贬值，本币的国际地位降低，对本国的对外经济交往产生消极影响。(3) 会损害国际信誉。长期逆差将使本国的偿债率降低，而如果陷入债务困境不能自拔，又会影响本国的经济和金融实力，并失去在国际上的信誉。

持续的、大规模的国际收支顺差对一国经济的影响表现在以下三个方面：(1) 导致本国通货膨胀。持续顺差会增加外汇的供给和对本币的需要，具体表现为本国的国外净资产增加过快，在国内信贷不能减少的情况下，迫使本国扩大货币投放，从而引起本国的通货膨胀。(2) 使外汇市场受到冲击。持续顺差会使外汇汇率下跌，本币升值，必然引起国际短期资金大量流入，冲击外汇市场，加剧投机，从而使外汇市场不可避免地陷入混乱。(3) 不利于发展国际经济关系。一国的顺差即为他国的逆差，大量的顺差说明该国的出口极多，而进口很少，他国却出口少、进口多，这样必然不利于其他国家的经济发展，很可能引起国际摩擦，影响国际经济关系。如 20 世纪 80 年代以来日益加剧的日美贸易摩擦就是一例。

因此，对持续的国际收支失衡进行适当的调节，使其达到平衡，是国际经济和国内经济健康发展所必需的。

四、国际收支失衡的调节

国际收支调节是指消除一国国际收支失衡的内在机制与作用过程。国际收支作为国民经济的重要变量，与国民经济其他变量密切相关，它的失衡必然会对整个国民经济产生非常消极的影响，因此，在开放经济条件下，各国在试图追求充分就业、物价稳定和经济增长的同时，都在努力实现国际收支均衡的目标。当一国出现国际收支失衡以后，应该如何来进行国际收支调节以恢复国际收支均衡呢？通常使用的国际收支调节方法主要有国际收支的自动调节机制、国际收支的政策引导机制和国际收支的国际协调机制。

（一）国际收支的自动调节机制

当一国出现国际收支失衡时，在没有人为力量干预的情况下，有时经济体系内部会自发地产生某些机制，使一国国际收支失衡至少在某种程度上得以减轻，乃至能自动恢复均衡，这就是国际收支失衡的自动调节机制。英国经济学家大卫·休谟提出的“物价—金币流动机制”揭示了在国际金本位制度下的国际收支自动矫正机制。在信用货币流通的制度下，纸币流通使国际间货币流动失去直接清偿性，国际间的货币交换必须通过汇率来实现，因此，“物价—金币流动机制”已不复存在。虽然如此，在出现国际收支失衡时，仍然会存在某些调节机制，具有使国际收支自动恢复均衡的作用。根据起作用的变量不同，可将自动调节机制分为四类：汇率调节机制、利率调节机制、价格调节机制和收入调节机制。

1. 汇率调节机制。当一国出现国际收支失衡时，必然会对外汇市场产生压力，促使外汇汇率的变动。如果该国政府允许汇率自发变动而不进行干预，则国际收支失衡就有可能会被外汇汇率的变动所消除，从而使该国国际收支自动恢复均衡。例如，当一国出现国际收支逆差时，必然会引起外汇市场上的外汇需求大于外汇供给，在政府不对外汇市场进行干预的前提下，外汇汇率将上升，而本币汇率会下跌，如果该国满足马歇尔－勒纳条件，那么本币贬值将会改善该国国际收支状况，并使其国际收支趋于均衡；反之，当一国出现国际收支顺差时，本币汇率的自发上升也会使该国的国际收支自发趋于均衡。

2. 利率调节机制。在固定汇率制度下，国际收支失衡会通过货币供应量的调整引起利率水平的变化，从而起到减轻一国国际收支失衡的作用。例如，在出现国际收支逆差的情况下，如果货币当局采取严格的稳定汇率政策，就必然会干预外汇市场，抛售外汇储备，回购本币，从而造成本国货币供应量的下降，货币量的减少会产生一个提高利率的短期效应，导致本国资本外流减少，外国资本流入增加，从而使该国资本和金融账户得以改善，并减轻国际收支逆差的程度；反之，国际收支盈余会通过货币供应量的上升和利率水平的下降导致本国资本外流增加，外国资本流入减少，使其国际收支盈余减少甚至消除。

3. 价格调节机制。价格的变动在国际收支自动调节机制中也发挥着重要的作用。在国际收支出现赤字时，货币供应量的下降会使公众所持有的现金余额低于其意愿水平，该国居民就会缩减对商品和劳务的开支，从而引起价格水平的下降。本国商品相对价格的下降会提高本国商品的国际竞争力，从而使本国的出口增加、进口减少，该国国际收支状况得以改善；反之，国际收支盈余会通过物价水平的上涨削弱该国商品的国际竞争力，进而在一定程度上矫正国际收支盈余。

4. 收入调节机制。如果在某一均衡收入水平上发生了国际收支的失衡，经济体系内部就会自发产生使收入水平发生变动的作用力，而收入的变动至少会部分地减少国际收支的失衡程度。例如，在某一均衡收入水平上，由于一国出口的增加导致国际收支顺差，但与此同时，出口的增加又会引起国民收入水平的增加，从而会引起进口的增加，这就部分地抵消了出口的变动，从而减少了该国国际收支顺差的程度；反之，当国际收支出现逆差时，国民收入的下降将会部分地消除该国国际收支逆差。

（二）国际收支的政策引导机制

虽然国际收支的自动调节机制能从一定程度上缓解国际收支失衡状况，但这一机制只能在某些经济条件或经济环境中起作用，而且作用的程度和效果无法保证，作用的时间也较长，因此，当国际收支出现失衡时，一国政府往往不能完全依靠经济体系内部的自动调节机制来使国际收支恢复均衡，而有必要主动运用政策引导机制来对国际收支进行调节。一般来说，国际收支失衡的调节政策主要有以下五种。

1. 外汇缓冲政策。外汇缓冲政策是指运用官方储备的变动或向外短期借款来对付国际收支的短期性失衡。一般的做法是建立外汇平准基金，该基金保持一定数量的外汇储备和本国货币，当国际收支失衡造成外汇市场的超额外汇供给或需求时，货币当局就动用该基金在外汇市场公开操作，买进或卖出外汇，消除超额的外汇供求。这种政策以外汇为缓冲体（Buffer），故称为外汇缓冲政策。

如果国际收支失衡是由季节性变动或不正常的资本流动所造成，则改变国内经济运行来消除这种失衡会对国内经济产生不良影响，这时最好运用外汇缓冲政策使外部失衡的影响止于外汇储备阶段，从而不会影响国内经济与金融。

外汇缓冲政策运用的难点是如何判断国际收支失衡的类型。一般来说，外汇缓冲政策往往只适用于解决国际收支的短期性失衡，而对于长期性的根本性失衡，运用该政策不仅不能解决失衡，而且会使失衡大量积累，最终使国内经济因不可避免的调整而承受极大的震动。此外，运用该政策还需要具备一定的条件，如必须具备实施外汇缓冲政策所需要的充足外汇，必须具备实施公开市场操作的有效条件等。

2. 需求管理政策。需求管理政策是指运用扩张性或紧缩性财政政策和货币政策来提高或降低收入、物价和利率水平，进而消除国际收支的周期性失衡和货币性失衡。这是第二次世界大战后各国普遍采用的方法。

财政政策是指一国政府通过调整政府支出和税收实现对国民经济需求管理的政策。财政政策通常作为调节国内经济的手段，但由于总需求的变动可以改变国民收入、价格水平和利率，而国民收入、价格水平和利率的变动也会引起国际收支的变动，所以财政政策也成为国际收支的调节手段。以一国出现国际收支逆差为例，政府可以运用紧缩性的财政政策从两个方面使国际收支恢复均衡：一方面，减少政府支出或增税会通过乘数效应成倍地降低国民收入，国民收入的降低又会相应地压缩进口，从而使国际收支中的经常账户恢复均衡；另一方面，抑制总需求又会降低通货膨胀率或使物价水平下降，而物价水平下降将会提高本国商品的国际竞争力，产生刺激出口、抑制进口的作用，也有利于减少经常账户的逆差。但值得注意的是，在采用紧缩性财政政策抑制总需求的同时，国民收入和价格水平的下降往往也伴随着利率水平的降低，在资本的国际流动不受限制的情况下，这会引起大量资本流出，从而在相当程度上抵消经常账户收支的改善。因此，一国出现国际收支逆差时，适当进行资本管制将有利于紧缩性财政政策发挥更好的效果。

货币政策是货币当局通过调整货币供应量来实现国民经济需求管理的政策。

在西方发达国家，中央银行一般通过改变再贴现率、法定存款准备金率和开展公开市场业务来调整货币供应量。由于货币供应量的变动会引起国民收入、价格水平和利率的变动，所以货币政策也成为重要的国际收支调节手段。以一国出现国际收支逆差为例，中央银行可以实行紧缩性货币政策。通过实行紧缩性货币政策降低货币供应量，一方面可以抑制消费需求和投资需求，使经济增长速度放慢，从而可以减少进口支出，改善一国经常账户状况；另一方面，货币供应量的减少还会导致价格水平下降，提高一国出口商品的国际竞争力，通过出口的增加使经常账户的逆差减少。货币政策对国际收支中资本和金融账户的影响不同于财政政策。实行紧缩性货币政策，货币供应量的减少将提高而不是降低利率水平，在资本的国际流动不受限制的情况下，会吸引大量资本流入，导致资本和金融账户出现顺差，使一国国际收支状况得到进一步改善。由此可见，在国际收支失衡的调节过程中，货币政策将比财政政策发挥更大的作用。

3. 汇率调整政策。汇率调整政策是指运用汇率的变动来纠正国际收支失衡的调节政策。在不同的汇率制度背景下，实施汇率调整政策的做法不尽相同，主要有：（1）汇率制度的变更。在一国原先采用固定汇率或钉住汇率的情况下，如果出现巨额国际收支赤字，货币当局可以采用浮动汇率制或弹性汇率制，允许汇率由外汇市场供求自行决定，让汇率的自发变动来纠正国际收支逆差。（2）外汇市场干预。在汇率由市场决定的情况下，一国货币当局可以通过参与外汇交易、在外汇市场上购入外汇出售本币的方法，操纵本币贬值以增加出口、减少进口，改善其国际收支状况。（3）官方汇率贬值。在实行外汇管制的国家，汇率由一国货币当局人为规定，而非由市场供求决定。货币当局可以通过公布官方汇率贬值，直接运用汇率作为政策杠杆实现奖出限入，以消除其国际收支逆差。

不论具体做法如何，汇率调整政策对国际收支的影响都是通过改变汇率水平来实施的。在一国出现国际收支逆差时，通过本币贬值来改善国际收支状况，需要注意以下四个方面的问题：（1）进出口商品要富于弹性。（2）本币贬值对国际收支所产生的影响可能会存在时滞效应，即短期内国际收支状况不仅不会改善，反而会恶化，只有经过一段时间以后国际收支状况才能逐步改善。（3）如果一国通过本国货币贬值以求本国国际收支盈余，促进本国国民收入和就业增加，往往会引起其他国家国际收支状况恶化、经济增长放慢和失业率提高。因此，竞争性贬值往往是一种"以邻为壑"的政策，理所当然地会引起对方报复，从而引发货币战。（4）在一定的条件下，虽然本币贬值可以改善一国经常账户的收支状况，但本币贬值往往也会诱发资本外逃，恶化一国资本和金融账户的收支状况，最终对该国国际收支所产生的影响存在不确定性。

4. 直接管制政策。需求管理政策和汇率调整政策的实施有两个共同的特点：一是这些政策发生效应需要通过市场机制方能实现；二是这些政策实施后不能立即收到效果，其发挥效应的过程较长。因此，在许多情况下，一国往往需要借助于直接管制政策来调节国际收支失衡。直接管制政策是指对国际经济交易采取直接行政干预的政策，包括财政管制、贸易管制和外汇管制等。

财政管制是指政府通过管制进出口商品的价格和成本来达到调节国际收支目的的政策措施。各国经常采用的财政管制方法主要有：（1）进口关税政策，通过提高进口关税税率来限制进口数量，或者通过降低进口生产资料的关税来扶植本国进口替代和出口替代产业的发展；（2）出口补贴政策，如对出口商品发放价格补贴或出口退税等；（3）出口信贷政策，如由官方金融机构向本国出口商或外国进口商提供优惠贷款等。

贸易管制是指政府采取的直接限制进出口数量的政策措施。各国经常采用的贸易管制方法主要有：（1）进口配额制，即由政府规定在一定时期内部分进口商品的数量限制；（2）进口许可证制，即由政府通过发放进口许可证来限制进口商品的种类与数量；（3）规定苛刻的进口技术标准，包括卫生检疫条件、安全性能指标、技术性能指标、包装和标签条例等；（4）歧视性采购政策，即要求政府部门和国有企业必须尽量采购本国产品，限制购买进口商品；（5）歧视性税收，即政府对进口商品征收较高的销售税、消费税等。

外汇管制是一国政府为平衡国际收支而对外汇交易所进行的限制，包括对外汇买卖、外汇汇价、国际结算以及资本流动等诸多方面的外汇收支与交易所做的规定。各国经常采用的外汇管制方法主要有：（1）贸易外汇管制，要求出口所得外汇收入必须全部或部分卖给外汇指定银行，而进口所需外汇支出需要在外汇管制机构的批准下从外汇指定银行购汇；（2）非贸易外汇管制，要求对于绝大部分非贸易外汇实行许可证制、规定限额制、预付存款制以及课征非贸易外汇购买税等；（3）对资本输出入进行管制，通常对于广大发展中国家来说，大多采取优惠政策与措施，吸引国际资本特别是长期资本流入，限制本国资本流出；（4）对非居民银行账户进行管制，根据非居民银行账户产生原因的不同，通过设立自由账户、有限制账户以及封锁账户等形式，对外汇交易以及国际结算等加以限制；（5）对黄金现钞输出入进行管制；（6）实行复汇率制，由外汇管制当局根据外汇的不同来源和使用情况主动人为地制定和利用多重汇率并存，以达到改善国际收支的目的。常见的做法主要有固定的差别汇率制、外汇转让证制以及混合汇率制等。

以直接管制政策作为国际收支调节政策的优点在于其效果迅速而显著。需求管理政策和汇率调整政策必须先通过对生产活动和外汇供求产生影响后，才能产生效果。因此，不但需要一段时间，而且不一定能够完全达到预期目的。但实施直接管制政策，只要政策当局处理得当，即可迅速达到预期目的。其次，在国际收支失衡的原因为局部性因素时，较易针对该部分实施管制，因而不必使整个经济发生变动，而需求管理政策和汇率调整政策则较难做到这点。然而，直接管制政策亦有若干明显的弊端：（1）直接管制会对价格机制发生阻碍作用，不利于自由竞争和资源最佳配置，社会福利也难以实现最大化；（2）由于直接管制措施易于察觉，因而比需求管理政策和汇率调整政策更易招致他国的责难或报复；（3）暂时得到政策保护的受益者，在这种政策措施已经变得没有必要之后，也总是不愿让它废止，因而直接管制措施有一种长期持续的倾向。

5. 供给调节政策。从供给角度分析，国际收支调节政策还包括调整产业政策和科技政策等影响供给的政策措施。调整产业政策的核心在于优化产业结构，根据一国资源拥有状况和世界市场需求的变化，制定合理的产业结构规划，对部分产业部门进行调整与限制发展，而对一国优势产业和战略性产业采取政策措施促进其发展壮大，从而提高一国产业的国际竞争力，减少甚至消除结构性国际收支失衡。科学技术是第一生产力，现代各国之间的经济竞争本质上是科技的竞争，通过制定合理的科技政策，可以提高一国整体的科技水平，增加出口商品的技术含量与附加值，提高进口替代商品的竞争力，从而达到改善国际收支状况的目的。制定合理的科技政策包括：加强科学基础理论的研究，鼓励技术发明与创新，加快科技成果的应用与推广，增加教育投入提高劳动者素质等。供给调节政策是一种长期性的政策措施，虽然在短期内难以取得显著的效果，但它可以通过提高国民经济的综合实力和国际竞争力，从根本上改善一国国际收支状况。

（三）国际收支的国际协调机制

在开放经济条件下，一国经济与其他国家的经济密切相关，各国经济之间既相互依赖又相互影响。当一国试图采取有利于本国国际收支恢复均衡的调节政策时，肯定也会对其他国家产生影响，特别是有可能使其他国家的国际收支状况恶化。在这种情况下，各国的国际收支调节政策将面临两种选择：一种是完全分散的独立决策，在考虑政策溢出效应的情况下，尽可能地选择对本国国际收支最有利的政策；另一种则是对各国政策进行某种程度的国际合作与协调。在绝大多数情况下，选择前一种决策往往是不合理的，这是因为，如果各国都试图采取损人利己或者以邻为壑的调节政策的话，最终谁都不能从中得到任何益处，而且还会使整个经济体系缺乏效率。因此，加强调节政策的国际协调是十分必要的。

从狭义上讲，国际收支的国际协调机制是指各国在制定国际收支调节政策的过程中，通过各国之间的磋商等方式对某些国际收支调节政策进行共同设置。在狭义的国际协调机制中，最典型的是通过设置共同的汇率政策、货币政策和财政政策等来协调各国之间的国际收支和国内经济。1999 年 1 月 1 日正式启动的欧元区便是这种国际协调的典型案例。从广义上说，国际收支的国际协调机制具有更加广泛的内容，它包括凡是在国际范围内能够对各国国际收支调节政策产生一定程度制约作用的一切行为。按照协调程度的不同，国际收支的国际协调机制可以由低到高分为以下五个层次：（1）信息交换，即各国在分散决策的前提下，相互交换为实现国际收支均衡所用调节政策的工具类型、搭配原则以及作用机制等信息；（2）危机管理，是指在出现突发性国际收支失衡的情况下，由各国共同采取适当的调节政策以渡过危机；（3）避免共享变量的冲突，即由有关国家就共享变量（如汇率）达成共识，以避免因意见不一采取不同措施造成国际收支失衡；（4）部分协调，是指仅将部分国际收支调节政策纳入共同政策的范畴，欧元区的政策协调就是实行统一的汇率政策和货币政策，而其他经济政策则具有一定的独立性；（5）全面协调，是将不同国家的所有调节政策都纳入协调范畴，最大限度地获取政策协调的收益。

国际收支的国际协调机制有相机性协调和规则性协调两种协调方式。相机性协调是指根据各国国际收支的具体情况，在没有既定协调规则的条件下，通过各国之间的临时性协商确定各国应该采取的政策组合。相机性协调的优点在于可以针对具体情况就更为广泛的问题进行协商，而缺点有两个：一是可行性较差，每次政策协调行动实际上都是各国政府之间的一次讨价还价过程，不仅政策协调的决策成本很高，而且很难对各国政府真正形成制约作用；二是缺乏可信性，很难在缺乏明晰规则的情况下通过一些临时性的措施来合理影响公众的心理预期，从而给政策协调带来相当大的不确定性。规则性协调是指通过制定出明确的规则来指导各国采取相应的政策措施进行协调。规则性协调的优点在于决策过程清晰，政策协调的可行性与可信性较高，政策协调的效果也比较明确，因而受到各国的普遍重视。布雷顿森林体系和欧元区成员国的政策协调都是规则性协调的典型案例。

虽然国际收支的国际协调机制可以给参与协调的国家带来许多利益，但在许多情况下这种协调带来的利益存在相当大的不确定性。首先，从协调行为来看，各国国家利益的差异往往会导致相互间缺乏信任，从而使各国产生用较少付出获得较多收益的行为；其次，从协调效果来看，由于各国协调目标不尽相同，协调政策工具的偏好不同，政策发挥作用的条件与传导机制也不同，这使政策协调的效果大打折扣；最后，经济政策的协调在许多时候还需要有政治上的合作，如果缺乏强有力的政治支持，有时经济政策的协调甚至将无法实行。综上所述，国际收支的国际协调机制是一个涉及众多因素的系统工程，如何不断改善协调的方式与效率，提高协调效果与收益，仍然是今后国际金融学所需要解决的重大课题。

第二节 汇 率

一、外汇与汇率的概念

一国内部债权债务的清偿通常是通过收付该国法定货币实现的，但由于各国都有自己独立的货币和货币制度，一国货币一般不能在另一国流通。因此，国与国之间债权债务的清偿就需要将本国货币兑换成外国货币，或将外国货币兑换成本国货币。

（一）外汇

外汇（Foreign Exchange）是国际汇兑的简称。外汇具有静态和动态两层含义。外汇的动态含义是指将一国的货币兑换成另一国的货币借以清偿国际间债务债权关系的专门性货币经营活动，它是国际间汇兑的简称。外汇的静态含义则是指以外国货币表示的用于国际间结算的支付手段和信用工具。人们通常所说的外汇，一般都是就其静态意义而言。静态意义上的外汇又有广义与狭义之分。广义的外汇是泛指一国拥有的以外国货币表示的资产或证券，如以外国货币表示的纸币和铸币、存款凭证、定期存款、股票、政府公债、国库券、公司债券和息票等。中国《外汇管理条例》中规定外汇的具体范围包括：（1）外国货币，包括纸币、铸币；（2）外币支付凭证，包括票据、银行存款凭证、邮政储蓄凭证等；（3）外币有价证券，包括政府债券、公司债券、股票等；（4）特别提款权（SDR）；（5）其他外汇资产。

狭义的外汇是指以外国货币为载体的一般等价物，或以外国货币表示的用于清偿国际间债权债务的支付手段，其主体是在国外银行的外币存款，以及包括银行汇票、支票等在内的外币票据。

严格地说，一种货币成为外汇应具备三个条件：第一，普遍接受性，即该货币在国际经济往来中被各国普遍接受和使用；第二，可偿付性，即该货币是由外国政府或货币当局发行并可以保证得到偿付；第三，自由兑换性，即该货币必须能够自由地兑换成其他国家的货币或购买其他信用工具以进行多边支付。国际货币基金组织按照货币的可兑换程度把各国货币大体分为：可兑换货币（Convertible Currency）、有限制的可兑换货币（Restricted Convertible Currency）、不可兑换货币（Non-Convertible Currency）。严格意义上的外汇应是可兑换货币。

（二）汇率

汇率亦称“外汇行市或汇价”。一国货币兑换另一国货币的比率，是以一种货币表示的另一种货币的价格。由于世界各国货币的名称不同，币值不一，所以一国货币对其他国家的货币要规定一个兑换率，即汇率。

汇率是国际贸易中最重要的调节杠杆。因为一个国家生产的商品都是按本国货币来计算成本的，要拿到国际市场上竞争，其商品成本一定会与汇率相关。汇率的高低也就直接影响该商品在国际市场上的成本和价格，直接影响商品的国际竞争力。

二、汇率的标价方法（Foreign Exchange Quotation）

确定两种不同货币之间的比价，要先确定用哪个国家的货币作为标准。由于确定的标准不同，于是便产生了几种不同的外汇汇率标价方法。常用的标价方法包括直接标价法、间接标价法、美元标价法。

（一）直接标价法

直接标价法，又叫应付标价法，是以一定单位（1、100、1000、10000）的外国货币为标准来计算应付出多少单位本国货币。就相当于计算购买一定单位外币所应付多少本币，所以叫应付标价法。包括中国在内的世界上绝大多数国家目前都采用直接标价法。在国际外汇市场上，日元、瑞士法郎、加元等均为直接标价法，如日元119.05即1美元兑119.05日元。在直接标价法下，若一定单位的外币折合的本币数额多于前期，则说明外币币值上升或本币币值下跌，叫做外汇汇率上升；反之，如果要用比原来较少的本币即能兑换到同一数额的外币，这说明外币币值下跌或本币币值上升，叫做外汇汇率下跌，即外币的价值与汇率的涨跌成正比。

（二）间接标价法

间接标价法又称应收标价法。它是以一定单位（如1个单位）的本国货币为标准来计算应收若干单位的外国货币。在国际外汇市场上，欧元、英镑、澳元等均为间接标价法。如欧元0.9705即1欧元兑0.9705美元。在间接标价法下，本国货币的数额保持不变，外国货币的数额随着本国货币币值的对比变化而变动。如果一定数额的本币能兑换的外币数额比前期少，这表明外币币值上升、本币币值下降，即外汇汇率上升；反之，如果一定数额的本币能兑换的外币数额比前期多，则说明外币币值下降、本币币值上升，也就是外汇汇率下跌，即外币的价值和汇率的升跌成反比。

（三）双向标价

外汇市场上的报价一般为双向报价，即由报价方同时报出自己的买入价和卖出价，由客户自行决定买卖方向。买入价和卖出价的价差越小，对于投资者来说意味着成本越小。银行间交易的报价点差正常为2~3点，银行（或交易商）向客户的报价点差依各自情况差别较大，目前国外保证金交易的报价点差基本在3~5点，中国香港在6~8点，中国内地银行实盘交易在10~50点不等。

（四）美元标价法

美元标价法又称纽约标价法，在美元标价法下，各国均以美元为基准来衡量各自货币的价值（即以一定单位的美元为标准来计算应该汇兑多少他国货币的表示方法），而非美元外汇买卖时则是根据各自对美元的比率套算出买卖双方货币的汇价。这里注意，除英镑、欧元、澳元外，美元标价法基本已在国际外汇市场上通行。其特点是：所有外汇市场上交易的货币都对美元报价，除英镑等极少数货币外，对一般货币均采用以美元为外币的直接标价。

三、汇率的种类

汇率的种类由于分类的角度不同，是多种多样的，基本的、常用的汇率分类有以下八种。

（一）从国际汇率制度的角度分为固定汇率、浮动汇率

固定汇率（Fixed Rate）是指一国货币同另一国货币的汇率基本固定，汇率波动幅度很小。在金本位制度下，固定汇率取决于两国金铸币的含金量，波动的界限是引起黄金输出入的汇率水平，波动的幅度是在两国之间运送黄金的费用。在第二次世界大战结束后到20世纪70年代初的布雷顿森林货币制度下，国际货币基金组织成员国的货币规定含金量和对美元的汇率。汇率的波动严格限制在官方汇率的上下各1%的幅度下。由于汇率波动幅度很小，所以也是固定汇率。

浮动汇率（Floating Rate）指一个国家不规定本国货币的固定比价，也没有任何汇率波动幅度的上下限，而是听任汇率随外汇市场的供求关系自由波动。浮动汇率是自20世纪70年代初布雷顿森林货币制度崩溃以来各国汇率安排的主要形式，但是各国所实行的浮动汇率在具体内容上还是有区别的，进一步划分如下。

1. 按一国政府是否对外汇市场进行干预分为管理浮动（Managed Floating）和自由浮动（Free Floating）两种。管理浮动是一国在实行浮动汇率的前提下，出于一定的经济目的，或明或暗地干预甚至操纵外汇市场汇率变动的汇率安排方式，这种受干预的浮动汇率又称为“肮脏浮动”（Dirty Floating）；自由浮动是一国政府对外汇市场不进行任何干预，完全由外汇市场的供求关系决定汇率变动的汇率安排方式，又称为“清洁浮动”（Clean Floating）。管理浮动汇率是目前浮动汇率的主要形式，几乎没有一个国家能真正实行自由浮动，即便是美国、日本、德国也不时地对外汇市场进行干预。

2. 按一国货币价值是否与其他国家保持某种特殊联系分为单独浮动（Independent Float）、联合浮动（Joint Float）和钉住浮动（Pegged Float）三种。

单独浮动即本国货币价值不与他国货币发生固定联系，其汇率根据外汇市场的供求变化单独浮动，如美元、日元、瑞士法郎、加拿大元等均采用单独浮动。

联合浮动又称蛇形浮动（The Snake System），是指某些国家出于保护和发展本国经济的需要，组成某种形式的经济联合体，在联合体内各成员之间订出固定汇率，规定上下波动界限，而对成员以外其他国家的货币汇率则采取共同浮动的办法。

钉住浮动指一国货币与另一国货币挂钩或与另几国货币所组成的“篮子货币”挂钩（即定出它们之间的固定汇率），然后随所挂钩的货币汇率的波动而波动。钉住浮动是在当前国际外汇市场动荡不定的情况下发展中国家汇率安排的主

要方式。

（二）从制定汇率方法的角度分为基础汇率和套算汇率

基础汇率（Basic Exchange Rate）是指一国所制定的本国货币与基准货币之间的汇率。一国在对外提供自己的外汇报价时，应首先挑选出具有代表性的某一外国货币（关键货币或代表货币），然后计算本国货币与该外国货币的汇率，由此形成的汇率即为基础汇率（又可称为中心汇率或关键汇率），该汇率是本币与其他各种货币之间汇率套算的基础。关键货币往往是在国际贸易、国际结算和国际储备中主要使用的货币，并且与本国的国际收支活动密切相关。第二次世界大战以后，美元成为重要的国际支付手段，故许多国家把本国货币对美元的汇率作为基准汇率。

套算汇率（Cross Exchange Rate）是指在基础汇率的基础上套算出的本币与非关键货币之间的汇率。如果本币与美元之间的汇率是基础汇率，那么本币与非美元货币之间的汇率即为套算汇率。在国际金融市场上，一国货币与其他外国货币的汇率可根据基础汇率推算出来。由于主要外币之间的交易十分频繁，这些外币与关键货币之间的汇率均可随时直接获得，因此，根据主要货币与关键货币的汇率即基准汇率可推导出本国货币与其他非关键货币的汇率，即所谓的套算汇率。例如，2003 年 4 月 15 日，美元兑人民币的汇率为 $100 = RMB826.50，美元兑港元的汇率为 $1 = HK $7.7964，则在这两个基础汇率的基础上可以套算出港元兑人民币的汇率为 HK $100 = RMB106.01（RMB826.50 = HK $779.64，HK $100 = RMB826.50/779.64 × 100 = RMB106.01）。

（三）从外汇管制宽严的角度分为官方汇率和市场汇率

官方汇率（法定汇率）是纸币制度下一国政府根据纸币的黄金平价而明文规定或正式挂牌的汇率，一切外汇交易都应按该汇率为准。市场汇率是外汇市场上进行外汇买卖的实际汇率。官方汇率往往只起基准汇率的作用，有行无市，通常各国货币当局允许市场汇率根据供求情况变化在不过分偏离官方汇率太大的范围内自由波动。

（四）从银行买卖外汇的角度分为买入汇率、卖出汇率和中间汇率

买入汇率（Buying Rate）或买价是外汇银行从客户手中买进外汇时所采用的汇率。

卖出汇率（Selling Rate）或卖价是外汇银行卖给客户外汇时所采用的汇率。

外汇银行作为从事货币、信用业务的中间商人，盈利主要体现在买入与卖出的差价上。换句话说，外汇卖出价高于买入价的部分是银行买卖外汇的毛收益，包括外汇买卖的手续费、保险费、利息和利润等。

外汇的买价、卖价尽管都是从外汇银行交易的角度说的，但标价方法不同，买价和卖价的位置也不同。在直接标价法下，汇率数值的大小与外汇价值的高低

呈正相关关系，因此，买价在前，卖价在后。如中国的外汇牌价中：1USD = 6.5788/6.6052RMB，“6.5788”代表中国银行买入外汇时采用的汇价，“6.6052”代表中国银行卖出美元外汇时所采用的汇价。相反，在间接标价法下，第一个数字表示卖价，第二个数字才是买价。

中间汇率（Middle Rate）是买入价和卖出价的算术平均数，即中间价 =（买入价 + 卖出价）/2。报刊、电台、电视通常报告的是中间价，它常被用做汇率分析的指标。

此外，银行在对外挂牌公布汇率时，还另注明外币现钞汇率（Bank Notes Rate），这主要是针对一些对外汇实行管制的国家。由于外币现钞在本国不能流通，需要把它们运至国外才能使用，在运输现钞过程中需要花费一定的保险费、运费，所以银行购买外币现钞的价格要略低于购买外汇票据的价格。而卖出外币现钞的价格一般和外汇卖出价相同。

（五）从银行买卖外汇对象的角度分为同业汇率和商人汇率

同业汇率是银行同业之间买卖外汇时使用的买入汇率和卖出汇率，实际上也就是外汇市场的买卖汇率。它以电汇汇率为基础，买卖价之间的差距很小。

商人汇率是银行对一般顾客买卖外汇的买入汇率和卖出汇率。它是根据同业汇率适当增（卖出价）减（买入价）而形成，故其买卖价之间的差距比同业汇率价差稍大些。

（六）按外汇交易支付工具和付款时间分为电汇汇率、信汇汇率和票汇汇率

电汇汇率（Telegraphic Transfer Exchange Rate，T/T Rate）也称电汇价，是买卖外汇时以电汇方式支付外汇所使用的汇率。电汇是银行在支付外汇时采用电报、电传等方式通知国外分支机构或代理行解付汇款，其特点是外汇解付迅速，银行占用利息较少，能减少汇率波动风险，因此，国际支付大多采用电汇的方式。但一般情况下，电汇汇率价格较高。

信汇汇率（Mail Transfer Exchange Rate，M/T Rate）也称信汇价，是买卖外汇时以信汇方式支付外汇所使用的汇率。信汇一般采用信函方式通知解付行支付外汇，因此，所用时间比电汇长，银行可以在一定时期内占用客户资金，故信汇的价格通常比电汇低一些。

票汇汇率（Demand Draft Exchange Rate，D/D Rate）也称票汇价，是买卖外汇时以票汇方式支付外汇所使用的汇率。通常情况下，银行在卖出外汇时开立由其国外分支机构或代理行解付汇款的汇票，交由汇款人自带或寄往国外进行解付。票汇汇率较低，其汇率水平不仅取决于期限长短，而且取决于外汇汇率的预期变化。

（七）从外汇交易的交割期的角度可分为即期汇率和远期汇率

即期汇率（Spot Rate）也称现汇汇率，是指外汇交易买卖双方必须在成交后

两天之内进行交割而使用的汇率。外汇市场汇率和官方外汇牌价未注明远期字样者都是即期汇率。

远期汇率（Forward Rate）是指外汇交易买卖双方成交后签订合约规定在未来一定时间进行交割而使用的汇率。远期汇率以即期汇率为基础，但在各种因素的影响下，两者之间的差额（称为远期差价）有三种不同的情况，通常用升水、贴水或平价来表示。升水表示远期汇率高于即期汇率，贴水表示远期汇率低于即期汇率，平价则表示两者相等。

（八）从外汇市场营业时间的角度分为开盘汇率和收盘汇率

开盘汇率（开盘价）是指外汇市场每个营业日开始营业、进行外汇买卖时使用的汇率。

收盘汇率（收盘价）是指外汇市场每个营业日的外汇交易终了时使用的汇率。

在外汇交易实践中，一个外汇市场的开盘汇率往往受到其他时区外汇市场收盘汇率的影响（如中国香港市场的收盘时间正值伦敦的开盘时间）。在汇率波动频繁的条件下，开盘汇率和收盘汇率虽只相隔几小时甚至更短的时间，但往往会有较大差价。

四、不同货币制度下的汇率决定

在开放的市场经济条件下，任何商品交换比率或商品价格的形成都应按照价值规律的要求遵循等价交换和市场供求的法则，货币作为一种商品，尽管有其特殊性，同样不能例外。因此，在国际货币兑换过程中，两国货币的交换比率必须以价值平价或价值对等的关系为基础，并且能够充分反映外汇市场上的供求状况。换言之，汇率的本质是两国货币以各自所具有的价值量或所代表的价值量为基础而形成的交换比率，它的实际水平还受到外汇市场供求的影响。

（一）金本位制度下的汇率决定

金本位制度泛指以黄金为一般等价物的货币制度，包括金币本位制、金块本位制和金汇兑本位制。金币本位制（Gold Special Standard）盛行于19世纪中期至20世纪初期，属于完全的金本位制度。后两种金本位制出现于由金铸币流通向纸币流通过渡和第二次世界大战后对黄金与货币兑换实行限制的时期，而且存在的时间较短，属于不完全的金本位制度。通常，金本位制度主要是指金币本位制。

1. 汇率的决定基础。在金币本位制下，各国都以法律形式规定每一金铸币单位所包含的黄金重量与成色，即法定含金量（Gold Content）。两国货币的价值量之比就直接而简单地表现为它们的含金量之比，称为铸币平价（Mint Parity）

或法定平价（Par of Exchange），黄金是价值的化身。铸币平价是决定两国货币之间汇率的价值基础，它可表示为：

1 单位甲币 = 甲币含金量 ÷ 乙币含金量 = x 单位乙币

例如，1925～1931 年英国规定 1 英镑金币的重量为 123. 2744 格令（grains），成色为 22K（carats），即 1 英镑含 113. 0016 格令纯金（123. 2744 × 22/24）；美国规定 1 美元金币的重量为 25. 8 格令，成色为 0. 9000，则 1 美元含 23. 22 格令纯金（25. 8 × 0. 9000）。根据含金量之比，英镑与美元的铸币平价是 113. 0016/23. 22 = 4. 8665，即 1 英镑的含金量是 1 美元含金量的 4. 8665 倍，或 1 英镑可兑换 4. 8665 美元。按照等价交换的原则，铸币平价是决定两国货币汇率的基础。

2. 外汇市场的供求。铸币平价与外汇市场上的实际汇率是不相同的。铸币平价是法定的，一般不会轻易变动，而实际汇率受外汇市场供求影响，经常上下波动。当外汇供不应求时，实际汇率就会超过铸币平价；当外汇供过于求时，实际汇率就会低于铸币平价。正像商品的价格围绕价值不断变化一样，实际汇率也围绕铸币平价不断涨落。但在典型的金币本位制下，由于黄金可以不受限制地输入输出，不论外汇供求的力量多么强大，实际汇率的涨落都是有限度的，即被限制在黄金的输出点和输入点之间。

黄金输出点和输入点统称黄金输送点，是指金币本位制下汇率涨落引起黄金输出和输入国境的界限。它由铸币平价和运送黄金费用（包装费、运费、保险费、运送期的利息等）两部分构成。铸币平价是比较稳定的，运送费用是影响黄金输送点的主要因素。以直接标价法表示，黄金输出点等于铸币平价加运送黄金费用，黄金输入点等于铸币平价减运送黄金费用。

假定在美国和英国之间运送价值为 1 英镑黄金的运费为 0. 03 美元，英镑与美元的铸币平价为 4. 8665 美元，那么，对美国厂商来说，黄金输送点是：

黄金输出点 = 4. 8665 + 0. 03 = 4. 8965（美元）

黄金输入点 = 4. 8665 − 0. 03 = 4. 8365（美元）

3. 汇率波动的规则。在金币本位制下，汇率波动的规则是：汇率围绕铸币平价，根据外汇市场的供求状况，在黄金输出点与输入点之间上下波动。当汇率高于黄金输出点或低于黄金输入点时，就会引起黄金的跨国流动，从而自动地把汇率稳定在黄金输送点所规定的幅度之内（见图 5 − 1）。

其原理是，在金本位制下，黄金可自由铸造、自由流通、自由地输出入国境，可供选择的国际结算方式有两种：（1）用外汇结算；（2）用运送黄金的方式偿付。由于两种方式都可以选择，所以在美国市场上，当外汇汇率高于 A 点时，即高于 GBP1 = USD4. 8965 时，美国的债务者就愿意购买黄金，再把它送到国外来偿付英国债务，而不是用本国货币美元购买外汇英镑来偿付。只要汇率高于黄金输出点，就会出现黄金输出的情况。相反，如果美国出口商获得一笔外汇，需要调回国内，可供选择的方案也有两种。如果汇率低于 B 点，出口商就宁肯用所持有的外汇购买黄金运回国内，而不通过货币兑换带本币回国。

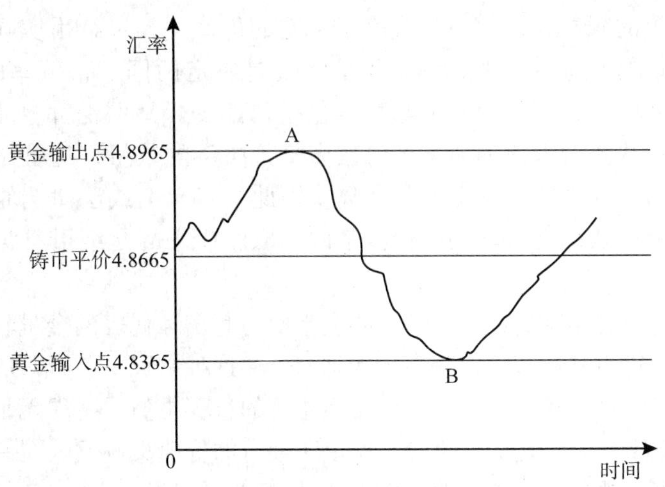

图5－1　金币本位制下汇率波动的规则

由于外汇可自由兑换，黄金可自由输出入，汇率高于黄金输出点，就没有人购买，外汇需求减少，汇率下降；汇率低于黄金输入点，运回国内的是黄金，外汇市场上外汇供应减少，汇率又会上升。所以，由于黄金输出入点这个机制的存在，汇率就可能在两个黄金输送点之间围绕着货币自身的含金量上下波动，波动的幅度是有限的。

需要特别指出的是，汇率围绕铸币平价，根据外汇市场供求状况，在黄金输出点与输入点之间上下波动的规则，只能在完全的金本位制度——金币本位制下发挥稳定汇率的作用。第一次世界大战爆发后，许多国家的货币发行不受黄金储备的限制，通货膨胀严重，现钞的自由兑换和黄金的自由流动等“货币纪律”遭到破坏，金币本位制陷于崩溃，各国相继实行金块本位制或金汇兑本位制。在这两种本位制下，两国货币实际代表的含金量之比还是决定汇率的价值基础。但现钞的兑换和黄金的流动不再自由，因此，金本位制度已经残缺不全，并失去了汇率稳定的基本条件。1929～1933年世界性的经济危机爆发后，残缺不全的金本位制度迅速瓦解。不久，各国普遍实行了纸币流通制度。

（二）纸币流通制度下的汇率决定

纸币是从货币的流通手段职能中产生和发展起来的。它几乎没有内在价值，而只是充当了由国家发行、强制流通和不可兑现的货币符号。在纸币流通制度下，现钞不能自由兑换，黄金不能再进入流通，金本位制度下的黄金输送点和铸币平价也不复存在，但货币交换的比例即汇率依然有它的价值基础，而且受外汇市场供求状况影响。同时，由于人为的制度安排，汇率的波动也是有一定规则的。

1. 汇率的决定基础。在实行纸币流通制度的早期阶段，各国一般都规定过纸币的金平价，即纸币名义上或法律上所代表的含金量。纸币作为金的符号，执行金属货币的职能，因而也就代表了一定的价值。如果纸币实际代表的含金量与国家规定的含金量一致，则金平价无疑是决定两国货币汇率的价值基础。但在现实生活中，由于纸币不能与黄金兑换，其发行又不受黄金准备限制，纸币发行总量往往超过由流通所需金量按金平价决定的数量，这就使得纸币实际代表的金量与国家规定的含金量相背离。因此，名义上或法律上的金平价已不能作为决定两国货币交换比例的价值基础，取而代之的是纸币所实际代表的含金量。

随着纸币流通制度的演进，纸币的金平价与其实际代表的金量相互脱节的现象日趋严重，货币非黄金化的呼声越来越高。在这种情况下，纸币所实际代表的含金量很难确定，它在决定两国货币交换比例的过程中似乎变得无足轻重。与此同时，由于纸币代表一定的含金量，一定含金量的价值又可反映在一系列的商品上，人们更直观地把单位纸币所代表的价值视为单位货币同一定商品的交换比例，即商品价格的倒数，或纸币的购买力。实际经验也表明，在两国社会生产条件、劳动力成本和商品价格体系十分接近的情况下，通过比较两国间的物价水平或比较两国纸币的购买力，可以较为合理地决定两国货币交换的汇率。在纸币流通制度下，货币的购买力成为价值的化身，汇率的决定依然是以价值为基础的，它的本质还是两国货币所代表的价值量之比。

2. 外汇市场的供求。在纸币流通制度下，汇率除了以两国货币所代表的价值量为基础外，还随着外汇市场供求关系的变化而变化。特别是在货币与黄金相对分离、黄金—物价—国际收支运作的机制基本失灵的现实生活中，外汇市场供求的力量在很大程度上决定了汇率的实际水平。西方经济学家十分重视外汇市场供求关系对汇率形成的作用，他们认为，当外汇供不应求时，外汇汇率上升；当外汇供过于求时，外汇汇率下降；当外汇供求相等时，外汇汇率达到均衡；实际汇率由外汇市场供给与需求的均衡点所决定。

3. 汇率波动的规则。纸币流通制度下的汇率波动规则因所处国际货币体系的不同而有差异。为改变金本位制度崩溃后各国汇率变化的混乱状况，1944年7月英、美等44国在美国新罕布什尔州的布雷顿森林共同签署了《国际货币基金协定》和《国际复兴开发银行协定》（总称布雷顿森林协定），从而建立起第二次世界大战后以美元为中心的国际货币体系，即布雷顿森林体系。按照布雷顿森林协定的要求，各成员国应公布各自货币按黄金或美元来表示的对外平价，其货币与美元的汇率一般只能在平价上下1%的幅度内波动。如果汇率的波动超过这一幅度，各成员国政府就有责任对外汇市场进行干预，直接影响外汇的供给与需求，以保持汇率的相对稳定。只有当一国国际收支发生“根本性不平衡”，对外汇市场的干预已不能解决问题时，该国才可以请求变更平价。可见，在布雷顿森林体系的安排下，各成员国货币的汇率是围绕着平价，根据外汇市场供求状况，被人为地限制在很小范围内进行波动，常被称为“可调整的钉住汇率制”（见图5-2）。

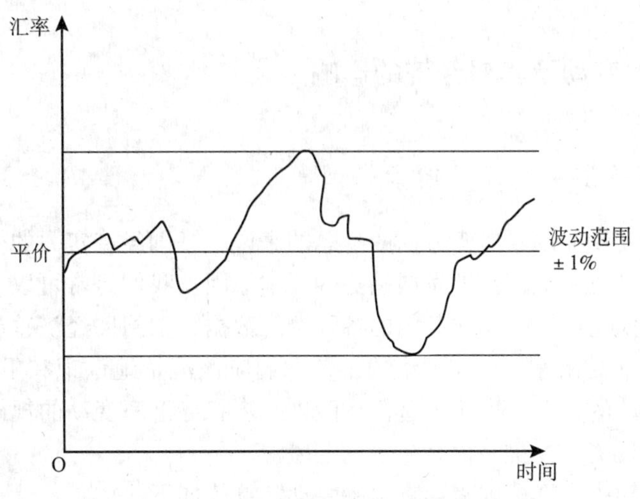

图 5-2　布雷顿森林体系下的汇率波动

由于美元的国际地位不断下降和国际储备货币的多元化，自 1972 年以后许多国家放弃布雷顿森林体系下的钉住美元、在协议规定的幅度内进行浮动的汇率波动规则，实行汇率的自由浮动。1976 年 1 月 8 日，国际货币基金组织国际货币制度临时委员会在牙买加达成《牙买加协定》，同年 4 月基金组织理事会通过《国际货币基金协定第二次修正案》，允许成员国自由地做出汇率方面的安排，同意固定汇率制与浮动汇率制并存，从而使汇率的自由浮动合法化，形成了一种新的国际货币体系，即所谓的“牙买加体系”。在这个体系下，金平价或与美元的平价在决定汇率方面的作用已被严重削弱，外汇市场的供求关系对汇率的变化起决定性的作用。其最一般或最典型的汇率波动则是汇率自由涨落，几乎不受限制（见图 5-3）。

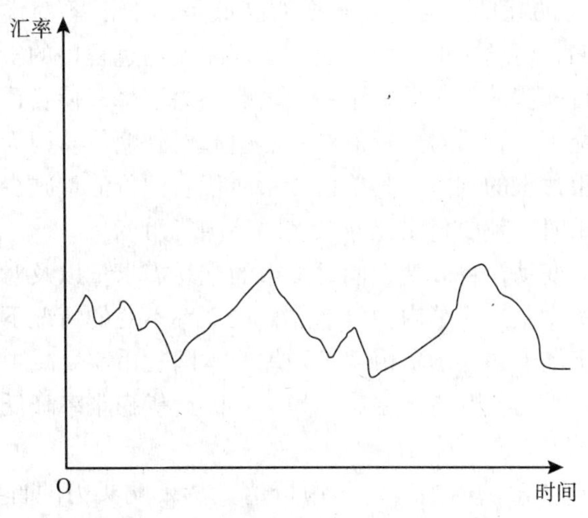

图 5-3　牙买加体系下的汇率自由浮动

五、汇率变动及其对经济的影响

（一）影响汇率变动的因素

影响汇率变动的因素是多方面的。总的来说，一国经济实力的变化与宏观经济政策的选择是决定汇率长期发展趋势的根本原因。我们经常可以看到，在外汇市场中，市场人士都十分关注各国的各种经济数据，如国民经济总产值、消费者物价指数、利率变化等。在外汇市场中，我们应该清楚地认识和了解各种数据、指标与汇率变动的关系和影响，这样才能进一步找寻汇率变动的规律，主动地在外汇市场寻找投资、投机时机和防范外汇风险。

在经济活动中有许多因素影响汇率变动，具体如下。

1. 国际收支状况。国际收支状况是决定汇率趋势的主导因素。国际收支是一国对外经济活动中各种收支的总和。一般情况下，国际收支逆差表明外汇供不应求。在浮动汇率制下，市场供求决定汇率的变动，因此，国际收支逆差将引起本币贬值、外币升值，即外汇汇率上升。反之，国际收支顺差则引起外汇汇率下降。要注意的是，一般情况下，国际收支变动决定汇率的中长期走势。

2. 国民收入。一般来说，国民收入增加，促使消费水平提高，对本币的需求也相应增加。如果货币供给不变，对本币的额外需求将提高本币价值，造成外汇贬值。当然，国民收入的变动引起汇率是贬或升，取决于国民收入变动的原因。如果国民收入是因增加商品供给而提高，则在一个较长时间内该国货币的购买力得以加强，外汇汇率就会下跌。如果国民收入因扩大政府开支或扩大总需求而提高，在供给不变的情况下，超额的需求必然要通过扩大进口来满足，这就使外汇需求增加，外汇汇率就会上涨。

3. 通货膨胀率的高低。通货膨胀率的高低是影响汇率变化的基础。如果一国的货币发行过多，流通中的货币量超过了商品流通过程中的实际需求，就会造成通货膨胀。通货膨胀使一国的货币在国内购买力下降，使货币对内贬值，在其他条件不变的情况下，货币对内贬值，必然引起对外贬值。因为汇率是两国币值的对比，发行货币过多的国家，其单位货币所代表的价值量减少，因此在该国货币折算成外国货币时，就要付出比原来多的该国货币。

通货膨胀率的变动，将改变人们对货币的交易需求量以及对债券收益、外币价值的预期。通货膨胀造成国内物价上涨，在汇率不变的情况下，出口亏损，进口有利。在外汇市场上，外国货币需求增加，本国货币需要减少，从而引起外汇汇率上升，本国货币对外贬值。相反，如果一国通货膨胀率降低，外汇汇率一般会下跌。

4. 货币供给。货币供给是决定货币价值、货币购买力的首要因素。如果本国货币供给减少，则本币由于稀少而更有价值。通常货币供给减少与银根紧缩、信贷紧缩相伴而行，从而造成总需求、产量和就业下降，商品价格也下降，本币价值提高，外汇汇率将相应地下跌。如果货币供给增加，超额货币则以通货膨胀的形式表现出来，本国商品价格上涨，购买力下降，这将会促进相对低廉的外国商品大量进口，外汇汇率将上涨。

5. 财政收支。一国的财政收支状况对国际收支有很大影响。财政赤字扩大，将增加总需求，常常导致国际收支逆差及通货膨胀加剧，结果本币购买力下降，外汇需求增加，进而推动汇率上涨。当然，如果财政赤字扩大时，在货币政策方面辅之以严格控制货币量、提高利率的举措，反而会吸引外资流入，使本币升值，外汇汇率下跌。

6. 利率。利率在一定条件下对汇率的短期影响很大。利率对汇率的影响是通过不同国家的利率差异引起资金特别是短期资金的流动而起作用的。一般情况下，如果两国利率差异大于两国远期、即期汇率差异，资金便会由利率较低的国家流向利率较高的国家，从而有利于利率较高国家的国际收支。要注意的是，利率水平对汇率虽有一定的影响，但从决定汇率升降趋势的基本因素看，其作用是有限的，它只是在一定的条件下对汇率的变动起暂时的影响。

7. 各国汇率政策和对市场的干预。各国汇率政策和对市场的干预在一定程度上影响汇率的变动。在浮动汇率制下，各国央行都尽力协调各国间的货币政策和汇率政策，力图通过影响外汇市场中的供求关系来达到支持本国货币稳定的目的，中央银行影响外汇市场的主要手段是：调整本国的货币政策，通过利率变动影响汇率；直接干预外汇市场；对资本流动实行外汇管制。

8. 投机活动与市场心理预期。自 1973 年实行浮动汇率制以来，外汇市场的投机活动愈演愈烈，投机者往往拥有雄厚的实力，可以在外汇市场上推波助澜，使汇率的变动远远偏离其均衡水平。投机者常利用市场顺势对某一币种发动攻击，攻势之强使各国央行甚至西方七国央行联手干预外汇市场也难以阻挡。过度的投机活动加剧了外汇市场的动荡，阻碍正常的外汇交易，扭曲了外汇供求关系。另外，外汇市场的参与者和研究者，包括经济学家、金融专家和技术分析员、资金交易员等每天致力于汇市走势的研究，他们对市场的判断及对市场交易人员心理的影响以及交易者自身对市场走势的预测都是影响汇率短期波动的重要因素。当市场预计某种货币趋跌时，交易者会大量抛售该货币，造成该货币汇率下浮的事实；反之，当人们预计某种货币趋于坚挺时，又会大量买进该种货币，使其汇率上扬。由于公众预期具有投机性和分散性的特点，加剧了汇率短期波动的振荡。

9. 政治与突发因素。由于资本首先具有追求安全的特性，因此，政治及突发性因素对外汇市场的影响是直接和迅速的，包括政局的稳定性、政策的连续性、政府的外交政策以及战争、经济制裁和自然灾害等。另外，西方国家大选也会对外汇市场产生影响。政治与突发事件因其突发性及临时性，使市场难以预测，故容易对市场构成冲击波，一旦市场对消息做出反应并将其消化后，原有消息的影响力就大为削弱。

总之，影响汇率的因素是多种多样的，这些因素的关系错综复杂，有时这些因素同时起作用，有时个别因素起作用，有时甚至起互相抵销的作用，有时这个因素起主要作用而另一因素起次要作用。但是，从一段长时间来观察，汇率变化的规律是受国际收支的状况和通货膨胀所制约，因而是决定汇率变化的基本因素，利率因素和汇率政策只能起从属作用，即助长或削弱基本因素所起的作用。一国的财政货币政策对汇率的变动起着决定性作用。一般情况下，各国的货币政策中，将汇率确定在一个适当的水平已成为政策目标之一。通常，中央银行运用三大政策工具来执行货币政策，即存款准备金政策、贴现政策和公开市场政策。投机活动只是在其他因素所决定的汇价基本趋势基础上起推波助澜的作用。

（二）汇率变动对经济的影响

汇率变动不仅受各种因素的影响，而且也将反过来影响一国国民经济的各个方面。这种影响可以从国内经济活动和国际经济活动两个方面来分析。

1. 汇率变动对国内经济的影响。汇率变动对一国国内经济的影响主要表现在对物价的影响，物价的涨落又程度不同地对国内其他各经济部门产生作用，从而影响整个国民经济的稳定和发展。

（1）汇率变动影响进口商品的国内价格。一国货币汇率下跌，引起进口消费品、资本品国内价格的上涨。这会导致：提高生产成本、妨碍生产发展，还使出口商品成本提高，从而削弱出口商品竞争能力，给出口贸易带来困难并使依靠出口的生产部门陷入不景气状况；进口消费品、资本品国内价格上涨，也降低了国内消费水平，影响社会安定。

（2）汇率变动影响国内物价总水平从而影响整个国民经济。汇率变动会通过影响进出口商品及其同类商品（由于价格体系中的示范效应和攀比机制）的国内价格而带动整个国内物价的变动，这必然使生产停滞、税收减少、财政赤字增加。

2. 汇率变动对国际经济的影响。

（1）汇率波动对国际贸易的影响。若汇率不稳，上下波动幅度较大，则增加了国际贸易活动的风险，不利于进出口成本和利润的核算，不利于进出口商及时报价和迅速做出买卖决策，所以不利于贸易活动的正常开展。

（2）汇率波动对国际资本流动的影响。汇率稳定，必然有利于资本输出和输入的顺利进行，保证投资者能够获得稳定的利息或利润收入；筹资者也可避免或减轻外汇风险，能以合理的成本及时筹集到所需要的资金。反之，若汇率波动频繁，就会给国际资本流动带来消极的影响。

（3）汇率变动对国际旅游业及相关产业的影响。如本币贬值则外国货币的购买力相对增强，因而对外国旅游者来说，该国商品和劳务的价格都显得便宜，有利于促进该国旅游业及其相关产业的发展，增加旅游和其他非贸易外汇收入。相反，若本币升值，则会增加本国人去国外旅游的刺激，从而增加非贸易外汇支出。

（4）汇率变动对外汇储备的影响。外汇储备是一国主要的物质储备力量之一，它的变化直接受国际收支状况的影响，但是，在一定条件下，汇率的波动往往对一国外汇储备产生重大的影响。第一种情况是，主要储备货币的汇率变动会直接影响一国外汇储备的实际价值。如币值下跌时，将使持有该种货币储备的国家遭受外汇储备实际价值减少的损失。第二种情况是，货币汇率变动通过资本转移和进出口贸易影响外汇储备增减。

六、汇率制度

（一）汇率制度的概念

汇率制度（Exchange Rate Regime）是指规定各国货币交换比率的各种规则与安排，汇率制度制约着汇率水平的变动。汇率制度是重要的汇率政策工具，汇率制度的选择是制定汇率政策的主要任务之一。一国汇率制度的变化是一个演进的过程，一方面受市场变化的作用；另一方面是人们追求和谐的国际金融秩序而不懈努力的结果。

（二）汇率制度的分类

根据国际货币基金组织1999年对汇率制度的重新分类，并按照汇率由完全固定到完全浮动的顺序，可将汇率制度安排分为八种。

1. 无独立法定货币的汇率安排（Exchange Arrangements with Inseparate Legal），指一国采用另一国的货币作为唯一法定货币，包括美元化或货币联盟（Dollarization or Monetary Union）。美元化的典型特征就是美元替代本国货币进行流通，如巴拿马和厄瓜多尔等拉丁美洲国家。货币联盟的典型代表是欧元的形成，在联盟内流通着超越国家主权的单一货币，建立统一的中央银行。

2. 货币局制度（Currency Board Arrangements），指货币当局暗含法定承诺按固定汇率来承兑指定的外汇，并通过对货币发行权的限制来保证履行法定承兑义务。即指货币当局规定本国货币与某一外国可兑换货币保持固定的交换比率，并且对本国货币的发行作特殊限制以保证履行这一法定义务。货币局制度要求货币当局发行货币时必须有等值的外汇储备作保障，并严格规定汇率，没有改变平价的余地，也对货币政策形成了制度性制约。当然，货币局制度有助于稳定市场信心，在一定程度上防范汇率风险。但一国或地区为此要付出高昂的代价，主要在于：丧失货币政策的自主性；央行不能充当最后的贷款人；易招致投机力量的攻击。一般认为，实行货币局制度的多为小型经济开放体，如中国香港和爱沙尼亚等。

3. 其他传统的固定钉住制度（Other Conventional Fixed Peg Arrangements），指汇率波动围绕中心汇率上下不超过1%，包括固定比率钉住单一货币、钉住货币篮子和钉住合成货币SDR。各国的货币交换比例按照某些共同接受的货币单位进行计算，货币的交换比率基本固定不变，或政府承诺将汇率波动限制在很小的范围（1%以内），如金本位和布雷顿森林体系。在金本位制下，两国货币的价值量之比表现为其含金量之比，即铸币平价。汇率围绕铸币平价，根据外汇市场的供求状况，在黄金输出点和黄金输入点之间上下波动。在布雷顿森林体系下，各国当局通过虚设的金平价来制定中心汇率，并通过外汇干预、外汇管制或经济政策等把汇率限制在很小的波动范围。只有在一国国际收支发生根本性失衡时金平价才可由国际货币基金组织予以变动。在传统的固定钉住制度下，一国短期内汇率风险较小，有助于金融市场稳定。但政府需要建立庞大的外汇储备以捍卫平价或维持汇率稳定，特别是当各国汇率政策不一致时，往往会造成风险的累积性效应，导致汇率发生错位，而汇率错位后恢复比较困难。

4. 钉住平行汇率带（Pegged Exchange Rates Horizontal Peg），指汇率被保持在官方承诺的原汇率带内，其波幅不超过中心汇率上下各1%，如欧洲货币体系下欧洲汇率机制（ERM）。这种汇率安排具有浮动汇率的灵活性，同时又有固定汇率的稳定性。而且，在公布的浮动范围内，有助于形成合理的市场预期。但存在的问题是如何确定波动的范围。如果波动范围过大，则异化为浮动汇率；而范围过小，则又异化为固定汇率。

5. 爬行钉住（Crawling Peg），指汇率按固定预先宣布的比率作较小的定期调整或对选取的定量指标的变化作定期的调整。爬行钉住制度下，货币当局每隔一段时间就对本国货币的汇率进行一次较小幅度的贬值或升值，每次的贬值或升值的时间和幅度都是随意确定的。包括购买力爬行钉住和任意爬行钉住。所谓购买力爬行钉住是以通货膨胀差异为依据对汇率进行调整，有较强的预见性，也有利于维护国际市场竞争力，但不利于实行严格的货币纪律。任意爬行钉住一般不设参照物，爬行的基础富于弹性，当局可以微调汇率，能够保持较大的货币政策的独立性。但其预见性较差，易受投机冲击。

6. 爬行带内浮动（Exchange Rates within Crawling Band），指汇率围绕中心汇率在一定幅度内浮动，同时中心汇率按预先宣布的固定比率作定期调整或对选取的定量指标的变化作定期的调整。其特点是，中心汇率变化较为频繁，同时需确定一个爬行幅度。例如，向后爬行，是以过去的经济指标，如通货膨胀差异等确定爬行幅度。向前爬行是根据预期变化或预期目标确定爬行幅度。其优点在于，中心汇率经常变动可使经济运行较为平稳，避免一次性调整带来的震荡。但向后爬行实际上是容忍或助长了通货膨胀，而向前爬行会导致本币高估和投机。

7. 不预先公布干预方式的管理浮动（Managed Floating with No Announced Path for Exchange），也称为肮脏浮动（Dirty Float）或无区间的有管理浮动，指央行偶然地介入外汇市场，对汇率的波动施加影响。央行的干预可通过公开市场操作与外汇管制，即直接干预；也可以通过利率调整以及其他经济政策和措施，即间接干预。需要指出的是，央行的干预虽可避免汇率的大起大落，但其要求央行要掌握较多的外汇储备和可供选择的货币政策工具，并且需要准确把握干预的时机和力度。否则干预的效果是短命的，是不稳定的。

8. 自由浮动（Free Float），又称独立浮动（Independent Float），指外汇市场

上的供求关系决定本币与外币之间的比价，汇率自由波动以平衡外汇供求和市场出清。也就是说，名义汇率变化发挥内外冲击的调节作用，政府无须高额的外汇储备和干预外汇市场。但由于市场的不完善，汇率的易变性和过度波动性会扭曲价格信号，所谓的“屏蔽作用”也可能助长松懈货币纪律的作用。

根据 IMF1999 年对汇率制度所作的重新分类，欧元区国家被列入无独立法定货币的汇率安排，原来实行有管理浮动制的中国、埃及、伊朗以及实行单独浮动制的瑞士等因基本上钉住美元、波幅较小而被列入固定汇率制度安排（如表 5－3 所示）。

表 5－3　　1999 年 IMF 新的汇率制度分类

汇率安排	国家数目	
	1999 年 1 月 1 日	2000 年 12 月 31 日
1. 无独立法定货币的汇率安排	37	38
2. 货币局制度	8	8
3. 其他传统的固定钉住制	39	44
4. 钉住平行汇率带	12	7
5. 爬行钉住	6	5
6. 爬行带内浮动	10	6
7. 不预先公布干预方式的管理浮动	26	32
8. 自由浮动（独立浮动）	47	46

资料来源：IMF，International Financial Statistics，1999. 4 & 2001. 5.

第三节　国际储备

一、国际储备的概念

国际储备（International Reserve）也称“官方储备”，是一国货币当局持有的，用于国际支付、平衡国际收支和维持其货币汇率的国际间可以接受的一切资产。国际储备是第二次世界大战后国际货币制度改革的重要问题之一，它不仅关系到各国调节国际收支和稳定汇率的能力，而且会影响世界物价水平和国际贸易的发展。根据定义，能够作为国际储备的资产必须具有以下四个特点。

1. 官方持有性。即作为国际储备的资产必须是中央货币当局直接掌握并予以使用的，这种直接“掌握”与“使用”可以看成是一国中央货币当局的一种“特权”。非官方金融机构、企业和私人持有的黄金、外汇等资产，不能算作国际储备。该特点使国际储备被称为官方储备，也使国际储备与国际清偿力区分开来。

2. 自由兑换性。即作为国际储备的资产必须可以自由地与其他金融资产相交换，充分体现储备资产的国际性。缺乏自由兑换性，储备资产的价值就无法实现，这种储备资产在国际间就不能被普遍接受，也就无法用于弥补国际收支逆差及发挥其他作用。

3. 充分流动性。即作为国际储备的资产必须是随时都能够动用的资产，如存放在银行里的活期外汇存款、有价证券等。当一国国际收支失衡或汇率波动过大时，就可以动用这些资产来平衡国际收支或干预外汇市场以维持本国货币汇率的稳定。

4. 普遍接受性。即作为国际储备的资产必须能够为世界各国普遍认同与接受、使用。如果一种金融资产仅在小范围或区域内被接受、使用，尽管它也具备可兑换性和充分流动性，但仍不能称为国际储备资产。

二、国际储备构成

国际储备的构成是指用于充当国际储备资产的种类。在不同的历史时期，充当国际储备的资产具有不同的形式。第二次世界大战后，国际储备资产主要有四种形式。对于任何一个国家来说，其国际储备中至少包括黄金储备和外汇储备。如果该国还是国际货币基金组织的成员，则其国际储备中还应包括在基金组织的储备头寸。如果该国还参与特别提款权的分配，则其国际储备还包括第四项资产即特别提款权。

（一）黄金储备

黄金储备是指一国货币当局所集中掌握的货币性黄金（Monetary Gold）。长期以来，黄金一直是各国国际储备中的重要储备资产。历史上黄金作为“天然”的国际货币，曾经是各国都能接受的支付手段和绝对财富的化身。在国际金本位制度下，黄金是最主要的国际储备资产，执行世界货币的职能，充当国际支付的最后手段。在布雷顿森林体系下，黄金仍是货币汇率的基础，保有一般支付手段的职能，且仍是重要的国际储备资产。在布雷顿森林体系崩溃后，随着黄金非货币化，黄金现在已经不能直接用来支持汇率，也不能按照某种确定的兑换机制换成实现上述目的的资产，因而，已不符合国际储备的标准定义。严格来说，黄金已不再是国际储备资产。然而，由于历史上形成的习惯，大多数国家货币当局仍持有黄金，并将它作为国际储备的组成部分。国内有学者称黄金储备为“潜在的二级储备资产”，十分恰当地刻画了当前货币性黄金在国际储备中的地位。这是因为，各国货币当局虽不能直接用黄金对外支付，但可在黄金市场上将其出售，换成可兑换的外汇进行对外支付。一国虽然也可以出售其他商品来换得对外支付所必需的外汇，但它们都不如黄金那样便利，可见黄金仍能间接地发挥国际储备的作用。这也说明，虽然黄金已经非货币化，但作为一种特殊商品，黄金仍与国际货币体系有着千丝万缕的联系。

（二）外汇储备

外汇储备是指由一国货币当局持有的外国可兑换货币和用它们表示的支付手段。在国际金本位制度下，英镑代替黄金执行国际货币的各种职能，成为各国最主要的储备货币。20世纪30年代，美元与英镑并驾齐驱，成为最主要的国际储备货币。第二次世界大战以后，英国经济实力受到削弱，美元是唯一直接与黄金挂钩的主要货币，美国通过其国际收支逆差使大量美元流出美国，形成一种世界性货币，其中一部分被各国政府所拥有，成为各国的美元储备，于是美元成为各国外汇储备的主体。自20世纪70年代初期以来，由于美元不断爆发危机，美元停止兑换黄金，并不断贬值，加之日本、原联邦德国等在经济上的崛起，马克和日元也跻身于储备货币之列，储备货币的供应开始出现多样化的局面。目前，虽然美元在各国外汇储备中的比重仍然最大，但早已是今不如昔了，其所占的份额已逐步下降，而欧元、日元及其他一些货币的份额在不断增加，储备货币的多样化构成了当今乃至今后国际货币体系的一个重大特征（见表5－4）。

表5－4　　各种货币占可识别的官方外汇持有总额的比重（年末数）　　单位：%

币种 年份	美元	欧元	英镑	德国马克	法国法郎	瑞士法郎	日元	其他
1973	84.6	—	7	5.8	1	1.2	6	0.1
1985	56.4	—	2.9	14.2	1.1	1	7	4.3
1990	50.1	—	3.0	16.8	2.4	1.2	8.0	7.1
1991	51.1	—	3.2	15.1	2.9	1.2	8.5	6.9
1992	55.1	—	3.0	13.0	2.5	1.0	7.5	7.4
1993	56.6	—	3.0	13.7	2.3	1.1	7.7	6.8
1994	56.5	—	3.3	14.2	2.4	0.9	7.9	6.6
1995	56.9	—	3.2	13.7	2.3	0.8	6.8	9.2
1996	60.2	—	3.4	13.0	1.9	0.7	6.0	8.6
1997	62.2	—	3.6	12.8	1.4	0.7	5.2	8.7
1998	65.7	—	3.9	12.2	1.6	0.7	5.4	9.3
1999	67.9	12.6	4.0	—	—	0.7	5.5	9.4
2000	67.6	13.0	3.8	—	—	0.7	5.2	9.7
2001	67.7	13.2	4.0	—	—	0.6	4.9	9.7
2002	64.8	14.6	4.4	—	—	0.7	4.5	11.0

资料来源：IMF，International Financial Statistics 2000、2003，整理而成。

（三）在国际货币基金组织的储备头寸

所谓在国际货币基金组织的储备头寸，是指一国在国际货币基金组织的储备档头寸加上债权头寸。国际货币基金组织的成员国可以无条件地提取其储备头寸用于弥补国际收支逆差。

储备档头寸又称“储备档贷款”，是指成员国以黄金、外汇储备或特别提款权认缴基金组织规定份额25%所形成的对基金组织的债权。基金组织最初规定，成员国基金份额的25%以黄金缴纳，75%以本国货币缴纳。自1976年牙买加会议后，黄金的地位发生了变化。因此，基金组织于1978年4月1日正式通过修改协定，取消了以黄金缴纳25%基金份额的规定，改为以特别提款权或可自由兑换货币缴纳。由于成员国对储备档贷款的使用不需要基金组织批准，是无条件的，成员国可随时用本国货币购买，因而储备档贷款即成为一国国际储备资产的一部分。

债权头寸是指基金组织因将某一成员国的货币贷给其他成员国使用而导致其对该国货币的持有量下降到不足该国本币份额的差额部分以及成员国超过份额的贷款部分。基金组织对某一成员国的贷款是通过向其提供另一成员国的货币来实现的，这样做的结果是：获得贷款国形成了对基金组织的债务，而货币提供国则形成对基金组织的债权。债权头寸的发生是以基金组织使用该国货币进行贷款作为前提条件的，贷款货币的使用额就构成货币供应国的债权头寸。这部分对IMF的债权，IMF随时可向会员国偿还，亦即会员国可以无条件用来弥补国际收支赤字。

（四）特别提款权

特别提款权（Special Drawing Rights，SDRs）是国际货币基金组织为了解决国际储备不足问题，经过长期谈判后于1969年在基金组织第24届年会上创设的新的国际储备资产。其目的是要创设一种人造的储备资产作为弥补国际收支逆差的手段，以补充国际储备之不足。成员国根据其在IMF中的份额分配到的SDRs是无附带条件的使用流动资金的权利。这就是说，IMF不能由于不同意成员国的政策而拒绝向它提供使用SDRs的便利。只要一国发生国际收支逆差，并要求通过动用其掌握的SDRs来弥补这一逆差，IMF就有义务指定另一成员国接受SDRs，或者由它自己动用其库中持有的现金来换回这些SDRs。各成员国在享有SDRs提款便利的同时，必须承担两项义务：（1）通过分配获得的SDRs要支付利息，目前该利率相当于确定SDRs之值的一揽子货币中的5种主要货币的加权平均利率；（2）在IMF需要时，按其指定接收SDRs，并兑给相应的货币。一般来说，只有那些在国际收支和国际储备方面地位很高的国家才会被指定接受SDRs。不过，如果一国已经持有的SDRs超过其累计分配净额的300%，该国便不能再被指定以现金兑换SDRs。SDRs根据5种货币组成的篮子货币定值，所以被认为是一种价值比较稳定的资产。不过由于SDRs的数额是由IMF分配额刚性固定的，并且IMF只允许每个国家暂时让它持有的SDRs下降到SDRs分配额的30%，因而SDRs作为各国弥补国际收支逆差的手段，其作用是相当有限的。目前SDRs占所有国家国际储备总量的比重还不到5%。

三、国际储备的作用

1. 作为缓冲库，使国内经济免受国际收支变化的冲击。这种缓冲作用表现在：（1）在一国因偶然性或季节性因素出现暂时性国际收支困难时，可以动用国际储备予以弥补，而无须采用压缩进口等紧缩国内经济的措施，从而使国内经济免受外部影响；（2）在国际收支呈现长期恶化的情形下，动用国际储备进行弥补，虽不能从根本上解决问题，但国际储备可使该国政府赢得时间，进行有步骤的调整，从而减少因采取紧急措施所付出的代价。

2. 干预外汇市场，支持本币汇率稳定。各国货币当局持有的国际储备反映了一国干预外汇市场、保持汇率稳定的能力。市场经济国家通常都利用国际储备建立“外汇平准基金”制度，通过它来对外汇市场进行干预。当外汇市场上本国货币的汇率波动剧烈时，就会利用外汇平准基金进行干预，使本国货币的汇率稳定在与国内经济政策相适应的水平上。如一国货币面临巨大的贬值压力时，货币当局就可通过“外汇平准基金”进入外汇市场，抛售外汇，平抑汇价；当一国货币遭受国际资本冲击而面临升值压力时，货币当局则通过“外汇平准基金”收购外汇，以减轻本币升值的压力。

3. 国际储备是一国金融实力的标志，可作为向外借款的信用保证。无论是国际金融机构、国际银团，还是政府，在对外贷款时，首先考虑的是借款国的偿债能力。由于国际储备是借款国到期还本付息的基础和保证，国际上均将一国国际储备状况作为评估国家风险的重要指标。因此，国际储备充裕，可以加强一国的资信，吸引国外资金流入，以促进本国经济的发展。特别是在一国经常账户收支恶化的情形下，充裕的国际储备更是筹措外部资金的必要条件。

第四节 国际金融市场

一、国际金融市场概述

在国际经济中，国际金融市场显得十分重要，从商品与劳务的国际性转移、资本的国际性转移、黄金输出入、外汇的买卖到国际货币体系运转等各方面的国际经济交往都离不开国际金融市场，国际金融市场上新的融资手段、投资机会和投资方式层出不穷，金融活动也凌驾于传统实质经济活动之上，成为推动世界经济发展的主导因素。

（一）国际金融市场的含义

1. 狭义概念。狭义的国际金融市场是指国际间长期、短期资金借贷的场所。

2. 广义概念。广义的国际金融市场是指从事各种国际金融业务活动的场所。这种活动包括居民与非居民之间或非居民与非居民之间，一般指的概念是指广义概念。

（二）国际金融市场的划分

随着金融全球化步伐的加快，国际金融市场与国内金融市场的界限已经越来越模糊，这意味着若以“国际”和“国内”为标准将很难对具有不同特点的金融市场做出清晰的界定。因此，需要针对国内市场与国际市场日趋融合的现实，淡化国家间的物理边界来对金融市场（包括了国内金融市场和国际金融市场）进行分类（见表5－5）。

表5－5　　金融市场的分类

<table>
<tr><th>按所有权期限划分</th><th>按所有权性质划分</th><th>按所有权时序划分</th><th>按组织结构划分</th><th>按即时交割或远期交割划分</th><th>按经营业务种类划分</th></tr>
<tr><td rowspan="6">货币市场</td><td rowspan="6">债权市场</td><td rowspan="6">初级市场</td><td rowspan="3">拍卖市场</td><td rowspan="6">现货市场或现金市场</td><td rowspan="2">资金市场</td></tr>
<tr></tr>
<tr><td rowspan="2">外汇市场</td></tr>
<tr><td rowspan="3">中介市场</td></tr>
<tr><td rowspan="2">证券市场</td></tr>
<tr></tr>
<tr><td>资本市场</td><td>股权市场</td><td>二级市场</td><td>场外交易市场</td><td>衍生产品市场</td><td>黄金市场</td></tr>
</table>

资料来源：［美］弗兰克·J. 法伯兹等，《金融市场与机构通论》，东北财经大学出版社2000年版，第9页；裴平等，《国际金融学》，南京大学出版社1998年版，第265页。

表5－5汇总了对金融市场进行分类的六种方法。目前，最常用的分类是按所有权期限把金融市场分为货币市场和资本市场。货币市场是从事短期（通常在一年以内）金融资产交易的场所；资本市场是从事长期（通常为一年以上）金融资产交易的场所。这里以国际金融市场为视角，并按照经营业务种类划分的方法，对国际货币市场和国际资本市场进一步分类。

1. 国际货币市场由国际短期信贷市场、国际短期证券市场、国际贴现市场构成。

（1）国际短期信贷市场。这是国际银行业对客户提供一年或一年以内短期贷款的市场，目的在于解决临时性的资金需要和以风险管理为目的的头寸调剂。贷款的期限最短为一天，最长为一年，也可为三天、一周、一月、三月、半年等。其中，银行或金融机构在每个营业日结束时，因风险管理或经营管理的需要，在同业间进行头寸调剂而形成的市场又称为银行同业拆借市场。国际短期信贷市场的利率以伦敦同业拆放利率（London Inter-Bank Offered Rate，LIBOR）为基准，交易通常以批发形式进行，少则几十万美元，多则几百万美元甚至更多，一般不需要担保或抵押，完全凭信誉，交易简便，并通过现代化通信设施或互联网进行。

（2）国际短期证券市场。国际短期证券市场的交易对象是期限为一年以内的短期证券。例如：第一，短期国库券（Treasury Bills），是西方发达国家财政部为筹集季节性资金需要或进行短期经济和金融调控而在国际金融市场上发放的短期债券，期限一般为3个月或半年。以美国财政部发行的短期可转让国库券为例，其期限分别为13周、26周和52周三种，按折扣发行，到期按面额偿还本息。另外，美国财政部还发行一种现金管理国库券（Cash Management Bills），其目的是为平衡财政收支的暂时余缺，这种国库券的期限是可变的。所有这些短期国库券都是在每周的星期三到期，其中，13周和26周的国库券是每周发行的，而52周的国库券每周四发行一次。第二，可转让银行定期存单（Certificate of Deposit-CD），是存户在国际银行的定期存款凭证，可以转让和流通。存单的利率与LIBOR大致相同，到期后可向发行银行提取本息。第三，银行承兑汇票（Bank Acceptance），是一种高流动性的信用支付工具。银行承兑汇票由银行承兑后可“背书”转让，到期可持票向付款人取款。美国短期国库券的投资者（个人、企业、金融机构、政府等）来自于全球各地。

（3）国际贴现市场。这是对未到期的信用凭证（短期国库券、存单、汇票等）按贴现方式进行融资的国际性交易场所。贴现就是把未到期的信用凭证打个折扣（按一定的贴现率）从银行或有关金融机构换取现金的一种方式。在凭证到期时，银行或金融机构持该凭证向发票人或承兑人兑取现金，如果该凭证还没有到期而银行或金融机构又急需现金，可将此凭证向中央银行进行再贴现。贴现业务是货币市场资金融通的一种重要形式，贴现率一般要略高于银行利率。中央银行通常在再贴现业务中通过再贴现利率的调节来影响市场利率和控制信贷规模。在国际贴现市场上，跨国公司、跨国银行、国际金融机构和主要发达国家的中央银行等是贴现交易的主要参与者。

2. 国际资本市场由国际信贷市场和国际证券市场组成。

（1）国际信贷市场。国际信贷市场是各国政府、国际金融机构和国际商业银行向客户提供中长期信贷的场所，其主要业务是政府贷款、国际金融机构贷款和国际商业银行贷款等。

政府贷款一般期限长、利率低，还规定贷款中应有部分“赠与成分”。但提供贷款时往往附加一些约束条件，如借款国必须用所获贷款购买贷款国指定的商品，或借款国必须做出实施某些经济政策或调整某些外交政策的承诺。

国际金融机构贷款有国际货币基金组织贷款、世界银行贷款、国际金融公司贷款、国际开发协会贷款和地区性开发银行（如亚洲开发银行、泛美开发银行等）贷款。与政府贷款相比，这些贷款具有相同的优惠利率，而且期限更长一些。国际货币基金组织贷款目的是帮助成员国解决国际收支失衡和本币大幅度贬值以摆脱金融危机的困境，因而其贷款往往要附加一些贷款条件，即要求危机国必须接受IMF提出的治理金融危机的方案，以作为提供贷款的先决条件。世界银行提供的贷款主要是项目贷款，其目的是支持成员国的经济发展。国际金融公司侧重向成员国的私人企业提供贷款。国际开发协会主要向贫穷的发展中成员国提供条件更为优惠的贷款，以帮助贷款国摆脱贫困。

国际商业银行贷款大多是跨国银行如花旗银行、汇丰银行和渣打银行等提供的无约束贷款，贷款利率视市场行情变化和贷款人信用而定。

（2）国际证券市场是指筹资者直接到国际金融市场发行债券或股票以及买卖债券或股票的场所。国际证券市场包括初级市场（一级市场）和二级市场。初级市场是证券的发行市场，是指新证券的发行人从策划到由中介机构承销直至全部由投资人认购完毕的过程。二级市场是指已发行证券的交易市场，包括证券交易所和场外交易市场。

在金融全球化环境中，国际金融业务交叉渗透，国际银行业或非银行金融机构已经不再像过去那样只能分业经营，或只能经营少数金融业务，而是能够提供包括银行、证券、保险等各种金融服务，“超级金融百货公司”越来越多，网络金融迅猛发展，衍生金融产品层出不穷，专业性市场之间的界限越来越模糊，全球金融市场日趋一体化。

（三）国际金融市场的作用

第二次世界大战以来，世界经济和金融环境发生了巨大变化，随着技术进步和社会生产力的发展，以及各国持续推进贸易和金融的自由化，使生产的国际化有力地推动了金融资本的国际化，国际金融市场发挥着越来越重要的作用。

1. 促进了生产和资本的全球化。国际金融市场通过世界各国的银行和非银行金融机构，广泛地组织和吸收世界各国（地区）以及国际社会的各种资金，把大量闲散资金积聚起来变为有效资本。特别是跨国公司和跨国银行的发展、互联网技术和电子商务在金融业的广泛运用，以及贸易和金融自由化的持续推进，生产和金融资本在全球统一规则下实现全球范围内优化配置，并能提供各种形式的不同货币的高效能的国际结算服务。国际金融市场的功能与效率的拓展和提高，为生产和资本的全球化创造了有利条件。

2. 改善国际收支状况。国际金融市场在调节国际收支方面发挥着重要作用。国际收支出现逆差的国家越来越多地到国际金融市场筹借资金以弥补逆差；同时，国际金融市场还可以通过汇率变动来影响国际收支状况，这是因为，国际金融市场上外汇供求的变化会导致外汇汇率的变动，而汇率的变动又可以影响国际经贸往来，进而可以调节国际收支状况。

3. 支持世界各国的经济发展。国际金融市场积极发挥世界资本再分配的职能，为各国经济发展提供了资金。如第二次世界大战后形成的欧洲美元市场和欧洲货币市场为促进西欧和日本等国家的经济复兴发挥了重要的作用，亚洲美元市场的发展为东亚国家和地区的经济成长与繁荣注入了大量资金，特别是许多发展中国家可以通过国际金融市场筹措资金以满足其经济发展的投资需求。国际金融市场提供的资金有力推动了各国经济乃至世界经济的发展。

4. 国际金融市场的迅速发展也产生了一些副作用。由于国际金融市场积聚了大量的跨国流动的资本，尤其是“国际游资”规模庞大，促使汇率和利率频繁大幅度波动，强化了国际金融市场的不确定性，这些都会削弱政府经济与金融政策的有效性，诱发金融危机，降低了全球范围内金融资源的配置效率。20 世纪 90 年代以来有许多新兴市场国家受金融危机的重创而蒙受惨重损失。

二、欧洲货币市场

（一）欧洲货币市场概述

欧洲货币市场，就是经营欧洲美元和欧洲一些主要国家境外货币交易的国际资金借贷市场。这里所谓的“欧洲”一词，实际上是“非国内的”、“境外的”、“离岸的”意思。

欧洲美元，是指存放在美国境外各银行（主要是欧洲银行和美国、日本等银行在欧洲的分行）内的美元存款，或者从这些银行借到的美元贷款。

所谓欧洲其他货币，有欧洲英镑、欧洲瑞士法郎等。它们的性质与欧洲美元的性质相同，都是指在本国境外的该国货币资金。比如，日本银行存放在法国银行的英镑存款或德国银行对瑞士公司提供的英镑贷款，都叫做欧洲英镑。

欧洲美元起源于欧洲，欧洲英镑、欧洲瑞士法郎以及其他同样性质的欧洲国家货币的借贷也集中在欧洲，因此，这些国家的境外货币一般统称为欧洲货币。

（二）欧洲货币市场的形成和发展

欧洲货币市场起源于 20 世纪 50 年代，市场上最初只有欧洲美元。当时，美国在朝鲜战争中冻结了中国存放在美国的资金，原苏联和东欧国家为了本国资金的安全，将原来存在美国的美元转存到原苏联开设在巴黎的北欧商业银行和开设在伦敦的莫斯科国民银行以及设在伦敦的其他欧洲国家的商业银行。美国和其他国家的一些资本家为避免其“账外资产”公开暴露，从而引起美国管制和税务当局追查，也把美元存在伦敦的银行，从而出现了欧洲美元。当时，欧洲美元总额不过 10 亿多美元，而且存放的目的在于保障资金安全。

第二次世界大战结束以后，美国通过对饱受战争创伤的西欧各国的援助与投资，以及支付驻扎在西欧的美国军队的开支，使大量美元流入西欧。当时，英国政府为了刺激战争带来的经济萎缩，企图重建英镑的地位。1957 年英格兰银行采取措施，一方面对英镑区以外地区的英镑贷款实施严格的外汇管制；另一方面却准许伦敦的商业银行接受美元存款并发放美元贷款，从而在伦敦开放了以美元为主体的外币交易市场，这就是欧洲美元市场的起源。

到了 20 世纪 60 年代，欧洲货币市场逐渐发展起来。其主要原因有以下三点：

（1）美国国际收支发生逆差。这是欧洲美元迅速增长的最根本原因。欧洲美元存在的形式首先是美元存款。私人公司或其他经济实体在欧洲银行存入一笔欧洲美元，归根结底，只能是把原来在美国银行里的一笔活期存款转存到欧洲银行。同样，一家欧洲银行贷出一笔欧洲美元，也只能是把这笔原来存在美国银行里的活期存款转贷给借款人。所以欧洲美元的根是美国银行对外负债的转移。没有这个根，欧洲美元是无从产生的。这种对外流动性负债的转移与美国国际收支逆差有着直接关系。

（2）美国政府对资本输出入的限制措施促使大量美元外流。由于美国国际收支不断出现逆差，趋势日益恶化，所以从20世纪60年代开始美国政府就采取了一系列限制美元外流的措施。如美国政府从1963年起实施利息平衡税，对外国政府与私人企业在美国发行的债券利息一律征收平衡税，借以限制美国企事业对外直接投资，同时限制设立海外分支机构和银行对外信贷。1968年美国政府的金融管制当局正式停止美国企业汇出美元到国外投资。还有，根据在20世纪30年代美国联邦储备银行制定的Q项条款的规定，美国商业银行对活期存款不付利息，并对定期存款利率规定最高限额，而在国外的欧洲美元存款则不受此种限制。另一个联邦储备银行的M条款规定，美国银行对国外银行的负债，包括国外分支行在总行账面的存款，必须缴存累进的存款准备金，而国外的欧洲美元存款则可以不缴存任何存款准备金。这些措施引起美国国内商业银行的不满，纷纷向国外寻求吸收存款的出路。全世界的跨国公司也不得不转向欧洲货币市场，以满足其资金融通的需求。这些因素都大大地促进了欧洲货币市场的发展。

（3）欧洲一些主要国家解除外汇管制，并实行各国货币自由兑换。西欧主要国家从1958年12月开始允许出口商和银行拥有外币资金，主要是美元资金。当时，美元是国际间主要的支付与储备货币，西欧各国解除对外汇的管制，就意味着各国货币可以自由兑换美元。这些措施使得欧洲银行的美元存放业务迅速增长，同时也促进了美国银行的分支机构大量增加。

进入20世纪70年代以后，欧洲货币市场进一步发展。无论从该市场上的资金供应方面还是从资金需求方面来看，都在迅速增加。

（三）欧洲货币市场的特点

欧洲货币市场之所以能够快速成长，是因为该市场具有以下五个独到的特点。

1. 欧洲货币市场是一个短期资金市场，融资期限一般都在1年以内；同时，它又是一个批发市场，每笔交易额一般都在10万美元以上，多则几亿美元甚至几十亿美元。另外，欧洲货币市场借贷业务中使用的货币种类较多，除欧洲美元外，还有欧洲英镑、欧洲瑞士法郎、欧洲日元等以及到20世纪末欧元问世后新的欧洲货币——欧元。

2. 欧洲货币市场主要是银行间的市场，银行间同业拆借为欧洲货币市场的主要交易。据估计，银行间的欧洲货币存款约占欧洲货币总负债规模的80%以上。

3. 欧洲货币市场是一个自由的市场，没有中央管理机构，不受存款利率最高限和法定准备金等制度的限制，这意味着经营欧洲货币有相对低的成本和相对高的利润；欧洲货币市场有独特的利率结构，银行可以在欧洲货币市场以较高的存款利率吸收存款，并以较低的贷款利率发放贷款，同时又可以扩张贷款数额；

在经营灵活自由的环境下，欧洲货币市场竞争激烈，市场效率很高。

4. 欧洲货币市场为经营欧洲货币业务的银行建立了良好的交易网络。若无欧洲货币市场的存在，某一有闲置资金的 A 银行难以与需要资金的另一国家的 B 银行取得联系。欧洲货币市场在各国经营欧洲货币业务的银行之间建立的连锁关系，能使这些原本相互陌生的 A 银行和 B 银行通过连锁关系中彼此认识的其他经营欧洲货币业务的银行为媒介，很快就能进行融资交易，从而提高了融资效率。

5. 欧洲货币市场经营灵活，调拨资金自由方便，已成为各国有闲置资金的企业、政府或个人理想的存放与投资的场所，对各国银行来说，也是一个低成本的资金来源；投融资者可以自由选择多样化的金融产品和交易方式，这是改善资产流动性的有效途径。

欧洲货币市场对国际金融市场发展的贡献是非常显著的，但是也存在明显的缺陷：一方面，欧洲货币市场没有中央银行机构，这意味着该市场没有最后融资的支持者（Lender of Last Resort），若经营欧洲货币业务的银行发生问题引起倒闭或发生清偿困难时，将没有中央银行出面支持；同时，欧洲货币市场没有设立存款保险制度，这使存款的安全性缺乏保障，因而一旦这个市场潜在风险外化，所形成的外部负效应会更大。另一方面，欧洲货币市场充斥着庞大的国际游资，数万亿美元的国际游资在国际金融市场上横冲直撞，极易造成市场的频繁动荡，危及各国金融市场的稳定。20 世纪 90 年代以来国际金融危机频频爆发，充分验证了这个市场的缺陷。

【案例研究】

案例1 刚果（扎伊尔）的金融悲剧

刚果民主共和国（以前称为扎伊尔）于 1960 年独立。这个拥有铜等丰富自然资源的非洲中部国家，似乎将有一个充满希望的未来。如果这个国家仅仅是维持在独立之前的经济增长率，到 1997 年它的人均国民生产总值（GNP）将达到 1 400 美元，成为非洲最富有的国家之一。然而，到 1997 年，这个国家却成了一个烂摊子。一场野蛮的内战驱逐了长期统治该国的独裁者——蒙博托（Mobutu Sese Seko），但是经济却滑落到 1958 年的水平，人均国民生产总值跌到 100 美元以下。当年通货膨胀率超过了 750%，但比 1994 年创纪录的 9 800% 的通货膨胀率还是有所改善。结果，本国货币几乎成了废纸。许多交易都采取了物物交换的形式，极少数幸运者则使用美元。新生儿的死亡率达到了可怕的 10.6%，人均预期寿命为 47 岁，几乎等于中世纪的欧洲。

分析与思考

1. 通货膨胀对一国货币的汇率有何影响？

2. 经济的下滑为何会导致一国货币贬值？

案例2 阿根廷的货币局制度

20世纪90年代，阿根廷经常被引作经济走向繁荣的例子。1991～1998年间，阿根廷的灾难之源——通货膨胀被控制住了，外国资本随即涌入了阿根廷，并且年平均经济增长率达到了5.7%，是所在区域经济增长率最高的国家。这一成就很大程度上应当归功于总统卡洛斯·梅内姆和财政部长多明戈·卡瓦罗(Domingo Cavallo)。在他们的领导下，阿根廷于1991年采取了货币局制度，将阿根廷比索等价钉住美元（1美元=1比索）。他们还使国内经济向外国投资者开放，并对大量国有企业进行私有化。

到2002年，20世纪90年代的光辉岁月已经成为遥远的回忆。2002年前期，难以忍受的四年衰退已经使失业率上升到了25%，阿根廷1 550亿美元的公共债务出现了违约，这是历史上金额最大的国家违约。货币局制度被废除，到2002年中期比索贬值到了3.5比索兑1美元。

阿根廷经济何以如此深深地陷入迷途？一些批评者认为货币局制度应当负一定责任。由于实行了货币局制度，阿根廷放弃了汇率也放弃了货币政策（利率也由美联储决定）。这限制了政府对外来冲击的反应能力，而阿根廷的确遭受了一些外来冲击。首先，商品价格停止了上升，这使得阿根廷经济失去了出口收入的主要来源。其次，由于美元兑其他货币升值，因而钉住美元的阿根廷比索也经历了升值，于是在阿根廷进口商品价格降低的同时，许多阿根廷商品也因为价格提高而退出了世界出口市场。最后，阿根廷最大的贸易伙伴巴西的货币出现了贬值，使得阿根廷对巴西的出口商品极为昂贵。这些因素的相互交织使得阿根廷出口导向型的经济增长受到严重阻碍，并且使得失业率迅速上升。

使情况更糟糕的是，从1996年开始，阿根廷政府提高了公共部门的开支而没有增税。同时，经济改革的脚步开始放缓。其不可避免的结果就是公共部门的债务不断上升。投资者开始担心政府无力偿还不断增长的债务，尤其在阿根廷出口受阻时。资本开始抽离阿根廷，外国投资者也开始限制对阿根廷政府的贷款。2000年后期，阿根廷向国际货币基金组织申请援助并于2001年1月获得了140亿美元贷款以支持比索及维持钉住美元。作为基金组织贷款的条件，阿根廷政府同意削减公共开支。但是，阿根廷的出口商品仍然价格过高，难以进入世界市场，因而情况并没有好转。普通阿根廷人对政府和银行体系能否支持不断上升的公共债务开始怀疑。2001年7～11月，阿根廷人从当地银行提取了150亿美元。随着资产的缩水，银行再也无法支持政府债务，并且由于外国金融机构不愿意为政府提供更多的贷款，阿根廷政府不得不做出停止偿付公共部门债务的决定。政府没有足够的钱来支持20世纪90年代后期的债务，也借不到更多的钱。

随后不久，政府放弃了货币局制度，比索发生了大跳水，到2002年中期跌到了3.5比索兑1美元，而2003年前期汇率上升到了3比索兑1美元。2002年，出口有了起色，进口有所下降，经济自1998年以来第一次有所增长，虽然增长速度很低，但失业开始下降（2002年后期失业率下降到了18%），消费者信心开始上升。2002年，阿根廷的价格总体上升了40%，反映了货币贬值对通货膨胀率的影响，而价格上升的幅度小于货币贬值的幅度，并且因国内需求的疲软而受到抑制。放弃了货币局制度的阿根廷也许已经踏上了经济恢复之路。

（资料来源：人大经济论坛世界经济上传与下载专区）

分析与思考

货币局制度有何弊端？

[本章思考与练习]

1. 国际收支平衡表包括哪些内容？
2. 国际收支不平衡的原因有哪些？如何调节？
3. 什么是汇率？标记方法有哪些？
4. 简述汇率的种类。
5. 在国际金本位制和纸币流通制度下汇率分别如何决定？
6. 论述汇率变动及其对经济的影响。
7. 什么是国际储备？主要由哪些构成？
8. 什么是国际金融市场？如何划分？

第六章　国际直接投资

【本章教学目的】通过本章的学习，使学生掌握国际直接投资的定义和特点、动机以及国际直接投资理论，了解国际直接投资的参与方式，并能够运用所学国际直接投资理论分析发达国家及发展中国家有关对外直接投资现象的产生及发展态势。

随着第二次世界大战后经济全球化的发展，国际直接投资的规模日益扩大，各国原本独立的生产体系逐渐纳入全球的生产体系中，同时加深了世界各国在经济上的相互依赖。作为生产要素国际移动最主要的促成方式——国际直接投资，在研究国际经济合作时，当然成为重要的研究内容。本章分成两大部分，即国际直接投资理论与国际直接投资实务。国际直接投资理论主要介绍国际直接投资的含义、动机及国际直接投资理论学说等内容。国际直接投资实务主要介绍国际投资环境分析、境外创建新企业、国际企业收购与兼并等内容。

第一节　国际直接投资的含义及动机

一、国际直接投资的概念及特点

（一）国际直接投资的概念

国际直接投资又被称为对外直接投资（Foreign Direct Investment，FDI），是指一国投资主体（包括自然人、法人或其他经济组织）将取得或拥有国外企业的经营管理权为核心，以获取利润为目的的投资行为。也就是说，国际直接投资的投资者直接参与所投资的国外企业的经营和管理活动并对其具有有效的控制权。

近年来国际直接投资发展迅速，其增长速度超过了国际贸易，已成为国别、区域和全球经济增长的重要引擎。同时，国际直接投资也是将各国经济联系在一起的一个重要机制，从而大大推动了经济全球化的进程。据联合国贸易和发展会议（UNCTAD）发布的《2016 世界统计报告》统计，2015 年国际直接投资流量为 17 620 亿美元，比 2014 年增长了 43%，并且全球各地区的投资水平均有所增长。

（二）国际直接投资的基本特点

从国际直接投资的定义中我们可得知国际直接投资具有以下特点。

1. 国际直接投资不是单纯的资金外投，而是资金、技术、经营管理知识的综合体由投资国的特定产业部门向东道国的特定产业部门的转移。

2. 国际直接投资的最大特点是投资者对境外企业拥有控制权。所谓“控制权”是指投资者对所投资企业持有一定的股份因而在企业的经营管理中有投票表决权。直接投资进行的是直接的“股权投资”，投资的目的是为了取得所投企业的经营管理权。这种股权参与下取得的控制权有别于非股权参与。如果没有这种股权参与，即便可以通过其他途径和方式对企业产生影响，也不构成直接投资。

3. 国际直接投资与以证券为媒介的国际间接投资有本质不同。国际直接投资是以取得企业的经营管理权为前提条件的投资，是经营性投资；国际间接投资是以取得一定收益为目的的拥有境外有价证券的行为，一般不存在对企业经营管理权的取得问题。

二、国际直接投资的动机

国际直接投资的动机也叫国际直接投资的目的。促进资本在国际间移动的根本原因在于追逐收益，尤其是经济收益，这是国际直接投资的根本目的。以这一根本目的为指导，投资者在进行投资决策时，从必要性的角度考虑的主要因素，也就是说明投资者为什么要进行某一特定类型的投资。由于投资者在进行对外投资时，既受企业本身特有的优势（资金、技术、管理、规模经济、市场技能等）的影响，又受企业所处的客观社会经济环境（自然资源禀赋、国内市场规模、经济发展水平、产业结构、技术水平、劳动力成本、政府政策等）的制约，而这两方面在内容上存在相当大的差异，所以导致不同企业的对外投资动机以及同一产业的不同投资项目的动机不同。国际直接投资的主要动机有以下六种。

（一）市场导向型

这类投资主要以巩固、扩大和开辟市场为目的，具体又可分为几种不同的情况：（1）规避贸易保护。①国家壁垒的规避。在国际贸易中，由于贸易保护主义的存在，使各国之间商品的流动受到贸易壁垒的限制，尽管 GATT/WTO 经过几十年的努力已使各国的有形关税壁垒大大降低，但是各种新的无形关税壁垒层出不穷，成为阻碍商品流通的主要壁垒。厂家为了绕过贸易壁垒往往采用国际直接投资的方式，也就是在市场所在地投资办厂从事生产，就地出售产品，并因此而产生了资本的国际移动。②区域壁垒的规避。第二次世界大战后蓬勃兴起的区域经济一体化浪潮虽然在一体化组织内部消除了成员国之间在贸易、资本流动和人员交流方面的障碍，加速了资本在区域内的自由流动，但是一体化组织排斥区域外国家商品的进入，这也导致区域外的投资者通过进入区域内进行直接投资取得与区域内国家同等的待遇。（2）巩固原有市场份额。企业对国外某一特定市场的开拓已达到一定程度，为了给顾客提供更多的服务，巩固其市场份额，在当地直接投资进行生产和销售会更为有效。（3）企业为了更好地接近目标市场、满足当地消费者的需求而进行对外直接投资。如生产和消费在同一时间和地点进行的服务业方面的投资。（4）新市场开拓及强化市场势力。企业所在国国内市场的需求已接近饱和或受到其他产品的剧烈冲击，在国内的进一步发展受到限制。冲破限制的有效办法之一就是开发国外市场，寻求新的消费需求。2003年12月，全球最大的化妆品集团巴黎欧莱雅收购中国小护士公司，其主要的动机：一是看好中国化妆品巨大的市场发展空间；二是表现为重在强化市场势力、提高对经营环境的掌控能力；三是抢占美国、英国、德国等跨国企业分割的中国日化工业产品市场。

（二）降低成本导向型

企业进行该类投资主要是为了利用国外相对廉价的原材料和其他各种生产要素，降低生产成本，提高经营效益，保持或增强企业的竞争能力。这一类投资可以分为以下几种具体情况：（1）获取自然资源。在这种情况下，资本从自然资源相对贫乏的国家或地区流向自然资源相对丰富的国家或地区。以获取自然资源为目的的跨国投资，资本输出国既有发达国家也有发展中国家。中国是一个人均资源十分贫乏的国家，特别是石油、木材、铁矿、铜矿等的储藏量远远不能满足中国经济的快速增长，因此，通过对外直接投资的方式获取这些资源对中国经济的发展具有重要的作用。例如，从俄罗斯、中东地区和北非，中国可以获得石油的供给；从俄罗斯和南亚地区获得木材的供给；从澳大利亚和巴基斯坦的铜矿项目中获取铁矿和铜矿资源；从非洲地区获得有色金属和其他稀有金属。目前中国石油、石化集团上游企业已经进入苏丹、厄瓜多尔等国，取得良好的业绩。（2）利用国外廉价的劳动力、土地等生产要素。发达国家在发展中国家投资建立劳动密集型企业，主要是为了利用发展中国家丰富且廉价的劳动力资源来降低生产成本。目前，发达国家的跨国公司不但寻求发展中国家廉价的普通劳动力，而且在发展中国家设立研发中心，利用这些国家较廉价的科技人才。目前一个典型的国际开发合作项目采取的模式常常是产品的设计、开发在美国完成，软件设计在印度完成，而生产制造则是在中国完成。（3）减少运输成本。对于一些运输中容易损坏变质或运输成本在总价值中所占比重较大的产品，生产企业通常在主要市场所在国或邻近地区投资建立企业，就地生产和销售以节省运输成本。（4）应对汇率变动。汇率的变动会直接导致出口商品价格变动。一国的货币升值会使其出口商品以外币表示的价格升高，从而影响它在国际市场的竞争力。在这种情况下，该国企业往往会扩大对外直接投资，以抑制货币升值带来的不利影响。(5) 利用各国关税税率的差别降低生产成本。若一国的关税税率较高，则其他国家的企业可能为了降低产品成本而在该国投资进行生产；反之，若一国的关税税率较低，国内市场上进口商品的竞争力较强，则会促使该国企业到生产成本更低的国家投资建厂，然后将产品返销国内。

（三）技术与管理导向型

这类投资动机主要包括获取和利用国外先进的技术、生产工艺、新产品设计和管理方式等。由于某些先进的技术和管理经验通过公开购买的方式不易得到，于是企业可以通过在国外设立合营企业或兼并、收购当地企业的方式获取。技术与管理导向型投资具有较强的趋向性，一般集中在发达国家和地区。美国全国理事会发表的一份报告说，日本通过与美国公司和大学建立合资项目，获取美国大量的尖端生物工程技术。

（四）分散投资风险导向型

这种投资动机主要是指分散或减少企业所面临的各种风险。投资者在社会秩序比较稳定的国家投资是为了寻求政治上的安全感，这些国家一般不会发生国内骚动或市场销售状况的突发性变动。很明显，如果企业的投资过分集中在某个国家、地区或行业，一旦遇到风险就会由于没有回旋余地而造成损失。企业所要分散的风险还包括自然、经济和社会文化方面的风险。在发展中国家中，由于中国改革开放所带来的经济快速发展和政局的长期稳定，中国成为一个十分理想的投资国，这就是外商投资持续大量地进入中国的一个重要原因。有时为了防止一国政治经济变化给投资者带来太大的冲击，投资者也会选择在多国投资，以分散风险，保证相对稳定的收益。一般而言，这种直接投资的动机是出于规避国际投资风险的考虑，但在某些情况下也是出于规避国内投资风险的考虑。比如，某企业在世界各地投资生产和经营，不仅能够扩大销售，而且会增加原材料、技术、人员和资金等的来源渠道，从而使企业不受国内条件的限制。

（五）信息导向型

一些跨国公司为了及时获取当地市场信息，加快市场信息反馈，协调公司内部管理和生产安排而进行对外直接投资。在国际贸易中，由于生产地与消费地分别处于不同的国家，相距较远，信息交流较慢，为了将市场上出现的新趋势、新动向、新问题及时反馈到生产地，及时调整生产方案，企业通过在市场地直接投资将生产与销售紧密结合起来，以便更有利于企业根据市场及时调整自己的生产。

（六）全球战略导向型

国际上实力雄厚的跨国公司为实现其全球发展战略，取得最佳经营效果，为全球扩张做准备，往往采取这样的全球发展战略。跨国公司在建立自己的国际生产体系之后，开始以全球市场为目标，从最有效利用资源取得利润最大化的角度布置自己的分公司，做到有计划地安排生产、销售和技术开发等业务活动。在这种战略思想的指导下，设在全球各地的子公司必须以母公司的全球发展战略为重，甚至有时需要牺牲自己的局部利益。

国际直接投资的根本动机和目的是利润最大化，各种类型的国际直接投资动机是追求利润最大化的不同途径和方式，它们也可能相互交叉、同时存在。不同类型国家之间直接投资的主要动机是不同的：发达国家间出于市场导向型和分散投资风险导向型动机的相互投资相对较多；发展中国家间出于市场导向型和降低成本导向型的动机多于其他动机；发达国家向发展中国家进行投资主要是出于市场导向型动机和降低成本导向型动机；发展中国家向发达国家进行投资考虑的多是市场、技术与管理及分散风险因素。

以上国际直接投资动机的分析大多是从必要性的角度切入，而没有将可能性因子考虑进去，而国际直接投资理论是将两者结合起来分析，在下面将要介绍的国际直接投资理论的内容中可以对国际直接投资的动机有更深入的了解。

第二节　国际直接投资理论

第二次世界大战后，特别是20世纪60年代之后，国际直接投资实践不断丰富和发展，引起了西方经济学家的极大关注，他们发表了大量的论著，形成了众多的国际直接投资理论。从海默的垄断优势理论开始，至今提出了约20种不同理论解释对外直接投资行为。从发展的角度，外国直接投资理论沿着三条线路逐渐演进：一是以企业的经济利益为中心，研究跨国公司对外直接投资的动因、途径、地点的微观理论；二是以国家的经济利益为分析的出发点，研究直接投资的变化规律及其对东道国和母国影响的宏观理论；三是针对发展中国家对外直接投资行为的适用性理论研究、中小企业对外直接投资的适用性理论的研究。

一、国际直接投资的微观理论

（一）垄断优势理论

垄断优势理论（Monopolistic Advantage Theory）产生于20世纪60年代初，由美国麻省理工学院经济学家海默（S. H. Hymer）在其博士学位论文——《国内企业的国际化经营：一项对外直接投资的研究》中最早提出，后经海默的导师金德尔伯格(C. Kindleberger)和凯夫斯(R. E. Caves)、约翰逊(H. G. Johnson)等人的补充、发展而形成较为完善的理论体系。垄断优势理论是在摒弃传统的国际资本流动理论中所惯用的完全竞争假定的基础上（认为市场是不完全的），通过实证研究美国跨国公司对外直接投资实践而建立的。海默认为，美国从事对外直接投资的公司大多是国内寡头垄断行业中的大公司。它们到国外进行直接投资要承担较大的风险。它们在与当地企业竞争时，不具有像东道国（如熟悉投资环境、熟悉市场、运输费用低廉、信息灵通、决策迅捷、易于获得政府部门支持以及没有语言文化方面的障碍等）优势，由于不了解当地经营环境和消费者的偏好等原因，使成本加大而处于不利地位。它们之所以能到国外进行直接投资，赚取比国内投资更高的利润，乃是因为它们有垄断优势。金德伯格认为，垄断优势表现在四个方面：（1）生产要素方面的垄断优势，如经营管理的高效率、资金融通的便利、拥有技术专利与专有技术等。（2）商品市场上的垄断优势，包括产品性能差别、特殊销售技巧、操纵市场价格的能力等。（3）规模经济上的优势，表现在生产、采购和销售方面，通过内部水平一体化和垂直一体化取得比竞争更高的利润。（4）因政府对进口或产量限制而产生的优势。凭借上述优势，大公司具有向外直接投资、获取较高利润的能力与条件。

总之，由于国内和国际市场的不完全性特点，造成了跨国公司具有相应的垄断优势。这些垄断优势使跨国公司能排斥东道国企业的竞争，维持较高的垄断价格和利润，导致不完全竞争或寡占局面，这是跨国公司能够从事对外直接投资的主要原因。

该理论是研究国际直接投资的开山之作，其特点是把对外直接投资看做是企业经营决策的结果，论述市场的不完全性是跨国公司对外直接投资的决定因素，但理论缺乏动态分析；在对外直接投资因素的比较上，它注重从厂商理论论述企业行为；研究对象是第二次世界大战后美国跨国公司对外直接投资的急剧扩张，从美国寡头垄断部门来研究美国企业的对外直接投资，论证美国企业的竞争优势。然而，该理论无法解释自20世纪60年代以来发达国家许多并无垄断优势的中小企业和广大发展中国家的企业开展对外直接投资的事实。

（二）产品生命周期理论

美国经济学家维农（R. Vernon）于1966年发表在《经济学季刊》上的《产品周期中的国际贸易和国际投资》一文中，在垄断优势理论的基础上创立了产品生命周期理论。维农认为，垄断优势理论未能彻底说明跨国公司需要通过建立国外分支机构去占领市场而不是通过产品出口和转让技术获利的根本原因。事实上，拥有新产品、新技术的企业，总是等这些新产品、新技术在国内经历一定的发展阶段后才会逐步通过对外直接投资的方式建立国外分支机构，从事相同产品的生产和销售。维农实证研究了美国一些跨国公司的经济活动，也充分证明了这一点。在此基础上，维农提出产品生命周期理论。该理论将产品的周期划分为三个阶段：新产品创新阶段、产品成熟阶段和产品标准化阶段。他认为，在产品周期的不同阶段应有不同的贸易和投资战略。

在产品创新阶段，创新国和创新企业往往拥有技术上的垄断优势，新产品价格尽管偏高，但产品需求价格弹性很低，这时新产品生产企业注意力集中在产品的设计及其功能上，并非成本上。消费者对新产品价格的高低并不在乎，所以，生产成本的差异对公司生产区位的选择影响不大，此时，最有利的安排就是在国内生产。这一阶段，新产品需求主要在国内，如果其他经济结构、消费水平与创新国类似的国家对这种新产品有需求，创新国企业也主要是通过出口而不是直接投资来满足这些国外的市场需求。

在产品成熟阶段，新技术日趋成熟，产品基本定型，已经形成大批量生产，国外对产品的需求日益增加，随着国际市场需求量的日益扩大，产品的价格弹性逐渐增加，市场竞争日趋激烈，产品的垄断优势地位和寡占的市场结构被削弱，降低产品成本显得更为迫切。国内生产的边际成本、边际运输成本超过国外生产的成本，加之国内外劳动力成本的差异，使得生产基地由国内转移到国外更为有利。

在产品标准化阶段，产品和产品生产技术均已经标准化。竞争者不断加入，产品竞争已经不再是技术水平的竞争，而是价格和成本的竞争，生产的相对优势已经转移到技术水平低、工资低和劳动密集型经济模式的国家或地区。在其他发达国家同类产品出口量急剧增长的情况下，生产厂家开始在发展中国家进行直接投资，转让其标准化技术。根据比较成本原则，生产厂家大规模减少或停止在本国生产该产品，转为从国外进口该产品。

产品生命周期理论的独到之处在于将企业所拥有的优势同该企业所生产产品的生命周期的变化联系起来，首次从动态视角解释跨国公司对外直接投资的动因。即把美国的经济结构、企业的产品创新取向与美国跨国公司国外生产的动机和选址三者联系起来，说明美国跨国公司从事对外直接投资的特点，也解释了这些公司先向西欧国家投资、再向发展中国家投资的模式。然而，就其应用范围来讲，该理论难以解释非代替出口的工业领域方面投资增加的现象（如美国对欧洲食品加工工业的投资）；不能说明对外直接投资的发展趋势，以及为了适应东道国市场而将产品加以改进和多样化；解释不了经济发展水平一致的国家同行业之间的相互投资，如美国、日本、德国汽车业之间的相互投资；无法解释对跨国公司境外子公司集研制、开发、生产与销售于一身，在国内研制新产品，再依产品周期向外扩张的现象。

（三）内部化理论

内部化理论也称市场内部化理论，它是20世纪70年代以后西方跨国公司研究者为了建立所谓跨国公司一般理论时所提出和形成的理论，是解释对外直接投资的一种比较流行的理论。该理论由英国学者巴克莱（Peter J. Buckley）与卡森（M. C. Casson）及加拿大学者拉格曼（A. M. Rugman）提出。前两者的主要著作是《多国公司的未来》，后者的主要著作是《在多国公司内部》。

所谓内部化，是指在企业内部建立市场的过程，以企业的内部市场代替外部市场，从而解决由于市场不完整带来的不能保证供需交换正常进行的问题。企业内部的转移价格起着润滑剂的作用，使内部市场能像外部市场一样有效地发挥作用。跨国化是企业内部化超越国界的表现。

内部化理论认为，由于市场存在不完整性和交易成本上升，企业通过外部市场的买卖关系不能保证其获利并导致许多附加成本。因此，企业进行对外直接投资，建立企业内部市场，即通过跨国公司内部形成的公司内部市场，克服外部市场的交易障碍，弥补市场机制不完整缺陷所造成的风险与损失。该理论认为，市场不完全并非由于规模经济、寡占或关税壁垒所造成，而是某些市场失效、某些产品的特殊性质或垄断势力的存在。

内部化理论建立的基础是三个假设：企业在不完全市场上从事经营的目的是追求利润的最大化；当生产要素尤其是中间产品的市场不完全时，企业就有可能以内部市场取代外部市场，统一管理经营活动；当内部化超越国界时就产生了多国公司。

市场内部化的过程有四个决定因素。一是产业特定因素（Industry-Specific Factor），指与产品性质、外部市场结构和规模经济等有关的因素；二是区位特定因素（Region-Specific Factor），指由于区位地理上的距离、文化差异和社会特点等引起交易成本的变动；三是国家特定因素（Country-Specific Factor），指东道国的政治、法律和财经制度对跨国公司业务的影响；四是公司特定因素（Firm-Specific Factor），指不同企业组织内部的生产活动存在着多阶段的特点，那么就必然存在中间产品（原材料、零部件及信息、技术、管理技能等），若中间产品的供需在外部市场进行，则供需双方无论如何协调也难以排除外部市场供需间的摩擦和波动，为了克服中间产品市场的不完全性，就可能出现市场内部化。市场内部化会给企业带来多方面的收益。

我们知道任何东西的存在都具有两面性，当然内部化理论在跨国公司中的应用也不会例外。虽然这样做，对企业本身是利大于弊，但却给国家、社会带来一定的损失，从企业角度就长远来讲也是极为不利的。对东道国有以下负面影响：（1）由于跨国公司的综合优势不断加强，尤其是垄断优势的加强，不利于东道国的自主发展和自主创新能力的提高。（2）在一定程度上弱化了东道国的相对优势。廉价劳动力、原材料丰富等相对优势都很有可能被跨国公司的各种优势所弱化。（3）减少了东道国的税收收入。跨国公司的内部化转移，在一定程度上可以规避一定的税收和政府的管制。对企业本身有以下负面影响：（1）从长远来看，跨国公司要完全实现内部化操作，走独资化道路，绝非易事，最起码也得需要10多年的时间。由于对东道国的不甚了解，尤其是法律、法规和具体的经济制度，还有对东道国的市场、消费习惯、消费心理的了解都需要时间，没有正确的本土化的运作策略也是不行的。如美国的易趣公司，由于缺乏本土化战略而终致败走，结果是让东道国企业代理经营，岂不是得不偿失。（2）内部化、独资化不利于战略联盟的实施。如阿里巴巴跟雅虎、联想与IBM公司，都形成了战略联盟，从形成到目前为止，都有较好的发展态势。内部化、独资化本身就是一个独立体，避免外部市场的干扰，可是没有外部市场不可能取得更大的发展。

(3) 跨国公司由于业务的需要走本土化道路，这是又一个障碍。

内部化理论在一定程度上解释了企业通过直接投资可以取得内部化优势，对对外直接投资的动机进行了较为综合性的分析，但它还是侧重从微观角度、技术经济角度来说明跨国公司对外直接投资的决定因素，而未考虑到世界经济现实中制约跨国公司对外直接投资的宏观诱发因素及其他微观诱发因素。

(四) 国际生产折衷理论

英国瑞丁大学教授邓宁（J. H. Dunning）于1977年在《贸易、经济活动的区位和跨国企业：折衷理论方法探索》中提出了国际生产折衷理论（The Eclectic Theory of International Production）。1981年，他在《国际生产和跨国企业》一书中对折衷理论又作了进一步阐述。该理论在西方学界被视为迄今为止对国际直接投资解释力最强的理论。

国际生产折衷理论中的“国际生产”是指跨国公司对外直接投资所形成的生产活动。邓宁认为，国际生产折衷理论的形成主要是基于两方面的原因：一是第二次世界大战后国际直接投资格局发生了重大变化；二是缺乏一套具有指导意义的国际直接投资理论。20世纪60年代之前，美国跨国公司一直独霸国际直接投资领域，投资主要集中在制造业，资本主要流向加拿大和西欧各国，国外分支机构以独资为主。第二次世界大战后国际直接投资格局发生重大变化，具体体现在投资主体多元化、投资流向多向化、投资行业与投资方式多样化。20世纪60年代以来，国际直接投资在国际经济中的地位日益上升。国际投资主体由美国一家发展到美国、西欧各国、日本乃至发展中国家也开始成为对外投资的新生力量的投资格局。投资流向一改过去的单一流向，转变为包括传统的发达国家向发展中国家的垂直投资，也有发达国家之间水平投资（且占主导地位），还有发展中国家向发达国家的逆向投资。投资形式也由独资形式占主导转变为合资为主其他多种形式并用。投资行业趋于分散，除制造业外，资源开发业、服务业以及其他行业的投资发展也较快。在发展巨大变化后，用只注重资本流动方面传统的理论无法解释。国际直接投资发展实践迫切需要建立一套新的、具有指导意义的国际直接投资理论。尽管20世纪60年代以来国际直接投资理论有了一定发展，如海默等人提出的跨国公司垄断优势理论，用动态方法把对外直接投资与对外贸易结合起来研究的由维农提出的产品生命周期理论，从厂商角度由巴克利和卡森等人提出的内部化理论，虽各有所长，但都只是对国际直接投资所作的部分解释，缺乏国际直接投资、国际贸易和国际技术转让结合起来的一般理论。邓宁吸收了上述三种理论的主要观点，将跨国公司的对外直接投资、国际贸易和国际技术转让结合起来，创立了国际生产综合理论，又称国际生产折衷理论。

国际生产折衷理论认为，一个企业要从事对外直接投资必须同时具有三个优势，即所有权特定优势（Ownership-Specific Advantages）、内部化特定优势（Internalization-Specific Advantages）和区位特定优势（Location-Specific Advantages）。因此，国际生产折衷理论有时也被称为OIL（Ownership-Internalization-Location）

理论。

所有权特定优势包括两个方面：一是由于独占无形资产所产生的优势；二是企业规模经济所产生的优势。

内部化特定优势是指跨国公司运用所有权特定优势以节约或消除交易成本的能力。内部化的根源在于外部市场失效。邓宁把市场失效分为结构性市场失效和交易性市场失效两类。结构性市场失效是指由于东道国贸易壁垒所引起的市场失效；交易性市场失效是指由于交易渠道不畅或有关信息不易获得而导致的市场失效。

区位特定优势是东道国拥有的优势，企业只能适应和利用这种优势。它包括两个方面：一是东道国不可移动的要素禀赋所产生的优势，如自然资源丰富、地理位置方便等；二是东道国的政治经济制度、政策法规灵活等形成的有利条件和良好的基础设施等。

如果企业仅有所有权优势和内部化优势，而不具备区位优势，就意味着缺乏有利的对外投资场所，因此，企业只能将有关优势在国内加以利用，而后依靠产品出口来供应当地市场。如果企业只有所有权优势和区位优势，则说明企业拥有的所有权优势难以在内部利用，只能将其转让给外国企业。如果企业具备了内部化优势和区位优势而无所有权优势，则意味着企业缺乏对外直接投资的基本前提，对外扩张无法成功。

折衷理论的分析过程与主要结论可以归纳为以下四个方面：一是跨国公司是市场不完全性的产物，市场不完全导致跨国公司拥有所有权特定优势，该优势是对外直接投资的必要条件。二是所有权优势不足以说明企业对外直接投资的动因，还必须引入内部化优势才能说明对外直接投资为什么优于许可证贸易。三是仅仅考虑所有权优势和内部化优势仍不足以说明企业为什么把生产地点设在国外而不是在国内生产并出口产品，必须引入区位优势才能说明企业在对外直接投资和出口之间的选择。四是企业拥有的所有权优势、内部化优势和区位优势决定了企业对外直接投资的动因和条件（见表6-1）。

表6-1　　国际生产折衷理论与企业国际化经营模式选择的关系

优势种类 活动方式	所有权优势	内部化优势	区位优势
直接投资	√	√	√
出口销售	√	√	×
许可合同	√	×	×

但该理论也存在一些缺陷与不足。第一，无法解释发展中国家对外直接投资的动因，上述理论过分强调垄断优势和所有权优势，并把它看成是直接投资的决定因素。而今天发展中国家的对外直接投资并非都拥有这些优势。第二，未能从

宏观和世界经济结构的变化来考虑、分析投资的决定因素。

二、国际直接投资的宏观理论

以国家为基本考察单位，通过国际间的优势比较及国家的经济发展水平的分析来说明国际直接投资发生的原因及给投资国和东道国带来的利益，我们称之为国际直接投资的宏观理论。其重要假设之一是完全竞争。有代表性的学说包括小岛清的比较优势投资理论、邓宁的投资发展阶段论。

一般情况下，国家并不是直接的生产者和投资者。但是，由于每个主权国家均拥有独立的版图范围和行政边界，又具有干预本国经济活动的巨大权力，因而各国的经济活动具有相对的独立性，国家就成为世界经济生活中不可忽视的一级利益主体。正因如此，国际直接投资理论也把国家作为独立和统一的行为主体来考虑和立论，从而形成了几种典型的宏观直接投资理论。

（一）比较优势论

第二次世界大战结束至20世纪70年代中期，日本理论界比较认可和流行的对外直接投资理论主要是海默和金德尔伯格的垄断优势理论以及维农的产品生命周期理论。但在20世纪70年代中后期，日本学界提出疑义指出：上述两个理论都是在研究美国跨国公司对外直接投资实践基础上提出的，并没有考虑其他国家对外直接投资的特点，不能解释日本对外直接投资的情况。在此背景下，日本的小岛清教授于70年代中后期根据国际贸易比较优势成本理论，以日本对外直接投资情况为基础提出了比较优势理论（The Theory of Comparative）。在小岛清于1979年出版的《对外直接投资论》和1981年出版的《跨国公司的对外直接投资》及《对外贸易论》等书中都能见其提出的新观点。

小岛清认为，分析国际直接投资产生的原因，要从宏观经济因素尤其是国际分工原则的角度来进行。他在研究对外直接投资情况时发现，美国的对外直接投资主要分布在制造业，这种投资是建立在“贸易替代型”结构的基础上，对外直接投资的企业是美国具有比较优势的部门。根据国际分工的原则，美国应将这类产业部门的生产基地设在国内，但由于这些企业竞相到国外投资设厂，并大量生产，结果是丧失了通过出口而增加的巨额贸易顺差，引起国际收支不平衡，贸易条件恶化。而日本的对外直接投资与美国不同，资源开发型投资占有相当大的比重，而在制造业方面的投资则属“贸易创造型”，即对外直接投资不仅没有取代国内产品的出口，反而开辟了新的市场，并带动与此产品相关联的其他产业的出口，从而将对外直接投资与对外贸易两者有机地结合起来。日本的对外直接投资之所以能取得成功，主要是由于对外直接投资的企业能充分利用国际分工的原则发挥自身的优势。当然，日本企业也把生产基地迁移到国外，但只把日本国内生产已丧失比较优势的部门进行迁移，以建立新的出口基地。因此，日本的对外直接投资实际上是补充日本比较优势的一种有效的手段。

从上面分析可归纳出，小岛清理论（也称边际产业扩张论）是在比较优势理论的基础上总结出“日本式的对外直接投资理论”。这一理论认为，对外直接投资应该从投资国已经处于或即将陷于比较劣势的产业部门即边际产业部门依次进行；而这些产业又是东道国具有明显或潜在比较优势的部门，但如果没有外来的资金、技术和管理经验，东道国的这些优势又不能被利用。因此，投资国对外直接投资就可以充分利用东道国的比较优势。他认为，日本的传统工业部门之所以能够比较容易地在境外找到有利的投资场所，是因为它向具有比较优势的国家和地区进行直接投资的结果。

小岛清在国际分工原则和比较成本原则的基础上将企业对外直接投资的动机分成以下四种类型：

（1）自然资源导向型。此类投资的直接目标是获得或利用东道国的自然资源。

（2）市场导向型。此类投资的直接目标是维护和扩大出口规模。这种类型的对外直接投资可划分为两类：一类是进口国贸易障碍等因素的作用，使得继续扩大出口受到限制或成本增加而导致的对外直接投资，此即贸易导向型；另一类是寡头垄断性质的对外直接投资，在美国的新兴制造业表现得最为明显，此即反贸易导向性。

（3）生产要素导向型。此类投资的直接目标是利用东道国廉价的生产要素。大多数生产要素（如劳动力、技术、零部件、机器设备等）在国际间流动要受到政治、经济和法律的限制，土地则完全没有流动性。利用东道国廉价的生产要素是跨国公司对外直接投资的重要直接目标。

（4）生产与销售国际化导向型。此类投资的直接目标是建立全球性的生产与销售网络。

与其他国际直接投资理论相比，比较优势论有以下三个特点。

（1）对外直接投资企业与东道国的技术差距越小越好，这样容易在境外尤其在发展中国家找到立足点并占领当地市场；

（2）由于中小企业转移到东道国的技术更适合当地的生产要素结构，为东道国创造更多的就业机会，而且中小企业能够小批量生产、经营灵活、适应性强，因此，中小企业投资于制造业比大企业更具有优势；

（3）该理论强调无论是投资国还是东道国都不需要有垄断市场。

（二）投资发展周期论

投资发展周期论是著名国际投资专家约翰·邓宁（J. H. Dunning）于1981年提出的。他曾于20世纪70年代中期提出颇具特色的国际生产折衷理论。邓宁实证分析了67个国家1967~1978年间直接投资和经济发展阶段之间的联系，认为一国的国际投资规模与其经济发展水平有密切的关系，人均国民生产总值越高，其对外直接投资净额就越大。其中心命题是：发展中国家的对外直接投资倾向取决于一国的经济发展阶段和该国所拥有的所有权优势、内部化优势和区位优势。

投资发展周期论的主要内容是：一国对外直接投资净额 NOI（Net Outward Investment，等于对外直接投资额减去吸收外商直接投资额）是该国经济发展阶段的函数，而人均国民生产总值（人均 GNP）是反映经济发展阶段最重要的参数。

邓宁实证分析了 67 个国家 1967 ~1978 年间直接投资和经济发展阶段之间的联系，将对外直接投资的发展划分为四个阶段，且每个阶段对外直接投资有不同的特征（见表6 -2）。

表6 -2　　对外直接投资发展的四个阶段的特征

项目＼阶段	第一阶段	第二阶段	第三阶段	第四阶段
人均国民生产总值	400 美元以下的国家	400 ~2 500 美元的国家	2 500 ~4 000 美元的国家	4 000 美元以上的国家
市场状况	狭小	国内市场有一定的扩大	较大	大
吸收外商直接投资的能力	引进外资的规模小，引资能力弱	引进外国直接投资的规模不断扩大，引资能力增强	引进外资速度超过对外直接投资速度，吸收外资能力强	对外直接投资的增长速度高于引进外国直接投资的增长速度，同时引资能力强
对外直接投资的能力	无任何对外直接投资	对外投资额保持在一个较低水平	部分所有权优势最强、区位优势最弱的部门进行对外直接投资	拥有强大的所有权优势，对外直接投资能力很强
对外直接投资净额	为很小的负值	为负值	为负值	为正值
利用外资的因素	尚未形成足够的区位优势来吸引大量外国直接投资	投资环境得到了改善，形成了较强的区位优势，这是引资的有利因素；生产要素市场不完善，是引资的不利因素	部分所有权优势最弱、区位优势最强的部门引进外国直接投资	所有权优势弱、区位优势最强的部门引进外国直接投资
对外直接投资因素	尚未形成足够的所有权优势，也没有内部化优势，外国的区位优势又不能加以利用	未具备较强的所有权优势	拥有一部分所有权优势很强的部门，可以进行对外直接投资	拥有所有权优势强、内部化优势的部门，寻找到区位优势强于本国的国家，即可进行对外直接投资
处在每个阶段的国家数量	25	25	11	6

邓宁认为，一个国家对外直接投资的倾向取决于三个方面因素：（1）一国

经济所处阶段；（2）一国要素禀赋及其市场结构；（3）中间产品跨国交易市场不完全的性质及其不完全的程度。

邓宁的投资发展周期论从企业优势的微观基础出发进行宏观分析，对国际投资的动因做出了新的解释。投资发展周期论在某种程度上反映了国际投资活动中带有规律性的发展趋势，即经济实力最雄厚、生产力最发达的国家往往是资本输出最多和对外直接投资最活跃的国家。但是，如果从动态分析的角度出发，就会发现该理论与当代国际投资的实际情况有许多悖逆之处。现代国际投资实践表明，不仅发达国家对外直接投资规模不断扩大，而且不少发展中国家和地区的对外直接投资也很活跃。此外，人均国民生产总值是一动态数列，仅用一个指标难以准确衡量各国对外直接投资变动的规律性。

三、国际直接投资理论的新进展

随着经济全球化步伐日益加快，国际直接投资呈现出多样化格局。不仅欧、美、日“大三角”国家加大了对外直接投资的力度，新兴发展中国家也积极参与国际直接投资。发展中国家的跨国公司自20世纪90年代以来取得了巨大进展，全球500强中也不乏它们的身影；中小企业对外直接投资也日益增多，打破了传统的大型跨国公司占据国际直接投资主流地位的格局。这些新形势、新特点的出现，使传统的国际直接投资主流优势理论越来越不能为我们提供足够的对现实的理论解释力，现实的需要推动国际直接投资理论在近几年中取得了许多新的进展，集中体现在两个方面：一是发展中国家国际直接投资的适用性理论；二是中小企业国际直接投资的适用性理论。

（一）发展中国家国际直接投资的适用性理论

主流西方微观投资理论强调跨国发展的企业需具有垄断性的竞争优势地位。如此看来，发展中国家的大多数企业都不可能产生跨国发展的动因。因为无论从规模、资本还是技术水平和经营管理技能等方面来看，发展中国家企业同发达国家企业相比，存在着明显的差距。但事实上，发展中国家的大、中、小企业都分别开始走上了跨国经营道路，不少企业还直接打入了发达国家的内部市场。因此，需要新的理论来解释这种事实。

1. 小规模技术理论。美国学者威尔斯（L. Wells）在1983年出版的著作《第三世界跨国企业》中，针对发展中国家的对外直接投资提出了小规模技术理论。小规模技术理论的逻辑基础来源于比较优势理论。该理论弥补了传统直接投资理论把竞争优势绝对化这一缺陷。威尔斯认为，发展中国家跨国经营的比较优势来源于小规模生产技术，这种小规模生产技术带来的低生产成本等比较优势能够使发展中国家对外投资获得利益。他主要从以下三个方面分析了发展中国家跨国企业的比较优势。

（1）小规模生产技术优势。低收入国家制成品市场的一个普遍特征是需求量有限，大规模生产技术无法从这种小市场需求中获得规模效益，发展中国家的跨国企业利用这个市场空档，以此开发了满足小市场需求的生产技术，从而获得竞争优势。

（2）当地采购和特殊产品优势。发达国家的技术转移到发展中国家后，往往需要被加以改造，以适应发展中国家当地的原料供应和零部件配套生产的能力。而这一优势同样成为发展中国家对外直接投资的特殊优势之一。另外，发展中国家的对外直接投资优势表现在鲜明的民族文化特点上。这些对外投资主要是为服务于境外同一民族团体的需要而建立的。一个突出的例子是，华人社团在食品加工、餐饮、新闻出版等方面的需求，带动了一部分东亚、东南亚国家和地区的对外投资。而这些民族产品的生产往往利用母国的当地资源在生产成本上占有优势。

（3）低价产品营销战略。与发达国家跨国公司的产品相比，物美价廉是发展中国家产品最大的特点，这一特点也成为发展中国家跨国企业提高市场占有率的有力武器。而发达国家跨国公司的营销策略往往是投入大量的广告费用树立产品形象，以创造名牌产品效应。美国学者 Busjeet 通过对毛里求斯出口加工区外国制造业公司的调查证实，发展中国家跨国公司推销产品的广告费用大大低于发达国家的同行公司。在被调查的企业中，96%的发展中国家公司广告费用占其销售额的比例低于1%，而在发达国家的同行公司中21%的子公司广告费用占其销售额的比例超过2%。

小规模技术理论没有一概而论地认为发达国家企业就具有竞争优势，而是区别了不同产品和不同市场。它认为，在民族产品、与小规模技术相联系的非名牌产品上，以及在发展中国家市场上，发展中国家的企业与发达国家的企业相比是可能具有竞争优势的。威尔斯的理论摒弃了那种只能依赖垄断的技术优势打入国际市场的传统观点，将发展中国家对外直接投资的竞争优势与这些国家自身的市场特征有机结合起来，从而为经济落后国家发展对外直接投资提供了理论依据。

小规模技术理论强调发展中国家跨国公司具有的竞争优势不是绝对优势，而是相对优势。这个“相对”主要包括两个方面：一方面，相对于发达国家的跨国公司，发展中国家的跨国公司拥有适合当地市场条件的生产技术，因此，在同类型发展中国家市场具有竞争优势；另一方面，相对于欠发达国家的当地企业，许多发展中国家的跨国公司又具有先进的生产技术，因而具有竞争优势。

2. 技术地方化理论。技术地方化理论是英国经济学家拉奥（S. Lall）在对印度跨国公司的竞争优势和投资动机进行深入研究后，于1983年在《新跨国公司——第三世界企业的发展》一书中提出的。拉奥认为，即使发展中国家跨国公司的技术特征表现为小规模、标准化和劳动密集型的性质，但技术变动性本身能够使其同样拥有竞争优势。拉奥认为是以下条件使发展中国家企业能够形成和发展自己的“特有优势”。

（1）在发展中国家中，技术知识的当地化是在不同于发达国家的环境下进行的。这种新的环境往往与一国的要素成本及资源禀赋相联系。

（2）发展中国家生产的产品适合于其自身的经济和需求。也就是说，只要这些企业对进口的技术和产品进行一定的改造，使它们的产品能够更好地满足当地或邻国市场需要的话，这种创新活动就会形成竞争优势。

（3）发展中国家企业竞争优势不仅来自于其生产过程和产品与当地的供给条件和需求条件的紧密结合，而且来自于创新活动中所产生的技术在规模生产条件下具有更高的经济效益。

（4）在产品特征上，发展中国家企业仍然能够开发出与名牌产品不同的消费品，特别是国内市场较大、消费者的品位和购买能力有很大的差别时，来自发展中国家的产品仍有一定的竞争能力。

拉奥的技术地方化理论不仅分析了发展中国家企业的国际竞争优势是什么，而且更强调形成竞争优势所特有的企业创新活动。拉奥认为，企业的技术吸收过程是一种不可逆的创新活动，这种创新往往受当地的生产供给、需求条件和企业特有的学习过程的直接影响。与威尔斯相比，拉奥更强调企业技术引进的再生过程，即欠发达国家对外国技术的改进、消化和吸收不是一种被动的仿制和复制，而是技术的改进和创新，正是这种创新活动给企业带来了新的竞争优势。虽然拉奥的技术地方化理论对企业技术创新活动的描述是粗线条的，但它把对发展中国家企业跨国经营研究的注意力引向微观层次，以证明落后国家企业以比较优势参与国际生产和经营活动的可能性。

3. 规模经济理论。对于很多商品、服务的生产经营者来说，随着生产技术、管理技术的进步和企业生产规模的扩大，与商品、服务的市场价值增加相比，企业商品、服务的生产经营成本有递减趋势。在实践中，主要表现为大规模商品、服务生产效率的提高，统一商标的经济性，信息分享的经济性，市场影响、控制的经济性等。

随着全球经济一体化的加深、国内市场的有限性，企业商品、服务适度生产经营规模不断扩大及其对市场扩大的要求，国外市场成了企业追求的重要目标。当具有规模经济效应的企业的商品、服务的生产经营具有可分性和分立性时，企业在国外设立子公司、分公司就有了可能，就成了企业实现规模经营的一种形式。当企业在国外市场、国外原材料基地、国外其他生产要素供给源设立子公司、分公司可以降低企业商品、服务的生产经营成本以及体现规模经济效益时，企业在国外进行投资，设立子公司、分公司，就成了理性的抉择。在这里，只要规模经济效果大于设立子公司、分公司成本，设立子公司、分公司就是可取的。当市场、原材料基地或其他生产要素源在发达国家而母企业在发展中国家时，发展中国家企业向发达国家直接投资就成了理所当然的事情了。

4. 市场控制理论。大多数商品经营都需要中间服务，但每一个中间服务者的服务能力都是有限的，他们只愿意为那些利润大、风险小的商品经营服务，他们在公众心目中树立自己的特有形象，确定自己的市场地位；他们有垄断倾向，倾向于独立经营、排除干扰。如果一个厂商生产经营商品的风险较大，要在中间商那里得到良好的服务就很难；如果一个厂商要在公众心目中树立自己的形象，就必须控制、影响中间商或自己直接与公众接触；如果中间商不予合作或合作不好，厂商直接与公众接触就成为必要，即跨国企业将开始自己的跨国经营。在这种条件下，只要具有经济、技术、法律上的可行性，只要对企业的总体发展有利，企业直接控制中间服务，把中间服务纳入自己的运行机制中，就成了理性选择。在这种情况下，直接成本并不起决定作用，相对优势也不是前提条件。当母公司在发展中国家，中间服务在发达国家时，母公司向发达国家投资，并在发达国家建立自己的商品服务中间机构——子公司、分公司，进行发展中国家企业向发达国家直接投资就无可厚非了。这个理论在解释贸易桥头堡式的发展中国家企业向发达国家的直接投资时具有很强的解释力；如果把“中间服务”改为“中间产品”，它也能在一定程度上解释纵向一体化型的发展中国家企业向发达国家直接投资的现象。

5. 国家利益优先取得论。该理论认为，从国家利益的角度看，大多数发展中国家特别是社会主义国家的企业，其对外直接投资有其本身的特殊性。这些国家的企业按优势论的标准来衡量根本不符合跨国经营的条件。但在世界经济一体化浪潮的冲击下，企业为了赶上世界经济发展的潮流，不得不进行对外直接投资，寻求和发展自身的优势。在这种情况下，国家支持和鼓励企业进行跨国经营活动就在所难免了。

由此，对外直接投资不仅使投资者保持着资本的所有权，而且也可取得由收益率差异引起的资本收入，更重要的是使投资者保持着对资本运行和使用的控制权，从而获得远比货币收益更广泛的综合收益。如果投资者是国有制企业，国家和企业利益就有着更紧密的联系。对外直接投资给国家带来的综合性利益具体体现在以下三个方面。

（1）资源转移效果。投资国通过对外直接投资，可直接从国外取得低成本的自然资源供给，间接地享受东道国当地资源供给和基础服务，并且还能吸取和传输国外先进技术成果与管理知识，这也是目前发展中国家鼓励和支持企业对外直接投资最基本的动因之一。

（2）产业结构调整效果。对于大多数投资国，一般东道国向国外进行“一揽子”要素转移的，也主要是国内较为成熟、产品供给相对富余甚至饱和的产业部门。通过直接投资的方式进行跨国界的转移，既保证了现有资产的应有价值，又起到了调整和优化国内产业结构的作用。

（3）市场竞争效应。跨国经营企业的不断增多，规模的不断扩大，会对国内原有的竞争趋势产生不可忽视的影响。如一些率先跨国发展的企业，将会因为在国外取得了新的市场空间，或者取得了稳定的资源供给或新的技术信息，而大大增强了自己的竞争实力，使自己的竞争地位发生跃升，从而使国内竞争对手感受到新的压力。这将迫使国内竞争者或者采取跨国发展的行为，或者改进经营，加强研究与开发，提高产品质量，在国内市场应付挑战。显然，无论哪种情况都会对投资国竞争水平的提高、经济活力的增强产生积极作用。

(二)中小企业国际直接投资的适用性理论

主流优势理论将垄断优势或内部化优势视为国际直接投资发生的关键因素，这是以大型跨国公司为参照的，难以解释中小企业的国际直接投资行为。近年来，随着中小企业国际直接投资的快速发展，寻求相关的理论解释也成为必然。上述发展中国家国际直接投资的实用性理论中有很多就是以中小企业为研究对象的，如小规模技术理论和技术地方化理论，除此之外还有几种较为成熟的解释中小企业国际直接投资的理论。

1. 防御型理论。这一理论是通过对中国台湾中小企业对外直接投资研究后总结而得出的，它解释了中国台湾中小企业为适应岛内经营环境变化而向周边国家或地区进行对外直接投资的现象。20 世纪 80 年代中期以后，中国台湾对外直接投资高速增长，自 1988 年起，每年的投资金额均超过 30 年来的投资总和，但其对外直接投资的构成却是以中小企业为主，中小企业对外直接投资的热情要远远高于大型企业，这与欧美等地区的发展模式迥然不同。中国台湾学者将此归纳为防御型对外投资，以区别大型跨国公司的积极型对外投资。防御型对外投资，是指当国内生产条件发生变化使部分厂商丧失国际竞争力时，转而寻求对外发展机会，利用国外廉价资源继续经营原行业。

中国台湾中小企业多以劳动密集型的加工贸易起家，20 世纪 80 年代初期，中国台湾币值低估，中国台湾出口导向的加工贸易具有很强的国际竞争力，但到了 80 年代中期，随着中国台湾贸易顺差的快速累积，在对应贸易国家或地区的压力下，中国台湾币值不得不升值，而台湾当局为避免快速升值影响岛内产业的发展，采取缓慢升值的方式，结果造成短期资金的大量流入，岛内房价、土地价格狂升，工资也水涨船高，这样企业的经营成本急剧上升，为了保持国际竞争力，很多中国台湾中小企业就转向地区外投资，主要集中在周边要素成本较低的中国大陆地区和东南亚国家或地区。中国台湾的例子说明，中小企业抵抗经营环境变化的能力较低，但经营的灵活性相当强，因此，只要条件允许（如合适的东道国区位、政府政策支持），较大型企业有更大的动力进行对外投资也是合理的。

2. 依附理论。依附理论是主流优势理论的扩展，以使主流优势理论也适用于解释中小企业对外直接投资。该理论认为，中小企业对外直接投资很大程度上是受到大型跨国公司的带动，即是依附于大型跨国公司的，其成功与否取决于大型跨国公司垄断优势或内部化优势外溢效应的大小。因此，该理论的核心仍是强调大型跨国公司的垄断优势或内部化优势。这一理论很好地解释了“大三角”国家跨国公司从复合一体化战略向网络战略转变过程中带动中小企业对外直接投资发展的新趋势，即中小企业是作为跨国公司全球网络组织的一部分而参与对外直接投资的。

3. 信息技术理论。该理论认为，促进中小企业对外直接投资的关键因素是信息技术的进步。中小企业本身所具有的灵活性和现代信息技术的结合，使中小企业的跨国经营显示出无与伦比的活力和优势。该理论尤其适合解释信息密集型的服务业中小企业的对外投资行为。

4. 国家支持理论。随着越来越多的国家和地区意识到中小企业对于一国经济保持活力和持续增长的重要意义，很多国家都颁布了相关的中小企业促进法案，法案的重要内容之一就是促进中小企业“走出去”寻求外需。由于中小企业资源获得能力和抵抗风险的能力较弱，需要政府提供相应的优惠政策予以支持，因此，中小企业对外直接投资成功与否与政府的态度和支持手段是密不可分的。上文提到了中国台湾的例子，台湾地区中小企业源于岛内经营环境变化的压力而被迫进行对外投资是一方面，而另一方面则得益于台湾地区放宽对外投资管制、外汇自由化、放开大陆探亲，以及提供对外投资融资、保险等优惠政策的鼎力支持。

第三节　国际直接投资的环境分析

作为一个投资者，在进行跨国投资时，当其面对具体的项目机会，首先考虑的是东道国的投资环境问题，这也是进行国际投资决策和国内投资决策的一个重要区别。本节将从国际直接投资环境的定义和分类入手，进一步学习国际直接投资环境的构成及评估环境的方法。

一、国际投资环境的定义及分类

（一）国际投资环境的定义

投资环境，在国外的文献中也称为“投资气候”（Investment Climate）、“商业环境”（Business Environment），其具体概念，学术界并没有形成统一的定义，比较常见的有：“投资环境是制约投资行为的客观条件，是投资者在进行国际投资时所面临的境况等。”较为科学的定义有：“投资环境就是指在投资的一定区域内对投资所要达到的目标产生有利和不利影响的外部条件”；“投资环境是一定时间的空间内，一国或地区所拥有的，能够决定投资决策并影响其投资运行及收益的各种因素的有机结合。”投资环境的外延包括东道国对外商投资具有影响的社会、政治、经济物质、法律、基础设施等综合条件，其中社会、政治及法律因素属于制度因素。

（二）国际投资环境的分类

1. 国际环境和国内环境。从影响国际投资行为的外部条件形成和波及范围的角度划分，国际投资环境可以划分为国际环境和国内环境。前者是指与东道国所处的国际环境状况相联系的超国别性因素总和，如所处经济区域、国际政治地位、与其他国家关系等；后者则指东道国本身的国别性因素总和，如自然条件、经济发展状况、政治状况等。

2. 硬环境和软环境。从影响投资的外部条件本身的性质角度划分，国际投资环境可以划分为“硬环境”和“软环境”。前者是指与投资直接相关的物质条件，如自然资源、基础设施等；后者则指各种非物质形态的社会人文方面的条件，如政策法规、教育水平、办事效率等。

3. 自然因素环境、人为自然因素环境、人为因素环境。从各种影响因素的稳定性角度划分，国际投资环境可以划分为三类：自然因素环境、人为自然因素环境和人为因素环境，详见表 6－3。其中，人们通常认为 B 类因素对影响国际直接投资较为关键。如果东道国的 B 类因素较为缺乏优势，就必须加强 A 类和 C 类因素作为弥补。

表 6－3　　按稳定性分类的国际投资环境

A. 自然因素环境	B. 人为自然因素环境	C. 人为因素环境
自然资源	实际增长率	开放进程
地理条件	经济结构	投资刺激
人力资源	劳动效率	政策连续性
自然气候	市场完备性	贸易政策
……	……	……
（相对稳定）	（中期可变）	（短期可变）

二、国际直接投资环境的分析

上面提到，国际投资环境是世界范围内某一国家或地区为接受或吸引外资所具有的基本条件，是国际政治经济格局与某一国（或某一地区）政治制度、法律制度、文化传统、地理位置和自然条件等多种因素的综合反映，是一个动态的、多层次的、多因素的综合体系。因此，随着经济社会的发展变化，评估国际投资环境的价值标准会不断变化。投资者的投资目标和所采取的策略不同，所看重的投资环境因素也会有所不同。

（一）国际直接投资环境的构成因素

1. 经济环境。总的来说，经济环境包括以下三方面内容。

（1）微观经济环境。微观经济环境是外国投资者在东道国进行投资和生产经营活动所面临的具体条件，主要包括市场环境、生产要素、经营自主权。

（2）宏观经济环境。宏观经济环境主要包括该国所处的经济成长阶段、收入水平、通货膨胀状况和国际清偿能力等。处于不同经济成长阶段的国家，参与国际投资的规模、方式和对区位的选择是不同的。

（3）经济政策。经济政策是各国政府实现社会经济发展目标的重要工具。各国经济政策的总体目标主要有促进经济增长、稳定物价、提高国民生活水平、增加就业机会等。当然，由于所处的经济成长阶段不同，各国的经济政策也会有差异。一国经济政策所包括的内容甚多，影响外国投资活动的经济政策主要有地区开发政策、外汇政策、外贸政策和外资政策等。

2. 政治环境。东道国的政治环境如何，直接关系到国际投资的安全性，是对外投资者首先应当考虑的因素之一。一般来说，一国的政治环境包括以下三方面内容。

（1）政治制度。在不同的制度下，政府指导经济运行的方针、力度、行为、方式不同，各个利益阶层和政治集团在社会经济生活中的影响力和地位不同，因而对外资的立场和态度也不同。

（2）政策的连续性和优惠性。政策是否连续是投资者十分关心的问题。现实中，一国政策的连续性受诸多因素的影响。而优惠政策是一国吸引外资的一个重要方面，很多发展中国家都制定了关税及所得税方面的减免措施来鼓励外资进入，引导投资方向。

（3）行政效率。发展中国家往往存在着程序复杂、工作人员素质低下等现象。

3. 法律环境。法律环境在投资环境中占有重要位置。一个良好的法律环境不仅要求一国具备完善的法律体系和公正的法律仲裁与执法，而且法律的稳定性也是法律环境的一个重要方面。投资行为具有长期性，因此，投资者需要有一个稳定的法律环境。

4. 自然环境。自然环境优良与否，也关系到能否吸引投资。一国自然环境首先是指东道国的地理位置、气候条件、面积、地形、气候、雨量、地质、自然风光、与海洋接近程度等，这些因素直接影响外商投资企业的产品成本。此外，自然环境还包括当地所拥有的自然资源。

5. 社会文化环境。社会文化环境主要包括当地的宗教信仰、社会风俗、语言文字及教育、文化水平等。社会文化环境是一种软环境，但是仍会直接或间接地对外国投资者产生影响，在某些方面甚至可能产生重大的影响。

6. 基础设施状况。基础设施是吸引外资的重要物质条件，包括城市和工业基础设施两个方面，具体如交通运输、港口码头、厂房设备、供水供电设备、能源和原辅材料供应、通信信息设备、城市生活设施、文教设施及其他社会服务设施等。

7. 产业配套环境。近年来，跨国投资者比较关注这个问题。其内容包括工业和服务业的配套能力，采购原材料与零部件半成品的方便程度，产业链投资与产业集聚，企业集群布局等。

（二）国际直接投资的环境评估

国际直接投资环境好坏对国际直接投资活动的成功与否是关键的一步。要用科学的方法评价国际直接投资环境。常用的对国际投资环境进行分析的方法主要有以下六种。

1. 投资环境冷热比较分析法。这种方法又称冷热国对比分析法或冷热法，是美国学者伊西阿·利特瓦克和彼得·拜庭在20世纪60年代后期根据美国企业对外投资的调查资料，将各种环境因素综合起来分析、归纳后提出的。投资环境冷热比较分析法以“冷”、“热”因素来表达环境的优劣，即把各个因素加以分析，得出“冷”、“热”差别的一种评价方法。这种方法通常把一国投资环境的好坏归结于以下七个因素：(1) 政治稳定性；(2) 市场潜力；(3) 经济发展速度；(4) 文化一元化；(5) 法规限制；(6) 经营限制；(7) 地理及文化差距。所谓热国或热环境，是指该国政治稳定，市场机会大，经济增长较快且稳定，文化相近，法律限制少，自然条件有利，地理文化差距不大；反之，即为“冷国”或“冷环境”；不“冷”不“热”则居“中”。现以其中十国为例分析比较其投资环境的“冷”、“热”程度（见表6-4)。表6-4中所列的七大因素，前四种的程度大就称为“热”环境，后三种程度大就称为“冷”环境，当然，中为不大不小，不“冷”不“热”的环境。因此，一国投资环境的七个因素中，前四种越小，后三种越大，其投资环境就越坏，即越“冷”的目标国。表6-4中所列的十个国家从前到后的顺序就反映了这十个国家当时的投资环境由“热”到“冷”的顺序。

表6-4　　美国学者观点中的十国投资环境的冷热比较

国别 \ 评价指标		政治稳定性	市场机会	经济发展与成就	文化一元化	法令阻碍	实质阻碍	地理文化差距
加拿大	优	大	大	大		小		小
	中				中		中	
	劣							
英国	优	大			大	小	小	小
	中		中	中				
	劣							
德国	优	大	大	大	大		小	
	中					中		中
	劣							
日本	优	大	大	大	大			
	中						中	
	劣					大		大
希腊	优					小		
	中		中	中	中			
	劣	小					大	大
西班牙	优							
	中		中	中	中	中		
	劣	小					大	大

续表

国别 \ 评价指标		政治稳定性	市场机会	经济发展与成就	文化一元化	法令阻碍	实质阻碍	地理文化差距
巴西	优							
	中		中		中			
	劣	小		小		大	大	大
南非	优							
	中		中	中		中		
	劣	小			小		大	大
印度	优							
	中	中	中		中			
	劣			小		大	大	大
埃及	优							
	中				中			
	劣	小	小	小		大	大	大

在这项研究中，学者们还计算了美国250家企业在上述东道国的投资进入模式分布频率。结果表明，随着目标市场由“热”类国家转向“冷”类国家，企业将越来越多地采用出口进入模式，越来越少地采用投资进入模式。在一般“热”类国家，出口进入模式占所有进入模式的47.2%，在当地设厂生产的投资进入模式占28.5%，技术许可合同和混合模式占余下的24.3%。与此形成鲜明对照的是，在一般“冷”类国家，出口进入模式占所有进入模式的82.6%，投资进入模式仅占2.9%，技术许可合同和混合模式占余下的14.5%。一般中间类国家的进入模式介于上述两类国家之间。

2. 抽样评估法。抽样评估法是指对东道国的外商投资企业进行抽样调查，进而考察东道国投资环境的一种评价方法。抽样评估法的具体程序为：(1) 选择或随机抽取不同类型的外商投资企业；(2) 列出投资环境评估要素；(3) 邀请外商投资企业的高级管理人员对这些因素进行评估；(4) 进行汇总，得出结论。

东道国政府可以通过这种方法来了解本国投资环境对外国投资者的吸引力，以改进吸收外资的具体政策、法律和法规，改善本国的投资环境。国际投资者以此来对东道国环境进行评价，能使调查人员得到第一手资料，对投资者来说具有直接的参考价值。组织抽样评估的单位通常是欲从事国际投资活动的企业或国际咨询公司，也可以是东道国政府的有关部门或其委托的单位。

抽样评估法的最大优点是能使调查人员得到第一手信息资料，它的结论对潜在的投资者来说具有直接的参考价值。其缺点是评估项目的因素往往不可能列举得很细致，不够全面。

3. 投资环境的动态分析。动态分析法是美国道氏化学公司制定的一套方法。

对一个跨国直接投资者来说，投资环境不仅因国别而异，同一国家不同时期投资环境也会不同，尤其是国际直接投资的周期较长，在此期间，东道国的投资环境很可能发生很大变化，这就需要投资者从动态的角度去分析和评价东道国的投资环境。美国道氏化学公司据此制定了这套分析方法（见表6－5）。

道氏化学公司认为，它在国外投资所面临的风险有两类：一类是正常企业风险，或称竞争风险，如竞争对手可能会生产出一种性能更好或价格更低的产品，这类风险的存在是市场经济运行的必然结果；另一类是环境风险，即某些可以使企业经营环境发生变化的政治、经济及社会因素。对投资者来说这些变化的影响往往是不确定的，即它可能是有利的，也可能是不利的。道氏化学公司把影响国际投资环境的诸因素按其形成的原因及作用范围的不同分为两部分：（1）企业生产经营的条件；（2）有可能引起这些条件变化的主要原因。这两部分又分别包括40项因素。在对这两部分进行评价的基础上，提出投资项目的预测方案，进行比较之后就可以选择出投资环境具有优势的国家，以获得较高的投资利润。

表6－5中第一栏是企业现有的业务条件，主要对投资环境的实际情况进行评价；第二栏是引起变化的主要压力，主要考察社会、政治、经济事件今后可能引起的投资环境变化；第三栏是有利因素，在对前两项评价的基础上，找出8～10个使投资项目获得成功的关键因素，以便对其连续地进行观察和评价；第四栏是预测方案，即根据对未来环境变化的评估结果，提出四套预测方案，供企业经营者决策时参考。

表6－5　　美国道氏公司投资环境评估分析法

1. 企业现有的业务条件	2. 引起变化的主要压力	3. 有利因素	4. 预测方案
估价以下因素： （1）实际经济增长率 （2）能否获得当地资产 （3）价格控制 （4）基础设施 （5）利润汇出规定 （6）再投资自由 （7）劳动力技术水平 （8）劳动力稳定性 （9）投资刺激 （10）对外国人的态度 …… （40）	估价以下因素： （1）国际收支结构及趋势 （2）被外界冲击时易受损害的程度 （3）经济增长相对于预期目标的差距 （4）舆论界和领袖观点的变化趋势 （5）领导层的稳定性 （6）与邻国的关系 （7）恐怖主义骚乱 （8）经济和社会进步的平衡 （9）人口构成和人口变动趋势 （10）对外国人和外国投资的态度 …… （40）	对前两项进行评价后，从中挑出8～10个在某个国家的某个项目能获得成功的关键因素（这些因素将成为不断查核的指数或继续作为投资环境评估的基础）	提出四套国家或项目预测方案： （1）未来7年中关键因素造成的“最可能”方案； （2）情况比预期好的“乐观”预测方案； （3）情况比预期糟的“悲观”预测方案； （4）会使公司“遭难”的预测方案

动态分析法的优点表现为能充分考虑未来环境因素的变化及其结果，从而有

助于公司减少或避免投资风险，保证投资项目获得预期的收益；它的缺点是过于复杂，工作量大，而且常常带有较大的主观性。

4. 国际投资环境等级评分法。国际投资环境等级评分法又称多因素分析法，是由美国经济学家罗伯特·斯托伯于1969年提出。这种方法首先将直接影响投资环境的重要因素分为八项：（1）资本回收的限制；（2）外商股权；（3）差别待遇与管制；（4）货币的稳定性；（5）政治稳定性；（6）给予关税保护的意愿；（7）当地资本可用性；（8）近五年的年通货膨胀率。然后按照八个因素对于国际投资环境所起的作用及影响程度的不同来确定不同的等级分数，按每一个因素中有利或不利的程度给予不同的评分。最后把各个因素的等级评分进行加总，以此作为对投资环境的总体评价。总分越高表示其投资环境越好，越低表示投资环境越差。具体见表6-6。

表6-6　　投资环境等级评分法计分表

环境评估因素	评分	环境评估因素	评分
1. 资本回收的限制	0~12	5. 政治稳定性	0~12
（1）无限制	12	（1）长期稳定	12
（2）只有时间上的限制	8	（2）依赖主要人物的稳定	10
（3）限制资本撤回	6	（3）内部分裂，但政府尚能控制	8
（4）限制资本及利润撤回	4	（4）强烈的内在、外在力量影响政治	4
（5）严格限制	2	（5）有变动或改变的可能	2
（6）禁止资本撤回	0	（6）不稳定，极可能有变动或改变	0
2. 外商股权	0~12	6. 给予关税保护的意愿	2~8
（1）准许并欢迎全部外资	12	（1）给予充分的保护	8
（2）准许但不欢迎全部外资	10	（2）给予相当保护，尤其是新的主要产业	6
（3）准许外资占大部分股权	8	（3）给予少数保护，以新的主要产业为主	4
（4）准许外资最多占半数股权	6	（4）很少或不予保护	2
（5）准许外资占少数股权	4		
（6）外资不得超过股权的30%	2		
（7）不准外资拥有股权	0		
3. 差别待遇与管制	0~12	7. 当地资本可用性	0~10
（1）外资企业与本国企业同等待遇	12	（1）具有完善的资本市场、公开证券交易所	10
（2）对外资企业略有限制，但非管制	10	（2）有少量当地资本及投机性证券交易所	8
（3）对外资企业无限制，但有一些管制	8	（3）有限的资本市场，少数外来资本可供使用	6
（4）对外资企业限制及管制	6	（4）极有限的短期资本	4
（5）对外资企业有些限制，并严加管制	4	（5）严格的资本管理	2
（6）对外资企业严格限制及管制	2	（6）高度资本逃避	0
（7）禁止外商投资	0		
4. 货币的稳定性	4~20	8. 近五年的年通货膨胀率	2~14
（1）可自由兑换	20	（1）小于1%	14
（2）黑市与官价差异少于10%	18	（2）1%~3%	12
（3）黑市与官价差异在10%~40%	14	（3）3%~7%	10
（4）黑市与官价差异在40%~100%	8	（4）7%~10%	8
（5）黑市与官价差异在100%以上	4	（5）10%~15%	6
		（6）15%~35%	4
		（7）35%以上	2

从表6－6中可以看出，斯托伯所选取的因素都对投资环境有直接的影响，是投资决策者最为关心的因素，同时，又都具有较为具体的内容，评价时所需的资料既易于取得又易于比较。在对具体环境的评价上，采用了简单累加记分的方法，使定性分析具有了一定的数量化内容，同时又不需要高深的数理知识，比较直观，简便易行，一般的投资者都可以采用。对各个因素的分值区别对待，体现了不同因素对投资作用的差异，反映了投资者对投资环境的一般看法。

采用这种评估方法的优点是，有利于使投资环境的评估规范化，但它也有缺陷，表现为以下三点：一是对投资环境的等级评分带有一定的主观性；二是标准化的等级评分法不能如实反映环境因素对不同投资项目所产生影响的差别；三是所考虑的因素不够全面，特别是忽视了某些投资硬环境方面的因素，如东道国交通和通信设施状况等。

5. 投资障碍分析法。投资障碍分析法是依据潜在的阻碍国际投资运行因素的多少与程度来评价投资环境优劣的一种方法。其基本出发点是：如果在没有考虑优惠的情况下，一国的投资环境是可以接受的话，那么加上优惠的因素就更可以接受了。因此，判断一国的投资环境是否适合外国投资，只要考虑该国的投资阻碍因素就可以有一个基本的结论，这也符合企业竞争的一般原则。

国际投资者根据投资环境的内容结构，分别列出阻碍国际直接投资的主要因素，并在潜在的东道国之间进行比较，障碍少的国家被认为拥有较好的投资环境。这一方法中包含了以下十个方面的障碍因素。

（1）政治障碍。政治制度与投资国不同；政局动荡不稳。在投资环境中，投资者首要关心的就是政治的稳定性，它是关系到投资本身安全性的关键因素，没有任何投资者愿意到政局不稳定、充满不安和动乱的地区去冒险。例如，1989年菲律宾政局动荡不安，极不稳定，据该国商务部报告，当年没有能够增加新的投资，原定的外国投资计划没能执行。

（2）经济障碍。经济停滞或增长缓慢；外汇短缺；劳动力成本高；通货膨胀、货币贬值；基础设施差；原材料等基础工业薄弱。

良好的基础设施和稳定的经济增长是保证企业经营成功的基本条件，反之就形成了对投资的障碍因素，经济条件的恶劣从经营方面限制了外资的存在和发展。

（3）资金融通障碍。资本数量有限；没有完善的资本市场；资金融通的限制较多。

（4）技术人员和熟练工人缺乏。从生产经营的角度出发，投资者都希望能从当地得到投资资金方面的融通和人力资源的供应，如果不具备这种条件，则意味着企业要在同等条件下承担更多的风险和更多的成本。

（5）国有化政策和没收政策。对外资企业的国有化和没收历来是投资者所关注的问题，无论在哪种情况下投资者都将被迫终止经营，所以它是阻碍投资因素中不可缺少的一个因素。

（6）对外国投资者实行歧视性政策。禁止外资进入某些行业；对当地的股权比例要求过高；要求有当地人参与企业管理；要求雇佣当地人员、限制外籍人员的数量。

(7）政府对企业过多的干预。国有企业参与竞争；实行物价管制；要求使用本地原材料。

在外资企业的生产经营过程中，投资者需要有一个公平竞争的环境，通过正常的经营竞争谋求发展，而对所有限制性的因素和干预持有本能的排斥态度。因此，东道国政府对外投资限制、对当地资本参与的要求和对经营过程中的干预都被认为是阻碍外资投入的主要因素。

(8）普遍实行进口限制。限制工业制成品进口；限制生产资料进口。对于东道国实行的进口限制，则需要区别不同的情况，如果只是部分进口限制，则可能是某些投资收益受影响，只有在实行普遍进口限制的情况下才构成一般性的障碍因素。

(9）实行外汇管制和限制汇回。一般外汇管制；限制资本和利润汇回；限制提成费用的汇回。

外汇管制和限制汇回，在任何情况下都会阻碍国际性的投资活动。限制汇回直接影响到国外投资经营成果的实现，如果是极端的限制，也就很难从事对外投资了。

(10）法律和行政体制不完善。外国投资法律不健全；国内法律不健全；没有完善的仲裁制度；行政效率低下；贪污受贿行为众多。

有关外国投资的法规是管理和调整外国投资行为的准则，如果法律不健全则会增加投资者所面临的不确定性，所以外国投资者对东道国有关法规都是非常重视的。

投资障碍分析法是一种宏观层次上的定性分析，它使投资者可以根据阻碍因素的存在与否对投资环境做出一般性评价。

障碍分析所评价的内容只是不利于投资的方面，没有考虑到有利的或优惠的因素。如果投资者较关注东道国所能提供的优惠条件，或者是权衡优惠条件对某些不利因素的缓解情况，可以在此基础上作专门的分析。

6. 利润因素评估法。利润因素评估法是指分析影响投资方案利润的各项因素，从而估计投资环境的优劣。

其具体步骤是：

(1）找出影响未来利润的关键因素，估计最后收益情况；

(2）分析这些关键因素，了解对收益的影响程度；

(3）选择影响投资方案利润较大的因素；

(4）综合各项方案以确定投资的可行性。

影响未来利润的关键因素可分为两种：稳定的因素和不稳定的因素。

稳定的因素是指可预测的、不变或变动较小的因素，例如所得税税率、外汇管制、关税税率等；不稳定的因素是指不可预测的、变动较大的因素，例如有关的政策、经济的稳定性、币值的变动等。

稳定的因素和不稳定的因素是相互影响、相互作用的。因此，必须对各国最重要的投资因素一一列出，分析其相互影响的最后结果。再逐一比较，选择最佳的投资环境。

利润因素评估法利用利润现有的资料得到了较为具体的结果，所以渐渐受到国际投资分析人员的重视，但是，这种方法的计算过程比较复杂，需要使用电脑才能完成。

第四节 境外创建新企业

根据建立方式国际直接投资可以分为两类：一类为在东道国建立新企业；另一类为收购东道国已有企业。本节学习的是境外创建新企业。其主要形式有国际独资企业和国际合资企业两种。

一、国际独资企业

国际独资企业（International Wholly-owned Enterprise）即国际独资经营企业，是指外国投资者按照东道国法律，经东道国批准，在东道国境内设立的全部资本为外国投资者所拥有的企业。这是国际直接投资最典型、最传统的形式。国际独资企业最大特点是所有权与经营权独占，这是某些发达国家的跨国公司坚持在东道国设立自己的独资企业而不愿意与东道国共同投资建立合资企业的重要原因之一。

（一）建立国际独资企业的利弊

从经营意义角度来看，建立国际独资企业的有利之处表现在：（1）企业的设立和经营由投资者依法自己确定，不存在与其他投资者的冲突，有完全的自主权，经营决策行动自由；（2）具有整体经营弹性，母公司可以根据总公司经营战略协调子公司的经营活动，从而取得最大的总体效益；（3）独享企业机密和垄断优势，减少扩散的不利影响；（4）独享经营成果，尤其是当投资者具有垄断利润优势时更是如此；（5）具有财务管理弹性，具体体现在增加股本或再投资、汇出盈余、股息政策、公司内部融资等方面；（6）在投入资本的选择方面有较大的自由；（7）免除共同投资者之间的摩擦及管理中的难题，避免与当地投资者的冲突；（8）在专利、特许权、技术授权和管理费用的确定及收取方面享有较大的弹性；（9）可使母公司享有税收利益。

独资方式的不利方面主要包括：（1）受到东道国法律的严格限制；（2）独资企业不容易消除与东道国社会和文化环境的差异；（3）子公司具有东道国的国籍和当地法人资格，但是，在当地人的心目中仍将其视为外国公司，作为经营上的异己力量看待；（4）在经营范围和投资方向上予以更多的限制。

（二）国际独资企业设立的主要形式

国际独资企业的主要形式有国外分公司、国外子公司。

1. 国外分公司。国外分公司是指由母公司为扩大经营范围或生产规模在东道国依法设立的并作为母公司的一个不可分割部分的国外企业。国外分公司不具有法人资格，没有自己独立的公司名称与章程，其主要业务完全由母公司决定，并以母公司的名义进行业务活动。国外分公司的资产全部属于母公司，母公司对分公司的债务承担无限责任。

设立分公司的有利之处在于：（1）设立分公司时只需缴纳少量登记费，手续比较简单；（2）母公司只要控制了分公司的管理人员，就可以全面地控制分公司的经营活动；（3）东道国对分公司在该国以外的财产没有法律上的管辖权，因此，分公司在东道国之外转移财产比较方便；（4）由于分公司与母公司同属一个法律实体，不是独立核算的法人，所以分公司在国外的纳税一般少于子公司。许多国家税法都规定国外分公司的亏损额可在母公司税前利润中扣除。

设立分公司的不利之处有：（1）分公司在注册时须披露母公司的全部业务活动和财务收支状况，给母公司的业务保密带来损害；（2）母公司要对分公司债务承担无限责任，分公司在终止或撤离时只能出售其资产，而不能出售其股份，也不能与其他公司合并；（3）分公司业务受母公司支配，在东道国又被当作外国公司来看待，因而难以开展业务。

2. 国外子公司。国外子公司是指由母公司投入全部股份资本，依法在东道国设立的具有法人资格的独资企业。国外子公司具有独立的法人资格，有自己独立的公司名称和公司章程，有自身的股东大会和董事会，有自己独立的管理机构，有自己独立的资产，自负盈亏、独立地以自己的名义进行各种民事活动。

设立子公司的有利之处在于：（1）子公司可以独立地得到东道国银行贷款，或是在当地的证券市场上融资，且其偿债责任只限于子公司的资产；（2）子公司在东道国终止营业时，可灵活选择采用出售其股份、与其他公司合并或变卖其资产的方式回收投资；（3）在国际避税地设立避税地子公司有利于母公司开展避税活动；（4）由于子公司在东道国是以一个本国公司的身份开展业务，所以受到的限制比较少，比分公司更能开拓当地市场；（5）由于子公司有较大的自主权，在经营管理上可以充分发挥其创造性。

设立子公司的不利之处在于：（1）因为子公司在东道国是一个独立法人，设立程序较复杂，费用较高；（2）在国外设立子公司必须建立起东道国公司法所规定的行政管理机构，还必须对东道国大量的法律法规进行研究，这无形之中增加了子公司的行政管理费用；（3）子公司需要公开自己的财务状况，这必然会增加子公司的竞争压力。

（三）国际独资企业设立的条件

申请兴办国际独资企业，生产经营的方向首先要符合东道国的要求。设立独资公司的审批条件较严格，多数发展中国家要求它们投入高技术和设备，或产品全部出口或大部分出口。因为国际独资企业不同于合资经营企业，东道国既没有资本参与，也不参与企业的经营管理，因而在产品经营、销售方向、工程营建等方面都被区别对待。

二、国际合资企业

国际合资企业（International Joint-venture）是指由两个或两个以上国家或地区的投资者，在选定的国家或地区（一般在投资者中的一方所在国家或地区）投资，并按照该国或地区的有关法律建立起来的共同经营、共同管理、共担风险、共负盈亏的企业。合资企业的一个突出特点是所有权分享，任何一个合资企业都至少涉及两个投资者，在所有权分享的基础上共同承担企业的管理责任。合资企业是当前国际直接投资中最普遍的投资方式。

（一）建立国际合资企业的利弊

采用国际合资方式进行直接投资具有较大的灵活性，投资者可以根据自身的竞争优势以及市场条件等，采用不同的合资方式进行投资。选择的合资对象可以是东道国的当地私人企业，也可以是东道国的国有企业。在设立方式上，可以建立一个全新的合资企业，也可利用当地已有的企业，许多国际合资企业的设立都采用了后一种方式，在东道国原有企业的基础上改建、扩建，使之成为新的合资企业。在企业组织形式上，可以按股权方式组成有限责任的法人实体公司，也可以组成非法人式的契约合营公司。

国际合资企业的主要优势是利用共同投资与经营形成综合优势以克服外部限制条件。主要表现在：（1）与当地伙伴合作，易于获得当地原料和资源，打开当地销售渠道，并开拓国际市场，有利于业务的开展；（2）合营各方可以在资本、技术、经营能力一系列从生产到销售环节互相补充，取长补短，增强合资企业的竞争力；（3）能够扩大企业现有生产规模，迅速了解和满足国际市场需求，分散并减少国际投资中的风险，保持强盛的竞争力；（4）合资经营企业易于取得当地政府与公众的合作，适应当地政府法令和商业惯例，减少政治风险，克服差别待遇和法律障碍，并享有较为优惠的待遇；（5）合资方式有助于了解所在国政治、经济、法律和文化，有利于科学决策；（6）对东道国来说，可以节省国家建设资金并减少经营风险，有效地引进外国先进的技术和设备，获取先进管理经验，并且可以利用外资企业原有的国际市场和销售渠道为扩大商品出口创造条件。

合资方式的不利之处主要有：（1）由于投资各方的目标、经营管理方法和观念可能不一致，在经营管理和销售中容易产生摩擦和分歧；（2）不同投资者的长短期利益如果不同，容易阻碍公司长期发展计划的制定和实施；（3）有时对当地合作伙伴的资信状况难以准确把握，因此，可能发生吃亏上当和公司资产被暗中转移的现象。

（二）国际合资企业设立的主要形式

国际合资企业可分为股权合资企业与契约合资企业。虽然两种形式的合资企业都是外国投资者与东道国投资者按所有权分享设立的企业，但它们的投资安排、组织形式、管理模式、分担风险、分享成果方面都有所不同。契约合资企业与股权合资企业的区别在于：它不用货币计算股权，因而不按股权比例分配收益，而是根据契约规定的投资方式和分配比率进行收益分配或承担风险。

1. 国际股权合资企业（Equity Joint Venture）。

（1）国际股权合资企业的定义。国际股权合资企业是建立在股权分享原则之上的典型的国际合资企业，同时，也是国际上最为普遍的合资企业形式。股权合资企业是由两个或两个以上的国家投资各方以股权结合方式共同投资设立的企业，投资各方无论以何种形式出资，都需折成一定数量的股份。投资者按股权比例参与经营、分享经营成果、分担经营风险。

（2）股权合资企业的投资方式与投资比例。股权合资企业的资本可以用现金、外汇，也可以用土地、厂房、机器设备，或者以专利、商标等工业产权以及技术资料、技术协作和专有技术等折价出资。中国立法中允许外国资本用于投资的方式是比较宽松优惠的。中国的《合资法》规定：“合营企业各方以现金、实物、工业产权等进行投资。”有的国家是不允许以技术投资的，如印度，其外国投资法明确规定不允许技术资本化。哥伦比亚法律也规定，不允许外国资本以技术投资。一些允许以技术投资的国家，在技术投资所占的比重上也是有限制的，如有的国家规定不许超过外国投资总额的20%。中国没有明文规定，但并不是毫无限制，而是根据具体情况区别对待。

投资比例是任何一个合资企业创立之前谈判的核心问题。一般来说，一方合资者在企业中投资比例越大，其对企业的控制权也就越大。因此，各国在投资法中对外国投资者在合资经营企业中的投资比例限额都有明文规定。对外国投资者在企业中的投资比例定得过高，东道国较易失去对合资企业的控制权，而且还会让收益外流；若是定得太低，又不利于吸收和利用外资。大多数国家引进外资发展经济的实践表明，对外国合营者的投资比例在50%较为适宜，既体现平等互利原则，又利于调动外国合营者的投资积极性。

（3）股权合资企业的组织机构。目前，国际上股权合资企业以股份有限公司和有限责任公司形式为最多。其最高权力机构是股东大会，但执行股东大会权力的是董事会。董事会由一定数目的董事组成，其人数多少须由合资双方根据企业规模大小共同商定。

董事会的主要职责是对企业的重大问题进行决策：任免高级管理人员，对企业的发展规划、生产经营活动方案、收支预算决算等做出最高决策。合资企业章程修改以及企业中止、解散、转让等都由董事会决定。董事会由若干名董事组成，定期召开会议，企业实行董事会领导下的总经理负责制。各国根据各自情况具体安排会有些差异。按照中国法律规定，中国也实行董事会领导下的总经理负责制。合资企业职工有权按照《中国工会法》建立企业基层工会组织，开展工会活动，工会有权代表职工同企业签订劳动合同并监督合同的执行。

2. 国际契约合资企业（Contractual Joint Venture）。

（1）国际契约合资企业的定义。契约合资企业是指由两个或两个以上不同国籍的投资者，根据东道国（一般东道国至少有一投资方）的政策法令组建起来的、以合同为基础的经济联合体，在生产、销售、服务、资源开发、工程建设或科学研究等方面进行广泛合作。契约合资企业与股权合资企业的区别在于：前者并不是严格用各自投入资本的多寡来决定合作各方的权利义务，而后者是以货币计算各方投资的股权与比例，并按股权比例分担盈亏；前者不一定要建立具有法人地位的合营实体，可以各自的法人身份合作，后者则一定要建立具有法人地位的合营实体。

在中国，合资经营企业一般指的是股权合资企业。契约合资企业则被称为合作经营企业或合作经营项目。契约合资企业中投资各方是根据经营的需要在契约中规定投资各方投入资本的具体形式和数量，根据合营目的和条件，在契约中规定投资各方产品分成、收入分成或利润分成的比例，同时在契约中具体规定投资各方应承担的风险和责任。合资各方的共同经营活动都以共同签订的契约为唯一依据。契约合资企业是更为灵活的投资方式，适用于某些规模较小、周期较短的生产项目和开发项目。

（2）国际契约合资企业的投资方式与盈亏分配方式。国际上举办契约合资企业的投资方式都比较灵活。外方投资者须以现金作为主要投资资本；此外以设备、工业产权、专有技术和技术“诀窍”以致生产原材料等折价作为投资资本。而东道国的投资者原则上不投或少投外汇现金，主要提供场地使用权、厂房、资源、公用设施以及部分设备和劳务等，以此折价作为投资。

关于利润分配比例，可由合作各方商定并在合同中规定，无须按股权比例分配。利润分配可以采取利润分成、产品分成或其他分配方式，由参与合作经营各方商定。合作期满后，外方合作者彻底退出企业，使企业的全部资产及其所有权转归为东道国合作者一方所持有，则利润分配实际上是规定在整个企业合作经营期间如何清偿外方合作者的全部投入项目价值以及可能获得的利润，它具有偿付投资项目价值的性质。而债务与亏损的分担实行有限责任制。契约合资企业对债权人的责任以企业本身的资本为限，合作各方对企业的责任以自己的出资为限，对外不负连带责任。

（3）国际契约合资企业的组织形式。契约合资企业的组织形式一般可分为“法人式”与“非法人式”合资企业两种。

“法人式”合资企业是指合资各方在东道国境内设立具有独立的财产权，法律上有起诉权和被诉权的合作经营实体，订立企业章程，建立独立的公司组织，并成立作为企业最高权力机构的董事会。合资各方对企业承担的债务责任，以它的全部财产为限。而“非法人式”合资企业的合资各方在东道国境内不设立具有法人资格的合作经营经济实体，没有独立的财产所有权（仅有管理权、使用权）。合作各方仍以各自的身份在法律上承担责任，企业的债权债务由合资各方按契约规定的比例承担责任。企业的经营管理一般采取联合管理的领导体制，各方派代表组成联合管理委员会，作为最高决策机构。合资各方都把其参加合作项目的财产交给联合管理委员会管理使用，而同时它们仍可分别对这些财产具有所有权。联合管理委员会及其职能机构的人员名额分配是对等的，不按股权比例分配，投资各方对企业管理具有相等的决定权。除成立联合管理委员会外，企业也可委托合作方中的一方或聘请无关的第三方负责管理。企业对外承担的债务一般以其全部出资为限，实行有限责任制。

三、国际独资企业与国际合资企业选择策略

选择独资还是合资，或者是在合资中占多大比例的股权，这个问题是国际投资者要考虑的重要问题之一。这一问题在跨国公司的经营中被称为股权战略，是公司总体战略中的重要组成部分。在东道国没有限定外国投资者的比例时，投资者如何选择股权战略？首先考虑影响确定股权策略的主要因素；其次选择不同股权战略条件；最后确定具体投资的进入方式。

（一）确定股权策略的主要因素

一个企业确定进入一国投资的方式，根据我们所掌握的理论与实践情况认为，应该以企业内部因素实际情况为基础，以企业外部因素为条件，以两种方式自身特点为关键确定股权策略。

1. 企业内部因素。（1）根据企业所有权优势确定。具体包括经营实力、技术、资本、管理和市场营销的现状及其与其他企业相比较而存在的竞争优势。（2）从营销角度确定。从投资企业发展战略、产品策略、当地资源和当地市场利润对投资企业的重要意义角度确定。（3）根据规模优势确定。

2. 企业外部因素。（1）宏观环境因素。包括软环境因素（具体考虑外资政策和外资立法、东道国对外资态度、东道国的民族意识等因素）、硬环境因素（基础设施、资源和经济发展水平、人均收入等）。（2）微观环境因素。这主要是指市场竞争状况、主要竞争者状况和东道国潜在合作者的能力。

3. 两种企业方式自身特点。考虑独资与合资两种形式自身的特点。

总之，根据企业的自身因素，结合外部环境的宏观、微观因素，考虑独资与合资两种形式自身的特点，选择最有利于企业的股权策略。

（二）选择不同股权战略条件

1. 决定企业选择独资企业应具备的条件。具体条件包括：（1）母公司的总体战略要求对子公司实施有效的控制，力求避免公司与母公司的利益冲突。（2）当地市场利润对母公司有重要意义。（3）保持公司在所有权优势方面的垄

断地位。(4) 东道国对投资持欢迎态度。(5) 东道国在资本、技术等方面的能力不足。

2. 决定企业选择合资企业应具备的条件。具体条件包括：(1) 当地企业有重要原料和资源可供生产之用。(2) 境外经营的资本或其他方面的投入需要当地合作者的支持。(3) 需要当地合作者的帮助以扩大当市场。(4) 不愿独自承担较高的投资风险。(5) 实施多样化产品和经营策略需要合作者帮助进入当地领域。(6) 东道国的鼓励和优惠措施。

从实践情况来看，对于资产实力雄厚的对外投资企业来说，选择独资的投资方式较多。而对于跨国投资尚属初级阶段企业来说，经验较少、实力不够，往往选择合资方式。比如中国现有对外投资企业通常选择合资方式。如海尔集团东南亚子公司大多是合资企业，选择的是兼并国外当地原有企业的投资方式；再如海信、康佳、小天鹅在印度尼西亚的公司选择的都是合资的经营模式。

第五节　国际企业收购与兼并

并购（Mergers and Acquisitions，M&A）是收购与兼并的简称，有时也称为购并。企业国际并购是指外国投资者通过一定的程序和渠道依法取得东道国某企业部分或全部所有权的行为。它是一种跨国的企业购买活动，购买的标的主要是东道国的现有企业。自20世纪80年代后期，跨国并购交易在国际直接投资流量中所占的比重越来越大，全球跨国公司的成长发展史也可以说是跨国并购的历史。19世纪70年代起发生了第一次并购浪潮，1916年起发生了第二次并购浪潮，20世纪60年代末发生了第三次并购浪潮，70年代末发生了第四次并购浪潮，90年代发生了第五次并购浪潮。跨国并购在国际直接投资中起到非常重要的作用，并已成为国际直接投资的主要形式。

一、企业跨国收购的基本形式与做法

企业收购是指某企业以现金、债券或股票等购买另一家企业的部分或全部资产或股票（股份），从而获得对该企业在法律上的控制权。在跨国并购中，采取主动行动的一方称为收购公司，而被并购的一方称为目标公司。

收购经常发生在针对上市公司或上市公司之间的购买行为。按照不同的标准，收购可以划分为下列不同的类型。

1. 从收购者的态度来看，收购可以分为友好方式的收购和敌意方式的收购。友好方式的收购也常常被称为直接收购，是指收购公司直接向目标公司提出拥有其所有权的要求并且获得目标公司同意的收购行为。双方经过一定的程序进行磋商，共同商定条件，根据双方商定的协议完成所有权转移。这种收购，事先必须得到双方董事会和股东的同意，并就收购过程中和收购后的各种事宜进行协调定

夺。因此，直接收购又称为协议收购（Negotiated Acquisition）。相反，敌意方式的收购则是指违反目标公司意愿的收购行为，如以突然公开的方式收购该公司的股票、债券等。这种方式的收购又称为间接收购。间接收购有两种主要的做法：一是收购公司利用目标公司普通股票市场价格下跌之机，大量购进目标公司的普通股票，从而达到取得该公司控制权的目的；二是收购公司在证券市场上以高于目标公司当前股价水平的价格，大量收购该公司的普通股票，以达到获得目标公司控制权的目的。间接收购一般不建立在共同意愿的基础上，因而极有可能引起公司之间激烈对抗，从而使收购转变为竞价收购。敌意收购可能是收购公司最初采用的一种收购手段，也可能是收购公司向目标公司提出收购建议被拒绝后采用的收购手段，其成功率一般较低。

2. 从收购的内容来看，收购可以分为资产收购与股票收购。所谓资产收购是指某个企业通过签订买卖合同而收购目标企业的资产。股票（或股份）收购是指某个企业通过收购卖方的股票（股份）取得对目标企业的控制权。

3. 从收购者与被收购者的关系来看，收购可以分为：第一，横向型收购，即被收购企业的产品系列及市场与收购方企业相同或相似；第二，纵向型收购，即被收购企业是收购方企业的供应商或产品的客户；第三，集中型收购，即被收购企业与收购方企业的销售市场相同但生产技术不同，或者技术相同而市场不同；第四，混合型收购，即被收购企业与收购企业属于不同的行业，也就是跨行业收购。

4. 从收购者融资方式来看，有杠杆收购的方式。杠杆收购是指一家或几家公司在银行贷款或在金融市场借贷的支持下进行的企业收购。一般做法是，由收购公司设立一家直接收购公司，再以该公司的名义向银行借贷，或以该公司的名义发行债券向公开市场借贷，以借贷的资本完成企业收购。由于这种收购只需以较少的资本即可完成，故被称为杠杆收购。收购完成之后，收购公司一般会把收购公司的资产分拆并变卖其中一部分，或利用其流动资金，以偿还因收购所借的贷款和所发行的债券，从而使收购后的公司达到新的平衡。

二、企业兼并的特点与方式

兼并又称为“吸收合并”或“存继合并”，是指一个以上的企业为经营发展的需要并入另一个存继企业的法律行为。兼并的特征在于，在兼并过程中，被吸收的企业法人实体地位消失，而存继企业的法人实体地位依然存在，但也可能是兼并企业和被兼并企业都解散，双方产权合在一起，重新成立一个企业，获得一个新的法人资格。企业的跨国兼并常常以下列方式进行。

1. 购买方式。即存继企业出资购买被吸收企业的资产，被吸收企业的出资人获得现金或其他等价物。

2. 承担方式。即在被吸收企业与其债务等价的情况下，存继企业以承担被吸收企业的债务为条件接受其全部资产。

3. 换股方式。即由存继企业用本企业的股票（或股份）交换被吸收企业的资产，被吸收企业的出资人成为存继企业的股票（或股份）持有人。

4. 三角方式。即兼并企业首先在投资所在国设立一个合资拥有的子公司，然后再将被吸收企业并入其子公司。

5. 反转三角方式。其主要做法是，兼并方在投资国家设立一个合资拥有的子公司，然后将该公司的股票并入欲兼并企业新发行的股票中。兼并企业还可以用现金或本企业的股票向被兼并企业的股东交换被兼并企业的股票。这样，被兼并企业就变成兼并企业合资拥有的子公司。这种兼并方式的好处是可以保留被兼并企业的名称、产品品牌等，还可利用其在国际市场上的声誉进行经营，减少有关方面如专利权等的开支。

三、收购与兼并的相同点和不同点

1. 收购与兼并的相同点主要有：（1）兼并与收购的基本动因相似，都是增强企业实力的外部扩张策略或途径；（2）兼并与收购都是以企业产权交易为对象，都是企业资本运营的基本方式。

2. 收购与兼并的不同点主要有：（1）收购侧重于一种手段，强调一种过程；而兼并侧重于一种商业行为，强调一种结果。（2）收购一般只需要被收购企业的所有者同意，可以不经其经营者的同意；而兼并则需要双方经营者都同意。（3）收购动用的资金较多，而兼并动用的资金较少。（4）收购所需的资金容易获得银行贷款，而兼并则相对难一些。

在企业并购的实际操作中，有些收购和兼并采用的方法可以互相采用。

四、国际并购方式与创建方式优缺点的比较

随着跨国公司的日趋活跃、政府对经济管制的日益放宽，各国经济相互渗透、相互依存的程度不断加深，世界经济一体化成为不可阻挡的历史潮流。跨国并购浪潮就是在这种世界经济大背景下形成和发展的，并成为当前世界经济的显著特征。

新一轮跨国并购浪潮表明，在对外直接投资的两种主要方式中，跨国并购已开始逐步取代跨国创建成为跨国公司对外直接投资的主要方式。统计研究表明，跨国并购方式已经成为跨国公司参与世界经济一体化进程、保持有利竞争地位而日益趋于采用的一种对外直接投资方式。如何认识和理解这种趋势产生的原因，对于中国企业对外直接投资有着重要的现实意义。

决定跨国公司对外直接投资方式选择的，是这两种方式本身所具有的特点。并购方式的优点往往就是创建方式的缺点；而并购方式的缺点往往正是创建方式的优点。为此，下面将重点论及并购的优点和缺点，兼论跨国创建的缺点和优点。

1. 并购方式的优缺点。

与创建方式相比，并购方式的优点主要有以下六个方面。

（1）迅速进入。采用并购方式可以大大缩短项目的投资周期，特别是对制造业而言，并购方式节省建厂时间，使跨国公司在目标市场迅速获得现成的管理人员、技术人员和生产设备，迅速建立国外的产销据点。

（2）廉价获得资产。当目标公司在经营中遇到某种问题而陷入困境，或东道国股市价格普遍下跌时，并购公司由于明确了解并且看好目标公司的真正价值，便趁机以较低的价格将其并购。

（3）获得市场份额。并购公司可以直接占有目标公司原有的市场份额，利用目标公司的销售渠道。

（4）利用适合当地市场的原有管理制度和管理人员，从而可以避免由于对当地情况缺乏了解而造成的种种麻烦。

（5）获得公司发展所需的技术、专利和商标等无形资产，提高研究与开发能力。

（6）扩大产品种类和经营范围，尤其当跨国公司超越原有的产品生产范围而实行多样化经营时，收购现有企业是迅速而有效的途径。

由于并购方式本身的内在特点，也会形成一些与创建方式相比较而表现出来的缺点，主要有以下三个方面。

（1）企业规模和选址的问题。跨国公司可以通过跨国创建方式选择适当的地点并按照自己所希望的规模筹建新的企业。但是，采用并购方式往往难以找到一个规模和定位完全符合自己意愿的目标企业，尤其是在市场不发达的发展中国家，这个问题尤其突出。

（2）原有的契约或传统关系的束缚。现有企业往往同它的客户、供给者和职工具有某些已有的契约关系或传统的关系。如果结束这些关系可能在公共关系上付出很大代价，然而继续维持这些关系可能被认为是差别待遇。与供给者之间的关系也可能碰到类似的情况。

（3）并购后的整合工作难度大。并购的成功不仅仅是一种财务活动，更取决于并购后对公司整合工作的有效程度。而这种整合工作的难度是相当大的。而采用创建方式，原企业与新建企业之间的衔接比较容易。

2. 创建方式的优缺点。创建新企业的特征是跨国公司独立地或部分进行项目策划、建设并且组织实施其经营管理，所以创建方式的突出优点是决策者能在较大程度上把握其风险性，掌握主动性。其突出缺点是，需要从事大量的筹建工作，因而进度慢、周期长，从而投资风险要更大些。

【案例研究】

案例1　全球医疗器械最大并购：美敦力429亿美元鲸吞柯惠

生物科技行业的天价并购在这个夏季异常躁动。在制药业巨头辉瑞欲以千亿美元多轮洽购阿斯利康后，美国当地时间2014年6月15日，全球第二大医疗器械公司美敦力（Medtronic Inc.）又宣布以429亿美元的惊人代价并购了全球500

强企业柯惠医疗（Covidien Plc），企业并购估值不断被刷新。

美敦力相关声明中明确表示："美敦力方面已同意以每股93.22美元、合计429亿美元的价格收购柯惠医疗，交易将以现金和股票的形式完成。"

无论在全球范围内还是细分如中国市场，美敦力都与另四大外资医疗器械巨头GE（通用电气）、强生医疗器械、西门子以及飞利浦打得难分难解。如今一举吸纳了爱尔兰手术器械制造商柯惠医疗的业务，美敦力的竞争底气显然得以充足。

相较于2012年美国强生斥213亿美元收购瑞士医疗器械服务公司辛迪思（Synthes），此番美敦力429亿美元收购柯惠医疗的大手笔或使其成为医疗器械领域至今最大的一宗收购案。

1. 鲸吞柯惠医疗。

目前，美敦力产品领域主要覆盖心脏节律疾病、脊柱疾病以及神经外科等疾病治疗领域，与柯惠医疗产品线重合度很低。此宗收购也被视为更像是一次新业务的扩容采购，而非丰富公司既有的产品线。

美敦力首席执行官奥马尔·伊什拉克（Omar Ishrak）表示，这笔交易的主要动机是"战略和业务定位"，与柯惠医疗的合并主要将加速支持美敦力的三大核心战略，即治疗手段创新、全球化以及提高经济价值。

"一旦并购交易最终完成，美敦力将极大增强其全球高端医疗器械企业的地位，产品线将大为丰富，所售范围将涉及更多地域，而利润的增长也将更加多元化。"公司声明中指出。

据悉，这宗大型并购完成之后，两家企业合计总收入将超过270亿美元，其中包括来自新兴市场的37亿美元收入。此外，美敦力方面表示，除了柯惠的这宗投资，公司承诺在未来十年另外投入100亿美元在美国本土科技投资上，主要针对美敦力与柯惠医疗公司现有计划外的项目（如早期风投、研发等）进行投资。而此前，美敦力方面已对超过80个美国公司合计投资了83亿美元。

不过，有不少业内人士对双方合作尚存疑虑，称"大型企业间的合并在敲定合作初期难度较小，而真正涉及两方员工岗位去留、管理体系合并等后期深度整合的过程中，一系列的决策可能会引发海外员工的抵触"。

收购后，美敦力公司将在全球超过150个国家拥有约87 000名员工，而对于柯惠医疗旗下超过38 000名的员工而言，相当规模的裁员离职似乎已经不可避免。

值得注意的是，与辉瑞洽购阿斯利康并在英国注册类似，被收购后的柯惠医疗将在爱尔兰本国进行注册，美敦力可借此海外并购释放出约140亿美元的现金持有，成功地在课税严格的美国境外得以避税。

2. "后并购"时期的美敦力。

与此前医疗器械行业推崇有机增长法不同，近年来行业大并购成为巨头们的共识。而这其中，素有并购机器之称的美敦力出手频率相当高。

"1998年美敦力收购了脊柱疾病公司Sofamor Danek和冠状动脉支架生产商

AVE 后，都在这两个细分领域做到了如今全球第一。2001 年收购的胰岛素泵公司 MiniMed 也做到了行业第一，三家并购而来的公司过去十年间共为美敦力带来超过 191 亿美元的收入。”美敦力方面表示。而中国市场在这场企业大并购中也扮演着愈发重要的作用。

以柯惠为例，2000 年进入中国市场的柯惠医疗，其业务正处于发展的攻坚期。相较于前述几大综合医疗器械集团，主攻普外医疗器械的柯惠医疗近年来鲜有重大举措，与集团负责人高调喊出的“要在 2016 年成为中国第二大医疗器械公司”的雄心相去甚远，正是理想的并购标的。

“尽管业绩增速和体量与前五大外资医疗器械药企难以匹敌，但十余年来在华深耕的销售渠道和本地化研发团队、工厂产能都已日趋成熟，2012 年柯惠已对其中国研发中心投资了 4 500 万美元。因而在完成收购后，美敦力日后发展柯惠在华业务就省下了大量前期资金投入和时间成本。”前述业内人士指出。据了解，2009 ~2012 年柯惠医疗在中国市场的增长率保持在 25% ~30%。

显然，美敦力对于中国市场的胃口还远不限于此。早在 2007 年，美敦力就已与山东威高医疗设备公司成立合资公司，并收购威高公司 15% 的股份。2012 年以 7.55 亿美元又并购了常州康辉医疗，后者是纽约证交所上市的知名骨科器械生产企业。

（资料来源：新浪财经，http：//finance. sina. com. cn/world/20140617/024419430270. shtml）

分析与思考

1. 美敦力斥巨资收购柯惠的原因是什么？
2. 试述美敦力收购柯惠的成功之处以及它从中得到怎样的收益。

案例 2　中国海外大并购之进击的万达：买买买之路不停步

万达集团创立时间为 1988 年，如今已是一家集商业、文化、金融三大产业于一身的综合性企业集团。按照王健林的设想，到 2020 年，万达要做到企业资产 2 000 亿美元，市值 2 000 亿美元，收入 1 000 亿美元，利润 100 亿美元，其中海外收入占比达 30%，成为世界一流跨国企业。

实现这一宏伟目标，大规模的海外并购成为王健林最仰仗的武器。

2012 年，万达集团开始了海外并购的第一次尝试，以 26 亿美元的价格收购美国第二大院线 AMC，使万达一跃成为全球规模最大的电影院线营运商。并购后，AMC 短时间内扭亏、上市等出色表现，也使得万达一年半内投资收益翻番。

因为 AMC 良好的投资收益，万达又于 2013 年收购了英国圣汐游艇公司以及投资建设位于伦敦的高端酒店项目，总投资额约 10 亿英镑（约合 90.9 亿元人民币）。这是王健林在酒店旅游领域的第一次海外并购。

2014 年，万达开始广泛投资海外地产，先后收购了位于西班牙马德里，美国芝加哥、洛杉矶，以及澳大利亚黄金海岸四个集酒店与公寓为一体的地标性项目，耗资近 35 亿美元。

2012~2014年，万达的海外并购还相对谨慎，但积累了丰富的经验，也提升了王健林驾驭海外并购的信心。2015年，万达集团展开了一系列密集的大规模并购，而这些并购的领域较之前更为广泛。

2015年，万达先入股马德里竞技俱乐部，后又斥资10.5亿欧元控股盈方体育传媒集团。盈方体育传媒集团是全球最大的体育营销公司之一，主要从事体育赛事开发和运作，尤其是足球赛事的运作。同年8月，万达又以6.5亿美元并购了美国世界铁人公司100%股权。万达将这些业务整合成立万达体育，使其一举成为世界上规模最大的体育公司。

2015年11月，万达院线又豪掷22亿元人民币，收购澳洲第二大院线Hoyts，进而迈入澳大利亚和新西兰院线市场，开启在中国与美国之外的首次电影院线投资。

根据统计，2012~2015年，万达海外并购支出超过100亿美元，覆盖的领域主要是体育、旅游和以电影院线为代表的娱乐产业。

在经历了2015年的密集并购之后，2016年万达海外收购的脚步不仅没有停下，而且更为积极。

1月12日，万达宣布以不超过35亿美元现金收购美国传奇影业公司，这也是迄今为止中国企业在海外最大的一桩文化并购案。传奇影业是美国著名影视制作企业，业务包括电影、电视、数字媒体以及动漫等。其曾出品《盗梦空间》、《侏罗纪世界》等一系列票房极佳的大片。

3月3日，万达集团旗下AMC并购美国另一家电影院线卡麦克，进一步扩大了万达在美国的院线布局及在好莱坞的影响力。

7月12日，AMC又以9.21亿英镑（约合80.94亿元人民币）并购欧洲第一大院线——Odeon & UCI院线，这也是万达首次在欧洲的电影院线投资，至此，万达形成了遍布全球的电影院线布局。

王健林并不满足于此，在不久前其声称，万达的下一步收购目标是美国“六大”电影公司，美国“六大”电影公司包括派拉蒙影业、21世纪福克斯、华纳兄弟、沃尔特迪士尼、环球影业和哥伦比亚电影公司，它们才是好莱坞电影产业的真正主角。

从万达近年的海外并购来看，其主要围绕酒店旅游与泛文化娱乐产业。这些并购让万达如愿以偿，顺利成为全球最大的电影院线营运商，也一举成为全球体育产业的龙头企业。

需要注意的是，大规模并购也必然会带来并购后的整合困难。王健林也曾坦言，并购后最大的挑战是如何做好海外并购项目管理。可预见的是，万达集团依旧会继续在海外市场的“买买买”之路，他的海外并购尝试将为中国企业未来更大规模的全球化之路提供借鉴。

（资料来源：中商情报网，http://www.askci.com/news/finance/20161009/17314068159.shtml）

分析与思考

1. 万达跨国投资方式属于创建还是并购？阐述上述两种方式的优缺点并指

出其选择方式及原因。

2. 思考案例研究1、案例研究2之间的共同之处。

案例3 美国投资环境简况

美国基础设施完备，投资环境优越，行政效率较高，整体营商环境领先。根据世界银行2016年营商环境指数，美国的商业环境在全球189个经济体中排名第7位，与2015年相比没有变化；美国商业环境的前沿距离为82.15%，与2015年持平。

1. 投资便利性。

美国是世界上吸收外资最多的国家。2015年，美国吸收外国直接投资（FDI）流量为2 139亿美元，较2014年大幅增长62.3%；吸收FDI存量为31 150亿美元，同比增长7.4%，占GDP的比例达17.4%。2015年，美国FDI流入量的大幅增加主要得益于股权投资及跨境并购的飙升，美元升值也助推了部分并购交易活动。制造业和服务业资产并购大幅增长，抵消了初级商品部门并购下降的影响。未来随着美国经济的稳步复苏，预计美国吸收外国直接投资还将进一步增加，2016年FDI存量有望达到33 970亿美元。

2. 税收体系。

首先，美国现行税制是以所得税为主体税种，辅以其他税种构成的，主要税种有个人所得税、公司所得税、社会保障税、销售税、财产税及遗产与赠与税等。在联邦政府的总税收中，个人所得税约占1/3，社会保险税约占1/3、公司所得税约占1/6，其他税收包括遗产税、关税等。根据世界银行2016年营商环境指数，美国在缴纳税款这一分项指标中排名53位，较2015年下降了5位；前沿距离为80.81%，下降了0.03个百分点。

其次，美国关税总体处于较低水平，零关税商品占比57.6%。根据世界银行2015年8月的统计，美国签署的关税协定共有25件，算术平均以后的关税水平为2.74%，加权平均以后的关税水平为1.32%，最高关税水平为350%。在非关税壁垒方面，根据WTO的统计，截至2015年12月31日，美国总计实施卫生与植物卫生措施2 769个，技术性贸易壁垒1 256个，反倾销措施299个，反补贴措施108个，保障措施10个，特保措施173个，数量限制31个，关税配额52个，出口补贴13个。除此之外，美国还频繁动用贸易救济措施。根据Global Trade Alert的统计，2015年美国采取的贸易救济措施中涉及中国的有64条记录。

3. 基础设施。

首先，美国交通基础设施发达。公路和高速公路系统覆盖全国，全长超过651万公里；境内沿东、西部海岸的铁路系统全长约22.8万公里，为振兴美国经济，奥巴马政府还计划在全国范围内修建10条高速铁路；民用航空非常发达，全国共有1.5万个机场，居世界第1位，国内航线连接所有的大城市，每年可以运输旅客2.4亿人次，空运总量占全球空运总量的1/4。根据世界银行2014年

10月公布的全球物流绩效指数，美国国际物流绩效指数为3.92，在全球160个国家和地区中排名第9位。

但美国基础设施目前也面临着年久失修的问题。金融危机后，为刺激经济，美国政府加大了对基础设施的投资建设。2014年2月，奥巴马政府宣布一项为期4年、总计3 000亿美元的基础设施建设计划，用于重建美国的高速公路、桥梁及铁路等基础设施。2016年，美国政府又批准了一项为期5年的高速公路支出法案。

其次，水电气供应充足，价格较低。电：从美国人均收入和各州平均电价看，美国用电消费占家庭收入的比重很低。据美国能源信息署统计，美国平均电价为10.15美分/千瓦时，居民平均电价为12.46美分/千瓦时，商业平均电价为10.55美分/千瓦时，工业平均电价为6.67美分/千瓦时。水：美国居民的用水量和费用依地区不同有很大区别。五大湖地区包括芝加哥、底特律和密尔沃基等城市因有丰富水源，水费相对便宜；加州地区由于人口稠密缺水严重，水费较高。石油和天然气：据美国能源信息署的统计，2015年3月美国普通无铅汽油的城市平均零售价（含税）为2.453美元/加仑（约0.65美元/升）；2014年12月，工业部门天然气价格为5.52美元/千立方英尺（约0.19美元/立方米），商业用和居民用天然气价格分别为8.52美元/千立方英尺（约0.3美元/立方米）和9.98美元/千立方英尺（约0.35美元/立方米）。

4. 涉外法律规定。

（1）中立的外国投资政策。美国联邦政府对外国直接投资实行中立政策，没有制定针对特定地点、特定行业的优惠政策，各州和地方政府可视当地情况实施吸引或限制投资的具体政策。在联邦层面，航空运输、通信、能源、矿产、渔业及水电等部门对外国投资者设有一定的限制。

（2）对外资投资基础设施实行对等原则。美国联邦政府对外资进入美国各具体的基础设施领域实行对等原则。准许外国投资者在美国公共土地上铺设石油和煤气管道，修筑铁路和开采矿藏，但要求投资者母国政府对美国投资者提供对等的权利。没有与美国政府签署类似条约的国家不享有该权利。

（3）外资企业获得土地的规定。依照法律，美国联邦政府土地管理局所持有的土地不出售给外国企业或外国人。美国半数以上州的土地法都限制外国人拥有美国政府和农业土地，但限制程度不同。外国人可以购买美国私人拥有的土地，手续比较简单，只需向政府缴足税金，进行注册登记即可。在不动产方面，美国政府限制外国人对联邦不动产有直接所有权，但许多州对外国人购买不动产都没有限制或仅要求履行报告的制度。

（4）对外资并购的国家安全审查。美国由外国投资安全委员会负责监督、评估外国投资兼并、收购美国企业的交易，并根据其对美国国家安全的影响程度展开初步审查或正式调查，提出建议，视情交由总统批准。

（5）引进外籍劳务的主要规定。根据美国《移民和国籍法》的规定，美国政府依据外籍工人是否申请在美国永久工作制定了两套准入制度，分别核发永久和短期工作许可。美国公民及移民服务局负责受理永久工作许可申请。永久工作许可申请主要面向在本领域表现杰出的专业人才、外国公司高管及赴美投资者等精英阶层。非移民类临时性外籍劳务人员由美国劳工部及其派驻各州机构负责审核申请条件，美国移民局决定是否批准，由美国驻外使领馆面试后决定是否发放相应类别签证。按照规定，目前中国公民无法在美国农业、非农行业从事临时性劳务工作。

（资料来源：道克巴巴网，http：//www. doc88. com/p - 1456993633567. html）

分析与思考

1. 试用投资环境等级评分法对美国的投资环境进行评价。
2. 如果你在美国投资，你选择哪个行业？为什么？

案例4　华为对美国3Com战略性收购失败

华为技术有限公司成立于1988年，专门从事通信网络技术与产品的研究、开发、生产与销售，致力于为电信运营商提供固定网、移动网、数据通信网和增值业务领域的网络解决方案，是中国电信市场的主要供应商之一，并已成功进入全球电信市场。目前正专注于4/3G（WCDMA/CDMA2000/TD - SCDMA）、NGN、光网络、xDSL、数据通信等领域，希望通过持续投入和努力成为这几个领域的全球领先者。3Com公司创建于1979年，位于美国马萨诸塞州马堡，曾是现代网络通信技术的始祖之一，其创始人鲍勃梅卡夫（Bob Metcalfe）是以太网技术的发明人。贝恩资本创建于1984年，是美国最大的私人股权投资基金之一，管理着超过500亿美元的资金。曾伙同海尔集团竞购美国美泰公司，伙同中移动竞购国际移动运营商Minicom，均未果。2007年9月28日，中国深圳华为技术有限公司（简称华为）与美国私募股权投资基金贝恩资本宣布双方合组公司，并斥资22亿美元共同收购曾经显赫一时的美国网络设备公司3COM。但在历经美国外国投资委员会（CFIUs）对此项交易共75天的两期国家安全审查后，2008年2月21日，此项收购计划最终因CFIUS以“危害美国政府信息安全”为由拒绝对收购案放行而暂时搁浅。

（资料来源：华为并购3com失败案例，能源观察网，2012年）

分析与思考

1. 此次收购失败的原因是什么？
2. 对中国进行“走出去”战略有哪些借鉴意义？

[本章思考与练习]

1. 试述国际直接投资的含义及动机。
2. 国际直接投资的股权参与方式有哪些？
3. 国际直接投资微观方面的理论主要有哪些？主要内容是什么？
4. 国际直接投资宏观方面的理论主要有哪些？主要内容是什么？
5. 解释发展中国家对外直接投资理论。试用其解释中国对外直接投资的原因。

6. 试进行国际并购方式与创建方式优缺点的比较。
7. 简述企业跨国收购的基本形式与做法。
8. 境外创建新企业主要有哪几种形式？试述每一种形式的利弊。
9. 试述国际独资企业与国际合资企业的选择策略。

第七章　国际间接投资

【本章教学目的】通过本章的学习，使学生掌握国际证券投资的定义和特点、发展趋势，了解股票投资、债券投资、投资基金的基础知识，并能运用所学的股票投资的基本知识对股票市场存在的有关现象作初步分析。

国际间接投资（International Indirect Investment）又被称为国际证券投资，是指以资本增值为目的，以取得利息或股息等为形式，以被投资国的公司股票、公司债券、政府债券、投资基金、衍生证券等为投资对象的跨国投资活动。国际间接投资者并不直接参与国外企业的经营管理活动，其投资活动主要通过国际资本市场（或国际金融证券市场）进行。国际间接投资就一国而言称其为对外间接投资（Foreign Indirect Investment）。

国际间接投资的主要形式是证券投资。按其投资对象的不同，可以把国际间接投资分为国际股票投资、国际债券投资和国际投资基金三种形式。

第二次世界大战以后，国际贸易的飞速发展加速了金融的国际化过程，其中的证券投资已成为20世纪90年代以来国际金融市场最活跃的因素。在西方发达国家，证券投资活动已深入到社会各个阶层，成为企业经营和个人生活的主要内容之一。自中国对外开放以来，中国的很多企业都积极参与国际投资活动，而涉足证券投资领域的时间还不长，证券投资业在中国处于创始阶段。随着中国证券市场的对外开放和企业国际化趋势的加强，了解当代国际证券市场并广泛参与国际证券投资活动对中国来说是非常重要的。

第一节　国际证券投资概述

一、证券投资的含义

所谓的证券是用于表明各类财产所有权或债权的凭证或证书的统称。证券上记载着财产或权益的多项内容，持有证券者可依据券面所载内容取得相应的权益，如占有权、处分权和转让权等。总之，证券就是权益的象征，拥有了证券就拥有了证券上规定的权益，这种权益随着证券的转让而转移。

在大陆法系国家中，证券被认为是有价证券的简称。有价证券是具有一定面额、代表一定的财产权并借以取得长期利益的一种凭证。有价证券既属于经济的范畴也属于法律的范畴。其经济范畴主要表现为有价性和收益性，即它可以买卖和转让，并能凭此取得收益；其法律范畴主要体现于证券与权益紧密相连，以及证券发行和流通的规则性。

证券具有广义和狭义之分。广义的证券内容十分广泛，如资本证券、货币证券、商品证券、不动产证券等。狭义的证券通常是指一种有面值的并能给持有者带来收益的所有权和债权的证书，即资本证券，具体内容包括股票、债券和基金证券等。货币证券指的是有权领取货币的凭证，如在国际结算中所使用的支票、本票、汇票等；商品证券是有权领取货物的凭证，如在国际贸易实务中涉及仓单、提单等；不动产证券指的是房契和地契等。我们日常生活中所说的证券指的是狭义的证券，即股票、债券和基金证券。

证券投资是指个人、企业以赚取股息、红利、债息为主要目的来购买证券的行为。证券投资是一种间接投资，不涉及资本存量增加，证券本身不是商品，但它可以作为商品在市场上进行买卖。证券作为商品的时候与一般商品不同，一般商品是用于满足人们的某种需要，其价值由生产该商品所需的必要劳动时间决定，而投资者购买证券是为了满足其资本增值的欲望，证券的价值则由证券发行企业的经营状况来决定。证券投资不仅能给投资者带来收益，而且还能加速资本集中的过程，促进社会资金的合理流向，以满足从事社会化和国际化生产的企业对巨额资金的迫切需求。证券投资是资本流动的形式之一，证券投资的国际化不仅使闲置资本在世界范围内得到广泛利用，促进世界性的经济发展，而且为证券投资企业和个人带来更广阔的投资机会。正因其在闲置资本的广泛利用和开拓广阔的投资机会上的双重积极意义，证券投资近年来已经发展成为国际投资的主要形式之一。

二、证券投资的特征

证券投资是以获取收益为目的并以信誉为基础的，投资者能否获取收益或收益多少取决于企业的经营状况。证券的持有者还可以将证券在证券市场上进行买卖和转让。这些就决定了证券投资具有投资的收益性、投资行为的风险性、价格的波动性、流通中的变现性和投资者的多样性等特征。

（一）投资的收益性

获取投资收益是投资者进行证券投资的根本目的。投资的收益性是指证券的持有者可以凭此获取债息、股息、红利和溢价收益。证券投资的收益按确定与否可分为固定收益、变动收益和选择收益。固定收益是指不随证券发行者经营的优劣而变动的收益，如购买债券和优先股的投资者取得的收益即为此类收益，无论证券发行者的经营效益如何，投资者分别获取固定的债息和股息。变动收益是指证券投资收益完全取决于证券发行单位的经营成果，利大多分，利小少分，没利不分，如普通股和基金证券的投资者所获取的收益即为变动收益。选择收益是指证券投资的收益既可以是固定的也可以是不固定的，固定与否全凭投资者的选择，如股份公司的可转换债券和附加新股认购权的公司债券就具有债券和股票的双重性质。当投资者行使转换权，将债权转为股票后，就可以得到股票的不固定股息；当转换不利时，也可以继续持有债券获得固定利息。

（二）投资行为的风险性

证券投资获取收益的同时，必然伴随着承担相应的风险。其风险主要来自四个方面：一是汇率风险，即由于投资者所用货币贬值，导致证券投资者到期所得到的本金和利息不足以弥补货币贬值带来的损失；二是经营风险，即证券的发行企业在经营中因经营不善而导致的倒闭使投资者连本带利丧失殆尽，或在短期内没有收益而给投资者造成损失；三是购买力风险，即在投资期内由于通货膨胀的原因，货币的实际购买力下降，从而使投资者的实际收益下降；四是市场风险，即投资者往往会因证券市价的跌落而亏损。另外，政治风险往往也是证券投资者不可回避的因素。实际上，证券投资的收益越多，投资的风险也就越大。

（三）价格的波动性

证券与普通商品不同，普通商品仅有市场价格，而证券除了有市场价格外，还有券面价格（无面额股除外），证券的券面金额是发行时确定的。在发行市场，如采取时价发行、中间发行、贴现发行等方式，证券的发行价格和券面金额就会不一致，即在发行市场上，证券既可以平价发行，也可以溢价发行或折价发行。在流通市场上，由于受发行证券的目的、企业的发展规划和发行方式、企业的经济效益等自身因素及市场、投资者心理和政治等外界因素的影响，证券的市价也会导致市场的交易价格与票面值或发行价格相偏离，这种偏离会给投资者带来收益或损失。当然，很多投资者都想利用价格的波动来满足其资本增值的欲望。

（四）流通中的变现性

证券在流通中的变现性指的是证券所有者能够根据市场的实际情况，在证券市场上按照法定的程序，自由地将证券转让给他人，收回现金。变现性的强弱取决于证券期限、收益形式、证券发行者的知名度、证券的信用和市场的发达程度等多种因素。一般来说，证券的信誉越高、期限越长、发行者的知名度越大、市场运行机制越发达，证券在流通中的变现性就越强；否则，其流通中的变现性就较弱。

（五）投资者的多样性

投资者的多样性说明投资主体的多层次性。证券的投资者既可以是政府和企业，也可以是个人，其中的社会大众是主要的证券投资者。

（六）分权性

分权性是指证券投资者虽然不直接参与发行者的具体经营活动，但对发行单位的重大决策有参与权。如购买股票的投资者可以获得参加股东大会、选举董事等方面的权利；投资于公司债券，能够获得对涉及其切身利益的重要事项进行表决的临时决策权。

（七）投资数量的可塑性

证券投资对投资者的投资数量不作具体限制，投资数量由投资者根据其资金数量的多少和风险的大小自行决定，因此，为寻求资本增值的社会大众参与证券投资提供了可能。据统计，美国有1/3的人口参与了证券投资，中国近几年出现的“股票热”和“投资基金热”也充分说明了这一点。

三、国际证券投资的发展趋势

自20世纪70年代以来，世界经济发生的一系列重大变化，科学技术的迅猛发展，对国际证券市场的发展产生了重大的影响，证券市场的传统模式正在发生着重大的变革。这种变革的趋势主要有八个方面：一是证券交易模式无形化；二是全球证券市场一体化；三是证券衍生产品化；四是投资者趋向机构化；五是证券市场国际化；六是证券投资的增长速度快速化；七是国际金融市场融资的债券化；八是证券资本流向分散化。

（一）证券交易模式无形化

建立以现代技术为依托的无形化交易系统，已成为世界各国证券市场发展的潮流。无形化的交易系统就是改变传统的交易方式，采用计算机实行交易的自动撮合，并且变有形席位为无形席位，即投资者利用计算机终端可以自行进行交易。目前，在美欧以及一些新兴证券市场，如新加坡、韩国、中国的深圳和上海大都实行电子指令交易方式，与此同时，世界上各大证券交易所如伦敦证券交易所、中国香港联合交易所都在向自动化交易系统发展。辛辛那提（Cincinnati）股票交易所是美国目前少有的一所全自动交易所。另外，加拿大最大的股票交易所——多伦多股票交易所（Toronto Stock Exchange，TSE）自1990年以来已经开发出了集交易和市场监控于一体的一系列应用软件，使其成为世界上最先进的自动化股票交易所之一，为了达到完全自动化的目标，TSE目前已计划在经纪商的办公室建立交易商工作站，提供对交易的远程访问，最终取代交易厅。

在证券交易自动化发展趋势下，证券市场网络化正在迅速发展。证券市场是市场经济的前沿，具有高风险、高智力等特点，利用网络发展证券市场是大势所趋。现有的证券市场正在广泛利用网络技术迅速扩张，证券市场旧的组织方式受到冲击，并开始形成新的网络市场。

（二）全球证券市场一体化

全球金融市场一体化，是国际金融发展的一个重要趋势。在一体化过程中，全球性金融管制放松的浪潮以及现代信息技术在金融业中的应用和推广，促进了这一趋势的发展。20 世纪 80 年代，证券业借助电子信息技术跨越了各民族传统和经济法规的限制，证券市场得以迅速一体化。据美国西北大学经济系多莫维兹教授统计，全球 50 多个最大的自动交易系统覆盖了 16 个国家和地区，由于时差和部分系统夜间开业（GLOBEX、APT、SYCOM 等系统），从运行时间上把全球证券市场连成一个日夜不停的一体化市场，其中有 7 个大系统是跨国界的自动交易系统。与此同时，第四市场也迅速朝国际化发展。迄今为止，一个以路透社为信息传输骨干的无国界的电子证券市场业已形成，这一体系已在 129 个国家和地区装置了 20 万个终端，经营着几百种世界级证券和上万种欧美各国公司的股票。虽然全球证券市场一体化还有许多阻碍，但已成为不可逆转的潮流。

（三）证券衍生产品化

证券衍生产品化，是伴随着国际债务危机、金融管制放松和国际资本流动加快而逐步发展起来的。在金融证券市场信息化、国际化的环境下，投资风险日益加剧，为了规避、分散和降低投资风险，不断满足投资者和筹资者日益增长的新需求，金融工具不断推陈出新，证券衍生品种层出不穷。20 世纪 70 年代以来，各种证券期货、期权、期指等证券衍生产品迅速发展，成为国际金融市场上的重要品种。可以预见，随着金融衍生产品市场的发展，一系列新的证券衍生产品将会不断出现。

（四）投资者趋向机构化

随着市场规模的扩大，越来越多的小投资者将其资金转向集资投资型的证券，使得此类型的投资机构得以成长。成熟市场中投资者结构已发展到以机构投资者为主，新兴市场将逐步由以分散的小投资者为主转向以机构投资者为主。

（五）证券市场国际化

第三次科技革命的深化，带来了生产的国际化，生产国际化推动了资本的国际化，而资本的国际化也使得证券交易越来越趋向于全球性交易，主要体现在：一是证券发行、上市、交易的国际化，这主要体现在一国筹资者不仅可以申请在其他国家发行和上市交易有价证券，而且在其他国家发行的证券既可以本国货币为面值也可以东道国或第三国货币为面值；二是股价传递的国际化，即任何一国的股市行情都对其他国家有示范效应；三是多数国家都允许外国证券公司设立分支机构；四是各国政府间及国际组织间加强了证券投资合作与协调。

（六）证券投资的增长速度快速化

证券投资的增长速度超过了直接投资。从第二次世界大战结束到20世纪70年代末，国际直接投资一直占有主导地位，其中发达国家在1951～1964年间的私人投资总额中大约有90%采用直接投资，其私人直接投资额从1960年的585亿美元增加到1980年的4 702亿美元，增长速度为11%。进入20世纪80年代以后，国际证券投资的增长速度超过了国际直接投资，1981～1989年，国际债券市场的发行量从528亿美元增至2 500亿美元，平均每年增长18.9%。世界最大的投资国美国1980～1993年的对外证券投资由624.5亿美元增加到5 184.8亿美元，平均每年增长17.7%，而美国同期的对外直接投资从2 154亿美元仅增加到5 486亿美元，平均每年只增长7.5%。

（七）国际金融市场融资的债券化

债券在国际金融市场融资中所占的比重日益提高。国际债券融资一直是国际融资的一种方式，而债券融资的地位在不断提高。1975年，在国际金融市场融资总额585亿美元中，债券融资仅为187亿美元，占融资总额的32%。而1994年债券融资达到了2 939.4亿美元，占当年国际金融市场融资总额4 741亿美元的62%。1995～2004年债券融资一直保持在5 000亿美元以上，占国际市场融资额的比重仍维持在50%以上。债券融资占国际金融市场融资比重的提高与各国证券市场的开放、证券市场的统一化和国际化以及交易的多样化有关。

（八）证券资本流向分散化

流向发展中国家的证券资本每年平均增长速度快于发达国家，这使原本较为集中的资本流向有分散于发展中国家的趋势。20世纪80年代以来，国际资本流动的总态势是流向发展中国家。进入90年代以后，流向发展中国家的证券资本也在迅速增加。例如，1993年，在全球境外股票投资的1 592亿美元中，有525亿美元流向发展中国家，占股票总投资额的33%。1989～1997年，流向发展中国家的证券投资每年平均递增34%左右，其中主要是流向新加坡、马来西亚、泰国、印度尼西亚、中国等亚洲的新兴市场。1997～2010年流向发展中国家的股票投资额仍占全球股票投资总额的1/3以上，这主要与发达国家低利率政策以及发展中国家发展迅速、市场收益率高、风险较小有关。

四、国际证券市场

（一）国际证券市场的含义

国际证券市场由国际证券发行市场和流通市场所组成。国际证券市场一般有两层含义：第一层含义是指非居民参加的国际化了的各国国别证券市场。例如，中国企业在美国纽约证券交易所上市，筹集美元资金，如果这种筹集资金的外国企业很多，那么，我们就可以说纽约证券交易所就是国际化的证券交易所。第二层含义是指受某一具体国家管辖的境外证券市场。例如，利用欧洲债券筹集资金，而形成的交易即为境外证券交易行为，从事这种交易行为的证券市场即为境外证券市场。目前，绝大多数的国际证券市场属于第一层含义的证券市场，只有欧洲债券市场属于第二层含义的国际证券市场。由于股票是目前国际证券市场上交易量最大的有价证券，所以人们通常所称的证券市场是指股票市场。

最早的证券交易所是17世纪创设的荷兰阿姆斯特丹证券交易所。第二次科技革命后（19世纪70年代），以股票为中心的证券交易所迅速发展起来，尤其是第三次科技革命兴起（第二次世界大战以后），股票和债券交易量的大幅度增加，使世界上形成了诸如纽约、伦敦、东京、中国香港等许多著名的国际证券交易所。国际证券市场不仅可以吸收社会上大量闲散资金并使其在国际间进行合理的配置，而且还为企业转移和分散风险以及投资者利用闲置资本获取利润提供了机会。国际证券市场已成为当代国际金融市场的重要组成部分。

（二）国际证券发行市场和流通市场

国际证券市场由两部分组成，即证券发行市场和流通市场。证券发行市场一般称为“初级市场”或“第一市场”，是由投资者与筹资者交易的市场；证券流通市场往往被称为“次级市场”或“第二市场”，是投资者之间的交易市场。

1. 国际证券发行市场。国际证券发行市场是指企业、政府或机构向社会公众招募或发售新证券的场所或渠道。由于发行市场卖出的是新印发并第一次出售的证券，所以称为“初级市场”或“第一市场”。

证券发行市场由发行人、认购人和中间人组成。证券市场上的发行人一般是资本的使用者，即本国及外国的中央政府、地方政府、银行机构、企业等，它们一般都是规模巨大的主体；证券的认购者多为投资公司、保险公司、储蓄机构、各种基金会、企业法人和个人等；中间人主要包括证券公司和证券商等。证券发行市场一般有固定的场所，证券既可在投资公司、信托投资公司和证券公司发行，也可在市场上公开出售。证券发行的具体方式有两种：一种是在证券公司等金融机构的协助下由筹资企业自行发行；另一种是由投资银行等承购商承购，然后由承购商通过各种渠道再分销给社会各阶层的销售者进行销售。当新证券发行完毕后，该新证券的发行市场也就自行消失。

2. 国际证券流通市场。国际证券流通市场是指已经发行的有价证券转让的市场。因此，它也被称为“次级市场”或“第二市场”。在发行市场购得有价证券者或以其他方式持有证券者，可以在市场上重新出售，新投资者可以随时购买。这是已发行的有价证券所有权的转移。

证券一级市场和二级市场之间有着密切的联系。发行市场即制造证券的市场，它是流通市场产生的基础，而流通市场为投资者提供了转让和买卖证券的机会，满足了投资者渴求资本短期收益的欲望，从而起到了引导投资导向和变现的作用。证券流通市场一般有四种形式，即证券交易所、柜台交易、第三市场和第四市场。

（1）证券交易所。证券交易所是依据国家有关法律，经政府证券主管机关批准设立的证券集中竞价交易的有形的证券流通市场。交易所内买卖的证券必须是经过有关部门核准上市的证券。交易所内的证券交易集便利、迅速、公平、合法于一体（具体内容将在下面作专门介绍）。

（2）柜台交易。柜台交易也称场外交易市场，是指证券商在证券交易所以外与客户直接进行证券买卖的行为。这个市场并非特指一个有形的市场，而是指在证券交易所之外证券商与客户直接通过讨价还价促使成交的市场，它是证券交易市场的一个重要组成部分。这种交易在 17 世纪已经出现，但当时人们多在柜台上进行，所以称为柜台交易或店头交易。随着通信技术的发展，目前许多场外交易并不是直接在证券公司柜台前进行，而是由客户与证券公司通过电话和电传进行业务接洽，故又称为电话交易市场。场外交易也进行了电脑联网，因而也称为自动报价交易系统。柜台交易的证券多属可公开发行但未在证券交易所登记上市的证券。柜台交易的数量没有起点和单位限制，不通过竞价买卖，交易者可以不通过经纪人直接买卖证券，而是协议成交。

（3）第三市场。严格地说，第三市场是场外交易市场的一部分，即它实际上是“已上市证券的场外交易市场”，指已在正式的证券交易所内上市由非交易所会员从事的在证券交易所之外进行交易的证券买卖市场。这是 20 世纪 60 年代才开创的一种市场。第三市场参加者主要是各类机构，如银行的信托部、养老基金会、互助基金以及保险公司等。因此，第三市场虽然交易量与证券交易所相比并不多，但每笔成交数额一般都比较大，而且在第三市场上经纪人收取的佣金费用一般低于交易所费用，所以买卖证券成本较低，同时又能比交易所更迅速地成交，因而引起广大投资者的兴趣。

（4）第四市场。第四市场指的是投资者和金融资产持有人绕开通常的证券经纪人，利用计算机网络直接进行大宗股票交易的场外交易市场。这是近年来国际流行的场外交易方式。参与第四市场进行证券交易的都是一些大企业、大公司，它们进行大宗股票买卖，主要是为了不暴露目标，不通过交易所，直接通过计算机网络进行交易。

五、证券交易所

证券交易所是买卖和转让已核准发行的债券、股票等有价证券的交易场所。它是一种大型的、有高度组织的交易机构。证券交易所属于二级市场，同时也是二级市场的主体和核心。

（一）证券交易所的组织形式

证券交易所的组织形式一般有两种：一种是公司制；另一种是会员制。

1. 公司制证券交易所。公司制证券交易所是由投资者以股份有限公司形式设立的以赢利为目的的法人机构。公司制证券交易所是由银行、证券公司、投资信托机构及各类公营民营公司等共同出资占有股份建立起来的，任何证券公司的股东、高级职员或雇员都不能担任证券交易所的高级职员，以保证交易的公正性。这种交易所是由股份公司提供场地、设备和服务人员，并在主管机构的管理和监督下，证券商依据证券法规和公司章程进行证券买卖和集中交割。公司制证券交易所相当于一个以赢利为目的的自负盈亏的私人公司，其收益主要来自发行证券的上市费和证券交易的手续费。证券公司本身的证券大都不上市交易，公司本身也不自行或代客买卖证券。目前，世界各国的多数交易所属于公司制证券交易所。

2. 会员制证券交易所。在法律地位上，会员制证券交易所分为法人与非法人两种。具有法人地位的会员制证券交易所是指非营利目的的社团法人，除适用证券交易法外，也适用民法的规定，其会员以证券经纪商和证券自营商为限，如日本等国的证券交易所即如此。不具有法人地位的会员制证券交易所是指由证券商自愿组成的、不以赢利为目的的社会非法人团体，如美国，其章程细则中有关会员的入会、惩戒、开除等条款规定被视为会员间的契约，必须共同遵守。会员制交易所是不以赢利为目的的，在交易所内进行交易的投资者必须为该所的会员，其会员资格是经过交易所对学历、经历、经验、信誉和资产的认证后取得的。会员制交易所的会员，既可以是投资银行、证券公司、信托公司等法人，也可以是自然人。交易所的费用由会员共同承担。这种交易所也同样提供场地、设备和服务人员，证券的投资者也只能通过经纪人代为买卖。发达国家的交易所以前多属于会员制交易所，但目前它们中的多数已转为公司制交易所。

（二）证券交易所的证券商

由于只有证券交易所的会员才能进入交易所大厅进行证券买卖，因此，对于大众投资者来说，他们没有资格进入交易所大厅进行证券买卖，只有委托证券商作为其经纪人代为买卖。在现代证券交易所中，证券商大致有以下六类。

1. 佣金经纪人。佣金经纪人亦称代理经纪人。他们是由证券公司派入交易所大厅、专门根据顾客的指示代客买卖证券的经纪人。交易完毕以后，由佣金经纪人通知证券公司，再由证券公司通知客户。佣金经纪人赚取佣金，不承担任何风险。

2. 二元经纪人。二元经纪人，亦称交易所经纪人，这种经纪人不直接接受客户的委托，而是在交易繁忙时接受佣金经纪人的委托买卖证券的居间经纪人。二元经纪人不属于证券公司，而是以个人身份在交易所取得席位，他们也收取佣金，其佣金数量按经手的股数计算。二元经纪人因过去每天买卖100股获取佣金

2 美元而得名。

3. 证券自营商。证券自营商，也称交易所自营商或独立经纪人。他们不是为顾客服务，而是为自己买卖证券的证券商。证券自营商自负盈亏，并以低进高出来赚取证券的买卖差价。按照各国的做法，只要是证券交易所的会员，均可以在交易所自行买卖证券，但这些人在交易所大厅内为数很少。

4. 零股交易商。证券交易所通常以 100 股或 1 000 股为一个交易单位，而零股交易商是专门从事经营或接受委托买卖不足一个交易单位数额证券的交易商，如经营 1 ~99 股。零股交易商必须以个人身份买卖证券，他们的收入不是来自佣金，而是证券买卖的差价，他们服务的主要对象是佣金经纪人。零股交易商使小额投资者能参与证券交易所的证券买卖。

5. 专家经纪人。专家经纪人是证券交易所中一种特殊的经纪人，他们是按照专业的分类专门从事一种或数种待定证券交易的经纪人。专家经纪人既接受佣金经纪人或交易商的委托买卖证券，也为自己买卖证券。此外，这种经纪人还肩负着在合理的情况下保证证券市场有秩序地运营的义务。在证券价格出现暴涨或暴跌时，他们要以自己的资金买进或卖出证券，使证券价格稳定在一个合理的范围内。

6. 债券经纪人。债券经纪人是代客买卖债券、收取佣金的经纪人。债券经纪人在代客买卖债券的同时，也可为自己从事证券的交易活动。

（三）证券交易所交易的基本程序

由于在证券交易所进行证券交易的大多数投资者是通过经纪人买卖证券的，这就使证券交易更为复杂。目前，西方国家证券交易所的交易程序大都经过以下步骤。

1. 选择证券经纪人。证券投资者应先在某一家银行或证券公司等金融机构选择一个符合自己要求的经纪人。选择经纪人的标准主要有经纪人所属证券公司的声誉和经纪人本人的声誉、经历、经验等。此外，还可以通过报纸上的经纪人广告来寻找。对于一个缺乏经验的初次投资者来说，寻找一个经验丰富的经纪人作为决策参谋是很有必要的。

2. 开立账户。即投资者到选定的经纪人公司办理开户手续。在开立账户之前，经纪人公司要对申请开立账户的客户进行调查，如果对客户的信誉情况搞不清楚，经纪人公司可以要求客户交纳抵押金或提供银行担保。待开户申请批准后，经纪人公司发给客户同意书，并予以编制账号，填制“开立账户卡”给客户。账户实际上是投资者与经纪人所签订的规定有双方权利和义务的委托买卖证券的契约。目前证券买卖开立的账户有四种：第一种是现金账户，即客户在成交以后，买方必须在清算日或清算日之前全额支付价款，卖方也必须交清出售的证券；第二种是保证金账户，即以证券商提供资金信用购买证券的方式所开立的账户；第三种是联合账户，即由两个或两个以上的投资者共同开立的账户；第四种是随机账户，即客户授权经纪人自主决定并随机根据行市的变化进行交易的账户，也称授权账户。

3. 委托。开立账户以后，投资者便可委托经纪人买卖证券。委托可以当面委托，也可以通过电话、电报、电传、信函等形式进行委托。委托还需填写委托书，委托书一般注明委托人的姓名、账户、时间、股票名称、买卖数额、委托方式和类型等。

委托的类型一般有以下六种。

（1）购买与出售委托。购买委托是委托经纪人购进证券；出售委托是委托经纪人卖出证券。

（2）整数与零数委托。委托交易的单位为一个单位或其倍数的委托叫整数委托；交易单位为一个单位以下的委托为零数委托。

（3）市价委托与限价委托。由经纪人按市价自行决定交易的委托为市价委托；要求经纪人在一定的价格范围内进行交易的委托为限价委托。

（4）当时委托和公开委托。委托时间从委托有效期开始至当日交易所营业终止时结束的叫当时委托；公开委托是指当周委托、当月委托或不定期委托。

（5）授权委托。它包括完全授权委托和限制授权委托。前者是指客户对经纪人买卖股票的种类、数量、价格等方面不加以任何限制；而后者指的是客户对经纪人在买卖股票的种类、数量、价格等方面加以限制。

（6）停止损失委托。即客户委托经纪人在股价升至其指定限度以上或股价跌至其指定限度以下时，为其按市价买进卖出股票，以维护其既得利益或减少其损失。

4. 成交。经纪人接到委托指令后，马上到交易台前执行委托，在了解了行情以后，便可进行讨价还价。在证券交易所内买卖证券是通过竞价方式进行的，这种方式也称双边拍卖，即买者之间相互竞以高价买进，卖者之间竞以低价卖出，最后将两头凑近达成交易。按交易所的规定，后者喊出的卖价不得高于前者，而后者喊出的买价也不得低于前者。报价和竞价的方式目前主要有三种，即口头、填单和电脑。

5. 清算。清算就是证券买卖双方在成交以后，通过证券交易所将各证券商之间买卖的数量和金额分别予以抵销，计算应收付证券和应收付金额的一种程序。

6. 交割。交割是证券的卖方交票、买方付款的过程。在成交并经过清算之后，便可进行交割。但在证券交易所的证券交易中，并不一定对每笔交易都进行交割，只对其净差额的证券和价款进行交割。

交割也并不是在成交后立即进行，交割的时间一般有以下四种确定的方法。

（1）当日交割，即在成交当日进行证券和价款的收付；

（2）次日交割，即在成交日后的下一个营业日进行证券和价款的收付；

（3）例行交割，即在成交日后的数日之内完成证券和价款的收付；

（4）选择交割，即证券交易双方自行选定交割日期，选择交割的期限一般在成交日后的5~6天进行，选择交割多用于场外交易。

7. 过户。过户是办理证券所有权变更的过程。在成交以后，如果证券的买方不打算在短期内卖出便可办理过户，过户仅限于记名的证券，过户时需要买方持有经原证券所有人背书的证券和成交通知书，并填有过户申请书，过户一般均由经纪人代为进行。如果投资者买进是为了卖出，以赚取买卖差价，就可不必办理过户手续。

第二节　国际股票投资

一、股票的含义

股票是证券的一种，是由股份公司发给股东作为入股凭证借以获得股息收入的有价凭证。股票持有人凭股票可享受公司的利益，有权取得股息、红利、公司剩余资产的分配，与此同时也承担公司的责任和风险。

要全面理解股票的含义，需先了解其特征。

1. 形式上的规定性。股票记载事项有一定的规定性。股票上面要有三个以上的董事签名盖章并经由主管机关或核定发行登记机构批准后才发行。如缺少上述要件，股票即告失效。

2. 股票占有与股东权利的不可分割性。股票与其代表的股东权利有着不可分离的关系。换言之，股东权利的转让应与股票占有的转移同时进行，两者缺一不可。

3. 决策上的参与性。股票是代表股份资本所有权的证书，是投资入股的凭证，就法律性质而言，除优先股权外，每一股份所具有的权利原则上是相等的，因此，拥有股票数越多，所占股权比例越大。

4. 报酬上的剩余性。这是指公司的利润首先要偿还公司债务，兑付债权人对投资报酬的索取权，还要上交所得税，并按董事会决定从税后利润中提留一部分作为公司进一步发展的公积金，余下的净利润才能作为股本的报酬分给股东。所剩的净利润越多，股息分得越多；如果剩余无几，股东可能一无所获了。

5. 清偿上的附属性。所谓附属性，是指股本并不是必须偿还的。当公司破产或解散、所有债务均需偿还时，对股本来说则是能还则还、不能还则不还。按照破产法的规定和清偿惯例，股份有限公司宣布清偿时要先偿还除股本外的所有公司债权人的债务，例如债券本息、政府税款、银行贷款以及雇员和工人的未付工资。只有在上述一系列债权的债务分别清偿完毕后，法律才允许公司将剩下的固定资产和其他有形资产变卖成货币来偿还股东的股本金。

6. 期限上的永久性。股票没有期限，没有约定的到期日，股份公司不对股东偿还本金，股东也无权提出退股还本的要求。股东若想收回投资，只能将股票转卖他人，但这种转卖不涉及公司资本的增减，只改变了公司资本的所有者。股份公司在破产、清偿或因故解散的情况下，依据法定程序宣布结束，但不能理解为股票到期，股东得到的清偿也不一定等于其投入的本金。西方发达国家有的股份公司已经存在了100多年，公司仍稳定经营着。

7. 交易上的流动性。股票是一种可以自由转让的投资工具，可以在证券交易所或柜台市场上出售。正是这一特征弥补了股票期限上永久性的不足，也是股份公司能在社会公众中广泛吸引游资的又一重要原因。股东无权向公司索回股本，当股东需要现金时，可随时出售，使股票成为流动性很强的投资工具。一个国家的证券市场越发达，股票的流动性就越强。股票的转让及随之而来的股东变更并不改变股份公司的资本额，也不影响股份公司的稳定性。

8. 投资上的风险性。股票是一种高风险的投资工具，这是由股票报酬上的剩余性、清偿上的附属性和股票价格的波动性所决定的。股票投资者至少面临两方面风险：一是如果公司经营不善，或市场上出现意外情况，使公司剩余利润减少，股票的收益立即下降，一旦公司倒闭，该公司股票就会变得一文不值；二是股票的市场价格更是受到公司经营状况及相关的政治、经济、社会、心理等因素的影响，波动剧烈。因此，股票的投资者总是要冒一定的风险。

二、股票的种类

为了适应广大投资者的需要，股票投资市场不断创新，股票的种类越来越多，最常见的是普通股和优先股。

（一）普通股

普通股是股票中最普遍的一种形式，是股份公司最重要的股份，是构成公司资本的基础。普通股股票是股份公司股权的证书，代表了持股人在公司中的财产权或所有权。但普通股持有人的权力是有限的，他无权处置公司的全部财产，只能处置他手中的股票，普通股是风险最大的股票，又是主要受益股票，也是市场交易最活跃的股票。普通股持有人是公司的基本股东，享有多种权益。一般说来，包括以下六种。

（1）盈余分配权。普通股股东可以从公司获得的利润中分配到股息。普通股股息收益是不确定的，股息的多少完全取决于公司盈利的多少及其分配政策。股息发放数额由董事会决定。普通股的股息在理论上是没有上限的，但优先股的股息绝大多数是固定的。

（2）优先认购权。当公司又发行新股时，普通股股东有优先承购新股的权利。

（3）选举权。股东有选举董事会的权利，也可请委托人代行这一权利。

（4）剩余财产分配权。如果公司要解散，普通股股东继优先股分配之后，享有分配剩余财产的权利。如果公司有亏损，这一权利是虚有的。

（5）股份转移权。股东在公司登记后，有权将自己的股票转让出售。

（6）检查账册权。但这只限于已经拥有一定比例股份的股东，一般的股东只能查阅股东大会会议记录和股东名册。

（二）优先股

优先股是指公司在筹集资本时给予投资者某些优惠特权的股票。如在公司利润分配时较普通股有优先权的股票，在企业解散、改组、倒闭时也能优先得到可分配给股东的部分财产，即优先获得清偿的权利。一般情况下，优先股股东没有表决权，不能参与公司的经营管理。但是，如果公司连续三年不支付优先股的股息，优先股也可获得一股一票的表决权；当公司研究与优先股有关的问题时，优先股持有人就有权参加会议。例如，加拿大的麦瑟—佛古森公司 1983 年春研究把一般优先股改为可转换的优先股时，就召开了有优先股持有人参加的特别会议。又如在美国，公司如果连续八个季度无力支付优先股股息时，后者将选出两名董事参加公司董事会。优先股的优先权主要表现在以下两方面。

（1）优先领取股息。公司在付给普通股股息之前，必须先按固定的股息率付给优先股股息。因为股息率是以面值的百分比表示的，所以，优先股面值的大小很重要。无面值的优先股通常按固定的金额表示。总之，这是优先股最显著的优先权，公司在付给普通股股息之前，必须先按规定的股息率付给优先股股息。

（2）优先清偿权。当公司解散、改组和转产时，优先股持有者在公司偿还时有权先于普通股从拍卖所得的资金中得到补偿。

与普通股相比，优先股的缺点是不能享受公司利润增长的利益，因为其股息率已经事先定好，即优先股是固定的股息率。从这点上说，优先股又是公司举债集资的一种形式，但持股人又不能像银行贷款或公司债券那样到期可以收回本金，而且在清算过程中必须等债权人的要求得到满足后才能提出要求。

优先股本身的种类也很多，常见的主要有以下五种。

（1）积累优先股。这是指不论发行公司是否获利，优先股持有者均保留分配股息的权利。也就是说，公司任何一年中未支付的股息可累积下来，以后年度一并支付。

（2）非累积优先股。非累积优势股与累积优先股相对，其股息的发放只限于本期，对于未发或少发的股息部分以后不再补发。

（3）参与优先股。这是指除可获得固定的股息外，在公司利润增多时，还可以和普通股一样参与公司盈利分配的优先权。

（4）非参与优先股。这是指在优先分得事先规定的股息外不再参与剩余利润的分配。

（5）可转换优先股。这是指股份公司发行的可在一定时期内按约定的条件将优先股转换成该公司的普通股，否则属于不可转换优先股。

三、股票的形式

股票形式是指股票的票面形式，一般分为有面值股和无面值股以及记名股和不记名股。

（一）有面值股和无面值股

有面值股也称面额股票，是指在股票票面上记载一定金额的股票。记载的票面金额叫票面价值。企业股票大部分是有面值股。有面值股票的作用是可以确定每股所代表的股权比例。发行有面值股，一般要求票面金额要均一，面额也有限度，发行价格不低于面值。因为投资者水平不等，如果面值高，势必把一部分投资者拒之门外，导致股票适销性减低，股票的实际价值也往往难以被人们认识，所以确定和维持适当的公平面值是很重要的。

无面值股是一种股票上未标明面值的股票，只标有总股数的股票。无面值股票可以促使投资者在购买股票时注意计算股票的实际价值，而不至于被面额所迷惑，而且其发行价格也不受限制。

这两种股票虽然形式上不同，但在权利方面却是相同的。

（二）记名股和不记名股

记名股是股东名册上登记股东姓名和住址、在股票上注明股东姓名的股票。它的优点很多，主要有：（1）只有在股东名册上登记才能行使股东权利，因此，记名股有利于行使股权；（2）便于公司与股东联系和召开股东大会做出特别决议；（3）有利于搜集囤积、侵占股票等行为方面的信息，以便采取预防对策。当然，记名股也有一定的缺点，主要是转让股票时需要背书或签订过户契约，手续比较复杂。

不记名股是一种无论在股东名册上还是在股票上都不记载股东姓名、住址的股票。它的优点是：（1）公司有事要通知股东时，只需发个通告即可；（2）股票转让时不需更名过户，手续简单，节省费用。

不记名股除具有以上优点外，还存在着一些缺点，比如，不记名股不便召开股东大会来做出特别决议；股东要行使股权需要将股票委托给公司保管，有很多不便。

目前，在美国、英国、日本的股份公司中多发行记名股票，而在德国和法国等国家的股份公司中多发行不记名股票。

四、国际股票投资基本内容

（一）股票的票面要素

股票票面上必须记载有一些表明其权益的事项，以便使购买者对该股票有明确的了解，这些事项即为票面要素。一般情况下，一张合格的股票具备下列票面因素：（1）标明股票字样；（2）该股票发行公司的名称、法定地址、公司注册成立日期、董事长、财务经理与转户机构负责人的签名；（3）该股票的类别、编号、发行日期、面额、代表的股份数、每股金额、批准发行机关的名称、批准发行的日期及文号；（4）股票持有人的姓名；（5）转让、挂失、过户的规定及办理机构名称；（6）收益分配方式；（7）公司认为应当说明的其他事项。

（二）股票的价值与价格

有关股票的价值、价格有多种提法，它们在不同场合有不同含义，需要加以区分。

1. 票面价值。股票的票面价值又称面值，即在股票票面上标明的金额。股票的票面价值仅在初次发行时有一定意义，如果股票以面值发行，股票面值总和即为公司的资本金总和。随着时间的推移，公司的资产会发生变化，股票的市场价格会逐渐背离面值，股票的票面价值也逐渐失去其原来意义，不再被投资者关心。

2. 内在价值。股票的内在价值即理论价值，即股票未来收益的现值，取决于股票收入和市场收益率，股票内在价值决定股票市场价格，但又不等于市场价格，由供求关系而产生并受多种因素影响的市场价格围绕着股票内在价值波动。关于股票内在价值的定量估定在下面将作较为详细的介绍。

3. 账面价值。账面价值又称股票净值，是每股股票所代表的实际资产的价值。每股账面价值是以公司净资产除以发行在外的普通股股票的股数求得，它是公司经营管理者、证券分析家和投资者分析公司财务状况的重要指标。

4. 清算价值。这是公司清算时每股股票代表的实际价值。从理论上讲，股票的清算价值应与账面价值一致，实际上并非如此简单，因为只有当清算的资产实际销售额与财务报表上反映的账面价值一致时，每一股的清算价值才会与账面价值一致。但在公司清算时，它的资产往往只能压低价格出售，再加上必要的清算成本，所以，大多数公司的实际清算价值总低于账面价值。

5. 股票的市场价格。股票的市场价格就是我们所熟悉的股票市场行情，即股票在交易市场上的买卖价格。股票的市场价格受许多因素影响，经常上下波动。引起波动的原因很复杂，有经济方面的原因，例如股份公司亏损了或者业绩提高了；有政治方面的原因，例如战争或者社会动乱等；有自然方面的原因，例如风调雨顺或者自然灾害等；还有人们心理上的原因以及人为操控等。总之，存在种种可能的原因使股票的价格发生波动。

（三）股票内在价值的定量评估

一般来说，投资者在买卖股票前都要评估一下股票的价值，也就是要准确掌握自己可能买卖的股票的内在价值，以便探知目前该股票的市场价格是否合理。如果股票价值超过市场价格，就说明该股票价格被低估，具有很大的上涨潜力，投资者可以考虑买进；如果股票价值远低于市场价格，就说明该股票价格被高估，具有下跌的可能，投资者可以考虑卖出。用图示表示这一过程如图 7 – 1 所示。

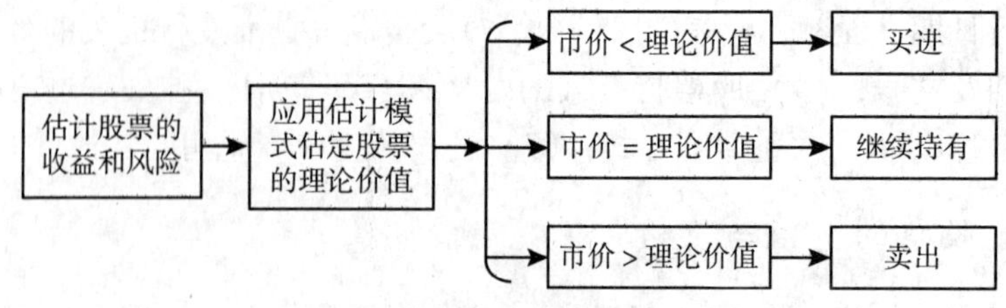

图 7－1　股价评估过程

图 7－1 就是股票价值评估的一般过程。进行股价评估时，首先要估计股票可能给投资者带来的收益和必须让投资者承担的风险。对于股票投资来说，它的收益主要来自两个部分：公司定期派发的股息（现金股息、股票股息等各种权力）和股票买进价与卖出价之间的差价利润（即资本利得）。而它的风险则要复杂得多，包括利率风险、购买力风险、经营风险、财务风险、政治风险、经济景气风险等。股价评估的核心环节是估算股票的理论价值，即必须把考虑了所有收益与风险情况下某股票的内在价值具体化、数量化。我们用最常使用的折现法估定股票的理论价值。

折现法就是按照某一折现率把发行公司未来各期盈余或股东未来各期可以收到的现金股息折成现值，作为普通股的评估价值。针对不同折现对象和不同的折现率选定方法，折现法可有多种具体方法，例如将盈余折成现值或将现金股息折成现值。盈余折现与股息折现方法相近，以下主要介绍股息折现。

1. 基本估价模式。股票价值的其他模式都是在基本模式基础上发展起来的，而基本估价模式分两种情形。

（1）永久持有的股票评估模式。

$$V_0 = \frac{D_1}{(1+k)} + \frac{D_2}{(1+k)^2} + \cdots + \frac{D_\infty}{(1+k)^\infty} \tag{7.1}$$

其中，V_0 表示股票现值，即理论价格；D_i 表示第 i 期股息；k 表示投资者的期望报酬率（即折现率）。这里，D_1，D_2，D_3…是不同的。若假设 k 与股利每期都不变，那么上式可简化为：

$$V_0 = \sum_{t=1}^{\infty} \frac{D_1}{(1+k)^t} = \frac{D_1}{k} \tag{7.2}$$

例如，吉林敖东公司在未来无限期内每股固定支付 1.5 元股息。投资者的预期收益率为 8%，由式（7.2）可知，吉林敖东公司每股价值为 18.75 元（1.5/8%）。如果吉林敖东公司的股票在二级市场上的交易价为 14.25 元，低于每股的理论价值，则应买入此股票。

由于普通股每年的股利不可能一直不变，因此，这一零增长率的股票价值衡量模式应用并不太广，只在股息政策比较稳定的普通股估价和优先股分析时采用。

（2）固定持有期的股票评估模式。在现实环境下，股票往往不是永久持有，因此，式（7.1）必须修正为投资者在其未来股票持有期间的评估模式。即：

$$V_0=\frac{D_1}{(1+k)}+\frac{D_2}{(1+k)^2}+\cdots+\frac{D_n}{(1+k)^n}+\frac{P_n}{(1+k)^n} \tag{7.3}$$

其中，P_n 表示 n 期末股票的出售价格。

式（7.3）说明，投资者若在第 n 期出售股票，那么普通股价值就等于第 1 期至第 n 期的每股股息之现值加上第 n 期股票售价的现值之和。如果持有一期，则：

$$V_0=\frac{D_1}{(1+k)}+\frac{P_1}{(1+k)}$$

如果持有两期，则：

$$V_0=\frac{D_1}{(1+k)}+\frac{D_2}{(1+k)^2}+\frac{P_2}{(1+k)^2}$$

2. 股息固定增长估价模式。投资者买入一只股票时，至少是期望股息支付金额应该不断增长。释放每期股息固定不变的假设条件，假定股息每期按一个不变增长比率 g 增长，则：

$$D_1=D_0(1+g)$$
$$D_2=D_0(1+g)^2$$
$$\cdots$$
$$D_\infty=D_0(1+g)^\infty$$

因此，式（7.1）可以改写为：

$$V_0=\frac{D_0(1+g)}{(1+k)}+\frac{D_0(1+g)^2}{(1+k)^2}+\cdots+\frac{D_0(1+g)^\infty}{(1+k)^\infty} \tag{7.4}$$

式（7.4）可以简化为：

$$V_0=\sum_{t=1}^{\infty}\frac{D_0(1+g)^t}{(1+k)^t} \tag{7.5}$$

当 $g<k$ 且 $D_0>0$，则分子增长速度慢于分母 $(1+k)^t$ 的增长速度，当 $n\to\infty$ 时式（7.5）的极值应该为：

$$V_0=\frac{D_0(1+g)}{(k-g)}=\frac{D_1}{(k-g)} \tag{7.6}$$

当 $g>k$ 时，这个多项式是发散的，因而，现值不存在。那么说明股票的价格从长远来看是无穷大，这种股票是重金难买。

当然，若投资者并非无限持有股票，则在其持有期为 n 的情况下，式（7.4）可改写为：

$$\begin{aligned}V_0&=\frac{D_0(1+g)}{(1+k)}+\frac{D_0(1+g)^2}{(1+k)^2}+\cdots+\frac{D_0(1+g)^n}{(1+k)^n}+\frac{P_n}{(1+k)^n}\\&=\sum_{t=1}^{n}\frac{D_0(1+g)^t}{(1+k)^t}+\frac{P_n}{(1+k)^n}\end{aligned} \tag{7.7}$$

（四）股票价格指数

所谓股票价格指数（也称股价指数或股市行情指标）是指以百分比表示的

一种股价波动相对数，以“点”为单位，它可反映各种股价的平均变化情况和股票市场的趋势。国际上比较常用的、比较有影响力的股票价格指数有以下六种。

1. 道·琼斯股票价格指数。它是美国历史最悠久也是目前最常用的一种股价指数。1884年7月3日，道·琼斯公司的创办者之一、当时身为新闻记者、《华尔街日报》和《巴伦国家商业和金融周刊》出版商的查尔斯·亨利·道和爱德华·琼斯，为了找出隐藏在股票价格每日波动中的规律，计算并发表了世界上第一个股价平均指数。这个最早的股价平均指数只包括11种股票，其中9种为铁路股票，反映了当时铁路业在美国经济中的重要地位。后来逐渐扩大选样范围，增加工业股票的样本股，先是扩大到20种，1897年增至32种，1916年为40种，1928年为50种，1938年达到65种，并保持至今。现在道·琼斯股票价格指数包括四种指数。30种工业股票平均指数、20种运输业股票平均指数、15种公用事业股票平均指数和上述65种股票的综合平均指数。现在常用的道·琼斯股票价格指数指的是道·琼斯工业平均指数，该指数是以1928年10月1日为基期，并定基期的股票价格为100，以后各期股票价格同基期相比计算出的百分比，即成为各期的股票价格指数。

2. 斯坦达德·普尔股票价格指数。它是由美国最大的证券研究机构斯坦达德·普尔公司计算并发表的证券价格指数中最为重要的一项指数。这个指数于1923年开始编制并发布标准普尔股票价格指数。该指数最初的采样股票是233种，到1957年样本股扩展到500种，指数种类增加至95种，现已增至137种指数。但是，最著名的有以下四组：工业、运输业、公用事业和500种股票综合指数，即标准普尔500种股票价格指数或简称为标准普尔500种。原来的标准普尔500种指数根据425种工业股票、15种铁路股票和60种公用事业股票编制，自1976年7月1日起，改为根据400种工业股票、运输业股票20种、公用事业和金融业股票各40种，其市价总值约占纽约证券交易所全部股票价值的80%。普尔股票价格指数以1941～1943年为基础，基期定为10，采用基期加权平均法计算，即：

$$\text{股票价格指数} = \frac{\sum(\text{每种股票价格} \times \text{已发行数量})}{\text{基期的市价总值(三年的平均数)}} \times 10$$

这样计算出来的股票指数很接近纽约证券交易所市场上股票的每股平均价格。由于这个股票指数包括的股票达500种之多，并且考虑到交易量的影响，信息资料较全，它能更近似地反映股票市场的情况，所以美国联邦银行和商业部都曾采用过标准普尔指数分析美国经济行情。

3. 纽约证券交易所股票价格指数。它是1966年纽约证券交易所根据挂牌的1 570种股票计算的股票价格综合指数。除了综合指数外，还编制了980种工业股票价格指数、136种公用事业股票价格指数、76种运输业股票价格指数和75种金融业股票价格指数。纽约证券交易所综合股价指数计算方法和标准普尔指数一样，采用加权平均法，每半小时计算一次，该指数以1965年12月31日为基期，由于当时纽约证券交易所全部上市股票平均价格为每股53.33美元，为使指数接近这一平均价格，令基期指数为50。

4. 恒生指数。该指数是由香港恒生银行编制以反映香港股票市场价格变动情况的综合性指标，也是香港股票市场历史最为悠久、影响最大的一种股价指数。恒生指数采用上市公司中的33个有代表性的公司的股票作为计算对象。从1984年1月起恒生指数增加分类指数，并将指数基日从1964年7月31日调整为1984年1月13日，基期指数为100。

5. 日经平均指数。日经平均指数是《日本经济新闻社》编制公布的以反映日本股票市场价格变动的股价指数。该指数从1950年9月开始编制，最初根据东京证券交易所第一市场上市的225家公司的股票算出修正平均股价，称为“东证修正股价”。1975年5月1日《日本经济新闻社》向道·琼斯公司买进商标，采用道·琼斯公司修正指数法计算，指数也改称为“日经道式平均股价指标”，1985年5月合同期满，经协商，又将名称改为“日经股价指数”。现在日经股价指数分为两组。

（1）日经225种股价指数。这一指数以在东京证券交易所第一市场上市的225种股票为样本，包括150家制造业、15家金融业、14家运输业和46家其他行业，样本股原则上固定不变，以1950年算出的平均股价176.21日元为基础。由于该指数从1950年起连续编制，因而具有较好的可比性，成为反映和分析日本股票市场价格长期变动趋势最常用和最可行的指标。

（2）日经500种股价指数。该指数从1982年1月4日起开始编制，采样股扩大到500种，约占东京证券交易所第一市场上市股票的一半，因而其代表性更广泛。该指数的特点是采样不固定，每年根据各公司前三个结算年度的经营状况、股票成交量、成交金额、市价总额等情况对样本股票进行更换。正因为如此，该指数不仅能较全面地反映日本股市行情变化，还能如实反映日本产业结构变化和市场变化情况。

6. 金融时报指数（有时也称伦敦证券交易所股票价格指数）。《金融时报》指数是英国最具权威性的股价指数，是由《金融时报》编制的反映伦敦证券交易所工业和其他行业股票价格变动的指数。该指数的采样股票分为三组：第一组在伦敦证券交易所上市的英国工业有代表性的30个大公司的30种普通股；第二组和第三组分别由100种股票和500种股票组成，其范围包括各行各业。该指数以1935年7月1日为基期，基期指数为100。金融时报指数反映了英国股票市场行情。

（五）国际股票的交易方式

1. 现货交易。股票的现货交易也称现金交易，是指股票的买卖双方达成交易以后按当时的成交价格清算和交割的交易方式。也就是说，在这种交易方式中，证券买卖双方同意在成交时马上交割，卖者交出证券，买方以现金或支票支付买进价款。由于现货交易要通过现金账户进行，整个交易按证券交易所或场外交易的基本程序进行。因此，现货交易的一个显著特点是实物交易（实行无纸化交易后，现货交易也无须实物证券，只通过证券账户划转即可），即卖方必须向买方转移证券，故采用现货交易方式的投资者一般不是为了投机，而是为了长期的投资，希望能在未来的时间内获得较稳定的分红或利息收入。

2. 期货交易。股票的期货交易是指股票的买卖双方成交以后，交割和清算要按契约所规定的价格在未来某一时间进行，即股票期货交易的双方在签订交易合同之后，买方不用立即付款，卖方也不需及时交出股票，而是在双方约定的未来某一时间进行。这样可使买方在手中资金不足时购买股票，卖方可在没有股票的情况下出售股票，买卖双方便可以利用这一机会按照预期的价格变动买卖远期股票，以从中谋取买卖差价。预计在交割前股价上涨，将买入期货合同，称为多头；预计在交割前股价下跌，将卖出期货合同，称为空头。此外，投资者进行期货交易的另一个目的是为了套期保值，以防范价格变动的风险。

3. 保证金交易。保证金交易也称信用交易或垫头交易，是指客户买卖股票时向经纪人支付一定数量的现款或股票，即保证金，其差额由经纪人或银行向其贷款进行交易的一种方式。如果经纪人为交易者垫付的是部分款项被称为融资；如果经纪人借给交易者的是股票被称为融券。保证金交易也是从事证券投资活动的一种手段，从事该种交易的交易者是利用股票价格在短期内的变动牟取暴利，即投资者在预测某种股价将要上涨时，便以保证金的形式购买股票，以待股价上涨后再卖出。保证金交易属于多头或买空交易，它要求交易者必须有足够的信誉和实力，凭此开设保证金账户。在交易过程中，投资者用保证金购买的股票全部用于抵押，客户还要向经纪人支付垫款利息。

4. 期权交易。股票期权交易实际上是一种股票权利的买卖，即某种股票期权的购买者和出售者，可以在规定期限内的任何时候，不管股票市价的升降程度，分别向其股票的出售者和购买者以期权合同规定好的价格购买和出售一定数量的某种股票。期权一般有两种：一是看涨期权，即投资者按协议价格购买一定数量的某种股票的权利；二是看跌期权，即投资者按协议价格卖出一定数量的某种股票的权利。当股价看涨时，投资者愿意购买看涨期权；当股价有下降的趋势时，投资者往往愿意购买看跌期权。但在行使期权对自己不利时，可以放弃期权，不过期权的购买费不予退还，期权合同一般随着有效期的结束而失效。期权交易一般对买卖双方均有好处，买方可以利用期权保值或赚取股票的买卖差价，而卖方则可以赚取期权的出售费。

5. 股票价格指数期货交易。股票价格指数期货交易是以股票价格指数为“商品”的期货合约，股票价格指数期货交易，就是对以股票指数为交易对象的期货合约的买卖。股票价格指数期货交易就是利用指数涨落所进行的交易。股票价格指数期货交易是投资者根据股票市场价格总趋势所做出的买卖决定。

（六）发行国际股票的动机

1. 发行国际股票可以在更具深度和广度的国际资本市场上筹集资金。随着国际股票市场的发展和完善，各国企业可以在全球范围内实现募集股本资金多样化，降低筹资成本。

2. 发行国际股票能够扩大投资者的分布范围，分散股权，不仅可以提高公司股票的流动性以有利于股价的稳定和提高，而且可以减弱国内机构投资者的控制。

3. 发行国际股票可以在世界范围内提高公司的知名度，从而有利于公司的未来发展。

第三节 国际债券投资

一、债券的含义、特点及票面要素

债券是依照法定程序发行的约定在一定期限还本付息的有价证券。债券具有以下特点。

（1）有期性。债券在发行时一般确定偿还期限，到期由发行人偿还本金和利息，若有提前偿还或延期偿还，则在发行时就有明确规定。

（2）流动性。债券期满后，可以随时按规定向发行单位一次收回本金和利息。在到期前，持有者若由于各种原因需要资金时，可以随时到证券市场上向第三者出售转让，转让完成后，债券的权利也随之转让。因此，这是一种流动性较强的证券。证券市场越发达，债券的流动性越强。

（3）安全性。债券的本金偿还和利息支付有一定的安全性。债券的发行人是政府、与政府有关的公用事业单位、银行和信用较高的企业等，加上债券的发行有一定的法定审批程序，有法律保障，使投资者的资金比较有安全性。债券的利息不受发行后市场利率水平变动的影响，即使是浮动利率，一般也有一个预定的最低利率，保障投资者在市场利率下降时免遭损失。债券的本金必须在期满时按照票面金额偿还，为了保障其实现，各国还运用法律形式加以规定。

（4）偿还性。普通股股票在股份公司停止运营（清算）之前不还本。债券不像普通股股票，债务人必须按期向拥有债券的债权人支付利息和偿还本金。

（5）收益性。债券的利率一般高于储蓄存款。因为利用债券筹资不需要通过中介机构，筹资费用较低，故利率较高。但在购买债券时，不能仅看票面利率，还要考虑买进债券的价格及买到后持有至债券期满前的时间长短。

债券作为证明债权债务关系的凭证，一般是用具有一定格式的票面形式来表现的。通常，债券票面上有四个基本要素：

（1）债券的票面价值，指币种和票面金额。

（2）债券的偿还期限，指债券从发行之日起至偿清本息之日止的时间。

（3）债券的利率，指债券利息与债券票面价值的比率，通常年利率用百分数表示。

(4) 债券发行者的名称，指该债券的债务主体。

二、债券的种类

债券种类的划分方法很多，下面介绍几种最常见的分类方法。

(一) 按债券发行主体分类

1. 政府债券。它包括国家债券和地方债券。国家债券是政府为筹集资金进行公共投资或是为了弥补财政赤字而发行的信用证券。地方债券又称市政债券，是地方政府为当地经济开发、公共设施的建设而发行的债券。地方债券的信用度低于国家债券，但在债券市场上流通量较少，流通区域也有限，不像国家债券那样容易转让。地方债券的利率有时比国家债券低，但却因享有免税待遇因而税后收益率较高。

2. 公司债券，又称企业债券，是公司为筹措资金而发行的债务凭证。发行公司债券，一般是筹措长期资金、扩大生产规模，因此期限较长。发行者多为一些一流的大公司，有些跨国公司的资信度极好，但一般的公司债券信用度不及政府债券和金融债券，所以其利率一般高于其他债券。

3. 金融债券。金融债券是由金融机构为筹集信贷资金而向社会发行的一种债权债务凭证，是金融机构传统的融资工具。其信用较高、利率也不低，一般为中长期债券。

(二) 按债券是否记名分类

1. 记名债券。记名债券是指在债券券面注明债权人的姓名，转让时需办理过户手续的债券。

2. 无记名债券。无记名债券是指在债券券面上没有债权人的印鉴，转让时也无须办理过户手续的债券。

(三) 按债券是否有抵押或担保分类

1. 抵押债券。抵押债券是债券的发行者以其所有的土地、房屋等不动产和股票等动产作为抵押而发行的债券。

2. 无抵押债券。无抵押债券是指债券的发行者不以自己的任何物品作抵押，而是以自己的信誉为担保的债券。

3. 收入债券。收入债券是地方政府以某些项目的收入为担保而发行的债券。

4. 普通债务债券。普通债务债券是国家政府以其信誉及税收等为担保而发行的债券。

(四) 按债券形态分类

1. 剪息债券。剪息债券是指券面上附有息票、定期到指定的地点凭息票取息的债券。

2. 贴现债券。贴现债券是指以低于债券面额发行，到期按面额偿还，其差额为投资者利息的债券。

（五）按债券的偿还期限分类

1. 短期债券。短期债券一般是指偿还期限在1年以内的债券。
2. 中期债券。中期债券一般是指偿还期限在2~5年的债券。
3. 长期债券。长期债券一般是指偿还期限在5年以上的债券。

（六）按债券募集方式分类

1. 公募债券。公募债券是指公开向社会募集的债券。
2. 私募债券。私募债券是指向少数特定人募集的债券。

（七）按债券发行的地域分类

1. 国内债券。国内债券是由本国政府、银行、企业等机构在国内发行的以本国货币计价的债券。

2. 国际债券。国际债券是指由一国政府、金融机构、企业在国外发行的并以某种外币计价的债券。

三、国际债券的特点及种类

（一）国际债券特点

随着世界各国对外国投资者限制的放松和国际证券市场的迅速发展，出现了国际借贷证券化的趋势。

国际债券同国内债券相比具有下述特点：（1）资金来源的广泛性；（2）计价货币的通用性；（3）发行规模的巨额性；（4）汇率变化的风险性；（5）国家主权的保障性。

（二）国际债券的种类

1. 外国债券。外国债券（Foreign Bond）是指一国政府、金融机构、企业等在本国以外的国家发行的以发行地所在国货币为面值的债券。如某国在美国证券市场上发行的美元债券，又称“扬基债券”；在英国证券市场发行的英镑债券，又叫“猛犬债券”；在日本发行的日元债券，又叫“武士债券”。外国债券的发行一般均由市场所在国的金融机构承保。中国曾在日本、美国、欧洲等地的证券市场上发行过外国债券。外国债券实际上是一种传统的国际债券。发行这类债券一般要求发行地的政局比较稳定，资本市场上的资本较充足，以利于债券的发行和销售。同时，要有比较健全活跃的证券流通市场、货币的币信要较高，要有宽松的外汇管理制度，以利于债券的流通和转让。目前，世界上主要的外国债券市场有美国的纽约、日本的东京、瑞士、英国的伦敦、德国的法兰克福等地。

2. 欧洲债券。欧洲债券（Euro Bond）是指一国政府、金融机构、企业等在外国证券市场发行的以市场所在国以外的第三国货币为面值的债券，又叫境外债券、欧洲货币债券。如美国在法国证券市场发行的英镑债券就叫欧洲债券。欧洲债券的发行者、面值货币和发行地点通常分属不同的国家，这种债券的发行由面值货币所在国以外的国际性金融机构进行。欧洲债券是以面值货币的名称进行具体命名。例如，面值货币为美元的欧洲债券，一般被称为欧洲美元债券；面值货币为日元的欧洲债券被称为欧洲日元债券；面值为英镑的欧洲债券被叫做欧洲英镑债券；其他面值的欧洲债券可以以此类推。在日本东京发行的外币债券，通常称为将军债券。

欧洲债券是随着欧洲货币市场的形成而兴起的一种国际债券。1961 年 2 月 1 日在卢森堡发行之后，其发展极其迅速。目前国际债券市场上，欧洲债券所占的比例远大于外国债券的比例。欧洲债券具有吸引力的主要原因在于：第一，发行的灵活性。欧洲债券市场是一个完全自由的市场，债券发行较为自由灵活，既不需要向任何监督机关等注册，又无利率管制和发行数额限制，还可以选择多种计值货币。例如，欧洲美元债券市场不受美国政府的控制和监督，是一个完全自由的市场。欧洲美元债券的发行主要受汇率、利率等经济因素的影响。第二，方便额度大的中长期资金筹措。例如，欧洲日元债券的发行额较大，一般每笔发行额都在 200 亿日元以上，欧洲美元债券的发行由世界各地知名的公司组成大规模的辛迪加认购团完成，且期限较长，财务公开要求不高，方便筹资者筹集金额大、期限较长的资金。第三，发行成本低。如面值货币为欧洲美元的欧洲债券的发行成本比美国国内市场低 0.125% ~0.250%。原因是欧洲债券通常由几家大的跨国金融机构办理发行，发行面广，手续简便，发行费用较低。第四，流动性较强。欧洲债券的利息收入通常免交所得税，可以促进债券的流通。第五，安全性和收益性高。欧洲债券发行者多为大公司、各国政府和国际组织，它们一般都有很高的信誉，对投资者来说是比较可靠的。同时，欧洲债券的收益率也较高。

欧洲债券的主要种类：

（1）固定利率债券。这是一种利率固定的定期欧洲债券，也称为普通债券。它属于传统的欧洲债券，目前这种债券的发行量在不断减少。

（2）浮动利率债券，又称为浮动利率票据。这种欧洲债券的利率是不固定的，随某种短期利率变化作定期调整，一般以 3 个月或 6 个月欧洲货币市场银行同业拆放利率如 LIBOR（伦敦银行同业拆放利率）为参考利率另加一个利差。这种债券始于 20 世纪 70 年代初期。

（3）可转换债券，是指发行者所发行的债券除按期付息外还允许这种债券的持有人将其债券转换为发行公司的普通股股票或其他资产的债券。

（4）授权债券。在债券发行时附有授权证。授权证的功能是债券的持有人可按确定的价格在未来某一时间内购买指定的债券或股票。授权证与可转换债券的区别在于，授权证可以与债券分开单独在市场上交易。

（5）锁定利率债券。锁定利率债券是一种可由浮动利率转为固定利率的债券，即债券发行时只确定一个基础利率，待债券发行之后，如果市场利率降到预先确定的水平时，则将债券利率锁在一定的利率水平上，成为固定利率，直到债券到期为止。锁定利率债券于20世纪70年代中期才开始发行。

3. 全球债券。全球债券（Global Bond）是指在全球各地金融中心同时发行、并可以在世界各国众多的证券交易所同时上市、24小时均可进行交易的债券。全球债券是由世界银行在1989年首次发行，且世界银行一直占据着全球债券发行的主导地位。后来被欧美以及一些发展中国家所效仿。全球债券先后采用过美元、加元、澳元、日元等货币发行。全球债券与欧洲债券不同，采取记名形式发行，经常在美国证券交易所登记，有时也在其他国家注册。全球债券具有发行成本低、发行规模大、流动性强等特点。全球债券是一种新兴的债券，它的发行规则和程序还有待完善。

四、国际债券的发行

（一）国际债券市场对发行者的要求

国际债券市场一般有严格的管理制度，但也有一些国家债券市场相当自由。管理较严的国家一般对发行者均有以下要求：（1）必须经过正式申请和登记，并由专门的评审机构对发行者进行审查；（2）发行者必须公布其财政收支状况和资产负债情况；（3）在发行期间，每年应向投资人报告资产负债及盈亏情况；（4）债券发行获得批准后，必须根据市场容量统一安排发行的先后次序；（5）债券的发行与销售一般只许证券公司或投资银行经营，一般银行只能办理登记及还本、付息、转让等业务；（6）一般须由发行者国家政府或中央银行进行担保，担保必须是无条件的和不可撤销的。

（二）国际债券的发行程序

国际债券的发行分公募发行和私募发行。公募发行是通过中介机构的承包包销，公开向社会募集资金；而私募发行则是在中介机构的协助下向有限的特定投资者募集资金。其具体发行程序大致可分为以下五个步骤。

1. 发行企业选任一家金融公司接触，达成合作意向。借款人与金融公司（可以是国际银行或证券公司，称其为主干事银行与主干事证券公司）讨论债券的形式、发行市场、发行数量、币种、利率、价格、期限以及发行的报酬和费用等事宜。

2. 向当地外汇管理部门提出发行债券申请，经该部门审查并提出意见后，报经该国政府有关管理部门批准。

3. 向国外有关资信评审机构申请评级。申请评级以前，需先向国内的审查管理机构提出书面申请，并提供评级机构名称和用于评级的资料等。发行者应在得到评级结果的 3 日内向审批管理部门报告评级结果。

4. 向拟发行证券的市场所在国政府提出申请，征得市场所在国政府的许可。

5. 发行者在得到发行许可后，委托主干事银行组织承销团，由其负责债券的发行与包销。

五、国际债券投资收益

投资者购买债券的目的是为了获得收益，对投资者来说，在保证本金安全的前提条件下，不仅希望得到稳定的利息收入，还希望得到资本的增值收入。债券投资收益的来源、受什么因素影响、收益率如何计算等问题是分析债券投资收益的主要内容。

（一）债券收益的来源及影响因素

1. 债券收益的来源。债券收益主要由两部分构成：一是债券的年利息收入，这是债券发行时就决定的，一般情况下，债券利息收入不会改变，投资者在购买债券前就可得知；二是资本损益，指债券买入价与卖出价或偿还额之间的差额，当债券卖出价大于买入价时，为资本收益，当卖出价小于买入价时，为资本损失。由于债券买卖价格受市场利率和供求关系等因素影响，因而资本损益很难在投资前作准确预测。

衡量债券收益水平的尺度为债券收益率。债券收益率是在一定时期内所得收益与投入本金的比率。为了便于比较，债券收益一般以年率为计算单位。

2. 影响债券收益的因素。影响债券收益的因素主要有债券利率、价格和期限三个因素，这三个因素中只要有一个因素发生了变化，债券收益率也会随之发生变化。

（1）债券利率，指债券票面利率。债券票面利率是发行时的重要条件之一，既取决于债券发行人本身的资信状况，也受当时的市场利率等多种因素影响。票面利率一经确定，在债券到期日前一般不会改变。在其他条件相同的情况下，债券票面利率越高，收益率也越高。

（2）债券价格。债券价格有发行价格与交易价格之分。由于种种原因，债券往往以高于或低于其面额的价格发行。债券发行价格若高于面额，则收益率将低于票面利率；反之，收益率则高于票面利率。债券交易价格是在二级市场买卖债券的价格，投资者从发行市场买入债券持至期满甚至在期满前又将其出售，投资者买卖债券的差价收益或亏损就是资本损益，其直接影响收益高低。

（3）债券的还本期限。债券期限长短除影响票面利率外，还从以下两个方面影响收益率：一是当债券价格与票面金额不一致时，还本期限越长，债券价格与面额的差额对收益率的影响越小；二是当债券以复利方式计算时，债券期限越长，其收益率就越高，因为复利计息实质上考虑了债券利息收入再投资所得的收益。

（二）债券收益率计算原理

债券是有期限的，所以就需计算其到期收益率，计算方法有两种，即现值法和近似法。

1. 现值法。现值法可以精确计算债券到期收益率，但计算方法非常烦琐，实际中很少使用。但它说明了债券收益计算的原理，即根据债券的未来收益和当前的市场价格来推算到期收益率。

现值计算公式如下：

$$P_0=\frac{C}{(1+r)}+\frac{C}{(1+r)^2}+\cdots+\frac{C}{(1+r)^n}+\frac{F}{(1+r)^n} \tag{7.8}$$

其中，P_0 为债券市场的现价；C 为债券的年收入；r 为到期收益率（%）；n 为到期年限；F 为到期应付债券面额。

2. 近似法。由于现值法的实用性差，在实际操作中多采用近似法计算。近似法计算简单，计算结果是近似值，但与现值法计算的结果相差不大。其计算公式为：

$$Y=\frac{C+(V-P)/n}{(V+P_0)/2} \tag{7.9}$$

其中，Y 为债券收益率；C 为债券年利息收入；V 为债券面值；P_0 为债券市场价格；n 为到期年限。

（三）债券收益率及其计算

债券收益率包括名义收益率、本期收益率、持有期收益率、到期收益率等多种，这些收益率分别反映投资者在不同买卖价格和持有年限下的不同收益水平。

1. 名义收益率。名义收益率是指根据债券每年的年利息收入与债券面值之比计算出来的投资者每年的收益率。其计算公式为：

$$Y_n=\frac{C}{V}\times 100\% \tag{7.10}$$

其中，Y_n 为名义收益率；V 为债券面值；C 为债券年利息收入。

例如，一张面额为 1 000 元、年利息为 80 元的债券，其持有者的名义收益率为：

$$Y_n=\frac{80}{1\ 000}\times 100\%=8\%$$

名义收益率只适用于投资者按票面金额买进债券直至期满并按票面面值收回本金的这种情况，它没有考虑到买入价格与票面额有可能不一致，也没有考虑到债券有中途卖出的可能。

2. 本期收益率。本期收益率是债券每年的固定利息与债券本期市场价格之比。投资者可以通过对市场上各证券本期收益率的计算和比较来做出投资哪种证券的决定。其计算公式为：

$$Y_d = \frac{C}{P_0} \times 100\% \tag{7.11}$$

其中，Y_d 为本期收益率；C 为债券年利息收入；P_0 为债券的价格。

例如，一张面额为 1 000 元、利率为 8%、期限为 5 年的债券，该债券发行时最初的认购者在购买后的第 3 年年初以 960 元价格卖出，那么该债券新的购买者的本期收益率为：

$$Y_d = \frac{80}{960} \times 100\% = 8.33\%$$

本期收益率反映了投资者投资成本带来的收益。在上例中，投资者购买债券的价格低于债券面额，所以收益率高于票面利率。本期收益率对那些每年从债券投资中获得一定利息现金收入的投资者来说很有意义。但它忽略了资本损益。

3. 持有期收益率。这是指买入债券后持有一段时间，又在债券到期前将其出售而得到的收益率。它包括持有债券期间的利息收入和资本损益，即买入价和卖出价之间差额。计算方法有多种，公式如下。

（1）一年获息一次息票债券。

近似式：

$$Y_h = \frac{C + (P - P_0)/n}{(P + P_0)/2} \times 100\% \tag{7.12}$$

实用式：

$$Y_h = \frac{C + (P - P_0)/n}{P_0} \times 100\% \tag{7.13}$$

其中，Y_h 为持有期收益率；P 为债券的卖出价格；C 为债券年利息收入；n 为持有期限；P_0 为债券的价格。

例如，一张面额为 1 000 元、利率为 8%、期限为 5 年的债券，以 950 元的价格买入，债券投资者认购后持至第 3 年年末以 980 元市价出售，则：

近似法计算的收益率为：

$$Y_h = \frac{80 + (980 - 950)/3}{(980 + 950)/2} \times 100\% = 9.33\%$$

实用式计算的收益率为：

$$Y_h = \frac{80 + (980 - 950)/3}{950} \times 100\% = 9.47\%$$

（2）一次还本付息（不到期不还本、不付息的债券）。

近似式：

$$Y_h = \frac{(P - P_0)/n}{(P + P_0)/2} \times 100\% \tag{7.14}$$

实用式：

$$Y_h = \frac{(P - P_0)/n}{P_0} \times 100\% \tag{7.15}$$

其中，Y_h 为持有期收益率；P 为债券的卖出价格；C 为债券年利息收入；n 为持有期限；P_0 为债券的价格。

例如，一张面额为 1 000 元、利率为 8%、期限为 5 年的债券，以 950 元的价格买入，债券投资者认购后持至第 3 年年末以 1 100 元市价出售，则：

近似法计算的收益率为：

$$Y_h = \frac{(1\,100 - 950)/3}{(1\,100 + 950)/2} \times 100\% = 4.88\%$$

实用式计算的收益率为：

$$Y_h = \frac{(1\,100 - 950)/3}{950} \times 100\% = 5.26\%$$

4. 到期收益率。债券的到期收益率是指投资者从买入债券到债券到期时止的收益率。其计算公式如下。

（1）一年获息一次息票债券。

近似式：

$$Y_m = \frac{C + (V - P_0)/n}{(V + P_0)/2} \times 100\% \tag{7.16}$$

实用式：

$$Y_m = \frac{C + (V - P_0)/n}{P_0} \times 100\% \tag{7.17}$$

其中，Y_m 为到期收益率；V 为债券的面值；C 为债券年利息收入；n 为到期年限；P_0 为债券的价格。

例如上例债券，投资者认购后一直持至期满收回本金，则到期收益率计算如下。

近似式计算：

$$Y_m = \frac{80 + (1\,000 - 950)/5}{(1\,000 + 950)/2} \times 100\% = 9.23\%$$

实用式计算：

$$Y_m = \frac{80 + (1\,000 - 950)/5}{950} \times 100\% = 9.47\%$$

（2）一次还本付息。

近似式：

$$Y_m = \frac{(V - P_0)/n + VI}{(V + P_0)/2} \times 100\% \tag{7.18}$$

实用式：

$$Y_m = \frac{(V - P_0)/n + VI}{P_0} \times 100\% \tag{7.19}$$

其中，Y_m 为到期收益率；V 为债券面值；n 为到期期限；P_0 为债券的价格；I 为债券票面利率。

例如，一张面额为 100 元、一次还本付息、利率为 8%、期限为 5 年的债券，以 96 元价格买入，则到期收益率计算如下。

近似式：

$$Y_m = \frac{(100-96)/5+100\times 8\%}{(100+96)/2}\times 100\% = 8.98\%$$

实用式：

$$Y_m = \frac{(100-96)/5+100\times 8\%}{96}\times 100\% = 9.12\%$$

第四节　国际投资基金

投资基金既是一种投资工具，与股票、债券一样可以进行买卖和转让，但它更是一种中介金融机构。它吸收众多投资者的资金，交由专家管理而进行资产投资的投资中介机构。

一、投资基金的概念

世界各国对投资基金的称谓有所不同，在英国称为信托单位（Trust Unit），在美国称为共同基金或互惠基金（Mutual Fund）。它是一种证券投资的信托行为。投资基金，是指分散的投资者通过购买受益凭证方式将资金交于专业性投资机构进行管理，投资机构将资金分散投资于各种有价证券和其他金融商品，所取得的收益按投资者出资份额进行分配。根据中国《证券投资基金法》的规定，证券投资基金是指一种利益共享、风险共担的集合证券投资方式，即通过发行基金单位，集中投资者的资金，由基金托管人（一般是信誉卓著的银行）托管，由基金管理人（即基金管理公司）管理和运用资金，从事股票、债券等金融工具投资。基金投资人享有证券投资的收益，也承担因投资亏损而产生的风险。

投资基金具有双重性：一方面，它是一种投资工具，可以与股票、债券一样进行买卖；另一方面，它又是一个投资中介机构，吸收社会公众资金再进行各类投资。

二、投资基金的特点

（一）作为一种投资工具的特点

投资基金是一种证券信托投资方式，也是以金融资产为经营对象，并以金融资产的保值或增值为目的的投资工具。作为投资工具，投资基金与其他投资工具相比具有以下七个特点。

1. 规模投资，收益高。通常，投资基金管理公司为适应不同阶层个人投资者的需要，设定的认购基金的最低投资额不高。投资者以自己有限的资金购买投资基金的受益凭证，基金管理公司积少成多，汇集成巨大的资金，由基金管理公司经验丰富的投资专家进行运作，获得规模经济效益。

2. 专家理财，回报率高。投资基金是一种专家投资，投资于基金就等于聘请了专业的投资专家。投资基金的投资决策都是由受过专业训练，具有丰富的金融理论知识、证券研究和大额资金投资经验的专家进行的。基金管理公司有发达的通信网络，可以随时掌握各种市场信息，并有专门的调查研究部门进行国内外宏观经济分析，以及对产业、行业、公司经营潜力进行系统的调研和分析，最大限度地避免投资决策的失误，提高投资成功率。对于那些没有时间或者对市场不太熟悉或没有能力专门研究投资决策的中小投资者来说，投资于基金，实际上就可以获得专家们在市场信息、投资经验、金融知识和操作技术等方面所拥有的优势，从而尽可能地避免盲目投资带来的失败。因此，专家理财的回报率通常会强于个人投资者。

3. 组合投资，分散风险。投资基金管理人通常会根据投资组合的原则，将一定的资金按不同的比例分别投资于不同期限、不同种类、不同行业的证券上，实现风险的分散。中小投资者资金有限，如果所投资的某几种证券业绩不佳，投资者可能亏本；而基金则有雄厚的资金，可分散投资于多种证券，进行组合投资，从而不至于出现因某几种证券损失而招致满盘皆输的局面。例如，有的投资基金其投资组合不少于20个品种。

4. 基金凭证交易活跃，变现性强。投资基金受益凭证的购买程序方便快捷，特别是现代电子技术和通信网络的发展，使得人们可以在网上查询和完成交易。因此，持有基金凭证，或者在基金管理公司直接办理交易手续，或者委托投资顾问、代理机构或证券营业机构，可以随时随地进行交易，从而获得比持有其他金融资产更高的变现性。

5. 品种繁多，选择性强。当今世界经济一体化、金融国际化，世界上只要有金融投资的地方，就有投资基金存在的可能。国际资本流动和市场一体化使得许多基金都进行跨国投资或离岸投资。任何一种市场看好的行业或产品都可以通过设立和购买投资基金得到开发和利用。所以，投资基金这一投资工具为投资者提供了非常广阔的选择余地。

6. 投资额度小，费用低。在中国，每份基金单位面值为1元人民币。证券投资基金最低投资额一般较低，投资者可以根据自己的财力多买或少买基金单位，从而解决了中小投资者“钱不多、入市难”的问题。

基金的费用通常较低。根据国际市场的一般惯例，基金管理公司就提供基金管理服务而向基金收取的管理费一般为基金资产净值的1% ~2.5%，而投资者购买基金需缴纳的费用通常为认购总额的0.25%左右，低于购买股票的费用。此外，由于基金集中了大量的资金进行证券交易，通常也能在手续费方面得到券商的优惠。而且为了支持基金业的发展，很多国家和地区还对基金的税收给予优惠，使投资者通过基金投资证券所承担的税赋低于直接投资于证券必须承担的税赋。

7. 独立的基金资产保管与运作，安全性高。不论是何种投资基金，均要由独立的基金保管公司保管基金资产，以充分保障投资者的利益，防止基金资产被挪作他用。基金管理人和保管人的分权与制衡通过基金章程或信托契约确立，并受法律保护。

在成熟的基金市场上，有一套完整的和完善的监管体制，其内容包括：法律监督、主管部门监督、基金行业自律、基金管理人与基金保管人互相监督、投资者监督五个方面，从而确保了投资基金的安全性。

（二）作为一个投资中介机构的特点

投资基金不仅是一种投资工具，还是一种投资中介机构，当作为一个投资中介机构时它具有以下特点。

1. 以不确定数量的投资者不等额出资汇集而成的一定规模的信托财产作为资本，设立基金。

2. 基金管理者运用该基金资产投资于各类证券和其他行业。

3. 为了确定投资的最佳收益目标和把投资风险降到最低程度，基金管理者往往把集中的资金分散投资于各种投资对象，如证券、外汇、黄金及工业不动产等。

4. 将投资收益按出资额的不同分配给投资者。

三、投资基金的分类

世界各国发行的投资基金种类繁多、形式多样。根据不同标准可将投资基金划分为不同的种类。

1. 根据基金单位是否可增加或赎回，投资基金可分为封闭式基金和开放式基金。封闭式基金是指基金规模在发行前已确定，在发行完毕后的规定期限内基金规模固定不变但可上市交易的投资基金。开放式基金是指基金设立后，投资者可以随时申购或赎回基金单位，基金规模不固定的投资基金。

2. 根据组织形态的不同，投资基金可分为公司型基金和契约型基金。公司型投资基金是指具有共同投资目标的投资者组成的以赢利为目的的股份制投资公司，并将资产投资于特定对象的投资基金。契约型投资基金也称信托型投资基金，是指基金发起人依据其与基金管理人、基金托管人订立的基金契约发行基金单位而组建的投资基金。契约型投资基金不仅涉及基金的管理公司和托管公司，也涉及投资者。基金管理公司作为受托者是基金的发起人，负责设定基金的类型，发行受益凭证，依据信托契约进行投资运作，并指定基金的托管机构。托管公司作为基金的受托人主要负责基金的有价证券和现金的管理，及其他有关代理业务和会计核算业务，托管公司一般是银行或信托公司；基金的投资者也称受益人，以购买受益凭证的方式成为信托契约的当事人，并以此享有基金收益的分配权。

3. 根据投资风险与收益的不同，投资基金可分为成长型投资基金、收入型投资基金和平衡型投资基金。成长型投资基金是指把追求资本的长期成长作为其投资目的的投资基金。其投资对象主要是市场中有较大升值潜力的小公司股票和一些新兴行业的股票。这类基金一般很少分红，经常将投资所得的股息、红利和盈利进行再投资，以实现资本增值。收入型投资基金是指以追求基金当期收入的基金。这类基金主要投资于绩优股、债券、可转让大额定期存款单等收入比较稳定的有价证券。收入型基金一般把所得的利息、红利都分配给投资者。平衡型投资基金是指以追求当期收入和追求资本的长期成长为目的的投资基金。这类基金主要投资于债券、优先股和部分普通股，这些有价证券在投资组合中有比较稳定的组合比例，一般是把资产总额的25% ~50%用于优先股和债券，其余的用于普通股投资。其风险和收益状况介于成长型基金和收入型基金之间。

4. 根据投资对象的不同，投资基金可分为股票基金、债券基金、货币市场基金、期货基金、期权基金等。股票基金是指以股票为投资对象的投资基金，是最主要的基金品种。债券基金是指以债券为投资对象的投资基金，其规模稍小于股票基金。货币市场基金是指以国库券、大额银行可转让存单、商业票据、公司债券等货币市场短期有价证券为投资对象的投资基金。期货基金是指以各类期货品种为主要投资对象的投资基金，是一种高风险的投资基金。期权基金是指以能分配股息的股票期权为投资对象的投资基金，风险较小，适合于收入稳定的投资者。

5. 根据资本来源和运用地域不同，投资基金可分为国内基金、国际基金、国家基金、海外基金等。国内基金是指面向国内投资者发行的并用于在国内金融市场上进行投资活动的投资基金。国内基金虽然在大多数国家仍然占主导地位，但其筹资范围的局限性、投资机会选择的有限性和收益的有限性已表现得非常明显。国际基金是指面向国内投资者发行的用于在国际金融市场上进行投资运作的投资基金。国家基金是指面向境外投资者发行的用于在国内金融市场投资运作并在基金发行完毕后受益凭证在境外证券市场上市进行交易的一种投资基金。国家基金是一个国家利用外资解决本国发展基金不足的重要手段。海外基金又称离岸基金，是指面向基金公司所在国以外的投资者发行的并投资于境外金融市场的投资基金。海外基金的发行范围广、投资的地域宽、投资组合的选择性强。

此外，还有一些特殊类基金，较常见的有：投资于可转换公司债的可转换公司债基金、根据市场指数的采样成分股及比重来决定基金投资组合中个股的成分和比重的指数基金和对冲基金。

四、投资基金的组织结构

投资基金的组织结构是个比较复杂的信托关系与代理关系的复合体。在这个组织结构中涉及四个当事人，分别是基金投资人、基金管理人、基金保管人和基金承销人。

基金投资人即基金受益人和基金委托人，又称基金股份或基金受益凭证的持有人。基金投资人通过购买受益凭证参与基金投资，享有投资的收益。基金投资人可以是自然人，也可以是法人。

基金管理人作为受托者是基金的发起人与经营管理的专业性机构。具体形式一般为经国家有关部门批准设立的证券公司、信托投资公司和基金管理公司等。它凭借专门的知识与经验，运用所管理基金的资产，根据法律、法规及基金章程或基金契约的规定，按照科学的投资组合原理进行投资决策，谋求所管理的基金资产不断增值，并使基金持有人获取尽可能多的收益。它指定基金的托管机构。

基金保管人也称托管公司，是基金资产的名义持有者与保管人，也是一个独立的机构。主要职责有：（1）安全保管全部基金资产；（2）执行基金管理人的投资指令；(3) 监督基金管理人的投资运作，如果发现基金管理人有违规行为，有权向证券主管机关报告，并督促基金管理人予以改正；（4）对基金管理人计算的基金资产净值和编制的财务报表进行复核。

承销人是管理公司的代理机构，主要负责基金受益凭证的销售、股息的发放及基金的赎回等。基金承销人一般由投资银行、证券公司或信托投资公司担任。基金证券的募集和销售一般由专业的证券承销人完成。

五、投资基金的设立程序与运作

投资基金的设立与运作是指从发起设立基金、提交基金设立申请、发表基金招募说明书、发行基金证券到基金上市的全部过程，见图 7 - 2。

（一）基金发起人发起设立基金

基金发起人是投资基金的发起者及最终设立者。基金发起人是一个法律的概念，一般指具有法人地位的机构。在金融体制完善的国家，基金发起人必须符合规定的条件，如对发起人资本、财务状况、组织机构、业绩、营业场所、认购基金股份或认购基金单位等方面的要求都非常明确。基金发起人一般为经国家有关部门批准设立的证券公司、信托投资公司和基金管理公司等。基金发起人的主要职责是制定有关设立基金的具体工作方案，确定拟设立基金的类型，起草申请基金设立报告和信托凭证，募集设立基金所需的费用，并对由于自身过失给投资者造成的任何损失承担连带的赔偿责任。如果发起人是两个或两个以上，还应签订发起人协议书，以明确各发起人之间的权利和义务。

（二）向投资基金的主管部门提交设立投资基金的申请

基金发起人在完成了设立基金所需的各项准备工作之后，向国家有关投资基金的主管部门提出设立基金的申请。在向主管部门提出设立基金的申请时，需提交能说明设立基金必要性和可行性的基金设立申请报告，以及能体现发起人权利和义务的发起人协议及能反映基金性质和管理等情况的招募说明书，并附带有委

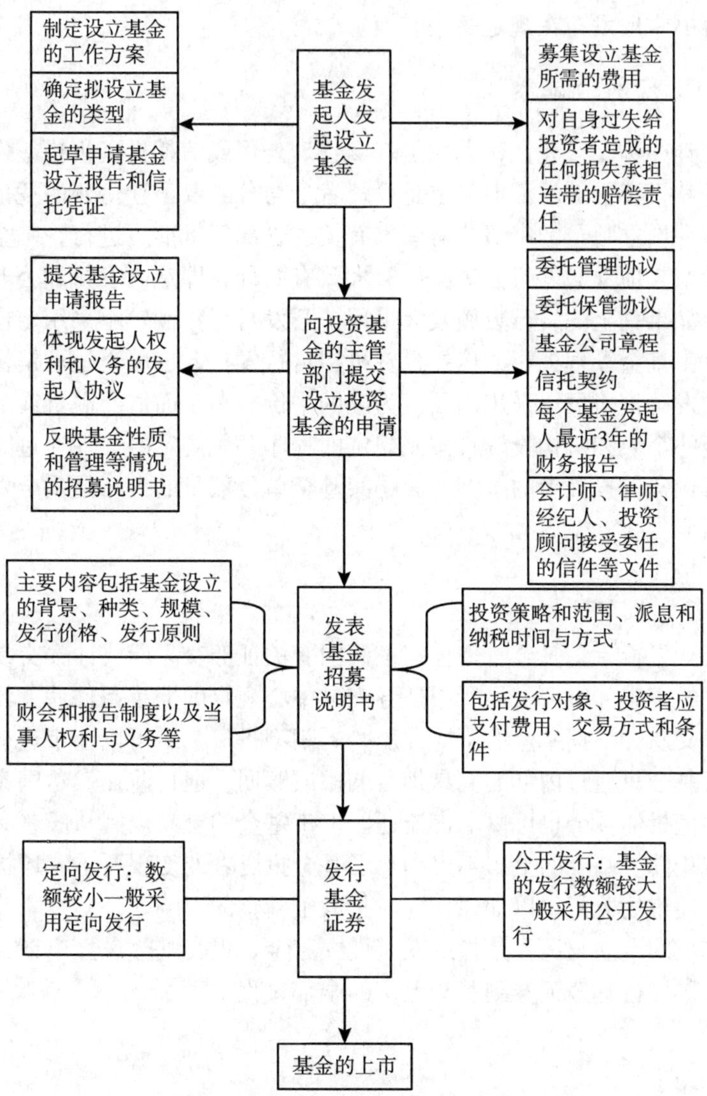

图7－2　投资基金的设立程序与运作

托管理协议、委托保管协议、基金公司章程、信托契约、每个基金发起人最近3年的财务报告以及会计师、律师、经纪人、投资顾问接受委任的信件等文件。

（三）发表基金招募说明书

基金招募说明书是向所有基金投资者发布，用于说明基金性质、基金当事人权利和义务以及基金从发起、运作到终止全过程的法律性文件。主要内容包括基金的设立背景、种类、规模、发行价格、发行原则、发行对象、投资者应支付费用、交易方式和条件、投资策略和范围、派息和纳税时间与方式、财会和报告制度以及当事人权利与义务等。基金招募说明书的编写应以“公开、公正、公平”为原则，力求简洁和通俗易懂，并保持相对稳定，以确保广大投资者的利益。基金招募说明书一般发布在规定的报刊上。

（四）发行基金证券

基金证券亦称受益凭证，它既是基金管理公司或信托投资机构签发给投资者的一种确认其投资份额的证书，也是投资者参与分红及出让份额的凭证。基金证券的发行是在设立基金的申请获得国家有关主管部门批准后进行，基金证券的发行方法与股票、债券的发行方法类似，大致有两种，即定向发行和公开发行。一般情况下，如果基金的发行数额较大采用公开发行，数额较小采用定向发行。基金证券既可由基金管理公司或信托投资机构自行发行，也可通过承销机构代为发行。基金的发行价格可以采用以面值为准的平价、高于面值的溢价或低于面值的折价。基金的个人和机构投资者按照规定的程序并凭规定的证件通过购买基金证券来实现其投资。投资者的多寡及其购买基金单位数量的大小是基金发行能否成功的关键因素。

（五）基金的上市

基金成功发行后，基金管理公司依法向有关证券交易所或证券交易中心提出上市申请，经审查并符合交易所或证券交易中心规定的上市条件后，便可获准在交易所挂牌交易。根据基金的不同性质，封闭型投资基金可以上市进行交易，而开放型投资基金只通过内部的交易柜台购回或赎回。但目前在发达国家的证券市场上，开放型投资基金也可以上市流通。上市基金的交易规则与股票和债券的交易规则大致相同。基金的上市不仅满足了基金投资者的变现要求，还提高了基金的透明度，使市场监督得以加强，同时扩大了基金的影响。

投资基金的设立与运作是指从发起设立基金、提交基金设立申请、发表基金招募说明书、发行基金证券到基金上市的全部过程。

【案例研究】

案例1　Wealthfront 的投资之路

一、互联网时代的新思路

曾经，高端大气上档次的财富管理是高富帅的专属服务，100 万美元基本上是最低门槛。传统银行“嫌贫爱富”，由于财富管理按照管理资产额度进行收费，在“一对一”服务成本相同的情况下，当然更青睐收益高的富裕阶层。但是，广大的普通收入者对投资理财也有迫切的需求，却苦于没有这样的投资渠道，传统理财服务较高的资产管理费（1%）阻隔了他们的脚步。计算机的发展、互联网的普及改变了这种状况，使得财富管理和投资理财可以标准化、在线化、批量化，在提高效率的基础上降低成本，几十个人甚至几个人就可以通过互联网管理上亿美元规模的资产。正因如此，Wealthfront 才得以诞生。

2011 年 12 月，基准资本（Benchmark Capital）的联合创始人、宾夕法尼亚大学校董安迪·拉切列夫（Andy Rachleff）创立了 Wealthfront。2012 年 12 月，国际投资界著名人物、普林斯顿大学经济学教授马尔基尔（Dr. Burton Malkiel）加盟 Wealthfront，成为首席投资官。

Wealthfront 发展迅速，截至 2014 年 6 月，25 人的团队管理的资产规模超过 10 亿美元，平均每个客户投资 10 万美元，同时没有最低门槛，最大的投资超过 500 万美元。Wealthfront 已经成为规模最大、发展最快的基于软件的在线理财咨询公司，并已完成 C 轮融资，加上天使投资和 A、B 两轮融资共计 6 550 万美元。

二、Wealthfront 是如何运作的

1. 钱从哪来。

一般的理财平台只能用现金进行投资，Wealthfront 为客户提供了除现金之外的另一种选择：股票。这就是单只股票分散投资服务（Single-Stock Diversification Service）。

单只股票分散投资服务将单只股票逐步以无佣金、低税的方式卖出，并分散投资到多种类的 ETF 中。由于持有人的收益完全由这只股票的上升或下降决定，风险远远大于分散化投资，而且一次性卖出的税费更高。目前 Wealthfront 只针对 Twitter 和 Facebook 股票开展这项业务，尚未拓展到其他股票。

2. 钱投到哪。

Wealthfront 选择 11 大类 ETF[①]，分别为：美国股票、其他发达国家股票、新兴市场股票、分红股票、房地产、自然资源、美国政府债券、公司债券、新兴市场债券、市政债券、防通胀证券（Treasury Inflation-Protected Securities，TIPS）。

3. 如何运营。

Wealthfront 先通过问卷评价出客户的风险承受能力和承受愿望，然后根据其风险承受能力，平台推荐给客户合适的投资组合。受到首席投资官 Burton 教授投资理念的影响，Wealthfront 采用被动投资策略[②]，根据客户的不同风险承受能力，为其配置不同种类的 ETF。

例如，当客户的风险承受能力为 4 时，Wealthfront 的程序自动为客户配置出如下的投资组合：18% 美国股票、12% 其他发达国家股票、8% 新兴市场股票、15% 分红股票、6% 房地产、31% 公司债券、10% 新兴市场债券。

在客户开户以后，顾客资金转入名为 Apex Clearing 的证券经纪公司进行第三方托管保证资金安全。托管期间，Wealthfront 代理客户购买投资组合，向 Apex Clearing 发出交易指令，买卖 ETF。同时，平台对于投资组合进行实时监测，定时调仓，收取管理费。

---

① ETF（Exchange Traded Fund），称“交易型开放式指数证券投资基金”，简称“交易型开放式指数基金”，它是一种跟踪“标的指数”变化且在证券交易所上市交易的基金。

② 被动投资策略是指以长期收益和有限管理为出发点来购买投资品种，一般选取特定的指数成份股作为投资的对象，不主动寻求超越市场的表现，而是试图复制指数的表现。与被动投资相对的主动投资策略是指投资者在一定的投资限制和范围内，通过积极的证券选择和时机选择努力寻求最大的投资收益率。

4. 升级服务。

在原有理财计划的基础上，Wealthfront 进一步提升服务质量，推出合理避税的税收损失收割（Tax-loss Harvesting）、税收优化计划（Tax-Optimized US Index Portfolio）。投资的资产越多，享受的服务越高级。

三、Wealthfront 在中国的前景

1. 机遇：理财计划的新选择，养老问题的新答案。

中国的个人理财市场起步较晚，但是发展迅速，蕴涵着巨大潜力，近年来，中国的资本市场发展迅速，居民财富累积额逐年上升，投资需求旺盛，为个人理财市场的发展提供了良好的物质基础和广阔的发展空间。

余额宝的兴起是迎合中国居民理财需求迅速取得成功的先例。自 2013 年 6 上线至 2014 年 2 季度，余额宝资金规模已超过 5 000 亿元人民币，收益率相当于银行存款利息的 15 倍左右。与余额宝相类似，Wealthfront 在保持传统理财行业优质服务的同时降低了进入门槛和费率，但面向的目标人群不同。余额宝吸取的客户大部分是对流动性要求高、风险承受程度比较低的银行活期存款客户。Wealthfront 所提供的个人理财服务面对的是有一定风险承受程度希望获得较高收益的中等收入人群，因此，余额宝对 Wealthfront 并不构成威胁。

此外，Wealthfront 是一种长期的被动投资，特别适合退休养老。目前，中国 60 岁以上老人突破 2 亿，到 2025 年，这个数字预计达到 3 亿。中国的老龄化现象越来越严重，养老计划却饱受群众诟病。“421” 的家庭模式使家庭养老变得越来越困难。“双轨制” 缴纳养老保险又广受诟病，“以房养老” 受到住房产权等 70 年的限制，等等。从最初的家庭养老到社会养老再到住房养老，养老已经成为中国一大难题，并且这个难题随着老龄化现象的严重和养老金的亏空而日益明显。

很多年轻人选择基金定投、商业养老保险等方式提前规划养老金。如果能够引进 Wealthfront 管理养老账户的方式，在劳动力年轻时就将一部分资金投入到多样化的 ETF 中，年老后获得收益，而且，Wealthfront 的投资门槛低，低廉的费用完全在工薪阶层的接受范围之内，这在一定程度上解决了养老难的问题。

因此，Wealthfront 可以利用互联网金融低成本优势，满足中等收入群体的理财需求以及养老需求，对于像 Wealthfront 一样的批量化在线理财工具进入中国是一个机遇。

2. 挑战：投资受限，金融市场不成熟。

虽然国内尚没有出台有关互联网金融方面的监管法规，但是，央行等监管机构对于互联网金融创新采取比较谨慎的态度，一旦 Wealthfront 模式在中国发展过于迅猛，很有可能招致监管机构的关注和限制。

此外，Wealthfront 以投资 ETF 为主，相对于美国有 1 400 多只 ETF，中国只有几百只，投资数量和种类都无法与国外抗衡，种类少就难以分散风险。另外，ETF 以各类指数为标的，能获取稳定收益的前提是金融市场的成熟，除了金融危机等特殊情况的影响，股票市场和其他金融市场每年应当随着 GDP 的增长而大

致呈增长趋势，而中国的股市自从2007年6 000点的疯狂之后，近些年徘徊在2 000点左右，最近虽出现反弹，但变动强烈，ETF以此为标的难以获取稳定收益。中国金融市场不成熟，Wealthfront类型的投资合理性存在质疑。

总之，Wealthfront模式可为处于社会及家庭双重重压的中国中产阶级提供更低成本、更高品质的理财服务，为解决养老问题提供新的思路，但其在美国的模式不能完全复制到中国，至于做出何种改变就要依靠创业者的智慧了。

资料来源：学习啦，http：//www. xuexila. com/success/chenggonganli/400884. html

分析与思考

1. 分析Wealthfront选择11大类ETF的原因。
2. 谈谈你对Wealthfront投资之路的认识。

案例2 京东成功登陆纳斯达克

一、背景材料

京东是中国最大的综合网络零售商，是中国电子商务领域最受消费者欢迎和最具有影响力的电子商务网站之一，在线销售家电、数码通信、电脑、家居百货、服装服饰、母婴、图书、食品、在线旅游等12大类数万个品牌百万种优质商品。京东在2012年的中国自营B2C市场占据49%的份额，凭借全供应链的优势继续扩大在中国电子商务市场的领先优势。京东已经建立华北、华东、华南、西南、华中、东北六大物流中心，同时，在全国超过360座城市建立核心城市配送站。2012年8月14日，京东与苏宁开打“史上最惨烈价格战”。2013年3月30日19点正式切换了域名，并且更换新的Logo。

二、案情介绍

京东商城于北京时间2014年5月22日21时30分正式成功登陆美国纳斯达克，股票代码为“JD”。京东董事局主席刘强东敲响上市钟，开盘报价为21.75美元，较发行价19美元上涨14.47%，市值达约297亿美元。截至收盘，报20.9美元，较发行价价涨10%。

以收盘价计算，京东市值达286亿美元，在已上市的中国互联网公司中排名第三，仅次于腾讯和百度。

京东下设京东商城集团、京东金融集团、拍拍网、海外事业部，这四部分业务都在京东赴美上市资产之列。

1. 中国企业在纳斯达克最大的一次IPO。

据CNBC网站报道，有知情人士透露，京东美国上市交易已获得了15倍的约超额认购倍数。此前据招股书显示，京东IPO将发行9 369万股ADS和1 405万股超额配售权，若算上超额配售，京东最高可融资19.39亿美元，是当时中国企业在纳斯达克最大的一次IPO。

京东此次只发行10%新股，而大多数公司发行股本是15%~25%。刘强东称，之所以发行新股这么少，是因为过去两年京东的现金流非常好，只有39天的账期，京东现在账上还有30多亿美元现金，随着京东成功上市，又拿到30多亿美元，因此，京东短期不会有融资计划。

2. 美国投资人追捧多过质疑。

从京东上市首日的股价表现看，美国的投资人对于京东还是“十分渴望”。《华尔街日报》说，京东首日的“强劲表现”，证明了投资人对于中国快速增长的电子商务市场的兴趣，必须指出的是，京东最大的对手阿里巴巴，稍后也将在美国上市。京东是Twitter之后在美国最大的上市融资案。根据最新股价，京东资本市值高达286亿美元，已经超过了Twitter和LinkedIn这两大社交网络公司。

《华尔街日报》指出，京东上市之际，正值美国IPO市场和中美互联网公司的股价低迷期。纳斯达克综合指数已经下跌了7.6%，而在上一年，纳指大幅上涨了65%。

美国媒体普遍将京东和亚马逊进行类比。不过在资本估值上，京东要比亚马逊“便宜”。按照19美元发行价，京东估值为260亿美元，相当于2015年销售收入的1倍。

反观亚马逊，其市值相当于2015年预期营收的1.3倍。海纳国际集团分析师JoeyYang分析说，中国的电子商务市场增长速度是美国的2~3倍，不过京东仍然处于运营亏损状态，另外，公司比较年轻，投资人对于京东面临的监管约束有忧虑，这是其估值比亚马逊“便宜”的原因。

美国《纽约时报》报道，之前有一些分析师对京东商城的公司治理、未能盈利等提出质疑，不过从京东上市首日的股价表现看，美国的投资人对于京东还是“十分渴望”。

另外，京东首日的涨幅也再次证实了一种观点，即美国投资人对于在中国互联网市场拥有影响力的科技公司股票“胃口”上佳。

《纽约时报》报道，京东成功上市，也有望扭转美国IPO市场的疲软局面。在过去几个星期，美国来自各行业的多家上市公司，挂牌后的股价表现疲弱，复兴资本公司一直跟踪新上市公司的ETF基金，在过去一个月已经下跌了4.2%；从营收到估值，京东均小于阿里巴巴。在许多方面，京东类似于亚马逊，拥有库存商品，直接销售给消费者，目前已经是中国最大的B2C零售网站。

3. 融资将发展三、四线城市及国际业务。

京东此次募资将主要用于以下用途，分别是：进一步向三、四线城市沉淀，扩展京东在这些城市的品牌影响力和渠道资源；涉足生鲜领域；开展国际业务。刘强东指出，移动端增长很快，电商用户会继续增长。新业务如生鲜金融等也会带来新的增长。

根据招股书，IPO前，京东流通股共为2 458 142 290股普通股（12.29亿份ADS）；IPO后京东流通股变为2 177 875 831份A股及556 295 899份B股，共为2 734 171 730股普通股，即13.67亿份ADS。IPO后，刘强东所持股份为565 508 849股，占总股本的20.68%。按照20.9美元的收盘价计算，刘强东身家达到59亿美元。

4. 京东阿里争霸两强格局凸显。

据易观监测数据显示，2013 年，天猫商城的市场份额为 49.1%，京东为 18.2%，腾讯 B2C（包括 QQ 网购和易迅）排名第三，占比为 5.8%。而京东成功牵手腾讯，令腾讯旗下 QQ 网购和拍拍网并入京东，京东同时获得了易迅网的部分股份，其市场占有率从 18.2% 提升至 24%，缩小了与阿里的距离。易观智库分析师王小星认为，京东和阿里上市后，会进一步拉大与其他竞争对手的差距。

互联网分析人士谢文认为，天猫和淘宝面临看得见的天花板，但京东却有可塑造的未来。京东好牌在手，就看在未来的竞争中如何不犯错误，持续向前，才能撼动天猫进而威胁到阿里巴巴。

国美总裁王俊洲表示，京东上市对于整个家电行业来说是一个好事情，原因是，京东上市之后，就会成为一家上市公司，以后国美、京东就可以把数据放在一块对比，这些数据将会是透明化的。

不久前，苏宁副董事长孙为民也表示，它们（京东、阿里）上市了，资本力量更强了，但是，从另一个角度，它们也纳入正轨了。如果它们上市了，整个行业的发展可能会进入一个相对的规范期。

（资料来源：新华网，http：//www. bj. xinhuanet. com/bjyw/2014 - 05/23/c_1110836328. htm）

分析与思考

1. 如何看待美国投资人对于京东的态度？

2. 作为当时中国企业在纳斯达克最大的一次 IPO，京东为何发行新股的数目如此之少？

[本章思考与练习]

1. 简述国际证券投资的含义和特点。

2. 简述国际证券投资的发展趋势。

3. 简述债券的含义、特点及种类。

4. 简述投资基金的概念及特点。

5. 某债券面额为 1 000 元，5 年期，票面利率为 6%，现以 950 元的发行价向社会公开发行，则投资者在认购债券后，问：

（1）债券名义收益率为多少？

（2）本期收益率为多少？

（3）认购者直到期满时，到期收益率为多少？（用近似法和实用法两种计算）

6. 上题中，债券投资者认购后持至第三年年末以 1 100 元市价售出，问：

（1）投资者持有期收益率为多少？

（2）如果是一次付息，债券持有期收益率为多少？（用近似法和实用法两种方法计算）

7. 某债券面额为 100 元，期限为 3 年，票面利率为 12%，若该债券以 97 元的价格发行，投资者认购后持有至期满，则到期收益率为多少？（用近似法和实用法两种方法计算）

第八章　中国利用外资及对外直接投资

【本章教学目的】通过本章的学习，使学生了解中国利用外资及中国对外投资产生和发展状况，熟悉中国利用外资的具体形式，掌握外商直接投资主要形式的基本特征及中国对外直接投资的特点。

第一节　中国利用外资概述

一、中国利用外资的发展状况

1978 年党的十一届三中全会确定了党在新时期的基本路线，把工作重点转移到经济建设上来，制定了以经济建设为中心，坚持四项基本原则、坚持改革开放的基本路线，并将对外开放确立为中国的一项基本国策。在中国特色社会主义经济的伟大实践中，利用外资成为中国参与经济全球化进程中获取比较利益的重要途径。为适应世界经济格局的发展变化，中国主动打开国门，积极引进外资，使中国实际利用外资金额由 1983 年的 6. 36 亿美元达到 2015 年的 1 262. 67 亿美元，增长了 199 倍。

1979 年以来中国外商直接投资流入量发生了巨大变化，2015 年中国实际利用外资金额 1 262. 67 亿美元（如表 8 – 1 和图 8 – 1 所示），从利用外资协议金额和实际金额各年的增长速度来看，基本保持了持续增长的态势。从中国改革开放利用外资进程考察，可分为起步阶段（1979 ~ 1982 年）、成长阶段（1983 ~ 1991 年）、提高阶段（1992 ~ 2001 年）、调整阶段（2002 ~ 2008 年）和稳步发展阶段（2009 年至今）。

表 8 – 1　　1979 ~ 2015 年中国利用外商直接投资规模变化　　单位：亿美元，%

年份	协议利用外资		实际利用外资	
	金额	增长率	金额	增长率
1979 ~ 1982	53. 67	—	22. 10	—
1983	17. 32	—	6. 36	—
1984	26. 51	53. 06	12. 58	97. 80

续表

年份	协议利用外资		实际利用外资	
	金额	增长率	金额	增长率
1985	63.33	138.89	19.56	55.48
1986	33.30	-47.42	22.44	14.72
1987	37.09	11.38	23.14	3.12
1988	52.97	42.81	31.94	38.03
1989	56.00	5.72	33.92	6.20
1990	65.96	17.79	34.87	2.80
1991	119.77	81.58	43.66	25.21
1992	581.24	385.30	110.08	152.13
1993	1 114.36	91.72	275.15	149.95
1994	826.80	-25.80	337.67	22.72
1995	912.80	10.40	375.21	11.12
1996	732.76	-19.72	417.26	11.21
1997	510.03	-30.40	452.57	8.46
1998	521.02	2.15	454.63	0.46
1999	412.23	-20.88	403.19	-11.31
2000	623.80	51.32	407.15	0.98
2001	691.95	10.92	468.78	15.14
2002	827.68	19.62	527.43	12.51
2003	1 150.69	39.03	535.05	1.44
2004	1 534.79	33.38	606.30	13.32
2005	1 890.65	23.19	603.25	-0.50
2006	1 937.27	2.47	630.21	4.47
2007	—	—	747.68	18.64
2008	—	—	923.95	23.58
2009	—	—	900.33	-2.56
2010	—	—	1 057.35	17.44
2011	—	—	1 160.11	9.72
2012	—	—	1 117.16	-3.70
2013	—	—	1 117.59	5.25
2014	—	—	1 195.62	1.68
2015	—	—	1 262.67	5.61

资料来源：《中国统计年鉴》（2016 年），中国统计出版社 2016 年版。

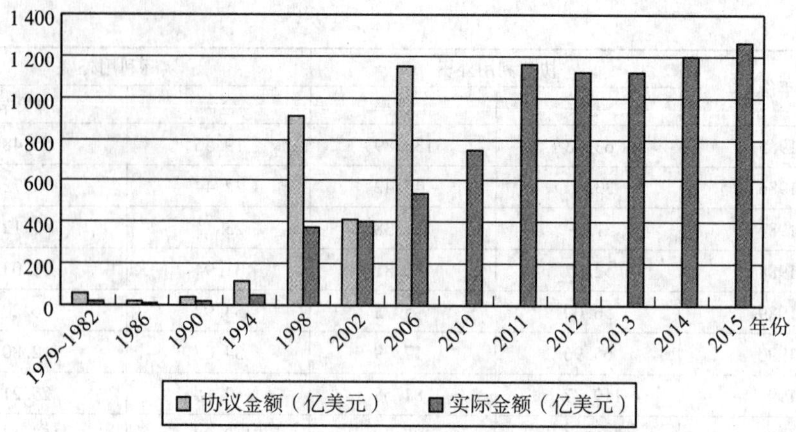

图 8－1　1979～2015 年外商对华直接投资金额变化

（一）起步阶段：1979～1982 年

1979～1982 年中国利用外商直接投资协议金额 53.67 亿美元，实际金额 22.1 亿美元，引进的外资多用于弥补国内建设资金不足、加强国民经济薄弱环节的建设、引进先进设备、加快老企业技术改造、推动科技进步以及出口创汇和劳动就业等。但是，在这一阶段，立法尚不完善，投资方式比较单一，外商多属于投石问路。1979 年 7 月 1 日，第五届全国人民代表大会第二次全体会议通过并颁布了《中华人民共和国中外合资经营企业法》，开始允许外商直接进入中国。先后批准广东、福建两省在对外经济活动中实行特殊政策和灵活措施，并同时在深圳、珠海、汕头和厦门四个城市设立经济特区。1979 年，第一家中外合资企业——北京航空食品有限公司的诞生，开辟了中国利用外资的新纪元。但是，这个阶段利用外资刚刚起步，国民经济又处在调整的过程中，相关法律法规还不完备，因此，在与外商商洽谈判合资企业的案例中，商谈的多而谈成的少。总之，在这一阶段中国直接利用外资是小心谨慎的。

（二）成长阶段：1983～1991 年

这一阶段，中国积极发展对外经济技术合作交流和贸易往来，吸收和利用外资和先进技术，发展生产力，加速中国社会主义现代化建设进程。1983 年 5 月，国务院召开了第一次全国利用外资工作会议，总结了改革开放以来利用外资的初步经验，进一步放宽了吸引外资的政策。1984 年和 1985 年，国务院先后决定进一步开放上海、天津、大连、青岛、广州等 14 个沿海港口城市，将长江三角洲、珠江三角洲、闽南厦（门）、漳（州）、泉（州）三角地区开辟为沿海经济开放区，对这些城市和地区在利用外资方面实行优惠政策，同时采取了扩大地方外商投资审批权限等一系列措施，并逐步完善立法。1986 年 10 月，国务院颁布了《关于鼓励外商投资的规定》及若干实施办法，对于改善外商投资企业的生产经营条件起了十分重要的作用。为了鼓励外商投资举办产品出口企业和先进技术企业，该规定对两类企业给予更为优惠的待遇。1986 年，美国格雷斯（Grace）在中国上海设立格雷斯中国有限公司，成为第一家在中国注册成立的外商独资企业，主要生产密封胶、涂料、消光漆等。1987 年 12 月，国家有关部门制定了指导吸引外资方向的有关规定。1988 年，党中央、国务院决定将沿海经济开放区扩大到北方沿海的辽东半岛、山东半岛以及其他沿海地区的一些市、县，批准海南建省和设立海南经济特区。1990 年 4 月 4 日，第七届全国人民代表大会第三次会议对《中华人民共和国中外合资企业经营法》进行修改，明确了对合资企业不实行国有化，外商可以担任董事长，合资企业可以不约定合营期限。同月，中央批准上海浦东享受经济技术开发区和经济特区的某些政策，并创办中国第一家保税区（后扩展到 13 家保税区）。

随着一系列政策的实施，外资投向得到有效的引导和控制，全国利用外资较快发展，外商直接投资协议金额和实际金额都保持持续增长态势。1983 ~ 1991 年，按外国直接投资流入量排名，中国已经名列新加坡和墨西哥之后成为发展中国家第三大受资国。

（三）提高阶段：1992 ~ 2001 年

1992 年邓小平同志南方谈话之后，中国利用外资的步伐进一步加快。其中肯定了市场也是社会主义经济的资源配置手段，计划和市场不是社会主义与资本主义的本质区别，改革开放的判断标准是“三个有利于”。同年 10 月，党的十四大报告提出“建立社会主义市场经济”，加快改革开放，为更多地利用外资扫除了障碍，对中国对外开放和利用外资起到了至关重要的作用。1997 年下半年，东南亚金融危机爆发，中国利用外资面临许多复杂的难题，国内面临有效需求不足和通货膨胀都使中国利用外资发展受阻。同时，国家出台了一系列政策措施，更加注重吸引外资的产业、地区结构，有步骤地推进服务业的对外开放，有力地促进了中国利用外资的发展。

这一阶段，中国利用外资得到较快发展，外商直接投资成为中国利用外资的最主要方式。1992 ~ 1996 年实际利用外资金额逐年递增，随后受东南亚金融危机的影响，来自中国香港、澳门、台湾地区以及日韩投资减少，1999 年呈负增长态势。2000 年中国基本克服了东南亚经济危机的影响，利用外资出现明显回升迹象。2000 年 7 月底，来自世界 180 多个国家（或地区）的投资者已在中国累计设立外商投资企业近 353 704 家，合同外资金额超过 6 323 亿美元，实际投入外资金额 3 277 亿美元。之后，来自欧洲、美国与日本的跨国公司迅速增加，摩托罗拉、诺基亚、爱立信、西门子、大众、通用汽车等全球知名企业纷纷进入中国，拓展中国市场。

（四）调整发展阶段：2002 ~ 2008 年

2001 年 12 月 11 日，中国正式加入世界贸易组织，改革开放全面与国际接轨，对利用外资有着深远的重大影响。一是为跨国公司进入中国市场提供了符合世界贸易组织规则和国际惯例的运营环境，市场经济秩序和投资环境得到了根本性的改善，透明度进一步提高，为跨国公司来华投资及其企业长期战略决策创造了良好预期。二是进一步扩大了市场准入范围，商业、银行业及其他服务贸易领域逐步开放，吸引越来越多的外资进入中国。三是给予外商投资企业国民待遇，取消了硬性外汇平衡的要求、企业内外进出口比例的要求、生产产品的进出口比例的要求等不符合国民待遇的要求。同时，外商与国内企业经过几十年的合作，已经逐步了解并熟悉中国的相关法规、市场规则以及竞争对手、风俗习惯、游戏规则，积累了在中国投资经营和竞争的经验，对中国市场及其发展潜力有了更为深刻的认识。

2002 年，中国实现实际利用外资 527.43 亿美元，突破 500 亿美元大关，2004 年突破 600 亿美元大关，2007 年突破 700 亿美元大关，2010 年更是突破了 1 000 亿美元大关，达到 1 057.35 亿美元（见表 8 – 2）。期间，2003 年国家调整了实际利用外资的统计口径，外资由原来按占总投资的比例统计改为按注册资本比例，口径大大缩小；2005 年，又进一步要求所有的外商投资统计必须有外汇管理局出具的资金到账原始单据，大大提高了外资统计的严肃性。

这一期间外商投资的主要特点是以大型跨国公司为投资主体，投资领域集中在石化、汽车、电子通讯、机械设备、钢铁等制造业领域，基础原材料工业以及大型连锁超市等商业领域，项目的技术含量显著提高，地区总部和研发机构数量明显增加。

（五）稳步增长阶段：2009 年至今

中国实际利用外资金额 2010 年就已经突破 1 000 亿美元，此后每年都能够超过 1 000 亿美元，外资金额利用位居全球第二。1979 ~ 2015 年中国实际利用外商直接投资金额（不包括银行、证券、保险领域）见表 8 – 2。

表 8 – 2　1979 ~ 2015 年中国实际利用外商直接投资金额（不包括银行、保险、证券领域）

年份	金额（亿美元）	年份	金额（亿美元）
1979 ~ 1982	17.69	1992	110.08
1983	9.16	1993	275.15
1984	14.19	1994	337.67
1985	19.56	1995	375.21
1986	22.44	1996	417.26
1987	23.14	1997	452.57
1988	31.94	1998	454.63
1989	33.93	1999	403.98
1990	34.87	2000	407.15
1991	43.66	2001	468.78

续表

年份	金额（亿美元）	年份	金额（亿美元）
2002	527.43	2009	900.33
2003	535.05	2010	1 057.35
2004	606.30	2011	1 160.11
2005	603.25	2012	1 117.16
2006	630.21	2013	1 175.86
2007	747.68	2014	1 195.62
2008	923.95	2015	1 262.67

资料来源：商务部网站。

中国利用外商直接投资总额逐年增多，2014 年中国制造业实际利用外商直接投资超过房地产、服务业、批发和零售业、交通业以及金融业且位居第一，但同比增长速度有所下降，下降了 12.33%。2015 年，中国利用外商直接投资保持正增长，呈现稳定上升趋势，制造业仍然在吸引外商投资中位居首位，制造业下降速度降低，下降了 0.99%，比 2014 年减少 11.34%。1～9 月，中国东部地区吸收外资金额达到 805.32 亿美元，同比增长 10.11%，增长速度较快，占全国总额的 84.86%。中部地区吸收外资金额达到 86.23 亿美元，同比增长了 0.33%，占全国总额的 9.09%，西部地区实际利用外资金额达到 57.5 亿美元，同比增长了 2.21%，占全国总额的 6.05%。法国和荷兰等欧洲国家对华投资回升较快，中西部地区实际利用外商投资增长速度较快。

世界经济的持续增长，以及国际多边和双边合作的新发展，都促进了直接投资在内的跨国资本移动。在党中央、国务院的正确领导下，中国以科学发展观和党的十八大及其系列全会精神为指导，统筹国内发展和对外开放，把握发展机遇，扩大开放领域，深化涉外经济体制改革，各地区特别是中西部地区投资环境不断改善，在更大范围内、更高层次上开展了国际经济合作，较好地适应了加入世界贸易组织后过渡期带来的各种变化，利用外资的质量和水平进一步提高。

二、中国利用外资的作用

改革开放以来，外资对中国经济发展发挥了重要作用。突出表现在以下六个方面。

（一）有利于弥补国内建设资金的不足，促进了中国经济的快速增长

长期以来，资金短缺是制约中国经济增长的一个主要因素，因此，应采取更有力措施，积极引进外资，以弥补建设资金的不足，促进中国经济的增长。改革开放以来，外资的大规模投入，有效地缓解了中国建设资金紧张的矛盾，为经济的高速增长发挥了重要作用。中国每年实际利用外资占全社会固定资产投资完成额的比重逐年递增。1979～2015 年，中国实际利用外资已达到 16 336.96 亿美

元，外资已成为现代化建设的重要资金来源。以 2015 年为例，中国全年实际利用各类外资总额约 1 262.67 亿美元，比 2014 年增长了 5.61%。全国新设立外商投资企业 20 480 家，同比增长了 4.45%；合同外资金额 26 575 亿美元，同比增长了 11.76%；实际利用外资金额 1 262.67 亿美元（未包括银行、保险、证券领域），同比增长了 5.61%。2014 年全国外债余额 17 799 亿美元，其中，外国政府贷款 232.2 亿美元，国际金融组织贷款 421.4 亿美元，国际商业贷款 4 957 亿美元。2015 年，中国 229 家企业在境外上市，H 股及 N 股筹资额达 388.45 亿美元，比 2014 年增长了 18.92%。外资不仅弥补了中国存在的资金缺口，也填补了外汇缺口。

（二）有利于引进先进技术，促进产业结构升级

外商直接投资不仅引进了新的技术，还使许多行业的大批产品更新换代和技术设备得以改造。外商直接投资促进了中国汽车、电子、通信等重要产业技术的发展，例如，上海大众汽车公司和北京吉普车公司，在短短几年里将中国轿车工业的技术水平从 20 世纪 50 年代带进 80 年代。目前，中国彩电、小汽车、电梯等行业，外商直接投资企业占相当的比重。外商直接投资企业生产的丰富多彩的轻纺产品，不但满足了国内市场的部分需求，同时大量出口到国际市场。合营企业不仅自身引进技术和设备，而且带动了相关工业的技术进步，很多配套企业的产品已进入国际市场。

借用外资在引进技术改造国内工业方面发挥了重要作用。例如，2015 年全国规模以上工业企业（年主营业务收入在 2 000 万元及以上的法人工业企业）引进国外技术经费支出 60.02 亿美元，企业合同利用外资 26 575 份，规模以上工业企业合同利润总额为 9 594.41 亿美元，规模以上工业企业利用外资引进技术的数量和质量都出现明显上升趋势。

大规模的技术改造，提升了工业现代化生产能力，也使重大装备国产化升级。利用国外贷款引进技术、进口成套设备为中国工业新添了一大批关键项目，如大型钢铁联合企业、大型火电厂、通信设施等，壮大了中国工业的综合实力，为工业的快速发展奠定了坚实的基础。与此同时，技术较先进的外商投资企业还通过市场竞争、商业往来和人员交流，对国内其他企业产生示范效应和扩散效应。

（三）有利于引进先进管理经验

随着世界范围内的技术流动，跨国投资成为发展中国家加快经济发展和技术进步的主要投资方式，跨国公司的先进理念和国际规则有利于提高中国的研发能力和培养有专业管理经验的人才。企业中的管理人员和技术人员参与管理与经营，学习国外的先进管理方法，成为具有专业管理经验的管理人员。跨国公司在华投资规模的扩大，也促进了国际管理经验在国内的迅速传播。外商投资企业通过对国内员工培训可以促进国内企业的规范管理和转换机制，同时也会通过产业

关联和示范效果等渠道在企业内部发挥作用。

（四）有利于提高财政收入，增加就业机会

外商投资企业的建立和投产开业，为国家增加纳税主体，带来财政收入的增加，其中，外商投资工业企业的主营业务收入税金大幅度增加。2004～2014 年间外商投资工业企业的主营业务收入税金达到 10 113.48 亿元。截至 2014 年年底，外商投资企业缴纳的税收已占全国税收收入的 18%。2015 年年底，中国现存注册外商投资企业约有 46 万家，其中，制造业外商投资企业 16 万家，占全国工业企业总数的 34.78%。2014 年全国外商投资企业税收总额达 1 662.68 亿元，与 2004 年相比增长了将近 7 倍，年均增长率达 62.2%，大大高于全国税收的平均增长率（35.74%），外商投资企业已成为中国税收增长的重要来源。

与此同时，外商直接投资提供的就业机会在不断增加，2004～2007 年、2008～2011 年、2012～2015 年三个期间，外商分别创造了 229 万、314 万、449 万个新增城镇就业岗位，当期全部新增就业分别为 1 031 万、1 099 万、1 585 万，外商新增城镇就业分别占总新增就业数的 22.21%、28.57%、28.33%。2004～2015 年外商投资企业累计新增城镇就业机会 992 万个。在外商投资企业城镇就业人数不断上升，目前已经达到 1 446 万名员工。

（五）有利于促进中国对外贸易的发展

改革开放以来，外商投资企业在中国投资设厂，带来中国的对外贸易迅猛发展。外商投资企业与国际经济有着天然的联系，如供销渠道、技术开发、市场、信贷关系等，这些经济联系带动了外商投资企业及其配套企业产品的出口，进入国际市场。外商投资企业是中国出口增长的重要源泉。由于国家实行鼓励出口政策，出口加工型外商投资企业得到了迅速增长，使之在中国外商投资企业中占有相当大的比重，由此，推动了中国开放型经济的发展。2015 年外商投资企业进出口额为 18 334.81 亿美元，占全国进出口总额的 46.37%。外商投资企业出口额从 2005 年的 4 442 亿美元迅速增长为 2015 年的 10 046.14 亿美元，增加了 1.26 倍；2015 年外商投资企业的出口占全国出口总额的比重为 44.19%。外商投资企业产品出口的不断扩大，优化了中国出口商品的结构。其中，工业制成品出口额为 21 695.41 亿美元，外商投资在工业制成品中所占比重较高。2015 年工业制成品占进出口贸易总额比重为 85.4%，超过初级产品和高新技术产品，对于改变中国出口商品以石油、煤炭、农产品等原材料和初级产品为主的状况发挥了十分重要的作用。在出口贸易发展中，借用外资也十分重要，借用外资中有相当一部分是用于扩大和改造出口产业，从而扩大了出口产品的生产能力，促进了产品的更新换代，增强了产品的国际竞争力，推动了出口贸易的发展。

（六）有助于中国经济体制转型和经济发展方式的转变

利用外资对于中国经济体制转型和经济发展方式的转变具有积极的推动作用。

中国处于从计划经济体制向市场经济体制转型的过渡时期，外商直接投资不仅成为中国经济发展的引擎，而且成为中国经济管理体制和市场经营机制转型的催化剂。外资的流入推动了企业产权的流动和重组，国有、集体和外资等混合所有的经济单位逐步增加，形成了新的财产所有权结构，促进了中国经济多元化的发展。改革开放近40年内，外商投资企业通过在华设立企业，为中国现代企业的发展树立榜样，有效地促进了市场竞争和市场体系的完善。跨国公司的先进理念和国际规则有力地推动了中国经济管理体制改革和市场经营机制的建立。外商投资引进了市场机制和竞争机制，推动了中国宏观管理体制的改革，要求宏观管理部门必须应用利率、税收、汇率等经济手段和法律手段调控经济，从而促进了政府职能的转变。在这个关键时期，外商直接投资行为的示范作用更加有助于中国经济增长方式转变。

三、现阶段中国利用外资的战略

对外开放以来，外资经济、公有经济、民（私）营经济一起构成了中国经济三大组成部分，对中国经济发展做出极大贡献。例如，推动经济体制改革，拉动经济增长，促进资本形成，提高工业产值和增加值，提升出口规模，缴纳税收，提供就业机会，促进技术转移和生产力提高，产生正向的外部效应以及提升中国企业竞争力。外商投资在促进改革和发展中改变了中国经济运行的轨迹，加速了中国参加经济全球化的步伐，使中国快步融入全球经济主流。

当今中国对外开放正步入全面转型期，利用外资的内外部条件也正在发生变化。从内部条件看，随着劳动力成本上升、原材料和能源价格上涨、人民币升值、利率提高，外商投资企业成本提高，中国吸收外商投资的优势在削弱，低技术含量、高资源消耗的投资受到更大挑战；外商投资增长伴生的矛盾日益复杂，助长贸易失衡和流动性过剩，内外资企业竞争加剧、摩擦增加；中国经济对外资的需求逐渐发生变化，中国利用外资已经不再单纯是为了弥补国内建设资金不足，吸收外资正从过去的弥补储蓄缺口和外汇缺口的“双缺口”向带动经济技术进步、产业结构升级转变。从外部条件看，近年来世界经济形势发生了很大变化，伴随着新一轮国际产业转移，科技全球化、研发全球化和服务外包等成为经济全球化的新趋势，能源危机日益凸显，金融危机时有发生，贸易争端频频爆发，全球经济的波动越来越深刻地影响着中国的外商投资、对外贸易和宏观经济运行。所以，如何提高利用外资水平成为促进中国开放型经济实现持续、快速、高效发展的关键问题。

首先，在继续扩大对外开放中，不仅要继续保持吸收外资的一定规模，而且要更注重提高利用外资的质量，更注重利用外资对于转变经济发展方式、优化贸易结构和调整产业结构的作用与影响。注重国内引进先进技术高新产业，将具有发展潜力、战略规模大的产业作为转型的侧重点，鼓励如新型能源开发、科学研究服务、信息传输及软件业等能够创造更多高端附加值的产业发展。以提高自主创新能力为出发点，注重引进技术的消化、吸收、创新、提高，通过积极利用外资，继续不断输入新的经济变量和改革动力，推动各个层面的协调开放和实现与各国的互利共赢，确保中国国民经济健康、持续、高效、协调发展。

其次，从2013年开始，中国正式批示建立自由贸易试验区，随着中国上海自由贸易试验区、重庆自由贸易试验区、厦门自由贸易试验区以及广东自由贸易试验区的批准设立，未来中国对经济贸易的改革将不断深化，自由贸易试验区规模和数量也将不断扩大，将促进全国的就业、税收和经济贸易增长。现阶段，随着自由贸易试验区的设立，可以利用海关保税和免税等政策吸引外商投资，更加有利于中国内地与其他国家的信息交流，同时，结合沿海地区的开发开放政策，将其作为内地的媒介中心和沟通纽带，作为内地联系海外市场的枢纽，发挥内地的比较优势，营造更好的区域环境，吸引更多的外商来华投资。

最后，扩大服务业利用外资的规模和现代农业产业利用外资的规模。全球产业转移即服务业全球转移的过程中，经历近40年对外开放的沿海地区已经具备大规模承接服务业转移的能力。因此，应该抓住机遇，在生产性服务领域（生产活动在流通领域的继续，以及为生产提供服务的活动），如产品分类、包装、仓储、运输、金融、保险、计算机和信息服务、勘探、技术研发等领域，主动吸收外商投资，拓展产业规模和区域辐射功能；在非生产性服务领域（纯粹的流通活动，以及为生活提供服务的活动），如贸易、广告、传媒、会计、法律、咨询、旅游等领域，扩大市场准入，引进多元市场竞争主体，带动产业发展。在承接国际服务业转移的方式上，积极采用国际上迅速发展的服务外包方式，建立服务外包基地和服务外包中心，吸引外资在中国开展服务外包业务。

但外商对基础设施较差的第一产业的资金投入仍然较低，应该加快引进先进农业生产技术和资金，对农业发展给予特定外资吸引政策，促进中国生产出附加产业增加值更高的农作物。

第二节　中国利用外商直接投资

一、中外合资经营企业

（一）合资企业的概念

中外合资经营企业（Joint Venture），也称股权式合资经营企业。它是由外国公司、企业和其他经营组织或个人同中国的公司、企业和其他经营组织在中国境内共同投资举办的企业。其特点是合资双方共同出资、共同经营，按各自的出资比例共担风险、共负盈亏。合资方可以以货币形式出资，也可以以建筑物、机器设备、场地使用权、工业产权、专有技术等形式出资。根据《中外合资经营企业实施条例》的规定，中外合资经营企业的组织形式为有限责任公司，董事会为最高权力机构。合营企业采用股权形式，按合营各方的投资比例分担盈亏，合营一方可以经他方同意转让其全部或部分股权。目前，中外合资经营企业的法律依据是《中华人民共和国中外合资经营企业法》及其实施条例，2016 年下半年对其进行第三次修正。

国际上通常将合营企业分为两类：一类是“股权式合营企业”（Equity Joint Venture）；另一类是“契约式合营企业”（Contractual Joint Venture）。中外合资经营企业属于“股权式合营企业”。

（二）中外合资经营企业的特点

1. 合资经营企业是由中方融资者和外方投资者共同投资、共同经营、共担风险、共负盈亏的企业形式。

2. 合资经营企业的组织形式为有限责任公司。

3. 合资经营企业的成立必须经中国政府批准，领取批准证书，并在工商行政管理部门登记注册，领取营业执照，取得中国法人的地位。

4. 双方除了货币以外，还可以以实物、工业产权、专有技术或土地使用权的形式出资。

5. 合资经营企业的经营期限按行业的不同有不同的规定。

（三）中外合资经营企业的设立程序

在中国境内设立合营企业，必须经中华人民共和国对外经济贸易主管部门审查批准（以下称审查批准机关），并发给批准证书。

凡具备下列条件的，国家对外经济贸易主管部门委托各省、自治区、直辖市政府和国务院有关部、局审批，报国务院对外经济贸易主管部门备案。

1. 投资总额在国务院规定的投资审批金额内，中外合资双方转让股权时需构成要约形式，同时合资双方都具有优先购买权，中国合作者的资金来源已落实。

2. 不需要国家增拨原材料，不影响燃料、动力、交通运输、外贸出口配额等全国平衡。经各省、自治区、直辖市批准设立的合营企业，应报上一级对外贸易主管部门备案，并由上一级对外贸易主管部门发给批准证书。设立合营企业须报送下列正式文件：（1）设立合营企业的申请书；（2）合营各方共同编制的可行性研究报告；（3）合营各方授权代表签署的合营企业的协议、合同、章程；（4）合营各方推荐的董事长、副董事长、董事候选人名单；（5）审批机关规定的其他文件。上述所列文件必须用中文书写，其中第（2）、（3）、（4）项文件可以同时用合营各方商定的一种外文书写。两种文字书写的文件具有同等效力。审批机关发现报送的文件有不当之处的，应当要求限期修改。

同时，《条例》第八条规定，审批机关在收到上述正式文件之日起 3 个月内决定批准（不批准），申请设立合营企业的在接到批准证书 1 个月内，经过所在地的省、自治区、直辖市的登记管理机构，即工商行政管理中心，办理登记手续，合资企业的成立在营业执照签发后即刻生效。

中外合资企业的设立程序基本上与中外合作企业设立程序一致，见下面内容。

二、中外合作经营企业

（一）中外合作经营企业的概念

中外合作经营企业，也称“契约式合营企业”。它是由外国公司、企业和其他经济组织及个人同中国的公司、企业和其他经济组织在中国境内共同投资或提供合作条件举办的企业。中外合作者的投资和提供的合作条件可以是现金、实物、土地使用权、工业产权、非专利技术和其他财产权利。中外合作企业一般由外国合作者提供全部或大部分资金，中方提供土地、厂房以及可利用的设备、设施，有的也提供一定量的资金。目前，设立中外合作经营企业的法律依据是《中华人民共和国中外合作经营企业法》及其实施条例，2016 年下半年对其进行第二次修正。

（二）合作经营企业的特点

1. 合作企业的法人资格具有可选择性。合作企业可以依法取得法人资格，实行有限责任公司；也可以组成非法人的经济实体，即合作各方按合同的规定经营管理企业，各方对企业承担无限连带责任。

2. 合作方式较为灵活，中外合作各方的投资一般不折算成出资比例，收益分配、风险和亏损的承担按照各方签订合同规定的份额比例进行，也不按出资比例分配。

3. 合作企业的管理方式比较多样，法人式的通常采用董事会制，非法人式的通常采用联合管理委员会制或委托管理制。

4. 在中外合作经营的过程中，外方享有优先收回投资权，外方的风险承受力相对中方较小，主营业务收入和设备折旧收入可先行收回，但合同到期后，全部资产归中方所有。

（三）中外合作经营企业的设立程序

1. 双方洽谈，确定合作形式。

2. 签订项目意向书。

3. 由中方投资者编写项目建议书，报审批机构审批。审批机构在收到项目申请之日起 30 天内，决定批准或不批准。合作企业决定延长合作期限的，也应提交审批，审批后，中方投资者应向工商行政管理机构申请企业名称登记，延长期限的标准按照届满后第一天计算。

4. 市外资委、区（县）外经贸委审批（如果所办的企业属特殊行业，还需经过特定部门的审批）。

5. 工商行政管理部门对企业名称核准。

6. 规划、房产、环保、水电煤等部门出具证明。

7. 市外资委、区（县）外经贸委对合同、章程、可行性报告进行审批，颁发批准证书。

8. 工商行政管理部门注册登记，核发营业执照。

（四）中外合资经营企业与中外合作经营企业的区别

1. 方式不同（或出资方式不同）。中外合资经营企业属于股权式合营企业；而中外合作经营企业属于契约式合营企业。

2. 依据不同。中外合资经营企业的法律依据是《中外合资经营企业法》及其实施条例；中外合作经营企业的法律依据是《中外合作经营企业法》及其实施细则。

3. 地位不同。中外合资经营企业具有独立的法人地位；而中外合作经营企业可以取得法人地位，也可以不取得法人地位。

4. 形式和管理方式不同。中外合资经营企业的组织形式是建立董事会作为企业的最高权力机构，双方共同管理，董事会任命总经理等管理人员；而中外合作经营企业的组织形式则不同，法人式的一般要成立董事会，非法人式的一般是成立联合管理委员会，在管理方面，一般是以一方为主，另一方协助，或者是委托第三方管理。

5. 分配方式不同。中外合资经营企业按注册资本的比例双方共享利润、共担风险和共负盈亏；而中外合作经营企业则按合同规定的比例分配利润或产品以及分担风险和亏损。

6. 回收方式不同。中外合资经营企业投资者的投资是通过在共同经营中分得的利润和通过合资企业在终止营业时分得的剩余资金来获得。另外，合资企业各方在合营期内不得回收其注册资本部分的投资。而中外合作经营企业的投资回收方式有多种：（1）允许投资一方在经营收入中回收投资，投资回收后，各方仍按合同对社会承担经济责任。（2）提取折旧费回收投资。（3）可以从利润中划出一定比例回收资本投资。（4）允许合作一方先回收投资。

7. 主体不同。中外合资经营企业以企业为纳税主体，在经营中先纳税、后分利；中外合作经营企业（非法人式）是先分利，然后合作各方分别以自己的企业法人作为纳税主体进行纳税。

三、外商独资企业

（一）外商独资企业的概念

外商独资经营企业即外资企业，是指外国的公司、企业、其他经济组织或个人依据《中华人民共和国外资企业法》在中国境内设立的全部资本由外国投资者投资的企业。外国投资者的出资可以是自由兑换的外币，也可以是机器设备、工业产权或专有技术等。设立外资企业应采用国际先进技术和设备，应有利于中国国民经济的发展。

（二）外商独资企业的特点

1. 外资企业依据中国的法律在中国境内设立，外国投资者通过投资获得的利润和其他合法权益受中国法律保护。

2. 外资企业的全部资本由外国投资者投资，没有中国投资者的资金参与。外资企业可以是单个企业，也可以是多个企业合资。

3. 由外国投资者独立投资，独立经营，独立核算，独立承担法律责任。

4. 外资企业的组织形式为有限责任公司，经批准也可以为其他责任形式。企业资产盈利归投资者全部享有，亏损由投资者全部承担。

另外，《外资企业法》及其实施细则对外国投资者的资格、外资企业的设立、出资方式、财务、外汇、税务、劳动管理、企业终止与清算等都作了明确规定。

（三）外商独资企业的设立程序

设立外商独资企业应首先经国务院主管部门或者国务院授权的机关审查批准。审查批准机关应在接到申请之日 90 天内决定批准或不批准。设立外资企业的申请经批准后，外国投资者应在接到批准证书 30 天内向工商行政管理机关申请登记。在取得营业执照后，应在 30 天内到税务机关申请税务登记。具体如图 8－2 所示。

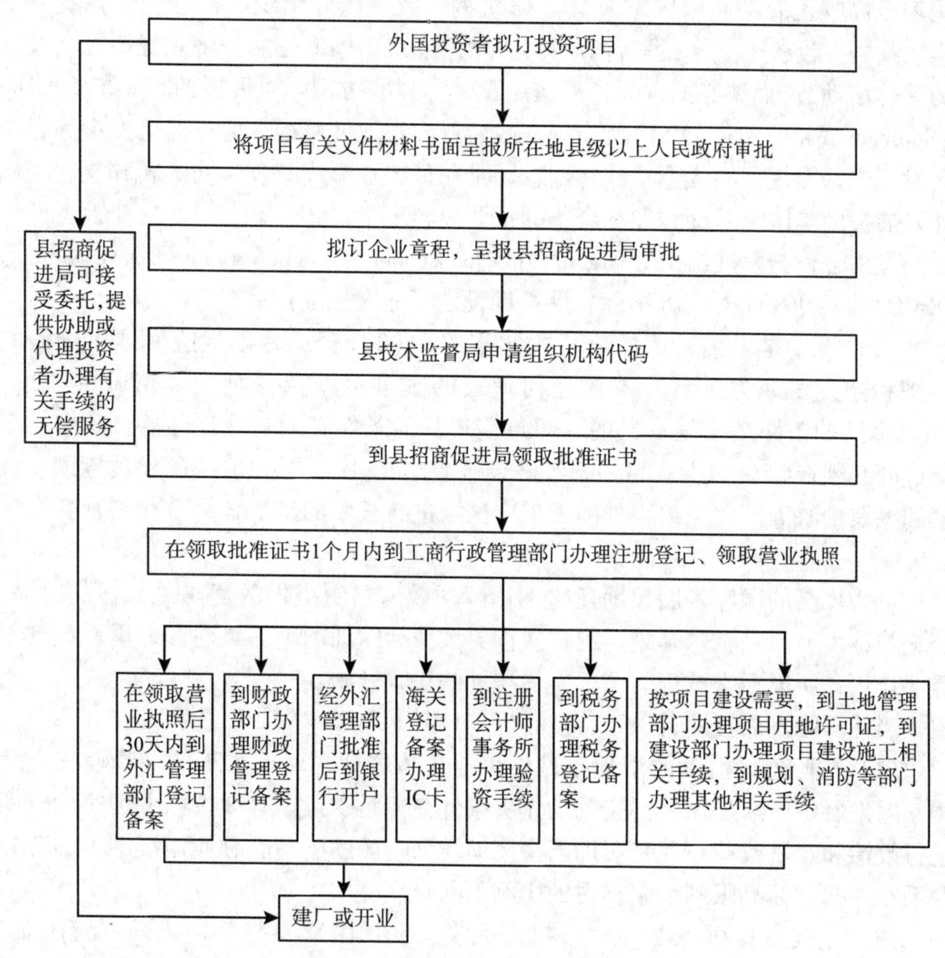

图 8－2　外商独资企业设立的具体程序

第三节 债务融资

中国对外债务融资，就是指中国利用对外贷款来吸引并利用外资的行为。它的特点是：方式灵活，借款期限较长，利率较低，适用于国内对于国外资金的各种不同需求。其主要方式有：利用西方国家的进口信贷、商业银行信贷、国际金融组织及政府贷款、国际租赁融资、发行国际债券等。

一、国际发展援助

（一）国际发展援助的概念

所谓国际发展援助（International Development Assistance，IDA），是指“发达国家或高收入的发展中国家及其所属机构、有关国际组织、社会团体以提供资金、物资、设备、技术或资料等方式，帮助发展中国家发展经济和提高社会福利的具体活动”。而狭义的国际发展援助，又称“官方国际发展援助”（Official Development Assistance，ODA），指国家政府或多边发展机构以促进经济发展为目的向发展中国家提供的优惠贷款和赠款，是一种特殊形式的政府间的转移支付。国际发展援助是国际外交和经济合作的重要内容之一。

经济合作与发展组织（Organization for Economic Cooperation and Development，OECD）在1969年对官方国际发展援助设定了三个标准：

（1）援助是由援助国政府机构实施的；（2）援助是以促进发展中国家的经济和社会发展为宗旨，不含任何形式的军事援助及各种商业形式的援助；（3）援助的条件必须是宽松的，即每笔贷款的条件必须是减让性的，其中的赠与成分必须在25%以上。目前，经济合作与发展组织（OECD）的发展资助委员会和发展中心等部门与组织外的发展中国家进行长期的经济贸易合作与社会发展研究。

更为广义的国际发展援助还包括国际非政府组织提供的优惠或无偿的物品、资金与技术。因马歇尔计划对第二次世界大战后欧洲国家的重建和发展都起到了重要作用，所以通常被视为国际发展援助的正式开始。

当代国际发展援助有以下特点：

（1）国际经济援助的附加条件增多。具体体现在两个方面：一是西方发达国家向发展中国家提供经济援助的先决条件往往是受援国必须按西方国家的意图进行政治和经济改革；二是援助国将援助与采购援助国商品和使用援助国的劳务联系在一起，而且限制性采购占的比例不断提高。

（2）主要发达国家参与对外援助减少。发达国家参与援助出现一定困难，主要表现在：第一，不同发达国家政府关于对外援助的计算方式出现不同的定义，使得一些共同参与的援助项目停滞不前。第二，在对外发展援助的过程中，并不单纯地考虑援助本身，而是掺杂一些政治因素，阻碍共同援助的进程。第三，发达国家国际发展援助的规模也逐渐缩小，2013 年主要发达国家参与援助的增长速度比 2012 年下降 3.8 个百分点。

（3）援助方式发生变化。从援款的使用方向看，援助的方式发生的变化主要体现在项目援助的比重下降而方案援助的比重上升；从有偿援助内部看，减债成为援助的主要方式，债务一直是困扰发展中国家的大问题；在双边发展援助资金中，援助性贷款减少，赠款比重不断提高。

（4）重视援助效益。为了确保国际发展援助的经济效益，各援助国和援助组织采取相应的措施。第一，不管是多边援助机构还是双边援助机构都大力发展和完善一整套援助项目的申请、审查、执行监督、效果评估的程序，加强了对国际经济援助的管理和评估工作。第二，改变援助方式，培养受援国发展经济的能力。

（5）“双赢”的伙伴关系理念加强。近年来，作为援助国的发达国家与作为受援助国的发展中国家出现多样化的援助新趋势，援助不只是涉及经济方面，随着观念的提高，还涉及基础设施建设、环境保护等多方面，在发展援助的过程中，不仅仅是发达国家单方向无条件给予，还是双方国家的合作共赢，共同建立“双赢”的新型国际发展援助伙伴关系。

（二）国际发展援助的方式

国际发展援助的方式多种多样，按其援助的方式可分为财政援助与技术援助；按其援助款的流通渠道可分为双边援助和多边援助；按援助款的使用方向可分为项目援助和方案援助。

1. 财政援助。财政援助（Financial Assistance）是指援助国或多边机构为满足受援国经济和社会发展的需要或为解决其财政困难，而向受援国提供的资金或物资援助。财政援助可分为赠款和贷款两种。赠款是不需要归还的赠送款项，赠款通常只用于急救援助（如战争或自然灾害）；贷款即政府贷款（Government Loan），是以国家政府的名义提供与接受而形成的，即使用国家财政预算收入资金，由一国政府向另一国政府提供的具有双边经济援助性质的长期低息优惠性贷款。财政援助在资金上包括官方发展援助和其他官方资金（Other Official Flow, OOF）。其他官方资金指的是由援助国政府指定的专门银行或基金会向受援国银行、进口商或出口商提供的，以促进援助国的商品和劳务出口为目的的资金援助，该援助主要是通过出口信贷来实施。与官方发展援助相比，其他官方资金也属于政府性的资金，也以促进发展中国家的经济发展和改善其福利为目的。贷款的赠与成分也必须在 25% 以上，两者的区别在于其他官方资金不是以政府名义实施的援助。

2. 技术援助。技术援助（Technical Assistance）是指技术先进的国家或多边机构向技术落后的国家在智力、技能、咨询、资料、工艺和培训等多方面提供资助的各项活动。技术援助分有偿和无偿两种。有偿技术援助是技术的提供方以优惠的贷款形式向技术的引进方提供各种技术服务；而无偿的技术援助则指技术的提供方免费向受援国提供各种技术服务。技术援助的主要形式有：援助国派遣专家或者技术人员到受援国进行技术服务；培训受援国的技术人员，接受留学生和研究生，并为他们提供奖学金；承担考察、勘探、可行性研究、设计等投资前的工作；提供技术资料和文献；提供物资和设备；帮助受援国建立科研机构以及学校、医院、职业培训中心和技术推广站等。技术援助的资金主要来源于官方发展援助。

3. 双边援助。双边援助（Bilateral Assistance）是指两个国家或地区自己通过签订法案援助协议或经济技术合作协定，由一国（援助国）以直接提供无偿或有偿款项、技术、设备、物资等方式，帮助另一国（受援国）发展经济或度过暂时的困难而进行的援助活动。双边援助与多边援助并行是国际发展援助的主要渠道。双边援助多以双边赠与和双边直接贷款的方式进行。双边赠与指援助国向受援国提供不要求受援国承担还款义务的赠款，赠款可以采取技术援助、粮食援助、债务减免和紧急救援等方式进行；双边直接贷款是指援助国政府向受援国提供的优惠贷款，一般用于开发建设、粮食援助以及债务调整等方面。双边援助的流向与双方的政治和经济利益有密切的关系。发达国家往往以受援国实行“民主、多党制、市场经济”等作为提供援助的政治条件。此外，多数发达国家在提供多边援助的同时还附带有限制性采购条件。

4. 多边援助。多边援助（Multilateral Assistance）是指多边机构利用成员方的捐款、认缴的股本、优惠贷款及国际资金市场的借款或业务收益等，按照它们制定的援助计划向发展中国家或地区提供的援助。在多边援助中，联合国发展系统主要以捐款的方式向发展中国家提供无偿的技术援助，而国际金融机构和其他多边机构多以优惠贷款的方式提供财政援助。在特殊情况下，多边机构还提供紧急援助和救灾援助等。多边援助是第二次世界大战后出现的一种援助方式，西方发达国家一直是多边机构援助资金的主要提供者。2014 年，援助资金在多边援助机构中所占比重的前五名分别是美国、英国、德国、日本、法国。由于多边机构的援助资金由多边机构统一管理和分配，一般不受资金提供国的限制和约束，所以多边援助的附加条件较少。

20 世纪 90 年代以来，由于世界政治经济形式的变化，双边援助已从原来的以美国、日本、西欧、中东地区产油国和原苏联为主的多中心的世界双边发展援助体系，变为以日本、西欧各国和美国为主要援助国的世界双边发展援助的新体系。

5. 项目援助。项目援助（Project Assistance）是指援助国政府或多边机构将援助资金直接用于受援国某一具体建设目标的援助，由于每一个援助目标都是一个具体的建设项目，故称项目援助。项目援助既可以通过双边渠道也可以通过多边渠道进行，其资金主要来源于各发达国家或高收入发展中国家的官方发展援助及世界银行等多边机构在国际金融市场上的借款，主要用于资助受援国基础建设、资源开发、工农业发展以及文化、教育、卫生设施等。由于项目援助均以某一具体的工程项目为目标，并与技术援助相结合，所以捐款不易被挪用，有助于提高受援国的技术水平。20 世纪 80 年代以后，许多发达国家将扩大本国商品出口和保证短缺物资进口来源作为提供项目援助的先决条件，因此，项目援助对援助国也甚为有利。项目援助的周期一般较长，而且见效慢，一个项目从计划、设计、施工到建成一般需要若干年，受援国在申请项目援助时应从长远考虑，并兼顾自己的技术水平和管理水平，以达到预期的援助效果。项目援助是发达国家和多边机构目前普遍采用的援助方式，也是联合国技术援助得以实施的基本方式。

6. 方案援助。方案援助（Program Assistance）是指援助国政府或多边机构根据一定计划而不是按照某个具体的工程项目提供的援助。这种援助一般用于进口拨款、预算补贴、国际收支津贴、偿还债务以及区域发展和规划，甚至包括世界性的发展等方面。一个援助方案实施的时间往往需要数年或数十年，含有数个或更多的项目，但援助方案本身一般不与具体的项目相联系。在多数情况下，方案援助的资金往往附带有严格的使用规定，特别是近年来，援助国或多边机构往往要求对方案的执行情况进行严格监督与检查。方案援助也是发达国家目前经常采取的一种援助方式。20 世纪 80 年代初，经济合作与发展组织的发展援助委员会 17 个成员以方案援助形式提供的援助约占双边援助协议额的 1/3；在美国国际开发署目前提供的援助中，方案援助一般占其总援助额的 50% 以上。

（三）提供国际发展援助的主要机构及各机构贷款的特点

1. 联合国发展系统构成及援助特点。联合国发展系统也称联合国援助系统，是联合国向发展中国家提供发展援助的机构体系。该系统是一个十分庞大而复杂的体系，它拥有 30 多个组织和机构，数万名工作人员，其主要任务是对发展中国家提供无偿技术援助。这些组织和机构在世界各地设有众多的办事机构和代表处。目前，联合国发展系统的机构可以分为三大类：第一类是政策指导性机构，如联合国大会、经社理事会等；第二类是筹资机构，如开发计划署、人口活动基金会、儿童基金会、粮食计划署等，前三个机构是联合国最大的三个筹资机构；第三类是联合国的专门机构或称执行机构，它们主要是由各国政府通过协议成立的各种国际专业性组织，这些专业性组织是一种具有自己的预算和各种机构的独立的国际组织，但由于它们通过联合国经社理事会的协调同联合国发展系统进行合作，并以执行机构的身份参加联合国的发展援助活动，故称联合国发展系统的专门机构。目前，联合国有近 20 个专门机构，它们是国际劳工组织、联合国粮农组织、联合国教科文组织、联合国艾滋病规划署、世界卫生组织、联合国妇女发展基金、国际货币基金组织、国际复兴开发银行、国际开发协会、国际金融公司、国际民用航空组织、万国邮政联盟、国际电信联盟、世界气象组织、国际海事组织、世界知识产权组织、国际农发基金、联合国工发组织等。

联合国发展系统开展多边经济技术合作的特点主要表现在两个方面：一是多边性，即该系统开展的国际多边经济技术合作是一种世界性事业，各国或地区都可以在自愿平等的基础上参加合作，并根据各自国家或地区的需要和财政能力提供或接受援助，合作各方之间的关系是一种平等的伙伴关系。二是具有普遍性，联合国大会通过的《关于建立新的国际经济秩序宣言》决议指出，联合国作为一个普遍性组织，应当能够广泛地处理国际经济合作问题并保证所有国家的利益公平。因此，联合国发展系统并不仅是提供发展援助的渠道，而且也是一个普遍的和互相合作的渠道；它也不是捐助国和受援国之间的掮客，不是国际慈善事业，更不是主要捐助国提供恩赐的场所，而是一种属于所有参加国在平等的基础上组织国家间进行合作的系统。合作各方在其中的关系是一种平等的关系。联合国发展系统的多边经济技术合作是国际社会根据联合国宪章和联合国大会对发展中国家应尽的义务，是国际间相互合作和互相帮助的一种新的形式。

2. 世界银行集团组成及贷款特点。世界银行集团（The World Bank Group）共包括五个成员组织：1945 年 12 月设立的国际复兴开发银行（The International Bank for Reconstruction and Development）、1960 年 9 月设立的国际开发协会（The International Development Association）、1956 年 7 月设立的国际金融公司（The International Finance Cooperation）、1965 年设立的解决投资争端国际中心（The International Centre for The Settlement of Investment Dispute）和 1988 年设立的多边投资担保机构（The Multilateral Investment Agency）。

国际复兴开发银行主要向发展中国家提供中、长期贷款，贷款利率低于市场利率；国际开发协会专门向低收入的发展中国家提供长期无息贷款；国际金融公司则负责向发展中国家的私营部门提供贷款或直接参股投资。这三个组织均为金融性机构，具体任务虽不尽相同，但其最终目的都是通过向成员中的发展中国家提供资金和技术援助来帮助这些国家提高生产率以促进其经济发展和社会进步。解决投资争端国际中心也是一个非金融性机构，主要是通过调解和仲裁，为各国政府和外国投资者之间解决争端提供方便，以鼓励更多的国际投资流向发展中成员。多边投资担保机构是一个非金融性机构，旨在帮助发展中国家成员创造一个良好的投资软环境，以便有效地吸引外资来促进本国经济发展，其主要业务是为在发展中国家的外国投资者提供非商业性风险担保和投资促进性咨询服务。

世界银行贷款具有以下六个特点。

（1）按照不同对象区别发放贷款。世界银行根据人均收入高低将贷款成员分为三组：第一组为低收入国家，收入在 520 美元以下，贷款期限为 20 年，宽限期为 4 ~4.5 年；第二组为中等收入的国家，收入为 520 ~1 075 美元，贷款期限为 17 年，宽限期为 4 年；第三组为收入在 1 075 美元以上的较高收入国家，贷款期限为 15 年，宽限期为 3 年。

(2) 贷款手续严密，项目评估严格，须经过项目选定、项目准备、项目评估、项目谈判、项目执行、项目总结评价六个环节。一般来说，从提出项目到取得贷款，需要一年半到两年时间。贷款利率参照国际金融市场水平定期调整，一般低于市场利率，较为优惠，但同时贷款必须如期归还。

(3) 世界银行的贷款期限较长，最长可达30年，短则数年，平均约为17年，宽限期平均在4年左右，利率较低，低于市场利率。这种期限较长的原因是贷款结合项目建设进行的原因形成的，也是世界银行贷款被借款国欢迎的主要原因之一。世界银行的资金来源主要依靠在国际金融市场上发行债券，借入资金，由于成本较高，因此，它的对外贷款的利率必须参照市场利率，但由于有一定数额的流动资金，尤其有不需支付红利的净资产，使其低于市场利率发放贷款；同时贷款收取的杂费很少，只对签约实际使用的贷款数额收取0.75%的承担费。

(4) 资金使用上实行报账制或先发生后支付制。世界银行在提供每一笔项目贷款时，不是一次把贷款资金全部发放给借款国，而是在签订贷款协定后，将贷款作为承诺额记在借款国名下，然后随着项目建设的进度由借款国逐次申请提取，由世界银行审核后直接支付给供货商或承包商，或支付给借款国以偿还其已垫支的项目资金，直至项目竣工。所以，一般来说，一个项目贷款的提款支付要持续5~7年，短的也要4年左右。在此期间，对已承诺尚未提取的贷款，世界银行要收取一定的承诺费。

(5) 借款国要承担汇价变动的风险。世界银行的贷款以美元计值。借款国如提供其他货币时，银行按贷款协议的美元数额按当时汇价付给其所需要的货币。借款国还款时必须以相同的货币还款付息，按单个汇价折合美元。这样借款国就要承担汇价变动的风险。

(6) 世界银行的贷款不仅仅只为项目提供建设资金，它同时还帮助借款国引进先进的技术，并通过提供咨询和培训等，帮助改善项目和机构管理。

3. 政府贷款的概念及特点。政府贷款也称外国政府贷款或双边政府贷款。它是指一国政府利用其财政资金向另一国政府提供的优惠水平较高的贷款。政府贷款的偿还期一般在20~30年，最长可达50年，且宽限期长，贷款的年利率低。宽限期可达到5~10年，贷款的年利率一般为2%~3%。有的国家在发放政府贷款时干脆免收利息。政府贷款的资金主要来自各国的财政拨款，并通过列入国家财政预算支出的资金进行收付，所以，政府贷款一般要各国的中央政府经过完备的立法手续加以批准后才能提供。

政府贷款的特点鲜明，可以归纳为以下四点。

(1) 带有鲜明的国家色彩和深刻的政治内涵。政府的行为不同于追求利润最大化的微观企业，政府行为更多地体现了国别差异和国别利益，因此，政府援助能反映出国际经济和政治关系的层面。第二次世界大战期间的双边援助以战争借债和宗主国给予殖民地附属国的援助形式出现，战后初期，美、苏两个超级大国是最主要的资本输出国，以后的国际援助则呈现出多样化的格局。所以，政府贷款必须是建立在两国政治经济关系良好基础上的一种合作关系。美国在推翻萨达姆政权之后，美国国防部立即宣布筹款 17 亿美元用于援助伊拉克。

（2）政府援助为低盈利。政府行为所追求的国别利益有时是无法以货币计量的，出于外交或外贸等原因，政府中长期贷款往往是优惠性质的，如政府贷款按国际惯例需要不少于 25% 的赠与成分等。

（3）资金来源于政府贷款。贷款国用国家的预算资金直接与借款国发生信贷关系，属于国家资本输出的一种形式。

（4）贷款程序特别复杂，所费时间一般都较长，因此，对一些急需资金、时间性强的建设项目，利用政府贷款不一定是合理的筹资方式。

（四）中国利用的国际发展援助

1949 年新中国成立以后，在资本主义国家对中国实行经济封锁和中国国内"左"的思想影响下，中国只向周边友好国家和一些发展中国家提供援助，但却拒绝接受国际多边和双边援助。改革开放以后，中国政府改变了原来的做法，决定采取有给有取的方针，从而揭开了中国接受外援的历史，中国利用国际援助进入了新的历史时期。下面我们从中国利用国际双边援助和多边援助两个方面来探讨这个问题。

1. 中国利用国际双边援助。外国政府向中国提供的援助也分为无偿援助和有偿援助两部分。

外国政府对中国的有偿援助主要通过政府贷款来进行的。主要贷款形式有四种：（1）政府无息贷款与出口信贷相结合。向中国提供这类贷款的主要是丹麦、比利时、加拿大等。例如，丹麦曾向上海面粉厂提供过一笔政府贷款，其中，40% 的金额以无息贷款方式提供，期限 35 年（宽限期为 10 年），其余 60% 的金额以出口信贷方式提供。（2）赠款与出口信贷相结合。提供这类贷款的国家主要是英国、挪威、瑞士等。英国是对合同金额 25% 提供赠款，75% 提供出口信贷，年利率 5%，期限 20 年，用于购买英国商品和劳务。（3）政府低息贷款与出口信贷相结合。提供这类贷款的国家是法国、奥地利、澳大利亚等。以法国为例，它提供低息贷款的利率一般为 2%，期限 30 年，其中包括 11 年宽限期，低息贷款金额占合同金额的 52%，其余 48% 为出口信贷，利率参照 OECD 君子协定利率，期限为 10 年。（4）日元贷款。日本所提供的政府贷款是中国获得政府贷款的主要来源，占双边政府贷款实际使用总额的 70% 以上，日元贷款与其他国家政府对中国提供的政府贷款相比，具有开始时间最早、规模最大、条件最优惠等显著特点。如日元贷款全部为低息贷款，年利率为 2%，期限长达 30 年，有 10 年宽限期，采购条件的限制也比较少。日元贷款实施以来，在中国的能源、资源开发等基础产业，交通、运输、通信等经济基础设施建设以及农林、环保等方面发挥了积极作用，成功地建设了众多大型项目。如京秦铁路、中日友好医院、南昆铁路、上海浦东机场、内陆地区光缆建设等。

中国利用国际双边无偿援助的起步较晚，始于 1982 年。中国作为受援助国家的 30 多年间，累计接受涉及基础设施建设、环境保护、经济资金短缺等方面的国际无偿援助达到 70 亿美元，已有超过 20 个国家和地区向中国提供过无偿援助，而且多属于项目援助。

2. 中国利用国际多边援助。中国接受的国际多边援助主要来源于联合国发展系统和世界银行。自 1971 年中国恢复在联合国的合法席位以后，中国与联合国发展系统的合作经历了逐步扩大到深入发展的过程。初期，中国曾派代表参加了联合国有关问题的决策并向其捐款。改革开放以后，中国改变了不接受援助的政策，开始重视联合国发展系统的援助。到目前为止，联合国发展系统包括开发计划署、粮食计划署、农发基金、人口基金会、儿童基金会、粮农组织、世界卫生组织、教科文组织、全球环保基金等机构向中国提供了涉及农业、林业、牧业、渔业、电子、机械、能源、交通、环保、基础设施建设等方面的项目。

（1）中国与联合国开发计划署的合作。到目前为止，联合国开发计划署对中国已实施完 5 期国别方案和合作框架：第一个国别方案（1981 ~ 1985 年）、第二个国别方案（1986 ~ 1990 年）、第三个国别方案（1991 ~ 1995 年）、第四个国别方案（又称第一个援华国别框架）（1996 ~ 2000 年）、第五个国别方案（2001 ~ 2005 年），涉及的项目包括：农业，工业，交通与电信，化工、食品与农药，冶金与剪裁，轻工与纺织，能源与电力开发，文化、教育、科技与卫生，环境保护，智力引进与吸收外资，经济改革与对外开放，扶贫等，而且目前还涉及多个交叉领域。根据《2011 ~ 2015 年联合国对华发展援助框架》显示，截至 2015 年，中国和 20 世纪 80 年代同等发展水平的世界其他国家相比较，中国比其他国家的人类发展指数增长了 1 倍多，人均国民生产总值（PPP 值）是 1980 年的 11 倍，人均增长了 2 856 美元。联合国开发计划署向中国提供的资金支持具体分类如下：低碳能效及可再生技术创新（1 000 万美元）、住房和城乡建设（200 万美元）、生物多样性研究（2 700 万美元）、气候变化应对问题（200 万美元）、志愿者培训技术支持（86 万美元）、灾害管理能力（60 万美元）、公民参与经社发展（1 500 万美元）、少数民族群体文化管理（250 万美元）、公共资源平等分配（1 500 万美元）、老弱群体服务（500 万美元）、农民工社保（250 万美元）、保护妇女和家庭稳定（50 万美元）、保护男女平等（50 万美元）、妇女人权（100 万美元）、社区服务（50 万美元）、应对艾滋合作（200 万美元）、地区合作（750 万美元）、与其他国家分项发展经验（250 万美元）。

（2）中国与联合国人口基金会的合作。联合国人口基金会从一开始就十分重视与中国的合作，双方合作涉及的领域有：妇幼保健和计划生育，避孕药的生产与研究，妇女、人口的发展。联合国人口基金会于 1980 年 6 月通过了第一个援华国别方案（1980 ~ 1984 年），提供援款 5 000 万美元，安排项目 22 个，其中，中国与人口基金会于 1982 年合作进行了第三次全国人口普查，人口基金会向中国提供了21套计算机设备，使中国首次利用计算机处理数据获得成功。此后，人口基金会又向中国提供了第二（1985～1989年）、第三（1990～1996年）、第四（1997～2000年）、第五（2001～2005年）、第六（2006～2010年）、第七（2011～2015年）个援华国别方案。根据第七个援华国别方案，人口基金会2011～2015年向中国提供了2 200万美元的援助，UNFPA将开始建立与私人部门的合作伙伴关系，2011～2015年具体在生殖健康和权利方面进行常规资源援助960万美元，进行其他援助5 000美元；人口与发展方面进行常规资源援助960万美元，进行其他援助1.5万美元；方案协调与帮助方面进行常规资源援助80万美元。

中国从1990年开始老年人口（65岁及以上人口）比例逐年递增，截至2009年中国老年人口比例超过10%，预计2050年中国老龄化程度进一步达到高峰，占比接近30%。联合国人口基金会为了更好地辅助中国对老年人的权利进行保障，将继续致力于帮助政府积极支持人口老龄化问题和农村老年人口贫困问题。

（3）中国与联合国儿童基金会的合作。中国与儿童基金会也分别在1980～1981年、1982～1984年、1985～1989年、1990～1993年、1994～1995年和1996～2000年、2001～2005年、2006～2010年、2011～2015年开展了9期合作，2011～2015年中国接受联合国儿童基金会的援助，具体包括儿童气候变化应对及普及（90万美元）、儿童饮水设施建设及卫生服务（120万美元）、儿童灾害应对及管理（510万美元）、保护儿童法律建设（200万美元）、确保儿童公平及资源分享（120万美元）、保护流动儿童（20万美元）、保护儿童防暴力、歧视权利（85万美元）、保护儿童健康及收入生活水平（1 800万美元）、确保儿童高素质教育（600万美元）。

联合国开发计划署、联合国人口基金会和联合国儿童基金会是联合国发展系统内向中国提供援助最多的机构。在第九期合作中，联合国儿童基金会向中国提供援款4 545万美元。

（4）中国与世界银行的合作。中国是世界银行的创始会员国，由于历史原因，台湾地区占据了在世界银行中的合法席位，直到1980年5月，在世界银行的合法席位才得恢复。此后，中国与世界银行合作关系得到稳步的发展，成为重要和成熟的发展合作伙伴。根据世界银行官方网站提供的数据显示，截至2014年年底，世界银行共向中国提供赠款29.22万美元。2013～2015年，中国利用世界银行贷款进行项目建设共计44个，贷款金额达到约55亿美元，37%（16项）、27.3%（9项）的贷款分别用在城市建设和交通发展等基础设施领域，其余为农业、能源以及社会发展领域，所占比重分别为18.92%（9项）、10.9%（6项）和6.6%（4项）。中国各地区利用世界银行贷款比例不同，东部地区作为中国沿海发展良好地区占比较小，不到20%，中西部和东北地区占比较大，超过80%。此外，世界银行应中国政府的要求在体制改革和经济发展的重点领域做了一系列的研究项目和报告，研究课题涉及农村扶贫、国有企业改革、金融和银行改革、知识经济、环境保护、养老金体制改革、公共支出管理、石油天然气行业改革与监管、交通战略、高等教育改革等领域。因此，中国迄今保持着世界银行最大借款国的地位。中国也是执行世界银行项目最好的国家之一。

世界银行驻中国代表处负责管理世界银行的中国业务。财政部是世界银行集团在中国开展业务活动的主要对口部门，国家发改委在合作计划的制定中也起着极为重要的作用。世界银行和中国政府每年就双方的三个滚动合作计划进行磋商，双方都可以对贷款项目计划和政策研究课题提出建议，所有项目都须经过充分的技术、经济、财务、环境和社会评估之后再提交双方的决策机构作最后审批，双方对每个项目的实施进展情况进行定期监督检查。此外，对于所有正在实施的世界银行贷款项目或其中部分重要项目，双方每年进行联合大检查，及时发现和纠正跨部门或跨地区实施项目过程中可能出现的问题。

二、国际商业贷款

国际商业贷款是指以赢利为目的的国际性贷款，其具体形式可以分为国际贸易信贷和一般国际商业银行贷款。

（一）国际贸易信贷

国际贸易信贷（Credit of International Trade）是指一切为开展或支持国际贸易而进行的各种信贷活动，包括进出口商相互间为达成贸易而进行的资金或商品信贷活动、银行及其他金融机构以及政府机构或国际金融机构为支持国际贸易而进行的资金信贷活动、银行及其他金融机构为支持贸易信贷而进行的信用担保或融通活动以及各国政府机构或银行等为支持本国出口而进行的出口信用保险活动等。国际贸易信贷对加速进出口商品流通、减少资金积压、促成进出口顺利完成具有重要作用。当代国际商品市场竞争日趋激烈，在国际贸易中能否提供或获得融资便利安排，成为与商品质量、交货时间和价格同样重要的因素。

改革开放以来，中国对外贸易增长显著，对外贸易进出口总额由 1978 年的 206.38 亿美元，上涨到 2010 年的 39 530.32 亿美元。中国对外贸易之所以能够取得如此显著的成绩，原因之一就在于中国在进出口贸易中能够合理有效地利用国际上的各种贸易信贷和贸易融资，一方面解决了中国进口企业的资金不足问题；另一方面也加强了同世界各国的贸易联系。可以说，中国绝大部分进出口额是由国际贸易信贷所推动的，国际贸易信贷是中国利用外资的一个重要途径和方式。

（二）一般国际商业银行贷款

企业进行国际融资一般来说首先选择在银行信贷市场融资，因为银行信贷市场的条件、对企业的要求等比直接融资的条件宽松，资料的准备也更为简单快捷。

1. 国际商业银行信贷的概念及特征。国际商业银行信贷是指境内机构向中国境外的金融机构、企业、个人或者其他经济组织以及在中国境内的外资金融机构筹借的以外国货币承担契约型偿还义务的款项。国际商业银行信贷有以下特征：(1) 国际商业银行信贷是在国际金融市场上进行的。国际金融市场有传统的金融市场和离岸金融市场两种。(2) 国际商业银行信贷是一国借款人与外国贷款银行之间进行的。其借贷双方分别属于不同的国家，属于不同国家的法人居民。(3) 国际商业银行信贷是采取货币资本（借贷资本）形态的一种借贷关系。目前常用的货币币种主要有美元、日元、加元等十多种货币。这些货币都是可以自由兑换的被国际上普遍接受的结算货币。(4) 国际商业银行信贷是自由外汇信贷。也就是说，商业银行信贷的资金用途没有任何限制。它没有任何优惠成分，信贷条件随行就市，利率是按市场利率来确定的。

2. 商业银行信贷融资的种类。商业银行信贷的种类主要有两种，即独家银行信贷和国际银团贷款。(1) 独家银行信贷。独家银行信贷指由一家银行给某一借款方提供商业信贷，收取一定的利息，按照合同约定还本付息。(2) 国际银团贷款。国际银团贷款又称辛迪加贷款（Syndicated Loan），是一家银行牵头、多家银行参加，在一项贷款协议中按同一条件向某一借款人发放的贷款。该贷款的贷款银行经常来自世界不同地区，该贷款也很少设在借款人的国家。国际银团贷款其实是一种金融创新业务，它是为了防止金融管制以及防范金融风险而产生的新型信贷业务。

中国自改革开放以来利用国际商业信贷的数额稳步增长，它提供了改革开放必要的部分资金，不失为一种有效利用外资的方式。

三、债券融资

国际债券融资相对于国际金融组织贷款和外国政府信贷属于国际商业信贷的一部分。

（一）国际债券的概念

国际债券（International Bonds）是指一国的政府机构、金融机构、工商企业（或国际机构）为筹集资金而向国外投资者发行的债券。国际债券的特点是发行人和投资人分属于不同的国家，债券总是卖到借款人所在国家以外。

（二）国际债券融资的特点

国际债券融资作为国际融资的一种业务形式，与其他融资方式相比具有一定的特殊性。

1. 筹资成本低，资金供应量大。国际债券是直接融资方式，省去了银行信贷业务过程中商业银行要赚取的存贷款利差，因此，成本较低。

2. 可以满足企业长期资金的需求。发行国际债券筹集资金的期限较长。例如，欧洲债券一般是中长期债券，期限一般为3~10年不等，欧洲美元债券的期限为5~8年。

3. 提高企业的声誉，为企业做免费广告。发行国际债券筹集资金，所在国对发行人的资信要求较高。发行人要顺利实现融资，一般都要经过严格的审查和专业评级，只有在获得较高的评级并满足各种条件的情况下才能够上市发行债券。

4. 为以后再次发行债券和股票打下良好的基础。如果第一次发行债券成功，在国际市场上树立了良好的形象，以后再筹集资金就相对容易一些。

5. 可以避免企业遭遇被收购、兼并的厄运。发行债券筹集资金，企业不但能够掌握经营管理权，而且还可以节约本国的外汇资金。

四、股票融资

利用外资的股权融资方式是指通过向国外机构或私人转让企业或项目股权的方式来获得国外资金的形式。国际股权融资与债权融资有本质的不同，它体现的是所有权的出让，融资的过程也是引进国外产权共有人的过程。国际股权融资包括引进外商独资或合资的外国人直接投资，也包括通过国内或国际的股票市场发行股票给境外机构或私人的境外人间接投资，还包括在境外设立中国投资股份基金吸收境外人间接投资。而发行国际可转股债券的最终结果也等同向境外人发行股票。

（一）国际股票的概念

国际股票（International Stock）是指在股票的发行和交易过程，不是只发生在一国内，而通常是跨国进行的，即股票的发行者和交易者、发行地和交易地、发行币种和发行者所属本币等有至少一种和其他的不属于同一国度内。它是通过在国际金融市场上发行股票来筹集资金的一种方式。

当今主要的国际股票市场在美国、英国等发达国家。许多企业通过在国际资本市场上筹集资金实现了跨越式的发展。

（二）国际股票融资的特点

1. 融资者可以永久使用资金。
2. 国际股票融资金额大，成本低。
3. 国际股票融资具有较强的技术性和复杂的程序性。
4. 只有特定类型的公司或股份有限公司才有资格上市发行股票。

（三）国际股票融资的方式

上市公司在国际资本市场上发行股票筹集资金已经成为其快速走向国际市场的通道。根据不同标准，境外发行股票筹集资金有以下方式。

1. 境外直接上市和境外间接上市。

（1）境外直接上市，是指在国内上市的公司（中国境内法人居民），以国内公司的名义向境外证券主管部门申请发行注册登记，并发行股票（或其他金融衍生工具），向当地证券交易所申请挂牌上市交易。境外直接上市一般都是采取首次公开募股（Initial Public Offering，IPO）方式进行。即一家企业第一次将它的股份向公众出售。

（2）境外间接上市，是指国内企业不直接在海外上市发行股票，而是通过企业之间的收购、兼并、股权置换等方式间接实现海外上市。当今境外间接上市的方式主要有买壳上市和造壳上市。买壳上市（反向收购，Reverse Merger）是指非上市公司股东通过收购一家壳公司（上市公司）的股份控制该公司，再由该公司反向收购非上市公司的资产和业务，使之成为上市公司的子公司，原非上市公司的股东一般可以获得上市公司70% ~90%的控股权。造壳上市即本国企业在海外证券交易所所在地或允许的国家与地区，独资或合资重新注册一家中资公司的控股公司，本国企业进而以该控股公司的名义申请上市。

2. 采用存托凭证与采取可转换债券上市。

（1）存托证券（Depository Receipt，DR），又称存托凭证，是指发行人将其在本国发行的股票作担保，委托外国银行（即存托银行）发行与上述股票相对应的凭证。这种融资方式使得外国投资者可以通过购买存托凭证间接实现投资者拥有该公司股票的目的。这是J. P. 摩根在1972年首先发明的金融工具。

（2）可转换债券（Convertible Bond，CB），是公司发行的一种债券，它准许证券持有人在债务条款中规定的未来某段时间内将这些债券转换成发行公司一定数量的普通股股票。

五、BOT融资

（一）BOT融资的概念

BOT是英文Build-Operate-Transfer的缩写，即建设—经营—转让方式。典型的BOT投资方式是指：政府同私人机构或公司签订合同，由该项目公司承担一个基础设施和公共项目的筹资、建造、营运、维修及转让。在双方协定的一个固定期限内，项目公司对其筹资建设的项目行使运营权，以便收回对该项目的投资，偿还该项目的债务并赚取利润。协议期满后，项目公司将该项目无偿转让给东道国政府。这对东道国政府和国外私营机构而言均具有积极作用。

（二）BOT融资的特点

1. 项目开发投资商在特许期内拥有项目所有权和经营权。这适合发展中国家经济发展过程中既需要开发基本建设项目但又缺乏资金的国情。

2. 融资成本相对于银行贷款要略高一些，是因为项目开发商承担了项目投资的全部风险。

3. 与传统方式相比，BOT 融资项目设计、建设和运营效率一般较高，因此，项目使用客户可以得到较高质量的服务。

4. 项目建成以后由承建方进行经营获取收益，提高项目的管理水平，也为东道国培养相关人才和技术。

5. 项目建设期可以减少东道国的外债负担，但经营期结束以后将面临对方的利润汇回，因此，可能带来大量的外汇流出。

第四节　中国对外直接投资

一、"走出去" 战略的提出

随着中国国民经济的持续稳定增长、综合国力的不断增强，在全球 241 家跨国公司的问卷调查中显示，金融危机期间中国仍是对外资最具吸引力的国家。在成功吸引外资的同时，中国更是加大了"走出去"的步伐。2015 年中国非金融类对外直接投资流量达到 1 180. 2 亿美元，同比增长 14. 7%，既反映了中国企业竞争能力与管理水平的提高，同时也呼唤着"走出去"战略的进一步实施与完善。

（一）"走出去" 战略形成的四个阶段

1. 第一阶段（1979 ~ 1991 年），"走出去"战略的酝酿。1979 年 8 月，国务院颁布《关于经济改革的十五项措施》，第一次把出国办企业、发展对外投资作为国家政策，为中国企业跨国投资开辟了道路。1984 年 5 月，外经贸部发布《关于在国外和港澳地区举办非贸易性合资经营企业审批权限和原则的通知》；1985 年 7 月，外经贸部又发布《关于在境外开办非贸易性企业的审批程序和管理办法的试行规定》，对外直接投资实现了从国务院个案审批到规范性审批的转变。1989 年 3 月，国家外汇管理局发布《境外投资外汇管理办法》，该办法和 1997 年颁布的《境外外汇账户管理规定》都属于比较严格的外汇管理制度。

1979 年 11 月，以北京市友谊商业服务公司同日本东京丸一商事株式会社合资在东京开办"京和股份有限公司"为先导，正式拉开中国企业跨国经营的序幕。以非贸易投资企业的统计资料为例，1979 ~ 1983 年的最初五年中，中国只有中央级大公司和个别省市属企业在境外投资，开办合资经营、合作经营和独资经营企业 61 家，中方投资仅为 4 573 万美元，分布在 23 个国家和地区，项目少，规模小，投资领域主要集中在交通运输、金融保险、承包工程和中餐馆等几个行业。十三年间，"走出去"的企业不多，规模不大，累计批准的 1 008 家对外投资企业的中方投资仅13.96亿美元。

2. 第二阶段（1992~2001年），“走出去”战略的确立。1992年中国GDP增长率达14.2%，经济过热。整个国民经济发展中存在着经济发展过热、投资结构不合理、物价上涨过快等现象。从1993年开始国家决定实行经济结构调整，紧缩银根，让过热的经济软着陆。与此相应，对外投资业务也进入清理和整顿时期，国家主管部门对新的对外投资实行严格控制的审批政策，并对各部门和各地方已开办的境外企业实行重新登记，对外投资的发展速度开始放缓。这一年，外经贸部起草的《境外企业管理条例》明确了政府各部门的外资管理职能：外经贸部负责对境外投资方针政策的制定和统一管理；国家计委负责审批项目建议书和可行性研究报告；其他部委及省一级外经贸厅（委）为其境外企业主办单位的政府主管部门；外经贸部授权驻外使（领）馆经商处（室）对中方在其所在国开办的各类企业实行统一协调管理。1996年7月，财政部出台了《境外投资财务管理暂行办法》，成为中国第一个统一的境外投资财务管理制度。

1997年9月，党的十五大提出要“努力提高对外开放水平”，第一次明确提出“鼓励能够发挥中国比较优势的对外投资，更好地利用国内国外两个市场、两种资源”。1998年2月，党的十五届二中全会明确指出：“在积极扩大出口的同时，要有领导、有步骤地组织和支持一批有实力有优势的国有企业‘走出去’，到国外去，主要是到非洲、中亚、中东、中欧、南美等地投资办厂。”这标志着“走出去”战略雏形的形成。

配合“走出去”战略的提出，1999年集中出台了一系列关于促进境外加工贸易的配套措施：外经贸部等三部委发布的《关于鼓励企业开展境外带料加工装配业务的意见》，外经贸部、国家经贸委发布的《关于境外带料加工装配企业有关财务问题的通知》，外经贸部、国家税务总局发布的《关于境外带料加工装配业务中有关出口退税问题的通知》，国家外汇管理局发布的《关于简化境外带料加工装配业务外汇管理的通知》，以及外经贸部等五部委发布的《境外加工贸易企业周转外汇贷款贴息管理办法》和《境外加工贸易人民币中长期贷款贴息管理办法》。

2000年10月，党的十五届五中全会审议通过的《中共中央关于制定国民经济和社会发展第十个五年计划的建议》首次明确提出“走出去”战略，该战略和西部大开发战略、城镇化战略、人才战略并称为四大新战略。2001年3月，“走出去”战略正式写入全国人大九届四次会议通过的《国民经济和社会发展第十个五年计划纲要》，《纲要》要求健全对境外投资的服务体系，在金融、保险、外汇、财税、人才、法律、信息服务、出入境管理等方面为实施“走出去”战略创造条件，并完善境外投资企业的法人治理结构和内部约束机制，规范对外投资的监管。

3. 第三阶段（2002~2012年），“走出去”战略的发展与制度体系的不断完善。2002年11月，党的十六大报告提出，“实施‘走出去’战略是对外开放新阶段的重大举措，鼓励和支持有比较优势的各种所有制企业对外投资。”再次明确提出坚持“引进来”和“走出去”相结合，全面提高对外开放水平。适应经济全球化趋势和加入世贸组织的新形势，在更大范围和更高层次上参与国际经济技术合作和竞争，充分利用国际国内两个市场，优化资源配置，拓宽发展空间，以开放促改革促发展。

2003 年 10 月，党的十六届三中全会通过的《中共中央关于完善社会主义市场经济体制若干问题的决定》提出，继续实施“走出去”战略，完善对外投资服务体系，赋予企业更大的境外经营管理自主权，健全对境外投资企业的监管机制，促进中国跨国公司的发展。并在 2005 年十届全国人大通过的《国民经济和社会发展第十一个五年计划纲要》中对实施“走出去”战略进行了总结。到 2007 年，中国“走出去”战略的制度框架体系已基本形成。简化了对外投资审批手续，完善监督管理并放宽了对外投资外汇管制，不仅在财税金融政策上大力扶持，在投资保护上中国出口信用保险公司为中国的境外企业提供了对外投资的战争、政治等多种险种。此外，商务部还在其网站上搭建了企业境外投资意向信息库，发布中国企业境外投资意向信息，为境内外各类机构和企业提供了信息平台，加强规范各种报告制度等综合服务。

“十一五”期间，政府有关部门加快完善“走出去”法律框架和管理制度，进一步增强服务职能，全面构筑“走出去”政策促进、服务保障和风险控制体系。

一是完善管理制度，推进立法进程。起草制定新形势下加快实施“走出去”战略的政策措施。提高对外投资合作便利化，出台《境外投资管理办法》等政策法规。出台《对外承包工程管理条例》，制定《对外承包工程资格管理办法》等配套政策，深入进行《对外承包工程管理条例》专项检查工作。深入对外劳务合作管理体制改革，推动出台《对外劳务合作管理条例》，加强境外就业管理，将对外劳务合作经营资格核准下放至地方商务主管部门。建设对外劳务合作服务平台，建立境外劳务群体性事件预警机制和对外劳务合作不良信用记录。规范市场经营秩序，开展清理整顿外派劳务市场秩序专项行动，妥善处理境外劳务纠纷事件。

二是加强宏观规划指导，落实各项支持政策。编制《对外投资合作“十二五”发展规划》，制定重点国别和行业中长期发展规划。与有关国家商签经贸合作中长期发展规划。定期发布《对外投资国别产业导向目录》、《对外承包工程国别产业导向目录》等指导性文件。落实安排对外经济技术合作专项资金、对外承包工程保函风险专项资金、境外经济贸易合作区发展资金，扩大对东盟、上合组织、非洲等地区优惠信贷支持规模。完善境外直接投资外汇管理，鼓励金融机构为合作项目提供信贷支持和金融服务。

三是开展服务促进工作，提供境外权益保障。增强公共服务职能和政策信息透明度，发布《对外投资合作国别（地区）指南》、《国别贸易投资环境报告》、《国别投资经营障碍报告》，完善对外投资合作信息服务系统。搭建中国国际投资贸易洽谈会、中国—东盟博览会、中非合作论坛、中国工程技术展览会等促进平台，开展企业跨国经营人才培训。加强政府间沟通合作，商签双边投资保护协定、自贸区协定和政府间基础设施及劳务合作协议。引导企业在中资企业相对集中的国别和地区组建境外中资企业商会，提高行业自律水平。建设境外安全保障体系，制定并下发《境外中资企业机构和人员安全管理规定》，建立对外投资合作境外安全风险预警和信息通报制度。

4. 第四阶段（2012 年至今）“走出去”战略进入快速发展新时期。2012 年，党的十八大提出更加注重企业国际化经营理念的建立与培养，鼓励发展具有高端先进水平的跨国公司。2013 年中国提出“一带一路”倡议，为“走出去”战略提供新的发展途径，“一带一路”提出政策沟通、道路联通、贸易畅通、货币流通和民心相通的五通建设，沿线有将近 60 个国家和地区参与其中，涉及的经济贸易总额也超过 20 万亿元，这些都为“走出去”战略提供了更加方便的联通。2015 年中国对外直接投资仍然保持了良好的发展势头，颁布了《中共中央国务院关于构建开放型经济新体制的若干意见》，党的十八届五中全会再次强调党的十八大所提出的发展具有高端先进水平的跨国公司的重要性。2016 年，国家在“十三五”规划纲要中提出坚定不移地保证“走出去”战略，不仅吸引国外先进资金和技术，同时更加注重中国产品的“走出去”。

（二）“走出去”战略的实施效果

实施“走出去”战略后，中国境外投资逐步扩大，已经拥有一大批具有国际竞争力的企业，并在“走出去”方面积累了众多经验，从“走出去”战略的实践方面来看，中国的对外直接投资呈现出以下特点。

1. 发展速度较快，投资规模急剧扩大。近年来，中国对外直接投资已形成一定的规模，海外投资企业数量和海外直接投资金额的年增长率都较高。2015 年，中国对外直接投资净额为 1 456. 67 亿美元，较 2014 年增长 18. 31%。近年来，全球经济发展后劲不足，国际资本流动和跨国投资态势不够迅猛，而中国的对外直接投资却略有上升。2014 年中国对外直接投资额达到 1 231. 20 亿美元，较 2013 年增长 14. 17%，对外直接投资增长速度也在逐年提升。

2. 投资区域日趋广泛，但仍以亚洲地区为主。以前，中国海外投资企业分布多集中于港澳地区和经济较发达地区，近年来呈现出多元化趋势，已遍布世界五大洲的 174 个国家和地区，覆盖 80% 以上的国家和地区，其中亚洲 90% 以上的国家中有中国直接投资的企业，仅中国港澳地区就占总数的 90%，欧洲有 80%，非洲有 79%。这种相对集中的投资地区分布反映了中国企业进行市场选择时的特征：一是避免风险，积累经验。这表现在大量的海外企业首先集中在港澳地区，这里没有语言、文化障碍，信息灵通，成为中国企业学习跨国经营的理想地点。二是寻求有潜力的大容量市场。比如直接进入日、德等发达国家市场，或者通过毛里求斯等无配额国家进入发达国家市场。三是发挥历史上形成的经济、技术和文化联系，巩固出口市场。比如对泰国、新加坡等国的直接投资。

3. 投资领域不断拓宽。近年来，中国对外直接投资已从过去以贸易领域为主，逐步拓宽到资源开发、工业生产、农业及农产品开发、商业零售、咨询服务等行业在内的更广泛的产业领域。截至2015年，中国对外直接投资存量达到10 978.65亿美元。行业分布更加多元化，2015年对外直接投资存量排在前5名的行业分别是租赁与商务服务业、金融业、批发和零售业、制造业、交通运输业。随着经济全球化程度越来越高，中国已经广泛进入跨国生产过程和全球生产网络之中。为保证供应链和市场的稳定，避免外部要素发生意外给整个生产经营活动带来的不确定性，中国企业便产生了向境外更多投资的战略需求。

4. 投资主体日趋优化。中国政府鼓励有比较优势的各种所有制企业对外投资，形成一批有实力的跨国企业，激发了各种所有制企业开展跨国经营的热情。所有制类型日益多元化，国有企业比重有所下降，逐步改变了国有企业占据绝对多数的格局（如表8-3所示）。2015年，国有企业境内投资主体数量占5.8%，较2014年下降0.9个百分点，位于境内投资主体数量的第三位。而有限责任公司占境内投资主体的比重上升到58%，位于境内投资主体数量的首位，这样投资主体更加趋向合理化。

表8-3　　近五年中国各种所有制企业直接投资情况趋势　　单位：%

年份	国有企业	有限责任公司	私营企业
2011	11.1	60.4	8.3
2012	9.1	62.5	8.3
2013	8.0	66.1	8.4
2014	6.7	67.2	8.2
2015	5.8	67.4	9.3

资料来源：根据2011~2015年《中国对外投资公报》数据整理而成。

二、中国对外直接投资的发展现状

（一）中国对外直接投资现状

1. 中国对外直接投资的规模。长期以来，国际资本输出的实践证明，输出国际直接投资和引进国际直接投资的比例，发达国家平均为166:100，发展中国家平均为18:100，而根据2016年《世界投资报告》显示，中国此项比例从2009年的50.5:100已经上升为2015年的107.43:100，中国的直接投资流进与流出比例已经远超过了发展中国家的平均水平。

商务部、国家统计局、国家外汇管理局发布的《2015年度中国对外直接投资统计公报》显示，截至2015年年底，中国境外企业累计资产总额超过4万亿美元，2.02万家境内投资主体设立对外直接投资企业3.08万家，中国对外直接投资累计净额（存量）达10 978.6亿美元，分布在全球188个国家（或地区）。

中国对外直接投资存量超过 10 000 亿美元，进入全球各国对外直接投资存量排名前十，排名第八。

联合公贸发会议（UNCTAD）《2016 年世界投资报告》显示，2015 年全球外国直接投资流出流量 1. 47 万亿美元，年末存量 25. 04 万亿美元，达到了 2008 年世界经济危机以来的高峰。2015 年中国对外直接投资的流量为 1 456. 7 亿美元，存量为 10 978. 6 亿美元，在全球对外直接投资的流量和存量比重分别为 9. 9% 和 4. 4%，2015 年中国对外直接投资流量名列全球国家（或地区）排名的第二位，发展中国家（地区）首位。具体如图 8 –3 和图 8 –4 所示。

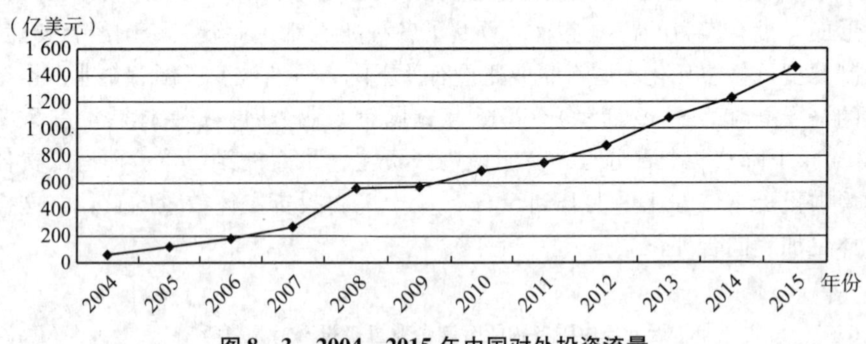

图 8 –3　2004 ~2015 年中国对外投资流量

资料来源：《2015 年度中国对外直接投资统计公报》。

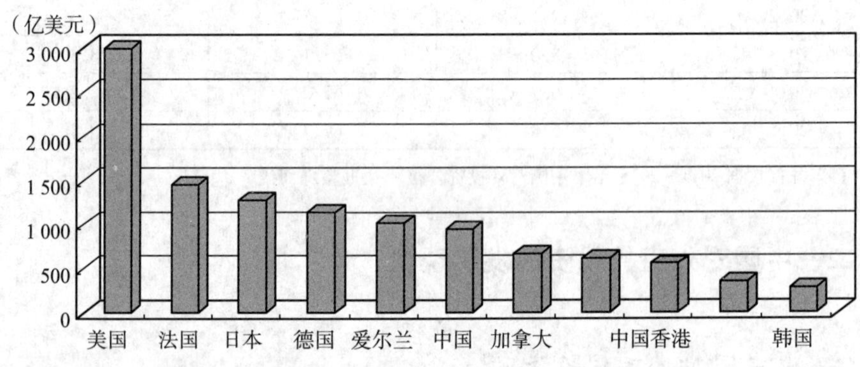

图 8 –4　2015 年中国与全球主要国家或地区流量对比

资料来源：《20015 年度中国对外直接投资统计公报》。

2. 中国对外直接投资的产业现状。中国对外直接投资中所涉及的行业领域广泛，从最初的承包工程、餐饮、金融保险、咨询服务等行业，逐步扩展到服务贸易、资源开发、工农业生产、科技开发、交通运输、医疗卫生、房地产、旅游等行业。近些年，境外加工贸易和资源开发因受到国家政策的鼓励而成为中国对外投资的重要领域，发展较快但投资领域相对集中。

从表 8 –4 中可以看到，2011 年中国对外直接投资的行业排在前三的分别为租赁和商务服务业、采矿业、批发零售业。2013 年采矿业投入达到近五年的最大值，批发和零售业、租赁和商务服务业投入逐渐增多，制造业的投资达到最低值。而2014年、2015年租赁和商务服务业、批发和零售业比重稳步上升，金融业的投入增长较快，但采矿业的投入出现下降趋势。因此，中国对外直接投资不断地从第一产业、第二产业转向第三产业，由原材料加工等制造业转向金融业、商务服务业、批发和零售业等服务，投资结构更加优化，逐渐出现投资产业多样化趋势。具体如表8－5和图8－5所示。

表8－4　　2010～2015年中国对外直接投资流量行业分布情况　　单位：万美元

	行业分类＼年份	2011	2012	2013	2014	2015
A	农、林、牧、渔业	79 775	146 138	181 313	203 543	257 208
B	采矿业	1 444 595	1 354 380	2 480 779	1 654 939	1 125 261
C	制造业	704 118	866 741	719 715	958 360	1 998 629
D	电力、燃气及水的生产和供应业	187 543	193 534	68 043	176 463	213 507
E	建筑业	164 817	324 536	436 430	339 600	373 501
F	批发和零售业	1 032 412	1 304 854	1 464 682	1 829 071	1 921 785
G	交通运输、仓储和邮政业	256 392	298 814	330 723	417 472	272 682
H	住宿和餐饮业	11 693	13 663	8 216	24 474	72 319
I	信息传输、计算机服务和软件业	77 646	124 014	140 088	316 965	682 037
J	金融业	607 050	1 007 084	1 510 532	1 591 782	2 424 553
K	房地产业	197 442	201 813	395 251	660 457	778 656
L	租赁和商务服务业	2 559 726	2 674 080	2 705 617	3 683 060	3 625 788
M	科学研究、技术服务和地质勘查业	70 658	147 850	179 221	166 879	334 540
N	水利、环境和公共设施管理业	25 529	3 357	14 489	55 139	136 773
O	居民服务和其他服务业	32 863	89 040	112 918	165 175	159 948
P	教育	2 008	10 283	3 566	1 355	6 229
Q	卫生、社会保障和社会福利业	639	538	1 703	15 338	8 387
R	文化、体育和娱乐业	10 498	19 634	31 085	51 915	174 751
S	公共管理和社会组织	—	—	—	—	160
	合计	7 465 404	8 780 353	10 784 371	12 311 986	14 566 715

注：2011～2014年公共管理和社会组织对外直接投资流量暂无统计。
资料来源：各年份《中国统计年鉴》。

表8－5　　近五年中国对外直接投资流量产业比重和2011～2015年世界FDI流量产业比重　　单位：%

	中国						世界	发达国家	发展中国家
	2011年	2012年	2013年	2014年	2015年	5年			
初级产业	1.07	1.66	1.68	1.65	1.77	7.83	9.82	12.87	9.1
制造业	9.43	9.87	6.67	7.78	13.72	47.48	31.21	26.7	22.33
服务业	65.43	67.14	63.96	72.93	72.76	342.22	63.19	56.01	72.82

资料来源：2012～2016年《世界投资报告》、2015年《中国对外直接投资统计公报》整理计算所得。

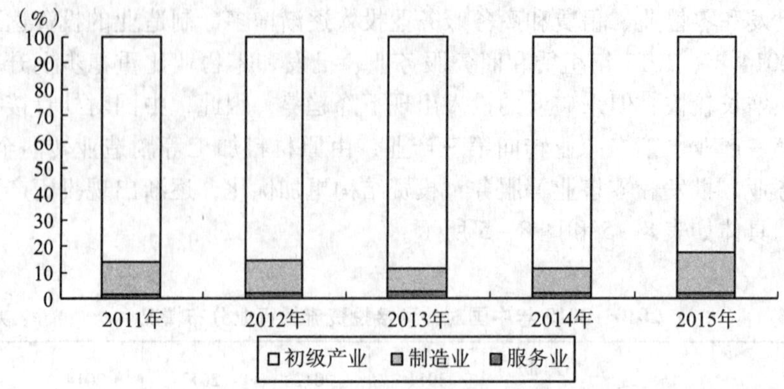

图 8-5　2011～2015 年的投资流量比重情况

资料来源：2015 年《中国对外直接投资统计公报》整理计算所得。

从 2015 年的数据可知，中国对外直接投资并购的企业中，制造业位居第一，信息传输服务业位居第二。中国 2015 年对外直接投资流量居世界排名超过日本排在第 2 位。截至 2015 年年底，中国对外直接投资包含的行业呈现多样化趋势，第一是租赁和商务服务业，占总存量的 37.34%；第二是金融业，占总存量的 11.13%；第三是采矿业，占总存量的 13.02%。

2011～2015 年五年的流量平均比重中，服务业占 68.44%，制造业占 9.5%，初级产业仅占 1.57%（见表 8-5）。将这一数据与发达国家 2011～2015 年流量的总体水平相比较，中国对外直接投资流量中服务业高出 6 个百分点，初级产业和制造业都呈现下降趋势；发展中国家对外直接投资流量总体上初级产业和制造业比重都低于世界水平。从流量的规模上看，2015 年，中国对外直接投资在制造业、金融业、信息传输服务业项目的投资流量高速增长。

3. 对外直接投资的地区分布。从地区分布看，2015 年中国企业对外投资在区域分布上遍及 186 个国家和地区。在投资的地区分布上，无论是欧洲、美洲还是亚洲、非洲均有分布，但其中相对集中程度增长最快的是亚洲地区和美洲地区，其中亚洲地区的中国香港占亚洲地区总投资的 83%，对东盟的投资也逐渐增多，占比超过 10%。其次是拉丁美洲；第三是北美洲；第四是欧洲；第五是大洋洲；最少是非洲（见表 8-6）。从具体的国家和地区看，中国香港雄踞首位，2015 年中国内地对中国香港地区的直接投资流量接近 900 亿美元，占比超过 60%；东盟位居第二；美国第三；欧盟第四。中国的对外投资逐渐从以发达国家为主向更加注重向发展中国家投资的方向扩展，投向亚洲、拉丁美洲、东欧国家的项目日益增加，对不同地区投资的项目所占比重也不尽相同，对中国香港和东盟投资的行业占比最多的是租赁和商务服务业，对欧洲国家和俄罗斯投资的行业占比最多的是采矿业，对美国投资的行业占比最多的是制造业。总体来看，中国对外投资的区域分布呈现出日趋多元化的趋势，境外企业的分布格局与中国对外贸易的市场结构有一定的联系。从行业分布看，投资领域重点与一般相结合，分布较广。中国对外投资企业在第一、第二、第三产业中都有分布，其中制造业、批发和零售业、商业服务业、建筑业等行业相对集中，在采矿业、信息通信业、农林牧渔业、交通运输与仓储业等行业也有分布。其中商务服务业、制造业和资源开发等发展较快，已经成为中国对外投资的重要领域。

截至2015年年底，中国对外直接投资在对拉丁美洲、北美洲的投资较2014年成倍增长，对欧洲、大洋洲、非洲的投资出现下降趋势。对拉丁美洲投资达到126.1亿美元，是2014年的1.2倍，占8.6%，主要流向开曼群岛、英属维尔京群岛、委内瑞拉、厄瓜多尔等。对北美洲投资107.2亿美元，是2014年的1.16倍，占27.4%，主要流向百慕大群岛、加拿大和美国。在对欧洲的投资达到71.2亿美元，较2014年下降34.3%，占流量总额的4.9%，主要流向俄罗斯、英国、德国、荷兰、法国等国家。具体见图8－6和表8－6。

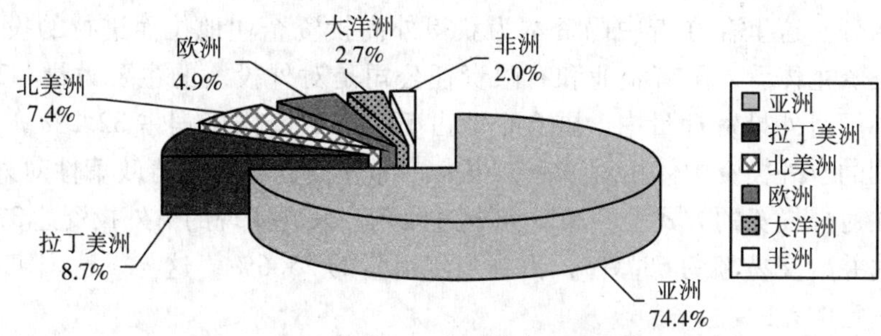

图8－6　2015年中国对外直接投资流量地区分布图

资料来源：《2015年度中国对外直接投资统计公报》。

表8－6　2015年中国对外直接投资流量地区构成情况

地区	金额（亿美元）	同比（%）	比重（%）
亚洲	1 083.7	27.5	74.4
非洲	29.8	－7	2
欧洲	71.2	－34.3	4.9
拉丁美洲	126.1	19.6	8.6
北美洲	107.2	16.4	16.4
大洋洲	38.7	－10.7	2.7
合计	1 456.7	11.5	100.0

资料来源：《2015年度中国对外直接投资统计公报》。

（二）中国对外直接投资存在的问题

1. 投资结构有待改善。2015年，中国对外直接投资在国际对外投资中的地位迈进新台阶，2010年以来中国对外投资水平增长迅速，2011～2015年中国对外直接投资年平均增长速度为18.22%，2015年对外直接投资总额达到1 456.67万亿元，对外投资流量首次位居全球第二，对外投资存量由2002年的第25位升至第8位，份额明显提升，但是投资结构仍然需要优化和改善。

首先，从对外投资的流量行业分布来看，中国的对外投资主要流向了商品服务业，金融业，制造业、批发和零售业，采矿业等行业，这些行业占中国对外投资的90%以上。可以看出，对外投资主要流向了基础和服务行业，存在着产业结构层次低的问题，同时缺乏拥有核心技术和自主知识产权的高新技术产业的对外投资。其次，从对外投资区域结构来看，2015 年，中国内地向中国香港地区投资流量 897. 9 亿美元，向开曼群岛投资流量 102. 1 亿美元，向美国投资流量 80. 3 亿美元，向英属维尔京群岛投资流量 18. 5 亿美元，向加拿大投资流量 15. 6 亿美元，向百慕大群岛投资流量 11. 3 亿美元，向委内瑞拉投资流量 2. 9 亿美元，向厄瓜多尔投资流量 1. 2 亿美元，占 2015 年对外投资的 77. 56%，存在着投资区位相对集中的问题。其中，亚洲是中国对外投资最为集中的地区，其他地区的流量则相对较少。另外，中国香港、英属维尔京群岛的巨额投资流量和存量可能存在巨大水分。这里存在着中国资本为获得外商投资企业地位而进行的投资。最后，从投资主体看，国有企业和有限责任公司是对外投资的主要力量。2015 年年末，中国对外投资存量中，国有企业占 50. 4%，有限公司占 32. 2%。可以看出，中国的对外投资主体相对单一，很大一部分投资属于政府政策性对外投资。另外，在对外投资的方式上，2015 年通过收购、兼并实现的对外投资达 372. 8 亿美元，占并购交易额的 68. 5%，占到当年流量的 25. 6%，这与发达国家相比仍然存在一定的差距。

2. 中国对外投资企业管理水平滞后。中国对外投资企业缺乏熟悉当地状况的高素质的管理人才、科技人才和法律人才。相当一部分管理人员不具备国际金融贸易知识，影响了企业的发展。另外，中国对外投资企业的内部管理不健全，具体表现在财务预算制度不健全；财务分析制度不健全；投资分析制度不健全等。

3. 中国对外投资服务体系不完善。首先，对外投资管理政出多门，缺乏统一高效的管理部门。目前，商务部、国家外汇管理局、财政部都负责对外直接投资的管理工作，导致一些工作的交叉和重叠，不仅浪费了资源，而且造成了效率低下，出现了重复管理和管理遗漏并存的局面。其次，中国对外投资法律支持力度不够。中国对外直接投资管理方面主要依赖有关主管部门出台的一系列政策和条例，尚未形成有效的法律依据来规范对外投资的促进和管理。目前，关于对外投资的管理主要存在于项目审批和资产管理方面，对外投资的风险管理和事后监督等方面都缺乏有关法律的支持。总之，当前缺乏一套完善的对外投资法律体系的保障。

（三）中国对外投资的对策分析

1. 在对外投资的区位选择上应灵活应变。首先，有针对性地对发达国家进行直接投资。发达国家具有技术、管理优势，拥有较强的消费能力，对发达国家进行投资可以获得较高的收益。其次，加大对发展中国家的投资。发展中国家与中国经济水平、技术等各方面的因素有很多相同点，因此，进入障碍较少，对发展中国家进行投资，无论是在投资空间上还是在投资价值上都具有巨大的发展潜力。最后，加强对非洲、拉丁美洲等国家的资源性投资。随着中国经济的迅速发展，对资源的需求越来越大，加大对这些国家的投资可以缓解中国资源紧缺的状况。

2. 在对外投资的产业选择上应具体分析。国家加大高新技术的研发投入，加强对拥有核心技术的产业进行投资，这样企业处在产业链的上游，可以保持高收益。对于与其他国家相比中国具有比较劣势的产业，可以考虑产业转移。比如，越南和中国相比就拥有劳动力优势，中国可以对这些劳动性密集产业进行投资。总之，中国现阶段对外投资的产业选择，既要遵循对外投资的一般规律，又必须从中国产业成长的阶段性特征出发。

3. 政府应当逐步完善对外投资的法律体系。目前，中国的对外投资法律法规门类残缺不全，且出自多个部门。如国家外汇管理局 1989 年颁布的《境外投资外汇管理办法》、对外经贸部 1993 年颁布的《境外投资企业的审批程序和管理办法》、财政部 1996 年颁布的《境外投资财务管理暂行办法》。这种状况已经成为中国境外投资健康有序发展的一大制约因素。因此，国家应当尽快出台一部既能反映中国企业实际又与国际惯例接轨的《中华人民共和国对外投资法》，以及与之相应的对外直接投资的配套法律和条例，如《中华人民共和国对外投资保险法》、《国有企业对外直接投资监督管理条例》等，最终形成一个以境外投资法为主体、其他各个单行法规为补充的法律体系。在此基础上加强对中国对外直接投资产业的战略选择，如在 2015 年商务部颁布《对外投资合作国别（地区）指南》和《对外投资产业导向目录》等指南的基础上精简审核批准程序，对符合标准的企业予以鼓励并且减少限制，对不符合和国家禁止的产业项目执行严格的审核批准程序。

4. 建立统一的对外投资管理和服务机构。针对多部门进行对外投资管理的情况，建立独立统一的管理服务机构，或者将多个部门的管理权限划归到一个部门，比如商务部，统一负责国家对外投资战略、方针、政策的制定以及项目的审批和监督。在宏观层面统一管理、领导、协调对外投资活动，微观层面具体负责量化项目的审批标准，制定对外投资企业目录，对投资海外的国有企业要求建立现代企业制度，符合欧美公司法人要求，对民营企业纳入政府的监管机制。这样建立统一的监督管理机构，一方面可以减少政府资源的浪费；另一方面可以提高政府机构的运作效率，适应中国对外直接投资的要求。

5. 加大对高素质跨国经营人才的培养力度。跨国企业的人才资源在某种意义上决定着企业跨国经营的成败。应当通过多种途径加速人才培养：一是加强院校和跨国企业的合作，一方面将公司人员送到院校加强在职培训和岗前培训；另一方面将专业学生送到跨国公司实习，加强技能培训，实现双赢。二是根据对外直接投资的新要求，院校在对财会、投资、金融、管理专业学生进行理论教学的同时，加大实务教学，适应跨国经营的新需要。三是全球范围内引进懂得跨国经营的高端人才，尤其是熟悉跨国公司收购、兼并和熟悉当地文化的复合型人才。

【案例研究】

案例1 奇瑞汽车对外直接投资与出口贸易

奇瑞汽车是国内少数在创业生产周期进入国际创业阶段的企业之一，在短短几年内，奇瑞完成了它的国际化创业过程，从出口开始，然后海外建厂，此后开始走国际化路线。

奇瑞开始出口的主要市场是中东地区。2001 年 10 月，奇瑞意外接到了出口叙利亚的第一笔订单，打破了长期以来国产轿车零出口的记录。之后奇瑞汽车开始出口叙利亚、伊拉克、伊朗、埃及、孟加拉、古巴、马来西亚等十余个国家。2003 年，在伊朗合作建立了一个 CKD 整车厂。2004 年年初，古巴购买了奇瑞汽车作为古巴的国务院用车，随后，古巴的政府企业副总裁又带来了 1 100 台轿车的订单。2004 年 12 月，阿拉多公司以整车进口的方式将10 000辆 QQ 运抵东盟市场，扩大了奇瑞在当地的影响力。2005 年奇瑞进入了马来西亚市场。同年它实现了出口西方的梦想，奇瑞与美国梦幻汽车公司秘密签约，向美国市场出口汽车，但在合资厂商仍占主要地位国家的市场中，竞争异常激烈，而且欧美等汽车工业发达国家已经形成了坚固的贸易壁垒，在这种情况下，奇瑞开始通过对外直接投资在竞争中站稳脚跟，对外不断加大了在海外建厂的力度。2008 年奇瑞公司与埃及 DME 集团合作，先后进行 A5 出租车项目、H13 和 A13 等新项目合作开拓当地市场。到 2009 年年底，公司还将国内生产的 QQ、A3 以及乌拉圭生产的 A1 引入巴西市场。计划到 2010 年，上述四种车型在巴西市场的总销量达到 1 万辆。2001 年年底，奇瑞与伊朗 SKT 公司确定了合作关系，经过一年多的报核审批，获得了伊朗政府的生产销售许可证，通过与 SKT 公司的合作，奇瑞实现了建立海外工厂的第一步。之后，奇瑞借助伊朗工厂的影响力进入黎巴嫩市场，在进入中东市场后，东南亚、拉丁美洲等地区也进入了奇瑞的视线范围。2004 年 11 月 12 日，奇瑞又与马来西亚 ALADO 公司签署了技术转让及汽车出口合同，从而进入东盟市场。目前这家位于马来西亚的工厂可以制造、组装并销售奇瑞提供的各种车型。与 ALADO 的合作并不是简单的一次性输出，而是奇瑞在马来西亚建立自己的 CKD 厂，并进行长期合作。

通过到国外办厂，奇瑞实现了中国自主轿车企业走出国门办厂的零突破。作为进入东盟市场的重要战略要地，马来西亚的工厂为奇瑞汽车进入东盟提供资源配给和技术支持，合资公司陆续在东盟地区招揽 40 ~ 50 家特许经销商，此计划首先在越南和印度尼西亚展开。同时奇瑞还派出了技术人员进行交流、指导，并在零部件的国产化方面与马来西亚达成了一致。目前奇瑞已经与全球 23 个国家和地区签订了整车或 CKD 出口合同，产品涉及风云、旗云、QQ、东方之子以及 SUV 和 NEWCROSSOVER 等车型。奇瑞凭借着不断增强的实力进军国际市场，同时通过在国际市场的锻炼增强了自身的实力。

奇瑞在对外投资之初就确定了"以我为主，整合利用世界资源"的自主开发路线。奇瑞曾经受制于国内外某些大集团零部件的供应，这使得奇瑞下定决心自己寻求发动机与变速箱等关键零部件的解决之道。新的发动机和变速箱的研发成功解决了奇瑞的后顾之忧，在实现自我供给之后进入了全球的零部件采购系统，奇瑞利用国际化资源开发自主知识产权产品，真正走上了自主研发阶段，实现了国际化的转变。

（资料来源：陈江，《中国汽车企业对外直接投资与技术创新——奇瑞成功案例分析》，载《铜陵学院学报》2009 年第 6 期）

分析与思考

1. 在金融危机和贸易保护主义的双重夹击下，2009 年中国汽车出口急剧减少，但汽车企业的海外投资却日渐增加。试分析奇瑞公司是通过什么样的方式在对外直接投资历程中取得成功，使它在国际竞争中占有一席之地?

2. 实施"走出去"战略，奇瑞已经跻身具有国际竞争力的跨国企业，其在对外投资之初就确定了"以我为主，整合利用世界资源"的自主开发路线。这种做法对中国企业对外直接投资有哪些借鉴意义?

案例 2　中国第一个国家正式批准的 BOT 试点项目
——广西来宾电厂 B 厂

20 世纪末的十年，亚洲地区每年的基建项目标底高达 1 300 亿美元。许多发展中国家纷纷引进 BOT 方式进行基础建设，如泰国的曼谷二期高速公路、巴基斯坦的 Hah River 电厂等。BOT 方式在中国出现已十年有余，1984 年香港合和实业公司和中国发展投资公司等作为承包商与广东省政府合作在深圳投资建设了沙角 B 厂项目，这是中国首家 BOT 基础项目。但在具体做法上并不规范。1995 年广西来宾电厂二期工程是中国引进 BOT 方式的一个里程碑，为中国利用 BOT 方式提供了宝贵的经验。此外，BOT 方式还在北京京通高速公路、上海黄浦延安东路隧道复线等许多项目上得以运用。

广西来宾电厂 B 厂位于广西壮族自治区的来宾县。装机规模为 72 万千瓦，安装两台 36 千瓦的进口燃煤机组。该项目总投资为 6.16 亿美元，其中总投资的 25% 即 1.54 亿美元为股东投资，两个发起人按照 60∶40 的比例向项目公司出资，具体出资比例为法国电力国际占 60%，通用电气阿尔斯通公司占 40%，出资额作为项目公司的注册资本；其余的 75% 通过有限追索的项目融资方式筹措。中国各级政府、金融机构和非金融机构不为该项目融资提供任何形式的担保。

项目融资贷款由法国东方汇理银行、英国汇丰投资银行及英国巴克莱银行组成的银团联合承销，贷款中 3.12 亿美元由法国出口信贷机构——法国对外贸易保险公司提供出口信贷保险。项目特许期为 18 年，其中建设期为 2 年 9 个月，运营期为 15 年 3 个月。特许期满项目公司将电厂无偿移交给广西壮族自治区政府。在建设期和运营期内，项目公司将向广西壮族自治区政府分别提交履约保证金3 000万美元，同时项目公司还将承担特许期满电厂移交给政府后12个月的质量保证义务。广西电力公司每年负责向项目公司购买35亿千瓦时（5 000小时）的最低输出电量（超发电量只付燃料电费），并送入广西电网。同时，由广西建设燃料有限责任公司负责向项目公司供应发电所需燃煤，燃煤主要来自贵州省盘江矿区。

分析与思考

1. 20世纪以来，BOT融资已经成为发展中国家进行基础建设的主要方式。结合案例试述BOT融资方式的特点。

2. 试分析广西来宾电厂B厂是通过哪种方式进行融资贷款。这种方式的优势有哪些?

案例3　中国汽车企业国际化案例分析
——以吉利收购沃尔沃为例

2010年8月2日，浙江吉利控股集团有限公司和福特汽车公司在英国伦敦举办交接仪式，正式将福特旗下沃尔沃轿车公司的资产交割给吉利。至此，吉利收购沃尔沃完成了所有法定程序，成为中国汽车企业成功收购国外豪华汽车企业和品牌的第一宗案例，为中国汽车工业由大变强迈出了重要一步。

一、公司背景

1. 浙江吉利控股集团有限公司是一家以汽车及汽车零部件生产经营为主要产业的大型民营企业集团，凭借灵活的经营机制和不断的观念创新，快速成长为中国经济型轿车的主力品牌，被评为“中国汽车工业50年发展速度最快、成长最好”的企业之一。

2. 沃尔沃汽车原是美国汽车集团福特汽车公司（Ford Motor Company，FMC）旗下所拥有的品牌，2010年3月28日中国大陆汽车制造商吉利汽车正式宣布收购沃尔沃100%的股权以及相关资产（包括知识产权），使其成为旗下品牌。沃尔沃汽车在欧洲本土主要定位在中价位品牌，但在北美地区则被视为高级汽车品牌之一，向来以车辆撞击安全表现优秀而闻名。

二、收购动因分析

1. 市场动机。目前，各国对汽车产业的贸易保护主义盛行，关税和非关税的贸易壁垒将成为中国汽车企业出口门槛，面对这一不利情况，中国汽车企业在目标市场投资，与当地企业合作合资进行生产和销售，从而可以绕开贸易壁垒。中国已经成为全球最大的汽车消费市场，吉利收购沃尔沃不仅能在国内高端汽车市场得到更多市场机会，同时，凭借沃尔沃在国际市场上的知名度，吉利也能较快进军国外高端车市场。

2. 技术动机。虽然国内自主品牌一直在实施技术研发，但与欧美等汽车发达国家相比，仍然存在一定差距。今后汽车产业的竞争将是高层次的竞争，技术是关键，如果中国汽车企业依旧无法突破技术难题，只是凭借低劳动力成本的比较优势，就只能获取相对较少的利润，且无法在高端品牌里生存。吉利收购沃尔沃，解决了急需的先进技术问题，其低成本优势会愈发明显，在国内市场的竞争力也将明显增强。

3. 品牌动机。实施国际化成长战略，并购国外品牌是汽车企业快速发展的捷径。汽车企业的竞争是技术、品牌和设计三方面的竞争。掌握先进技术，拥有独特的汽车外观设计，塑造出具有独特品牌价值的品牌，才能在汽车产业竞争中立于不败之地。吉利一直给消费者低端制造的印象，收购沃尔沃有利于突破品牌发展“瓶颈”。吉利成功收购沃尔沃后，既可以维持沃尔沃高端品牌的形象，也能提升吉利品牌的定位。

三、收购结果分析

1. 吉利公司。

(1) 从商业角度来看收购划算。从当事双方签署的协议来看，吉利不仅收购了沃尔沃的全部股权，买到了沃尔沃的核心技术、专利等知识产权和制造设施，还获得了沃尔沃在全球的经销渠道。沃尔沃汽车与奔驰、宝马、奥迪齐名，被誉为“世界上最安全的汽车”，在汽车安全和节能环保方面，有许多独家研发的先进技术和专利。尽管近年来沃尔沃陷入困境，销量一路下滑，但仍是一家净资产超过15亿美元、具备持续发展能力的跨国汽车公司。1999年，福特汽车公司花了64.5亿美元收购沃尔沃，而吉利收购沃尔沃的全部净资产，付出的价格仅有当年福特收购价的1/3左右。

(2) 改变中国汽车产业的国际形象。这项海外并购可以提升中国汽车产业在本土市场的竞争力，为自主创新提供原始技术依据，实现技术跨越，并为中国汽车产业“走出去”提供现成的通道，实现在发达国家汽车市场中零的突破，从根本上改变中国汽车产业的国际形象。

2. 沃尔沃汽车。

(1) 有助于扭亏为盈。沃尔沃之所以陷入亏损，主要是受金融危机的影响销量大幅下滑，开工率过低，以及采购成本过高。实现并购后，吉利将充分调动发挥瑞典现有管理团队的积极主动性，制定新的奖励考核机制。在巩固、稳定现有欧美成熟市场的同时，积极开拓以中国为代表的新兴市场，降低成本，拓宽产品线。

(2) 有利于沃尔沃在中国市场的发展。首先，这次本土品牌对国际品牌的收购，有助于消费者对沃尔沃的认可，也可以扩大沃尔沃在中国豪华车市场的份额。其次，吉利完成收购后，沃尔沃成为中国唯一的豪华车生产商，中国政府会给予沃尔沃更多支持。

四、案例评述

1. 吉利并购沃尔沃，既可以帮助中国自主品牌汽车企业尽快走向国际市场，又可以嫁接国际知名品牌为我所用，还可以彰显中国汽车产业的实力。在国际金融危机的冲击下，许多国外企业的资产价值被低估，是中国企业出手的好时机。

通过海外并购，可以用较低的成本获取梦寐以求的汽车国际品牌、核心技术和国际营销渠道。

2. 不可否认，吉利收购沃尔沃要承担巨大的风险。沃尔沃项目所需要资金回笼的周期，对吉利而言是严峻的考验。签约不表示一切都尘埃落定，吉利斥资收购沃尔沃后，能否使其扭亏为盈还是未知数。

3. 吉利收购沃尔沃后，要面临巨大的文化差异，沃尔沃的品牌管理必须采取与中国品牌不同的方式。沃尔沃需要一个极具国际管理经验并且认真执行未来企业战略的团队来领导，中西合璧的管理方式将是成功的关键。总之，收购成功只是走出了第一步。吉利汽车虽然在国际化经营方面有过一些成功，但毕竟没有运营一家跨国汽车企业的经验。保证收购后尽快让沃尔沃扭亏为盈并保持品牌的良好口碑，更大的挑战还在后头。

（资料来源：田云清，《中国汽车企业国际化案例分析——以吉利收购沃尔沃为例》，载《中国商界》2010年第11期）

分析与思考

1. 金融危机背景下，全球汽车产业的大调整、中国汽车企业的发展现状都对中国汽车企业的国际化成长提出了迫切要求。试分析吉利收购沃尔沃对中国汽车企业国际化的借鉴意义。

2. 中国自主品牌通过并购的方式走向国际市场，试分析这种方式对于中国企业对外投资的影响。

案例4　中国光明食品集团并购英国维他麦谷物食品公司

上海光明食品（集团）有限公司成立于2006年8月8日，由上海益民食品一厂、上海农工商集团等公司的相关资产集中组建而成。该公司坚持“民以食为天，食以安为先”的经营理念，以“光明食品，美好生活”为宣传主题，旨在为大众提供营养安全、健康美味的食品。上海光明食品（集团）有限公司拥有4家上市公司：上海第一食品股份有限公司、上海海博股份有限公司、上海梅林正广和股份有限公司、光明乳业股份有限公司，以及光明、大白兔、冠生园、梅林、正广和等知名品牌。它是以食品产业链为核心，重点发展以种源、生态、装备和标准农业为核心的现代都市农业和以食品、农产品深加工为核心的现代都市工业。上海光明食品（集团）有限公司致力于打造一、二、三产业为一体的完整的食品产业链，形成了一体化的大格局。该集团在2010年度《中国品牌500强》排行榜中排名第23位，品牌价值已达455.12亿元。2011年规模销售突破1 200亿元，位列2011年中国企业500强第77位。2013年在“中国制造企业500强”排序发布活动中，荣获“中国制造企业500强”大奖，成为在国内名列前茅且具有强大市场竞争力、行业影响力和国际竞争力的大型食品产业集团。

维他麦公司（Weetabix Food Company）是英国第二大谷物类食品公司，位于英国乡村的中心地带，自1932年起生产优质的谷物早餐产品。该公司拥有一系列著名的谷物早餐品牌，包括维他麦 Weetabix、欧宝 Alpen、Oatibix、乐迪 Ready Brek 以及维多滋等。在此次光明食品收购前，全资属于一家位于英国伦敦，专注于杠杆收购的私募股权、基金 Lion Capital。该公司的主打品牌维他麦是当今英国家喻户晓的早餐产品，占整个谷物早餐市场份额的8%，每年的销售额超过1.78亿美元。维他麦食品公司的产品销往全世界80多个国家和地区。2010年，维他麦的销售收入近4.5亿英镑，税前利润2 040万英镑。2011年维他麦实现毛利1.29亿英镑，净利8 174万英镑。也就是说，光明食品收购维他麦公司后，3年战略是将维他麦公司实现净利润超过60%，也即3年后维他麦的净利润将达到13 078万英镑。

光明食品集团2011年营业收入769亿元人民币，净利润26.5亿元人民币。业内普遍认为，光明食品的自有资金并不充裕。因此，光明食品在对维多麦的收购中，先后应用了杠杆收购、过桥贷款和俱乐部融资等诸多先进的高级金融手段，以规避和降低收购的风险与不确定性。

在2012年5月3日宣布收购维多麦的交易中，光明食品须为维多麦约3亿英镑股权的60%支付约1.8亿英镑，同时须为维多麦约9亿英镑债务中的4亿英镑无追索权的贷款进行再融资安排。同期，光明食品从多家银行处筹集了1年期的10亿美元过桥贷款，用于完成维多麦权益的交割。

2012年6月，光明食品集团向全球金融机构发出了3年期5.5亿~8.5亿美元贷款的条款书，30多家中外资银行纷纷表示合作的意愿，但最终只有10多家银行留下。留下来的银行也试图进行交涉，要求适度修改条件，但光明食品明确表示“不变了”，并宣布采取成本更低的“俱乐部融资”方式，不设领衔的主办行，所有参与银行被一视同仁，利率低于平常的融资渠道。融资成本控制在3%~3.2%。

2012年10月，国际三大著名信用评级机构穆迪、惠誉和标普对光明集团进行了国际信用评级，评级机构综合考虑光明集团的财务状况、业务营运状况以及未来的发展前景，分别给予了Baa3、BBB-和BBB-的评级，均达到了投资级的评级级别。这为光明集团在国际市场上融资提供了良好的前提。

2012年11月2日，光明食品集团对英国维他麦公司完成收购交割，以1.8亿英镑现金收购后者60%的股权，光明食品还帮助维他麦置换了9亿英镑的债务。

上海光明食品（集团）有限公司2013年度实现税后利润4.29亿元，相比控股维他麦前有了显著的提高。上海光明食品（集团）有限公司并购维多麦后，维多麦上半年净收入为26亿元，同比增长5%；实现净利润1.41亿元，增长130%。维他麦公司在中国的总经销商转为光明食品旗下的南浦食品，早餐麦片等将通过中国国内10万家终端门店销售。而且，维他麦公司通过上海光明集团进入了中国市场，强强联合，共同赢利。

资料来源：

[1] 宋淑琴、刘淑莲：《融资约束、债务融资与海外并购绩效——光明集团并购英国维他麦案例分

析》，载《辽宁大学学报（哲学社会科学版）》2014 年第 2 期。

[2] 路易丝·卢卡斯，倪卫国译：《光明食品收购维他麦》2012 年。

[3] 光明食品集团 2013 年年报。

分析与思考

1. 试分析光明集团是通过什么方式在对外直接投资并购历程中取得成功，使它在国际竞争中占有一席之地。

2. 中国光明食品集团实施“走出去”战略并购英国维他麦谷物食品公司过程中，能得到哪些启示？

[本章思考与练习]

1. 试述中国利用外商直接投资对中国经济的重要作用。
2. 解释中外合资经营企业、中外合作经营企业、外商独资企业。
3. 简述中外合资经营企业与中外合作经营企业的区别。
4. 中国在经济转型期利用外资有哪些战略？
5. 债务融资有哪些主要方式？
6. 什么是国际发展援助？实施国际发展援助的三个必备条件是什么？
7. 试述当代国际发展援助的主要特点。
8. 国际发展援助的方式有哪些？
9. 试述中国如何利用国际发展援助。
10. 国际银团贷款的优势有哪些？
11. 简述国际债券融资的特点。
12. 在“走出去”战略的实践方面，中国对外直接投资呈现出哪些特点？
13. 试分析中国对外直接投资存在的问题及对策。

第九章　国际工程承包和劳务合作

【本章教学目的】 通过本章的学习，使学生了解国际工程承包市场的现状及特点、国际工程承包合同及国际劳务合同；熟悉施工索赔、国际工程承包的概念、国际工程承包所涉及的银行和保险业务相关内容；掌握国际工程承包中招标与投标的基本方法和程序、国际劳务合作的概念及方式。

第一节　国际工程承包概述

一、国际工程承包的含义

国际工程承包（International Contracting for Construction）是指一国的承包商以自己的资金、技术、劳务、设备、原材料和许可权等，承揽外国政府、国际组织或私人企业即业主的工程项目，并按承包商与业主签订的承包合同所规定的价格、支付方式收取各项成本费及应得利润的一种国际经济合作方式。国际工程承包涉及的当事人主要有工程项目的所有人（业主或称发包人）和承包商。业主主要负责提供工程建造所需的资金和酬金等；而承包商则负责工程项目的建造，工程所需设备和原材料的采购，以及提供技术等。

二、国际工程承包的内容

国际工程承包的业务范围极为广泛，几乎遍及国民经济的各个部门，甚至进入了军事和高科技领域，其业务内容随着科学技术的进步也日益复杂，规模更加庞大，分工越来越细。国际工程承包就其具体内容而言，大致包括以下十个方面。

1. 工程设计。工程设计包括基本设计和详细设计。基本设计一般在承包合同签订之前进行，其主要内容是对工程项目所要达到的规格、标准、生产能力等的初步设计；而详细设计一般在承包合同签订之后进行，其中包括机械设计、电气设计、仪表仪器设计、配套工程设计及建筑物设计等，详细设计的内容往往根据工程项目的不同而有所区别。

2. 技术转让。在国际工程承包中往往涉及工程所需的专利技术和专有技术的转让问题。

3. 机械设备的供应和安装。工程项目所需的机械设备，既可由业主提供，也可由承包商提供，还可由双方分别提供不同的设备，设备的安装主要涉及技术人员的派遣及安装要求等。

4. 原材料和能源的供应。原材料和能源的供应与机械设备的供应一样，既可由业主提供，也可由承包商提供，还可由双方分别提供不同的部分。

5. 施工。施工主要包括工程建造及施工人员的派遣等。

6. 资金。资金应由业主提供，但业主往往要求承包商提供信贷。

7. 验收。验收主要包括验收方法、验收时间和验收标准等。

8. 人员培训。人员培训是指承包商对业主派出的人员进行有关项目操作技能的培训，以使他们在项目建成并投入运营后充分掌握该技术。

9. 技术指导。技术指导是指在工程项目建成并投入运营以后，承包商为使业主能维持对项目的运营继续对业主进行技术指导。

10. 经营管理。有些承包合同属于 BOT 合同，即要求承包商在项目建成投产并经营一段时间以后再转让给业主，这就使经营管理也成为承包商的一项重要内容。

上述广泛而又复杂的承包内容说明，作为承包商，不仅要使其各类人员和施工设备配套，还必须具有较高的组织管理水平和技术水平。

三、国际工程承包市场的概况及特点

（一）国际工程承包市场

随着科学技术的不断进步和各国经济的飞速发展，国际工程承包市场已遍及世界各地。2008 年，全球 225 家最大国际承包商海外经营业绩为 3 900. 1 亿美元，相比 2007 年的 3 102. 5 亿美元增加了 25. 7%。2015 年全球最大的 250 家国际工程承包公司的市场营业额为 5 001. 4 亿美元，比 2014 年下降 4. 1%。就目前来看，国际上已形成了欧洲、亚太、中东、北美、拉美和非洲六大地区经济市场。2015 年，亚洲和澳大利亚地区、欧洲地区和中东地区依然在全球区域市场中排在前三位，其工程项目发包规模占据全球市场的 58%，与 2014 年相比有所下滑。2015 年全球最大 250 家国际公司在上述地区完成营业额分别为 1 208. 4 亿美元、934. 2 亿美元和 765. 1 亿美元，占营业总额的比重分别为 24. 2%、18. 7% 和 15. 3%。从增长趋势来看，2015 年仅有拉丁美洲、北部非洲地区和美国保持增长，增速分别为 6. 7%、4. 9% 和 4. 4%。其他地区市场均出现不同程度的萎缩：加勒比地区下降 33. 7%，加拿大下降 22. 4%，中部和南部非洲下降 16. 9%，亚洲和澳大利亚下降 12. 1%，欧洲下降 6. 4%，中东地区下降 3. 2%。

欧洲市场历来都是世界最大的承包市场之一，全球 225 家最大的承包商 2008

年该地区的营业额为 1 140. 6 亿美元，占它们在国际市场营业总额 3 900. 1 亿美元的 29. 3%。十年间，曾一度达到 36. 2%（2004 年和 2005 年）。2015 年全球最大的 250 家国际公司在欧洲市场完成营业额为 934. 2 亿美元，降幅为 12. 1%，市场份额为 18. 7%，成为全球第二大市场。随着世界经济一体化大潮的推动、统一大市场的建成和经济的稳步增长，欧洲市场仍将保持原有的繁荣，除英国、法国、德国、意大利、荷兰五国之外的其他欧洲国家取得的国际市场总收入从 1997 年开始也保持着连续七年的持续增长，在 2003 年达到顶峰后稍有回落，于 2005 年回升，到 2006 年已超过 300 亿美元。如波兰自 2004 年加入欧盟以来，由于获得了大量经济援助，再加上正在筹备 2012 年欧洲杯足球赛，其基础设施建筑市场潜力巨大。2007 ~ 2013 年波兰从欧盟获得近 670 亿欧元的援助资金，其中 210 亿欧元拟用于发展基础设施，包括公路、铁路、机场、输气管道等。另外，波兰政府在 2013 年前新建 300 万套住房。而房屋建筑行业集中在德国（20. 15%）、英国（11. 00%）和法国（9. 25%）三大国家的承包商，占总体市场的 40. 4%。但西欧市场历来是一个封闭市场，进入该市场对很多承包商来说都是可望而不可即的。

亚太市场一般是指南亚、东南亚、东亚、西北亚及大洋洲的澳大利亚和新西兰，该市场于 20 世纪 80 年代中期之后出现兴旺态势，由于该地区国家大都采用了适宜外资的政策，以及国际金融机构和发达国家投资者对该地区投资的不断增加，亚太市场正在成为具有巨大发展潜力的市场，1996 年全球最大的 225 家承包商在这一市场的营业额为 424. 53 亿美元，几乎占总营业额的 33. 48%，成为世界第一大市场，但进入 21 世纪以来由于该地区多数国家受金融危机和经济不景气的影响，建筑业的投资额出现了大幅度下滑，下降到 2001 年的 219. 8 亿美元，到 2003 年也仅有 260. 3 亿美元，市场份额下降至 17. 9%。2002 年全球 225 家最大的承包商在该地区的营业额为 226. 84 亿美元，占国际市场营业总额的比重下降到了 16. 2%。到 2008 年，全球 225 家最大的承包商在该地区的营业额为 685. 33 亿美元，增幅为 23. 7%，市场份额为 17. 6%。尽管 2008 年亚洲建筑市场的投资落后于欧洲和中东地区，但仍有不少机遇。泰国经济处于发展中国家的中上等水平。虽然政局动荡，泰国经济在 2005 年和 2006 年仍分别取得了 4. 5% 和 5% 的增长。近年来，作为泰国经济发展重要领域的建筑业逐渐显现出复苏的迹象，并且在缓慢上升。泰国政府陆续推出房建、铁路改造、轨道交通、公路桥梁升级改造、水资源管理等项目，不过由于政局原因，不少项目计划搁置或推迟。从长远来看，由于此类项目关系到泰国的国计民生，对泰国经济可持续发展意义重大。印度尼西亚的电力市场近年来发展迅速，潜力巨大。由于电网建设相对落后，用电普及率仅为 56%，政府从 2006 年到 2015 年投资 413. 7 亿美元进行电站和电网建设，预计到 2026 年电力年均需求增长率为 7. 1%。印度尼西亚日益增长的电力需求将为各国承包商提供重要机遇。印度经济目前已步入高速发展阶段。据高盛银行预测，未来几十年印度将以 5% ~ 6% 的速度发展。为了突破道路、电力、通信等基础设施落后而造成的经济发展“瓶颈”，印度政府在未来 10 年的发展规划中把加快基础建设放在突出位置。前所未有的市场机遇使得越来越多的国际工程承包公司把印度作为目标市场。2015 年，全球最大的 250 家工程承包公司在亚太市场完成营业额为 1 208.4 亿美元，亚太市场出现萎缩，降幅为 12.1%，市场份额为 24.2%，亚太市场仍稳居全球第一大市场。

当前亚太市场对基础设施的需求甚大，中国发起的“一带一路”倡议，以及亚洲基础设施投资银行和“丝绸之路”基金等投融资机构，为亚洲地区基础设施建设以及周边大通道建设提供了大量发展机遇。巴基斯坦政府在 2015 财年预算中安排 1 940 亿卢比（约合 19 亿美元），重点用于中巴经济走廊道路连接项目建设。此外，巴基斯坦向亚洲开发银行融资 60 亿美元，用于能源和道路建设。印度尼西亚新政府提出新一期 3 500 万千瓦电力发展计划，其中包括在 5 年内兴建 107 万千瓦地热电站。2015 年，哈萨克斯坦完成从中国边境到俄罗斯的高速路本国段建设，全长 2 700 公里。

中东市场是 20 世纪 70 年代中期随着该地区国家石油美元收入的不断增加而发展起来的一个承包市场，并很快成为三大世界承包劳务市场之一。进入 80 年代后，随着中东各产油国石油美元收入的锐减，以及两伊、阿富汗和两次伊拉克战争的冲击，该承包市场出现明显萎缩，随着战争的结束，战后重建及其他中东国家基础设施建设的加快进行，中东市场仍具有一定的发展潜力。中东市场也是一个受油价影响较大的市场，随着世界原油价格每桶创出历史新高，中东工程承包市场会进一步活跃。本区在 2001 年以后全球 225 家最大的承包商在该地区的营业额持续上涨，到 2007 年全球 225 家最大的承包商在该地区的营业额为 608.9 亿美元，增幅高达 52%；2008 年营业额达 774.71 亿美元，增幅达 23.2%，市场份额为 19.9%。2015 年全球最大的 250 家国际公司中东市场完成营业额为 765.1 亿美元，中东地区市场出现萎缩，降幅为 3.2%，市场份额为 15.3%，稳居全球第三大市场。但该地区令人担心的是日益紧张的以色列和巴勒斯坦问题及恐怖主义威胁。

尽管国际石油价格低迷对资本性支出造成限制和拖延，导致中东地区建筑市场增长减缓，但该地区对重点领域的投资在一定程度上缓解了不利影响，卡塔尔世界杯、迪拜世博会、迪拜智慧城市建设以及海合会政府宣布的数十亿美元的基础设施投入，均为中东国际工程承包市场带来发展机遇。为实现 2030 远景战略规划，顺利举办 2022 年世界杯，卡塔尔政府继续大力投资基础设施。在经历了赢得 2020 年世博会举办权带来的冲动式增长后，阿拉伯联合酋长国的房地产市场告别快速增长期，进入成熟期。除兴建大量酒店外，阿拉伯联合酋长国于 2015 年 6 月批准了总额 36 亿迪拉姆（约合 9.8 亿美元）的居民住房项目。

北美市场由美国和加拿大两个发达国家组成，工程项目的技术含量一般较高，因此，该市场历来被来自美、英、法、日等发达国家的大公司垄断，就发展中国家承包公司目前的经济及技术实力而言，在 10～20 年内还很难涉足该市场，北美市场目前不仅是世界上最大的工程承包市场之一，也是目前世界上最规范的市场。从全球 225 家最大的承包商 2008 年的统计数据来看，该地区的营业额为 551.62 亿美元，增幅达 23.1%，市场份额为 14.1%，为世界第三大市场。2015 年，全球最大的 250 家承包商在北美市场的营业额为 763.227 亿美元，降幅为 13%，市场份额为 15.26%，北美市场降为世界第四大市场。

非洲经过 40 年的政治动荡，其多数国家的政局开始进入稳定，其经济也结束持续衰退而走入了稳定发展的时期，其各国每年的经济平均增长率保持在 3% 左右，进入第二次世界大战后历史最好时期，因而也给该地区的工程承包市场带来了转机，该市场主要集中在北部的阿尔及利亚、摩洛哥、埃及和尼日利亚，以及南部的南非等国。该地区基础设施落后，对天然气、石油和电力的开采与开发有较大的需求，随着该地区国家政治体制的改革和私有化进程的不断加快，非洲市场是最有潜力的工程承包市场。从全球 225 家最大的承包商 2008 年的统计数据来看，该地区的营业额为 508.85 亿美元，增幅达 6.7%，市场份额为 13.0%，为世界第四大市场。据统计，2015 年全球最大的 250 家承包商在非洲市场的营业额为 645.15 亿美元，减幅达 9%，市场份额为 12.89%，非洲市场成为世界第五大市场。

目前，区域互联互通基础设施建设是非洲经济一体化的基础，也是非洲经济腾飞的迫切需要，更是非洲各国开展合作的重点领域。埃塞俄比亚正在加紧建设超过 750 公里的跨国、跨区域公路网，以扩展连接埃塞俄比亚及周边各国。坦桑尼亚、卢旺达和布隆迪三国政府起草联合基础设施项目协议，启动跨境贸易铁路圈项目，总投资达到 41.3 亿美元。该铁路线建成后将把坦桑尼亚第一大城市达累斯萨拉姆与布隆迪和卢旺达的首都连接在一起。坦桑尼亚获得世界银行下属机构国际发展协会（IDA）资金支持，投入 3 亿美元发展铁路交通基础设施建设，建设从达累斯萨拉姆到 Isaka 的铁路。该铁路是改善和扩大东非中央走廊周边铁路网络的第一步，有助于加强东非中央走廊和相邻地区的贸易联系。2014 年，非洲超大型项目陆续上马。2014 年 5 月，中国国务院总理李克强访问肯尼亚，与肯尼亚政府签署了关于蒙巴萨—内罗毕标轨铁路的相关合作协议。蒙内铁路造价 38 亿美元，将连接肯尼亚、乌干达、卢旺达、坦桑尼亚、布隆迪和南苏丹的铁路网，并有力推进了东非互联互通和次区域一体化建设。8 月，埃及斥资 40 亿美元开挖新苏伊士运河。11 月，总投资高达 119.7 亿美元的尼日利亚沿海铁路项目正式签署商务合同。该项目全线采用中国铁路标准，由中国铁建参与承建。

拉丁美洲市场和非洲市场一样，一直处于比较消沉的状态，这里虽然基础设施落后，但由于这里多数国家常年经济萧条，致使各国在基础设施方面的投资数量极为有限，全球最大的 225 家承包商每年在这一市场上的营业额一般不会超过其总额的 10%，巴西、墨西哥、阿根廷的工程承包额占据了该地区承包总额的 1/2 以上，虽然这些地区各国都在采用能促进本国经济发展的政策，但由于该地区经济基础较差，资金不足，支付信誉不好，以及政治的动荡令很多承包商望而却步。随着近几年世界经济转暖，拉丁美洲各国政府采取一系列措施来吸引外资以及对基础设施投入的增加，该市场会有一个较大的转机。据统计，2015 年全球最大 250 家国际工程承包公司在拉丁美洲的营业额为 526.9 亿美元，比 2014 年增长 4.9%，市场份额为 10.9%，拉丁美洲市场成为全球第六大市场。

进入 21 世纪以来，虽然整个世界经济目前处于低水平发展，但根据有关方面的预测，世界经济在今后几年内将进入稳步增长时期，服务贸易将保持旺盛的发展势头，国际资本流动会更趋活跃，全球范围内的投资规模将会进一步加大。因此，国际工程承包市场将会有较大的发展。

（二）国际工程承包市场的特点

自 20 世纪 80 年代初至今，由于各国承包商数量的不断增加和各国因出现不同程度的经济困难所导致的发包数量的减少，以及各国对本国承包市场保护的加强，国际工程承包市场出现了以下特点。

1. 竞争激烈，利润下降。由于国际承包市场上承包商数量不断增多，以及发包项目减少，市场上形成了激烈的竞争态势。这就使承包价格越压越低，一些国家的承包商为了夺标，常常以低于成本价格投标，中标后靠带动原材料和设备的出口或借机索赔来争取赢利。

2. 承包商对国内市场的依靠加强。由于国际工程承包竞争日趋激烈，难以获利，再加上国际金融市场动荡不定，汇率风险较大，许多承包商开始把注意力转向本国的承包市场，如 20 世纪 90 年代初世界排行前 250 名的承包商中有近 90% 是靠本国市场的承包业务赢利的。

3. 市场保护措施日益加强。在国际工程承包市场竞争日趋激烈的态势下，很多国家为扶植本国的建筑业，减少外汇支出，维护本国的经济利益，纷纷出台了一些保护主义措施，如限制外国承包商的承包范围，规定外国公司必须与当地公司联营或雇用当地代理人才能取得承包资格，限定外国公司承揽本国的工程项目使用当地劳务的比例，给予本国公司各种优惠，以及通过设置各种障碍来限制外国承包商在本国的承包活动。

4. 带资投标、延期付款和实物支付的做法日益普遍。带资投标实际上是一种投标与资金挂钩的做法，即投标人向发包人融资。就目前的国际承包市场而言，投标人向发包人融资已成为投标的先决条件，而且融资的优惠程度也成为除标价以外的另一个能否中标的决定因素。此外，延期付款和以实物支付的做法也日渐增多，如许多中东国家以石油或天然气来支付拖欠的工程项目的费用。

5. 承包项目由劳动密集型向技术密集型转化。随着科学技术的迅猛发展，出现了许多技术含量较高的新兴产业，这就使项目建设从单纯的土建工程转向以技术工程为主的成套设施的建设，这类项目对承包商提出了更高的要求。

第二节　国际工程承包招标及投标

一、招标

（一）招标的概念

招标（Invitation to Tender）是指由发包人（业主）就拟建工程项目的内容、要求和预选投标人的资格等提出条件，通过公开或非公开的方式邀请投标人根据上述条件提出报价、施工方案和施工进度等，然后由发包人经比较择优选定承包商的过程。择优一般是指最佳技术、最佳质量、最低价格和最短工期。发包人要想在众多的投标者中选出在上述四个方面均具有优势的承包商是比较困难的，发包人应根据自己的资金能力、项目的具体要求、投标人的专长和所报的价格与条件来确定中标者。

（二）招标的方式

1. 竞争性招标。

（1）公开招标。公开招标指的是招标人通过国内外各种有影响的报刊、电视、广播等宣传媒介刊登广告，发布招标信息，不限国籍地使全世界所有合格的承包商都有资格参加投标，招标人择优选择中标人的整个过程。公开招标的特点是，招标通知必须公开发出，不限投标人的数量，开标也必须有投标人在场时当众进行，但评标和定标却是秘密进行。一般来说，除非招标文件另有规定，公开招标的中标者应该是报价最低的投标者。公开招标属于竞争性招标，而且还可使所有的承包商都能得到公平的对待。世界银行认为，只有采用公开招标才能体现效率（Efficiency）、经济（Economy）和公平（Equity）的“三 E 原则”。

（2）国际限制性招标。国际限制性招标是指发包人不通过刊登广告而是有选择地邀请若干家承包商参加投标的一种竞争性招标方式。限制性招标所限定的承包商主要有以下四种情况：一是为了保护本国的建筑市场，只允许本国的承包商参加投标或保留工程的某一部分给本国的承包商；二是为发包工程提供贷款的国家要求业主只邀请贷款国的承包商投标，必须把第三国甚至东道国的承包商排除在外；三是由于为工程提供贷款的机构是某一金融机构或基金组织，它们有时要求发包人在该金融机构或基金组织的成员的承包商之间招标；四是有些项目较为特殊，对承包商在技术和经验上有较高的要求，国际上有能力建造该工程的承包商为数不多，所以只能邀请国际上有能力的承包商参加投标。在限制性招标的方式下，由于招标通知不使用广告的形式公诸于众，所以只有被邀请并接受邀请的承包商才是合法的投标人，未接到邀请或通过其他途径得知招标信息的承包商未经发包人的许可无权参加投标。这种招标方式的优点在于能够保证工程质量并能节省招标时间，但有时会漏掉有力的竞争者，从而错过了选择报价最低者的机会。

（3）两段招标。两段招标也是国际公开招标中的一种，但要把招标过程分为两个阶段：第一阶段采用公开招标，从合格的承包中选出 3 ~ 5 家承包商作为候选人；第二阶段让他们重新报价，并确定最终的中标者。两段招标不是两次招标，而是一次招标分为两个阶段，并只与承包商签署一个承包合同。

2. 非竞争性招标。非竞争性招标是相对竞争性招标而言的，它是不通过公开的方式来确定工程项目的承包商的一种招标方式。如谈判招标。

谈判招标目前一般有两种做法：一种是招标人根据自己的需要和所了解到的承包商的资信及技术状况，将符合要求的承包商排列出顺序，然后先与最符合要求的承包商进行谈判，若与之达不成协议，则按顺序继续与下一个进行谈判，直至达成协议为止，这种做法也叫议标；另一种是在开标以后招标人分别与各投标人同时进行谈判，这就等于给了每个投标人多次报价的机会，最后与最符合要求的承包商签署承包协议，这种招标方式的优点在于给了每个投标人多次报价的机会，从而使招标人得益于投标人的价格竞争。谈判招标一般适用于专业技术较强、施工难度较大、多数承包商难以胜任的工程项目，在这种招标方式下，投标者能否中标的决定因素主要不是价格，而是承包商的技术能力、施工质量和工期等条件。

（三）招标的程序

招标是以业主为主体从事的工作，这个招标过程所需要的时间往往随招标方式和项目特点的不同而有所差异，少则一年，多则几年。这些工作从成立招标机构开始到签订承包合同需要严格按照招标程序和要求进行，并要做大量繁杂而又细致的工作，其大致要经过以下具体程序。

1. 成立招标机构。业主在决定建造某一项目以后，便开始进行国际招标工作，国际招标工作的整个过程一般由一个专门设立的机构全权负责。招标机构可以自己设立，也可以委托国际上常设的招标机构或从事招标的咨询公司代为招标，招标机构的能力和工作效率直接影响着招标的成败。

2. 制定招标规则。招标规则主要包括以下内容：一是确定招标方式，即采用公开招标、限制性招标、两段招标还是谈判招标；二是广告刊登的范围和文字表达方式；三是确定开标的时间和地点；四是评标的标准等。

3. 编制招标文件。招标文件是招标的法律依据，也是投标者投标和准备标书的依据。招标文件的具体内容应视项目的规模和复杂程度而定，其主要包括招标人须知、担保书、合同条件和技术规范等。因为招标人所要建造的工程项目和所要采购物资的具体内容与要求以及评标的具体标准全部体现在招标文件中，所以招标文件一定要力求完整和准确。招标文件所用的语言应该是国际商业通用的英文、法文和西班牙文。

4. 发布招标公告。招标公告是招标机构利用广播、电视以及国内外知名度较高的报纸、期刊，向国内外所有合格的承包商发布的招标启示，以及邀请所有合格的承包商投标。招标公告的主要内容包括发包人的名称、项目的名称与概况、项目的资金来源、招标的方式、投标的开始时间与截止日期、评标的地点与时间、招标文件的发售时间与办法等。

5. 进行资格预审。资格预审是招标机构发布招标公告以后承包商投标之前对拟投标人是否有能力承揽其所要建设的工程项目而进行的一种资格审查。资格审查的内容包括承包商以往的业绩与信誉、设备与技术状况、人员的技术能力、管理水平和财务状况等。参加资格预审的承包商应向招标机构提供投标意向书、公司章程与条例、公司技术和行政管理机构的人员名单、公司现有的机械设备清单、公司现有的合同清单、公司过去五年来承揽类似合同的清单、公司资产负债表、业主或监理工程师对公司资信的证明和银行对公司资信的证明。资格预审的标准应在招标公告中注明，经资格预审所有符合标准的承包商都应准予投标。

6. 通知承包商参加投标。资格预审之后，招标机构以书信的方式向所有资格预审合格的承包商发出通知，让其在规定的时间内和指定的地点购买标书，以参加投标。投标通知同时也在报纸上公布，但不公布获得投标资格公司的名称。

7. 收标。投标人按招标机构指定的地点投递标书，招标机构在投标地点设有由专人保管的投标箱，保管人员将收到的投标书放入投标箱，并将盖有日期的收据交给投标人，以证明其投标书是在投标截止日期之前收到的。投标截止日期一到，便立即封闭投标箱，此后收到的投标书均属无效。

8. 开标。开标一般有两种形式，即公开开标和秘密开标。公开开标是指招标人在规定的时间和地点按收到投标书的先后顺序将所有的投标书当众启封，宣读每个投标人的姓名和标价。公开开标一般是在通知所有投标人参加并在公证机构的监督下进行，开标时投标书对自动降低价格的说明以及是否附有投标保证书和保函也一并宣布，但投标书的详细内容不必也不可能全部宣读。所有的标价均应记录在案，由招标负责人签字。按世界银行的规定，在公开招标情况下，从发布招标文件到开标间隔时间的长短取决于工程的大小和复杂程度，一般工程不少于45天，较复杂的大型工程应在90天以上，以便投标人有足够的时间去进行现场考察等，完成投标所必备的准备工作。秘密开标和公开开标大体一致，其唯一的区别在于秘密开标是在不通知投标人参加的情况下进行。

9. 评标。评标是招标机构的有关部门按一定的程序和要求，对每封投标书中的交易条件和技术条件进行综合评价，并选出中标候选人的过程。中标候选人一般为2～3人，并按综合条件排定名次，即最低标（第一中标人）、次低标（第二中标人）、第三低标（第三中标人），若无意外，最低标应是最终的中标者。交易条件主要是看标价，对业主来讲，标价越低越好；技术条件主要包括施工方案、施工所采用的技术、施工的组织与管理、工期，以及施工方案的合理性、可靠性和科学性。评标的标准必须与招标文件规定的条件相一致。

10. 定标。招标机构经过综合分析，写出评标报告并选择报价低、技术实力强、信誉好和工期短的承包商作为中标者叫定标。业主在定标前要分别与中标候选人就合同的条款和细节进行谈判，以达成共识，确定最后的中标者。招标机构在定标后应以电话、电报、电传等快捷的方式通知中标人，对未中标者也应及时发出评标结果。招标不一定都能选中中标人，即废标，也就是招标人拒绝全部投标。一般来说，招标人在出现下列四种情况之一时，有权拒绝全部投标：(1) 投标人太少，一般指少到不足三家；(2) 最低标价大大超过国际市场平均价格或业主制定的标底；(3) 所有的投标书均未按招标文件的要求编写；(4) 所有得标候选人不愿意降价至标底以下。废标后，可进行第二次招标。

11. 签订承包合同。中标人接到中标通知以后，应在规定的时间内与业主签订承包合同，并递交履约保证书，至此，招标工作全部结束，中标人便可着手准备工程的开工建设。但若中标人未按期签约或故意拖延，并未事先向招标机构提出可以接受的申请，那么中标人应被视为违约。

二、投标

(一) 投标的概念

投标（Bid）是以承包商为主体从事的活动。它是指投标人根据招标文件的要求，在规定的时间并以规定的方式投报其拟承包工程的实施方案及所需的全部费用，争取中标的过程。投标书中的标价是承包商能否中标的决定性条件。因此，报价要极为慎重，报价应既要有竞争力又要有利可图。

(二) 投标的特点

1. 投标的前提是必须承认全部招标条件，否则就失去了参加投标的机会。

2. 投标属于一次性标价，但主动权掌握在招标人手中，即业主在选定最后中标者的过程中投标人一般没有讨价还价的权力。

3. 投标在法律上属于要约，因此投标人要极为慎重，标价一旦报出，不能随意撤销。为此，招标人一般要求投标人交纳投标保证金。

(三) 投标的程序

投标本身也是一个过程，其主要经过投标前的准备、询价、制定标价、制作标书、竞标等程序。

1. 投标前的准备。投标前的准备工作十分重要，它直接影响中标率，准备工作应从以下三方面入手。

(1) 收集有关信息和资料。需要收集的资料主要包括两个方面：一是项目所在国的情况，如项目所在国政治的稳定性，与邻国的关系，经济发展水平，基础设施状况，金融与保险业的发达程度，水、电、石油、天然气、原材料的供应状况，自然、社会、文化环境等；二是收集竞争对手的有关资料，其中主要是了解能够参与本行业投标的企业数目，这些企业的经营状况、生产能力、知名度，以及它们参加投标的次数和中标率等。如果竞争对手在各方面均优于本企业，而且本企业中标的机会很小，就应放弃该项目的投标，则应转向本企业中标机会较大的其他项目。

（2）研究国际招标法规。国际招标活动涉及的东道国法规有采购法、合同法、公司法、税法、劳动法、外汇管制法、保险法、海关法、代理法等。

（3）组成投标小组。投标小组的成员应是由从本企业各部门中选拔出来的具有各种专业技术的人员组成，他们的能力将是本企业能否中标和获利的关键。

2. 询价。询价是投标人在投标前必须做的一项工作，因为承包商在承包活动中往往需要提供设备和原材料，询价的目的在于准确地核算工程成本，以做出既有竞争力又能获利的报价。此外，有时生活物资和劳务的价格也是询价的一个内容。

3. 制定标价。投标价格的制定工作可以分成以下两步来做。

（1）成本核算。成本主要包括直接成本和间接成本。直接成本主要包括工程成本、产品的生产成本、包装费、运输费、运输保险费、口岸费和工资等；间接成本主要包括投标费、捐税、施工保险费、经营管理费和贷款利息等。此外，一些不可预见的费用也应考虑进去，如设备、原材料和劳务价格的上涨费，货币贬值费及无法预料或难以避免的经济损失费等。

（2）制定标价。制定标价考虑的因素主要有三个：一是成本，原则上，承包商在成本的基础上加一定比例的利润便可形成最后的标价；二是竞争对手的情况，如果竞争对手较多并具有一定的经济和技术实力，标价应定得低一些，如果本公司从事该工程的建造有一定的优势，竞争对手较少或没有竞争对手，那么标价可以定得高些；三是企业投标的目的，若是想通过工程的建设获取利润，那么标价必须高于成本并有一定比例的利润，在目前承包市场竞争如此激烈的情况下，很多承包商不指望通过工程的建造来取得收益，而是想通过承包工程带动本国设备和原材料的出口，进而从设备和原材料的出口中获取利润，出于这种目的的承包商所制定的标价往往与工程项目的建造成本持平或低于成本。当然，标价定得越低，中标率则越高。

4. 制作标书。标书是投标书的简称，也称投标文件。它的具体内容依据项目的不同而有所区别。编制标书是指填好投标书及附件、投标保证书、工程量清单和单价表、有关的技术文件等，投标人的报价、技术状况和施工工程质量全部体现在投标书中。在编制标书以前，预审合格的承包商根据业主的通知到指定的机构购买招标文件，并一定要仔细阅读招标文件，编制的标书一定要符合招标文件的要求，否则投标无效。

5. 投递标书。投标书编制完成以后，投标人应按招标人的要求装订密封，并在规定的时间内送达指定的招标机构。投递标书不宜过早，一般应在投标截止日期前几天为宜。

6. 竞标。开标后投标人为中标而与其他投标人的竞争叫竞标。投标人参加竞标的前提条件是成为中标的候选人，一般情况下，招标机构在开标后先将投标人按报价的高低排出名次，经过初步审查选定 2 ~3 个候选人，如果参加投标的人数较多并且实力接近，也可选择 5 ~7 个候选人，招标机构通过对候选人的综合评价，确定最后的中标者。有时候也会出现 2 ~3 个候选人条件相当，招标机构难以取舍，招标机构便会向候选人重发通知，再次竞标，投标人这时候将会采用各种手段竞标，一决雌雄。

第三节　国际工程承包合同

一、合同种类

国际工程承包合同从不同的角度可以划分为不同的类型。

（一）按价格的构成和价格的确定方法划分

按价格的构成和价格的确定方法，可以分为总价合同、单价合同和成本加酬金合同。

1. 总价合同。总价合同是指在承包合同中规定承包价格，业主按合同规定分期或一次性支付给承包商的一种合同形式。总价合同中所确定的价格是根据工程的图纸和承包的内容计算出来的，其价格一般是固定不变的。如果采用这种合同形式，投标人必须将一些可能发生的风险考虑进去，如原材料价格的上涨、工资的上涨、自然原因导致的误工、政治变动等风险，否则投标人将蒙受难以估量的损失。有些情况下，总价合同中规定有价格调整条款，即在原材料或工资上涨幅度超过一定的比例时，合同的价格也作相应的调整，这就等于将一部分风险转移给了业主。

2. 单价合同。单价合同是按承包商实际完成的工作量和合同的单价来支付价款的一种合同形式。合同中所确定的单价，既可以固定不变，也可以随机调整，主要取决于合同的规定。固定总价和单价合同的区别在于，前者按总价投标承包，而后者则按单价投标承包。在总价合同中，虽然也要求投标人报单价，但不要求详细；而在单价合同中，所列的单价必须详细，其所报的总价只是在评标时用于与其他投标人作比较。

3. 成本加酬金合同。成本加酬金合同是以工程实际发生的成本（施工费和材料费等）再加上双方商定的管理费和利润向承包商支付工程款的一种合同形式。在这种合同形式下，由于成本实报实销，所以承包商的风险很小，但这种合同的管理费和利润往往与工程的质量、成本、工期三项指标相联系，因此，承包商比较注重质量、成本和工期，业主便可从中得益。

（二）按承包的内容划分

按承包的内容可以分为施工合同、设备的供应与安装合同、工程咨询合同、工程服务合同、交钥匙合同、交产品合同、PPP 合同、BOT 合同。

1. 施工合同。施工合同是业主与承包商签订的工程项目的建造实施合同。在国际工程承包活动中，大多属于这类合同。

2. 设备的供应与安装合同。这种合同的形式依承包商责任的不同而有所不同。一是单纯的设备供应合同，即设备的供应者只负责提供设备；二是单纯的设备安装合同，即承包商只负责设备的安装；三是设备的供应商既负责提供设备又负责设备的供应与安装的合同；四是设备的供应商负责提供设备，并负责指导业主自行安装的合同。

3. 工程咨询合同。工程咨询合同实际上是一种专业技术服务合同，业主咨询的主要内容有投资前的可行性研究、图纸的合理性、实施方案的可行性等。

4. 工程服务合同。工程服务合同是业主与能够提供某些服务工作的公司签订的合同，其主要目的是为工程项目提供服务，这类合同只有在建造规模较大而且较复杂的工程项目中签署。

5. 交钥匙合同。交钥匙合同（Turnkey）国际上也叫建造—设计（Design - Build，DB）模式，它是指承包商对项目的可行性研究、规划设计、勘察选点、工程施工、原材料的购买、设备的供应与安装、技术培训、试生产等一系列工作承担全部责任的一种承包方式，即承包商将已建成竣工的工程项目交给业主后即刻投入生产使用。在这种承包方式下，承包商的风险较大，但收益较高，同时也可以保证业主得到高质量的工程项目。

6. 交产品合同。交产品合同是指承包商不仅负责项目的可行性研究、规划设计、勘察选点、工程施工、原材料的购买、设备的供应与安装、技术培训、试生产等工作，还应负责指导业主生产出一定数量的合格产品，并在原材料及能耗达到设计要求之后才能正式移交给业主的一种承包方式。这种承包方式往往适合技术含量较高的大型项目。

7. PPP 合同。PPP 合同（Public Private Partnership）是指公营和私营合作项目合同。该类合同更强调业主对监控和售后服务的要求，业主在招标时提出参数和规范要求，并进行全程监控，所有的付款都与履约好坏及其连续性等挂钩，付款要在运营达到业主满意以后进行。由于 PPP 合同强调了业主的监控和管理作用，克服了 EPC 合同业主监管不利的缺陷，因此，PPP 合同目前在日本、韩国和澳大利亚等发达国家采用得更为普遍。PPP 合同方式起源于 20 世纪 80 年代中期，90 年代才被世界各国广泛运用。

8. BOT 合同。BOT（Build Operate Transfer）意即建设—经营—转让。BOT 合同实际上是承包商将工程项目建成以后，承包商继续运营该项目一段时间才转让给业主的一种承包方式。业主在采用 BOT 方式发包时，往往要求承包商负责项目的筹资或提供贷款，从而集筹资、建造、运营、维修、转让于一体，承包商在协议期内拥有并经营该项目，从而达到回收投资并取得合法利润的目的。这种承包方式多用于政府与私营部门之间，而且使用的范围较广，尤其适合于那些资金需求量较大的公路、铁路、城市地铁、废水处理、发电厂等基础设施和公共设施项目。它的优点在于东道国不仅可以引进较先进的技术和管理经验，还可以融通资金和减少风险；而承包商则可以从中获取更多的利润。

9. BOOT 合同。BOOT（Build Own Operate Transfer）指的是建设—拥有—运营—转让。它与 BOT 的区别主要有两个方面。一是所有权的区别。BOT 方式，项目建成后，承包商只拥有所建成项目的经营权；而 BOOT 方式，项目建成后，在规定的期限内，承包商既有经营权也有所有权。二是时间上的差别，采取 BOT 方式，从项目建成到移交给政府这一段时间一般比采取 BOOT 方式短一些。

10. BOO 合同。BOO（Build Own Operate）是指承包商按照政府的授权负责工程的施工、运营，并享有该工程项目的最终所有权。在这种模式下，政府一般在融资方面给予承包商便利和支持，并在该项目的运营中给予免税等优惠待遇，即建设—拥有—运营。该种合同模式适用于基础设施项目。

一国政府采用 BOT 还是 BOOT 或 BOO 合同形式，体现了该国政府对于基础设施私有化程度的态度。BOT 意味着一种很低的私有化程度，因为项目设施的所有权并不转移给私人；BOOT 代表了一种中等的私有化程度，因为设施的所有权在有限的时间内转给私人；而 BOO 代表的是一种最高级别的私有化，因为在该种模式下项目设施没有任何时间限制地转移给私人。对一般国家政府而言，对于运输项目（如收费公路、收费桥梁、铁路等）都愿意采用 BOT 方式，因为政府通常不愿将运输网的私有权转交给私人；在动力生产项目方面，通常 BOT、BOOT 或 BOO 三种方式都可采用；在发电方面对一些电力供应不足的国家只会签署 BOT 或是 BOOT 合同；而在像阿根廷等电力资源充足的国家，其政府一般会有限度地签署一些 BOO 协议；对于电力的分配和输送以及天然气和石油开采来说，这类行业通常被认为是关系到一个国家的国计民生，因此，建设这类设施一般仅采用 BOT 或 BOOT 方式，不会采用 BOO 方式。

11. EPC 合同。EPC（Engineering Procurement Construction）合同（Conditions of Contract for EPC）是一种设计—采购—施工总承包合同，它是指工程总承包企业按照合同约定承担工程项目的设计、采购、施工、试运行服务等工作，并对承包工程的质量、安全、工期、造价全面负责。EPC 合同有三个特点：一是固定总价，在 EPC 合同条件下一般采用总价合同，即业主与承包商先谈好价格，如果遇上像不良地质条件之类的情况，承包商是不能向业主索赔的，这就是说承包商要承担设计、自然力和不可预见的困难等风险，因此，EPC 合同比 FIDIC 条款“红皮书”中单价合同的风险要大，因为该种情况在“红皮书”中则列入索赔范畴之列；二是 EPC 合同中没有咨询工程师这个角色，因此，业主对承包商的监控力度较弱，只能派业主代表对施工进度进行监控，当发现进度比计划慢时，可以要求承包商采取补救措施，其他问题无权干涉；三是注重竣工试车，只有试车成功才能谈最终验收。采用 EPC 合同的前提是承包商必须事先证明其采用设备和成套设备的可靠性，世界银行在招标 EPC 类项目时一般分两步走：第一步是投资技术标，第二步才是价格标，即先质量后价格。EPC 合同实际上更适用于以生产型成套设备为主的、技术含量高的以及某些具有特殊性的项目。对业主来说，EPC 合同的缺陷在于业主的监管力度弱，其质量的保证全靠承包商的信誉，有时承包商可能还会通过调整设计降低成本，而对承包商来说，由于得到业主变更的内容较少，所以追加费用的弹性也很小。EPC 模式适用于发电厂的建设及石油开发等规模较大、工期较长和技术相对复杂的工程项目。

12. BOOST（Build Own Operate Subsidy Transfer）其意为建设—拥有—运营—补贴—转让，承包商在工程项目建成后，在授权期内管理和拥有该设施，并享有政府一定的补贴，待项目授权期满后再移交给当地政府的一种承包模式。

二、国际工程承包合同的内容

国际工程承包合同的内容虽依承建项目内容的不同而有所不同，但其主要条款大体一致，大多数国家也都对本国的承包活动制定了标准合同格式。目前，最广泛使用的合同格式是由国际顾问工程师联合会（Federation International Des Ingenieurs Conseils，FIDIC）拟订的《土木建筑工程（国际）施工合同条款》，亦称 FIDIC 条款。FIDIC 条款的第一版发行于 1957 年，1963 年、1977 年、1987 年和 1999 年又分别印发了第二、第三、第四和第五版。FIDIC 条款得到世界银行的推荐，成为目前国际上最具权威的从事国际工程承包活动的指导性文件。1999 年的 FIDIC 条款由《施工合同条件》（简称新红皮书）、《EPC/交钥匙工程合同条件》（简称银皮书）、《永久设备和设计—建造合同条件》（简称黄皮书）和《合同简短格式》（简称绿皮书）四部分组成，即土木工程施工合同的一般条件、专用条款和合同格式三方面内容，其主要包括以下内容。

1. 承包合同的定义。这一部分主要是阐明合同的当事人、合同中所包含的文件及其规范，以及对合同中所出现的各种术语的解释。

2. 业主的责任与违约。业主主要负责清理并提供施工场地，协助承包商办理施工所需的机械设备、原材料、生活物资的出入境手续，支付工程建设款等。按照 FIDIC 条款的规定，对于业主应支付的各类工程款，其在接到承包商要求付款的要求后，应在 28 天内向承包商提供已做出了资金安排的证据，否则承包商可以暂停工作或降低工作速度；工程师在收到承包商的期中支付报表和证明文件后的 28 天内应向业主发出期中支付证书，业主在工程师收到承包商交来的期中支付报表和证明文件后的 56 天内向承包商支付期中工程款。业主收到工程师签发的收到最终支付证书后 56 天内向承包商支付工程款，如果业主未按合同规定的期限和数额支付，或因业主破产、停业，或由不可预见的原因导致其未履行义务，承包商有权解除合同，撤走设备和材料，业主应向承包商偿付由此而发生的损失和费用。

3. 承包商的义务与违约。承包商是指其投标书已被业主接受的人，其主要义务是工程施工，接受工程师的指令和监督，提供各种保函，为工程办理保险。其中，承包商应在接到中标通知书 28 天内按合同规定向业主提交履约保函。当承包商未经许可转包或分包，拖延工期，放弃合同或破产时，业主可以没收保证金并在发出通知 14 天后占领工地，赶走承包商，自行施工或另找承包商继续施工，由此而产生的费用由违约的承包商负担。若承包商的施工不符合设计要求，或使用了不合格的原材料，应将其拆除并重新施工。承包商应在达成索赔协议后 42 天内向业主支付索赔款，承包商必须在业主提出修补缺陷要求的 42 天内进行修补。

4. 工程师和工程师代表。工程师是由业主任命并代表业主执行合同规定的任务，如发出开工、停工或返工等指令，除非合同另有规定，工程师行使的任何权利都应被视为已征得业主的同意。工程师代表应由工程师任命并向工程师负责，工程师应将委托给工程师代表权限以书面形式通知承包商。工程师代表的主要职责是代表工程师在现场监督，检查施工质量，处理实施合同中发生的问题，工程师代表也可任命一定数量的人员协助其工作。

5. 转让与分包。承包商没有得到业主的事先同意，不应将合同或其中的任何部分转让出去。在得到业主许可的情况下，可将工程的一部分包给其他承包商，但不能全部分包出去。

6. 开工与竣工。承包商应在收到工程师发给的开工通知后的合理时间内迅速开工，其工期以投标附录中规定的开工期限的最后一天起算，并应在标书附件规定的时间内完成。只有在额外增加工程的数量或性质，业主延误、妨碍或阻碍，不可预见的意外情况等情况下，承包商才有权延迟全部或部分工程的竣工期限。

7. 检验与检查。工程师有权进出工地、车间检验和检查施工所使用的原材料、零部件、设备，以及生产过程和已完工的部分工程。承包商应为此提供便利，不得覆盖或掩饰而不外露。当工程的基础或工程的任何部分已准备就绪或即将准备好可供检查时，承包商应及时通知工程师进行检查，不得无故拖延。

8. 工程移交。当整个工程基本完工并通过合同规定的竣工检验时，承包商可向工程师发出通知及附带有在缺陷维修期间内完成任何未完工作的书面保证。此通知和保证应被视为承包商要求工程师发给接收证书的申请，工程师应在接到该通知后的 21 天以内，向承包商发出接收证书并注明承包商尚未完成的所有工作。承包商在完成所有工作和维修好所指出的缺陷时，并使工程师满意后的 21 天之内有权得到工程接收证书。另外，在某些特定的情况下，工程师也可以对某一部分已竣工的工程进行接收。

9. 工程变更。工程师在认为有必要时可以对工程或其任何部分的形式、质量或数量做出变更。如果变更后的工程量超过一定的幅度，其价格也应作相应的调整；如果工程的变更是由承包商引起的，变更的费用应由承包商负担。

10. 价格与支付。承包合同中的价格条款不仅应注明总价、单价或成本加酬金价，而且还应将计价货币、支付货币以及支付方式列入其中。在国际承包活动中，一般采用银行保函和信用证来办理支付，支付的具体方法大都采用预付款、进度款和最终结算相结合的做法，即承包合同签订后和开工前，业主先向承包商支付一定比例的预付款，以用于购买工程所需的设备和原材料，预付款的比例应占合同总额的10% ~20%，然后承包商每月底将实际完成的工作量分项列表报给工程师，并经其确认后支付给承包商一定比例的进度款，业主待工程全部完成并经验收合格后，与承包商进行最后的结算，支付尚未支付的所有剩余款项。

11. 特殊风险。在合同履行过程中，如果出现了签订合同时无法预见到的不可抗力的特殊风险，承包商将不承担责任。如果世界任何地方爆发了战争，无论是否已经宣战，无论对工程施工在经济和物质上有无影响，承包商应完成施工直至合同终止，但业主在战争爆发后的任何时候有权通知承包商终止合同。如果出现的特殊风险造成工程费用增加，承包商应立即通知工程师，并经双方协商后，增加相应的承包费。

12. 争议的解决。如果业主与承包商之间发生争议，其中的一方应书面通知工程师并告知另一方，工程师在收到通知的 84 天内做出决定并通知业主和承包商，如果业主或承包商对工程师的决定不满意或工程师在 84 天内未能做出决定，不满方应在收到工程师决定的 7 天之内或在通知工程师决定而工程师又未做出决定的 85 天之后的 7 天内通知对方和工程师，再交由争端裁决委员会（DAB）进行解决。争端裁决委员会由业主和承包商合同双方各提名一名委员，以及双方再与上述两位委员协商确定第三位委员共同组成，委员的报酬由双方平均支付，该委员会必须在 84 天内拿出裁决意见，双方中的任何一方对裁决有异议，都可提交仲裁机构进行仲裁，如果双方没有异议，仲裁机构的仲裁决议必须在通过双方友好协商解决争端的努力 56 天后做出。如果双方都未发出要求仲裁的通知，工程师的决定将作为最终有约束力的决定。

第四节 国际工程承包的银行保函

一、银行保函的含义

保函是承包合同当事人的一方为避免对方违约而遭受损失，要求对方提供的一种能保障自己权益的担保。银行保函（Bank Guarantee）是指银行应申请人的请求向受益人开出的担保申请人正常履行合同所规定的某项义务的独立的书面保证文件。它实际上是以银行承诺文件形式出现的一种抵押金。银行保函属于备用性的银行信用，它不是一般的履约担保文件，而是一种违约赔款保证书，即如果保函的申请人没有履行其担保文件中所担保的义务，银行则承担向受益人赔偿经济损失的责任。在国际工程承包活动中，银行保函目前已是最普遍、最常见和最容易被各方接受的信用担保形式。

二、银行保函的内容

银行保函作为银行开具的独立的书面保证文件，内容比较完整，包括以下主要内容。

1. 担保人，即出具保函的银行，写明其全称和法定地址等。

2. 被担保人（申请人），即投标人（承包商）全称和法定地址。

3. 受益人，即工程业主、招标机构（投标保函）、海关税收部门（用于机具设备临时进口或免税进口材料保函）等。

4. 担保原因，即申请人与受益人有某种契约关系，如某年某月某双方签订何种合同、合同号码申请人有履约责任。

5. 担保金额。银行保函的担保金额通常在标书或合同条款中规定比例或固定金额。不同类型的保函以投标报价或合同总金额的不同百分比计算。要规定担保最高金额及币种。

6. 担保货币。银行担保可以用业主所在国货币、自由兑换货币或两种货币按比例分别列出，在标书或合同中做出规定。

7. 担保责任。这是保函的核心内容，必须明确责任。一旦受益人提出索偿要求，据以偿付，不致发生争执扯皮。担保责任要根据保函的种类具体确定，通常将合同规定的索赔条款详细写入保函之内，加以必要的限制。具体说明在什么样的条件下承担什么样的赔偿保证。这本来是个很好理解的问题，也不难写明，但有些受益人（特别是以招标方式的招标书内容规定）要求开立“无条件”(Unconditional) 保函，并故意不写明担保的责任，而用“无条件”来代替，这就使受益人完全掌握了主动权，不论所担保的责任是否正常履行，即使承包商没有违约，业主都有权在保函有效期内索偿，而不必说明任何理由，这显然是很不公道、很不合理的，但在国际案例中时有发生，银行不得不按保函上的“无条件”条款来赔偿。“无条件”保函常见于投标保函，如果你对某项投标感兴趣，招标书中又规定了这类保函的格式，你一旦决定参加投标等于事先接受了这个规定，风险将是很大的，存在着招标方无理索赔的可能性。对于这一点，投标前必须认真考虑，要有充分的思想准备。由于业主无理提款要承担法律责任，故多数业主不致过分无理索偿。另外，在银行保函设计的三方当事人中，有两方都愿意接受这种保函，业主认为这种保函对自己有利，银行认为这种保函可以避免卷入业主和承包商的纠纷，故该种银行保函虽有失公正仍有较广泛的应用。

8. 索偿兑现的条件。这是指一旦发生了上面所述及的责任事故凭什么证明来索偿才被认为是有效的，才可以兑现，这一点很重要。因为如果受益人提出而申请人没有履行责任，但并未提供足够的证明，是否能证明申请人确实没有履行责任呢？很可能发生争议，所以需要事前规定必要的证明文件。

第一种，首次索偿即付（或称见索即赔），即无条件保函。这种保函的受益人只需声明申请人违约，不必提供任何违约的证明，只要索偿金额在保函担保金额之内，索付期限没有超过保函的有效期，银行就有义务按受益人的要求付款。这种保函的提款权完全掌握在受益人手中，保函兑现不须事先取得申请人同意，即索偿兑现前完全剥夺了申请人申辩的权利，银行也无权以承包方（申请人）实际上并未违约而拒绝支付。通常业主乐于采用这种保函，因为这种保函对业主很有利，无须证明承包商违约，也无须计算和证明自己的确切损失，就可以在其认为必要的时候向银行索取担保的金额。这种保函与“无条件”保函都具有不公正和不合理性，须要承包商（担保申请人）认真对待。

第二种，受益人必须提供申请人违约证据才可索偿兑现的保函，即有条件保函。这种保函要求受益人在索偿兑现时接受某些限制条件，例如应附有咨询工程师或独立的第三者出具的确定承包商违约的证明书；或索偿与支付应有一段间隔时间，以便承包商对其违约采取补救措施或协商解决纠纷；具体规定哪些限制条件由业主（受益人）和承包商（保函申请人）事先商定。

9. 有效日期。保函什么时候生效、担保责任什么时候终止，必须在保函条款中明确规定。因为银行的担保费用是以其担保的金额和期限来计算的。只要保函的正本未予收回，则银行的担保责任就继续下去。银行就要继续向申请人收担保费，直到收回正本为止。一般来说，超过保函有效期，即认为保函已自动失效。在保函条款中，必须明确规定生效和失效的具体日期。按照标书或合同文件规定，投标保函一般在开标之日起生效；预付款保函在收到预付款之日起生效；履约保函自业主开始履约之日起生效。不要抽象地规定为“工程竣工日”、“直至履约完毕”等，而要有具体的年月日，以免日后扯皮。如果保函未注明生效日，根据国际商会1978年第325号出版物的规定，则有效期被认为是：（1）投标保函，自保函出具日后的6个月；（2）履约保函，临时验收日或任何展延终止日后的6个月，或如果履约期在保函中已明确地表示则为合同履约期到期后1个月；（3）预付款保函，临时验收日或任何展延终止日6个月，如逾期日为非营业日，则顺延至下一个营业日。

10. 保函代号。由开具保函的银行编制。开具保函的银行授权人签字盖章。

三、银行保函的种类

（一）投标保函

投标保函是银行根据投标人的请求开给业主的用于保证投标人在投标有效期内不得撤回其标书，并在中标后与业主签订承包合同的保函。投标保函是随投保书一起递交给招标机构的，其担保金额一般为投保报价总额的0.5%～3%，中小型项目一般为3%～5%，有效期一般为60天、90天、150天、180天不等，长的还有270天。对未中标者，业主应及时将保函退回。中标者在规定的时间内与业主签约并递交履约保函后，业主也应将投标保函退还给投标人。如果业主宣告废标，投标保函则自然失效。

（二）履约保函

履约保函是用于保证承包商严格按照承包合同要求的工期、质量、数量履约的保函。按 FIDIC 条款的规定，承包商应在接到中标通知后的 29 天内递交履约保函，其担保金额一般为承包合同总额的 10%，其有效期一般不能短于合同规定的工期，如果工期延长，也应通知银行延长履约保函的有效期，如果承包商中途毁约或破产，业主有权要求银行支付保函的全部担保金额。履约保函只有在工程全面竣工并获得现场监理工程师签署验收合格证后才予以退还。按 FIDIC 条款的规定，业主应在工程师颁发的“解除缺陷责任证书”之日后的 14 天之内将履约保函退回给承包商；如果业主和承包商达成索赔协议后 42 天承包商仍拒付此款项，或业主提出承包商修补缺陷的要求 42 天后仍未修补的，业主可扣留履约保函。

（三）预付款保函

预付款保函是银行开立的用于保证承包商按合同的规定偿还业主已支付的全部预付金额的担保文件，即如果由于承包商的责任，业主不能在规定的期限内从工程结算款中按比例扣还预付的款项，业主有权向银行索偿担保金额作为补偿。预付款保函的担保金额应与业主预付款的金额相等，一般为合同总金额的 10% ~15%，其担保期限一般从承包商收到预付款之日起到扣还完毕止，所以预付款保函的担保金额会随之减少。

（四）工程维修保函

工程维修保函是银行应承包商的请求开具的一种用于保证承包商对完工后的工程缺陷进行维修的经济担保文件。维修保函的担保金额一般为合同金额的 5% ~10%，有效期为 1 ~2 年。维修期的开始时间应为工程竣工验收合格之日，在履约保函到期并退还之前，承包商必须开具维修保函。维修保函既可以重新开立，也可以以续展履约保函的形式来代替维修保函，维修保函一般在规定的期限内未发现需要维修的缺陷后退还。

（五）临时进口物资税收保函

临时进口物资税收保函是银行应承包商的请求开给业主的一种担保承包商在工程竣工之后将临时进口的用于工程施工的机械设备运出工程所在国，或在永久留下这些设备时照章纳税的一种经济担保文件。该保函的担保金额一般与临时进口的机械设备价值相等，担保的有效期一般比施工期限略长。承包商在将机械设备运出工程所在国并取得海关出示的证明之后便可索回保函。

（六）免税工程的进口物资税收保函

免税工程的进口物资税收保函是银行应承包商的要求开给业主的一种担保承包商将进口的材料全部用于其承包的免税工程的经济担保文件。该保函的担保金额与进口的原材料的价值相等，其有效期与工期基本一致。在承包商向税务部门展示了业主颁发的进口物资已全部用于免税工程的证明之后便可退回保函。

第五节　国际工程承包的施工索赔与保险

一、施工索赔

（一）施工索赔的含义

施工索赔是指由于业主或其他有关方面的过失与责任，即非承包商自身的原因，使承包商在施工中增加了额外的费用，承包商根据合同条款的有关规定，通过合法的途径和程序要求业主或其他有关方面偿还其在施工中蒙受的损失。而业主或其他有关方面对承包商提出的要求进行处理，叫做理赔。

在国际工程承包中，时时刻刻存在着风险，因此，在施工过程中，索赔是工程管理不可分割的一部分，它贯穿于工程施工的全过程。索赔既是承包商的一种正当的权利要求，也是依据承包合同得到的合理补偿。在一项工程中，有时索赔得到的金额会达到工程总造价的10%～15%，有时甚至会达到30%。所以，在国际工程承包市场竞争日趋激烈的情况下，很多承包商已无利可图，甚至亏损报价，部分承包商开始借助索赔来赚取利润。

施工索赔合同按合同条款可以划分为：一是合同规定的索赔，凡是在合同中能找到有明文规定的索赔条款都属此类，如工程量的增加、由业主原因造成拖延工期而给承包商造成的损失等；二是超越合同规定的索赔，即合同条款中没有明文规定，但是可以从合同定义中找出依据的索赔，如业主或工程师违反合同规定而给承包商造成的额外开支。

施工索赔按索赔发生的原因可以分为设计变更索赔、工程变更索赔、施工条件变化索赔、业主违约索赔、业主原因造成延误工期索赔、拖期支付工程款索赔等。

此外，按索赔要达到的目的划分，可分为工期索赔和经济索赔。

（二）施工索赔的原因

导致施工索赔的原因一般有以下八种。

1. 自然条件。承包商在施工中遇到的自然条件或环境比合同中所描述的更为艰难或恶劣，如出现了经现场勘查也难以观测到的地质断层，地下水文条件与事先预测的不符，必须移动地下旧管线，地下有旧建筑物等，这将会增加施工难度和施工时间，进而增加施工费用，而上述情况和障碍并非是一个有经验的承包商在签订合同时所能预料到的。

2. 工程变更。在施工中，工程师要求承包商更改或增加额外工程量的情况非常普遍，承包合同一般都有业主有权临时增减工作量的规定。其变更主要体现在以下两个方面：一是工程量的变更，即工程师要求增减工程量，也就是说，承包商所完成的实际工程量超过或少于业主提供的工程量表，如果削减的工程量未超过合同规定的幅度，一般不予索赔，如果由于某种原因，业主将本属于承包商的工程量转给其他承包商去做，承包商可以索赔工程准备费和管理费；二是工程质量变更，在施工中现场工程师不认可承包合同所要求的原材料的质量、设备的性能等，并对其提出更高的标准，或提出更高的做工质量和要求，或现场工程师为此故意拖延下达上述变更命令，承包商为此可以索赔。

3. 不可抗力风险。不可抗力风险是指在签订合同时无法预见而且不可避免和不可预防的自然灾害或意外事件，如自然灾害造成的额外费用，战争、罢工、民族冲突等导致工程出现的各类损失等应由业主承担。

4. 工程的暂停和中止。在施工中工程师可以下令暂停全部或部分工程的施工，只要暂停命令不是因为承包商的原因或其他风险造成的，承包商不仅可以延展工期，由此而付出的额外费用，包括额外增加的工资和管理费等，应由业主负担。工程的中止主要是指由于遇到了意外情况或双方任何一方的原因使工程无法继续进行下去，不得不中止合同，承包商应得到补偿。

5. 工期延误。承包商遇到了并非由于自身原因和责任而影响工程进度的障碍，从而增加了额外的支出，承包商有权得到补偿。工程延误索赔主要是因为工程量的增加，业主未按时提供施工场地，工程师拖延对施工图纸、工序、材料的认可，业主未能按规定较好地协助承包商按时办好工程所需的境外技术和普通劳务人员的入境手续，业主未能按时提供合同规定的原材料和设备，现场工程师拖延发放工程付款证、验收合格证等证书，对于本来合格的施工和材料拆卸检查并重新修复，以及遇到人力不可抗的自然灾害和意外事故而误工等。

6. 货币贬值。在金融市场动荡不定的今天，承包商为避免货币贬值给自己造成损失，往往在承包合同中订有货币贬值补偿条款。但多数补偿条款仅限于东道国政府或中央银行正式宣布的贬值，而市场上汇率的自由浮动不在此列。

7. 物价上涨。凡订有物价上涨补贴条款的合同，在施工所需的原材料、燃料以及运输费和劳务费等的价格上涨时，可按规定的程序向业主提出差价索赔。索赔的数额应按双方事先商定的计算公式进行计算。

8. 工程进度款的延误支付。对于业主故意拖延向承包商支付其应按时支付的工程进度款而造成的延误工期或利息损失，应由业主承担。

（三）施工索赔的依据与费用

承包商向业主提出索赔的主要依据是合同以及招标文件、施工图纸等合同的附件，与此同时还应附带能证明确实增加了承包商支出的其他证明材料，如有关双方会谈内容的记录、与工程师往来的各种信件、工程师所下达的各种指令、施工进度表、施工设备和材料的使用记录、工程照片、工程质量的检查报告等施工材料，以及工资的支付、设备和材料的采购、材料和劳务价格的调整、汇率的变动、工程进度款的支付、会计账目等财务资料。

根据上述施工索赔的原因，承包商可以得到索赔的费用一般应包括：(1) 由于工程量增加、工资上涨和工程延误所导致的劳务费；(2) 由于工程量增加、使用材料质量要求提高和物价上涨所产生的材料费；(3) 由于工程量增加、工期拖延致使增加设备的使用数量和时间所引发的设备费；(4) 由于业主的原因导致分包商向总包商的索赔而产生的分包费；(5) 由于增加工程量和工期拖延必须加办保险所产生的保险费；(6) 由于增加工程量和拖延工期所产生的管理费；(7) 由于工程量的增加和工程的拖延致使保证金的延长所出现的保证金费；(8) 由于业主延期支付工程进度款所导致的利息。

（四）施工索赔的程序

施工索赔大致要经过以下六个步骤。

1. 提出索赔要求。按照 FIDIC 的规定，承包商应在索赔事件发生后的 28 天之内分别向监理工程师和业主发出索赔通知，通知的主要内容为要求索赔的原因和具体项目。

2. 提交索赔报告。承包商应在索赔通知发出后的 28 天之后，或在监理工程师同意的时间内，向工程师提交正式索赔报告，其主要内容为要求索赔的各项费用及总金额，并附有索赔所需的各种依据。索赔报告应简明扼要并富有逻辑性。

3. 索赔谈判。谈判是解决索赔问题的一种较好的途径，谈判前应组成一个精明强干的谈判班子，最好聘请国际上有名望的索赔专家参加，谈判应本着实事求是以及有理、有利、有节的原则来说服对方。

4. 索赔的调解。在经过双方谈判无法达成一致的情况下，可以由第三方进行调解。调解有两种方式：一种是非正式的，即通过有影响的人物或机构进行幕后调解；另一种是正式的，邀请一名双方都能接受的中间人进行调解。调解是在双方自愿的基础上进行的，若其中任何一方对其工作不满意或双方无法达成协议，便可结束其调解工作。

5. 工程师的决定。承包商在调解无效之后，可以用书面的形式提请工程师对索赔问题做出处理决定，工程师应以公平合理的原则在收到申诉书的 84 天之内做出处理决定，并通知双方。若双方在收到处理决定的 7 天之内均未提出仲裁或诉讼的意向，那么工程师的决定则成为对双方都有约束力的决定。

6. 仲裁或诉讼。如果双方中的任何一方对工程师的处理不满意或工程师在

84 天之内未做出处理决定，不满方应在收到工程师决定的 7 天内，或在提请工程师决定而工程师却未做出决定的 84 天之后，提请仲裁或诉讼。如果提起诉讼，一般需要的时间较长；如果提请仲裁，仲裁机构应在收到仲裁通知后的 56 天之内做出裁决。不管是仲裁还是诉讼，其结果都是终局性的。

（五）施工索赔应注意的问题

施工索赔是国际工程承包管理中的重要环节，也是国际工程承包中正常的经营活动。通过巧妙的方式，让业主认同索赔，既是承包商的权利，也是承包商能否赢利的关键。在索赔过程中，承包商应注意以下五个问题。

1. 索赔权的问题。所谓索赔权是承包商所拥有的，业主认可承包商在施工中出现的某些损失是由于业主方面，即或由于业主变更合同内容，或由于自然条件等不可抗力的原因引发的，并在法律上承包商应该获得相应补偿的一种权利。索赔权的成立与否决取决于两个因素：一是施工合同文件，承包商应通晓合同的条款、施工的技术规程、工程量表、工作范围等；二是施工所在国的有关法规，施工索赔的理由还得符合施工所在国的法律规定。此外，承包商还应找出有关类似情况索赔成功的案例，以求得到业主的认可。

2. 合理计算索赔金额。承包商提出的索赔金额既要有根据又要合乎情理，不能漫天要价，否则得不到业主的认可。其计算的依据包括合同的计价方法和可索赔的项目。

3. 按时并按程序提出索赔要求。承包商的索赔权是有时间限制的，按照 FIDIC 条款的规定，应在索赔事项发生起 28 天之内，以书面形式送达工程师并抄送业主。

4. 写出有力度的索赔报告。索赔报告的好坏是能否让业主认可的关键。其力度主要在于其逻辑性和索赔费用与损失之间的因果关系。其文字不仅应简单明了，而且措辞应委婉在理。

5. 力争友好协商。友好协商是解决索赔问题的最佳途径。因为承包商提出索赔的最终目的是得到应得的补偿，通过友好协商解决索赔问题，既可以达到快速得到补偿的目的，也有利于维持承包商的良好声誉。目前国际上各种索赔案件大多是通过友好协商解决的。

二、国际工程承包保险

（一）国际工程承包活动的风险

国际工程承包是一项风险较大的经济活动，这主要是由于其所需时间长，牵涉内容广而且复杂，技术要求较高，资金投入大，并涉及国别政策、国家间的政治经济关系，任何风险的出现都会给一方或双方造成不同程度的损失，了解国际工程承包风险是防范风险的前提。国际工程承包风险一般有以下四类。

1. 政治风险。政治风险主要是指由于项目所在国政府的更迭、派别斗争、民族冲突、与邻国的冲突以及经济政策的变化造成各种损失的可能性。

2. 经济风险。经济风险主要是指由于业主延期支付工程款、汇率的变动、通货膨胀、市场供求关系的变化、服务系统出现问题、施工现场及周围环境发生变化造成损失的可能性。

3. 自然风险。自然风险是指由于风暴、地震、洪水、雷雨等自然界的异常变化造成财产损失和人身伤亡的可能性。

4. 意外事故风险。意外事故风险是指在施工中由于外来的、突然的、非意料之中的事故造成财产损失和人身伤亡的可能性，如火灾、爆炸、施工设备倾倒或在作业中断裂、设备或材料被盗、施工人员滑落等。

（二）国际工程承包保险的险别

1. 工程一切险。工程一切险亦称全险，是指工程项目的施工期间由于自然灾害、意外事故、施工人员的操作失误给在建工程、到达现场的材料、施工机械和物品、临时工程、现场的其他财产等造成的损失。工程一切险实际上是一种综合性的险别，但工程一切险却不承保所有的风险，如由于战争、罢工、政策的变化、违约等原因导致的损失不在该险别的承保范围内。工程一切险一般按合同的总价投保，其保险期限应从开工之日或第一批施工材料运抵施工现场时起，到工程竣工之日或事先约定的竣工之后的某一时间止。

2. 第三方责任险。第三方责任险是指在施工中由于任何事故给与工程无关的第三方造成的财产损失或人身伤亡，保险公司予以赔偿的一种险别。第三方责任险只对保险公司被保险人以外的第三者的财产损失或人身伤亡，不包括被保险人财产损失或雇员的伤亡，而且只有在被保险人依法承担赔偿责任时保险公司才予以办理赔偿。

3. 人身意外险。人身意外险是指保险公司负责赔偿被保险人在施工中因意外事故致使人身伤亡损失的一种险别。承包合同一般都规定承包商必须为施工人员投保人身意外险，在投保人身意外险时，还可同时附加由意外事故致伤的医疗保险。人身意外险的保险金额应视施工所在国法律而定，有些国家允许承包商为外国雇员在国外保险公司投保，但本地雇员必须在本国保险公司投保。

4. 汽车险。汽车险是指施工运输车辆在工地以外发生事故，保险公司负责赔偿由此而造成损失的一种险别。施工中运输车辆的风险分为工地内风险和工地外风险两类，汽车险仅负责在工地外发生事故造成的损失，而施工车辆在工地内发生事故导致的损失应属于工程一切险的责任范围。有些国家对施工车辆实行强制性保险，未投保汽车险的施工车辆不许在公路上行驶。

5. 货物运输险。货物运输险是指工程所需的机械设备、原材料、零部件等在运输期间遭受自然灾害和意外事故造成损失，保险公司负责赔偿的一种险别。在国际承包活动中，采购施工机械、设备、原材料和零配件的费用一般占整个工程费的50% ~80%，这些物资的运输大多通过海运，在海运风险很大的今天，为运输中的货物投保是非常必要的。货物运输险的险别很多，一般分为两大类：一类是可以单独投保的基本险，即平安险、水渍险和一切险；另一类是不能单独投保而只能在投保了一个基本险之后加保的附加险，附加险本身可分为两种，即一般和特殊附加险，而且每种附加险又有很多险别，至于投保哪一险别，应视货物的性质而定。货物运输险的保险金额一般可按 CIF 价格（成本加保险费和运费价）的 110% 来投保。

6. 社会福利险。社会福利险是保险公司为工程所雇用的本国和外籍雇员失业、退休、死亡提供救济或补偿的一种险别。有些国家对此采用强制性保险，而且必须在国家指定的保险公司投保，这种做法对外籍雇员极不合理，但外籍承包商在施工结束后外籍雇员离开时可以要求退还一定比例的保险费。

第六节　国际劳务合作

一、国际劳务合作的概念

劳务是劳动服务的简称，是指劳动力的所有者向需求该种劳动服务的单位或个人提供的活劳动。这种活劳动既可以是为工业、农业等行业提供的生产性劳动，也可以是为商业、旅游、金融、保险、运输、通讯、建筑、医疗、教育等行业提供的服务性劳动，实际上是劳动力要素的合理配置。国际劳务合作也称劳务或劳动力输出，它是指一国的各类技术人员和普通劳务人员，到另一国为另一国的政府机构、企业或个人提供各种生产性或服务性劳动服务，并获取应得报酬的活动。国际劳务合作实际上是一种劳动力要素在国际间的重新组合配置。

国际劳务合作与国际服务贸易有一定的区别。因为劳务合作讲的是作为生产要素之一的劳动力要素在国际间的移动，在传统意义上，国际劳务合作仅指国际经济技术合作中的工程承包和劳务输出，它只不过是内涵广泛的国际服务贸易中很小的一部分。目前，国际劳务合作的概念已大大扩展，涵盖了服务贸易的许多部分。另外，发生在物质生产领域的劳务合作的内容，并不属于国际服务贸易的范畴。因此，国际劳务合作与国际服务贸易是相互独立又相互联系的两个概念。

当代国际劳务合作也不同于过去那种简单的劳动力转移，在原始资本积累时期，劳动力转移是一种强制性的奴隶贸易，即使是在两次世界大战之间，也是一种带有殖民色彩的移民活动，不同于今天的劳务合作。当代国际劳务合作产生于第二次世界大战之后，并经过多年的发展形成了以国际工程承包、国际投资、技术服务、咨询服务等形式进行的一种劳动服务，这种劳动服务形式已成为当代国际经济合作的一种重要形式。

二、国际劳务合作的种类

划分国际劳务合作的方法有很多，从不同的角度可以划分为不同的种类。

（一）按照劳动力移动的方向划分

按照劳动力移动的方向可分为劳务输出和劳务输入。

1. 劳务输出。劳务输出是指一国向他国提供劳动力并收取外汇报酬的活动。它特指劳动力在境外短期居住并有偿提供服务，而非移民。目前，发达国家和发展中国家都在开展劳务输出活动，但输出劳务创造的附加值水平有较大的差距。

2. 劳务输入。劳务输入是指一国接受来自国外的生产技术和劳动的服务活动。世界各国根据本国经济发展的需要输入一定的劳务人员，以达到降低生产成本，或提高技术和管理水平，或完成某项工程建设的目的。

（二）按照劳务合作发挥的作用划分

按照劳务合作发挥的作用可分为生产型劳务合作和非生产型劳务合作。

1. 生产型劳务合作，即一国向另一国的生产部门提供技术和劳动服务的劳动。这主要是在工农业生产领域中的劳务合作，如提供设计人员、工程技术人员、施工人员等，这些人员是在劳务输入国的物质生产部门作为生产要素之一发挥作用的，因而被称为“要素性劳务贸易”。

2. 非生产型劳务合作，即一国向另一国的非物质生产领域和部门（如饮食业、旅馆、零售业、医院、保险、银行、咨询业等）提供服务人员的活动，输出人员均从事非直接生产性的工作，故被称为“非要素性劳务贸易”。其合作内容大多为提供服务型技术和管理的人员。

（三）按照劳务服务的目的划分

按照劳务服务的目的可分为以下五类。

1. 从事工农业生产、资源开发和加工工业等物质生产的生产型劳务。

2. 从事公路、铁路、港口、机场、桥梁、水利、厂房建设等直接为工农业生产和资源开发提供服务的服务型劳务。

3. 从事商业、金融、保险、咨询、交通运输以及计算机等间接为生产活动服务的服务型劳务。

4. 从事餐饮、旅游、民用航空、海陆空客运、医疗卫生、民用建筑、家庭服务等满足人们物质消费需要的劳务。

5. 从事文化、艺术、体育、教育等满足人们精神需要的劳务。

（四）按照劳务输出的方式划分

按照劳务输出的方式可分为间接的劳动力输出和直接的劳动力输出。

1. 间接的劳动力输出。间接的劳动力输出包括：劳动密集型产品的出口；通过引进FDI使本国劳动力资源与外国“一揽子”生产要素在本国境内结合；国际旅游、国际咨询等服务贸易出口。

2. 直接的劳动力输出。直接的劳动力输出是指单纯的劳务输出，即一国公民受国内派遣或受境外雇主的雇用，到境外从事某项职业，以获取劳动报酬的活动。主要包括：国际承包工程项目下的劳务输出；对外投资设厂带动的劳务输出；以成套设备出口和技术出口带动的劳务输出；直接出口劳务，即劳务派出方与国外业主签订劳务合同并直接派出劳务人员；通过招工机构或雇主招募，由指定的专营公司按要求选派、输出劳务人员。

（五）按照劳务输出的主要途径和方式划分

按照劳务输出的主要途径和方式可分为以下四类。

1. 通过承包境外工程输出劳务。通过承包境外工程输出劳务是承包公司普遍采用的一种输出劳务的方式。近年来，中国对外工程承包劳务项目占中国对外劳务合作项目的80%，承包工程劳务项目在勘察、设计、施工、安装、调试等方面均需中国承包公司从国内选派相应的各类劳动和服务人员。

2. 通过与雇主签约输出劳务。通过与雇主签约输出劳务是指中国有关国际劳务公司及其代理公司同雇用劳务的雇主协商签订有关劳动合同，按规定为雇主提供劳动和服务并收取劳动报酬。中国已通过这种方式向不少国家和地区输送了大量的工程技术人员、医护人员和熟练操作工等。

3. 通过在国外兴办合资经营企业向境外派遣劳务人员。

4. 劳务人员通过其他方式到国外自谋职业。如通过在境外的亲戚、朋友、同事等个人的关系到国外谋职或通过成套设备和技术出口输出劳务等。

三、国际劳务合作的发展及作用

（一）国际劳务合作的发展

劳动力国际移动并不是第二次世界大战后才出现的新现象，早在资本原始积累时期就已经开始了，而这一过程经历了几个世纪的发展和演变。

早期的劳动力国际移动可追溯到中世纪末，而规模输出则始于15世纪新大陆的发现。17世纪，欧洲殖民者对美洲的掠夺日益加剧，开发新大陆则需要大量的劳动力，于是兴起移民活动。19世纪，西欧人大量移居北美，形成了历史上大规模的移民活动。这是国际劳务合作的萌芽。

真正意义上的国际劳务合作产生于第二次世界大战后初期。资本主义国家之间经济发展不平衡，发展中国家有大量劳动力涌入西欧、北美，对医治战争创伤、恢复欧洲经济发挥了重要作用。20世纪60年代末，特别是70年代两次石油提价之后，中东与北非劳务市场迅速崛起，进一步推动了国际劳务合作的发展。

经过第二次世界大战后几十年的发展，国际劳务合作无论是在深度上还是在广度上都有了很大进步。一方面，第二次世界大战后劳动力的国际移动由第二次世界大战前的移民方式发展为多种形式，既有个人劳务输出，也有团体劳务输出；既有物质生产性劳务出口，也有服务性劳务输出，如医生、护士、厨师、海员、教练等输出；既有单纯的对外提供劳务，也有通过承包工程、工农业项目成批派出劳务人员；具有劳动力资源优势的国家，既有劳务的出国服务，也可通过国际旅游、加工出口、创汇农业等形式，使劳动力不出国就实际上输出了劳务。另一方面，第二次世界大战后国际劳务合作发展迅速，无论是输出的劳务人数还是劳务出口的外汇收入均十分可观。

（二）国际劳务合作的作用

国际劳务合作已成为国际经济合作的一种重要形式，它既对劳务的输出国和输入国有很大的促进作用，也对整个世界经济产生了巨大的影响。

1. 对劳务输出国的作用。国际劳务合作对劳务输出国的作用主要表现在五个方面：第一，有利于增加外汇收入。很多国家通过劳务出口和工程承包获取了可观的外汇收入，其中以一些人口密度较高的发展中国家最为典型，它们中有些国家外汇收入的1/2以上来自国际劳务合作。第二，有利于缓解国内就业压力。有些发展中国家人口密度大，而且工业落后，其国内根本无法安置过剩的劳动力，劳务输出便成为解决这一问题的出路之一。第三，有利于吸收国外的先进技术和管理方法。外派的劳务人员在国外提供劳动服务的同时，也掌握并带回了国外先进的技术和管理方法，从而提高了外派劳务人员的素质。第四，有利于扩大商品出口。劳务输出国在外派劳务提供各种服务的同时，也将本国的原材料、设备和技术等出售给了输入国，从而扩大了商品出口。第五，有利于增加输出国劳动服务者个人的收入。劳务的提供者到国外从事劳动服务获得的收入一般都高于国内，生活质量得到改善。

2. 对劳务输入国的作用。对劳务输入国的作用一般表现在以下三个方面：第一，有利于弥补国内劳动力不足或某些行业劳动力短缺的问题。有些国家工业较发达或发包项目较多但人力又不足，而有些国家虽不缺劳动力，但其本国人又不愿从事某些脏、累、险、有污染、收入低的工作，输入外籍劳动力便能够很好地解决上述问题。第二，有利于解决技术难题。有些国家技术落后，劳动力素质较差，无法适应本国经济发展的需要，引进技术劳务不仅可以帮助解决很多技术难题，同时还能够优化劳务输入国的产业结构。第三，有利于降低产品成本、提高产品的竞争能力。劳务输入国之所以雇用外籍劳务主要是由于外籍劳动力价格较本国劳动力价格便宜，从而降低产品成本，达到增强产品竞争能力或获取高额利润的目的。

当然，国际劳务合作也会给劳务输出国和劳务输入国带来一定的消极影响。例如，对于劳务输出国，劳务输出有时会造成国内通货膨胀、技术人员外流、国家限制出口的技术泄露等负面影响；对于劳务输入国，劳务输入有时会导致民族纠纷、犯罪率上升、新传染病的传入等不利影响。显然，国际劳务合作的积极作用是远大于其消极影响的。

3. 对整个世界经济的作用。第一，促进了科学技术在世界范围内的普及。劳动力在国际间移动的过程中，带着其先进的专业技术知识和科学的管理方法遍及世界各地，使这些输入技术劳务的国家也能掌握世界最先进的技术，从而带来经济效益。第二，加深了生产的国际化程度。随着大批劳动力的转移，世界形成了庞大的劳动力市场，从而实现了劳动力这一生产要素在世界范围内进行优化配置，进而加深了生产的国际化程度。与此同时，技术劳务的转移有些是通过跨国公司的对外投资带动的，这不仅促进了劳务输入国产业结构的调整，也加深了生产的国际化。第三，扩大了贸易的数量。技术劳务在国外提供各种技术服务时，往往要求技术的输入国使用其母国的设备和原材料，或推荐具有国际先进水平的其他国家的产品，从而增加了国际贸易的数量并扩大了贸易的范围。

四、国际劳务合同的基本条款

（一）雇主的义务

雇主（一般被称为甲方）应负责外国劳务的入境手续，为他们提供基本的生活设施和工作条件，有责任对他们进行技术培训或指导，并尊重他们的人格。此外，雇主除应向劳务人员支付工资以外，还应支付从募集外籍劳务人员到外籍劳务人员抵达本国所产生的动员费、征募费、旅费、食宿费以及办理出入境手续所需的各种费用。

（二）劳务输出方的义务

劳务输出方（一般被称为乙方）应按雇主的要求按时派出身体健康、能胜任工作的劳务人员，并保证他们遵守当地的法律，尊重当地的宗教和风俗习惯，且项目结束后离开本国，并应负责及时更换因身体不适或违反上述规定而必须离境的劳务人员。

（三）劳务人员的工资待遇

劳务人员的工资标准按其技术职称和工种而定，可按小时、日或月来计算，而且不得低于当地的最低工资标准。劳务工资既可用外币计价，也可用东道国货币计价，支付货币中可规定外币和东道国货币分别所占的比例，但外币不得少于工资总额的50%。劳务人员工作满1年后，工资标准也应随东道国物价的上涨而进行相应的调整。劳务人员工作满11个月后可以享受1个月的带薪休假，其往返旅费由雇主负担。若劳务人员放弃回国休假并继续为雇主工作，雇主除支付正常工资以外，还应按规定支付加班费。

（四）劳务人员的生活待遇

劳务人员的伙食、住宿和交通应在合同中做出明确规定。一般情况下，雇主根据劳务人员的级别与职务来安排他们的食宿：按国际惯例，领队和工程师等一般每人一间，其面积不小于 10 平方米；医生、翻译、会计、厨师以及各类技术和管理人员两人一间，每人平均面积不得小于 8 平方米；普通工人几人一间不定，但每人不得低于 4 平方米。而劳务人员的伙食，既可由雇主直接提供，也可提供伙食费由劳务人员自行解决。雇主一般负责提供班车接送劳务人员上下班，但往返时间不得超过 1 小时，超过的时间算上班。

（五）劳动与社会保障

雇主应提供为保障劳务人员在工作中的安全所需的一切劳保用品，而且还应为劳务人员办理人身和医疗等保险。按国际惯例，雇主应以 1∶150 的比例为劳务人员配备医生，如果劳务人员需要住院治疗，其住院费和各种治疗费由雇主负担。如果当地无法治疗，必须送往外地、邻国或回国就医时，也应由雇主支付路费。如果由于雇主原因致使劳务人员伤亡的，雇主应赔偿一切损失；如果是由于劳务输出方的过失，则由劳务输出方赔偿损失。

（六）仲裁条款

劳务合同应定有仲裁条款，其目的在于发生不能通过友好协商解决的争议时能得到及时解决。仲裁机构由双方选定，但一般应选择东道国的仲裁机构作为劳务合同的仲裁机构，仲裁机构在收到争议双方签署的申请之后，根据国际惯例和当地的法律进行裁决，裁决的结果对双方都有法律约束力。

【案例研究】

案例 1　以色列卡梅尔隧道项目

海发是以色利北部的一个大城市。近年来，随着城市的扩展和行人、车辆的增加，交通阻塞问题严重。从海发的西边到达东边是一件困难的事。但这些问题可能通过建设 4.5 公里长的公路隧道来解决。该项目预计要投资 1 亿美元，需 3 年时间建成。

以色列政府缺少资金，因而希望实施一项 BOT 计划，而且渴望以色列的第一个 BOT 项目能取得成功。为吸引外国投资，以色列政府邀请永道为该项目的顾问。虽然一家以色列公司正在率领国际联合体建造上海—南京收费公路，但 BOT 的概念对以色列投资者是陌生的。以色列人在回收期长的项目方面是经验丰富的，然而他们并不喜欢通过计算今后 20 年内该隧道的交通量而建立的投资计划。

外国投资者对这类项目有全面透彻的理解，但只有当外国公司被允许深入地参与到项目的建设和运营中，他们才乐意来投资。因此，应该鼓励国外合作者、银行家和投资者对该项目在一个从未涉及此类项目的国家里实施产生兴趣。

首先，顾问做了可行性研究。其中包括利用先进的计算方法。估算使用隧道的交通量，并且与许多潜在的赞助商和投资商进行会谈。然后，顾问就法律法规的调整向以色列政府提出建议，以使该项目吸引外商，例如必须通过专线收费公路法规。

顾问还提出了一个完善的投资过程，这将很快地确定由谁来获得政府的特许权。国际大财团和投资者对该项目显示出相当大的兴趣。以色列与巴勒斯坦人和其他周边阿拉伯邻国的关系改善，更进一步地提高了投资者的兴趣，13 个国际财团提交了首期投标书，四个或五个财团将被应邀做正式投标书。一旦这些投标书被考虑，政府将与两家公司开始详细的谈判。最强有力的竞争者很有可能是那些以色列与外国公司的合资企业。

（资料来源：融资通网，http：//www. rztong. com. cn/newshtml/2007719/ns13714. shtml）

分析与思考

1. 该案例体现了 BOT 项目，试说明什么是 BOT?
2. BOT 项目在国际工程承包中有何优势?
3. 从该案例中我们可以吸取哪些经验?

案例 2　黑龙江省劳务输出市场广阔

为开拓国际劳务市场，做好向俄罗斯输出劳务工作，由时任黑龙江省就业局副局长王茂松同志为团长，部分市、地就业局长参加的赴俄罗斯劳务输出考察团于 2003 年 11 月中旬赴俄罗斯滨海边疆区乌苏里斯克市，与俄罗斯滨海边疆区乌苏里斯克市行政公署第一副市长尼克拉耶夫·奥列格·彼得洛维奇就加强双方劳务输出工作、劳务人员管理及建立长期劳务合作关系等事宜进行了洽谈。乌苏里斯克市 2004 年需要劳务人员 5 000 人，主要从事建筑、种植、养殖业。双方就进一步发展劳务输出合作和加强境外劳务输出管理等相关事宜进行了友好洽谈并达成共识，同意在条件成熟的情况下双方在对方城市互建劳务输出服务机构。下面就以哈尔滨市为例来说明黑龙江省的劳务输出发展现状和未来美好的前景。

哈尔滨市道里区以提供一个就业岗位改善一个家庭的生活、提供一个就业机会改变一个家庭的未来为己任，采取五项措施千方百计挖掘就业岗位，积极扩大再就业。一是确保公益性服务岗位优先安置“4050”人员。该区的四保、交通协管、社区劳动保障和残疾人社会保障等公益性岗位 100% 安置的是“4050”人员，目前已安置“4050”人员就业 2 417 人次。二是努力拓展新型就业岗位。采取政府协调、企业运行的方式，引进“早餐工程”、“无水洗车”、“绿色蔬菜配送”等一批便民、环保项目，使一批下岗人员重新就业。同时，还注重挖掘和引进适合下岗女工从事的产业，如手工编织、旅游纪念品等项目，增加妇女就业岗位。三是大力发展民营经济，为下岗职工提供更多的就业岗位。按照先定岗、后培训、再就业的原则，采取“强手拉弱手”、“政府联手”等措施，及时掌握其用工需求信息，登记企业岗位空缺状况，掌握岗位技能要求，积极推荐安置下岗人员重新上岗，共安置726名下岗人员在此类企业实现了再就业。四是大力输出劳务。组织朝鲜族友谊村、新星村村民利用亲缘关系赴韩国、日本打工。目前，两村80%的家庭都有人在韩国、日本务工。它们还在北京市设立劳务输出办事处，与大连市劳动力服务中心常年互通信息，输出纺织、鞋帽行业的下岗人员12名。五是实施就业服务“零距离”工程。通过社区劳动保障工作平台，用最便捷的方式把最新的用工信息、就业岗位送到千家万户，使求职人员打个电话就能了解就业信息，确保“只要不拣，24小时就能上岗就业”的承诺。

（资料来源：卢进勇、杜奇华，《国际经济合作》，对外经济贸易大学出版社2009年版）

分析与思考

1. 从此案例中，国际劳务合作的种类有哪些？
2. 思考中国未来加快劳务合作的步伐可以采取的其他方式。
3. 谈谈政府在劳务输出过程中所起到的作用。

[本章思考与练习]

1. 当代国际工程承包的特点是什么？
2. 国际招标的方式有哪些种？
3. 招标需要经过哪些程序？
4. FIDIC条款的内容是什么？
5. 国际工程承包的风险有哪些？
6. 导致施工索赔的原因有哪些？
7. 什么叫国际劳务合作？
8. 国际劳务合作的种类有哪些？
9. 国际劳务合作有哪些作用？
10. 国际劳务合作的基本条款有哪些？

第十章 国际租赁

【本章教学目的】通过本章的学习，使学生了解国际租赁的特点及方式，熟悉国际租赁合同条款的内容、国际租赁在中国经济发展中的作用，掌握租金的组成及计算方法。

第一节 国际租赁概述

一、国际租赁的概念

所谓租赁就是出租人在一定时期内把租赁物出租给承租人使用，后者按租约分期付给出租人一定租赁费的经济形式。在这种形式中，租赁物的所有权始终归出租人，承租人则通过缴纳租金取得在规定租期内对物品的使用权。也就是说，在租赁过程中货物的所有权与使用权是分离的。就租赁的本质而言也是一种信贷关系，是租赁双方以赢利为目的而进行一定数量的投资。租赁以特殊的金融信贷和商业信贷为媒介。出租人向承租人提供设备，实际上是提供了一笔有别于赊购或延期付款的商业信用。国际租赁是现代租赁业务由国内向国外发展的结果。按照一般的惯例，应根据租赁交易中主要当事人的国别来划分国内与国际租赁交易。当承租人与出租人不为一国时，即指超越国家和地区界限的双方（或中间人）当事人参加的租赁业务，为国际租赁，也称跨国租赁。

国际上关于国际租赁的定义有狭义与广义之分。狭义的国际租赁认为，国际租赁仅指跨国租赁，亦称跨境租赁，是指分别处于不同国家或不同法律体制下的出租人与承租人之间的一项租赁交易。广义的国际租赁认为，国际租赁不仅包括跨国租赁，还应包括离岸租赁。离岸租赁又称间接对外租赁，是指一家租赁公司的境外法人企业在注册地经营的租赁业务，不管承租人是否为当地用户，对这家租赁母公司而言是离岸租赁；但对母公司的境外法人企业而言，由于其在绝大多数情况下是与其所在国的承租人达成交易，因此，又属于国内租赁交易。在中国，根据交易三方当事人的国别属性及合同所使用的计价货币，将租赁交易分为租赁的国内业务与国际业务。当三方当事人均为中国企业并以人民币作为合同计价货币时，即为租赁的国内业务。若三方当事人中任意一方为外国企业，并以外币作为合同计价货币时即为租赁的国际业务。多数情况下，租赁的国际业务以承租人为国内企业、出租人为合资或国内租赁公司、供货商为外国企业并以外币计价的形式出现。

二、国际租赁的特点

国际租赁在现代国际经济活动中既具有相当的规模又具有鲜明的特点。它是典型的贸易与信贷、投资与筹资、融资与融物相结合的综合性交易，不同于传统的销售、分期付款和租用。其特点表现如下。

（一）国际租赁是一种商品所有权和使用权相分离的商品流动形式

现代租赁虽然在租期结束时出租人和承租人可能成为买卖关系，或在租期未到之前就已含有买卖关系，但在租期内，由于设备是由出租人购进的，设备的所有权仍属于出租人，承租人只是在按时支付租金并履行租赁合同各项条款的前提下对所租设备仅享有使用权，而不享有所有权。

租赁标的物可以是动产也可以是不动产，但必须为有体、特定的非消费物。消耗品、易腐蚀物、非特定物一般不能作为租赁的标的物，因为承租人对这些物品不能使用或使用后不能完整地返还出租人。国家法律禁止流通或限制流通的物品也不能成为租赁合同的标的物。

（二）出租人和承租人享有税收优惠

在纯粹租赁的情况下，出租人可将租赁标的物的折旧费从应纳税收入中扣除，承租人的租赁资产则不需记入企业的资产负债表，可免交财产税。由于出租人在租赁中可享受多种税收优惠，有利于降低租赁的经营成本，出租人可以以较低的租金进行租赁，承租人也可享受出租人让渡的税收优惠。

（三）国际租赁是一种融资、融物相结合的借贷业务

近代租赁的承租人只是为了获取租赁标的物的使用权，到期偿还，对租赁标的物的所有权不感兴趣。而现代国际租赁业务中，出租人通过出租资产向承租人提供信贷便利，即采用商品形式来融通中、长期资金；而承租人以定期支付租金的形式取得了租赁标的物的使用权，解决了自身资金不足的问题，并用租赁标的物生产出具有较高利润的产品来偿还租金。租赁标的物在使用一段时间后可以将其退回、续租或留购。由此可见，国际租赁以租赁标的物的形式达到融资的目的，它把货币信贷和实物信贷融合在一起，但最终以货币形态的方式偿还租金。在现代国际经济活动中，租赁已日益被企业当作获得设备使用权的筹资方法，是一种采用信贷方式融资的有效手段。

（四）国际租赁是一种多边经济合作关系

一项国际租赁业务往往需要有三方或更多的当事人签订两个或两个以上的合同才能顺利完成租赁活动。通常在国际租赁中至少需要涉及三方当事人，即出租人、承租人和租赁标的物的供货商，在租赁业务中应由出租人和承租人之间签订一个租赁合同，以及出租人和供货商之间签订一个购货合同。如果出租人需要融资，那不仅要涉及银行或金融机构等更多的当事人，还需要由出租人和银行或金融机构另外签订贷款合同。

三、国际租赁的产生与发展

国际租赁的起源可以追溯到遥远的古代时期。在漫长的发展过程中，国际租赁经历了古代租赁、近代租赁和现代租赁三个发展阶段。

（一）古代租赁

古代租赁出现于公元前中国周秦时期和阿拉伯的巴比伦时期，其具体表现为一些富人开始出租家庭用的房屋、土地和耕畜、农具、工具、船只、个人资产甚至是人，以获取租金。古代租赁实际上是一种实物租赁，其特征是原始实物信用的一种不完整形态，租赁的双方当事人没有固定的契约形式和报酬条件，在很大程度上只是双方交换使用物件。

（二）近代租赁

近代租赁开始于18世纪中叶，是伴随着第一次科技革命所带来的工业革命的开始而发展起来的。其具体表现为出租铁路车辆、船舶、制鞋机、缝纫机、电话等设备，目的是为了获得租赁标的物的使用价值，只租不售。

（三）现代租赁

现代租赁起源于第二次世界大战之后的美国，其具体表现为1952年美国创建了世界上第一家从事设备租赁的专业性租赁公司——US利辛格租赁公司，该公司开始了真正意义上的融资、融物于一体的租赁业务，成为现代国际租赁业务发展的开端。目前美国是世界上租赁业务最发达的国家，其租赁总额占全球租赁交易额的40%以上。进入20世纪60年代以后，租赁业务迅速扩展到了日本和欧洲。从80年代起，发达国家的租赁业务进入成熟期，据《世界租赁》年报报道，全球租赁交易额从1989年的2 044亿美元增至2013年的8 840亿美元，25年间融资租赁年业务量复合增长率6.3%，总体上呈现出稳健而持续的扩张态势。以最大的50个租赁市场国家为代表的全球租赁市场，2014年金融租赁的交易总额达到9 443亿美元，较2013年的8 840亿美元增长了6.8%。北美洲、欧洲和亚洲三大洲构成了世界融资租赁市场的主体，其中，北美洲全球市场份额占比最高，达到39.0%，欧洲占比34.7%，亚洲占比20.6%，三个区域合计占比达到94.3%。现在国际租赁已逐渐成为发达国家扩大出口和促进对外投资的重要手段。租赁的对象转为以金额巨大的机器设备、飞机、船舶等为主，目的和作用也扩大为资金融通、引进技术等。

目前，国际租赁已经成为国际资本市场上仅次于商业贷款的第二大融资方式。

第二节 国际租赁方式

随着科技的进步和经济的飞速发展，国际租赁也得到了完善。由于国际租赁市场竞争的加剧，各国的租赁公司为满足不同客户的需求以及适应不断变化的经济环境，为增强自身的竞争能力，推出越来越多的租赁方式以满足当前国际市场的各种需要。

一、融资租赁

融资租赁（Financial Lease）又称金融租赁或资本性租赁，是一种以资金融通为目的的租赁方式。具体是指，在企业需要添置设备时，不是以现汇或向金融机构借款方式购买，而是由租赁公司融资，把租赁来的设备或购入的设备租给承租人使用，承租人按合同的规定定期向租赁公司支付租金，租赁期满后退租、续租或留购的一种融资方式。该种租赁方式实质上是出租人将实际上属于资产所有权人的一切风险和报酬转移给承租人的一种租赁。由于融资租赁的标的物主要是价值较高和技术较先进的大型机器设备，例如大型电子计算机、施工机械、生产设备、通信设备、医疗器械、办公设备等，因而也被称为设备租赁。它是目前国际租赁业务中最主要的方式。目前，发达国家企业的大型设备有近50%是通过融资租赁方式取得或购买的，它已成为国际上最广泛应用的融资方式。

具体做法是，承租人先从生产厂家或供货商那里选定所需要的设备，谈妥价格、规格、交货条件等，然后与出租人签订租赁合同，再由出租人按已谈妥的条件向生产厂家或供货商购买设备，出租给承租人。在租赁期间出租人通过收取租金的形式回收全部购买设备的资金、利息和利润。详情见图10－1。

融资租赁方式的主要特点如下。

（1）当事方多，关联性强。融资租赁是一项至少涉及三方当事人——出租人、承租人和供货商，并且至少由两个合同——买卖合同和租赁合同构成的自成一类的三边交易。这三方当事人相互关联，两个合同相互制约。

（2）拟租赁的设备与供货商的自定性。拟租赁的设备及设备的供货商由承租人自行选定，出租人只负责按用户的要求给予融资便利，购买设备，不负担设

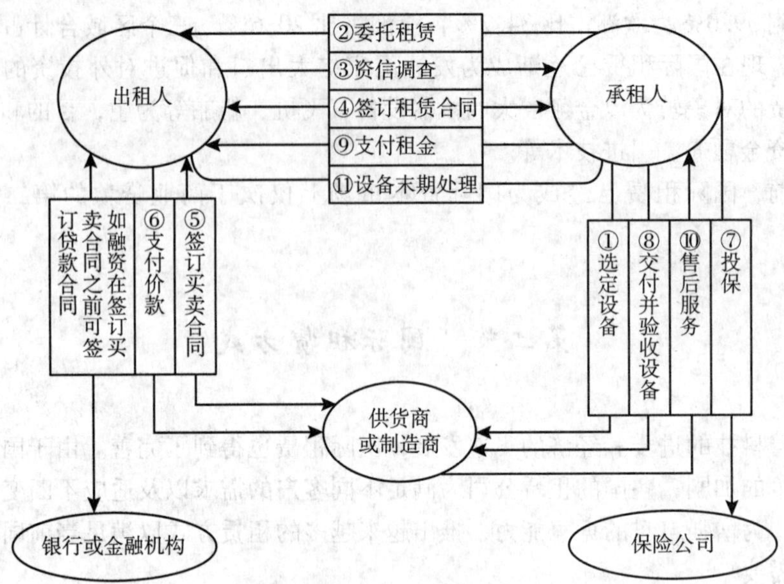

图 10－1　融资租赁交易程序图

备缺陷、延迟交货等责任和设备维护的义务；承租人也不得以此为由拖欠或拒付租金。

（3）全额清偿性。即出租人在基本租期内只将设备出租给一个特定的用户，出租人向该用户收取的租金总额应等于该项租赁交易的全部投资及利润，或根据出租人所在国关于融资租赁的标准，等于投资总额的一定比例，如 80%。换而言之，出租人在一次交易中就能收回全部或大部分该项交易的投资。

（4）设备风险承担性。对于承租人来说，融资租赁属于资产负债表内的科目，租赁设备应在承租人的资产负债表中反映，因而是由承租人对设备计提折旧的。设备的保险、保养、维护等费用及过时风险均由承租人负担。

（5）承租期内设备所有权与使用权分离性。设备的所有权在法律上属于出租人，设备的使用权在经济上属于承租人。

（6）租期末，所有权归属的选择性。基本租期结束时，承租人一般对设备拥有留购、续租或退租三种选择权。通常情况下，出租人由于在租期内已收回投资并得到合理的利润，再加上设备的寿命已到，出租人以收取名义货价的形式将设备的所有权转移给承租人。

（7）不可解约性。对于承租人而言，租赁的设备是承租人根据自身需要而自行选定的，因此，承租人不能以退还设备为条件而提前中止合同。对于出租人而言，因设备为已购进产品，也不能以市场涨价为由提高租金。总之，一般情况下，租期内租赁双方无权中止合同。

（8）租期长期性。实际上融资租赁的期限基本上与设备的使用寿命相同。

二、经营租赁

经营租赁（Operation Lease）又称服务性租赁、使用租赁、营运租赁等，是指出租人根据租赁市场的需求购置设备，以短期融资的方式提供给承租人使用，出租人负责提供设备的维修与保养等服务，并承担设备过时风险的一种可撤销的、不完全支付的租赁方式。经营租赁的标的物往往是由于技术不断进步而更新快的设备，如计算机、精密仪器；或者是短期使用的设备，如工程建设设备、农业机械等；或者是市场上有普遍需求的小型设备和工具，如汽车、照相机、摄像机、录像带等。

经营租赁方式的主要特点如下。

（1）可解约性。经营租赁为可解除租约。在租赁期限内，承租人如果发现租赁的设备已经过时，在承租人预先通知出租人的前提下，可以将所租赁的过时设备退回给出租人，以租赁更先进的设备。这种方式实际上是由出租人承担设备过时的风险。

（2）短期性。经营租赁的租期比租赁标的物的使用寿命要短，一般在3年以下，因此，对租赁标的物的选择有一定的要求。

（3）租金高。经营租赁的租赁标的物的维修、保险等由出租人负责。由于出租人要承担设备老化、不续租或不留购或承租人提前中断契约的风险，因此，经营租赁具有较高的租金。

（4）不完全支付。即承租人在一次租约期间所支付的租金不足以补偿承租人购买设备所支付的价款和预期利润，而是通过不断多次出租设备逐步收回投资与利润。

经营租赁交易程序见图10－2。

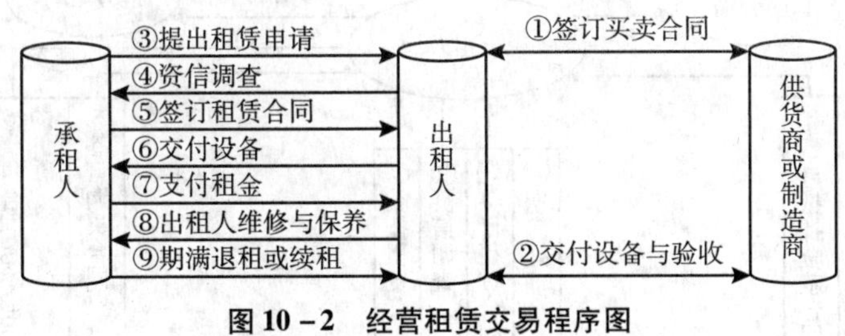

图10－2 经营租赁交易程序图

三、杠杆租赁

杠杆租赁（Leverage Lease）又称衡平租赁、代偿贷款租赁或减税优惠租赁等，是指出租人提供购买拟租赁设备价款的20%～40%，其余60%～80%由出租人以设备作抵押向银行等金融机构贷款，便可在经济上拥有设备的所有权及享有政府给予的税收优惠，然后将用该方式获得的具有所有权的设备出租给承租人使用的一种租赁方式。购置设备成本中的借款部分称为杠杆，即财务杠杆，所以称为杠杆租赁。这种方式在20世纪70年代末期起源于美国，目前在英国、澳大利亚也广泛采用。从适用方式来看，主要适用于价值高于百万美元、寿命在10年以上的高度资本密集型设备的长期的租赁业务，如飞机、船舶、海上石油钻井平台、通信卫星和成套生产设备等。

杠杆租赁方式的主要特点如下。

（1）当事人多方性和关系多样性。杠杆租赁涉及多个当事人且关系复杂多样。通常涉及的当事人至少有三方，即出租人、承租人和贷款人。有时涉及的当事人还会达到七方，如制造商、物主托管人、合同托管人、经纪人等，涉及购买、信托、租赁和担保等多方面的关系。

（2）贷款人对出租人无追索权。出租人是以设备、租赁合同和收取租金的受让权作为贷款担保的，在承租人无力偿付或拒付租金时，贷款人只能终止租赁，通过拍卖设备来得到补偿，而无权向出租人追索。

（3）出租人购买出租设备时，只需要付20%～40%的价款作为自身的投资，但可以拥有设备的所有权。

（4）租金的偿付是平衡的，各期租金应大致一样。

（5）租金较低。出租人出资比例虽然较小，却以少量资金带动巨额的租赁交易，而且享有100%资产的税收优惠，因此，由于杠杆租赁较低的经营成本，出租人能以较低的租金出租资产，承租人也由此得益。

（6）租赁期满，承租人必须以设备残值的市价留购该设备，不得以象征性价格留购。

杠杆租赁交易程序见图10－3。

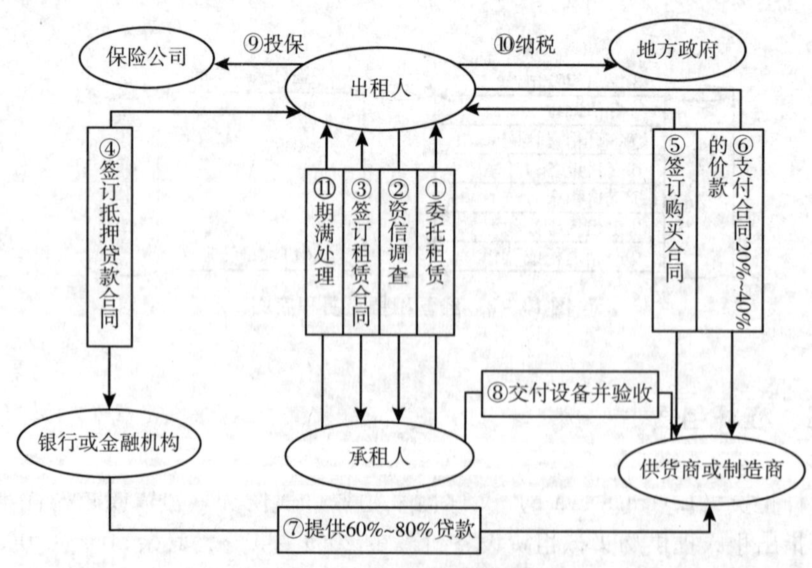

图10－3　杠杆租赁交易程序图

四、售出回租租赁

售出回租租赁（Sale and Leaseback Lease）又称回租，是指承租人将其所拥有的机器设备出售给出租人，然后承租人再从出租人处将出售给出租人的机器设备重新租回使用，并按期向出租人交纳租金的一种租赁方式。售出回租租赁是承租人缺乏现金时为改善其财务状况而采用的一种非常有利的做法。通过回租，承租人可以把固定资产变为现金，投资于其他业务方面，但又可以在租期内继续使用回租资产，与此同时，企业的利润和折旧在设备出售时即可收回。租赁到期后，承租人再以很低的代价办理产权转移使得设备的所有权仍然归承租人所有。

售出回租租赁方式的主要特点如下。

（1）售出回租租赁涉及的当事人主要有出租人和承租人双方，不存在独立的供货人。

（2）承租人通过回租实际上使其固定资产转为自有流动资金，在未增加负债的基础上改善了其财务状况，其租金费用实际上还具有节税的作用。

（3）出租人通过回租取得了对租赁机器设备的所有权，并可以把它作为租赁合同履行的保障，其作用明显优于抵押权和担保权。

（4）回租通常赋予承租人以留购权，使其在租赁期满时恢复对设备的所有权。

售出回租租赁交易程序见图 10－4。

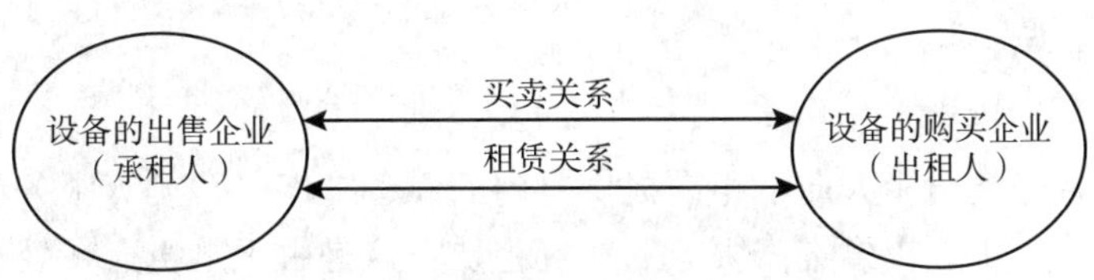

图 10－4 售出回租租赁交易程序图

五、综合租赁

综合租赁是将租赁业务的基本形式与某些贸易方式相结合的租赁形式，包括租赁与补偿贸易相结合，租赁与来料加工、来件装配相结合，租赁与包销相结合以及租赁与出口信贷相结合四种方式。

1. 与补偿贸易相结合。补偿贸易是指在信贷基础上进口设备，然后以回销产品或劳务所得的价款，分期偿还进口设备的价款及利息。租赁与补偿贸易相结合是指出租人把机器设备租给承租人使用，承租人不是以现汇而是以租进机器设备所生产的产品来偿付租金。

2. 与来料加工、来件装配相结合。承租人在租进机器设备的同时，承揽出租人的来料加工、来件装配等业务，承租人以来料加工与装配业务的工缴费收入来抵付租进机器设备的租金。

3. 与包销相结合。包销是指出口人通过协议把某一种商品或某几种商品在某一地区和期限内的经营权单独授予某个包销人或包销公司的一种做法。租赁与包销相结合是指出租人把机器设备租给承租人，而承租人生产的产品由出租人包销，出租人从包销收入中扣取租金。

4. 与出口信贷相结合。出口信贷是指国家为了支持本国产品的出口、加强国际竞争，对本国产品给予利息贴补并提供担保的方法，鼓励本国商业银行对本国出口商或外国进口商（或银行）提供较市场利率略低的贷款，以解决买方支付进口商品资金的需要。租赁与出口信贷相结合是指出租人把利用所得出口信贷购买的机器设备出租给承租人，从而降低承租人的租金并提高出租人在租赁市场上的竞争能力。

综合租赁方式的主要特点如下。

（1）综合租赁涉及的主体除供货商、出租人和承租人外，有时还包括各种具体贸易形式的第三人。

（2）综合租赁关系中除具有租赁标的物购买和融资租赁相结合的特点外，往往还与各种具体贸易直接联系，并通常享受相关国家的贸易政策优惠。

（3）在综合租赁中，承租人的租金并非以现汇方式支付，而是通过产品方式、加工费抵扣方式、包销第三人转付方式进行支付。

（4）综合租赁的承租人可按约享有留购选择权，其可在税收和会计政策上享受更多的优惠。

六、维修租赁

维修租赁是指出租人向承租人提供专门的设备维修、替换等服务活动的一种租赁方式。即出租人提供维修服务的融资租赁。这是由于出租人在处理设备故障方面具有较高的技术，可向承租人提供费用低廉、质量较高的服务。这种租赁方式是介于融资租赁和经营租赁之间的一种中间形式。维修租赁一般适用于飞机、火车等技术较复杂的运输工具的租赁，维修租赁的出租人一般是运输工具的制造厂家。维修租赁的出租人除负责维修和保养外，有时还负责燃料的供应和管理以及操作人员的培训等。

第三节　国际租赁的合同及租金计算

一、国际租赁合同

国际租赁合同属于经济合同的范畴。由于国际租赁业务本身的复杂性，一笔国际租赁业务往往需要涉及多方当事人和多项合同，如进出口销售合同、租赁合同、金融贷款合同、维修合同、国际租赁合同等多项合同。

（一）进出口销售合同

在租赁业务项下的进出口销售合同是由出租人作为买方，按照承租人与供货商磋商达成的条件，就买卖某项设备各方应享有的权利和义务，代承租人与供货商签订的并由承租人连署签字确认同意的书面协议。

租赁业务进出口销售合同的基本内容与一般进出口合同类似，主要包括以下内容：（1）品名、规格、数量及单价；（2）合同总值；（3）原产国别及制造厂商；（4）包装；（5）唛头；（6）保险；（7）付款条件；（8）装运条款；（9）检验条款；（10）索赔；（11）不可抗力；（12）仲裁；（13）延期和罚款等。

（二）金融贷款合同

金融贷款合同是由出租人与金融机构之间达成的融通资金的协议。金融机构将一定数量的货币贷给出租人，按期收回本息，称为贷款方；出租人借用一定数量货币，并按时还本付息，称为借款方。金融贷款合同的标的为人民币或外汇。金融贷款合同与一般贷款合同一样，主要包括以下内容：（1）借贷双方当事人；（2）贷款的目的；（3）金额；（4）贷款期限；（5）借款利率；（6）还款方式；（7）各方权利和义务；（8）担保条款等。

（三）国际租赁合同

国际租赁合同是指出租人与承租人之间为租赁某一物件而明确相互权利与义务的协议，是确定双方租赁关系的法律文件。租赁合同是租赁交易最主要的合同，不论何种租赁方式均不能缺少。租赁合同的内容有所差别，但一般应包括以下条款。

（1）合同的当事人。在合同中首先要明确合同的当事人，即出租人和承租人。而且要标明合同当事人的名称、地址、法定代表人和联系电话等。

（2）合同签订的日期和地点。在合同的开头注明合同号码、合同签约日期和地点。

（3）租赁标的物。在合同中列明租赁标的物的名称、规格、型号、技术要求、数量、交货期和使用地点，并说明出租人根据承租人的要求购买租赁物后租给承租人的使用条件，例如，未经出租人允许，承租人不得任意转移、改造、抵押租赁标的物等。

（4）租赁标的物的所有权。在合同中注明租赁标的物的所有权不属于承租人，承租人对租赁标的物只有使用权。承租人对租赁标的物不得进行销售、转让、转租、抵押或采取其他任何侵犯租赁标的物所有权的行为。

（5）租赁期限。在合同中必须明确规定租赁期限，一般从交付租赁标的物之日算起，如需要安装设备，则应从设备安装完毕、承租人正式开始使用算起。

租期的长短主要取决于设备的使用寿命，也可按实际情况由双方当事人协商确定。

（6）租金。租金是租赁合同的主要内容。在合同中必须明确规定租金总额、支付方式、支付时间、支付次数、每次支付的数额、支付地点以及支付货币等。此外，合同还应规定承租人在租赁开始时应缴纳的保证金数额。

（7）租赁标的物的交货与验收。在合同中要注明租赁标的物的交货时间和地点，承租人应在规定的时间内提交验收报告，否则即认为验收已经完毕，而且验收合格。另外，还规定如果发现租赁标的物与合同规定不符，出租人有义务协助承租人妥善处理。

（8）纳税。在合同中应列明租赁双方各自应缴纳的税种，例如海关关税、增值税和工商统一税等。

（9）租赁标的物的维修和保养。在合同中要规定承租人对设备的维修义务，设备的使用方法和注意事项，以及设备的保养责任。

（10）保险。为租赁标的物投保也是租赁合同中的一项重要内容。在合同中要明确由谁投保，如果是承租人投保，承租人应以出租人的名义投保，并应在由于保险范围内的风险致使租赁标的物受损时向出租人提交有关文件，以使出租人能顺利获取赔偿。

（11）租赁保证金。在签订合同时，承租人一般要交一笔租赁保证金作为履行合同的担保。具体的金额应在合同中注明，保证金一般不计利息，租期结束后退还给承租人或移作租金支付给出租人。

（12）担保人。担保人必须保证承租人严格履约，并应在合同上签字。

（13）期满后租赁标的物的处理。在合同中应规定租赁期满后租赁标的物的处理方法。如果退还，应规定租赁标的物除正常消耗外应保证的状态；如果续租，承租人提出续租的最后时间；如果留购，应规定留购价格。

（14）违约与索赔。在合同中要明确规定双方的权利和义务以及在履约过程中对各种违约情况的索赔金额和方法。

（15）仲裁。在合同中要明确规定双方发生争议时的解决方法，在仲裁争端时所依据的法律、仲裁地点以及适用的仲裁程序等。

二、租金的构成及计算

（一）租金的构成

租金是出租人转让租赁标的物的使用权给承租人而按约定条件定期分次向承租人收取的补偿和收益。租金包含了购买租赁标的物的大部分或者全部成本以及出租人的合理利润。随着租赁业务的发展，当事人经常根据承租人对租赁标的物的使用或通过使用租赁标的物所获得的收益来确定支付租金的大小和方式，或按承租人现金收益的情况确定一个计算公式来确定租金，通常租金由以下几个部分构成。

1. 购买租赁标的物的货款。承租人根据生产需要向出租人洽租，租赁公司根据承租人的要求出资购置标的物而发生的费用就构成购置租赁标的物的成本。购买租赁标的物的货款一般包括购置租赁标的物的货价、运输费及途中保险费。如果租赁标的物来自境外进口，其货款可以根据以下三种情况分别计算：

（1）CIF——到岸价格（即为租赁标的物货款）；

（2）CFR——运费在内价格（CFR 价 + 途中保险费 = 租赁标的物货款）；

（3）FOB——离岸价格（FOB 价 + 运输费 + 途中保险费 = 租赁标的物货款）。

2. 预计的名义货价。预计的名义货价也就是租赁标的物的残值，是指租赁标的物在租赁期满后预计的市场价值。租赁标的物的残值根据标的物的种类、性能和市场需求等条件而各不相同。残值多意味着租金低，有利于承租人；残值少意味着租金高，有利于出租人。通常，租赁标的物的残值是租赁双方洽谈租赁合同时最有商讨余地的部分。

3. 利息。一般来说，出租人要采用不同类型的资本来源筹措购置租赁标的物的资金，可以是短期债务，也可以是长期债务。不同的资本来源有不同的利息率，因此，利息的计算要根据签约时国际金融市场的利率来确定。

4. 手续费。出租人为承租人办理租赁业务所支付的营业费用（如办公费用、工资、差旅费、税金等）和利润。

5. 租赁期限。租赁期限的长短主要取决于租赁标的物的法定折旧年限和经济寿命，即使用年限和设备价值的大小。

（二）租金的计算

1. 附加率法。附加率法是指在租赁标的物的货价或概算成本上再加一个特定比率来计算租金的方法。特定比率由营业费用和预期利润来确定。其计算公式为：

$$R = \frac{PV \cdot (1 + ni)}{n} + PV \cdot r \tag{10.1}$$

其中，R 为每期租金；PV 为租金资产的货价或概算成本；n 为还款次数，按月、季、半年、年计算；i 为利息率，与还款次数相对应；r 为附加率。

例：A 企业欲从 B 租赁公司租赁一套设备，该设备的概算成本为 200 万元，租期 5 年，每年支付一次租金，折现率为 6%，附加率为 4%，每期租金应为多少？

$$R = \frac{200 \times (1 + 5 \times 6\%)}{5} + 200 \times 4\% = 60 \text{（万元）}$$

2. 年金法。年金法又称成本回收法，是以年金现值理论为基础的租金计算方法。即将一项租赁资产在未来各租赁期内的租金按一定的利率换算成现值，使其现值总和等于租赁资产的概算成本的租金计算方法。年金法可分为等额年金法和变额年金法。等额年金法又分为后付租金法和先付租金法；变额年金法又分为等差变额年金法和等比变额年金法。

(1) 等额年金法。

第一，后付租金法。其计算要领为，先求得普通年金现值系数再取倒数即可。其计算公式为：

$$R=\frac{PV\cdot i\cdot(1+i)^{n}}{(1+i)^{n}-1} \tag{10.2}$$

其中，R 为每期租金；PV 为租金资产概算成本；n 为租赁期数；i 折现率。

例：假设一笔租赁业务包括运费和保费在内设备租赁资产的概算成本是 1 000万元，租赁期为 5 年，折现率为 10%，试用等额年金法计算年租金。

$$R=\frac{1\,000\times10\%\times(1+10\%)^{5}}{(1+10\%)^{5}-1}=1\,000\times0.2638=263.8\text{（万元）}$$

第二，先付租金法。其计算公式为：

$$R=\frac{PV\cdot i\cdot(1+i)^{n-1}}{(1+i)^{n}-1} \tag{10.3}$$

其中，R 为每期租金；PV 为租金资产概算成本；n 为租赁期数；i 为折现率。

例：条件和上面一样，只是年初付租金，则每年的租金为：

$$R=\frac{1\,000\times10\%\times(1+10\%)^{5-1}}{(1+10\%)^{5}-1}=1\,000\times0.2398=239.8\text{（万元）}$$

(2) 变额年金法。

第一，等差变额年金法，是指运用年金法，并从第二期开始，使每期租金比前一期增加（或减少）一个常数 d 的租金计算方法。其计算公式如下。

等差租金的构成公式为：

$$R_n=R_{n-1}+d$$

等差变额年租金的计算公式为：

$$R=PV\frac{i\cdot(1+i)^{n}}{(1+i)^{n}-1}+d\frac{(1+i)^{n}-ni-1}{i\cdot(1+i)^{n}-1} \tag{10.4}$$

租金总额的计算公式为：

$$\sum_{j=1}^{n}R_j=[n\cdot 2R_1+(n+1)\cdot d]/2 \tag{10.5}$$

$d>0$ 时，(10.4) 式为等差递增变额年金法；

$d<0$ 时，(10.4) 式为等差递减变额年金法；

$d=0$ 时，(10.4) 式为等额年金法。

第二，等比变额年金法，是指从第二期开始，每期租金与前一期租金的比值是一个常数 q（$q>0$）。其计算公式如下。

等比租金的构成公式为：

$$R_n/R_{n-1}=q \tag{10.6}$$

等比租金的计算公式为：

$$R=PV\frac{1+i-q}{1-\left(\frac{q}{1+i}\right)^{n}} \tag{10.7}$$

租金总额的计算公式为：

$$\sum_{j=1}^{n} R_j = R_1 \frac{1-q^n}{1-q} \tag{10.8}$$

q >1 时，（10.7）式为等比递增年金公式；

q <1 时，（10.7）式为等比递减年金公式；

q =1 时，（10.7）式为等额年金法。

3. 递减式计算法。递减式计算法是指承租人所交的租金中每期偿还的本金相等。其中所含的利润额不同，即开始所付的租金高，而后几年递减。其计算公式为：

R = 各期占款本金数 × 年利率 × 占款年数 + 各期应还本金数

上述的含义是，每期付清当期利费和该期本金，一般的做法是每期的本金等额，下面举例说明递减式计算方法。

例：一笔租赁业务，租赁资产的概算成本是 300 万元，租赁期为 5 年，每年年末支付租金，利息和手续费合年利率为 8%，试用递减式计算法计算各年租金。

具体计算见表 10 -1。

表 10 -1　　用递减式计算法计算各年应付租金　　单位：万元

项目 / 期次	占款年数	本金余额	应付本金	利费额	租金 R
1	1	300	60	24	84
2	1	240	60	19.2	79.2
3	1	180	60	14.4	74.4
4	1	120	60	9.6	69.6
5	1	60	60	4.8	64.8
应付总额				72	372

4. 银行复利法。银行复利法的计算公式为：

$$\sum_{j=1}^{n} R_j = PV \cdot (1+i/m)^n \tag{10.9}$$

其中，m 为复利次数；i 为年利率。

例：假设一笔租赁业务，租赁资产的概算成本（包括运费、保险费）为 1 000万元，租赁期为 5 年，每一年付一次租金，每半年度复利一次。年利率为 8%，试计算各期租金。

具体计算见表 10 -2。

表 10-2　　银行复利法计算各期租金　　单位：万元

期数	本利和	租金
1	$1\,000(1+8\%/2)=1\,040=800+240$	240
2	$800(1+8\%/2)=832=600+232$	232
3	$600(1+8\%/2)=624=400+224$	224
4	$400(1+8\%/2)=416=200+216$	216
5	$200(1+8\%/2)=208$	208
租金总额	1 120	

5. 本息法。本息法是利用本息数来计算租金。本息数是指租赁期内承租者应支付租金总额与租赁资产概算成本的比率。其计算公式为：

$$R=\frac{PV\cdot C}{n} \tag{10.10}$$

其中，R 为每期租金；PV 为租金资产概算成本；n 为租赁期数；C 为本息数。

例：A 企业欲从 B 租赁公司租赁一套设备，该设备的概算成本为 300 万元，租期为 6 年，每年年末支付租金，本息数为 1.4，每期租金应为多少万元？

$R=\frac{300\times1.4}{6}=70$（万元）

6. 租赁率法。租赁率法的计算公式为：

$$R=PV\frac{1+\eta}{n} \tag{10.11}$$

其中，R 为每期租金；PV 为租金资产概算成本；n 为租赁期数；η 为租赁率，是指租赁期内承租人应支付的全部利息数占概算成本的比率。

例：以上例情况，增加一个条件，若租赁率为 20%，用租赁率计算出的每期租金应为：

$R=300\frac{1+20\%}{6}=60$（万元）

7. 平均分摊法。平均分摊法是一种租赁成本计算法。其计算公式如下：

R＝[（PV－预计残值）＋利息＋手续费]/租赁期数

8. 不规则租金计算法。不规则租金计算法是指带有付租宽限期的租金计算法，宽限期长短对租金总额有影响，具体计算公式是将宽限期的利息加入概算成本中，然后用等额年金法计算每期租金。

9. 浮动利率计算法。浮动利率计算法是指在租期内利率随市场变化，计算各期租金时的利率不同。浮动利率一般采用 LIBOR 利率（即伦敦国际银行间拆放利率）并加一定的利差作为租金利率，一般以起租日的 LIBOR 利率加利差作为计算第一期租金的利率，第一期租金偿还日的 LIBOR 利率加利差则作为计算第二期租金的利率，依次类推，计算以后各期利率，从而再计算各期租金。

10. 成本回收法。成本回收法是指由租赁双方在签订租赁合同时商定，各期按照一定的规律收回本金，再加上应收的利息即为各期租金。

第四节 国际租赁机构及实施程序

一、国际租赁机构

（一）金融机构

美、日、英等国家的银行或其附属的非银行金融机构都可以直接从事融资租赁业务，在租赁市场中占有非常重要的地位。它们开展租赁业务或成立独资和控股的租赁公司的主要目的是，为自己所拥有的资金寻求一种能满足用户需求的新的资金注入方式。资金力量雄厚、融资成本低、有金融机构网络为依托、拥有的客户群体多是这类机构的优势，其竞争优势非常明显。金融机构通过开展租赁业务，一方面可以避免经济波动对金融机构资产业务的影响，使金融机构获得稳定的经营收入及高额利润；另一方面由于租赁资产的所有权在租赁期内始终属于出租人，与其他信贷方式相比，融资租赁的信用风险较小。因此，融资租赁对金融机构具有巨大的吸引力。

（二）厂商机构

这主要是以厂家或商家为投资背景成立的租赁公司。投资目的是为了促销和从事产品的租赁经营服务。目前国外许多规模较大的生产厂商，如美国的国际商用机器公司（IBM）、美国通用电器集团（GE）等都拥有自己的租赁公司，并成为其国内租赁市场的重要参与者。这些租赁公司主要经营对象为母公司所生产的机器设备，目的是促进产品销售，控制设备租赁流通的全过程，特别是二手设备的销售和租赁，通过融资租赁销售和租赁服务获得高额利润。现在这类租赁公司也应客户要求帮助客户获得其他各种设备的租赁，逐渐扩大了业务范围。由于拥有专业技术优势，可以为客户提供灵活的租赁方式和优质租赁物的维修保养服务，这类租赁公司占有较大的市场份额。一些规模较大的专业租赁公司在一定程度和范围内成为某种专业设备的资源配置和服务管理中心。

（三）战略投资机构

这类租赁公司的股东主要是政府、保险、券商、投资银行等投资机构。投资目的是寻求一种新的投资组合和投资方式。主要投向是飞机、船舶、通信、能源等基础设施项目。它们是大型项目中杠杆租赁的主要参与者，有长期资金来源是它们的优势，获得安全可靠的长期投资收益和享受投资抵免的税收优惠是它们的重要目的。

（四）经纪机构

这类租赁公司与厂家、各类中介机构和客户都有广泛的联系，它们的优势是有效地建立了自己的资源系统、服务系统、交易系统并擅长进行市场调查、制定商业计划书、进行项目评估以及设计各种营销和融资模式，为制造商、租赁商及承租人之间提供信息服务、安全服务、融资服务、法律服务等综合服务。它们可以以出租人的身份在出资人、出卖人、承租人之间牵线搭桥促成租赁交易，或是充当承租人和出租人的中介，以其专业知识促成租赁交易。租赁经纪公司既可以接受承租人的委托寻找低成本的出租人，也可以接受出租人的委托为其寻找潜在的承租人。租赁经纪公司的出现，活跃了租赁市场，提高了租赁交易的机会。

（五）复合型机构

这类租赁公司为上述机构类型中的不同股东组建而成，如金融机构和制造厂商或金融机构与经营商或经营商与制造厂商甚至是外国金融资本结合而成。复合型机构兼有金融机构型租赁公司和厂商类租赁公司的优势，既有雄厚的资金作后盾，又有专业技术优势，提高了在租赁市场的竞争能力。

二、国际租赁的实施程序

国际租赁的实施程序往往随着租赁方式的不同而有所差别。但其基本程序是相同的，通常包括以下步骤。

（一）选定租赁标的物

租赁标的物一般是由承租人选定的，承租人先根据自己的需要选择供货商，并与供货商洽谈租赁标的物的品种、规格、价格、质量、交货条件等问题，谈妥后由出租人代为购买，有时也可由出租人代承租人挑选或推荐租赁标的物。

（二）租赁预约

承租人将前项与供货商或制造厂商洽商拟租用设备的详细情况以及准备租用的期限等向出租人提出申请，并要求出租人提供租赁费估价单，同时了解出租人的有关主要租赁条件。这样，承租人可根据出租人所提示的估价单和其他条件进行研究后预约租赁。

（三）资信审查

出租人接受预约租赁后，一般要求承租人提供经国家规定的审批单位批准并纳入计划的项目批件和可行性研究报告，以及经出租人认可、由担保单位（如承租人的开户银行）出具的对承租人履行租赁合同的担保函。同时，出租人为了估算出租的风险程度和判断承租人偿还租金的能力，还要求承租人提供本企业的资产负债表、企业经营书和各种财务报表。此外，必要时通过资信机构对承租人的资力和信用情况作进一步的调查，然后确定是否可以租赁。

（四）签订合同

出租人经过调查研究以后，认为承租人的资信符合租赁条件，即可与承租人正式签订租赁合同。

（五）订购租赁标的物

一般情况下，承租人在委托租赁前已选择好租赁标的物的供货厂商，并对租赁标的物的性能和技术条件方面有所了解甚至与国外供货厂商已进行了初步洽谈。如果租赁公司接受委托后，对承租人选定的客户在资信上没有什么疑虑，就可接受委托。也有承租人对国外市场和供货厂商缺乏调查研究，则可委托出租人代为联系物色，因为出租人往往拥有贸易渠道多、市场信息灵通的优势。承租人只需把所需租赁标的物的品名、规格、型号、用途性能、生产效率等具体要求通知出租人，由出租人对外进行联系和询价。但在洽购设备的过程中，出租人须始终和承租人保持密切联系，特别是对进口设备的性能和技术条件方面，必须征得承租人的同意。然后由出租人向供货厂商订购，并签订购货合同，同时由承租人副签。

（六）租赁标的物交货

供货厂商将出租人订购的租赁标的物到期直接拨交给承租人，并同时通知出租人。

（七）对租赁标的物的验收

承租人收到供货厂商交来的租赁标的物后，即进行安装并运转试验。如其性能和其他方面都符合原规定要求，就作为正式验收，并把验收情况按期及时通知出租人，租赁期也同时正式开始。

（八）支付货款

出租人根据购货合同的规定，在接到验收合格通知后，随即向供货厂商付清货款（在多数情况下，租赁公司在签订订货合同时，已向供货厂商或其他供货商预付一部分货款作为定金，在实际交货并经验收合格后付清余款）。但在多数情况下是向国外订购。所以出租人需先委托银行开立信用证。如果出租人资金短缺，则可向金融机构融通资金，然后以租赁费的收入偿还金融机构的借款和利息。

（九）租金支付

承租人在租赁标的物验收合格以后，根据租赁合同的规定，按期向出租人支付租金。

（十）办理保险

出租人根据租赁标的物的价值向保险公司投保，签订保险合同，并支付保险费。在租赁期间租赁标的物如发生不测事故，出租人可根据保险合同向保险公司索取保险赔偿金。

（十一）维修保养

在租赁期内，有关租赁标的物的维修保养，根据不同类别的租赁契约有不同的规定。有的由承租人负责，如融资性租赁，承租人可与供应租赁标的物的制造厂商或其他有关供货商签订维修保养合同，并支付有关费用；有的归租赁公司自己承担维修保养工作，如经营性租赁。

（十二）税金缴纳

出租人与承租人根据租赁合同的规定各自向税务机关缴纳应负担的税收。

（十三）租赁标的物在合同期满后的处理

租赁期满后，对租赁标的物的处理一般有以下三种情况。

1. 续订租赁合同，继续租用。但通常可以降低租金，因为出租人的成本利息等通常均已通过收取租金而完全收回。

2. 出租人将租赁标的物收回。

3. 由承租人参考当时市场价格，将租赁标的物作价买下。在美国，残值不能低于设备原价的15%；在欧洲国家（英国除外），承租人在租赁期满后有购买租赁标的物的选择权。

【案例研究】

案例1　习近平主席访美首单：工银租赁签30架波音737

一、背景介绍

工银租赁是中国银监会批准成立的首家金融租赁公司，注册地在天津滨海新区。自2007年11月28日正式开业以来，在天津市委、市政府等各方面的大力支持下，依托工商银行的优势资源，经过两年多的试点实践，建立了较为完善的产品服务体系和经营团队，取得了较好的经营业绩和资本回报，初步走出来一条健康稳定的发展道路，得到了认可，也为天津及滨海新区的金融改革创新注入了新的生机和活力。该公司依托中国工商银行的强大实力，以国际化的视野、市场化的机制、专业化的品质，提供各类租赁产品以及租金转让与证券化、资产管理、产业投资顾问等金融产业服务，致力于打造国际一流的金融租赁企业。

工银租赁落户天津是一个双赢的选择。既促进了天津经济发展，推动了滨海新区金融改革与创新；同时，企业自身也能从中受益，实现更大的发展。

工银租赁自公司开业以来，积极地推进金融租赁进入重点项目的步伐，并取得了具有标志意义的创新成果。比如：

在飞机租赁领域，工银租赁与天津航空飞机租赁项目，开创了国内商业银行拥有飞机所有权的历史；英国航空飞机租赁项目，开创了国内租赁公司第一个境外经营性租赁项目；南方航空飞机租赁项目，开创了国内保税租赁模式。

在船舶租赁领域，工银租赁与华能集团 12 艘散货船租赁项目是中国最大的船舶租赁项目，首只船命名为“工银号”；利用天津保税港区的保税政策，与全球最大的船舶租赁公司 SEASPAN 共同实施了目前全球最大的集装箱运输船租赁项目，开创了跨境租赁业务新模式。

在设备租赁领域，工银租赁在大型电力项目及大型城市的轨道交通等领域，也取得了诸多突破，并在业内居于领先地位。工银租赁也成为国内首次以租赁的形式为城建交通项目提供融资，并开创了国内金融租赁公司开展联合租赁合作模式，对以创新方式拉动基础领域投资、加快城市化建设进程起到了良好的示范作用。

此外，工银租赁积极推进并完善厂商租赁模式，开拓工程机械、能源运输租赁等业务板块，在公务机租赁、农机具租赁、出口租赁等业务新领域也进行了积极的探索。

二、案情介绍

美国当地时间 2015 年 9 月 22 日，国家主席习近平抵达西雅图，全球瞩目的对美国事访问行程正式展开。作为中美双方经济合作领域的重头戏，中国的航空公司和飞机租赁公司将与美国波音公司签署总数为 300 架的飞机采购协议。其中，中国最大的飞机租赁公司工银租赁已于 9 月 22 日习近平主席抵达当天，由丛林总裁和波音民机公司总裁雷康纳在国家发展改革委主任徐绍史和波音公司董事长 Danis 的见证下，代表双方签署了 30 架 737—800NG 的购机协议。

此次习近平主席访美，将“航空城”西雅图定为访问的第一站，于美国当地时间 9 月 23 日上午参观波音西雅图工厂并发表重要讲话，体现了航空领域合作在两国经贸关系中的重要地位。近年来，以工银租赁为代表的国内航空租赁公司异军突起，成为全球航空租赁领域新生力量，无疑为中美贸易的再平衡增加了重要的砝码。此前工银租赁自主采购的波音、空客等各类型飞机交付和营销顺利，目前也正在积极开拓北美飞机租赁市场，力争在年内实现自购波音飞机的在美销售，为中美两国在航空领域的合作增添新的内容。

（资料来源：网易财经，http：//news.163.com/air/15/0923/09/B46HL4GG00014P42.html）

分析与思考

1. 到目前为止，工银租赁所涉足的领域体现了几种国际租赁模式？

2. 根据本章所学知识，分析工银租赁签 30 架波音 737 的具体实施程序应该是怎样的。

案例2 融资租赁为文创企业送"东风"

文化创意产业已成为北京新经济的重要组成部分。服务业扩大开放一年来，北京在文化无形资产融资租赁领域打出了组合拳——市商务委推动无形资产融资租赁政策落地，市文资办和市财政局为文化企业融资的租息进行补贴。

从北京市文化科技融资租赁股份有限公司（简称"文化租赁"）获悉，目前已对118家文创企业完成了以影视剧版权、著作权、专利权等为租赁物的融资，融资额达15.2亿元。

一、版权售后回租，解融资难题

黑头发、齐刘海、穿小裙子、梳丸子头，这个名叫"洛宝贝"的卡通小姑娘经常出现在朝阳区的大街小巷，它不仅是朝阳区的形象大使，还是和"喜羊羊"并列的著名国产卡通形象。2015年，这个小姑娘为她的"娘家"大业传媒带来了2亿元的融资。

在文化无形资产融资租赁被纳入北京服务业扩大开放试点范围后，大业传媒将"洛宝贝"系列标识形象著作权出售给文化租赁，再从该公司回租使用。通过融资租赁，大业传媒从文化租赁获得2亿元的融资，这些资金投入《奔跑吧兄弟》、《闪亮的爸爸》等项目运营，使集团收入实现大幅攀升。

这样的大额融资，对文创企业来说曾经难于上青天。银行放贷往往以不动产为连带抵押物，鲜有单凭著作权等无形资产质押而发放贷款的，这就导致许多文创企业无法通过传统融资渠道向银行融资。2015年9月，文化无形资产融资租赁被纳入北京市服务业扩大开放试点政策范围后，文创企业融资难题得到解决。文化租赁作为国内首家以文化资产融资租赁为主业的公司，也得以大展拳脚拓展文化无形资产融资租赁业务。

"融资租赁解决了文创企业融资难的问题。"大业传媒总裁苏忠说，文化租赁还为企业引进中信金控、明石创新等知名投资机构，提供推荐上市辅导券商、策划新三板上市等诸多服务。在文化租赁一年多的跟踪培养下，大业传媒出品的电视剧《丝绸之路传奇》在央视一套黄金时间段播出，收视率全国排名第一，《奔跑吧兄弟》、《闪亮的爸爸》等电视节目也广受好评。目前，大业创智已获得新三板挂牌许可。

同样受益的还有西安曲江春天融合影视文化有限责任公司。文化租赁将春天融合拥有的《北平无战事》和《我们最美好的十年》两部电视剧的播放版权作为融资租赁标的物，向春天融合提供6 000万元融资，解决了企业在并购重组、新产品开发等关键阶段的资金问题。

二、艺术品直租，盘活轻资产

"十一"期间，新华1949国际创意产业园迎来了2016北京国际设计周，北京虚苑公司的展厅中，几个银盘子格外引人注目，每个银盘上都镶嵌着一幅国画，现场工作人员介绍，这些银盘都是依照著名艺术大师方召麐的作品进行的再创作。

2015 年，虚苑想购买方召麐大师的创作原稿，用贵金属和版画的形式对大师作品进行再开发，但迫于资金压力，虚苑无法靠自己实现购买。于是，文化租赁出资近 1 亿元买回了这批国画，虚苑以自有的无形资产作为抵押，从文化租赁进行租用。

虚苑创始人姜兴道说，通过对方召麐作品进行再创作，虚苑生产了大批金盘、银盘和版画，这些作品在艺术品市场上不仅获得了可观的收益，也使原作的价值大幅提升。仅 2016 年中秋节，"利市盘"通过浦发银行的渠道就卖出了几千个，获得了数倍于原作的收益。

"长期以来，国内的金融行业对无形资产重视不够，但实际上无形资产如果用得好，产生的效益比原作品本身的价值更大。"姜兴道表示，文化租赁最大的亮点就是敢于用无形资产和轻资产进行金融产品的开发，不仅盘活了轻资产，也为艺术品扩大再生产提供了更多的可能。

三、园区租赁，扶持双创企业

在位于平房的北京电影学院文创园，一栋栋崭新的红房子整齐排列。2016 年，与电影行业相关的设施机构都在此落户，形成集办公、娱乐、孵化为一体的"众创空间"。北京电影学院文创园总裁万子千介绍，不久后，园区将聚集 500 多家中小企业，成为影视文化行业的"中关村创业大街"。

在中央文资办的资金支持下，文化租赁与园区签订协议，为园区提供了一整套的园区租赁服务。在建设阶段，文化租赁为园区提供 2 亿元的融资额度，用于园区综合楼、众创空间、影棚等相关设备的建设。而当企业入驻园区时，文化租赁将为符合条件的双创企业先行垫付 6～12 个月的房租，减轻企业在孵化期的负担。此外，园区还会推荐符合特定条件的入园企业，享受文化租赁提供的包括有形资产、不动产、无形资产在内的融资租赁综合产品及服务。

文化租赁董事长蓝陶勇表示，今后每年将为至少 100 家文化企业提供总金额不低于 10 亿元的资金支持，其中 75% 以上为中小文创企业。

（资料来源：融资征信频道，http：//www. sme. gov. cn/cms/news/100000/0000000302/2016/10/31/b049b40f86b743a492ec40ef8beaca12. shtml）

分析与思考

1. 结合案例，简要说明融资租赁的特点。
2. 融资租赁与文化企业相结合，给文创企业带来了怎样的福音？

[本章思考与练习]

1. 简述国际租赁业务的主要特点。
2. 简述融资租赁和经营租赁的区别。
3. 什么是杠杆租赁？哪些情况适用杠杆租赁？
4. 计算租金主要有哪些方式？
5. 试述国际租赁对中国经济发展的作用。
6. 中国开展国际租赁有哪几种方式？

参考文献

1. 中华人民共和国商务部：《中国服务贸易发展报告2015》，中国商务出版社2015年版。

2. 中华人民共和国商务部：《中国对外贸易形势报告》（2016年秋季），中国商务出版社2016年版。

3. 中华人民共和国商务部：《中国对外贸易形势报告》（2016年春季），中国商务出版社2016年版。

4. 中国服务贸易指南网：《中国服务贸易统计报告2015》，http：//tradeinServices.mofcom.gov.cn/c/2016-01-26/284930.shtml

5. 中国世界贸易组织研究会：《中国WTO报告》，中国商务出版社2015年版。

6. 中华人民共和国商务部：《2016世界投资报告》，http：//www.199it.com/archives/491758.html

7. 中国世界贸易组织研究会：《世界贸易报告2015》，http：//bbs.pinggu.org/capitalvue-news-m_5630169fd12d56ea93f208ad.html

8. 薛荣久：《国际贸易（第5版）》，对外经济贸易大学出版社2010年版。

9. 海闻、P. 林德特、王新奎：《国际贸易》，上海人民出版社2012年版。

10. 张锡嘏：《国际贸易（第5版）》，北京：对外经济贸易大学出版社2013年版。

11. 陈雨露：《国际金融（第5版）》，中国人民大学出版社2015年版。

12. 裴平：《国际金融学（第4版）》，南京大学出版社2013年版。

13. 易纲、张磊：《国际金融》，上海人民出版社2008年版。

14. 裴长宏等：《经济全球化与当代国际贸易》，社会科学文献出版社2007年版。

15. 卜伟：《国际贸易与国际金融（第3版）》，清华大学出版社2015年版。

16. 温厉：《国际贸易》，电子工业出版社2003年版。

17. ［美］查尔斯·W. L. 希尔（Charles W. L. Hill）：《国际商务》，中国人民大学出版社2013年版。

18. ［美］戴维·B. 约菲　本杰明·戈梅斯-卡斯：《国际贸易与竞争》，东北财经大学出版社2000年版。

19. ［美］罗伯特·A. 帕斯特：《走向北美共同体》，国际商务出版社2004年版。

20. ［美］保罗·克鲁格曼：《战略性贸易政策与新国际经济学》，中信出版社2010年版。

21. ［美］保罗·克鲁格曼：《国际经济学（第8版）》，中国人民大学出版社2011年版。

22. ［美］托马斯·A. 普格尔：《国际贸易》，中国人民大学出版社 2009 年版。

23. 姜波克：《国际金融新编（第 5 版）》，复旦大学出版社 2012 年版。

24. 卢进勇、杜奇华：《国际经济合作教程》，首都经济贸易大学出版社 2013 版。

25. 林康：《跨国公司与跨国经营》，对外经济贸易大学出版社 2010 年版。

26. 李东阳：《国际投资学》，东北财经大学出版社 2003 年版。

27. 杨晔等：《国际投资学》，上海财经大学出版社 2015 年版。

28. 陈继勇等：《国际直接投资的新发展与外商对华直接投资研究》，人民出版社 2004 年版。

29. 储祥银、章昌裕：《国际经济合作实务》，中国对外经济贸易出版社 2011 年版。

30. 王世浚：《国际经济合作概论》，中国对外经济贸易出版社 1991 年版。

31. 储祥银：《国际经济合作原理》，对外经济贸易大学出版社 1993 年版。

32. 白远、范军：《国际经济合作理论与实务》，清华大学出版社·北京交通大学出版社 2005 年版。

33. 玫宇：《国际经济技术合作》，重庆大学出版社 2012 年版。

34. 马淑琴等：《国际经济合作教程（第 2 版）》，浙江大学出版社 2013 年版。

35. 彭天祥：《国际经济合作实务》，中国对外经济贸易出版社 1992 年版。

36. 邱年祝等：《国际经济技术合作》，中国对外经济贸易出版社 1993 年版。

37. 徐永林：《国际经济技术合作》，中国林业出版社 1989 年版。

38. 窦金美：《国际经济合作》，机械工业出版社 2010 年版。

39. 李萍：《国际经济合作实务》，对外经济贸易大学出版社 2003 年版。

40. 傅家政：《国际经济技术合作》，天津大学出版社 1995 年版。

41. 黄汉民：《国际经济合作（第 2 版）》，上海财经大学出版社 2011 年版。

42. 陈建：《国际经济合作教程（第 2 版）》，中国人民大学出版社 2012 版。

43. 徐维福：《国际工程承包与劳务合作》，旅游教育出版社 1989 年版。

44. 储祥银、门明：《国际租赁实务》，对外贸易教育出版社 1993 年版。

45. 许高峰：《国际招投标》，人民交通出版社 2001 年版。

46. 汪小金：《建筑施工合同索赔管理》，中国建材工业出版社 1994 年版。

47. 朱晓轩等：《建筑工程招标与施工组织合同管理》，电子工业出版社 2009 年版。

48. 叶京生：《国际技术转让教程》，立信会计出版社 2004 年版。

49. 杜奇华：《国际技术贸易》，对外经济贸易大学出版社 2007 年版。

50. 黄静波：《国际技术转移》，清华大学出版社 2005 年版。

51. 王云凤、韩岳峰：《国际土地合作》，吉林人民出版社 2004 年版。

52. 杨云母：《新时期中国劳务输出的发展与变革》，经济科学出版社 2006 年版。

53. 杨云母、王云凤：《国际贸易教程（第 2 版）》，经济科学出版社 2012 年版。

54. 王云凤、杨云母：《国际经济合作（第 2 版）》，经济科学出版社 2013 版。

55. 崔新健：《中国利用外资三十年》，中国财政经济出版社 2008 年版。

56. 章昌裕：《国际经济合作》，东北财经大学出版社 2009 年版。

57. 王凤荣、邓向荣：《国际投融资理论与实务》，首都经济贸易大学出版社 2010

年版。

58. 卢汉林:《国际投资》，武汉大学出版社2010年版。

59. 卢力平:《中国对外直接投资战略研究》，经济科学出版社2010年版。

60. 李桂芳:《中国企业对外直接投资分析报告》，中国经济出版社2015年版。

61. Conklin, David W: Comparative Economic Systems, Cambridge University Press, 2012.

62. Driffeld, Nigel: Indirect Employment Effects of Foreign Direct Investment Into the UK, Bulletin of Economic Research, Vol, 51 Issue3, July1999.

63. Theodore H. Moran. Foreign Direct Investment and Development-Launching a Second Generation of Policy Research: Avoiding the Mistakes of the First, Reevaluating Policies for Developed and Developing Countri Es, Institute for International Economics, U. S. , 2011.

64. Avik Chakrabarti: A Theory of the Spatial Distribution of Foreign Direct Investment, International Review of Economics and Finance, 2003.

65. Charles W. L. Hill. International Business. Ninth Edition. The Dryden Press, 2014.

66. David K. Eiteman, Arthur I. Stonehill, Michael H. Moffett. Multinational Business Finance. Fourteenth Edition. Pearson; 14, 2015.

67. Sebastian Ioppolo, Import/Export: Guidelines for International Trade, Tilde Publishing and Distribution, February 2017.

68. Levy. H, Post. T. Investments. Pearson Education Limited, 2004.

69. Donald A. Ball. International Business: The Challenge of Global Competition. Inc Icon Group International and Ltd. Icon Group, 2003.

70. Human Development Report 2006: International cooperation at a crossroads. Aid, trade and security in an unequal world (Human Development Report) by United Nations Development Programme.

71. Michae E. Porter: Competitive Advantage of Nations, The Free Press, 1998.

72. Boris Ricken, George Malcotsis. The Competitive Advantage of Regions and Nations: Technology Transfer Through Foreign Direct Investment, Routledge, 2011.

敬告读者

为了帮助广大师生和其他学习者更好地使用、理解和巩固教材的内容，我们采用了书、网结合的学习模式，凡购买正版教材的读者，均可登录“http：//zkxy. cfefe. com/”进行注册，通过刮开密码，六个月内免费使用教材课件或相关习题及答案，在线进行练习题训练，以提高学习效率。

如有任何疑问，请与我们联系。

邮箱：esp_bj@163. com

QQ：16678727

经济科学出版社

2017 年 3 月

附

- 如何开通增值服务：

1. 请在电脑上输入网址：http：//zkxy. cfefe. com/，进入智会学院
2. 根据提示使用手机号码注册学员账号
3. 登录学员“个人中心”找到“学习卡”
4. 将卡号、密码分别输入指定位置，点击“立即使用”并绑定课程
5. 在“我的课程”中查看增值服务

- 如何加入学生交流群：

1. 扫描封底二维码，关注微信服务号智会阅读
2. 在读者社区中选择相应的图书
3. 根据提示加班主任为好友进入交流群